HOSPITALIDADE

Conceitos e Aplicações

Dados Internacionais de Catalogação na Publicação (CIP)
(Câmara Brasileira do Livro, SP, Brasil)

Chon, K. S.
Hospitalidade : conceitos e aplicações / Kye-Sung (Kaye) Chon, Raymond T. Sparrowe ; tradução Ana Beatriz de Miranda e Silva Ferreira ; revisão técnica Gleice Regina Guerra. -- São Paulo: Pioneira Thomson Learning, 2003.

Título original: Welcome to Hospitality -- an introduction.
Bibliografia.
ISBN 85-221-0298-8

1. Indústria da hospitalidade I. Sparrowe, Raymond T.. II. Título.

03-2423 CDD-647.94

Índices para catálogo sistemático:

1. Hospitalidade : Indústria : Administração de estabelecimentos de hospedagem 647.94
2. Indústria de hospitalidade : Administração de estabelecimentos de hospedagem 647.94

HOSPITALIDADE
Conceitos e Aplicações

Kye-Sung (Kaye) Chon
Professor da Conrad N. Hilton College, University of Houston

Raymond T. Sparrowe
Professor da Cleveland State University

Tradução
Ana Beatriz de Miranda e Silva Ferreira

Revisão Técnica
Gleice Regina Guerra
Administradora hoteleira, bacharel em Turismo e economista, consultora, pesquisadora e professora de cursos de pós-graduação em Turismo e Hotelaria

THOMSON

Austrália Brasil Canadá Cingapura Espanha Estados Unidos México Reino Unido

THOMSON

Gerente Editorial:
Adilson Pereira

Editora de Desenvolvimento:
Eugênia Pessotti

Produtora Editorial:
Tatiana Pavanelli Valsi

Produtora Gráfica:
Patricia La Rosa

Copidesque:
Marcelo Dias Almada

Revisão:
Arnaldo Rocha de Arruda e Barbara E. B. Arruda

Composição:
Marco 0 / Danielle Assaf Danieli

Capa:
Lummi Produção Visual e Assessoria Ltda.

Título Original:
Welcome to Hospitality ... an Introduction
2nd edition

Tradução:
Ana Beatriz de Miranda e Silva Ferreira

Revisão Técnica:
Gleice Regina Guerra

Impresso no Brasil.
Printed in Brazil.
1 2 3 4 05 04 03

Rua Traipu, 114 – 3º andar
Perdizes – CEP 01235-000
São Paulo – SP
Tel.: (11) 3665-9900
Fax: (11) 3665-9901
sac@thomsonlearning.com.br
www.thomsonlearning.com.br

Dados Internacionais de Catalogação na Publicação (CIP)
(Câmara Brasileira do Livro, SP, Brasil)
Chon, K. S.
Hospitalidade : conceitos e aplicações / Kye-Sung (Kaye) Chon, Raymond T. Sparrowe ; tradução Ana Beatriz de Miranda e Silva Ferreira ; revisão técnica Gleice Regina Guerra. -- São Paulo : Pioneira Thomson Learning, 2003.
Título original: Welcome to Hospitality -- an introduction.
Bibliografia.
ISBN 85-221-0298-8
1. Indústria da hospitalidade I. Sparrowe, Raymond T.. II. Título.
03-2423
CDD-647.94
Índices para catálogo sistemático:
1. Hospitalidade : Indústria : Administração de estabelecimentos de hospedagem 647.94
2. Indústria de hospitalidade : Administração de estabelecimentos de hospedagem 647.94

Sumário

Prefácio

Hospitalidade: Conceitos e Aplicações explora o fascinante mundo da hospedagem, alimentos e bebidas, eventos, viagens e turismo e outros negócios relacionados que compõem a indústria da hospitalidade, e indica o que a indústria tem feito para se adaptar ao desenvolvimento tecnológico.

Talvez você esteja pensando em seguir carreira na indústria da hospitalidade. Se assim for, este livro o ajudará a decidir. Ou você já decidiu seguir carreira na área da hospitalidade, mas quer ampliar seus conhecimentos sobre a indústria. Se for assim, este livro o ajudará a compreender como os diversos componentes da indústria estão relacionados.

Hospitalidade: Conceitos e Aplicações tem por objetivo:

- despertar seu interesse para as muitas oportunidades de carreira existentes dentro da indústria;
- ajudar a prepará-lo para os desafios enfrentados pelos profissionais que atuam na gerência de empreendimentos;
- explorar as tendências que impactarão seu futuro na indústria;
- fornecer uma perspectiva global para questões presentes e futuras da indústria;
- sugerir caminhos de desenvolvimento educacional e profissional;
- compartilhar o entusiasmo e a empolgação que são parte do espírito da hospitalidade.

HISTÓRICO

A indústria da hospitalidade possui suas raízes na vida social e cultural. Ao longo da história, a indústria foi moldada pelas sociedades e culturas nas quais se desenvolveu. Atualmente, a sociedade e a cultura continuam a moldar a indústria de diversas maneiras, como, por exemplo, por meio das questões ambientais, das mudanças econômicas, do aumento no número de mulheres que viajam a negócios ou de leis referentes ao ato de fumar em restaurantes.

Hoje, a liderança na indústria da hospitalidade é muito mais importante do que as habilidades operacionais tradicionais. Os líderes devem ser capazes de entender e prever como a hospitalidade será afetada por um mundo em constantes mudanças. *Hospitalidade: Conceitos e Aplicações* descreve a indústria em relação às tendências e aos padrões culturais. Este livro ajudará você a desenvolver suas habilidades de liderança que são tão importantes nessa dinâmica indústria.

Talvez a "globalização" seja a mais relevante tendência contemporânea a afetar a indústria da hospitalidade. As nações não existem mais de maneira independente, mas sim em uma crescente dependência mútua. As culturas e os países ocidentais começaram a reconhecer a força, a vitalidade e a complexidade de outras nações. Esta edição de *Hospitalidade: Conceitos e Aplicações* foi revisada levando-se profundamente em conta outras tradições e culturas. Mas não é um livro completamente internacionalizado, uma vez que nem todas as formas históricas e culturais estão representadas. Os autores reconhecem que suas próprias heranças culturais e experiências profissionais são limitadas.

Um aspecto histórico da hospitalidade é a obrigação de tratar estranhos com dignidade, alimentá-los e fornecer-lhes bebidas, e protegê-los. À medida que o mundo se torna cada vez "menor" e ciente de sua imensa diversidade, o "espírito da hospitalidade" parece especialmente importante. *Hospitalidade: Conceitos e Aplicações* convida você a compartilhar esse espírito.

ORGANIZAÇÃO E CONTEÚDO

Hospitalidade: Conceitos e Aplicações está organizado em cinco partes e 13 capítulos. A **Parte 1, O Espírito da Hospitalidade**, inclui três capítulos introdutórios.

- O **Capítulo 1, Bem-vindo à Indústria da Hospitalidade**, define *hospitalidade* do ponto de vista do hóspede e introduz os diversos segmentos da indústria, bem como temas importantes que serão apresentados ao longo do livro.
- O **Capítulo 2, Viagens e Turismo: Parceiros na Hospitalidade**, ajuda você a entender a relação entre viagens e turismo e hospedagem, alimentos e bebidas e outros empreendimentos relacionados.
- O **Capítulo 3, Questões Globais e Hospitalidade**, ilustra as relações entre questões sociais, culturais e globais e a indústria da hospitalidade. Visa auxiliá-lo a compreender o significado dessas questões para os papéis de liderança que você assumirá em sua carreira.

A **Parte 2, Hospedagem**, explora a indústria da hospedagem, seu passado e presente.

- O **Capítulo 4, A Dinâmica da Indústria da Hospedagem**, introduz a classificação de empreendimentos de hospedagem e ilustra os conceitos e as práticas de marketing para esses empreendimentos.
- O **Capítulo 5, Desenvolvimento de Hotéis**, introduz você ao desenvolvimento hoteleiro — planejamento e previsão cuidadosos, design, construção e processos de abertura.
- O **Capítulo 6, Gestão e Operação Hoteleira**, fornece um panorama geral do gerenciamento e da operação de um hotel. A estrutura organizacional, os recursos humanos e a função de cada departamento são discutidos.

A **Parte 3, Alimentos e Bebidas**, trata da indústria de alimentos e bebidas.

- O **Capítulo 7, Conceitos Contemporâneos de Serviços de Alimentação**, apresenta os diferentes serviços comerciais e institucionais. Você aprenderá a analisar um serviço de alimentos e bebidas quanto a seu mercado, concepção e cardápio.
- O **Capítulo 8, A Arte Culinária e a Operação de Serviços de Alimentação**, delineia as tradições da arte culinária, a organização da cozinha e o ciclo de produção.
- O **Capítulo 9, Gestão de Bebidas**, introduz você às diferentes bebidas que, tradicionalmente, fazem parte dos serviços de alimentação. Você aprenderá sobre o processo de produção de vinhos, bebidas fermentadas e destilados. Este capítulo também enfatiza a responsabilidade dos estabelecimentos para com os hóspedes/clientes em relação ao consumo de bebidas alcoólicas.

A **Parte 4, Segmentos Especializados da Indústria da Hospitalidade**, introduz segmentos da indústria que atendem às necessidades dos empreendimentos e de hóspedes que se hospedam por períodos prolongados e segmentos que gerenciam atividades recreacionais e de lazer para hóspedes. Apesar de esses segmentos não estarem necessariamente relacionados entre si, os serviços de alimentação e hospedagem têm importância vital para suas operações.

- O **Capítulo 10, Eventos e Saúde**, introduz você ao rápido crescimento das indústrias de reuniões, convenções, exposições e de tratamentos de saúde de longo prazo.
- O **Capítulo 11, Lazer e Hospitalidade**, apresenta o gerenciamento de atividades recreacionais e parques temáticos, resorts, cassinos e segmentos relacionados da indústria da hospitalidade.

A **Parte 5, O Futuro e Você**, mostra o impacto do século XXI para a hospitalidade e para o turismo.

- O **Capítulo 12, De Olho no Futuro**, explora o futuro da indústria da hospitalidade quanto às tendências tecnológicas, globais e demográficas.
- O **Capítulo 13, Em Direção ao Sucesso**, trata de seu futuro na indústria da hospitalidade e sugere meios para você se planejar para alcançar o sucesso.

FERRAMENTAS DE APRENDIZAGEM

Esta edição de *Hospitalidade: Conceitos e Aplicações* apresenta algumas ferramentas para ajudá-lo a aprender.

RESUMO E OBJETIVOS

Cada capítulo começa com um resumo que mostra o que você deve aprender. Os objetivos que se seguem o ajudam a se concentrar nos pontos principais e ver como as informações serão apresentadas.

PALAVRAS-CHAVE

Ao longo deste livro, você notará que os termos específicos da indústria aparecem em negrito e são definidos pelo contexto quando introduzidos. Além disso, as siglas são especificadas na primeira vez em que aparecem no texto. Todas as palavras-chave estão listadas no Glossário, e o Apêndice A fornece uma lista em ordem alfabética das siglas mais comumente utilizadas para termos e organizações da indústria.

PÁGINAS ESPECIAIS

Ao longo dos capítulos, você encontrará uma variedade de artigos especiais interessantes.

- "Perfil Pessoal" apresenta a vida, os sucessos e as contribuições para a indústria de personalidades como Conrad Hilton, Thomas Cook e J. Willard Marriott.
- "Um Dia na Vida de..." mostra como é a rotina de diferentes carreiras da indústria, com informações sobre as responsabilidades do trabalho, tarefas diárias e qualificações necessárias para obter sucesso.
- "Perfil Empresarial" mostra a história de grandes empresas líderes do mercado, como McDonald's, Disney e Hyatt Hotels & Resorts.
- "Com a Palavra, os Graduados" transmite informações atuais e conselhos úteis de bem-sucedidos graduados em hotelaria.
- "Por dentro da Indústria" mostra fatos interessantes e corriqueiros sobre a história, leis e ética, cultura, tecnologia, inovações e meio ambiente.

RESUMOS DOS CAPÍTULOS

Cada capítulo termina com um resumo dos tópicos e questões apresentadas para ajudar a fixar os objetivos de aprendizagem e prepará-lo para os exercícios e atividades de pensamento crítico que se seguem.

EXERCÍCIOS E ATIVIDADES DOS CAPÍTULOS

As perguntas de "Verifique Seu Conhecimento" testam o que você lembra sobre os tópicos discutidos ao longo do capítulo. As atividades de "Aplique Suas Habilidades" focam seu conhecimento sobre os problemas da indústria. As perguntas de "Qual É Sua Opinião?" desafiam você a pensar sobre questões relevantes ao conteúdo do capítulo. A seção "Estudos de Caso" apresenta cenários para discussões e atividades. "Na Internet" estimula a pesquisa em diversas áreas utilizando a web.

INFORMAÇÕES BIOGRÁFICAS

Kye-Sung (Kaye) Chon, Ph.D., é professor na Conrad N. Hilton College, na Universidade de Houston (University of Houston), em Houston, Texas. Ele tem publicados mais de 200 artigos sobre a indústria da hospitalidade. O dr. Chon é editor executivo do *Journal of Hospitality and Tourism Research*, e também é editor-chefe do *Journal of Travel and Tourism Marketing* e do *Asia Pacific Journal of Tourism Research*. Em 1993, recebeu o prestigiado prêmio John Wiley & Sons Award, do *Council on Hotel, Restaurant and Institutional Education*, por suas conquistas em pesquisas e bolsas de estudo.

Raymond T. Sparrowe, Ph.D., atualmente leciona na College of Business Administration, na Universidade Estadual de Cleveland (Cleveland State University). Suas pesquisas foram publicadas no *Journal of Hospitality and Tourism Research*, na *Academy of Managent Review* e no *Journal of Applied Psychology*. Em 1996, recebeu o prêmio Van Nostrand Reinhold por excelência em pesquisas sobre gerenciamento hoteleiro. O dr. Sparrowe obteve o título de Ph.D. na Universidade de Illinois, em Chicago, e seu MBA na School of Hospitality Business, da Universidade Estadual de Michigan (Michigan State University). Além de lecionar e atuar como pesquisador, ele também presta consultoria nas áreas de gestão de alimentos e bebidas e de planejamento físico.

REVISORES

Anne Sokol
Niagara University
Niagara, NY

Robert A. McMullin Ed. D.
East Stroudsburg University
East Stroudsburg, PA

David Tucker
Widemer University
Chester, PA

David Cohen
Bergen Community College
Paramus, NJ

Lynn Huffman
Texas Tech
Lubbock, TX

Carolyn Wright
Mayfield High School
Las Cruces, NM

Jim O'Shaughnessy
Daytona Beach Community College
Daytona Beach, FL

Parte 1

O ESPÍRITO DA HOSPITALIDADE

Um símbolo para a hospitalidade é o abacaxi. Sua origem precisa é desconhecida, mas muitos acreditam que a idéia de utilizá-lo como símbolo foi emprestada dos primeiros povos a cultivar a fruta[1]. Esses povos colocavam abacaxis do lado de fora de suas casas para demonstrar que os visitantes eram bem-vindos. Colonizadores europeus levaram a fruta para a Europa e para as colônias norte-americanas no século XVII. Como a exótica fruta era mais rara e mais cara do que caviar, simbolizava o que havia de melhor em termos de hospitalidade. Ela era utilizada para honrar a realeza e os hóspedes muito ricos.

A idéia de hospitalidade, data, é claro, de épocas muito anteriores, desde as evidências históricas encontradas nos primeiros centros da civilização, como a Mesopotâmia (atual Iraque), às referências bíblicas à tradição de lavar os pés dos hóspedes, até os posteriores registros dos donos de hospedaria ingleses que, com uma caneca de cerveja, recebiam viajantes cansados. O conceito de hospitalidade, no entanto, permaneceu o mesmo ao longo da história: satisfazer e servir os hóspedes.

Neste livro, você conhecerá tradições lendárias, em uma jornada que explorará o mundo da gestão de serviços para hóspedes. Bem-vindo à indústria da hospitalidade!

1

Bem-vindo à Indústria da Hospitalidade

Resumo

O que é hospitalidade? Pergunte isso a 50 pessoas e você provavelmente obterá 50 respostas diferentes. "Receber hóspedes de uma maneira calorosa e cordial." "Criar um ambiente agradável ou confortável." "Satisfazer as necessidades dos hóspedes." "Antecipar os desejos dos hóspedes." "Criar uma atmosfera amigável e segura." Cada uma dessas afirmações tem uma expectativa intuitiva (e correta) quanto ao que é e o que não é hospitalidade.

E o que é a indústria da hospitalidade? Achar uma descrição que englobe todos os aspectos da hospitalidade enquanto indústria também é difícil. A **indústria da hospitalidade** — englobando negócios que se dedicam a prestar serviços a hóspedes que estão longe de suas casas — pode ser definida por sua abrangência, missão e fornecedores. Ao longo deste livro, a definição de *indústria da hospitalidade* será continuamente atualizada e refinada, expandida e afiada. Nestas páginas, você se tornará familiar com o passado, o presente e o futuro da indústria, construindo consistentemente seu conceito sobre o que é a hospitalidade — e a indústria que a engloba. Este capítulo apresenta a indústria por meio (1) da delimitação de sua abrangência, (2) do exame de sua missão e (3) da descrição de maneiras de ingressar em suas muitas oportunidades de carreira.

Objetivos

Ao concluir este capítulo, você deverá ser capaz de:

1. Definir o que é a *indústria da hospitalidade* e dar ao menos um exemplo de uma experiência bem-sucedida e outro de uma experiência malsucedida que você tenha vivenciado dentro dessa indústria.
2. Identificar os componentes básicos da indústria da hospitalidade.
3. Explicar a relação existente entre a satisfação do hóspede e as responsabilidades do funcionário durante a prestação do serviço.
4. Comparar os benefícios advindos da formação na área e da experiência adquirida.
5. Recomendar maneiras de assegurar o aprendizado e o crescimento de uma carreira na indústria da hospitalidade.

A ABRANGÊNCIA DA INDÚSTRIA DA HOSPITALIDADE

Os historiadores traçaram o desenvolvimento da indústria da hospitalidade ao longo de milhares de anos e várias culturas. Observar a indústria por meio das lentes da história ajuda a mostrar a estreita relação existente entre a maneira como ela se apresenta e as necessidades e expectativas das diferentes sociedades. Como as sociedades mudam continuamente seus desejos e necessidades, a indústria da hospitalidade também muda.

A indústria da hospitalidade compreende uma grande variedade de negócios, todos dedicados a prestar serviços a pessoas que estão longe de suas casas. Hoje, como no passado, os principais componentes da indústria são aqueles que satisfazem a necessidade de abrigo e acomodação e aqueles que fornecem alimentos e bebidas a seus clientes.

UMA INDÚSTRIA ANTIGA

A indústria da hospitalidade surgiu em decorrência da necessidade de viajar a negócios. Muito tempo atrás, por volta de 3000 a.C., os comerciantes sumérios que viajavam de uma região a outra do reino da Mesopotâmia, para vender grãos, necessitavam de abrigo, comida e bebida. Pessoas empreendedoras encontraram maneiras de satisfazer essas necessidades. Entre a ascensão e a queda de impérios, na Mesopotâmia, na China, no Egito e, mais tarde, em outras partes do mundo, as rotas de comércio se expandiram e os estabelecimentos de hospedagem prosperaram. (Para saber mais sobre a história de outras motivações das viagens, consulte o Capítulo 2.)

Os historiadores conjeturam que as primeiras estruturas destinadas ao pernoite de pessoas foram erguidas no Oriente Médio, ao longo das rotas de comércio e das caravanas, há cerca de 4000 anos. Essas estruturas, denominadas *caravanserai*, situavam-se em intervalos de 12 quilômetros de distância e funcionavam de modo muito semelhante aos atuais *kahns* do Oriente Médio, uma vez que forneciam abrigo (para homens e animais) e nada mais. Todas as provisões — comida, água, colchões — eram trazidas pelo viajante. Registros antigos desses estabelecimentos revelam condições físicas consideradas severas para os padrões atuais. Entretanto, o espírito de hospitalidade era forte, talvez mais especialmente no Oriente Médio. Um tradicional ditado do Oriente Médio ilustra bem a devoção à hospitalidade: "Eu nunca sou um escravo — exceto para o meu hóspede"[2]. (Mais sobre a história dos estabelecimentos de hospedagem no Capítulo 4.)

Em muitos países, a qualidade dos serviços de hospitalidade variava conforme os valores pagos e a localização do estabelecimento. Alguns registros antigos mostram que existiam hospedarias infestadas de insetos, onde serviam refeições de má qualidade, mas nem todas eram ruins; por exemplo, os *Lesches*, lugares de encontros sociais da Grécia Antiga, tinham reputação de servir boa comida. Os hóspedes podiam escolher entre uma variedade de guloseimas, como queijo de cabra, pão de cevada, ervilhas, peixe, figos, carne de cordeiro, azeitonas e mel[3]. Os hóspedes também podiam escolher qual estabelecimento preferiam freqüentar — Atenas possuía 360[4]! (Mais sobre a história de alimentos e bebidas no Capítulo 8.)

Bom serviço também podia ser encontrado na Roma Antiga, por volta de 43 d.C.: "Havia hotéis em todas as principais estradas e nas cidades, os melhores com restaurante e lavatório, quartos com chave ou trava... e também um quintal e estábulo. Uma hospedaria em Pompéia tinha seis quartos, ao redor dos dois lados de um quintal interno, com uma cozinha no terceiro lado; grandes, o bar e o restaurante ficavam um pouco distantes, na rua principal"[5].

A sociedade romana teve uma influência singular na indústria da hospitalidade. Muitos de seus cidadãos eram suficientemente ricos para viajar por prazer, e as bem construídas estradas facilitavam o acesso para a maior parte do mundo conhecido. Conforme os soldados conquistavam novas áreas, os cidadãos romanos podiam visitar lugares exóticos com conforto. A comunicação entre hóspedes e anfitriões não apresentava problemas, visto que o latim havia se tornado um idioma universal. (Na verdade, muito da terminologia relacionada à hospitalidade vem do latim: *hospe* significa hóspede ou hospedeiro; *hospitium* significa acomodação de hóspede, hospedaria ou alojamento. Outras palavras relacionadas incluem "hospício", "hostel", "hospital" e "hotel"[6].)

Com a queda do Império Romano, as viagens declinaram e as hospedarias tornaram-se praticamente inexistentes. Do século IV ao XI, a Igreja Católica Romana manteve a indústria da hospitalidade viva por meio do estímulo às viagens dos peregrinos aos monastérios e catedrais da Europa. Estradas foram construídas e mantidas pelos clérigos dos monastérios locais. Os alojamentos construídos nas igrejas ofereciam um lugar para comer e dormir. As igrejas não cobravam por essas acomodações, apesar de esperar que os viajantes lhes fizessem uma contribuição. As viagens e o comércio aumentavam gradualmente na Europa, e os monastérios permaneceram como os principais estabelecimentos de hospedagem, tanto para os que viajavam a negócios quanto para os que viajavam por lazer.

POR DENTRO DA INDÚSTRIA | **LEI E ÉTICA**

Lei e Ética

As Primeiras Regulamentações da Indústria da Hospitalidade

As primeiras regulamentações conhecidas da indústria são encontradas no Código de Hamurabi. Durante o governo de Hamurabi no Antigo Império Babilônico, de 1792 a 1750 a.C., ele desenvolveu o que foi considerado um sábio e justo "código de leis". O código obrigava as proprietárias de tavernas a denunciar qualquer hóspede que planejasse um crime. O código também proibia adicionar água às bebidas ou enganar quanto à dose servida. A punição para esses "crimes" era morte por afogamento[1].

Na época do Império Romano, as normas tinham evoluído. Por exemplo, a mulher de um dono de hospedaria não podia ser punida por desobedecer às leis contra o adultério; os donos de hospedaria não podiam servir ao exército porque o exército era um serviço nobre; e os donos de hospedaria não podiam ter a guarda de crianças menores de idade[2].

Algumas vezes, as regras eram instituídas pelos donos de tavernas. No século XVI, na Inglaterra, era comum a existência de leis como: não era permitido mais de cinco pessoas na mesma cama; não era permitido deitar de botas na cama; não era permitido acolher nenhum amolador ou construtor de lâminas; era proibida a presença de cachorros na cozinha; tocadores de realejo tinham de dormir nos sanitários[3].

Apesar de algumas normas parecerem absurdas, as primeiras regulamentações ajudaram no desenvolvimento da indústria e algumas permanecem até os dias atuais.

[1] FIREBAUGH, W. C. *The Inns of Greece and Rome; And a History of Hospitality from the Dawn of Time to the Middle Ages*. Chicago, F. M. Morris Company, 1923.

[2] FIREBAUGH. *Inns of Greece and Rome*.

[3] BRAUDEL, Fernand. *The Structures of Everyday Life*, volume 1. Nova York, Harper & Row, 1982.

Além de padres e missionários, outros viajantes, entre os quais comerciantes, diplomatas e militares, viajavam percorrendo os caminhos em expansão, o Mediterrâneo e a Europa. Nem todos esses andarilhos recorriam à igreja: eles também eram bem-vindos nas hospedarias independentes durante suas jornadas. Quando um grupo italiano de donos de hospedarias formou uma corporação em 1282, a hospedagem evoluiu de um ato de caridade para um negócio bem desenvolvido.

As propriedades privadas na Inglaterra prosperaram menos rapidamente. Em 1539, como parte de sua disputa com a Igreja Católica Romana, o rei inglês Henrique VIII declarou que todas as terras de propriedade da Igreja deveriam ser doadas ou vendidas. Esse decreto inadvertidamente causou o crescimento das hospedarias particulares, pois a Igreja teve de abrir mão de suas propriedades. Ela perdeu seu papel de anfitriã hospedeira, e as propriedades particulares se multiplicaram. (Saiba sobre as influências políticas contemporâneas na indústria da hospitalidade no Capítulo 3.)

A INDÚSTRIA TURÍSTICA E DE HOSPITALIDADE

De sua origem simples como propriedade particular e negócio operado de maneira independente, a indústria da hospitalidade cresceu em complexidade e tamanho. As empresas de hospedagem, hoje, interagem de uma maneira global e devem ficar atentas ao que acontece a seu redor. Por exemplo, empresas de administração e cadeias hoteleiras estão agora espalhadas ao redor do mundo; as condições econômicas em Cingapura afetam a filial de uma empresa nesse local e em todos os outros em que a empresa estiver presente.

A indústria da hospitalidade está também estreitamente ligada à de viagens e turismo. **Turismo** é a viagem de recreação ou a promoção e os preparativos para tal viagem. O turismo e a indústria da hospitalidade são tão inter-relacionados que algumas associações e líderes, entre eles o Council on Hotel, Restaurant and Institutional Education (CHRIE), consideram a combinação da hospitalidade com o turismo uma única grande indústria — a indústria do turismo e da hospitalidade. Os componentes dessa grande indústria incluem: (1) serviços de alimentos e bebidas, (2) serviços de hospedagem, (3) serviços de recreação, (4) serviços relacionados às viagens (turismo) e (5) produtos oferecidos com serviços personalizados em conjunto acrescidos aos quatro primeiros componentes. Como esses componentes são independentes e, geralmente, representam indústrias concorrentes, esse grupo de indústrias será aqui denominado **rede turística e de hospitalidade**, sendo que *rede* significa uma complicada interconexão de partes e componentes[7]. (Observe a Figura 1-1 para ter uma visão geral da rede turística e de hospitalidade.) Algumas vezes, a referência a essa grande rede será feita simplesmente como indústria da hospitalidade, especialmente para enfatizar a responsabilidade dos profissionais da indústria quanto a serem anfitriões hospitaleiros e corteses ao oferecer seus serviços[8].

Este livro se concentra em dois principais componentes da indústria da hospitalidade: serviços de hospedagem e de alimentos e bebidas. Mas, antes, discute as interligações entre os componentes da rede e as forças globais que podem afetá-los.

AS CONEXÕES DA INDÚSTRIA E AS FORÇAS GLOBAIS. No Capítulo 2, você aprenderá como os diversos componentes da rede global turística e de hospitalidade se relacionam. No Capítulo 3 e ao longo dos demais capítulos deste livro, haverá discussões sobre como as forças globais afetam essa complexa rede. As forças são analisadas para descobrir **tendências** que podem ser socioculturais, econômicas, tecnológicas ou políticas. Essas mudanças, algumas vezes, desafiam os líderes empresariais a criar oportunidades novas e estimulantes e também ilustram a natureza dinâmica e o constante aumento da globalização da indústria.

A chegada à meia-idade da geração nascida na época da explosão da taxa de natalidade (*baby boom*) contribuiu para uma tendência conhecida como o envelhecimento da América. O Capítulo 12 mostra como essa tendência pode afetar o aparecimento de *oportunidades*. Os especialistas prevêem que cada vez mais pessoas idosas comporão a força de trabalho, particularmente na área de alimentos e bebidas. Além disso, à medida que a população envelhece, instituições como estabelecimentos de saúde e asilos precisam de um número maior de funcionários para atender ao aumento da demanda.

Conseqüentemente, apesar de os *componentes* da rede turística e de hospitalidade estarem em processo de constante mudança (no que concerne à mão-de-obra, às oportunidades e ao crescimento), a rede continuará a dominar como uma indústria global.

O Componente Hospedagem da Indústria. Hospedagem é um componente que notadamente caracteriza a indústria da hospitalidade, envolvendo a oferta de pernoites ou mesmo serviços para hóspedes de longa permanência. Nos Estados Unidos, a indústria da hospedagem empregou 1,16 milhão de pessoas em tempo integral e parcial e gerou US$ 85,6 bilhões em 1997[9]. Espera-se que, até 2005, o número de pessoas empregadas pela indústria da hospitalidade chegue a 1,89 milhão.

História

POR DENTRO DA INDÚSTRIA **HISTÓRIA**

Ordinaries — As Tavernas Coloniais

Na América do Norte Colonial, os estabelecimentos públicos eram denominados ***ordinaries***. Muitas vezes, esses lugares eram casas de fazenda adaptadas para fornecer aos viajantes um lugar para ficar. Na Nova Inglaterra e nas Colônias Centrais,

> "toda acomodação e serviço" freqüentemente significava dormir no chão do "quarto comprido", com o pé em direção à lareira e a cabeça em cima de um casaco enrolado, ao lado de uma dúzia ou mais de pessoas de ambos os sexos. Significava um rápido banho frio em uma bacia do lado de fora e o uso cuidadoso de uma toalha coletiva. Um aviso vindo da corneta do dono da casa significava mãos à mesa, prontas para "atacar" o café da manhã com dedos e facas...[1]

Esses *ordinaries* costumavam ser o centro de atividades sociais onde as pessoas da cidade e os viajantes trocavam novidades e opiniões e compravam bebidas alcoólicas e comida. Durante a Guerra Revolucionária, os *ordinaries* foram renomeados como tavernas e se tornaram centros de agitação política. De fato, Daniel Webster chamou a Taverna do Dragão Verde, de Boston (Boston's Green Dragon Tavern), de "Quartel-general da Revolução"[2].

[1] DORSEY, Leslie e DEVINE, Janice. *Fare Thee Well*. Nova York, Crown Publishers Inc., 1964.

[2] EARLE, Alice Morse. *Stage Coach and Tavern Days (1900)*. Detroit, Singing Tree Press, 1968.

Para muitas pessoas, hospedagem é simplesmente um lugar para dormir. Para outras, a infra-estrutura de hospedagem corresponde a um conjunto de serviços que vão muito além de fornecer uma cama, oferecendo também instalações de lazer e entretenimento. Por esse motivo, a indústria da hospedagem desenvolveu-se para acomodar hóspedes com as mais variadas preferências — oferecendo desde hotéis econômicos até os muito luxuosos e grandes resorts de lazer.

No Capítulo 4, você aprenderá sobre as especificidades do serviço de hospedagem, incluindo os diferentes tipos de estabelecimentos existentes, como possuir e administrar empreendimentos de hospedagem e marketing. Também aprenderá sobre o desenvolvimento de hotéis e sua operação nos Capítulos 5 e 6; centros de eventos e convenções no Capítulo 10; e resorts e hotéis-cassinos no Capítulo 11.

O Componente Alimentos e Bebidas da Indústria. O componente alimentos e bebidas da indústria empregou mais de 10,2 milhões de pessoas em 1998, e as projeções indicam que empregará 11 milhões até 2005, apenas nos Estados Unidos. Essa indústria gigante, com cerca de 799 mil estabelecimentos nos Estados Unidos, é composta tanto por vendedores de rua quanto por restaurantes quatro estrelas dentro de outras instituições (faculdades e hospitais, por exemplo).

Os clientes podem desfrutar de uma variedade de tipos de ***cuisine*** — comida elaborada e servida no estilo de diferentes países, como a chinesa, indiana, malaia, tailandesa, francesa,

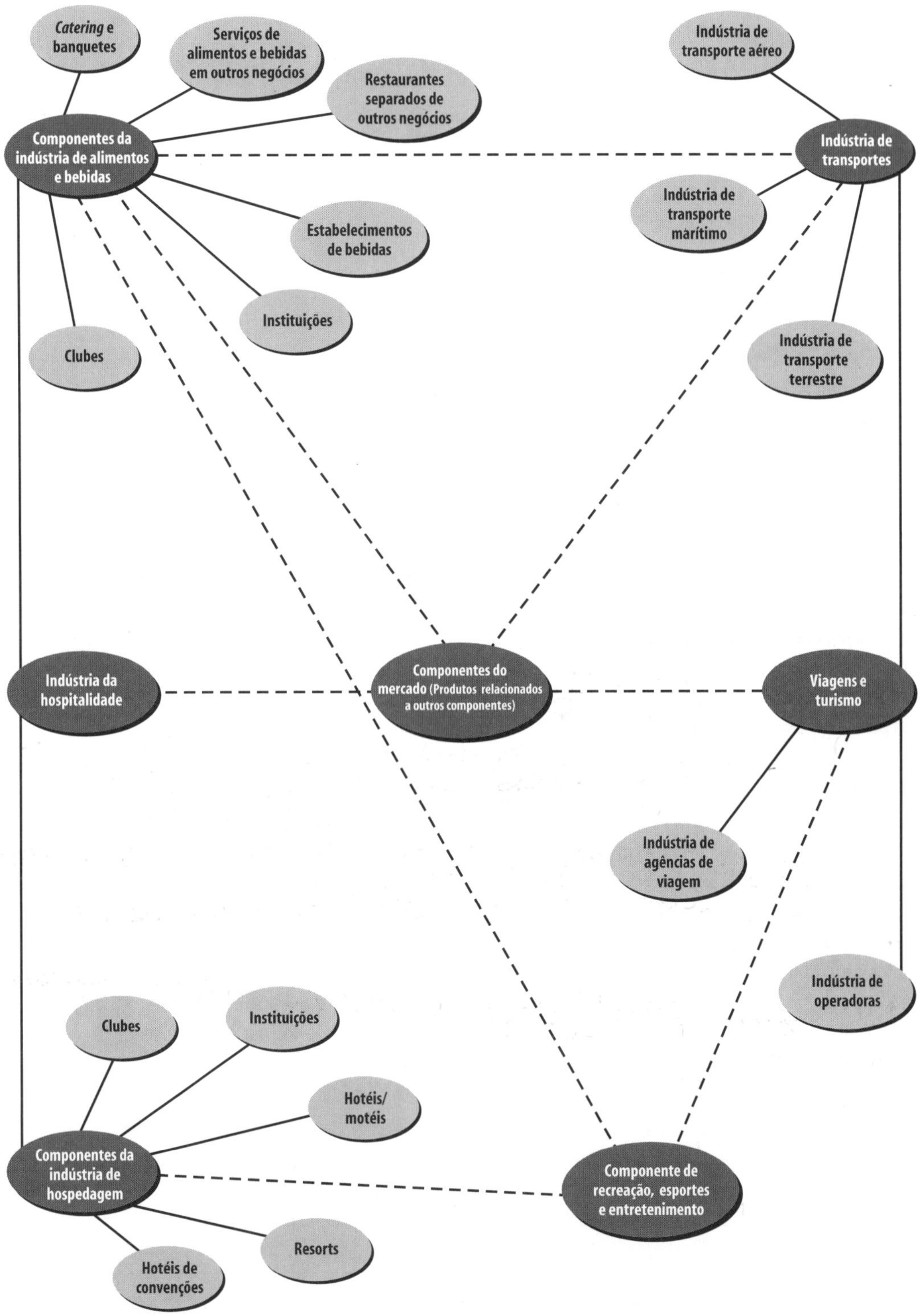

Figura 1-1 A rede turística e de hospitalidade.

Perfil Pessoal

PERFIL PESSOAL **CONRAD HILTON**

Mestre em Finanças Hoteleiras

Conhecido como o "maior hoteleiro do mundo", Conrad Nicholson Hilton começou sua carreira em hospedagem ainda garoto, quando seu pai reformou a casa de tijolos da família para incluir cinco quartos para hóspedes temporários. Aos 16 anos, Conrad Hilton liderava representantes de vendas para a casa dos Hilton, onde o hóspede pagava US$ 1,00 por um pernoite e uma refeição.

O jovem Hilton, entretanto, tinha mais interesse em outros negócios e, após terminar a faculdade, tornou-se parceiro de seu pai na empresa mercantil A. H. Hilton and Son.

Conrad Hilton aventurou-se em muitas áreas. Foi o representante republicano para o primeiro parlamento do estado do Novo México. Mais tarde, tornou-se presidente do banco do pai e, antes de ingressar em sua legendária carreira na indústria da hospitalidade, foi oficial do exército na Segunda Guerra Mundial. Em 1919, após o falecimento do pai, Hilton comprou o Hotel Mobley, de 40 quartos, em Cisco, no Texas. Seis anos depois, construiu o Hotel Hilton, em Dallas, no Texas.

Durante os anos 20, continuou a comprar e vender hotéis no Texas. Apesar de o período da Depressão ter causado dificuldades (quatro de seus hotéis faliram), a determinação de Hilton prevaleceu. Ele fechou andares inteiros para cortar custos, pegou dinheiro emprestado de seu seguro de vida e trabalhou para a Affiliated National Hotels. Quando a economia nacional se recuperou, Hilton continuou comprando, vendendo, arrendando hotéis e fazendo compras cada vez mais vultosas. Em 1942, comprou seu primeiro grande hotel fora do Texas, o Town House, em Los Angeles. Essa aquisição iniciou sua arrancada rumo a uma das lideranças da indústria.

Em 1948 fundou a Hilton International Company. Por volta de 1949, ano em que comprou o Waldorf-Astoria, em Nova York, a empresa possuía, arrendava ou administrava 13 hotéis, que, juntos, valiam US$ 60 milhões e tinham 13 mil unidades habitacionais. Em 1954, Hilton adquiriu a cadeia hoteleira Statler.

Mais do que o tamanho de seu conglomerado, o faro para negócios foi o que ajudou Hilton a deixar sua marca na indústria da hospedagem. Dinâmico e enérgico, descrito pelo *New York Times* como "mestre das finanças e precavido negociador, cuidadoso o suficiente para não se onerar demasiadamente", tinha ele "um aguçado senso de oportunidade"[1]. Uma de suas políticas características era realçar a atmosfera preexistente dos hotéis, preservando-lhes a identidade, em vez de redesenhá-los para adequá-los a um determinado padrão ou estilo. Ele dizia: "Eu compro tradição e tiro o melhor proveito disso"[2].

Sempre foi um inovador. Em um esforço para maximizar os lucros, alugou as áreas comuns no piso térreo de seus hotéis para lojistas. Também desenvolveu o conceito de administração de hotéis. Por meio de acordos com governos estrangeiros, arrendou e administrou hotéis construídos, equipados e mobiliados em outros países. Em troca, ele recebia 2/3 do lucro operacional bruto do hotel. O Caribe Hilton, em Porto Rico (o primeiro hotel moderno, planejado de maneira eficiente, com ar-condicionado e variedade de serviços) foi desenvolvido dessa maneira. Conrad Hilton também fundou a Carte Blanche, empresa de cartões de crédito. Trabalhou com toda a força até 1979, quando faleceu aos 91 anos.

[1] COOK, Joan. "Conrad Hilton, Founder of the Hotel Chain, Dies at 91", *New York Times*, 5 de janeiro de 1979. Caderno II, 5.

[2] COOK, "Conrad Hilton", 5.

italiana, cajun (típica de Luisiânia), japonesa, norte-americana e mexicana. Essa variedade é freqüente em todos os tipos de estabelecimentos de alimentação. Você pode comer um tamale[10] em uma esquina ou tomar chá com biscoitos em uma casa de chá britânica. Existem ainda pequenos restaurantes, lanchonetes 24 horas, sedes de fazendas francesas e outros estabelecimentos com temas interessantes que visam atrair o público. Normalmente, estabelecimentos de alimentos e bebidas podem ser categorizados com relação a seu público-alvo, conceito e cardápio. Isso será discutido em maiores detalhes nos Capítulos 7, 8 e 9.

No Capítulo 7 você explorará a diversidade do componente alimentos e bebidas da indústria, incluindo os diferentes tipos de restaurantes comerciais e de coletividade. O Capítulo 8 mostra as carreiras nos serviços de alimentação, a operação, as questões sociais e a arte de preparar alimentos. O Capítulo 9 examina o componente bebida da indústria, incluindo tendências no consumo, seus tipos, os riscos de gestão e as responsabilidades legais para venda e consumo de bebidas alcoólicas.

SERVIÇOS — A MISSÃO E O PRODUTO DA HOSPITALIDADE

Quando recebe amigos em sua casa, você, naturalmente, quer que eles fiquem confortáveis. Você os cumprimenta e faz todo o possível para servir e entreter seus convidados. E quando vai à casa de alguém, em geral você recebe comida, bebida e até mesmo uma cama confortável. Esses **agrados** ou traços que acrescentam conforto material, conveniência ou suavidade às relações sociais ajudam a definir o comportamento conhecido como hospitalidade. Esse comportamento também é um serviço. E os serviços são o produto mais importante da indústria da hospitalidade.

A NATUREZA DO PRODUTO

A intangibilidade dos serviços faz com que enxergar a hospitalidade como uma indústria seja um pouco difícil para muita gente. Geralmente, quando as pessoas pensam em *indústrias*, elas imaginam grandes complexos manufatureiros com chaminés altas e linhas de produção barulhentas. Essas indústrias produzem produtos tangíveis, que normalmente podem ser manuseados, estocados para uso futuro e produzidos de maneira uniforme. Os serviços, por outro lado, são um produto intangível. O respeito demonstrado por um hóspede não pode ser segurado nas mãos; o ato de puxar uma cadeira para um hóspede não pode ser estocado para uso futuro; e práticas aceitas em uma cultura podem ser consideradas rudes em outras, tornando impraticável a uniformidade dos serviços.

Alguns negócios relacionados à hospitalidade também produzem produtos tangíveis, como equipamentos especiais de cozinha utilizados em restaurantes comerciais. Mas, para a maioria dos serviços de hospitalidade, o negócio principal é a criação de experiências memoráveis por meio de serviços que supram suas necessidades. A missão que compartilham é fornecer serviços e, também, obter lucro. James C. Penney, o magnata das lojas de varejo, descreveu a ambigüidade dessa tarefa quando disse: "Se nós satisfazemos nossos clientes, mas falhamos ao satisfazer nosso negócio, logo estaremos falidos. Se obtemos lucro, mas falhamos na satisfação dos clientes, logo estaremos sem clientes"[11].

Restaurantes e hotéis têm um objetivo duplo: satisfazer física e psicologicamente as expectativas dos hóspedes. Eles conseguem isso oferecendo um bom produto (refeições ou acomodações) e um bom serviço, servindo a refeição e entregando as acomodações da maneira apropriada.

QUESTÕES ACERCA DA ENTREGA DO PRODUTO

A entrega de um produto intangível naturalmente abre espaço para percepções conflitantes de sua qualidade. Não somente os profissionais de dentro da indústria discordam em alguns pontos teóricos, mas os funcionários e clientes também vêem a entrega do serviço sob pontos de vista bastante diferentes. A experiência única vivenciada pelo hóspede é, muitas vezes, rotina para o empregado. O hóspede investe tempo, dinheiro e emoção na esperança de ter uma experiência agradável. Tudo isso é perdido se o serviço não atinge as expectativas. O máximo que o funcionário pode fazer é agir melhor com o próximo hóspede.

Perfil Empresarial

PERFIL EMPRESARIAL **McDONALD'S**

Produzindo McBilhões[1]

Durante anos, luminosos do lado de fora das lojas do McDonald's estimavam o número de pessoas servidas. Em 1983, o sinal dizia: "Mais de 40 bilhões vendidos". À medida que a empresa foi crescendo e o número de pessoas servidas aumentou, tornou-se impossível continuar a contagem. Agora, nas placas, está escrito "Bilhões e bilhões servidos".

O que leva tantas pessoas aos arcos amarelos? A resposta está, em parte, em seu lema: Qualidade, Serviço e Limpeza (QSC — Quality, Service and Cleanliness). Esses princípios agora compõem os fundamentos dos restaurantes fast-food.

O primeiro McDonald's surgiu em 1948 quando dois irmãos, Dick e Mac McDonald, venderam seu primeiro hambúrguer em um drive-thru em San Bernardino, na Califórnia. Com o tempo, os irmãos transformaram o drive-thru em um self-service. Suas inovações incluíam um cardápio fixo e limitado, a inexistência de garçons e gorjetas, poucos processos e serviço rápido[1].

Ray Kroc, vendedor de máquinas de milk-shake, ficou admirado quando descobriu que a primeira loja dos McDonald's estava vendendo mais de 20 mil milk-shakes por mês. Pensando em vender máquinas de milk-shake ao McDonald's, Kroc envolveu-se com o restaurante. Ele ficou maravilhado com a rapidez e a eficiência com que os irmãos McDonald e seus funcionários serviam tantos clientes. Ray, então, assinou contrato com os irmãos como seu segundo agente franqueador e acabou por comprar a parte deles no negócio.

Kroc era um gênio em ajudar outras pessoas — em geral sem experiência em restaurantes — a ser bem-sucedidas. Seus contratos de franquia eram generosos, e muitos franqueados prosperaram antes mesmo que ele. Diferentemente de outros, Kroc mantinha o menor número possível de camadas de média gerência. Em vez disso, gerenciava por meio de padrões de qualidade e serviço e motivava de maneira brilhante suas centenas de empreendedores. Dezenas de inovações do McDonald's — McMuffin, Ronald McDonald, Big Mac — foram idéias de marketing criadas por diversos franqueados e adotadas pela corporação.

Atualmente, o McDonald's é a maior empresa de alimentação que se conhece, com 25 mil restaurantes em 115 países. Aproximadamente 38 milhões de pessoas são servidas todos os dias[2].

Se receber um serviço consistente e de qualidade é um conceito-chave em hospitalidade, o McDonald's é um exemplo moderno do melhor da hospitalidade: dar às pessoas o que elas querem, sempre.

[1] Love, John F., *McDonald's Behind the Arches*. Nova York, Bantam Books, 1986.
[2] www.bison1.com.mcdon.html

Percepções de Valor. Os serviços não podem ser medidos na graduação contínua de bom para ruim. A existência de tal escala é impossível, porque as variáveis envolvidas na determinação de um serviço bom ou ruim — as expectativas do hóspede e a imagem da empresa — não são fixas. Até mesmo o conceito de valor ou de quanto vale a pena o serviço baseia-se na percepção do hóspede. É certo dizer, entretanto, que a maior parte dos hóspedes quer serviço de qualidade por um preço justo.

Os hóspedes percebem um serviço como bom conforme suas próprias expectativas com relação aos profissionais da hospitalidade. Similarmente, o valor é baseado nas expectativas dos clientes com relação a quanto eles pagam pelo serviço e quanto pagariam por um serviço semelhante em outro local. Certamente, as pessoas não esperam de um hotel barato o mesmo serviço de um caro. Entretanto, o que elas realmente esperam é um serviço igual ou melhor no hotel ou no restaurante que estão freqüentando (e pelos mesmos ou melhores preços) do que nos concorrentes (que optaram por não freqüentar... *dessa vez*).

Um bom serviço sempre é equiparado à quantidade de agrados, ao grau de atenção/interação ou à rapidez da entrega. Apesar de esses fatores estarem relacionados ao serviço, identificá-los diretamente com a qualidade do serviço é ilusório. Os serviços e a qualidade dos serviços são contextualmente definidos pelas expectativas do hóspede e, também, pela imagem da organização. Bom serviço no McDonald's é completamente diferente de bom serviço no Wolfgang Puck's — e, ainda assim, ambos podem oferecer um serviço de *qualidade*.

O Momento do Serviço. O período de tempo em que um cliente interage diretamente com a prestação de um serviço é conhecido como **momento do serviço**. Essa interação acontece tanto com os funcionários quanto com as instalações físicas e outros elementos visíveis. Se a publicidade do estabelecimento de hospitalidade faz o hóspede esperar encontrar estacionamento com motorista, a presença ou a falta desse serviço afeta a percepção do hóspede em relação à empresa. Nas relações humanas, tanto os hóspedes quanto os funcionários levam para esse momento certas expectativas e traços de personalidade.

O que os hóspedes esperam dos estabelecimentos de hospitalidade? As respostas variam, mas sempre incluem o fato de que eles querem, esperam e exigem *serviço* — serviço prestado de maneira cordial e eficiente.

Os hóspedes avaliam a qualidade de um serviço comparando o que foi oferecido e o que eles esperavam receber, conforme o tipo de estabelecimento. Cinco elementos principais compõem a escala pela qual os serviços são julgados: (1) tangibilidade, (2) credibilidade, (3) responsabilidade, (4) garantia e (5) empatia[12]. Como a maioria desses fatores são resultado da interação *humana*, a maneira como um funcionário se comporta durante o momento do serviço contribui muito para a percepção da qualidade do serviço.

A maior parte das interações entre hóspedes e funcionários que influenciam significativamente a percepção do hóspede quanto à satisfação ou insatisfação com o serviço cai em uma das três categorias gerais[13]:

1. *Atitude do funcionário frente a uma falha na execução do serviço.* Quando os serviços normalmente à disposição encontram-se em falta ou não existem (como uma reserva perdida), quando o serviço é inexplicavelmente lento ou quando ocorrem outras falhas na parte principal do sistema de execução, a atitude do funcionário tem papel crucial na percepção do cliente. Se o funcionário compensa a falha dando ao hóspede um apartamento de categoria superior ou uma bebida grátis, por exemplo, o momento é geralmente percebido como satisfatório. Entretanto, a compensação não é a única solução: explicações e auxílio para resolver o problema são muitas vezes suficientes para satisfazer o hóspede. Por outro lado, se o funcionário não fornece uma compensação, explicação ou solução, o momento é geralmente percebido como insatisfatório. A atitude do funcionário pode transformar uma experiência negativa em uma lembrança positiva... ou aumentar o antigo problema, criando dois.
2. *Atitude do funcionário em face das necessidades e dos pedidos dos clientes.* Quando o cliente deseja alterar o sistema de execução do serviço para satisfazer necessidades específicas, a atitude do funcionário sempre significa mais do que o simples fato de conseguir ou não satisfazer essas necessidades. Necessidades especiais incluem situações de emergência, dificuldades médicas ou de idioma, preferências e erros dos clientes e desembaraço diante do comportamento destrutivo de outros clientes. Se o funcionário se interessa pela solicitação e pelo menos tenta atendê-la (ou explica por que

não pode fazer isso), o cliente costuma se contentar. Por outro lado, o desinteresse ou a falta de vontade do funcionário para tentar "quebrar as regras" deixa-o insatisfeito.

3. *Atitudes voluntárias e espontâneas dos funcionários.* A quantidade de atenção dispensada aos clientes os deixará mimados ou frustrados. Dedicar mais tempo, fornecer informações adicionais ou demonstrar interesse pelo conforto de um cliente são atitudes do funcionário que deixam esse cliente satisfeito. Comportamentos bem fora do comum também pertencem a esse grupo, assim como comportamentos dentro das normas culturais, desempenho exemplar sob situações adversas e avaliações gestalt.

Na **avaliação gestalt**, o momento do serviço é avaliado holisticamente — "tudo ocorreu bem". Nessa categoria também estão os casos em que um mesmo cliente tem uma série de momentos de serviço com o mesmo prestador e, em seguida, torna-se cliente fiel ou jura nunca mais voltar.

Analisando o Momento do Serviço. A base para um "bom serviço" não se assenta em filosofia abstrata nem em código de regras (certamente, é muito mais do que dizer "tenha um bom dia" ou atender ao telefone antes que ele toque três vezes). Ao contrário, vem de um processo interativo em que as pessoas respondem com sensibilidade às expectativas. O funcionário inicia o processo sondando cuidadosamente as expectativas do hóspede. (Veja o fluxograma para resolução de problemas ilustrado na Figura 1-2.)

Hóspede: Toda vez em que me hospedo no Hotel ABC não consigo fazer pedidos ao serviço de quarto por causa do horário de funcionamento. Parece que nunca está disponível.

Funcionário: Parece que o senhor gostaria de comer algo. Será que posso ajudar solicitando que o jantar seja entregue em seu apartamento?

Como você viu, as expectativas do hóspede determinam o que é o serviço. Conseqüentemente, não existe uma situação universal que possa ilustrar um bom serviço. Por exemplo, você e um amigo vão a um restaurante no centro da cidade para comer algo. Você está no meio de uma excursão de compras e quer "comer rápido". Entretanto, a garçonete programou sua refeição para ser prazerosa, um almoço de uma hora de duração. Isso é serviço ruim? Para você pode ser que seja, uma vez que sua expectativa era entrar e sair o mais rápido possível. Para outras pessoas, entretanto, esse tipo de tranqüilidade poderia ser exatamente o que elas queriam e esperavam, significando um bom serviço.

A seguir temos exemplos de diversos graus de satisfação do hóspede ou cliente.

O Gosto do Sucesso. O escritor Pete Stevens relata um episódio de uma atitude espontânea de um funcionário.

> Eu ia participar de uma conferência de três dias no Marriott Copley Place, em Boston. Cheguei a Boston no final da manhã, peguei emprestado o carro de um amigo para resolver alguns negócios e fui para o hotel assim que escureceu (debaixo de chuva).
>
> Não conseguia achar o maldito hotel. Eu andava em círculos ao redor do quarteirão — procurando, procurando, suando, procurando — e BUM! Bati no meio-fio e furei o pneu dianteiro esquerdo.
>
> Saí do carro, corri na chuva no sentido contrário ao tráfego, em direção a uma cobertura na entrada de um prédio, onde encontrei um porteiro em um uniforme vermelho, branco e dourado. Eu estava no Marriott.
>
> Brad veio em minha direção e perguntou se podia me ajudar. Expliquei o problema do carro, contei que iria me hospedar e perguntei onde poderia encontrar um telefone para chamar um mecânico.

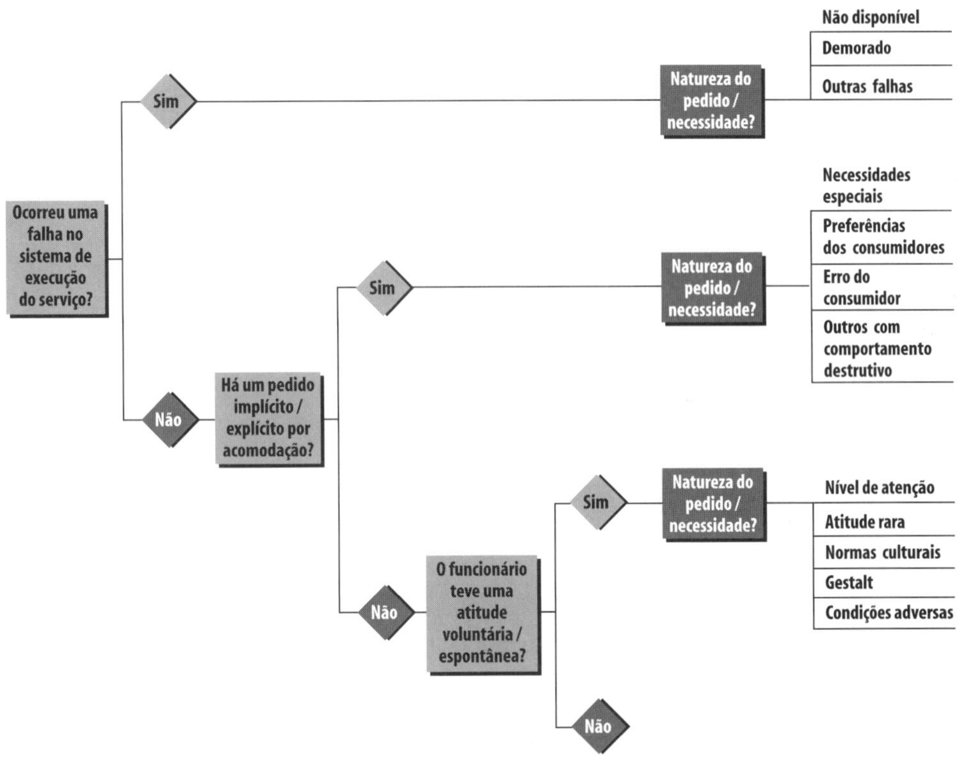

Figura 1-2 Processo de classificação das ocorrências no momento do serviço.
Fonte: adaptado de Mary Jo Bitner, Bernard H. Booms e Mary Stanfield Tetreault, "The Service Encounter: Diagnosing Favorable and Unfavorable Incidents", *Journal of Marketing*. Janeiro de 1990: 76.

> Brad foi comigo até o carro, segurou o trânsito enquanto eu fazia o retorno, disse que consertaria o pneu e me direcionou à recepção. Mais tarde, já no quarto, recebi um telefonema de Brad, avisando que o pneu estava consertado e o carro, na garagem.
>
> Três dias depois, quando eu estava indo para o aeroporto, lá estava Brad. Ele acenou e disse: "Espero que o senhor tenha aproveitado a conferência, dr. Stevens. Tenha uma boa viagem"[14].

Os serviços não precisam ser "espetaculares" para ser considerados bons. Em alguns locais, o bom serviço praticamente não é perceptível, porque tudo sai conforme as expectativas dos hóspedes. Geralmente, apenas quando o serviço não corresponde às expectativas do hóspede ele é classificado como satisfatório ou insatisfatório.

Uma Experiência Decepcionante. Em um artigo publicado no *Cornell Hotel and Restaurant Administration Quarterly*, Bonnie J. Knutson, membro da School of Hotel, Restaurant, and Institutional Management da Michigan State University, enfatiza que atingir ou superar as expectativas do hóspede é extremamente importante para gerar satisfação. Segue-se um exemplo pessoal de Knutson sobre como *não* servir um hóspede:

> Depois de passar a manhã ministrando um seminário sobre a satisfação do hóspede, eu estava cansada, com fome e com o horário apertado. Então, parei em um restaurante próximo que anunciava: "Cachorros-quentes de Nova York". Quando vi no cardápio cachorro-quente

e chili, descobri exatamente o que queria — não, o que eu precisava — para o almoço: um bom, grande e suculento cachorro-quente tipo coney[15], coberto com chili e cebola. Eu adoro cachorro-quente tipo coney.

Chegando ao balcão, fui cumprimentada por uma simpática atendente. A conversa foi mais ou menos assim:

Atendente: Olá, posso ajudá-la?

Eu: Eu gostaria de um cachorro-quente tipo coney e um café preto.

Atendente (parecia assustada): Não temos cachorro-quente tipo coney.

Eu: Sei que não tem no cardápio. Mas coloque um pouco de chili e cebola no cachorro-quente e faremos de conta que é um coney.

Atendente: Mas, senhora, nós não temos cachorro-quente tipo coney.

Eu (determinada): Vocês têm cachorro-quente, não têm?

Atendente: Temos.

Eu: Vocês têm chili, não têm?

Atendente: Temos.

Eu (sorridente): Então não tem problema. Apenas coloque um pouco de chili no cachorro-quente e um pouco de cebola no chili que teremos um cachorro-quente tipo coney.

Atendente: Mas não temos cachorro-quente tipo coney.

Você pode imaginar. A conversa continuou dessa maneira por mais três minutos até eu entender que ela não podia me vender um cachorro-quente tipo coney porque ela não sabia como cobrar. Não estava no manual, e a política da empresa não permitia a ninguém do atendimento criar um novo item para o cardápio ou mudar um preço. E daí? Tudo o que eu queria era um cachorro-quente tipo coney[16].

Obviamente, esse momento ficou abaixo das expectativas do cliente. E toda vez que a expectativa de um cliente não é atingida na prestação de um serviço, deixa-se de alcançar o resultado desejado: um cliente fiel.

Desvio de Curso. A percepção do serviço e a expectativa do hóspede também são influenciadas pelas instalações físicas e outros elementos visíveis. Veja, por exemplo, a história de uma família que viajou de carro da Pensilvânia à Califórnia. Pararam para dormir no Arizona, onde tudo o que desejavam era um bom descanso e uma refeição quente. Ao ver uma placa de um restaurante chinês, a família concluiu que um jantar oriental era exatamente o que eles queriam. Seria conveniente, nutritivo, e uma boa chance de fugir da culinária que eles vinham provando até então. Prontos para os rolinhos primavera e para o frango xadrez, eles abriram a porta e entraram no restaurante. Qual não foi a surpresa ao entrarem e notarem a decoração típica de uma “churrascaria” americana, com aqueles enormes cardápios de parede com pratos típicos de uma churrascaria. Em uma rápida conferência de família, concluíram que a fome era maior que a vontade de comer comida chinesa, e assim decidiram ficar onde estavam. Infelizmente, apesar de todos gostarem de carne e de os preços serem razoáveis, a refeição (e a experiência) não foi muito satisfatória, porque foram levados a esperar a refeição servida e não por aquela que o cartaz prometia.

PRINCÍPIOS PARA OBTER A SATISFAÇÃO DO HÓSPEDE

Satisfazer um hóspede significa atender completamente suas necessidades e anseios. Um hóspede de hotel espera acomodações seguras, limpas e confortáveis. Um cliente de restaurante espera uma refeição saborosa em um ambiente limpo e agradável. Preencher essas expectativas é prioridade para os profissionais de hospitalidade. O trabalho está realizado apenas quando o cliente estiver satisfeito.

Apesar de a qualidade dos serviços ser contextualmente definida pelas expectativas dos hóspedes, algumas abordagens quanto ao serviço são quase universalmente aplicáveis. Para satisfazer e manter os clientes, Knutson propõe dez princípios:

1. *Identifique seu hóspede.* Personalizar as relações usando o nome do hóspede nem sempre é possível, mas uma interação sincera e calorosa é muito bem-vinda.
2. *Dê uma boa primeira impressão.* Os hóspedes julgam o que sua propaganda anuncia de acordo com o que eles acreditam e apenas aceitam novas informações que combinem com suas crenças. Mudar uma primeira impressão negativa é um desafio quase impossível.
3. *Atenda as expectativas de seus hóspedes.* Os hóspedes esperam um ambiente sem problemas. Tudo o que eles querem é ter suas necessidades satisfeitas sem maiores preocupações.
4. *Diminua o esforço do cliente.* Os hóspedes querem fazer o mínimo possível de esforço para adquirir seu serviço. Lembre-se: eles estão lá para relaxar.
5. *Facilite as decisões do cliente.* Os hóspedes podem não estar familiarizados com tudo o que você tem a oferecer. Você pode ajudá-los a decidir de maneira sutil, como, por exemplo, exibindo em uma bandeja uma sobremesa flamejante que certamente chamará a atenção.
6. *Concentre-se na percepção do cliente.* Não importa se a percepção do hóspede é precisa ou não; para ele, ela é verdadeira.
7. *Evite fazer o hóspede esperar.* O tempo de espera sempre parece quatro vezes maior do que realmente é.
8. *Crie lembranças que o hóspede gostará de reviver.* Bons tempos e lembranças de bons tempos são o que realmente vendemos. Quando os clientes deixam um estabelecimento, tudo o que levam com eles são as lembranças... e são as boas lembranças que os fazem voltar.
9. *Seu cliente se recordará de más experiências.* Tenha em mente que ele *falará* dessas más experiências, aumentando os detalhes toda vez que contá-las. Isso poderá causar má impressão de seu estabelecimento em pessoas que não o conhecem.
10. *Deixe o cliente em débito com você.* Sua meta é fazer seus hóspedes deixarem o hotel com a sensação de ter recebido muito mais pelo que pagaram, e com a idéia de que lhe devem um retorno[17].

Em resumo: mantenha seus hóspedes felizes, tornando tudo fácil para eles. Em troca, um hóspede satisfeito é um hóspede fiel que gera lucro e qualificação profissional para os funcionários da indústria da hospitalidade.

OBTENDO OPORTUNIDADES EM HOSPITALIDADE

Como indústria orientada para a prestação de serviços, a hospitalidade depende de pessoas com habilidades interpessoais — naturais e desenvolvidas. A seção anterior ilustra como cada momento está baseado na habilidade de o funcionário comunicar-se eficazmente com o hóspede. Todavia, muitas outras capacidades e habilidades estão envolvidas na vasta lista de oportunidades disponíveis. Essas habilidades essenciais podem ser trabalhadas em sala de aula e na prática.

OPORTUNIDADES EM ABUNDÂNCIA

Sendo a maior indústria da atualidade, a rede turística e de hospitalidade emprega 111 milhões de pessoas, ou seja, um em cada 12 trabalhadores ao redor do mundo, gerando US$ 2,5 tri-

Um Dia na Vida de...

UM DIA NA VIDA DE... UM RECEPCIONISTA

Normalmente, sou o primeiro e o último contato com nossos hóspedes. Represento o hotel frente ao hóspede ao longo de toda a sua estada. Meu trabalho inclui dar atendimento, atender ao telefone e resolver problemas. Preciso ter conhecimentos sobre os processos de trabalho do departamento de reservas porque posso precisar efetuá-las para o mesmo dia, para outros dias ou, ainda, cancelá-las.

Além disso, sou responsável pelo check-in e pelo check-out dos hóspedes. Quando um hóspede chega com uma reserva, eu a localizo utilizando um sistema computadorizado e confirmo o nome, o endereço, o tempo de permanência e pergunto qual será a forma de pagamento. Se o hóspede for usar cartão de crédito, tiro uma pré-autorização, sigo os procedimentos habituais de checagem do crédito e peço para o hóspede assinar a pré-autorização (na hora do check-out, jogo fora a pré-autorização se o pagamento for feito em dinheiro ou com o próprio cartão). No check-in, também posso receber depósitos em dinheiro para cobrir despesas diversas, como telefonemas, por exemplo. Após o check-in, entrego ao hóspede a chave do apartamento, ensino como chegar lá e indico um mensageiro para ajudar a carregar a bagagem. Depois, coloco a informação sobre o hóspede e o apartamento nos lugares apropriados e comunico aos outros departamentos a chegada desse novo hóspede.

Para hóspedes ***walk-ins*** (que chegam sem reserva), pergunto o nome, o endereço e o período de estada. Se há um apartamento disponível, informo a tarifa, pergunto sobre eventuais preferências de andar (fumante ou não-fumante), localização e tamanho. Também tento vender mais, sugerindo ao hóspede que fique em um apartamento maior, com melhor vista ou mais facilidades. O resto do processo de check-in é igual ao de hóspedes com reserva.

No check-out, o hóspede entrega a chave do quarto, confiro o total da conta e informo quanto ele deve pagar. Pergunto se a estada foi satisfatória e, caso ele precise de transporte, oriento sobre como conseguir um táxi ou tomar um ônibus.

No começo de cada dia, imprimo um relatório de pedidos especiais solicitados pelos hóspedes que vão chegar. Os pedidos são registrados em um livro de ocorrências (*logbook*) para ser incluídos no histórico do hóspede, na rede de computadores. O histórico é utilizado toda vez que o hóspede retorna. Um outro relatório informa sobre as chegadas dos grupos. Com ele posso preparar um pacote com a chave do apartamento para cada hóspede, agilizando o check-in.

Entre check-ins e check-outs, cuido das correspondências, das mensagens e dos cofres para os hóspedes. Também lanço os débitos nas respectivas contas. Além disso, trabalho em conjunto com o departamento de governança para manter atualizado o status dos apartamentos e para solicitar pedidos de manutenção e reparo. Preciso conhecer todos os procedimentos de emergência e as normas de prevenção de acidentes.

Outra tarefa importante é resolver problemas dos hóspedes. Sou o contato entre os hóspedes e o hotel. Quando têm algum problema, eles me chamam ou vêm à recepção. Meu trabalho é resolver problemas — ou encontrar rapidamente alguém que os resolva.

lhões de receita anual no mundo todo[18]. Os Estados Unidos empregam sozinhos mais de 10 milhões de pessoas e, segundo o U.S. Bureau of Labor Statistics, empregarão 12,4 milhões de trabalhadores até 2005. A receita total gerada pela indústria nos Estados Unidos representa quase US$ 400 bilhões, ou aproximadamente 5% do PIB[19].

Além de ser uma indústria de serviços, a hospitalidade é uma indústria de **mão-de-obra** intensiva. Isso significa que conta com uma grande força de trabalho para satisfazer as necessidades dos hóspedes. Muitos resorts podem ser comparados a pequenas cidades, empregando centenas de pessoas em seus restaurantes, estacionamentos, lavanderias, salas de jogos, rampas de esqui, saguões e escritórios. Até mesmo pequenos empreendimentos precisam de funcionários para trabalhar em três turnos por dia e manter a operação em funcionamento sete dias por semana, 52 semanas por ano.

Em meio às indústrias, a hospitalidade é uma das mais empolgantes e acessíveis. As oportunidades iniciais atraem funcionários para milhares de hotéis, motéis, restaurantes, clubes de campo, resorts, cruzeiros e outros componentes da hospitalidade (no Capítulo 11 você aprenderá sobre os componentes da hospitalidade relacionados à recreação e ao lazer). Pessoas que trabalham arduamente têm oportunidade de rápida ascensão. Um gerente júnior de um restaurante pode assumir responsabilidade sobre toda a operação em um período de 18 a 24 meses. Funcionários de cadeias hoteleiras podem ser transferidos para outras localidades e em cargos superiores à medida que forem surgindo novos hotéis e que sejam necessários profissionais experientes.

A indústria da hospitalidade também oferece muitas oportunidades para os empreendedores. Um **empreendedor** é um indivíduo que cria, organiza, gerencia e assume os riscos de um novo negócio ou empresa. Histórias de empreendedores bem-sucedidos — como o coronel Harlan Sanders, Cesar Ritz ou Thomas Cook — permeiam a indústria.

IDENTIFICANDO AS HABILIDADES E AS COMPETÊNCIAS NECESSÁRIAS

É claro que *saber* da existência de oportunidades é muito diferente de *obtê-las*, e, em alguns componentes específicos da indústria, é difícil conseguir alguns empregos. O Departamento do Trabalho Norte-Americano formou uma comissão, em 1990, para examinar a demanda do mercado de trabalho e verificar se a força de trabalho atual e futura serão capazes de saciar essa demanda. A comissão, sob supervisão da Secretaria do Trabalho, precisou definir as habilidades necessárias para o emprego e propor níveis aceitáveis para essas habilidades. Uma comissão dessa Secretaria (The Secretary's Commission on Achieving Necessary Skills — SCANS) identificou dois tipos de habilidades: "competências" são as habilidades necessárias ao êxito no ambiente de trabalho, e "fundamentos" são as habilidades e qualidades que dão suporte às competências (veja as Tabelas 1-1 e 1-2). As competências e os fundamentos são as habilidades necessárias à maior parte dos trabalhos nas diferentes indústrias. A comissão também classificou as habilidades quanto à importância para tarefas específicas em trabalhos específicos. A importância partia de "não-crítico", passava por "pouco crítico", "moderadamente crítico" e chegava a "extremamente crítico".

Em resposta às recomendações feitas pela SCANS e às metas determinadas no America 2000 Program, a Convocation of National Hospitality and Tourism Industry Associations (Convocação Nacional das Associações da Indústria de Turismo e Hospitalidade), que incluía o CHRIE e outras associações norte-americanas, desenvolveu um modelo de descrição de cargos para postos de trabalho em turismo e hospitalidade. O modelo de descrição de cargos serve para ajudar gerentes a desenvolver descrições personalizadas para cargos em seus próprios negócios. Essas descrições também são úteis para os estudantes entenderem os requisitos para potenciais empregos e para os educadores e instrutores de treinamento prepararem os estudantes para o mercado de trabalho.

O modelo de descrição de cargos foi feito com base na lista da SCANS de habilidades, mas também inclui informações sobre formação, experiência e condições físicas para o cargo.

Como exemplo, considere a posição de um recepcionista (página 16). A descrição de cargo da SCANS lista tarefas em termos de habilidades e mostra que 16 fundamentos e 21 competências são necessários para realizar o trabalho de maneira satisfatória. As habilidades classificadas como extremamente críticas para o trabalho incluem falar, ser sociável, escutar, cooperar (trabalho em equipe), ter consciência (responsabilidade individual), trabalhar com

TABELA 1-1	Competências da SCANS
Recurso	Alocar tempo
	Alocar dinheiro
	Alocar materiais e recursos
	Alocar recursos humanos
Informação	Obter e avaliar informações
	Organizar e manter informações
	Interpretar e comunicar informações
	Usar computadores para processar informações
Interpessoal	Participar como membro de uma equipe
	Ensinar os outros
	Servir clientes e consumidores
	Exercer liderança
	Negociar para chegar a uma decisão
	Trabalhar com diversidade cultural
Sistemas	Entender sistemas
	Monitorar e corrigir desempenhos
	Melhorar e desenhar sistemas
Tecnologia	Selecionar tecnologia
	Aplicar tecnologia às tarefas
	Manter tecnologia e localizar erros para corrigi-los

diversidade cultural e entender como o sistema funciona. O modelo de descrição da Convocation lista 22 tarefas específicas junto às competências necessárias. Além disso, o modelo de descrição afirma ser necessário diploma do ensino médio ou equivalente. O candidato deve ser capaz de falar, ler, escrever e entender o idioma principal utilizado no ambiente de trabalho e pelos hóspedes. Também é desejável experiência anterior em hospitalidade. Exigências físicas para o trabalho incluem escrever, ficar de pé, sentar, andar, realizar movimentos repetitivos, ouvir, ter acuidade visual e, ocasionalmente, estar apto a erguer e carregar até 18 quilos.

Em contraste, considere a posição de gerente de restaurante. Somente nove tarefas, a maioria de supervisão, estão listadas. Vinte competências vão de servir clientes a controlar o dinheiro. Incluídos nos fundamentos estão: pensamento criativo, saber aprender e raciocínio lógico. É desejável que tenha diploma universitário ou equivalente e um mínimo de três anos de experiência como garçom, gerente de hotel ou restaurante. Uma exigência física é ter resistência para trabalhar, no mínimo, de 50 a 60 horas por semana.

DESENVOLVENDO REQUISITOS

A informação que se segue mostra um resumo das várias maneiras de obter as habilidades e o conhecimento necessários para aproveitar as oportunidades por meio de educação formal e informal, de associações da indústria e de aprendizado contínuo.

Educação Formal. Muitos ingressam na indústria da hospitalidade com o equivalente (ou até menos) a um diploma do ensino médio. Entretanto, um nível maior de educação proporciona melhores cargos, ascensão mais rápida e maiores salários. Existem centenas de cursos de

TABELA 1-2 Fundamentos da SCANS

Habilidades básicas	Ler
	Escrever
	Aritmética
	Matemática
	Ouvir
	Falar
Habilidades de pensamento	Pensamento criativo
	Tomada de decisões
	Resolução de problemas
	Raciocínio lógico
	Saber aprender
	Raciocínio crítico
Qualidades pessoais	Responsabilidade
	Auto-estima
	Sociabilidade
	Autogerenciamento
	Integridade/honestidade

administração hoteleira e gerenciamento de hotéis, restaurantes e estabelecimentos institucionais à disposição nos Estados Unidos, Canadá e outros países. Além disso, os cursos de graduação são oferecidos em aproximadamente 60 universidades na América do Norte. Muitas dessas universidades (Virginia Tech, em Virgínia, Cornell, em Nova York, e Purdue, em Indiana) agora oferecem pós-graduação em administração hoteleira. A Tabela 1-3 mostra os níveis dos cursos disponíveis, a estrutura curricular e o tempo de duração de cada curso[20].

Os cursos em hospitalidade são muito variados. Nas duas, três últimas décadas, o número de cursos existentes nos Estados Unidos, com quatro anos de duração, aumentou de aproximadamente 40 para mais de 170. Além disso, existem mais de 700 cursos oferecendo formação em diversos níveis, certificados e diplomas[21]. Não há um curso modelo, e achar o "melhor" é simplesmente uma questão de escolha pessoal. Muitos cursos oferecem formação completa em ciências, inglês, matemática, marketing, recursos humanos e humanidades, e especialização em áreas como nutrição, engenharia hoteleira ou gestão. Uma coisa importante a lembrar é que escolher um curso vocacional, um curso de hotelaria de dois ou quatro anos, ou um curso universitário, aliado à experiência profissional e educação adicional, é quase sempre imperativo para o profissional que valoriza sua carreira.

A importância da educação formal aumentou à medida que a organização dos negócios tornou-se mais complexa. Empresas nacionais e internacionais dominam a indústria. Empresas de hospitalidade com muitos níveis hierárquicos esperam que seus trainees de gerência tenham nível universitário; de fato, qualificações específicas para todos os trabalhos em hospitalidade estão se tornando cada vez mais importantes.

Para outros cargos iniciais, que exigem habilidades específicas e de gerência, a educação não apenas prepara o profissional de hospitalidade para acompanhar as rápidas mudanças nas técnicas gerenciais, na tecnologia e nas finanças, como também amplia as oportunidades de crescimento futuro. A Figura 1-3, mostra quatro exemplos de degraus na carreira e o período de tempo e nível de experiência necessários para atingir o topo.

TABELA 1-3 Atributos-chave dos cursos de hotelaria e turismo conforme o tipo de curso ou nível

Tipo de curso	Instituições	Objetivos curriculares	Duração	Características principais
Cursos livres que fornecem certificados ou diplomas	Institutos técnicos, de negócios ou carreira	Fornecer aos alunos habilidades especializadas para atuarem em hotelaria e turismo	1-3 anos	Principalmente treinamento e prática da indústria. Muitas instituições também possuem cursos de bacharelado e algumas, de pós-graduação.
Técnicos e tecnólogos	Institutos técnicos e faculdades	Fornecer treinamento e educação para carreiras de nível gerencial em turismo e hotelaria. A ênfase é dada para as habilidades técnicas e para o desenvolvimento da carreira, mas o currículo inclui componentes de educação geral. Alguns podem ser transferidos para cursos de bacharelado.	2 anos	Combinação de desenvolvimento de habilidades e experiência prática da indústria com treinamento de nível técnico e, muitas vezes, superior.
Bacharelado	Faculdades e universidades (quatro anos)	Fornecer educação direcionada à carreira em combinação com uma parte de estudos gerais e aprendizado de habilidades avançadas. Ênfase em desenvolver habilidades conceituais e conhecimento integrado de hotelaria e turismo com outras disciplinas.	4 anos	Combinação de experiência prática com educação de nível superior. Muita ênfase na educação.
Pós-graduação	Universidades	Fornecer educação de nível avançado para posições especializadas da indústria ou futuros educadores. Ênfase na formação de uma base interdisciplinar forte para pesquisa aplicada, análise de políticas, planejamento e educação teórica.	1-2 anos (mestrado) 3-5 anos (doutorado)	Educação de pós-graduação com alguma prática. Experiência prática nem sempre exigida.

Fonte: A Guide to College Programs in Hospitality and Tourism, 5. ed. © 1997. Nova York, John Wiley & Sons, Inc.

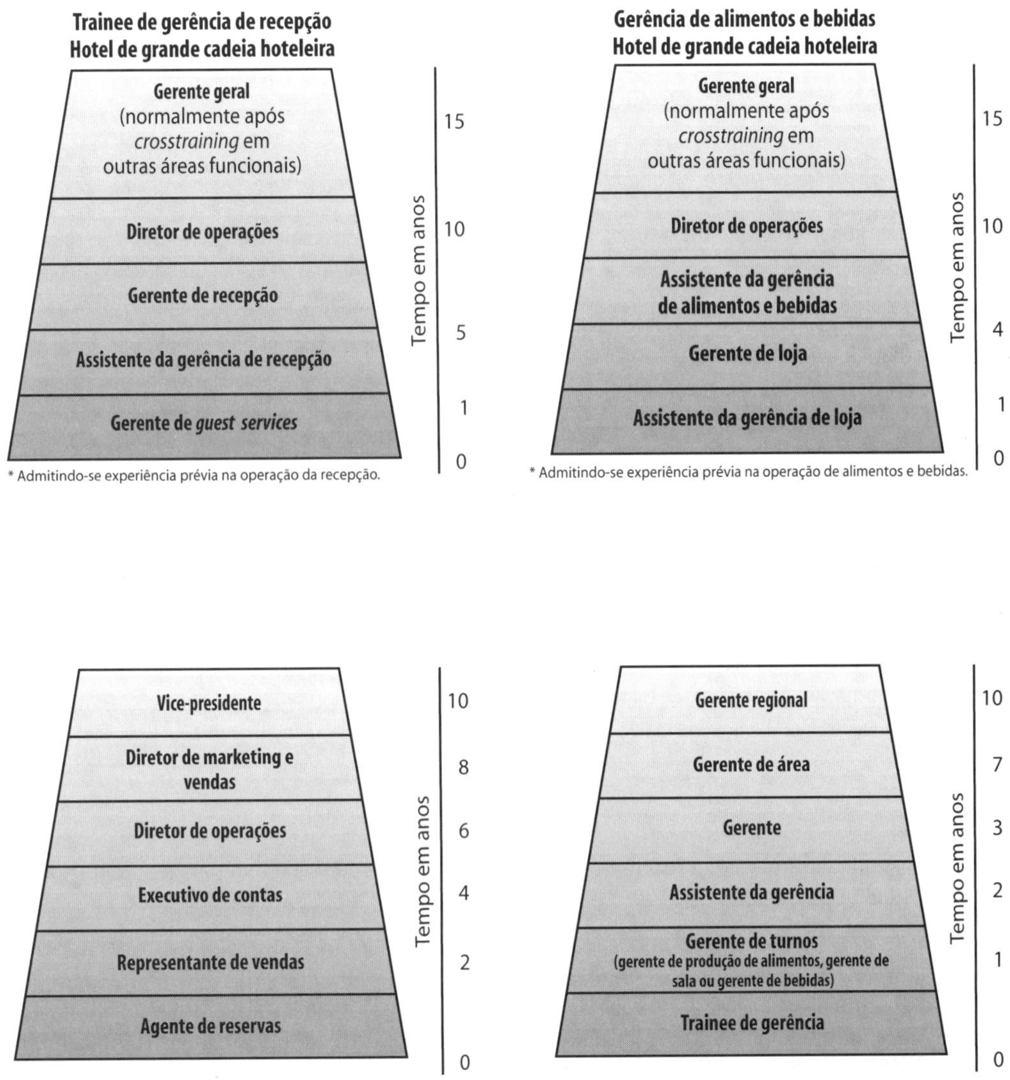

Figura 1-3 Exemplo de degraus de carreira.
Fonte: A Guide to College Programs in Hospitality and Tourism, 5. ed. 1997. John Wiley & Sons, Inc.

Educação Informal. A importância da educação formal não diminui a importância de adquirir conhecimento por meio da prática no trabalho. Mesmo com uma graduação, você provavelmente precisará de experiência antes que uma grande empresa o considere para as posições de alta gerência. Não basta entender os mecanismos internos de um negócio relacionados em um manual, porque muitas das experiências do dia-a-dia não ocorrem exatamente como "os livros mostram". O empregador potencial precisará confiar em sua capacidade de aplicar seu conhecimento — adquirido formalmente e no trabalho — em situações reais. Uma experiência profissional proporciona credibilidade.

Se sua meta é assumir uma posição de alta gerência, é muito importante ter experiência nos diversos tipos de trabalho que os gerentes supervisionam. Por exemplo, os gerentes de hotel devem conhecer operações de manutenção, serviços de alimentos e bebidas, governança, contabilidade e todas as funções que lhes cabe gerenciar. Os gerentes devem ajudar seus subordinados

Cultura

POR DENTRO DA INDÚSTRIA **CULTURA**

Aulas de Idioma

"Мы забронировали два номера на сегодня"[1].

Ao ouvir essas palavras, um hoteleiro que falasse russo se daria conta de que novos hóspedes haviam acabado de chegar (e iria recepcioná-los apropriadamente). O hoteleiro sem essa habilidade teria um problema (e iria encenar a "versão piada" do processo de check-in).

A globalização dos negócios e o aumento do número de viagens mundiais acentuou a importância de falar outros idiomas. Muitas empresas de hospitalidade exigem que seus executivos aprendam uma segunda (às vezes, terceira) língua. Com o crescimento do mercado europeu, muitas empresas européias agora fornecem cursos de um segundo idioma para seus executivos comunicarem-se com suas filiais estrangeiras. Para muitos, lançar um programa de estudo de um segundo idioma vale qualquer custo, pois levanta o moral dos funcionários, melhora as relações empresariais e o serviço ao consumidor.

Funcionários de qualquer nível hierárquico se beneficiam da vantagem de falar mais de um idioma. Esperar que os funcionários saibam falar diversos idiomas é utópico, mas esperar que entendam frases básicas em idiomas comuns, não. Muitas pessoas reconhecem uma série de frases: buenos dias, auf weidersehen, bon voyage, grazie, sayonara, l´hotel, il ristorante[2]. Acrescentar outras frases comuns em alguns outros idiomas seria relativamente fácil, divertido e, definitivamente, agradaria a muitos hóspedes.

[1] Russo: "Temos uma reserva para dois quartos para hoje".

[2] Espanhol: "Bom dia"; alemão: "Tchau"; francês: "Boa viagem"; italiano: "Obrigado"; japonês: "Tchau"; francês: "hotel"; italiano: "restaurante".

a fazer bem seu trabalho, e essa tarefa se torna mais fácil quando se conhece as particularidades de cada um dos cargos.

Associações de Hotéis, Restaurantes e Turismo. Algumas associações e organizações da indústria oferecem certificados e diplomas após a conclusão de cursos de um a três anos. Por exemplo, o Instituto Educacional da American Hotel and Motel Association (AH&MA) administra um curso que oferece diploma de Administrador Hoteleiro Certificado (Certified Hotel Administrator — CHA). A American Culinary Federation (ACF) oferece certificados de cozinheiro ou padeiro/confeiteiro, e a National Tour Association (NTA) oferece um atestado de Guia Profissional Certificado (Certified Tour Professional — CTP)[22]. Outras associações também oferecem certificados e diplomas, nos Estados Unidos: Educational Foundation of National Restaurant Association, National Executive Housekeepers Association, Professional Convention Management Association e Dietary Managers Association, apenas para citar algumas. As qualificações incluem experiência profissional e conclusão de cursos específicos dentro do programa. Também é possível obter certificação para a experiência profissional.

Muitos grandes hotéis e corporações hoteleiras também oferecem programas de treinamento gerencial especializado no ambiente de trabalho. Esses programas permitem aos trainees trabalhar em vários departamentos para obter experiência prática da operação. Na gastronomia, a ênfase está em conciliar treinamento prático com acadêmico e um longo período de estágio. Algumas empresas, como o McDonald's, oferecem aos funcionários até mesmo reembolso dos gastos com a faculdade.

Aprendizado Constante. O progresso contínuo na indústria da hospitalidade é intensificado pelo aprendizado ao longo da vida. É difícil obter cargos de alta gerência sem aperfeiçoamento contínuo. No passado, o trabalho físico era o mais importante em muitas funções. No futuro, o trabalho mental ocupará essa posição. Indivíduos com curiosidade, criatividade e disposição para aceitar constantes mudanças serão os líderes da indústria da hospitalidade.

Com o aumento da competitividade e dos custos dos negócios, o conceito de aprendizagem ao longo da vida se aplica a todos os níveis da força de trabalho em hospitalidade, de executivos de marketing a recepcionistas. A adaptabilidade é vital. Como é possível estar em uma indústria em constante mudança e assegurar aprendizado permanente? Apresentamos a seguir cinco passos que podem ajudar:

1. *Revise seu currículo regularmente.* Suas habilidades estão atualizadas? Você demonstrou ou melhorou alguma habilidade específica no último ano?
2. *Escreva metas específicas e como atingi-las.* Uma vez que os conhecimentos da indústria estão sempre se ampliando, você deve escolher uma meta educacional, como, por exemplo, assistir uma vez a cada seis meses a uma aula sobre algum assunto relacionado a sua carreira. Muitas faculdades oferecem cursos profissionais rápidos e de baixo custo durante todo o ano.
3. *Lembre-se de que sua carreira é uma maratona e não uma corrida de velocidade.* Lembre-se da tartaruga e da lebre: as maiores recompensas não vêm necessariamente mais rápido, mas preferencialmente para aqueles que estão sempre aprendendo e ganhando experiência.
4. *Associar-se a outros que compartilhem seus interesses profissionais e metas dará a você a oportunidade de trocar experiências e crescer ao compartilhar o entusiasmo de um grupo.* Juntar-se a uma organização profissional ou assinar um jornal da área ajudará você a manter-se atualizado em questões nacionais e globais que afetam a indústria da hospitalidade.
5. *Confie em você mesmo para progredir.* Apesar de muitas pessoas oferecerem assistência valiosa, você, em última instância, é responsável por sua carreira.

RESUMO

- ✰ A indústria da hospitalidade é parte de uma grande rede que inclui serviços de alimentos e bebidas, hospedagem, serviços de recreação, serviços relacionados a viagens e produtos fornecidos por terceiros.
- ✰ A história da indústria da hospitalidade mostra como outras forças contribuíram para sua configuração atual e continuarão a influenciá-la no futuro.
- ✰ A combinação dos negócios de hospitalidade e turismo compõe a maior indústria do mundo, também conhecida como rede turística e de hospitalidade.
- ✰ Serviços são tanto a missão como o produto da indústria da hospitalidade. Por ser um produto intangível, todo mundo avalia um serviço da mesma forma.
- ✰ Funcionários e hóspedes trazem para o momento do serviço certos traços de personalidade e expectativas. Essas características impedem que a prestação de serviço possa ser prevista por um conjunto de regras ou filosofia.
- ✰ A ampla abrangência da indústria da hospitalidade oferece muitas oportunidades de carreira, incluindo gerenciamento e empreendedorismo. O crescimento na carreira é acelerado por uma sólida educação.
- ✰ Um profissional de hospitalidade bem-sucedido, centrado na carreira, nunca pára de aprender. Nesse negócio em constante processo de mudança, dedicar-se ao aprendizado constante é uma obrigação.

NOTAS

[1] Attenborough, David et al. *The Atlas of the Living World.* Boston, Houghton Miffin Co., 1989: 138.

[2] Devine, Elizabeth e Braganti, Nancy L. *The Travelers' Guide to Middle Eastern and North African Customs and Manners.* Nova York, St. Martin's Press, 1991: 15.

[3] Firebaugh, W. C. *The Inns of Greece and Rome: And a History of Hospitality from the Dawn of Time to the Middle Ages.* Chicago, F. M. Morris Company, 1923: 25.

[4] Firebaugh. *The Inns of Greece and Rome,* 35.

[5] Balsdon, J.P.V.D. *Life and Leisure in Ancient Rome.* Inglaterra, McGraw-Hill Book Company, 1969: 215.

[6] *Webster's New Twentieth Century Dictionary, Unabridged.* Nova York, Simon & Schuster, 1979.

[7] Bernstein, Theodore M. *Reverse Dictionary.* Nova York, New York Times Books, 1975: 116.

[8] Metelka, Charles J., org. *The Dictionary of Tourism.* Wheaton, IL, Merton House Publishing Company, 1981: 36.

[9] American Hotel and Motel Association (AHMA), *Lodging Industry Profile in 1996,* <www.ahma.com/lodpro.htm>.

[10] Prato típico mexicano que consiste em uma pasta de farinha de milho, com recheio salgado — geralmente apimentado — ou doce enrolado em uma folha de espiga de milho. (N. do T.)

[11] National Restaurant Association (NRA), *National Restaurant Association 1998 Restaurant Industry Pocket Factbook.* <www. restaurant.org/research/pocket/index.htm>.

[12] Bitner, Mary Jo; Booms, Bernard H. e Tetreault, Mary Stanfield. "The Service Encounter: Diagnosing Favorable and Unfavorable Incidents". *Journal of Marketing.* Janeiro, 1990: 72.

[13] Bitner, Booms e Tetreault. "The Service Encounter".

[14] Stevens, Pete. "Winning!!! Getting Customers, Keeping Customers and Making Money". *Hospitality Resources Ink,* 1989: 163.

[15] Referência aos famosos e saborosos cachorros-quentes de Coney IsCared, nos Estados Unidos. (N. do T.)

[16] Knutson, Bonnie J. "Ten Laws of Customer Satisfaction". *Cornell Hotel and Restaurant Administration Quarterly.* Novembro de 1998: 15-16.

[17] Knutson. "Ten Laws of Costumer Satisfaction". 14-17.

[18] Riegel, Carl D. Ed. D. "An Introduction to Career Opportunities in Hospitality and Tourism". *A Guide to College Programs in Hospitality and Tourism,* 4. ed. Nova York, John Wiley & Sons, Inc, 1995: 3.

[19] <www.lodgingmagazine.com/sept97/trends.htm>.

[20] U.S. Department of Labor, *Secretary's Commission on Achieving Necessary Skills (SCANS).* Washington, U.S. Governmemt Printing Office, 1992: 24.

[21] Riegel. "Introduction to Career Opportunities", 6.

[22] É importante a distinção entre um certificado, no sentido de diploma ou atestado de conclusão, e de um processo de certificação profissional, um tipo de "selo de qualidade" que algumas instituições oferecem a profissionais que tenham ou não concluído um curso, mas que provaram merecê-lo conforme os critérios estabelecidos pela instituição.

VERIFIQUE SEU CONHECIMENTO

1. Que fator criou a necessidade de a hospitalidade tornar-se uma indústria? O que relaciona a indústria da hospitalidade à indústria do turismo?
2. Liste os principais componentes da rede turística e de hospitalidade.
3. Dê um exemplo de experiência bem-sucedida e de experiência malsucedida que você tenha vivenciado na indústria da hospitalidade.
4. Por que a satisfação do hóspede é tão importante?
5. Liste três maneiras de obter aprendizado constante.

APLIQUE SUAS HABILIDADES

A tabela a seguir mostra os resultados de uma pesquisa com hóspedes de hotéis e clientes de restaurantes e empresas aéreas sobre a qualidade dos serviços recebidos. Analise a Figura 1-2 e as categorias dos momentos do serviço e responda às questões.

1. O número total de pessoas que responderam à pesquisa foi 699. Quantas reações se deram em virtude de falhas no sistema de execução do serviço? Pedidos especiais? Ações espontâneas dos funcionários? O que é possível inferir da comparação dos subtotais dos grupos 2 e 3?
2. A insatisfação dos clientes do grupo 1 é quase duas vezes maior que a satisfação. O contrário acontece no grupo 2. O que isso sugere?
3. O que poderia explicar o equilíbrio no grupo 3?

TABELA 1-4 Estatísticas de serviços

	Resultado		
Grupo	**Satisfatório**	**Não-satisfatório**	**Total %**
1. Atitude do funcionário frente a falhas no sistema de execução do serviço.	23,3%	42,9%	33,2%
2. Atitude do funcionário frente a necessidades e pedidos do cliente	32,9%	15,6%	24,2%
3. Atitudes voluntárias e espontâneas dos funcionários	43,8%	41,5%	42,6%

Fonte: adaptado de Mary Jo Bitner, Bernard H. Booms e Mary Stanfield Tetreault, "The Service Encounter: Diagnosing Favorable and Unfavorable Incidents", *Journal of Marketing*. Janeiro de1990.

QUAL É SUA OPINIÃO?

1. Para atingir um nível de alta gerência em uma grande cadeia hoteleira, você investiria em educação? Explique.
2. Suponha que você trabalhe como atendente em um restaurante. Uma tarde, a mesa de número dois está ocupada por um casal e uma criança. Durante a refeição, a criança chora tão alto que os demais clientes começam a reclamar. O que você faria?
3. Imagine dois gerentes de restaurante. Um foi contratado fora da empresa e tem bastante experiência em orçamento, administração e marketing, mas nenhuma em serviços de alimentos e bebidas. O outro foi subindo cada degrau até chegar à posição de gerente. Quais são as possíveis forças que cada gerente pode trazer para o trabalho?
4. Uma vez que "o cliente tem sempre razão", o que você faria na seguinte situação? Um hóspede entra em seu apartamento logo após ter feito o check-in e imediatamente chama você, o recepcionista, solicitando um apartamento para não-fumantes. Ao checar sua reserva, você nota que seu pedido já foi atendido. O hóspede, entretanto, insiste que o apartamento cheira a cigarro.
5. Baseado em algumas das coisas que você aprendeu até agora sobre hospitalidade, o que pretende aplicar em seu próprio plano de carreira?

ESTUDO DE CASO

Yuki Shinoda gerencia o departamento de marketing de seu hotel. Recentemente, o pessoal de vendas notou uma queda no número de hóspedes que retornam. Uma inspeção cuidadosa na propriedade, reformada recentemente, não revelou nenhum problema, e entrevistas com membros do departamento de vendas também não forneceram nenhuma indicação de como resolver o problema. Por sugestão do gerente geral, Yuki começou a observar os funcionários que lidavam diretamente com os hóspedes. Logo, os problemas ficaram evidentes. Apesar de o pessoal da recepção realizar a operação de maneira eficiente e de cada um fazer seu trabalho como o esperado, os hóspedes, ao fazer o check-in ou o check-out, pareciam descontentes e com pressa. Mais observações em outras áreas do hotel confirmaram as suspeitas de que os hóspedes não estavam se sentindo à vontade entre os funcionários. Apesar de rápidas, as interações entre hóspedes e funcionários pareciam tensas. Mais observações e conversas com a gerência de recursos humanos convenceram Yuki de que a queda na freqüência de retorno ocorreu, em parte, por causa do mau relacionamento entre hóspedes e funcionários.

1. Como poderiam Yuki e a gerência de RH resolver esse problema?
2. Quais outros fatores podem estar envolvidos na queda do número de hóspedes que retornam?
3. Como o hotel poderia atingir os hóspedes que deixaram de voltar? Que mensagem deveria ser transmitida a eles?
4. Como Yuki se beneficiaria de possuir experiência prática e educação formal em hospitalidade ao resolver esse problema?

2

Viagens e Turismo: Parceiros na Hospitalidade

Resumo

Hospitalidade, viagens e turismo compõem a maior indústria do mundo e contribuem enormemente para o desenvolvimento econômico global. A indústria gerou mais de US$ 3,6 trilhões em rendimento bruto em 1996. Nos Estados Unidos, gerou mais de US$ 905,5 bilhões em 1995[1]. Os países que possuem as maiores receitas nesse setor são Estados Unidos, França, Alemanha, México, Reino Unido e Japão.

Neste capítulo, você aprenderá como hospitalidade, viagens e turismo se inter-relacionam, como os destinos turísticos e a infra-estrutura oferecida são pontos críticos para as pessoas decidirem viajar, como os destinos são promovidos e vendidos e quais são alguns dos efeitos da indústria na sociedade.

Objetivos

Ao concluir este capítulo, você deverá ser capaz de:

❶ Descrever a relação entre a indústria da hospitalidade e viagens e turismo.

❷ Listar os principais componentes das viagens de negócios.

❸ Listar e descrever maneiras de promover o turismo.

❹ Definir a imagem de um destino e explicar como as imagens afetam a escolha das pessoas por determinada localidade.

❺ Discutir os efeitos positivos e negativos do turismo.

A RELAÇÃO ENTRE A INDÚSTRIA DA HOSPITALIDADE E VIAGENS E TURISMO

Os componentes da rede de hospitalidade podem ser empreendimentos independentes e concorrentes, apesar de compartilhar uma interdependência que aumentou ao longo dos séculos. Essa relação pode ser observada nos papéis que os destinos e a infra-estrutura da hospitalidade têm em motivar as pessoas a viajar.

Apesar de as viagens estarem relacionadas a qualquer movimento ou deslocamento de pessoas, nem todas as viagens são turísticas. Refugiados, migrantes, exploradores, nômades, soldados e pessoas que viajam diariamente de casa para o trabalho certamente viajam, mas não são turistas[2]. Viagens relacionadas a turismo envolvem o deslocamento de visitantes para determinado local a fim de desfrutarem atrativos, eventos especiais, hospitalidade, hospedagem, gastronomia e entretenimento. Pessoas que viajam mais de 160 quilômetros e passam pelo menos uma noite longe de casa são **turistas**. Pessoas que viajam para um local e retornam para casa no mesmo dia são **excursionistas**[3]. A **indústria do turismo** se preocupa com atrativos e eventos que atraiam turistas e excursionistas para determinada área.

INTERDEPENDÊNCIA NA REDE TURÍSTICA E DE HOSPITALIDADE

As ilhas do Havaí, no oceano Pacífico, são uma localidade turística popular. Aliás, o turismo representa 70% da economia do Havaí. O fato de uma localidade ser desejável não é, no entanto, suficiente para criar um comércio turístico bem-sucedido. É preciso também uma maneira de chegar ao destino. Uma vez que não existe caminho por terra entre o Havaí e o continente, os turistas têm de viajar pelo mar ou pelo ar. Quanto mais pessoas são atraídas para as praias do Havaí, mais as empresas aéreas e as empresas de cruzeiro vendem passagens. Se o Havaí não tivesse nada para oferecer ao turista, as empresas aéreas e as empresas de cruzeiro venderiam menos. O inverso também é verdade: se não existissem meios de transporte convenientes e confortáveis, menos pessoas visitariam o Havaí, e o comércio turístico no estado declinaria. O sucesso de cada componente contribui para o sucesso como um todo da indústria turística havaiana e vice-versa. Essa interdependência entre muitos produtos e serviços que constituem a rede é um aspecto importante das viagens, do turismo e da hospitalidade.

As inter-relações dentro da rede já devem ser familiares para você em razão de sua experiência pessoal. Lembre-se da última vez em que você e sua família fizeram uma viagem de férias. Primeiro vocês escolheram um destino. Um **destino** é uma localidade que turistas escolhem visitar e para passar um tempo, não importando quais sejam suas motivações, necessidades e expectativas. Talvez você tenha consultado uma agência de viagens para ajudá-lo a escolher uma localidade, ou talvez tenha consultado a secretaria de turismo para obter informações sobre os atrativos e as atividades disponíveis da região que você gostaria de visitar. Para viajar, você precisou de algum meio de transporte, próprio ou alugado. Durante as férias, você provavelmente comprou comida, pagou acomodação temporária e deve ter comprado lembrancinhas ou outras coisas em lojas de presentes ou butiques.

Todos esses componentes da hospitalidade e do turismo estão inter-relacionados. Sem atrações e estabelecimentos de hospitalidade, geralmente não há uma localidade turística popular; sem uma localidade turística popular, pode não haver necessidade de um aeroporto; sem aeroporto, é menor a necessidade de um agente de viagens. A interdependência entre os componentes de hospitalidade, viagens e turismo é forte, especialmente em países cuja economia está em grande parte baseada nesses setores. Bermudas, por exemplo, monitora os padrões de seus hotéis, serviços de alimentação e atrações. Em Bermudas, as pessoas trabalham para satisfazer os turistas em todos os aspectos, pois acreditam que a insatisfação com uma refeição ou com o quarto do hotel dará à viagem toda um sentimento de insatisfação.

VÍNCULOS HISTÓRICOS ENTRE HOSPITALIDADE, VIAGENS E TURISMO

Evidências da utilização de carretas com roda para transportar pessoas existem desde 4000 a.C. Quase quatro mil anos depois, quando os romanos construíram uma rede de 90 mil quilômetros de estradas primárias e 200 mil quilômetros de estradas secundárias[4], viajar ficou mais fácil. As estradas tinham uma superfície dura que permitia o trânsito de carretas e carroças, o que tornava o andar e o cavalgar mais rápidos. Atingiam todas as partes do Império Romano, que compreendia a maior parte do mundo habitado na época. O império ia do Mar do Norte ao Saara e da costa do oceano Atlântico às margens do rio Danúbio e à Mesopotâmia.

As estradas construídas durante a era romana ligavam regiões distantes de um modo não igualado até os tempos modernos. Mantidas com eficácia, as estradas foram primeiramente utilizadas para fins militares e para a administração governamental das terras conquistadas. Em virtude da presença militar, viajar tornou-se mais seguro que antes, o que acabou encorajando a atividade. Estabelecimentos de hospedagem, ao longo das estradas, distantes de 25 a 45 quilômetros uns dos outros, também promoveram o desenvolvimento das viagens. Como vimos no Capítulo 1, os romanos viajavam por prazer. Eles desenvolveram áreas de lazer e descanso para oferecer destinos de viagem aos mais ricos e também gostavam de conhecer outros países. Outros exemplos históricos de viagens e turismo incluem os Jogos Olímpicos, na Grécia, que atraíam pessoas de outras terras. As pessoas também conheciam os benefícios das fontes térmicas de água mineral e viajavam para essas localidades. Alguns romanos viajavam para estâncias tão distantes quanto Bath, na Inglaterra.

A religião também teve um papel importante no desenvolvimento do turismo. À medida que o cristianismo, depois de 313 d.C.[5], ia sendo aceito pelos romanos, peregrinos começaram a viajar a Jerusalém e Belém, para ver o local de nascimento do cristianismo. As viagens a esses locais continuaram ao longo dos séculos, já que a área também é sagrada para judeus e muçulmanos. Os muçulmanos fazem peregrinações a Meca, na Arábia Saudita, local de nascimento do islamismo.

Durante a era medieval, a Igreja Católica tornou-se a instituição social dominante na Europa, e a peregrinação passou a ser mais comum. A peregrinação é o tema de um poema narrativo do século XIV, de Geoffrey Chaucer, chamado "Contos de Canterbury", que descreve as aventuras sarcásticas de um grupo de peregrinos em viagem à Catedral de Canterbury.

Durante o Renascimento, viagens educacionais e culturais também tornaram-se populares, especialmente entre estudantes britânicos. Muitos deles faziam o chamado Grand Tour da Europa para estudar artes e ciências avançadas. O Grand Tour incluía Paris, Roma, Veneza, Munique, Viena e, especialmente, Florença, o centro do Renascimento. As viagens, algumas vezes, duravam três anos. Resorts e balneários foram desenvolvidos nas localidades do Grand Tour para atender aos viajantes.

ESCOLHENDO DESTINOS HOJE

Os viajantes, hoje, utilizam serviços de hospitalidade por muitas das mesmas razões que no passado. As duas categorias principais de fatores motivacionais de viagens são negócios e atividades de lazer. (Observe a Figura 2-1 para uma comparação entre algumas características dos viajantes de lazer e de negócios.)

Atividades de Negócios. As viagens de negócios tornaram-se parte importante da indústria do turismo e da hospitalidade. As empresas aéreas e as empresas de aluguel de carro e de hospedagem têm um interesse particular nesse segmento porque ele não é tão inconstante quanto as viagens de lazer. A escolha do destino para um viajante de negócios é raramente uma questão de gosto pessoal ou preferência. Se você trabalha no escritório central de uma empresa em Nova

Perfil Pessoal

PERFIL PESSOAL **THOMAS COOK**

O Pioneiro das Agências de Viagem

Thomas Cook, fundador da primeira agência de viagens do mundo, foi um empreendedor bem-sucedido e inovador. Como todo jovem que cresceu na Europa no início do século XIX, ele deixou a escola aos 10 anos para adquirir diversos negócios e fazer dinheiro. Algumas de suas tentativas profissionais incluíram vender livros e uma fazenda. Finalmente, aos 20 anos, ele iniciou carreira como missionário batista.

No início de 1841, Cook viajava para um encontro de dependentes de álcool, em Leicester, quando lhe ocorreu uma idéia. Talvez pudesse negociar com a companhia ferroviária a organização de um trem especial que transportasse os participantes do encontro seguinte. Quando ele propôs sua idéia, a companhia concordou. Algumas semanas depois, no dia 5 de julho de 1841, aconteceu, ao que se saiba, a primeira viagem de trem anunciada publicamente na Inglaterra. O percurso ia de Loughborough a Leicester.

Essa histórica viagem de trem não foi exatamente tranqüila. Os 570 viajantes foram colocados em três vagões sem assentos e sem cobertura. Entretanto, como todos haviam pago o preço especial de um xelim por pessoa — que incluía um piquenique de almoço e chá ao final da viagem —, a maioria não deu importância ao inconveniente. Na verdade, à medida que a notícia desses encontros se espalhou, a companhia de trem começou a operar as excursões regularmente. Cook fornecia os passageiros.

Três anos depois de organizar seu primeiro pacote de viagem, Cook deixou de ser missionário para começar sua própria agência de viagens. Continuou a organizar viagens para dependentes de álcool e expandiu seus negócios, incluindo outros tipos de viagem. A princípio, todas as viagens aconteciam nas Ilhas Britânicas, mas em 1855 isso mudou.

Antevendo uma excelente oportunidade de negócios, Cook organizou uma excursão de Leicester a Calais, na França, para a Paris Exposition de 1855. Encorajado pelo sucesso, organizou, no ano seguinte, uma viagem pelo continente europeu. Como muitas pessoas se inscreveram para essa viagem, Cook organizou uma segunda, semanas depois, para aqueles que não conseguiram ir na primeira.

A agência de viagens de Cook expandiu-se solidamente, e, em 1864, seu filho, John Mason Cook, juntou-se à companhia. O jovem Cook trabalhou organizando excursões para a América e muito fez para tornar a companhia, que passou a se chamar Thomas Cook & Son, uma agência bem-sucedida e de reconhecimento mundial.

Conforme os negócios de Thomas Cook aumentavam, ele aproveitava para usar seu talento para conseguir descontos para clientes. Muitos hotéis e companhias ferroviárias davam respaldo a seu sistema de "cartões de acomodação" ou cupons, pois Cook dominava uma grande fatia do mercado turístico.

Thomas Cook foi um pioneiro no setor de agências de viagens. Suas viagens para dependentes de álcool e suas idéias inovadoras levaram ao desenvolvimento do turismo de massa. Aliás, a expressão "Cook's tour" é utilizada até hoje para fazer referência a excursões que vão a muitos lugares com uma rápida parada em cada um deles. Cook faleceu em 1892, mas sua empresa ainda está prosperando. Filiais de seu empreendimento, hoje denominado Thomas Cook Travel, são encontradas em todo o mundo.

York e tem uma reunião com um gerente de fábrica no Texas, é irrelevante se você prefere ir ao Texas ou a outro lugar. A reunião é lá, e é para lá que você precisa ir.

Apesar de a demanda por viagens de negócios ser **elástica**, ou seja, apesar de ela flutuar conforme as condições econômicas, ela não é tão elástica quanto a demanda por viagens de lazer.

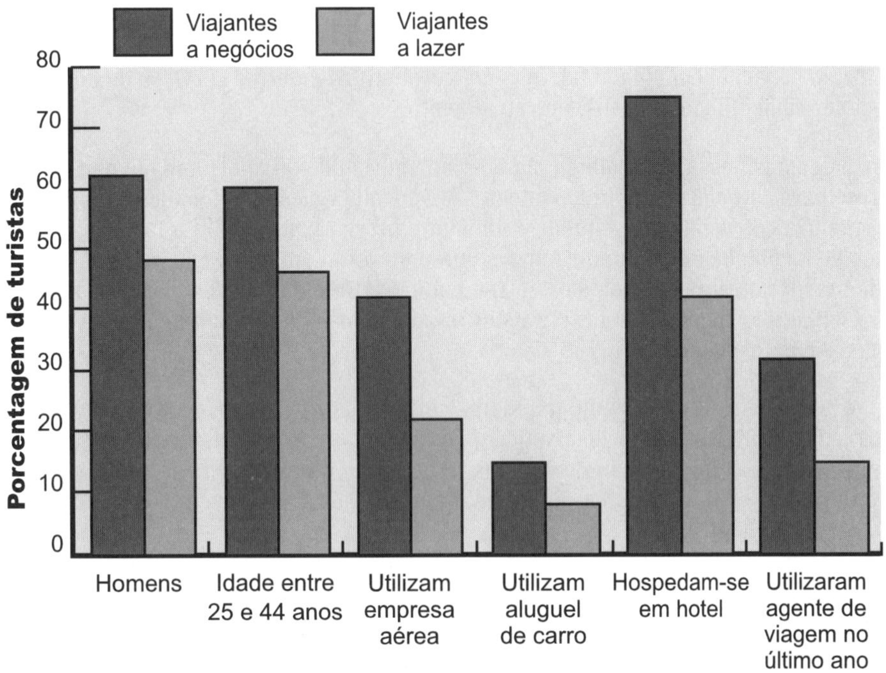

Figura 2-1 Comparação entre viajantes a negócios e a lazer.

As viagens de lazer podem ser adiadas quando a economia não vai bem. Para alguns tipos de viagens de negócios, não importa se a economia vai bem ou mal, elas devem acontecer. (Forças econômicas que afetam a rede turística e de hospitalidade serão discutidas no Capítulo 3.)

Viagens de negócios também são menos sazonais do que as de lazer. Enquanto a maior parte das viagens de lazer acontece durante os meses mais quentes (entre a primavera e o início do outono na maior parte dos lugares), as viagens de negócios acontecem continuamente ao longo do ano. A demanda menos elástica por viagens de negócios permite a hotéis e outros empreendimentos de hospitalidade atrair receita para compensar as flutuações das viagens de lazer.

Reuniões e convenções representam um grande segmento das viagens de negócios. Originariamente, uma **convenção** referia-se a uma reunião com um grande número de participantes. Hoje é um termo genérico que se refere a reuniões profissionais e de negócios de qualquer tamanho em um local específico. As convenções são realizadas por grandes corporações, agências do governo e organizações conhecidas como grupos SMERF — grupos sociais, militares, educacionais, religiosos e fraternais. Fora dos Estados Unidos, o termo **congresso** é freqüentemente utilizado no lugar de "convenção". **Exposições** e **feiras** que acontecem principalmente para a troca de informações entre pessoas do mesmo ramo também representam uma grande parte das viagens de negócios ao redor do mundo.

Profissionais e executivos viajam para reuniões e convenções pelas mais variadas razões: para conhecer as últimas tendências da indústria, participar de programas de treinamento, assistir a demonstrações de novas tecnologias, encontrar contatos e obter informações sobre a concorrência. Reuniões, convenções e exposições serão discutidas no Capítulo 10.

Atividades de Lazer. A escolha de uma localidade destino para o lazer e as motivações das viagens podem ser agrupadas em categorias comuns. Geralmente as pessoas avaliam mais de uma categoria quando decidem viajar. Você aprenderá mais sobre esses componentes especializados da rede turística e da hospitalidade no Capítulo 11.

Visitando Parentes e Amigos. Um dos fatores mais relevantes na escolha de um destino é o desejo de visitar familiares e amigos. Quando visitam parentes e amigos, os viajantes freqüentemente não utilizam hospedagem comercial, mas em geral utilizam outros serviços de hospitalidade e turismo, como alimentação, museus, entretenimento.

Educação. Algumas pessoas escolhem um destino em virtude da oportunidade que determinado local oferece para estudos de aperfeiçoamento. Alguns albergues direcionados a adultos freqüentemente organizam grupos para estudar o idioma, a arte, a natureza ou a história de um lugar. Estudantes de faculdade podem optar por um curso de verão em outro país para ganhar fluência em um idioma estrangeiro ou conhecer outras culturas. Entusiastas das ciências ou de história podem participar de expedições ou escavações arqueológicas para aprofundar seus conhecimentos em um assunto específico.

Cultura. Atrações culturais são muito populares entre turistas. Museus de arte, museus de história natural, cidades históricas, como Mystic, em Connecticut, atraem visitantes de todo o mundo. Grandes obras arquitetônicas, como o Taj Mahal, na Índia, também atraem turistas. Outras modalidades de viagem cultural têm por objeto habitantes locais, como os nativos norte-americanos ou os aborígines da Austrália.

Pessoas de diferentes culturas também têm diferentes motivações para viajar a lazer. Por exemplo, pessoas que vivem em Cingapura viajam para muitas localidades do norte para ver neve. Para eles, a neve é uma atração. Motivações como essa podem ser tanto uma razão primária quanto secundária para viajar, dependendo da herança cultural.

Natureza. Visitar marcos naturais é, em grande parte, uma invenção americana do século XIX. Como os Estados Unidos tinham menos locais historicamente importantes do que a Europa, muitos americanos viajavam pelos Estados Unidos para ver belezas naturais. Hoje, belezas naturais em todo o mundo atraem muitos turistas, como o Grand Canyon, no Arizona, as Angel Falls, na Venezuela ou as reservas de animais selvagens no Quênia. As acomodações em locais próximos à natureza podem ser bem rústicas, e alguns turistas podem preferir acampar no local.

Recreação. Localidades que oferecem aos visitantes a oportunidade de participar de esportes ou atividades como caminhada, golfe, pesca ou jogos atraem grandes multidões. Grandes parques temáticos, como Disney World e King's Island, oferecem atividades de recreação e entretenimento. Alguns resorts esforçam-se para cativar as famílias oferecendo atividades organizadas para as crianças supervisionadas por um adulto.

Localidades de Importância Histórica. Um lado significativo das viagens de lazer relaciona-se a monumentos e memoriais. Muitos turistas visitam monumentos erguidos em homenagem a um indivíduo ou a um grupo de pessoas em memória de vidas que se perderam por espírito patriótico. Por exemplo, o Vietnam Veterans Memorial, em Washington, atrai centenas de visitantes diariamente.

Alguns memoriais, como o U.S. Holocaust Memorial Museum e o Manzanar War Relocation Center, foram construídos não apenas para homenagear os mortos, mas também para manter vivos os conceitos de liberdade e o direito dos cidadãos. Esses memoriais servem para lembrar às pessoas as injustiças do passado.

Eventos. Às vezes as pessoas organizam viagens de lazer em função de eventos específicos. Os eventos podem envolver esportes, como os Jogos Olímpicos, o Superbowl ou a Copa do Mundo de futebol. Também podem ser feiras mundiais, o Carnaval no Rio de Janeiro, o Calgary Stampede no Canadá, ou peças da Broadway. Normalmente o evento é mais importante que a localidade, mas as pessoas freqüentemente utilizam serviços de hospitalidade e turismo durante a viagem.

Religião. Feriados religiosos, peregrinações e procissões há muito motivam as pessoas a viajar. Por exemplo, a cada dez anos, desde 1634, turistas vão a um vilarejo bávaro a sudoeste de Munique para assistir à Oberammergau Passion Play. O drama religioso é totalmente produzido na localidade, e os moradores do vilarejo passam dez anos se preparando para seus papéis. Grande parte da renda obtida com o Oberammergau vem do comércio turístico.

Saúde. Os Spas são tão populares atualmente quanto na era romana. As pessoas viajam para locais que as ajudarão a entrar em forma, emagrecer ou se sentir melhor fisicamente. Algumas vezes, uma localidade é escolhida em função do clima. Por exemplo, muitas pessoas que sofrem de sinusite no leste dos Estados Unidos encontram alívio no clima quente e seco do Oeste.

Outros Fatores. Outros fatores também afetam a escolha de uma localidade: facilidade de acesso, preço, anúncios atrativos e o nível de satisfação em experiências anteriores. Um outro fator é a atitude dos moradores locais. Existe maior probabilidade de os turistas retornarem a um local onde sintam-se bem-vindos.

Motivações Múltiplas. Obviamente, essas categorias são muito gerais. Qualquer destino pode ser escolhido por uma série de fatores. Uma pessoa pode visitar Washington para estudar documentos em seus arquivos. Um outro visitante pode ir até lá para homenagear alguém querido no Vietnam Veterans Memorial. Uma viagem de negócios pode ser planejada para coincidir com o desabrochar das flores das cerejeiras, uma visão encantadora que atrai pessoas todos os anos.

Além disso, um local pode oferecer motivações diferentes para o mesmo turista. Um visitante pode visitar a National Cathedral em Washington por questões religiosas e para estudar sua arquitetura.

DESENVOLVENDO O MARKETING E PROMOVENDO O TURISMO E A HOSPITALIDADE

Marketing é um conjunto de atividades relacionadas a negócios que tem por objetivo satisfazer as demandas de consumidores, empresas e governos por produtos e serviços. O processo de marketing inclui estimar a demanda, apresentar o produto (o destino), determinar um preço para o produto que satisfaça um critério de lucro, promover e distribuir o produto[6]. (O marketing será discutido em detalhes no Capítulo 4.)

Apesar de a hospitalidade e o turismo terem evoluído ao longo dos séculos, a indústria, como a conhecemos hoje, tomou forma durante os anos 50 por meio de um aumento dos esforços de marketing. Antes de 1950, apenas uns poucos estados norte-americanos possuíam agências que promoviam o turismo. Hoje, todos os estados estão envolvidos nessa atividade. A combinação de esforços dos diversos componentes da rede — empreendimentos de hospitalidade, empresas aéreas e de ônibus; e associações nacionais, estaduais e privadas — proporcionou o desenvolvimento de destinos por meio de diversas estratégias de marketing.

DESENVOLVENDO DESTINOS

O desenvolvimento de destinos começa com uma idéia e a seleção de um local. Alguns locais são naturais; outros, construídos. Alguns já existem há milênios, como as pirâmides do Egito ou o Grand Canyon. Mas os locais precisam ter infra-estrutura e vias de acesso antes de apresentar potencial para atrair e suportar um grande número de visitantes. No caso do Grand Canyon e das pirâmides do Egito, os governos dos Estados Unidos e do Egito, respectivamente, são os donos dos lugares. Eles controlam a operação dos empreendimentos de turismo e hospitalidade.

Alguns locais são desenvolvidos não só para obter lucro. Organizações não-governamentais podem desenvolver uma área para preservá-la. A preocupação com o meio ambiente fez surgir a Pink River Dolphin Preserve, em destaque no Por Dentro da Indústria, na página 50.

Outros locais, como a Disney World, são desenvolvidos por empreendedores que investem para obter lucro. Empreendedores privados podem trabalhar em conjunto com agências do governo durante as etapas de planejamento, captação de recursos e construção. A **infra-estrutura**, ou base econômica existente, deve ser considerada. Essa estrutura básica inclui sistemas de transporte, comunicação, energia elétrica e outros serviços públicos[7].

O PAPEL DO GOVERNO NO DESENVOLVIMENTO DE DESTINOS

Em virtude dos ganhos econômicos que o turismo pode trazer a uma economia, todos os níveis governamentais realizam ações para desenvolver e promover destinos turísticos. Uma maneira de o governo fazer isso, como descrito anteriormente, é desenvolver infra-estrutura em suas propriedades, como parques nacionais, monumentos e atrações históricas.

Os governos também se envolvem no planejamento e na promoção de locais desenvolvidos pelo setor privado. Freqüentemente levantam dinheiro, por meio de títulos públicos e impostos, para ajudar a construir centros de convenções e estádios. Ajudam também a indústria da hospitalidade e do turismo reduzindo ou criando impostos para estabelecimentos, a fim de atrair negócios para determinado local. Isso permite que uma empresa utilize a maior parte de suas finanças no desenvolvimento da localidade; ou pode tornar financeiramente viável um empreendimento que, sem usufruir de benefícios fiscais, não seria lucrativo.

Recursos governamentais são utilizados no desenvolvimento e na operação de sistemas de trânsito de massa, aeroportos, docas e rodovias. Água encanada, saneamento básico e energia elétrica também fazem parte da infra-estrutura de uma área, que deve ser capaz de lidar com o aumento populacional gerado pelo turismo.

Um outro papel do governo relacionado ao turismo é o controle do fluxo de pessoas que cruzam suas fronteiras. Muitos governos emitem passaportes para identificar cidadãos que estão viajando ou morando em outros países. Quando dois países mantêm relações diplomáticas entre si e negociam acordos comerciais e de viagens, eles determinam os requisitos para que cidadãos de um país viajem e trabalhem no outro. Esse acordo mútuo determina se os cidadãos podem viajar livremente, como, por exemplo, entre os Estados Unidos e o Canadá, ou se passaportes e vistos serão necessários. Um viajante recebe um passaporte de seu país de origem, mas o visto é fornecido pelo país em que o visitante está entrando.

Tantas pessoas estão viajando hoje para tantos lugares diferentes, freqüentemente por curtos períodos de tempo, que tem sido cada vez mais difícil para a alfândega e para a imigração identificar quem viaja ilegalmente. Além disso, a tecnologia está proporcionando a muitos desses viajantes ilegais a possibilidade de obter e utilizar documentos falsos e aparentemente autênticos.

ORGANIZAÇÕES QUE PROMOVEM HOSPITALIDADE E TURISMO

Segue-se uma breve relação de agências governamentais norte-americanas e associações comerciais e profissionais que promovem a hospitalidade e o turismo. O apêndice B contém uma extensa lista desse tipo de associação, incluindo associações de viagens e câmaras de comércio. A promoção acontece nos mais diversos níveis — internacional, nacional, estadual, regional e local.

Nível Internacional. A Organização Mundial do Turismo (OMT) possui sua sede em Madri, na Espanha, e funciona como uma agência de consultoria para as Nações Unidas. Os principais objetivos da OMT são promover e desenvolver o turismo visando o progresso econômico, social e cultural de todas as nações. A organização procura promover a paz, a saúde e a prosperidade ao redor do mundo. Também trabalha para facilitar o acesso das pessoas à educação e à cultura por meio das viagens.

A OMT realiza um fórum para buscar soluções para problemas que afetam turistas em todos os lugares, como, por exemplo, o terrorismo internacional. Conduz pesquisas a fim de encontrar possíveis soluções para os problemas e identificar as tendências mundiais da indústria. Os resultados dessas pesquisas permitem que a OMT forneça informações valiosas para as agências de promoção de cada país[8].

Outras duas organizações internacionais dignas de nota são a Organization for Economic Cooperation and Development (OECD) e a Pacific Asia Travel Association (PATA). A OECD é uma organização multinacional criada em 1960 para incentivar o desenvolvimento planejado do turismo como forma de comércio mundial. A PATA é uma organização composta por representantes de governo e de empresas privadas que promovem e monitoram viagens entre países da orla do Pacífico.

Nível Nacional. No nível nacional, os governos promovem seus países no mercado turístico internacional por meio de **organizações nacionais de turismo**[9] (NTOs — National Tourism Organizations). A United States Travel and Tourism Administration (USTTA), sob supervisão do Departamento de Comércio (Department of Commerce), é a NTO para os Estados Unidos. Estabelecida pelo National Tourism Policy Act de 1981, a USTTA tem a grande responsabilidade de promover os Estados Unidos como um destino internacional. Sendo parte do Departamento de Comércio, ela é chefiada por uma subsecretaria do comércio. A Figura 2-2 mostra as maiores rendas internacionais com turismo em 1990 e 1996.

Em alguns países, como o México, líderes governamentais reconheceram a importância do turismo para a economia do país e elevaram o status da NTO para o de Ministério, instituindo um Ministério do Turismo. Independentemente da oposição que ocupam em seus governos, as NTOs

Tecnologia

POR DENTRO DA INDÚSTRIA **TECNOLOGIA**

Passaportes Contra Fraude

O Departamento de Estado norte-americano desenvolveu um novo passaporte para com-bater as crescentes fraudes e a entrada de visitantes indesejados, como criminosos ou pessoas com ligações políticas "indesejáveis". Antes, reconhecer uma pessoa *deixando* o país era relativamente fácil. Reconhecer a mesma pessoa tentando entrar novamente — especialmente se o passaporte do viajante tiver sido roubado ou perdido — era trabalhoso para os oficiais e inconveniente para o viajante. Em um esforço para desencorajar falsificações, desenhistas utilizaram tintas especiais e gráficos nas páginas internas dos passaportes aperfeiçoados. Além disso, dentro dos passaportes há mais um impedimento às falsificações, um *kinegram*. Similar aos hologramas comuns em muitos cartões de crédito, o *kinegram*, que muda de cor, tem as letras *U.S.A.* e o rosto de Benjamin Franklin. Os novos passaportes, que começaram a substituir os modelos antigos em 1993, possuem um código de barras que permite aos oficiais da alfândega e da imigração utilizarem scanners para detectar documentos fraudados. A utilização dos novos passaportes acelerará o processo de reentrada para viajantes legais e aumentará a habilidade dos oficiais em identificar e deter viajantes clandestinos.

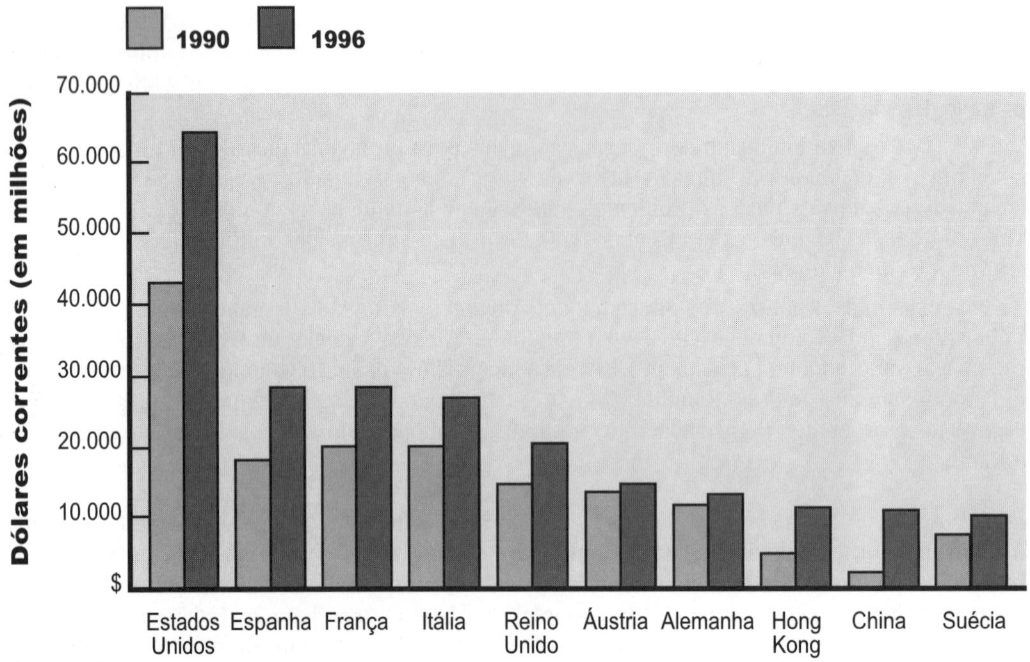

Figura 2-2 Maiores receitas internacionais com turismo.
Fonte: Organização Mundial do Turismo. Fevereiro de 1997.

têm objetivos similares. Promovem seus países por intermédio de campanhas publicitárias, da condução de pesquisas e do planejamento para os destinos.

Nível Estadual. Nos Estados Unidos, cada um dos 50 estados possui um **departamento de turismo**, geralmente sob a supervisão do Departamento de Desenvolvimento Econômico. Também conhecidas como **organizações de marketing de destinos** (DMOs — Destination Marketing Organizations), essas organizações são responsáveis por desenvolver e implementar programas de turismo para seus estados. Elas produzem e distribuem informações sobre os destinos e promovem espaços para convenções.

Nível Local e Regional. No nível local e regional, CVBs (**convention and visitors bureaus** — bureaus de convenções e visitantes) são as organizações geralmente responsáveis por promover o turismo. Seu trabalho é promover toda a região ou cidade como destino de lazer e/ou negócios. Uma CVB pode ser uma organização independente, um departamento dentro do governo municipal ou uma câmara de comércio. Todas as atividades das CVBs são financiadas pelos membros do bureau — fornecedores que se beneficiam das convenções da cidade.

A IMPORTÂNCIA DA IMAGEM DE UM DESTINO

Os promotores da indústria da hospitalidade e do turismo fazem propaganda dos destinos. Eles trabalham para torná-los conhecidos do público e para reverter imagens negativas que o público possa ter. Os promotores também oferecem incentivos aos turistas para promover determinado destino em detrimento de outros.

O Papel da Imagem dos Destinos. A imagem que as pessoas têm de um destino é um dos principais fatores para determinar onde uma família ou um indivíduo irá nas férias ou onde acontecerá uma reunião ou uma convenção de empresa. Os turistas nem sempre conhecem a localidade e, assim, acabam escolhendo um destino com base em imagens. A decisão de um universitário quanto a passar as férias da primavera na praia de Daytona pode estar baseada em imagens da região — calor, praia, grupos ruidosos de estudantes que adoram diversão, a brisa do mar, o arrebentar rítmico das ondas.

Todo destino tem uma imagem. Por exemplo, muitas pessoas provavelmente têm uma imagem da Espanha, independentemente de ter ido lá ou não. Talvez imaginem touradas e dançarinos de flamenco, ou cafeterias ao ar livre. Do mesmo modo, devem ter imagens da China — talvez a Grande Muralha, a praça Tiananmen ou pessoas indo ao trabalho de bicicleta. A imagem que alguém faz de determinado lugar pode ser diferente da imagem que outros possuem, mas imagens veiculadas em publicidade muitas vezes podem tornar-se imagens comuns a todos.

Quando foi perguntado a uma amostra de coreanos quais imagens lhes vinham imediatamente à cabeça quando eles ouviam falar dos Estados Unidos, a maioria das respostas mencionou "a Estátua da Liberdade, país grande e forte, democracia e liberdade, a bandeira dos Estados Unidos, a Casa Branca, grandes cidades, o Velho Oeste, a Disneylândia, calça jeans, hambúrgueres e Coca-Cola, as Cataratas do Niágara, a ponte Golden Gate, George Washington, John F. Kennedy, King Kong e (infelizmente) drogas e violência"[10].

A Origem das Imagens dos Destinos. Toda vez que alguém é exposto a alguma coisa relacionada a um destino, isso ajuda a formatação da imagem do lugar. Livros, filmes, televisão, cartões-postais, canções, fotografias, novas histórias e anúncios contribuem para formar a imagem das mais diferentes localidades. A Áustria tornou-se um destino popular para as férias de muitos norte-americanos em virtude de imagens favoráveis veiculadas no filme *A Noviça Rebelde*.

Pessoas que nunca estiveram no Oeste dos Estados Unidos podem imaginar estradas com paisagens de vegetação rasteira, desertos sem fim e caubóis. Essas são imagens comuns nos filmes, livros e cartões-postais. Mas é claro que nem todas as pessoas terão a mesma idéia do local. Algumas pensarão em arranha-céus, montanhas cobertas de neve ou bases aéreas, que também existem no Oeste. As imagens de cada pessoa dependem das informações que ela recebeu sobre essa parte dos Estados Unidos.

E quanto à imagem negativa? Uma das dificuldades em promover a Índia como destino turístico é a imagem de pobreza associada ao país[11]. A beleza da paisagem e as muitas atrações culturais do país são ofuscadas pelas imagens negativas de pessoas morrendo de fome e da miséria. Essa imagem negativa representa um desafio para que os responsáveis pelo marketing indiano possam promover o país no exterior.

A imagem de um destino é tão importante que estados e países gastam milhões de dólares para construir imagens positivas. Um bom exemplo é a campanha "I love N.Y.", realizada pelo estado de Nova York. Como resultado dessa campanha, o turismo na cidade de Nova York e no resto do estado cresceu acentuadamente nos anos 80.

As Imagens e a Satisfação dos Turistas. A experiência da viagem de um turista, como um todo, pode ser examinada por meio do processo de **mudança da imagem de um destino**[12]. Esse processo de modificação da imagem pode ter implicações significativas para regiões turísticas. O exemplo a seguir explica por quê.

Shinichi é um estudante universitário de 19 anos que decide viajar durante as férias da primavera e lê folhetos sobre pacotes de viagem para a praia de Daytona. Ele nunca esteve na Flórida e está empolgado com a idéia de ir a essa praia. Nesse momento, a imagem que Shinichi possui de Daytona está baseada, principalmente, em duas coisas: na informação escrita no folheto sobre pacotes de viagem e em seu conhecimento anterior sobre a Flórida, obtido por meio de livros, meios de comunicação de massa e amigos. A imagem que Shinichi tem do destino é muito importante, porque suas expectativas com relação à praia de Daytona são baseadas em imagens do local.

Quando chegam as férias de primavera, Shinichi vai à praia de Daytona. Ele nada e faz novos amigos. Quando volta para casa, passa por um estágio de "recordação". Nesse estágio, Shinichi avalia sua experiência na praia de Daytona. Esse processo de avaliação inclui uma comparação entre suas expectativas e suas experiências reais. Quando as experiências reais atendem às expectativas (baseadas em imagens do destino), há satisfação. Se as experiências reais não atendem às expectativas, há insatisfação. Dependendo do nível de satisfação ou insatisfação, Shinichi decidirá se voltará à praia de Daytona. E o que é mais importante: ele conversará sobre suas experiências com amigos. As descrições que fizer para os amigos os ajudará a formar imagens sobre a praia de Daytona. As imagens anteriores que um turista tem de uma localidade influenciam bastante seu parecer final quanto à satisfação. Tudo o que acontece, seja bom ou ruim, está, fundamentalmente, baseado na imagem original.

Imagens Simbólicas e Funcionais. Pesquisas mostram que a imagem de um destino turístico pode ser descrita em termos simbólicos e funcionais[13]. Uma **imagem funcional** de um destino está associada a atividades e atrações específicas. Sendo assim, imagens funcionais de Daytona são as praias com largas faixas de areia, natação e outras atividades aquáticas, compras, atmosfera de relaxamento e descanso, cozinha local e acomodações hoteleiras. De maneira oposta, uma **imagem simbólica** relaciona-se à "personalidade" da região, como o visitante a percebe. Assim como muitos produtos de consumo, diferentes destinos possuem diferentes personalidades. Os turistas consideram alguns destinos mais apropriados para a família, enquanto outros locais encontram-se mais associados à imagem de solteiros ou estudantes universitários. A imagem simbólica ou a personalidade de Daytona é jovem e viva, enquanto a imagem simbólica da Disney é familiar.

Estudos mostram que tanto as imagens funcionais quanto as simbólicas de um destino estão altamente relacionadas à escolha. Isso significa que, dependendo da percepção que o turista tenha das imagens simbólicas associadas a um destino, ele escolherá ou não determinado local como destino de viagem. Ao escolher uma localidade específica para passar as férias, um turista considera não apenas seus interesses específicos e as atividades disponíveis, mas também se o destino é o "tipo do lugar" ao qual ele gostaria de ir.

Métodos de Marketing de Destinos. Promotores de hospitalidade e turismo procuram reverter a imagem negativa de um destino com publicidade positiva. Eles oferecem benefícios para incentivar os viajantes a conhecer determinada localidade ou serviço. Um programa de marketing completo leva em consideração quais serviços devem ser oferecidos, qual grupo de pessoas deve ser servido, como informar essas pessoas que os serviços estão disponíveis e como tornar esses serviços atraentes.

Pacotes Turísticos. A indústria da hospitalidade, viagens e turismo reconheceu as vantagens de juntar componentes variados e vendê-los em um pacote turístico. Um **pacote turístico** é composto de serviços complementares oferecidos por um único preço e pode incluir mais de um meio de transporte. Por exemplo, o preço de um cruzeiro no Caribe normalmente inclui a passagem aérea de ida e volta. Ou um pacote pode incluir um dia de visita em ônibus fretado, com almoço em restaurante popular. Um outro exemplo pode ser o de uma empresa aérea que ofereça tarifas reduzidas em alguns hotéis se o passageiro desejar utilizar seus serviços. Pacotes turísticos normalmente são mais econômicos e, além disso, muitas pessoas, quando viajam, gostam de ter tudo organizado para elas.

Programas de Fidelidade. Empresas de hospitalidade e de viagens concorrem para obter uma parcela maior das viagens de negócios. Um programa inovador introduzido pelas empresas aéreas é o de "**passageiros habituais**" (*frequent flyer*). Posteriormente, cadeias hoteleiras adotaram a idéia criando o programa "**hóspedes habituais**" (*frequent guest*). Esses programas são promoções destinadas a obter a fidelidade dos consumidores à marca. Ao voar determinado

Perfil Empresarial

PERFIL EMPRESARIAL | **OS PARQUES TEMÁTICOS DA DISNEY**

Exemplo de Imagem de um Destino

Walter Elias Disney (1901-1966) sabia sonhar e tornar os sonhos realidade. O ilustrador de Kansas City criou fantasias na tela que ganharam vida em parques temáticos ao redor do mundo. Foi Disney quem definiu o parque temático moderno, utilizando seus personagens populares como tema central e oferecendo entretenimento, acomodação e refeições completos para a família. Mas isso foi resultado de um processo gradual de aprendizado, à medida que seu empreendimento era desenvolvido.

A Disneylândia, aberta na década de 1950 na cidade de Anaheim, na Califórnia, foi planejada para oferecer atividades de entretenimento para a família. Mas os planos feitos para atender à demanda por refeições e a outras necessidades dos turistas não foram adequados. Conseqüentemente, empreendimentos independentes desenvolveram-se ao redor da Disneylândia para oferecer esses serviços lucrativos. Em 1955 foi aberto o Disneyland Hotel, que ainda hoje é a única opção de acomodação do parque.

A Walt Disney Company redefiniu, então, seu projeto de hospitalidade para criar destinos que fossem auto-suficientes para atender à toda a família. O Walt Disney World Resort, perto de Orlando, na Flórida, oferece mais de 20 hotéis e mais de 190 restaurantes e lanchonetes. Monotrilhos, balsas e microônibus transportam hóspedes de um lado ao outro do complexo. Os serviços para os hóspedes incluem caixas eletrônicos, aluguel de máquinas fotográficas, serviços para bebês, armários, achados e perdidos e serviços de primeiros socorros.

Quatro complexos da Disney estavam abertos em 1993 — Disneylândia, na Califórnia; Walt Disney World, na Flórida; Tokyo Disneyland, no Japão; e Eurodisney, em Paris, na França. Os parques exibem personagens coloridos, reproduções de prédios históricos, atrações diversas, shows teatrais elaborados e paisagens impecáveis. O parque Magic Kingdom contém áreas com temas mais específicos, incluindo Main Street U.S.A., Adventureland, Frontierland, Fantasyland e Tomorrowland.

O Walt Disney World Resort possui 70 quilômetros quadrados (duas vezes o tamanho de Manhattan) e recebe mais de 20 milhões de visitantes por ano. O Magic Kingdom possui 100 acres, com 45 atrações, shows e aventuras. O Epcot, com suas demonstrações de tecnologia futura e de diferentes culturas do mundo, possui 260 acres. Uma das mais recentes atrações é o Animal Kingdom, um autêntico safári africano cheio de aventura em 500 acres de selvas, florestas e vastas savanas. Por todos os parques, funcionários jovens, entusiasmados e cordiais saúdam e atendem aos visitantes, além de manter impecavelmente limpo e bem cuidado o local, o que promove a imagem "mágica" criada pelos idealizadores do parque.

Praticamente qualquer parque de diversões nos Estados Unidos é comparado aos parques da Disney. Walt Disney passou a vida criando imagens para entreter. Hoje, os parques que levam seu nome simbolizam a imagem a que os criadores de parques devem aspirar se desejarem ser bem-sucedidos.

número de milhas na mesma empresa aérea ou hospedar-se sempre em hotéis da mesma cadeia, os viajantes podem ganhar viagens ou acomodação gratuitas ou ainda receber um *upgrade*[14]. Estudos recentes indicam que esses programas não são tão lucrativos quanto no passado, principalmente em virtude do alto custo dos prêmios para as empresas aéreas. Entretanto, como os viajantes aceitaram e agora esperam os programas, eles ainda são oferecidos.

Viagens de Familiarização[15]. Atividades promocionais e de marketing típicas, promovidas por organizações de turismo, incluem **viagens de familiarização** e "feiras exclusivas" para pessoas do ramo. Uma viagem de familiarização é uma viagem gratuita ou de preço reduzido para agentes de viagens, repórteres de turismo e outros profissionais do mercado turístico que promoverão o destino. É uma excelente ferramenta promocional, que proporciona ao indivíduo informações em primeira mão sobre as instalações, os serviços e as atrações existentes em um destino. Muitas associações promovem feiras anuais exclusivas para o mercado turístico em que fornecedores, profissionais de marketing de destinos, transportadoras e intermediários expõem. Alguns dos maiores acontecimentos da América do Norte incluem os eventos anuais da National Tour Association (NTA), da American Bus Association (ABA) e da American Society of Travel Agents (ASTA).

Equipamentos de Alta Tecnologia. Parte da tarefa do marketing é decidir quais serviços serão oferecidos. Empreendimentos direcionados a viajantes de negócios oferecem serviços opcionais que facilitam as transações executivas. Os avanços tecnológicos nas viagens aéreas têm permitido que esses passageiros conduzam seus negócios durante o vôo. Máquinas de fax a bordo, telefones operados via cartão de crédito em todos os assentos e serviços de notícias em vídeo e rádio ajudam os executivos, voando a mais de nove mil metros de altura, a manter contato com seus escritórios e com o resto do país. Assim como os notebooks estão se tornando cada vez mais comuns no mundo dos negócios, as empresas aéreas vêm desenvolvendo ações para manter seus passageiros atualizados a bordo. Em setembro de 1991, a Singapore Airline tornou-se a primeira transportadora internacional a oferecer no ar um serviço de chamadas telefônicas internacionais. No chão, algumas empresas aéreas oferecem business centers em seus terminais, às vezes equipados com computadores, máquinas de fax, copiadoras e até mesmo secretárias para fazer trabalhos de digitação, quando necessário. Com o software correto, os usuários de computador podem reservar seus próprios vôos ou imprimir suas passagens.

Todos os componentes da rede de hospitalidade são beneficiados pelos avanços tecnológicos. De restaurantes fast-food com computadores para seus clientes fazerem seus próprios pedidos a business centers em hotéis, os equipamentos de alta tecnologia vêm se revelando um atrativo bem popular.

Mulheres Viajando a Negócios. Uma outra tarefa de marketing é decidir quem é o cliente. Por ser um segmento que vem crescendo rapidamente no mercado das viagens de negócios, as mulheres estão recebendo maior atenção dos executivos de marketing. Hoje, mais de um terço das pessoas que viajam a negócios são mulheres. Esse crescimento é um reflexo direto da mudança do papel das mulheres na economia atual. As mulheres representam mais de 40% do total da força de trabalho. Até o ano 2005, elas representarão mais de 47% dessa força, e 61% das que pos-

Cultura

POR DENTRO DA INDÚSTRIA | **CULTURA**

Nomes de Lugares

Ao planejar viagens internacionais para seus clientes, um profissional de viagens bem-sucedido deve levar em consideração as diferenças geográficas em relação aos nomes. Por exemplo, se um guia italiano perguntasse se você gostaria de conhecer a bela cidade de *Venezia*, você provavelmente imaginaria que a localidade era Veneza. Entretanto, se o local perguntado fosse *Magyarország*, você o relacionaria à Hungria, terra dos magiares? Um turista ao visitar a França, a Noruega e a Alemanha pode ficar surpreso ao verificar os horários dos vôos e das viagens ferroviárias: os franceses referem-se à Alemanha como *Allemagne*, conhecida na Noruega como *Tyskland* e, na Alemanha, como *Deutschland*. Como o Rio Danúbio cruza muitos países, seus clientes podem viajar cruzando o Danube, Dunarea, Duna, Dunav ou Dunaj, dependendo de onde embarcarem.

Assim, antes de mandar seus clientes a "lugares desconhecidos", certifique-se de que eles saberão qual é o local quando chegarem lá.

suírem idade para trabalhar estarão empregadas. Muitas, agora, ocupam cargos de alta gerência. E o aumento do número de mulheres de negócios significa mais mulheres viajando a negócios.

Quando esse segmento começou a se expandir na década de 1970, os profissionais da indústria não sabiam ao certo como lidar com ele. Tentando responder à pergunta "O que querem as mulheres de negócios?", alguns hotéis instituíram andares para mulheres com quartos decorados em tons pastéis. Outros providenciaram para suas hóspedes revistas femininas, como *Glamour* e *Cosmopolitan*. Essa estratégia foi totalmente errada. As mulheres não querem receber a revista *Glamour* enquanto seus colegas homens, que estão no mesmo hotel, recebem o *Wall Street Journal*. E, o que é mais importante: as mulheres que viajam a negócios precisam dos mesmos serviços básicos que seus colegas homens.

Uma pesquisa com 100 mulheres que viajam a negócios, reproduzida na revista *Working Woman*, em abril de 1993, descobriu que os hotéis que enfatizavam o serviço e a segurança eram os preferidos. Os principais serviços relacionados foram business centers com máquinas de fax, copiadoras e secretárias; serviço de limusine; serviço de quarto (*room service*) 24 horas e telefones com duas linhas. As medidas de segurança sugeridas incluíam não dizer o número do apartamento da pessoa em voz alta no check-in, providenciar estacionamento bem iluminado e com manobristas e manter seguranças em locais visíveis[16]. A maioria desses serviços tornou-se padrão na indústria e, ainda hoje, estão presentes.

DISTRIBUIÇÃO POR MEIO DE INTERMEDIÁRIOS

Os viajantes podem comprar suas próprias passagens ou reservar suas próprias acomodações de hotel, mas o sistema de distribuição de viagens normalmente inclui varejistas. Os **varejistas** são empresas que distribuem produtos dos produtores para os clientes. Os varejistas de viagens são chamados **intermediários de viagens**. Os intermediários mais comuns são agentes de viagem e operadoras. Têm surgido, entretanto, com força crescente, outros tipos de intermediários de viagens, como as agências de viagens corporativas, casas de incentivo e organizadores de eventos. (A Tabela 2-1 lista ocupações disponíveis em empreendimentos relacionados a viagens.)

Agentes de Viagens. Um **agente de viagens** é um prestador de serviços relacionados a viagens que atende o consumidor final e obtém rendimentos diretamente dos fornecedores (empresas aéreas, hotéis, empresas de aluguel de carros) e de outros intermediários na forma de comissões (normalmente 10% das empresas aéreas e reservas de hotéis). Um passageiro que compra uma passagem aérea de U$ 500,00 não paga a mais para utilizar os serviços de um agente de viagens; a empresa aérea paga ao agente 10% (US$ 50,00) pela reserva no vôo. O agente de viagens atua também como consultor, orientando e recomendando destinos, hotéis e transportadoras. Os agentes de viagens fazem grande parte das reservas necessárias para o turismo nacional e internacional.

Operadoras de Turismo. Uma **operadora de turismo** é uma empresa ou indivíduo que cria e opera pacotes de viagens. Um pacote para a cidade do México, por exemplo, pode incluir passagem aérea, hospedagem, refeições, transporte terrestre ou aluguel de carro e visitas a atrações turísticas. Em vez de comprar esses itens separadamente, o turista compra todos em um pacote, geralmente por menos do que custariam se comprados separadamente. Uma vez feito o pacote, a operadora os vende diretamente aos clientes ou por meio dos agentes de viagens.

Há três tipos de operadoras. A **operadora de charter** monta um pacote e o vende ao público ou a operadoras de viagens. As **operadoras de viagens** vendem, então, o pacote a um grupo de turistas. Os pacotes normalmente incluem um guia ou acompanhante para a viagem. **Operadoras de receptivo** são especializadas em oferecer pacotes a viajantes internacionais na localidade de destino.

Agências de Viagens Corporativas. Muitas grandes empresas possuem departamentos de viagens dentro de suas instalações, coordenados por um **gerente corporativo de viagens**. O gerente corporativo de viagens lida com todos os aspectos da organização de viagens para funcionários da empresa. Muitas empresas acreditam que possuir uma agência própria pode reduzir custos de viagens e aumentar o poder de barganha ao negociar preços com hotéis, transportadoras e outros

Um Dia na Vida de...

UM DIA NA VIDA DE ... UM GERENTE DE UMA AGÊNCIA DE VIAGENS

A grande prioridade de um gerente de agência de viagens é o serviço. Suas incumbências incluem trabalho de escritório e responsabilidades gerenciais gerais, bem como consultoria em viagens e planejamento.

Responsabilidades gerenciais incluem as comuns à maioria dos negócios. O gerente deve treinar novos funcionários, supervisionar e auxiliar os empregados conforme necessário e monitorar e avaliar seu desempenho. Devem também operar a agência de maneira eficiente, o que inclui selecionar e utilizar novas tecnologias e alocar recursos para financiá-las. As agências de viagens bem-sucedidas precisam acompanhar o desenvolvimento tecnológico que ajuda os funcionários a atender aos clientes com mais eficiência.

No mundo atual, tecnologicamente avançado, não é surpresa que a utilização de computadores seja essencial para gerenciar negócios. Utilizando fontes computadorizadas e serviços on-line, um gerente e seus funcionários podem acessar e compartilhar rapidamente informações sobre eventos internacionais e seus históricos, bem como taxas de conversão atualizadas. Os computadores fornecem informações atuais sobre fatores críticos, como, por exemplo, revoltas políticas ou militares inesperadas ou repentinas, catástrofes climáticas, um desastre aéreo ou o fechamento temporário de um resort. Os serviços eletrônicos também ajudam as agências a obter documentos de viagem, como passaportes e vistos para os clientes que vão para o exterior.

Agendar vôos, reservar acomodações e montar itinerários são detalhes que devem ser observados e conferidos para assegurar uma viagem tranqüila para um cliente. O viajante a negócios muitas vezes precisa que todos os detalhes da viagem sejam compatíveis com os horários e os contatos de negócios no local de destino. Pode também precisar de carros alugados e, às vezes, até de passeios especiais ou diversão. O gerente da agência de viagens deve ter certeza de que seus funcionários estão oferecendo aos clientes, da maneira mais econômica, o que eles precisam.

Às vezes, os gerentes recebem dos representantes das empresas aéreas solicitações de informações sobre vendas e ofertas de pacotes. Muitas vezes, as empresas aéreas, as empresas de cruzeiro ou os resorts oferecem pacotes mais acessíveis que uma viagem planejada individualmente, e o gerente deve estar familiarizado com o que está sendo oferecido para fornecer aos clientes as melhores opções. Para implementar essas tarefas de maneira eficiente, as agências de viagens devem ter conhecimento dos eventos e da geografia mundial atuais.

Oferecer consultoria a clientes e planejar viagens de lazer é um desafio fascinante para gerente e funcionários. Com algumas perguntas básicas, pode-se descobrir por onde começar. Se um casal está planejando uma lua-de-mel, por exemplo, o gerente perguntaria se eles preferem clima quente ou frio. Gostam de pescar ou esquiar? Preferem locais modernos ou históricos? Quanto esperam gastar com a viagem? Conversas francas geralmente revelam se os clientes sabem o que querem ou se não sabem ao certo e gostariam de conselhos profissionais.

Gerentes de agências de viagem também incentivam os clientes a voltar, após a viagem, para compartilhar sua experiência. Esse feedback mostra para a agência o que funciona e o que não funciona, ajudando os funcionários a planejar viagens futuras para os clientes.

tipos de serviços de viagens. Os clientes da agência corporativa de viagens são os funcionários da empresa, e a maior parte das viagens são a negócios.

Casas de Incentivo. Uma casa de incentivo gerencia viagens de incentivo. **Viagens de incentivo** são uma ferramenta de marketing e administração atualmente utilizada por muitas empresas para motivar clientes, vendedores e outros funcionários a atingir os objetivos de vendas. Estudos de caso mostram que viagens de incentivo podem ser uma ferramenta de administração e marketing poderosa. Um exemplo é a Divisão Nordeste da Sherwin-Williams, fabricante e revendedora de tintas. A empresa implementou um programa de viagens de incentivo para impulsionar as vendas: para cada galão de tinta comprado por pintores comerciais, a empresa oferecia pontos de bônus. Após juntar um certo número de pontos, os pintores podiam ganhar uma viagem gratuita. Atualmente, muitas empresas norte-americanas utilizam esse tipo de programa para motivar o pessoal de vendas em seus pontos-de-venda a varejo, como concessionárias de automóveis, para alcançar

TABELA 2-1 Ocupações disponíveis em empreendimentos relacionados a viagens

Piloto de empresa aérea
Gerente de agência de aluguel de veículos para recreação
Mensageiro
Padeiro
Maître de banquetes
Especialista em viagens de negócios
Gerente de camping
Chefe de cozinha
Gerente de bares
Proprietário de concessão
Gerente de eventos
Artesão
Diretor de cruzeiros
Especialista em planejamento turístico de localidades
Capitão-porteiro
Recreador
Escultor
Analista de alimentos e bebidas
Cozinheiro de especialidades estrangeiras
Recepcionista de hotel
Concierge
Guest relations
Gerente de pousada/hospedaria
Guia
Gerente de hotel
Especialista em viagens de incentivo
Especialista em treinamento
Inspetor
Supervisor de cozinha
Salva-vidas
Gerente de marina
Organizador de eventos
Motorista de ônibus
Curador de museu
Guarda-florestal
Recreador infanto-juvenil
Chefe de confeitaria
Especialista em relações públicas/promoções
Recepcionista
Diretor social/recreação
Agente de reservas
Vigia de resort
Gerente de loja de varejo
Instrutor de esqui
Dono de loja de suvenir
Atendente de bilheteria
Guia de excursão
Operador de viagens
Gerente de bureau de turismo
Tradutor
Agente de viagens
Escritor/jornalista de turismo
Gerente de agência de viagens
Gerente de vendas/consultor de viagens
Garçom/garçonete
Almoxarife de adega

Fonte: adaptado do U.S. Department of Labor, *Occupational Titles Arranged by Industry Designation*. Washington, U.S. Government Printing Office, 1991.

e ultrapassar as metas. As empresas que mais freqüentemente utilizam viagens de incentivo na América do Norte são as companhias de seguro e de eletrodomésticos.

Organizadores de Eventos. O aumento no número de convenções e reuniões levou à criação da ocupação de organizador profissional de eventos. Um **organizador de eventos**, seja independente ou funcionário de uma associação ou empresa, coordena todos os detalhes de reuniões e convenções, tarefa muitas vezes complicada. Imagine quantos detalhes estão envolvidos no planejamento de uma reunião para 100 ou mais pessoas: reservar todas as acomodações, verificar se as salas de reunião estão com a composição (de mesas e cadeiras) e os equipamentos necessários, organizar transporte aéreo e terrestre, planejar as refeições e as atividades e certificar-se de que os participantes possuam suas passagens e todas as informações necessárias a tempo. Os organizadores de eventos precisam ter conhecimento e habilidades específicos para lidar eficientemente com todos os detalhes de um evento. Assim, muitas associações e empresas descobriram que contratar um organizador de eventos é imprescindível para reuniões e convenções bem-sucedidas. (Leia mais sobre reuniões e convenções no Capítulo 10.)

OS EFEITOS DA HOSPITALIDADE, VIAGENS E TURISMO

Muitos países e destinos procuram obter as vantagens que tornam o turismo atraente. Um comércio turístico saudável beneficia os países nos aspectos econômico, sociocultural e ambiental. A Figura 2-3 mostra como aumentaram o número de chegadas e as receitas com turistas internacionais. É claro que algumas desvantagens também existem. Planejamento e gestão cuidadosos podem ajudar a minimizar os impactos negativos.

BENEFÍCIOS E CUSTOS ECONÔMICOS

Quando um destino é desenvolvido para o turismo, o afluxo de turistas causa um grande impacto nas economias local e nacional. Às vezes, a economia local tira proveito dos benefícios; outras vezes, arca com os custos, e os estrangeiros levam para casa os lucros.

COM A PALAVRA, OS GRADUADOS — MELISSA MANRIQUE

Executiva de contas nacionais no escritório de vendas diretas para grupos do Hilton em Dallas, no Texas, Melissa Manrique é responsável pela venda de eventos para hotéis do Hilton nos Estados Unidos. Suas contas incluem corporações, associações e grupos SMERF (sociais, militares, educacionais, religiosos e fraternais). Manrique cresceu em uma família da indústria da hospitalidade. Sua mãe trabalhou na indústria hoteleira por mais de 25 anos. Manrique estudou quatro anos na Conrad N. Hilton College of Hotel and Restaurant Management, na Universidade de Houston. Lá, como estudante, envolveu-se ativamente na divisão de marketing e vendas da faculdade e esforçou-se para obter muitas experiências de trabalho na indústria hoteleira. Possuindo diploma de bacharel e experiências práticas, foi imediatamente contratada pela Hilton Corporation. Manrique credita a seu conhecimento global da indústria, bem como a sua experiência em marketing e vendas na Universidade de Houston, seu rápido crescimento na carreira e a posição que agora ocupa. "Meu melhor conselho para os estudantes", diz Melissa "é ter atividades extracurriculares e participar como voluntária de atividades da faculdade." Observando que disponibilidade para transferências é parte importante para o crescimento e a mobilidade da carreira em hotelaria, ela também sugere que os estudantes "sejam flexíveis com relação aos locais onde trabalharão".

Benefícios Econômicos. Quase todos os destinos precisam de infra-estrutura e serviços próximos para satisfazer às necessidades dos visitantes. Independentemente de seus motivos para viajar, os turistas costumam gastar dinheiro durante sua estada em uma localidade. Os gastos dos visitantes geram receita e lucro para muitos negócios, entre os quais hotéis, campings, restaurantes, postos de gasolina, campos de golfe, mercados e lojas de suvenires.

Viagens de negócios para convenções e reuniões beneficiam diretamente empresas de transporte, hotéis e restaurantes. Quase todos os moradores da localidade obtêm algum benefício direto das viagens a negócios. Artigos em jornais ou revistas da área sobre as convenções e os destinos ajudam a construir uma imagem positiva para a localidade. Se a localidade tem uma imagem sólida de negócios, outras empresas poderão lá se instalar. As localidades investem em centros de convenções para atrair eventos, como reuniões, exposições, feiras e convenções. Apesar do alto custo de construção, as instalações que atraem, com sucesso, grupos de negócios geram emprego e podem fazer toda a região lucrar.

O turismo também gera receita pública a partir de taxas e impostos sobre empreendimentos e turistas. Os governos municipais, estaduais e federal obtêm rendimento dos tributos sobre vendas, acomodações, álcool e gasolina e das taxas de utilização de campings, parques, rodovias etc. O aumento da receita pública pode ser utilizado para melhorar a infra-estrutura local e elevar a qualidade de vida dos moradores da região.

A entrada de dólares do turismo na economia local envolve gastos diretos e indiretos. **Gastos diretos** referem-se ao dinheiro que vai diretamente do turista para a economia. Esse dinheiro inclui pagamentos de diárias hoteleiras, refeições, aluguel de carros, recreação, entretenimento, suvenires e outros itens.

Uma vez que o dinheiro chega aos donos das instalações turísticas, ele é gasto novamente. Esse gasto é denominado **gasto indireto** e gera mais renda e empregos futuros. Por exemplo, restaurantes, de preferência, compram alimentos de fornecedores locais, que, por sua vez, compram dos fazendeiros locais. Parte do dinheiro também vai para os funcionários de hotéis, restaurantes e outros empreendimentos turísticos. Os funcionários, por sua vez, pagam por moradia, compras e assim por diante. Esse gasto indireto, que expande a economia, é denominado **efeito multiplicador**. Quanto maior o efeito multiplicador, mais vantajoso é o gasto do turista para a economia local.

Custos Econômicos. O turismo também pode ter um impacto negativo. Uma preocupação é o **custo de oportunidade** ou o benefício que será sacrificado ao se utilizar um recurso de determinado modo em vez de outro. O custo de oportunidade do turismo é o custo de desenvolver o turismo em vez de qualquer outra indústria. Por exemplo, uma comunidade pode ter de escolher entre ampliar um aeroporto para atrair mais turistas ou permitir que um industrial alugue determinado terreno. Como a comunidade não pode fazer as duas coisas, pode então projetar o lucro total desses dois negócios e escolher aquele que gere mais benefícios a longo prazo. Se preferir ampliar o aeroporto, pagará um "custo de oportunidade" por excluir o industrial (empregos potenciais na indústria e outros lucros locais). Entretanto, o custo de oportunidade de não ampliar o aeroporto poderia ser maior.

Perda de Divisas. Um outro custo econômico é a **perda de divisas** (*leakage*), ou o dinheiro que sai da economia local para a compra de recursos externos. Muitos dos produtos e serviços necessários à satisfação dos desejos dos turistas têm de ser importados. Portanto, nem todos os gastos diretos e indiretos dos turistas ficarão na economia local. Quanto mais importações forem necessárias, maior será a perda de divisas. Às vezes, uma grande parte da renda do turismo tem de ser utilizada para pagar materiais e equipamentos importados. Materiais de construção podem não existir em quantidade suficiente na localidade. Se assim for, deverão ser comprados em outro lugar. Por exemplo, talvez seja preciso importar camas de hotel, acessórios de banheiro, elevadores e equipamentos de ar-condicionado. Se um país possuir apenas uma pequena indústria automobilística, precisará importar carros ou ônibus para satisfazer às necessidades

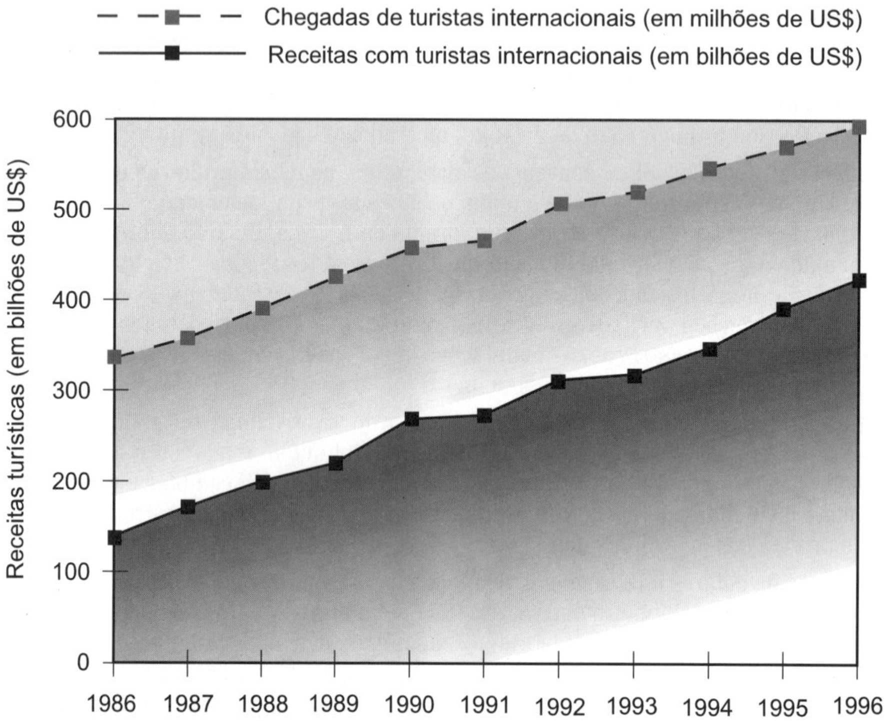

Figura 2-3 Crescimento mundial do turismo.
Fonte: Organização Mundial do Turismo. Fevereiro de 1997.

de transporte dos turistas. Por outro lado, quando uma área tem recursos para produzir todos os bens e serviços necessários, todo o dinheiro gasto pelos turistas permanecerá lá. Nessa economia, é possível que cada dólar gasto diretamente com serviços de hospitalidade gere três dólares adicionais. Quanto mais desenvolvida for a economia local, maior será o efeito multiplicador; e, ao contrário, quanto maior for a perda de divisas, menor será o efeito multiplicador na economia local.

Globalização dos Negócios. O surgimento de empresas multinacionais também tem afetado a renda oriunda do turismo no destino. Cadeias hoteleiras e de restaurantes internacionais abriram filiais no mundo todo, mas muito do lucro desses empreendimentos retorna aos países de origem. O pagamento de passagens aéreas a empresas internacionais é outra maneira pela qual os países perdem a renda do turismo. Algumas nações em desenvolvimento, como a China, estão trabalhando para ter suas próprias empresas aéreas a fim de capturar essa renda.

Um outro fator que reduz a receita de um país com o turismo é a renda obtida por investidores internacionais. Como o desenvolvimento de um destino demanda grande investimento de capital, alguns países não podem financiar projetos em larga escala. Talvez precisem de suporte financeiro internacional. Sem ajuda externa, o destino pode não ser desenvolvido para o turismo. É alto o custo para os países em desenvolvimento, que costumam passar anos pagando empréstimos e juros desses financiamentos.

O dinheiro também pode ser gasto internacionalmente para o pagamento de taxas de administração. Hotéis locais que não pertencem a uma rede, por exemplo, podem ser administrados por corporações internacionais, às quais pagam uma taxa pelos serviços. Se a força de trabalho local não é suficientemente grande, é preciso importar trabalhadores para preencher vagas em serviços de hospedagem, alimentos e bebidas e outros empreendimentos turísticos. Os trabalhadores estrangeiros provavelmente investirão ou guardarão dinheiro em seus países de origem.

Alguns aspectos das perdas de divisas são considerados necessários. As **perdas de divisas necessárias** referem-se ao custo de promover internacionalmente um destino. Se uma localidade quer atrair turistas, precisa anunciar para convencer turistas potenciais de que é mais atraente que outras. Organizações nacionais de turismo promovem seus países por meio de anúncios na mídia estrangeira e também oferendo *fam tours* a agentes de viagem e jornalistas especializados.

Minimizando Perdas de Divisas. Países em desenvolvimento podem minimizar a perda de renda do turismo. Por exemplo, por meio de negociações, pode-se reduzir as importações de materiais relacionados ao turismo e dar suporte às indústrias locais. Muitas nações também limitam a participação estrangeira em empresas nacionais a 49% ou menos. O controle externo da indústria da hospitalidade também pode ser reduzido por meio da oferta de incentivos a proprietários locais de hotéis e restaurantes. O número de profissionais e gerentes estrangeiros pode ser reduzido se forem oferecidos programas educacionais e de treinamento aos trabalhadores locais. Essas medidas talvez ajudem a assegurar que uma maior porcentagem do dinheiro dos turistas fique na localidade. Desse modo, os benefícios econômicos do desenvolvimento de um destino podem exceder os possíveis impactos negativos.

IMPACTOS SOCIOCULTURAIS

Os efeitos do aumento das atividades de hospitalidade e turismo também podem ser positivos ou negativos conforme o modo pelo qual as pessoas interagem entre si na sociedade. Mudanças no estilo de vida das famílias e contatos interculturais podem resultar em influências negativas ou positivas. Entretanto, muitas das preocupações dizem respeito aos males sociais que podem resultar do turismo.

Mudanças no Estilo de Vida das Famílias. Muitos habitantes locais vêem suas vidas modificadas quando conseguem um emprego na área de turismo. Pessoas jovens podem ingressar no mercado de trabalho quando ocorre o desenvolvimento do turismo. Sob o aspecto positivo, isso contribui para o aumento da renda familiar, permitindo a aquisição de produtos que, antes, talvez não fosse possível para as famílias locais. A mudança no estilo de vida também gera demanda por melhores residências e muda hábitos alimentares e de vestuário. A adoção de hábitos dos turistas pela população local é conhecida como **efeito de demonstração**. O efeito de demonstração pode ter uma conseqüência negativa se os habitantes locais perceberem que, mesmo com o aumento da renda, não podem viver como os turistas. Isso pode resultar em sentimento de inveja ou ressentimento em relação aos visitantes. Essa situação tende a ocorrer com mais freqüência nos destinos onde a economia está principalmente baseada no turismo.

Os relacionamentos tradicionais entre os jovens e os mais velhos podem mudar à medida que esses jovens conseguem empregos em empreendimentos turísticos. Os comerciantes locais e as indústrias podem sofrer com a falta de trabalhadores quando esses migram para o turismo. Um jovem, cujo pai e avô foram fazendeiros, pode decidir que, em vez de seguir a tradição da família, trabalhará como gerente de um hotel. Pessoas que já viveram do mar ou da terra podem começar a preferir a renda fixa oriunda do trabalho em um parque de diversões. Por outro lado, se os turistas pararem de vir ao destino, os empregados terão de voltar a exercer sua ocupação tradicional ou procurar equivalente em outra localidade.

Conscientização e Preservação Cultural. Um efeito positivo do turismo é aumentar o entendimento entre pessoas de diferentes países. Nesse sentido, turismo é uma força vital para a paz. Nossa visão estereotipada da população de outros países pode mudar com uma única visita. Um estudo sobre estudantes norte-americanos em visita à União Soviética mostrou que o turismo resultou em mudanças positivas na atitude dos turistas[17]. Do mesmo modo, um estudo com norte-americanos em primeira visita à Coréia do Sul mostrou uma grande diferença entre as percepções anteriores e posteriores: após a visita, os turistas demonstraram uma atitude mais favorável com relação ao país e seu povo[18].

O turismo também pode ajudar a preservar os locais históricos e a cultura. A cidade colonial de Williamsburgh, na Virgínia, é um exemplo: as casas históricas, o estilo do vestuário e as tradições da área foram preservados e atraem turistas de todo o país e do mundo. Wise County, uma comunidade de minas de carvão na parte rural da Virgínia, preserva com êxito essa herança, promovendo os museus e a cultura local para os turistas. O Centro da Cultura Polinésia, no Havaí, oferece aos visitantes a oportunidade de ver as danças tradicionais polinésias e de ouvir a música da ilha. Nesses exemplos, o turismo combina preservação com negócios; sem os dólares dos turistas, muitas dessas aéreas não conseguiriam preservar sua cultura.

O turismo também ajuda na sobrevivência da arte e do artesanato tradicionais. No sudoeste dos Estados Unidos, por exemplo, a exposição de turistas às culturas nativas americanas aumentou bastante a demanda por suas artes e artesanatos, como cerâmica, jóias e tecelagem. Algo semelhante acontece na região norte do Canadá, onde a demanda dos turistas por suvenires promoveu o desenvolvimento das esculturas em pedra-sabão.

Uma onda de turistas de diferentes culturas pode produzir conseqüências indesejáveis. Por exemplo, os amish[19] da Pensilvânia permaneceram isolados por centenas de anos até se tornar atração turística. Os empreendedores construíram motéis, restaurantes e lojas de suvenires para atender ao número crescente de visitantes. As terras tornaram-se mais raras e caras, forçando muitos amish a mudar para outras áreas.

O turismo pode contribuir para arruinar gradativamente os padrões sociais e para mercantilizar uma cultura. Há quem diga que os padrões artísticos locais sofrem quando o artesanato local é reproduzido em massa para o consumo de turistas. Acredita-se também que a comercialização exerce efeito negativo sobre os costumes sociais e religiosos locais. Em alguns lugares, por exemplo, as danças cerimoniais que originariamente tinham objetivos religiosos agora são encenadas para entreter turistas. Por acreditar que as influências externas podem afetar sua cultura, a China permaneceu fechada para visitantes estrangeiros até o final dos anos 70. Nenhum país deseja que sua herança cultural se torne uma exibição secundária, mas, geralmente, os benefícios do turismo (especialmente os econômicos) tornam-se mais importantes que outras preocupações. Mesmo a China agora trabalha para promover a visita de um maior número de turistas internacionais.

Males Sociais. Os males sociais compreendem problemas como crime, deslocamento populacional e discriminação. O crime organizado e a prostituição são, às vezes, associados ao turismo. De fato, certos estudos demonstram existir relação entre o crescimento do turismo e o aumento do crime. As autoridades encarregadas da aplicação das leis talvez precisem lidar com o fato de que os turistas que não conhecem uma localidade podem ser alvo de criminosos. Pode ser difícil reverter a publicidade negativa decorrente desses ataques.

O turismo pode causar o deslocamento de habitantes locais caso eles cheguem à conclusão de que não podem mais viver na comunidade após seu desenvolvimento como destino turístico. Uma demanda crescente por terra para empreendimentos turísticos pode elevar os valores das propriedades. Pequenos negócios podem falir se seus titulares não conseguirem pagar aluguéis elevados. Residentes locais podem ver suas propriedades de aluguel sendo demolidas para abrir caminho para hotéis de luxo. Esses efeitos podem ser particularmente adversos para famílias de baixa renda ou pessoas mais velhas que vivem de rendas fixas. Quando, por exemplo, o jogo foi legalizado em Atlantic City, em Nova Jersey, a classe trabalhadora local foi obrigada a escolher entre pagar aluguéis e impostos prediais e territoriais elevados ou mudar para outra área.

Um dos efeitos negativos do turismo pode ser a discriminação. As práticas de recrutamento ou promoção das novas empresas em uma região podem ser discriminatórias quanto aos trabalhadores da localidade. Uma comunidade pode discriminar os funcionários contratados de outros lugares. Quando não há trabalhadores locais em número suficiente para construir e gerenciar os empreendimentos turísticos, poderão vir trabalhadores de outras regiões ou países. Um grande e repentino afluxo de trabalhadores pode causar ressentimento nos trabalhadores locais. Isso pode acontecer especialmente se os trabalhadores de fora vierem a ocupar posições de gerenciamento, mais bem remuneradas, deixando as ocupações de remuneração mais baixa para os trabalhadores locais. Se os moradores locais notarem que o padrão de vida dos novos moradores é melhor, poderão discriminá-los ativamente. Por outro lado, se a cultura e o estilo de vida dos residentes locais forem muito diferentes da cultura e do estilo de vida dos novos habitantes, os recém-chegados poderão sentir-se incomodados com a situação.

TURISMO E IMPACTO AMBIENTAL

Quando planejado e administrado apropriadamente, o turismo pode contribuir para a preservação e a proteção do meio ambiente. Ao demarcar parques nacionais e estaduais, o patrimônio natural de um país pode ser preservado e protegido. Além disso, muitas comunidades estabelecem leis e modos de conduta em relação ao meio ambiente, como, por exemplo, quanto ao desenho arquitetônico para manter a beleza de uma região.

Muito turismo, ou turismo mal planejado, entretanto, pode resultar em poluição e danos ao meio ambiente. Alguns problemas são óbvios, como um possível aumento do lixo ou muitos pés transitando em pisos antigos. Alguns problemas são muito mais sutis. Por exemplo, a Caverna de Lascaux, na França, teve de ser fechada ao público porque a respiração dos turistas e o calor dos corpos estavam destruindo as figuras deixadas nas paredes por artistas do Paleolítico. A simples presença de visitantes esquentava o ar dentro da caverna, causando condensação em suas paredes frias. Quando as gotas caíam, levavam consigo pigmentos das pinturas de 17 mil anos. As autoridades perceberam que, com o tempo, nenhuma das pinturas originais sobreviveria[20].

Um outro exemplo da necessidade de maior planejamento é a Reserva Marinha de Hol Chan, em Belize. Em 1987, o governo criou a reserva para proteger os peixes e corais de pescadores e mergulhadores. A reserva revelou-se um empreendimento bem-sucedido — os peixes e corais se multiplicaram. Mas, por quanto tempo? O aumento do número de peixes atraiu mais turistas, e a cidade atingiu sua **capacidade de carga** (ou seja, número máximo de pessoas que podem freqüentar a localidade sem causar danos ao meio ambiente nem diminuir a qualidade da experiência dos visitantes). Excedida a capacidade de carga, os sistemas de abastecimento de água e saneamento básico ficaram sobrecarregados. O aumento da quantidade de esgoto na baía aumentou a quantidade de nutrientes que prejudicam o frágil equilíbrio natural dos recifes de corais[21]. Promotores de turismo argumentam, entretanto, que sem o turismo os esforços para proteger locais belos, as plantas e os animais exóticos talvez não tivessem sido empreendidos.

Líderes de hospitalidade e turismo tornaram-se mais atentos nos últimos anos a questões relacionadas à "qualidade de vida" dos cidadãos. A Heritage Interpretation International (HII) foi criada em 1991 para promover e preservar as heranças culturais e naturais de todo o mundo. A organização sediou uma conferência em Honolulu, no Havaí, sobre o tema "Unindo esforços para um turismo de qualidade". Essa conferência procurou caminhos para manter o equilíbrio entre a preservação de nossas heranças naturais e culturais e o desenvolvimento do turismo. Esse equilíbrio geralmente é denominado **ecoturismo** e significa turismo com enfoque ecológico.

A American Society of Travel Agents (ASTA) e organizações similares na indústria da hospitalidade e do turismo também estimulam o crescimento do turismo pacífico e responsável quanto ao meio ambiente. A ASTA estabeleceu normas de conduta relacionadas às viagens aéreas, terrestres e marítimas. Os agentes estimulam a conservação ambiental e de energia, os esforços para melhorar a qualidade do ar e da água, a reciclagem de lixo, a gestão segura de lixo e materiais tóxicos, a redução do ruído e o envolvimento da comunidade nesses esforços.

A ASTA ainda sugere que funcionários de turismo e hospitalidade sejam bem-treinados quanto aos princípios da conservação. Além disso, recomenda que organizações de hospitalidade e turismo adotem seus próprios códigos sobre o meio ambiente em localidades especiais e ecossistemas[22].

Meio Ambiente

POR DENTRO DA INDÚSTRIA | **MEIO AMBIENTE**

Pink River Dolphin Preserve

A Pink River Dolphin Reserve, no Peru, oficialmente conhecida como Reserva Popular Nacional e Regional de Cumaceba, é um exemplo de ecoturismo. A reserva está perto da confluência dos rios Yarapa e Cumaceba, nas nascentes do rio Amazonas. Foi criada por Roxanne Kremer, fundadora da International Society for the Preservation of the Tropical Rainforest, uma organização sem fins lucrativos.

As taxas de visita pagas pelos turistas e as contribuições privadas permitem ao grupo de Kremer preservar áreas da floresta tropical. O grupo adquire terras e fornece à população local, que cuida dos acampamentos e patrulha a área contra atividades ilegais de caça, derrubada de árvores e pesca comercial. O planejamento cuidadoso, o controle rigoroso do uso da água e a gestão ambiental do lixo ajudam a proteger a reserva dos efeitos negativos do aumento da presença humana. Toda a área de trabalho está desenhada para preservar o meio ambiente natural, bem como os padrões naturais de comportamento dos golfinhos e de outros animais selvagens da área.

RESUMO

- Os componentes da rede turística e de hospitalidade costumam operar de maneira independente e, com freqüência, concorrem entre si, apesar de compartilhar uma interdependência mútua.
- Entre as razões mais freqüentes para as viagens a negócios está a participação em reuniões, convenções, feiras e exposições.
- As nove principais categorias para a escolha dos destinos e motivação das viagens de lazer são parentes e amigos, educação, cultura, natureza, recreação, lugares históricos, eventos, religião e saúde.
- O desenvolvimento de um destino começa com uma idéia e a seleção de um local. Alguns locais são naturais e outros construídos. Localidades antigas possuem infra-estrutura construída para acomodar turistas. Alguns destinos são criados com o intuito de ser atração turística.
- Os governos trabalham com os investidores privados para planejar e desenvolver o turismo. Fornecem a infra-estrutura nos destinos de propriedade pública, levantam dinheiro por meio de títulos e taxas, reduzem ou abrem mão de impostos para atrair negócios a determinado local e operam a infra-estrutra que permite a uma localidade receber os turistas.

- ☆ Os governos fazem marketing para o turismo por meio da Organização Mundial do Turismo (OMT), das organizações nacionais de turismo (NTOs), das organizações de marketing de destinos (DMOs) e dos conventions and visitors bureaus locais (CVBs).
- ☆ Todo destino tem uma imagem. A imagem funcional de uma área é determinada pela percepção que o turista tem de suas atividades e funções específicas. A imagem simbólica representa a relação entre o conceito que se tem do destino e sua imagem.
- ☆ Os promotores atraem os turistas para a utilização de um serviço ou visita a uma localidade oferecendo incentivos, como pacotes de viagem, programas de fidelidade, equipamentos de alta tecnologia e atendendo a segmentos particulares da sociedade, como mulheres que viajam a negócios.
- ☆ Os produtos e os serviços do turismo são distribuídos por intermediários, como agentes de viagens e operadoras. Outros canais de distribuição incluem agências corporativas de viagens, casas de incentivo e organizadores de eventos.
- ☆ O turismo provoca impactos econômicos, socioculturais e ambientais que podem ser positivos ou negativos. O planejamento e a administração cuidadosos podem aumentar os benefícios do turismo.

NOTAS

1 American Hotel and Motel Association, 1998, http://www.ahma.com/lodpro.htm; Travel Industry Association, 1998, http://www.tia.org/research/summingpact.htm.

2 Mieczkowski, Zbginiew Ted. "Some Notes on the Geography of Tourism: A Comment". *Canadian Geographer* XXV (1981): 189-190.

3 Metelka, Charles J., org., *The Dictionary of Tourism*. Wheaton, Ill, Merton House Publishing Company, 1981: 76.

4 Loschburg, Winfried. *History of Travel*. Alemanha: Interdruck, Graphischer Grossbetried Leipzig, 1979.

5 Asimov, Isaac. *Chronology of the World*. Nova York, Harper Collins Publishers, 1991.

6 Greenwald, Douglas. *The McGraw-Hill Dictionary of Modern Economics*, 3. ed. Nova York, McGraw-Hill Book Company, 1983: 288.

7 Greenwald. *The McGraw-Hill Dictionary of Modern Economics*, 235.

8 Howell, David W. *Passport: An Introduction to the Travel and Tourism Industry*. Cincinnati, Ohio, South-Western Publishing Co., 1993: 197-198.

9 No Brasil esse papel é desempenhado pela Embratur. (N. do R. T.)

10 Yarmy, William M. "Growth Potential of Korea's Outbound Tourist Market to the United States". *Journal of Travel and Tourism Marketing* 1, nº 1.

11 Sudhir, Kale H. e Weir, Katherine M. "Marketing Third World Countries to the Western Traveler: The Case of India". *Journal of Travel Research*. Outono de 1986: 2-7.

12 Chon, Kye-Sung. "The Role of Destination Image in Tourism: A Review and Discussion". *Tourist Review* 33, 1990: 2-9.

13 Chon, Kye-Sung e Olsen, Michael D. "Functional Congruity and Self-Congruity Approaches to Consumer Satisfaction/Dissatisfaction in Tourism". *Journal of the International Academy of Hospitality Research*, 1991: 2-18.

14 Prática de oferecer um produto de categoria superior (acomodação ou assento) pelo preço do produto padrão. (N. do R. T.)

[15] As viagens de familiarização são também conhecidas no Brasil como *fam trips* ou *fam tours*, de familiarization. (N. do R. T.)

[16] Gates, Anita. "The Best Hotels for Women". *Working Woman*. Abril de 1993: 77-81.

[17] Pizam, Abraham, Jafari, Jafar e Milman, Ady. "Influence of Tourism on Attitudes: U.S. Students Visiting URSS". *Tourism Management*. Março de 1991: 47-54.

[18] Chon, Kye-Sung. "Tourism Destination Image Modification Process: Marketing Implications". *Tourism Management*. Março de 1991: 68-71; Chon, Kye-Sung. "Perceptual Differences of Korea as a Tourist Destination between Pre-visit and Post-visit American Tourists". (Tese de mestrado, University of Nevada, Las Vegas, 1985.)

[19] Comunidade da Pensilvânia, nos Estados Unidos, que vive sob rígidos preceitos religiosos e preserva até os dias atuais costumes do século XVIII quanto à maneira de agir e vestir. (N. do R. T.)

[20] Rigaud, Jean-Phillippe. "Art Treasures from the Ice Age: Lascaux Cave". *National Geographic*. Outubro de 1998: 488-489.

[21] Chase, Alston. "The reluctant ecotourist". *Modern Maturity*. Abril – maio de 1993: 60-62.

[22] *Putting the Pieces Together*. Alexandria, Va., American Society of Travel Agents, 1991: 14.

VERIFIQUE SEU CONHECIMENTO

1. Como a indústria da hospitalidade e o segmento de viagens e turismo se relacionam?
2. O que motivava as pessoas a viajar nos tempos antigos? Compare suas motivações com as dos viajantes de hoje.
3. Quais são os principais motivos para as viagens a negócios?
4. Liste os tipos de organização que promovem a indústria do turismo e da hospitalidade em diversos níveis políticos.
5. Liste três efeitos negativos e três positivos do turismo, sejam eles econômicos, socioculturais ou ambientais.

APLIQUE SUAS HABILIDADES

A Tabela 2-2 mostra a receita de 1998 com o turismo internacional em dez países. Mostra também seu **produto interno bruto** (PIB) — o valor total de bens e serviços produzidos em um país menos as transações líquidas com o exterior. Estude a tabela e, em seguida, responda às seguintes questões:

1. Calcule a porcentagem do PIB oriunda da receita com o turismo internacional para cada um dos dez países.
2. Utilizando as respostas para a questão 1, faça uma classificação dos cinco países com maior receita obtida com turismo internacional.
3. Liste os quatro países da tabela que possuem a maior porcentagem do PIB oriunda do turismo internacional.
4. Para quais países o turismo internacional é mais importante: para aqueles que têm as maiores receitas ou para aqueles em que o turismo internacional representa a maior porcentagem do PIB? Explique sua resposta.

TABELA 2-2 Receitas com turismo internacional relacionadas ao produto interno bruto

País	PIB per capita[1] (1998) US$	Receita com turismo internacional[2] (US$ bilhões)
Alemanha	20.864	13.168
Austrália	19.960	8.264
Canadá	21.800	8.727
China	3.240	10.500
Estados Unidos	28.515	64.373
França	21.860	28.241
Itália	20.545	27.349
México	6.780	6.898
Reino Unido	20.170	20.415
Suíça	26.315	9.892

[1]Asiaweek, 1998. <www.pathfinder.com/Asiawee/98/0320/bottom.html>.
[2]As 20 maiores receitas do turismo, *Hotels*. Abril de1997.

QUAL É SUA OPINIÃO?

1. Forneça dois exemplos recentes de interdependência entre os componentes da rede turística e de hospitaliade.
2. Por que os governos deveriam oferecer menores taxas de impostos para grandes empresas, em vez de para as pequenas, para incentivar sua participação no desenvolvimento do destino?
3. Que vantagens têm os turistas em utilizar serviços de agências de viagem e operadoras?
4. Se você fosse desenvolver uma localidade turística, que tipo de informação precisaria coletar e analisar antes de começar o planejamento?
5. Quais estratégias de marketing você utilizaria para atrair homens e mulheres que viajam a negócios?

ESTUDO DE CASO

Você acabou de ser contratado como diretor de marketing de um conventions and visitors bureau em Elderville, uma pequena e próspera cidade sulista norte-americana. Por causa de seu nome, a cidade tem a imagem de ser uma comunidade de aposentados. Os empresários da cidade querem construir um centro de convenções para atrair mais executivos a Elderville. Entretanto, a imagem de lugar de aposentados não parece atraente a muitas pessoas de negócios que procuram um local para reuniões e convenções que ofereça variedade de entretenimento, bem como instalações modernas para eventos.

Após algumas semanas em Elderville, você descobre que a cidade é um local ideal para negócios. Fica perto de uma grande cidade, mas ainda é tranqüila. Há três campos de golfe, dois lagos, um clube de campo atraente, excelentes escolas, aeroporto a 40 quilômetros de distância e muitas lojas e restaurantes. Além disso, Elderville ganhou esse nome por causa do tipo de árvore existente na região e não em decorrência da população de idosos.

1. Qual é a primeira coisa que você faria para mudar a imagem da localidade?
2. Como você poderia posicionar Elderville como um destino exclusivo, de categoria, em vez de local para aposentados?
3. Por que os empresários preferem atrair homens de negócios em vez de turistas a lazer? Você poderia atrair ambos com sucesso em Elderville? Explique.

3

Questões Globais e Hospitalidade

Resumo

Como você viu no Capítulo 2, nenhum componente da rede de hospitalidade existe sozinho. Crescimento ou declínio em uma parte dessa vasta rede, em que todos os componentes estão fortemente relacionados, pode causar crescimento ou declínio em outras. Este capítulo explora como as forças *externas* à rede podem causar mudanças *internas*. Ocorrências regionais, como o furacão Mitch, em 1998, que destruiu Honduras e Nicarágua, e o furacão Floyd, que atingiu a costa leste dos Estados Unidos, em 1999, podem afetar a imagem de um *destino*. Ocorrências globais, como a recessão econômica mundial do início dos anos 90, também afetam a indústria da hospitalidade. Neste capítulo você verificará como a vida e o bem-estar da indústria da hospitalidade são afetados (1) pela conjuntura econômica, (2) pelas tendências socioeconômicas, (3) por motivações psicológicas, (4) por inovações tecnológicas e (5) por forças políticas.

Objetivos

Ao concluir este capítulo, você deverá ser capaz de:

1. Identificar os principais fatores que afetam a rede de hospitalidade.
2. Explicar como as estatísticas acerca da economia global auxiliam líderes de negócios, especialmente os líderes empresariais da hospitalidade.
3. Definir demografia e listar maneiras pelas quais os hóspedes/clientes de hospitalidade têm reagido a tendências culturais ou econômicas.
4. Citar exemplos de inovações tecnológicas e explicar como elas têm afetado a indústria da hospitalidade.
5. Identificar tipos de forças políticas e mostrar como elas podem afetar a indústria da hospitalidade.

CONJUNTURA ECONÔMICA

A rede turística e de hospitalidade costuma reagir rapidamente às condições econômicas. Gastos com viagens e lazer são, normalmente, o primeiro item a ser cortado de um orçamento apertado. Mesmo as viagens de negócios declinam quando o dinheiro está escasso. Em tempos de economia forte e orçamentos maiores, as atividades de lazer e as viagens se expandem. Nesta seção, você observará algumas maneiras pelas quais a conjuntura econômica é analisada. Você também estudará a importância do mercado internacional e como os clientes de hospitalidade respondem às flutuações econômicas.

MEDINDO A ECONOMIA

Economia é a ciência relacionada à produção, distribuição e uso de bens e serviços. Quando a relação entre essas variáveis é estudada utilizando a **econometria**, os dados e os problemas econômicos são reduzidos a equações matemáticas e, então, analisados por meio de métodos estatísticos. Por essa análise, os especialistas podem prever as tendências econômicas.

Francis R. Cella, economista e pesquisador, desenvolveu um modelo econométrico para ser utilizado por empreendedores de restaurantes. O modelo computadorizado analisa diversos fatores (como a localização e a receita obtida com os clientes) para simular a operação e determinar o potencial de vendas. Os modelos econométricos também auxiliam a escolha da localização, as tomadas de decisões gerenciais e a verificar se determinada operação está sendo realizada da melhor maneira possível.

De maneira mais ampla, o Bureau of Economic Analysis, do Department of Commerce, avalia tendências econômicas para os Estados Unidos e outros países, observando as relações entre os ciclos de negócios e os principais indicadores econômicos.

Ciclos de Negócios. A economia está sempre em flutuação, criando ciclos de ascensão e declínio. Esses **ciclos de negócios** têm quatro fases — expansão, pico, contração e depressão. Durante a **expansão** ou crescimento, a atividade econômica cresce. A expansão compreende um PIB crescente, maiores níveis de emprego, criação de postos de trabalho e estímulo às vendas de bens e serviços. Os investidores de hospitalidade geralmente encontram maiores facilidades para obter ou renovar empréstimos ou captar recursos durante um período de crescimento. O ponto mais elevado de um ciclo, seguindo a expansão, é denominado **pico**.

O declínio geral de uma economia dá início à fase da **contração** ou recessão. A contração compreende um PIB decrescente, maiores taxas de desemprego, criação de menos postos de trabalho e fracas vendas de bens e serviços. O estágio da contração pode ser um bom momento para um empreendedor adquirir um hotel de média categoria e reposicioná-lo para atingir o mercado de hotéis econômicos. O ponto mais baixo, em seguida à contração, é denominado **depressão**. A economia entra em fase de contração depois de ter atingido o pico, e essa fase continua até a depressão. A fase da expansão começa na depressão e continua até o pico.

Cada ciclo sempre tem quatro fases, mas raramente cada fase ou ciclo dura o mesmo período de tempo. A fase da expansão pode ser mais longa que a de contração, ou a de contração pode durar mais que a de expansão. Às vezes, um ciclo pode demorar mais tempo para se completar do que outro (veja a Figura 3-1). Essa variação torna a previsão da duração de qualquer ciclo praticamente impossível. Os especialistas concordavam, por exemplo, que a economia dos Estados Unidos estava em fase de contração no início dos anos 90, mas não chegaram a um acordo quanto a se o início de 1993 atravessou ou não uma depressão. Os picos e as depressões podem ser determinados somente após a ascensão ou o declínio da economia.

Índice dos Principais Indicadores. Além do PIB e dos ciclos de negócios, há muitos outros indicadores da saúde de uma economia. Por exemplo, um aumento geral nos pedidos de novos

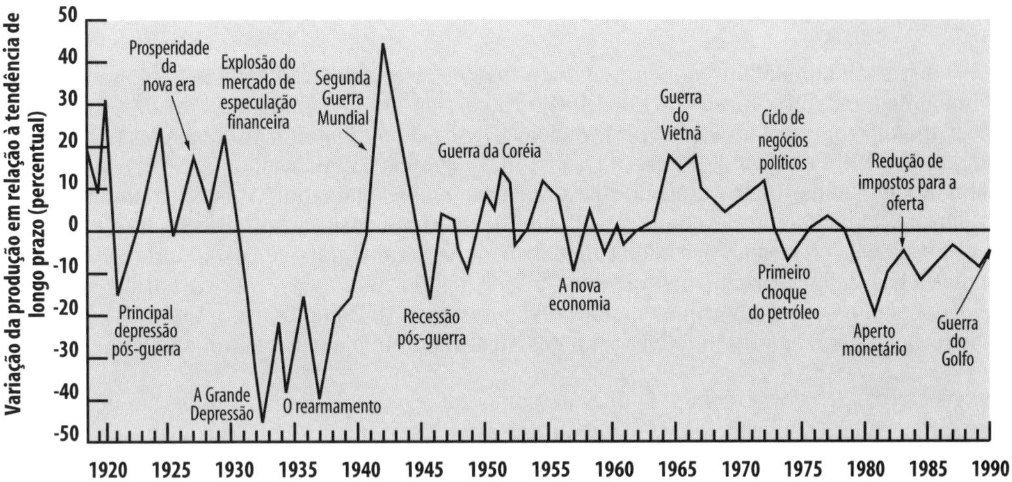

Figura 3-1 Ciclos de negócios dos Estados Unidos desde 1919.
Fonte: adaptado de Paul Anthony Samuelson, *Economics*. Nova York, McGraw-Hill, Inc., 1992: 568.

equipamentos de restaurantes pode ser interpretado como um possível sinal de crescimento econômico. Entretanto, as previsões não podem se basear na força de um único indicador. Os analistas precisam observar muitos fatores durante determinado período de tempo. Um conjunto de dados que os analistas seguem de perto é o **índice dos principais indicadores**. Os principais indicadores tendem a mudar de direção antes que a economia, como um todo, o faça. Por meio do estudo desses fatores, os líderes empresariais podem prever o rumo da economia com mais de um ano de antecedência. O índice dos principais indicadores inclui:

- média semanal da produção dos trabalhadores da indústria;
- média semanal de pedidos de seguro-desemprego;
- novos pedidos para a produção de bens e materiais de consumo;
- porcentagem de empresas recebendo menos entregas de fornecedores;
- contratos e pedidos de equipamentos e instalações fixas;
- pedidos de permissão para novas construções;
- mudanças nos estoques das indústrias;
- mudanças nos preços de matérias-primas;
- valores das ações;
- oferta de moeda; e
- expectativas dos consumidores.

Empresas como a MarketVision Research and Technomics são especializadas em rastrear e divulgar informações econômicas vitais à indústria da hospitalidade. Os administradores da área utilizam essas informações para tomar decisões quanto a investimentos, construção, contratação e demissão de trabalhadores etc. Como acontece com qualquer ferramenta estatística complexa, o problema é saber interpretar os dados. Como o tempo pode variar entre a detecção de uma mudança de tendência na economia e o real direcionamento econômico nesse sentido, os economistas muitas vezes não concordam em suas previsões. (A MarketVision Research é destaque no Perfil Empresarial do Capítulo 12.)

UMA ECONOMIA GLOBAL

A economia mundial também refletiu a fase de recessão vivenciada pelos Estados Unidos no início dos anos 90. Apesar de em 1990 ter ocorrido um crescimento geral da economia em todo o mundo (um aumento de 2,1%), o ciclo já estava em declínio. O crescimento econômico mundial em 1989 chegou a 3,3% — 1,2% a mais que em 1990. Assim, em 1991, a economia declinou ainda mais (0,3%). Entretanto, a recessão não era mundial. A Ásia e a América Latina tiveram um crescimento de cerca de 4% em 1992, comparado a um crescimento mundial de cerca de 1% para o mesmo período. A indústria da hospitalidade, que possui interesses globais, ganhou força financeira por meio de seus interesses na Ásia e na América Latina: esses dois mercados são os que mais rapidamente crescem para o McDonald's[1], e a América Latina mostrou elevação na ocupação hoteleira e no desenvolvimento de novos empreendimentos.

Investimentos Internacionais. O final dos anos 80 e o início dos 90 trouxeram grandes mudanças ao cenário internacional. A queda física do Muro de Berlim simbolizou a quebra das fronteiras nacionais por forças políticas e econômicas. O mundo dos negócios viu grandes novos mercados se abrirem, como as nações do Leste Europeu e, até certo ponto, a China. Esses países começaram a mudar de uma economia planificada para uma economia de mercado. Corporações norte-americanas de hospitalidade expandiram-se em resposta a essas mudanças. A Marriott abriu 520 apartamentos em Warsaw, na Polônia, em 1989, e o McDonald's abriu seu primeiro restaurante russo em Moscou, em 1990. Dois anos depois, o maior restaurante (de todos os tempos) do McDonald's iniciou suas operações em Pequim, na China, onde a empresa estabeleceu um novo recorde, servindo cerca de 40 mil pessoas em um dia.

Investimentos internacionais também foram feitos nos Estados Unidos. Até 1990, os investidores japoneses haviam comprado, em parte ou no total, 200 hotéis nos Estados Unidos. Mas os franceses fizeram o maior acordo hoteleiro de 1990, quando a Accor S.A., uma empresa francesa, comprou a cadeia americana Motel 6[2]. A Tabela 3-1 mostra a distribuição mundial das 50 maiores cadeias hoteleiras.

Com as muitas oportunidades que o crescente mercado global oferece, os empreendimentos enfrentam concorrência mais acirrada e negociações mais complicadas. É preciso saber lidar com diferentes culturas, idiomas e com questões políticas e legais complexas.

TABELA 3-1 Cadeias hoteleiras classificadas conforme país de sede

Escritórios centrais das empresas	Número de cadeias	Número de unidades habitacionais no mundo	Número de hotéis no mundo
Estados Unidos	65	2.649.500	20.715
França	9	387.989	3.621
Reino Unido	15	237.310	1.267
Japão	13	149.109	613
Espanha	11	135.462	805
Alemanha	11	80.151	660
Hong Kong	7	42.671	99
Canadá	6	40.354	144
Suécia	4	26.485	150
Índia	4	21.196	107

Fonte: Hotels. Julho de 1997: 58.

Os negócios internacionais precisam lidar também com o ajuste diário das taxas de conversão cambial de diferentes moedas. Em 1997, a crise econômica que atingiu a Ásia resultou na desvalorização das taxas cambiais das moedas da Tailândia, Indonésia, Malásia e Coréia do Sul de 50% a 150%. De um lado, isso tornou mais caras as viagens ao exterior para os residentes desses países; de outro, tornou esses países mais atraentes para visitantes estrangeiros.

Blocos Internacionais de Comércio. Um outro fator importante na economia mundial são os blocos de comércio. **Blocos de comércio** são associações, normalmente entre governos, que estimulam, regulam e/ou restringem elementos do comércio. Apesar de alguns economistas verem esses blocos como protecionistas, eles podem e promoverão negócios e turismo intra-regionais. O mapa da Figura 3-2 mostra as regiões do mundo envolvidas em pactos de comércio em 1998.

A maior zona livre de comércio do mundo, com 360 milhões de consumidores, foi criada quando da ratificação de acordos comerciais pelo poder legislativo dos Estados Unidos, Canadá e México, em 1993. Mudanças no segundo maior bloco econômico, a Comunidade Econômica Européia (CEE), também aconteceram em 1993. Os controles das fronteiras foram removidos na Europa Ocidental, permitindo o fluxo livre de bens e viajantes por toda a região. A CEE separou cerca de US$ 500 milhões para reempregar ou realocar 250 mil agentes da alfândega que haviam perdido seus empregos com a queda das barreiras.

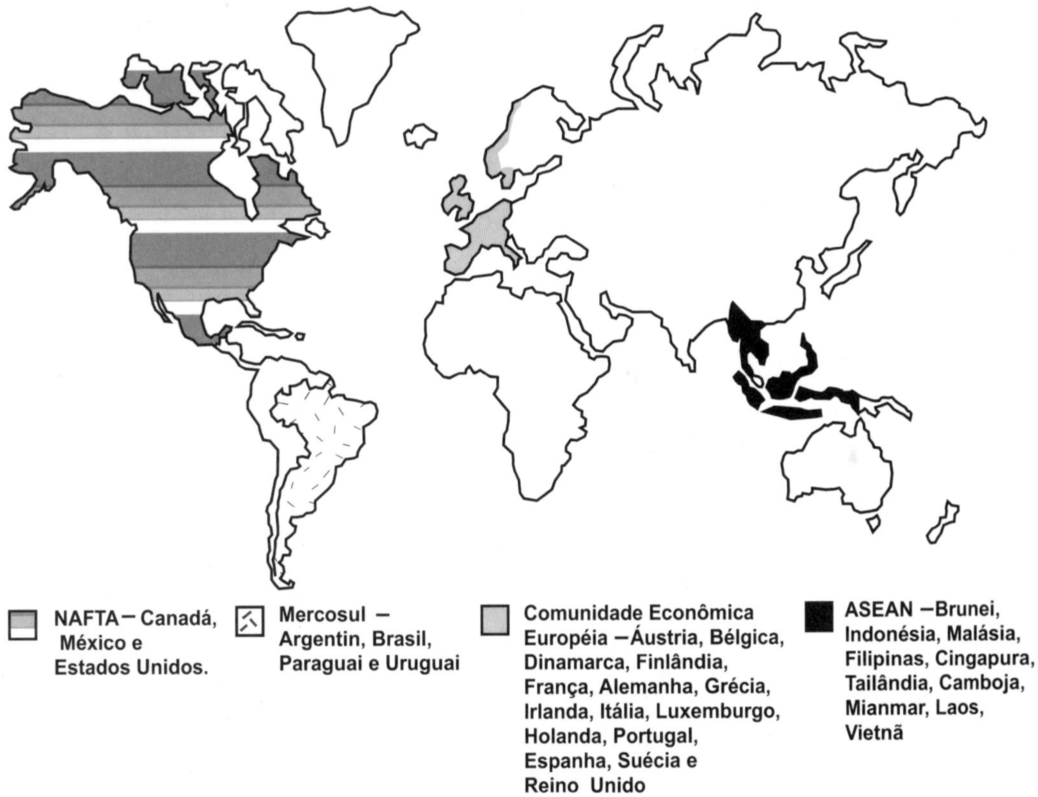

Figura 3-2 Blocos internacionais de comércio.
Fontes: Fundo Monetário Internacional, Washington; Consensus Forecasts; e U.S. Department of Commerce.

Um outro fator importante para a integração econômica da CEE é o euro. Estabelecido como padrão para as transações entre os governos da CEE, tornou-se moeda única dos países da Comunidade Econômica Européia.

REAÇÃO DE HÓSPEDES/CLIENTES A FLUTUAÇÕES ECONÔMICAS

A recessão do início dos anos 90 diminuiu os lucros dos empreendimentos de hospitalidade porque os clientes passaram a economizar nas viagens e a viajar para locais mais próximos, permanecendo longe de casa por períodos de tempo mais curtos.

A maior parte das "miniférias" tinha como objetivo a visita a parentes e amigos. Entre os locais populares estavam os parques nacionais, os lagos, as praias e os lugares históricos. Essas viagens eram menos onerosas do que viagens mais longas, para localidades mais distantes de suas casas[3]. As miniférias proporcionaram maior número de oportunidades para hotéis de lazer perto de grandes mercados metropolitanos. A lentidão da economia também beneficiou os hotéis econômicos. Pessoas que geralmente se hospedavam em hotéis de preço médio começaram a escolher hotéis mais baratos para economizar dinheiro[4].

TENDÊNCIAS DEMOGRÁFICAS E SOCIOECONÔMICAS

Atender às necessidades e expectativas dos hóspedes é essencial para a indústria da hospitalidade, que tem seu foco principal na prestação de serviços. Às vezes, um operador criativo pode introduzir algo diferente, muito conveniente ou com excelente custo-benefício, de modo que as pessoas se sentirão motivadas a adotar tal inovação, mesmo que, até vê-la, não soubessem que dela precisavam (veja o "Perfil Pessoal" de Ellsworth Statler na página 69). Mas, na maior parte do tempo, satisfazer as expectativas das pessoas significa, primeiro, descobrir do que elas gostam. Isso implica entender a cultura do consumidor.

O QUE É DEMOGRAFIA?

O estudo estatístico das características humanas de uma população utilizado para identificar mercados chama-se **demografia**. As características incluem o tamanho e o crescimento da população, sua distribuição e estatísticas vitais, como escolaridade, tamanho e renda das famílias, herança étnica, idade e sexo. Essas pesquisas fornecem dados socioeconômicos — dados relacionados à sociologia (o estudo do comportamento humano em sociedade ou dos estilos de vida das pessoas) e à economia.

Organizações e universidades realizam esses estudos estatísticos, mas muito do que é conhecido sobre a população provém do governo, que realiza um censo a cada dez anos. Essa pesquisa em massa recolhe e analisa dados sobre quem são as pessoas, o que elas fazem, como vivem e como é sua qualidade de vida. O censo tornou-se uma das melhores fontes de informação sobre um país, fornecendo uma imagem razoavelmente completa da população em determinado período de tempo. As empresas utilizam essas e outras informações para analisar quão rápido é o crescimento populacional, qual será o tamanho da força de trabalho e outras tendências socioeconômicas.

As empresas também precisam prever mudanças culturais para detectar oportunidades ou problemas. Por exemplo, a preocupação com o meio ambiente criou uma tendência denominada "negócios verdes". Lanchonetes que servem hambúrgueres em embalagens recicláveis e grandes resorts que conservam energia são dois exemplos de como as mudanças culturais quanto à preocupação com o meio ambiente afetaram as empresas.

Enquanto alguns empreendimentos resistem a mudanças quando uma tendência aparece, outros a adotam para evitar a perda de clientes. Certos empreendimentos também tiram proveito de interesses culturais, promovendo esforços para manter uma imagem positiva junto ao público.

PESQUISAS DEMOGRÁFICAS E TENDÊNCIAS DE ESTILO DE VIDA

As informações sobre estilos de vida de particular interesse para a indústria da hospitalidade incluem pesquisas sobre tendências relacionadas a viagens. O U.S. Travel Data Center pesquisou as características dos americanos quanto ao grau de interesse por viagens.

No início dos anos 90, existiu uma grande demanda por viagens de aventura somente para mulheres, como o *rafting* no rio Colorado. Essa tendência resultou de uma série de mudanças culturais que proporcionaram às mulheres mais liberdade para viajar — inclusive o fato de que as mulheres estão ganhando mais dinheiro do que antes e permanecendo solteiras por mais tempo[5].

Tendências quanto à alimentação também são de interesse da indústria. O U.S. Department of Agriculture Economic Research Service mostrou que o hábito de comer fora aumentou continuamente desde os anos 50. Isso é normalmente atribuído ao aumento do número de mulheres trabalhando fora de casa e ao crescimento da renda ao longo dos anos. No ínicio dos anos 90, quase metade do orçamento dos consumidores destinado à alimentação era gasto com refeições e lanches fora de casa. A maior parte desse dinheiro era gasta em fast-foods[6].

Tecnologia

POR DENTRO DA INDÚSTRIA **TECNOLOGIA**

Moeda Corrente

Uma moeda corrente, ou dinheiro, pode ser qualquer coisa em que as pessoas confiam e que utilizam como meio de realizar comércio ou trocas. Antes de o conceito de moeda corrente ser desenvolvido, as pessoas normalmente faziam permutas ou acordos para comprar ou vender. Logo, entretanto, começaram a perceber que algumas mercadorias locais — conchas, sal ou metais preciosos, por exemplo — podiam representar o valor de outros bens. E carregar uma sacolinha com conchas ou pepitas de ouro por longas distâncias para realizar comércio era mais conveniente do que arrebanhar gado ou transportar grãos. Com a moeda, as viagens eram menos incômodas, tornando mais viáveis as viagens longas. Isso contribuiu para o crescimento da indústria da hospitalidade, concomitantemente ao aumento da atividade comercial.

As primeiras moedas padronizadas podem ter sido pequenos pedaços de *eletro*, uma liga natural de ouro e prata utilizada na Lídia, atual Turquia, em 600 a.C[1]. O rei da Lídia garantia a uniformidade dos pedaços por meio da autorização da impressão de um desenho em cada um.

Ao longo da história, muitos outros meios foram utilizados. Vários grupos de nativos americanos costumavam utilizar pedras, sal, contas feitas de conchas e *dentalium*, um molusco pequeno, com casco em forma de um dente canino, como moeda[2]. O primeiro dinheiro de papel de que se tem notícia foi emitido na China em 1024 d. C.[3]

Uma ferramenta do século XX para trocas comerciais é o plástico, na forma de cartões de crédito e cartões para transações em caixas eletrônicos. Graças a uma complexa rede de comunicação computadorizada, uma pessoa de Chicago, de férias em Roma, na Itália, pode acessar suas contas bancárias e, em segundos, receber dinheiro em moeda local, utilizando a taxa de conversão apropriada.

1 *Enciclopédia Britânica*, verbete. "Dinheiro".

2 NUYTTEN, Phil. "Money from the Sea". *National Geographic*. Janeiro de 1993: 109-117.

3 BLUNDEN, Caroline e ELVIN, Mark. *Cultural Atlas of China*. Nova York, Facts on File, 1989: 121.

Além disso, muitos restaurantes têm oferecido refeições para viagem porque muitos consumidores querem comer em casa, mas não querem ou não têm tempo de cozinhar. Algumas empresas oferecem o serviço de entrega em casa, sem custo ou por uma taxa ínfima.

Nem todas as preocupações culturais têm soluções tão simples. Quando a saúde surgiu como uma importante preocupação social, no final dos anos 80, e durante os anos 90, os restaurantes acrescentaram itens mais saudáveis a seus cardápios. Uma pesquisa do instituto Gallup financiada pelo International Food Information Council e pela American Dietetic Association, em 1989, atualizada em 1991, mostrou que 56% da população se preocupam com gordura e colesterol e 45% pensam que as comidas de que gostam não lhes fazem bem. Entretanto, em vez de hábitos alimentares saudáveis de longo prazo, muitas pessoas preferem modas passageiras, sejam elas relacionadas a alimentos saudáveis ou a refeições rápidas.

Perfil Empresarial

PERFIL EMPRESARIAL **WENDY'S**

Perseguindo Tendências

Como importante entidade no mundo das refeições, o restaurante de fast-food, ou serviço rápido, é uma resposta a tendências socioeconômicas. A partir da metade do século XX, a vida das pessoas adquiriu muito mais mobilidade e, em geral, elas foram obrigadas a adotar um estilo de vida mais flexível, que valoriza a economia e a rapidez. O crescente número de mulheres na força de trabalho e de famílias com pais solteiros indicava que o tempo restrito limitava as possibilidades de cozinhar em casa.

Reconhecendo e atendendo a essas tendências, R. David Thomas abriu seu primeiro restaurante Wendy´s em 1969, em Columbus, Ohio. O primeiro cardápio oferecia hambúrgueres, chili e milk-shakes feitos conforme o pedido, a preços ligeiramente maiores que os da concorrência. Para melhorar o ambiente tradicional dos restaurantes de fast-food, o Wendy´s foi decorado com abajures estilo Tiffany[1], painéis de madeira trabalhada e carpete. Tanto a atmosfera quanto a comida eram atraentes a homens de negócios de inúmeros escritórios e empresas situadas ao redor do restaurante. Em apenas dez anos, a primeira loja transformou-se em uma cadeia de mais de 1.400 unidades espalhadas pelos Estados Unidos e Canadá. Em 1994, o Wendy´s celebrou seu 25º aniversário com 4.400 restaurantes em 34 países. Em 1997, o restaurante de número cinco mil foi aberto na mesma cidade que o primeiro: Columbus, Ohio.

Desde o início, a gerência estudou e atendeu a uma variedade de tendências socioeconômicas. Para impulsionar as vendas quando o preço da carne foi elevado, na década de 1970, o Wendy´s expandiu seu cardápio para incluir um bufê de saladas. Em resposta às dificuldades econômicas do início dos anos 90, a empresa introduziu o novo cardápio *Super Value*, oferecendo diversos itens do cardápio por 0,99 centavos de dólar.

O Wendy´s instituiu muitas outras mudanças no início dos anos 90 para agradar aos clientes preocupados com a nutrição e a boa saúde física. Primeiro, a loja mudou de gordura animal para gordura vegetal, diminuiu as frituras e cortou do cardápio o triplo cheeseburger, gorduroso e cheio de colesterol. Mudanças simples nas receitas diminuíram em 30% a quantidade de sódio no chili. Além disso, foi acrescentado um sanduíche mais saudável, feito de frango grelhado, à linha de produtos. Em 1997, o Wendy´s acrescentou ao cardápio sanduíches de pão sírio como estratégia de oferecer variedade a preço competitivo.

Com a constante determinação de oferecer comida de qualidade, de maneira eficiente e agradável, e atender às expectativas socioeconômicas de seus clientes, a Wendy´s International, sem dúvida, continuará faturando grande parte dos dólares ganhos pelos fast-foods, com seus mais de 6 mil restaurantes no mundo todo, atualmente.

[1] Abajures nos mais diferentes formatos feitos artesanalmente com vitrais coloridos. (N. do T.)

A mesma pesquisa mostrou que a preocupação com a saúde e a conveniência são os dois principais fatores que influenciam a compra de alimentos pelos consumidores. Os norte-americanos, atualmente, pedem mais frango e peru nos restaurantes em virtude da percepção de que essas carnes têm menos gordura e são mais saudáveis. Apesar de 52% dos pedidos de aves, em 1991, terem sido por frango frito, o frango grelhado, mais saudável, vem rapidamente ganhando popularidade[7].

MOTIVAÇÕES PSICOLÓGICAS

Assim como fatores ambientais internos e externos afetam a indústria da hospitalidade, fatores psicológicos internos e externos também afetam seus hóspedes e clientes e, conseqüentemente, a indústria em geral. Você leu no Capítulo 2 a respeito das motivações psicológicas externas que atraem as pessoas aos destinos turísticos: saúde, educação, cultura, recreação, religião, monumentos, natureza, família e amigos e eventos. Neste capítulo, você estudará algumas motivações psicológicas internas que influenciam as pessoas a visitar uma localidade em detrimento de outra. Você também verá como essas motivações estão relacionadas à hospitalidade.

MOTIVAÇÕES HUMANAS BÁSICAS E SECUNDÁRIAS

As pesquisas que tentam classificar os motivos e o comportamento interno das pessoas são denominadas **pesquisas psicográficas**. Promotores de hospitalidade utilizam dados de pesquisas psicográficas para definir segmentos-alvo de mercado e facilidades a serem oferecidas em determinada localidade.

Os motivos psicológicos podem ser classificados como básicos ou secundários. As **motivações básicas** influenciam todo mundo e incluem necessidades instintivas, como sede, fome, sexo, medo e necessidade de evitar a dor. As **motivações secundárias** são necessidades adquiridas e incluem obter sucesso, desejo de poder e outras necessidades especiais. As motivações secundárias costumam variar de pessoa para pessoa.

As necessidades básicas das pessoas em relação a um empreendimento de hospedagem são uma boa noite de descanso em um local seguro e confortável. Os empreendimentos de hospedagem vão além disso e utilizam-se de motivações secundárias para tornarem-se mais atrativos, oferecendo suítes de luxo, que simbolizam sucesso e reconhecimento. Todos os estabelecimentos de alimentos e bebidas preenchem as necessidades básicas de alimentação. As motivações secundárias são satisfeitas por meio da celebração de momentos especiais — aniversários, aniversários de casamento, despedidas — em ambientes sociais de restaurantes e salas de eventos de hotéis.

Em todas as áreas da hospitalidade, as pessoas esperam estar a salvo de perigos. Ataques a turistas muito divulgados na Flórida, em 1993, influenciaram a decisão de algumas pessoas quanto a visitar ou não o estado. O desejo de evitar a dor influencia algumas pessoas a deixar em segundo plano locais onde epidemias tenham ocorrido ou onde conflitos políticos possam resultar em violência.

A TEORIA DO EMPURRA/PUXA

Na pesquisa psicográfica, a teoria do empurra/puxa explica a combinação de forças que "empurram e puxam" as motivações humanas. Conforme a **teoria do empurra/puxa**[8], fatores internos levam ou "empurram" as pessoas a viajar, enquanto forças externas as "puxam" a certos destinos. Segue-se um exemplo da ação das forças empurra/puxa.

É metade da primavera. O céu cinza e os ventos frios do inverno finalmente deram passagem ao sol e às brisas quentes. Rachel, uma estudante do segundo ano de uma faculdade de Michigan, tem passado muitas horas estudando para provas, testes, projetos e lições de casa e, agora, está cansada da faculdade. "Mal posso esperar pelas férias da primavera", ela pensa enquanto assiste a amigos jogando *frisbee* na quadra. "Eu preciso me livrar de todo esse trabalho." Rachel começou a sentir o "empurrão" para sair da faculdade e mudar de ares para descansar e relaxar.

Rachel tinha ouvido os planos de seus amigos para as férias da primavera: viajar para uma praia ensolarada, visitar amigos ou, simplesmente, ir para casa. Ela também viu anúncios de viagens para as férias nos jornais da faculdade e na televisão local. Tudo isso começou a "puxar" Rachel para longe da faculdade. Como resultado desses fatores de empurra/puxa trabalhando juntos, Rachel decidiu passar as férias na praia de Myrtle, na Carolina do Sul, aproveitando o sol e descansando com amigos.

A imagem positiva dos destinos que você leu no Capítulo 2 enfatiza o efeito de "puxar". Mas imagens negativas podem despertar reações básicas, como evitar a dor ou o medo. Essas reações podem fazer com que algumas pessoas descartem certa localidade, escolhendo outra que julguem mais segura. Outras pessoas podem preferir ficar em casa a ir a lugares distantes independentemente da imagem, tempo ou dinheiro disponível para comer fora ou viajar. Talvez tenham medo de voar ou sofrer de enjôo ao utilizar meios de transporte. Talvez não se sintam muito bem ao lidar com mudanças e novas experiências.

A HIERARQUIA DAS NECESSIDADES DE MASLOW

A teoria do empurra/puxa da motivação dos viajantes está intimamente relacionada ao conceito de hierarquia das necessidades descrito por Abraham Maslow[9]. Maslow diz que existem cinco níveis de necessidades humanas: (1) necessidades fisiológicas por abrigo, roupa e comida; (2) necessidades de segurança e proteção contra ameaças físicas e danos; (3) necessidades sociais de pertencer a um grupo e relacionar-se com outros; (4) necessidades de auto-estima para satisfazer o ego e obter *status*; (5) necessidades de auto-realização, no sentido de utilizar o máximo potencial individual e buscar o bem-estar emocional. Os níveis das necessidades de Maslow vão de motivações básicas a secundárias.

Alguns pesquisadores de turismo utilizam a teoria de Maslow para avaliar as motivações dos turistas. Pessoas que viajam para relaxar e descansar, retornam para casa renovadas e preenchem a necessidade fisiológica de manterem-se saudáveis. Pessoas que viajam à terra de seus ancestrais em busca de suas "raízes" realizam os desejos sociais de pertencer a um grupo. Viajantes que retornam para casa com histórias de uma localidade exótica preenchem as necessidades de auto-estima por meio do reconhecimento e da admiração de vizinhos, amigos e colegas de trabalho. Os viajantes podem satisfazer suas necessidades de auto-realização navegando ao redor do mundo ou vendo seu grande sonho realizado. Mesmo as viagens de negócios apresentam oportunidades para satisfazer essa necessidade. O desejo de auto-realização de um viajante a negócios pode ser satisfeito quando seus colegas de profissão demonstram apreciação por seu seminário ou proposta de negócios. Allan Mills, um pesquisador de turismo, afirma que alguns turistas relataram ter experimentado uma sensação de auto-realização em uma revigorante descida de esqui montanha abaixo[10].

TURISTAS PSICOCÊNTRICOS/ALOCÊNTRICOS

O "empurra e puxa" das viagens e a hierarquia das necessidades funcionam de forma distinta em pessoas distintas. O que pode ser renovador para uma pessoa (*rafting* em corredeiras) pode ser estressante para outra (que preferiria ficar deitada na praia). Para estudar as diferenças entre as pessoas, o psicólogo Stanley Plog desenvolveu uma classificação do turista baseada no perfil pessoal. A classificação vai de alocêntrico a psicocêntrico[11]. A palavra **alocêntrico** tem sua origem em *allo* (que significa "variado em sua forma") e refere-se a alguém que gosta de atividades variadas, gosta do inesperado. Plog classifica como **psicocêntrica** — da palavra *psyque* (que significa "si mesmo") — a pessoa inibida que não tem gosto pela aventura.

Segundo Plog, as motivações importantes de viagens para turistas alocêntricos incluem aprender coisas novas e vivenciar culturas e costumes exóticos. Turistas alocêntricos gostam de encontrar e interagir com pessoas de outras culturas e necessitam da sensação de descoberta. Um turista alocêntrico dos Estados Unidos poderia visitar a Floresta Amazônica ou fazer uma viagem de caça na Mongólia. Um turista alocêntrico da Mongólia poderia visitar os Estados Unidos. Por outro lado, turistas psicocêntricos preferem aprender coisas novas em um ambiente mais seguro e previsível. Por preferirem localidades próximas e populares, os psicocêntricos dos Estados Unidos poderiam escolher viajar para a Disneylândia, a praia de Laguna ou as Cataratas do Niágara. Os turistas psicocêntricos também querem experimentar situações novas, mas de uma maneira em que se sintam protegidos.

É claro que nem todos os turistas pertencem a uma dessas duas categorias. Na verdade, a maioria está entre as duas. As personalidades que possuem características alocêntricas e psicocêntricas de maneira razoavelmente equilibrada são denominadas **mesocêntricas**. As classificações restantes são semipsicocêntrico e semi-alocêntrico, dependendo do grau de orientação da personalidade do turista em um sentido ou outro.

A teoria de Plog, como a hierarquia das necessidades, está mais centrada nas diferenças de personalidade e nas motivações que "empurram" o turista do que nos fatores externos que o "puxam". No dia-a-dia, as preferências individuais de uma pessoa são freqüentemente sobrepujadas pelas escolhas da família e pelos limites de orçamento e tempo. Apesar de a teoria do alocêntrico/psicocêntrico oferecer uma boa idéia sobre a relação entre a personalidade dos turistas e a escolha das localidades, nem ela nem a teoria das necessidades de Maslow prevêem ou explicam uma grande porcentagem de todo o comportamento relacionado ao turismo.

DADOS PSICOGRÁFICOS E A PROMOÇÃO DA HOSPITALIDADE

O perfil psicográfico do turista é uma ferramenta importante para os profissionais de marketing. Saber que tipo de pessoa seria atraída para determinado local os ajuda a desenvolver e a distribuir anúncios para atrair as personalidades certas. Por exemplo, colocar um anúncio para o Parque Nacional de Yosemite (uma destinação norte-americana tipicamente psicocêntrica) em uma revista sobre escalada no Nepal (uma destinação tipicamente alocêntrica para norte-americanos) provavelmente surtiria pouco efeito. Os leitores da revista estariam provavelmente procurando emoções em lugares exóticos. Seria muito melhor colocar o anúncio em uma revista de história, cujos leitores poderiam estar procurando uma localidade psicocêntrica para suas férias.

Os profissionais de marketing combinam informações de estudos psicográficos e demográficos para descobrir quais serviços atrairão segmentos específicos do mercado. Por exemplo, saber quais fatores motivam cidadãos idosos a utilizar serviços de hospitalidade ajuda os empresários a criar serviços sob medida para atrair esse mercado crescente. A Figura 3-3 mostra os resultados de uma pesquisa publicada na *Hotel & Motel Management* sobre as motivações de viagem dos cidadãos idosos. A Figura 3-4 relaciona as motivações dos viajantes com possíveis escolhas de destinos.

Em virtude da liberdade para viajar durante todo o ano e do aumento do número e do poder de compra dessa população, os idosos continuarão a ser um importante segmento de marketing para a indústria. Algumas empresas, como a Choice Hotels, já desenvolveram programas para atingir esse crescente mercado.

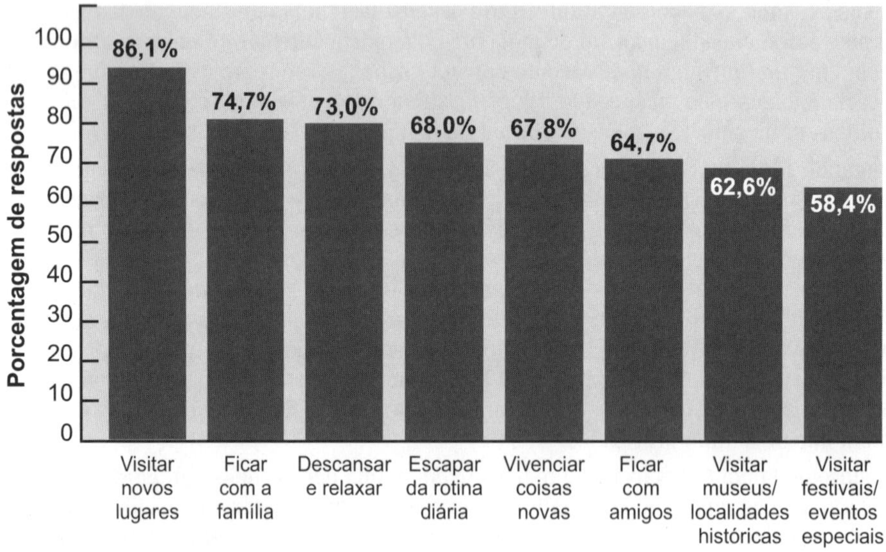

Figura 3-3 Por que os idosos viajam.
Fonte: Hotel & Motel Management, 9 de setembro de 1991: 31.

Muitas empresas de viagens e hotelaria possuem programas direcionados a cidadãos idosos. A Holiday Inn e outras empresas oferecem descontos para os membros da Sociedade Americana de Pessoas Aposentadas (AARP — American Association of Retired Persons). Alguns restaurantes oferecem cardápios especiais para idosos, normalmente refeições com porções menores e itens menos calóricos. Alguns oferecem bufês self-service à vontade, a preços moderados, especialmente atraentes para esse grupo.

INOVAÇÕES TECNOLÓGICAS

Uma das principais influências para a rede de hospitalidade e seus clientes é a **tecnologia**, ou a maneira pela qual as pessoas se utilizam das descobertas e invenções para satisfazer suas necessidades. O uso da tecnologia melhorou a prestação dos serviços tornando algumas tarefas mais rápidas e fáceis de realizar. Sistemas informatizados de controle de estoque e diversos métodos de preparação de alimentos são dois exemplos. A tecnologia também melhorou o conforto e a segurança dos clientes por meio de invenções como o ar-condicionado e os sistemas detectores de incêndio. Em suma, a tecnologia ampliou as possibilidades de viajar aumentando a prosperidade econômica, o tempo de lazer e a eficiência dos sistemas de transporte. Cada melhoria no sistema de transportes — barcos a vapor, ferrovias, estradas, rodovias interestaduais, vôos transatlânticos — tornou as viagens mais fáceis e rápidas.

EFEITOS DA ERA INDUSTRIAL

Normalmente, a palavra "tecnologia" refere-se à tecnologia industrial, que teve início há cerca de 200 anos, com máquinas, fábricas e produção em massa. Por causa da produção e da comunicação em massa, novas descobertas e invenções estão disponíveis para um número maior de pessoas.

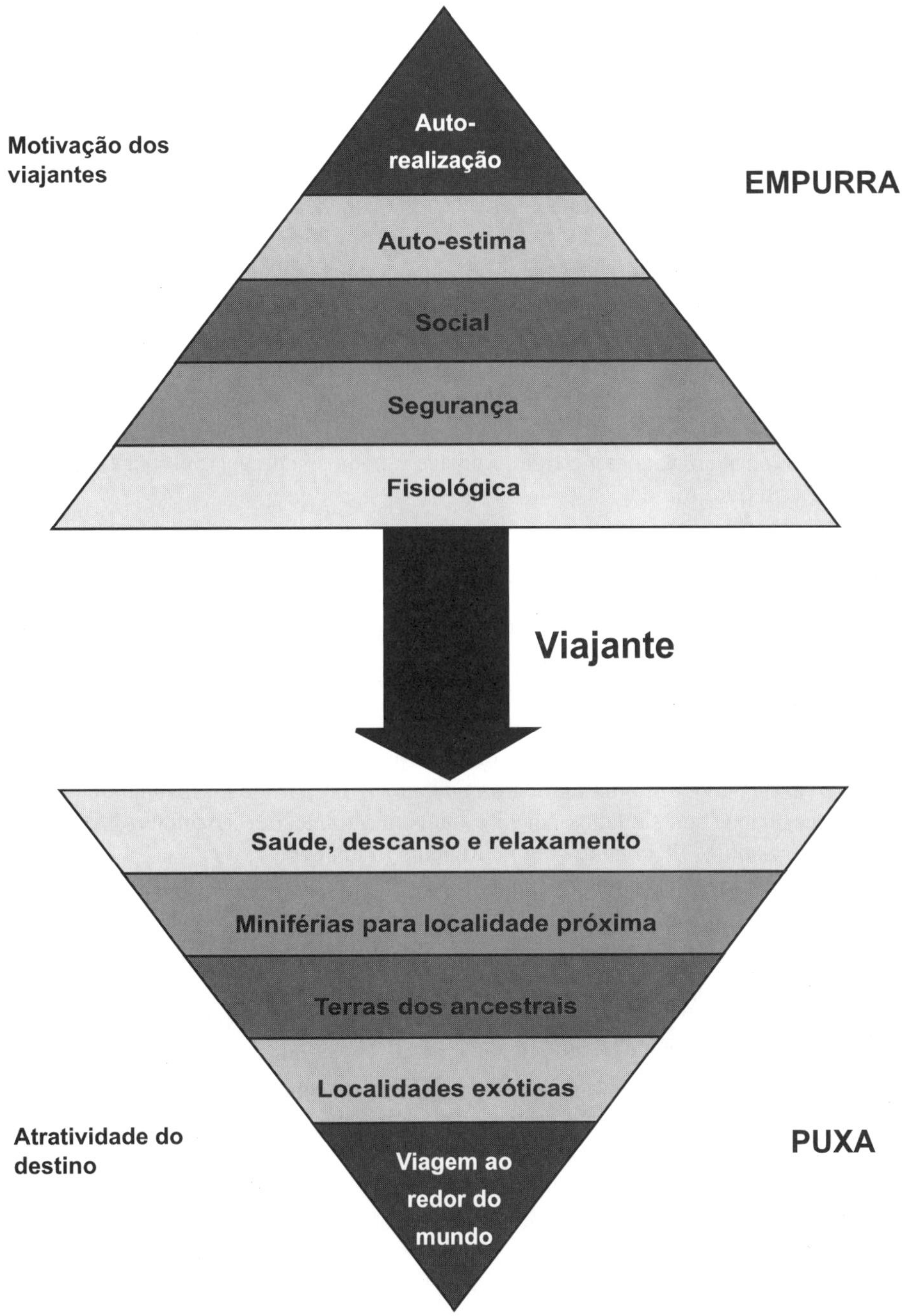

Figura 3-4 Motivações dos viajantes e possíveis escolhas de destinos.

Além de produzir bens e serviços acessíveis a muitas pessoas, as inovações industriais proporcionaram aos trabalhadores mais tempo de lazer. No final do século XIX, a maior parte da produção era feita à mão ou por maquinário operado manualmente. A típica rotina de trabalho era de 16 horas por dia, seis dias por semana, por baixos salários e férias raras ou inexistentes. Os trabalhadores das fábricas da atualidade possuem jornada de oito horas diárias, cinco dias por semana, com salários maiores e a maioria usufrui de feriados e férias anuais remunerados. Possuir mais dinheiro e mais tempo livre para gastá-lo são dois fatores que contribuíram no último século para o acentuado aumento das viagens, da hospedagem fora de casa e das refeições em restaurantes.

A Era Industrial não apenas aumentou a freqüência das viagens e o número de viajantes como, também, melhorou os métodos de prestação de serviços. Inovações tecnológicas na maneira como a comida é armazenada e preparada influenciaram não apenas o que se come, mas, também, o local onde a refeição é feita. Um cliente de um restaurante do século XIX escolhia o pedido em um cardápio de itens da estação, disponíveis localmente, e esperava enquanto a refeição era preparada a partir do zero. Hoje, comida fresca pode ser transportada por longas distâncias em caminhões refrigerados, vagões de trem e navios e pode ser preservada para consumo fora da estação e para preparo rápido.

A tecnologia do *cook-chill* vem sendo utilizada em grandes operações institucionais para aumentar a eficiência e manter a qualidade da comida. Na produção *cook-chill*, os alimentos são cozidos em um grande caldeirão, embalados em plásticos higienizados, selados e rapidamente resfriados em gelo em temperatura pouco acima do ponto de congelamento. As sacolas resfriadas são colocadas em câmara fria até ser necessário utilizá-las para a preparação final. O processo de resfriamento rápido evita o desenvolvimento de bactérias, de modo que a comida pode ser estocada por mais de 45 dias sem congelamento.

O *cook-chill* é muito eficiente nas operações que envolvem grande quantidade de refeições, pois, por esse método, muitos alimentos podem ser preparados utilizando-se as porções conforme a necessidade. Nos sistemas convencionais de produção, o cozinheiro precisaria preparar quantidades menores de comida com muito mais freqüência.

Uma tecnologia relacionada é a de *cook-freeze*. Nesse sistema de produção, os pratos são preparados e rapidamente congelados em um resfriador que funciona à base de jatos congelantes de ar. Depois, são descongelados e aquecidos conforme a necessidade. Uma empresa que produza uma quantidade muito grande de refeições pode utilizar as duas técnicas: o *cook-chill* e o *cook-freeze*. O *cook-freeze* é eficiente para itens como costeletas de porco, que não podem ser cozidas em um caldeirão e colocadas em um saco plástico.

Um outro método inovador de preparação é o *sous vide*. O *sous vide*, que literalmente significa "sob vácuo", é uma técnica de preparação e cozimento cujo uso vem aumentando tanto para jantares em restaurantes quanto para as entregas do room service, sendo utilizado no preparo mais rápido de diversas carnes e hortaliças na hora do pedido.

O *sous vide* compreende, primeiramente, a cocção do alimento, que em seguida é embalado a vácuo em sacos plásticos, aquecido para deter a contaminação por bactérias e, depois, refrigerado. A porção pode ser armazenada por até três semanas na geladeira e rapidamente esquentada antes de servir.

Muitos dos equipamentos considerados básicos para qualquer cozinha comercial — incluindo refrigeradores elétricos, freezers, máquinas de gelo e de lavar louça — são invenções do século XX. Teriam os fast-foods ganhado tamanha popularidade sem a existência de enormes fritadeiras em todos os lugares? Desde os primeiros fornos de microondas comerciais em 1947, essas inovações tecnológicas têm proporcionado a expansão das lojas de conveniência e de estandes onde as pessoas se servem sem precisar de intermediários.

Perfil Pessoal

PERFIL PESSOAL **ELLSWORTH STATLER**

Um Inovador

A história de Ellsworth Milton Statler (1863-1928) é o conto de um homem que começou como mensageiro e passou a um dos maiores homens de negócios da hotelaria em todos os tempos. Ele deu a viajantes de classe média, por um preço razoável, um padrão de conveniência e conforto nunca antes disponível. Suas idéias e inovações desde então se tornaram um padrão para toda a indústria hoteleira.

Statler trabalhou durante a maior parte da infância. Aos 13 anos, começou sua carreira como mensageiro em um conhecido hotel em Wheeling, em West Virginia, trabalhando até chegar a capitão-porteiro, aos 15. Durante esse tempo, Statler percebeu que os lucros gerados pela sala de bilhar do hotel e pela concessão de venda das passagens da ferrovia eram substanciais. Com espírito empreendedor, convenceu o dono a arrendar-lhe as operações e iniciou organizando jogos especiais de bilhar para demonstração, atraindo muitos interessados.

Statler logo dedicou suas habilidades empresariais a um boliche local e, depois, a um restaurante chamado Pie House. Aos 31 anos, encontrou novos desafios em Buffalo, em Nova York, onde abriu um restaurante. No começo, teve pouco sucesso: a maior parte das pessoas da região de Buffalo preferia comer em casa. Muitos homens de negócios veriam essa situação como irreversível, mas Statler decidiu que, se não havia mercado para seu restaurante, ele o criaria, mudando os hábitos alimentares dos executivos do centro da cidade. Começou, então, uma campanha publicitária com o slogan: "Tudo o que você puder comer por 25 centavos". Depois despediu seu *chef*, que lhe saía muito caro, e implementou uma série de inovações para dar a volta por cima com seu empreendimento: serviu feijão, quando esse item era mais barato que ervilhas; criou estações de serviço, isto é, aparadores onde os atendentes podiam pegar guardanapos, copos, manteiga, gelo, talheres e toalhas de mesa sem precisar entrar na cozinha; desenhou mesas no formato de um octágono para que mais pessoas pudessem sentar-se e foi também o primeiro dono de restaurante de que se tem notícia a ter água gelada na torneira.

Em 1904, Statler abriu o Inside Inn, com 2.257 unidades habitacionais, na Feira Mundial de St. Louis. Esse empreendimento foi temporário, servindo apenas para testar algumas de suas idéias. Mas foi o Hotel Statler, aberto em 1908, em Buffalo, que introduziu muitas das inovações pelas quais ele é famoso. Apartamentos vizinhos com disposições inversas compartilhavam os *shafts* de instalações elétricas e encanamento, diminuindo os custos de construção. Os *shafts* de encanamento de Statler ficaram famosos. Todos os apartamentos possuíam água gelada na torneira. Statler dizia que 90% dos chamados dos mensageiros era por gelo, de modo que, ao colocar água gelada nos apartamentos, ele podia diminuir o número de funcionários. Statler também foi o primeiro a colocar telefone em todos os apartamentos, e seus métodos de contabilidade de custos tornaram-se padrão para a indústria. Além disso, ele é considerado o primeiro hoteleiro a se preocupar com as relações com os empregados e com os benefícios.

Statler logo passou a ter uma cadeia de hotéis em Detroit, em Cleveland, em St. Louis e em Nova York. Com os novos hotéis, foram introduzidas outras inovações: foram divulgadas as tarifas nos apartamentos, colocadas luminárias na cabeceira da cama e instalados rádios em todas as habitações, sem custo extra. Além disso, ele fornecia uma quantidade razoável de toalhas e ganchos para pendurá-las. Esse último item ajudou a diminuir os custos de lavanderia.

Statler pregava o "Código Statler do Serviço", uma política formal da empresa que todos os funcionários precisavam memorizar e carregar consigo durante as horas de trabalho. Esse código está eternizado em uma placa na Cornell Hotel School, que existe graças ao legado de Statler.

EFEITOS DA ERA DO COMPUTADOR

A palavra-chave em qualquer discussão sobre tecnologia é "mudança". A tecnologia que parece impressionante em determinado momento cede lugar a novas tecnologias no dia seguinte. As válvulas foram substituídas por transistores, e o papel-carbono pela fotocópia. O poder das redes de televisão foi reduzido pelos videocassetes e pelas televisões a cabo. Os processadores de texto, que praticamente substituíram as máquinas de escrever, foram ofuscados pelos computadores portáteis.

Hoje, o mundo dos negócios em geral está mudando seu modo de atuar. Os computadores e outras tecnologias relacionadas, como a fibra óptica e o telefone celular, permitem que a coleta, o processamento, o armazenamento e a transmissão de informações — freqüentemente em grande quantidade — sejam eficientes. Empreendimentos que possuem operações informatizadas atraem hóspedes e clientes graças à melhoria da qualidade do atendimento e auxiliam a administração a aumentar a produtividade.

No Suporte à Administração. Muitos avanços tecnológicos utilizados na indústria da hospitalidade envolvem computadores. Duas áreas nas quais os computadores estão melhorando as operações em hospitalidade são reservas e recursos humanos. Muitos hotéis também possuem sofisticados sistemas eletrônicos de cobrança que registram todas as despesas dos hóspedes dentro do hotel, como as relativas a acomodação, restaurantes, bares, lavanderia e utilização do fax. Esses sistemas aumentam bastante a agilidade dos procedimentos de check-out.

Sistemas de Informações em Rede. O centro de processamento de dados da Holiday Inn, em Atlanta, é um exemplo de como utilizar nos negócios um sistema de informações em rede. O centro de US$ seis milhões e 12.800 m^2 emprega 140 pessoas e abriga um sofisticado sistema de informática que gerencia as operações do Holidex, o sistema de reservas da empresa. Um sistema adicional gerencia registros como folha de pagamento, despesas e programas de pagamento de comissão aos agentes de viagem. Também há impressoras a laser de alta velocidade, antenas parabólicas, robôs para manusear fitas de computador e silos de armazenamento. Cada silo armazena seis mil fitas de computador, totalizando 50 mil fitas para o Holidex e outros registros. A tecnologia dos silos reduz o tempo necessário para acessar informações e elimina o manuseio das fitas. Quando as fitas eram armazenadas manualmente, obter uma informação demorava mais de três minutos; agora, com os robôs manuseando cerca de 1.200 fitas por dia, demora apenas 30 segundos.

Essa tecnologia é mais do que comodidade: para a Holiday Inn tornou-se uma necessidade. A cadeia hoteleira recebe centenas de chamadas todos os dias sobre tarifas, contas ou questões relacionadas ao serviço. O novo sistema permite à empresa dar a seus clientes respostas rápidas a praticamente qualquer coisa, desde o número de pontos obtidos no *Priority Club* (o programa de fidelidade da Holiday Inn) até a realização de reservas para uma convenção para mil pessoas. Um computador pode realizar 49 milhões de transações por segundo, enquanto o outro pode realizar 70 milhões. A central de informações, que possui funcionários trabalhando 24 horas por dia, reúne informações para os 1.607 hotéis da Holiday Inn nos Estados Unidos[12].

Em 1992, a Holiday Inn introduziu o banco de dados Holiday Inn para a Otimização de Tarifas (Holiday Inn Rate Optimization — HIRO — Database). O aplicativo auxilia os gerentes gerais a identificar com precisão sua tarifa ótima, baseada em número de hóspedes, estatísticas de permanência, custo de vida da região e sazonalidade. Seu principal objetivo é maximizar e melhorar o gerenciamento e receitas. A Holiday Inn também introduziu o Sistema de Gerenciamento ENCORE, que fornece históricos completos dos hóspedes[13].

Acessando Informações do Mercado. Uma rede de informações computadorizadas permite aos CVBs (Convention and Visitors Bureaus) trocar informações demográficas e históricas importantes sobre localidades potenciais para a realização de eventos no mundo todo. A Associação Internacional dos Convention and Visitor Bureaus (IACVB — International Association of Convention and Visitor Bureaus) utiliza um sistema denominado CINET. O sistema contém informações sobre aproximadamente 20 mil eventos e mais de 9.400 organizações. Cerca de 24 mil reservas estão registradas, bem como históricos de aproximadamente 38 mil eventos, metade dos quais para grupos que utilizam menos de 200 pernoites na noite mais concorrida. A cada ano, os assinantes da IACVB acrescentam mais de 1.500 eventos a seu banco de dados.

Escalas de Trabalho e Folhas de Pagamento. A administração dos recursos humanos é outra área em que a tecnologia pode auxiliar o gerente de hospitalidade. Controlar horas trabalhadas, horas extras, gorjetas e outros itens causa muitas dores de cabeça aos *controllers*, mas os sistemas de gestão de pessoal utilizam o que há de melhor em tecnologia para simplificar esses processos. Um dispositivo computadorizado central conectado a um sistema telefônico pode eliminar a necessidade de relógios de ponto. Esse sistema, que utiliza telefones com discagem por tons e reconhecimento de voz, permite aos funcionários registrar entrada e saída em determinados telefones. Um funcionário pode inserir um código de identificação e dizer: "Aqui é Maria Paula. Registre minha entrada". Isso torna mais difícil fazer registros por companheiros de trabalho ou fraudar as horas trabalhadas.

Esse dispositivo computadorizado não apenas armazena informações, como também calcula a produtividade ou as horas trabalhadas e o histórico de pagamentos para referência rápida. O sistema também pode imprimir informações em formato adequado para fins legais. Baseado em reservas anteriores e no histórico das vendas, esses programas de gestão de pessoal podem ajudar os empregadores a calcular o número de funcionários necessários para um hotel ou restaurante em dado evento ou período. Os empregadores podem inserir a escala em um sistema de secretária eletrônica para que os empregados possam acessar, instantaneamente, informações sobre as horas de trabalho e a remuneração, mesmo de telefones fora do trabalho.

Administração Computadorizada da Produção. Tanto na indústria da hospedagem quanto na de alimentos e bebidas, os sistemas de administração computadorizados simplificam bastante os processos de controle de estoque, compra, preparo e custos. Os sistemas computadorizados de controle de estoque registram automaticamente toda vez que determinado produto de limpeza ou alimentício é utilizado e faz o pedido de compra quando necessário.

Sistemas informatizados de produção assistida para grandes operações de alimentos e bebidas mantêm e gerenciam dados sobre ingredientes, receitas, cardápios e preços. Um gerente que utiliza um desses sistemas pode, baseado na demanda anterior, prever as vendas, ajustar seu mix de produtos no cardápio para obter maiores margens de lucro, ajustar receitas e selecionar os melhores preços dos fornecedores. Os sistemas mais sofisticados imprimem um "pré-custo" para um período como uma semana, um dia ou apenas para uma refeição. O pré-custo fornece ao gerente a informação sobre qual será o custo para o período, antes que a compra seja feita. Se o pré-custo ultrapassar o orçamento, o gerente pode ajustar o cardápio ou os preços com antecedência.

Na Prestação de Serviços ao Cliente. Os consumidores acostumaram-se a serviços de hospitalidade eficientes e de alta tecnologia. De check-ins e check-outs automatizados a diversões eletrônicas e pontos para notebooks nas unidades habitacionais, a utilização de tecnologias da era da informática contribuiu como um todo para o serviço e para a satisfação do hóspede.

Check-ins e Check-outs Automatizados. No final de 1990, a Hyatt Hotels anunciou um serviço que permitia aos membros de seu programa de fidelidade fazer o ckeck-in antes de chegar ao hotel. O sistema requer uma chamada telefônica para um número gratuito a fim de se obter o número do apartamento. Ao chegarem, os hóspedes dirigem-se a uma área especial de check-in, onde apresentam o cartão de crédito, assinam um cartão de registro e pegam a chave do apartamento. Essa é uma idéia simples, que reforça a tendência de tornar a viagem cômoda ao máximo[14]. Check-outs automáticos, por meio de um programa de vídeo interativo na televisão, estão disponíveis de forma ainda mais abrangente.

Aluguel Automático de Carro. Locadoras de carros também estão agilizando seus processos de check-in e check-out com sistemas de informática. O indivíduo que reservou seu carro com antecedência entra no estacionamento e encontra seu nome em um grande painel informatizado. O painel indica o número do boxe para o qual o locatário deverá dirigir-se, onde estarão o carro, as chaves e o contrato de locação. Ao devolver o carro, o viajante insere a quilometragem rodada em um teclado de computador disponível. O computador automaticamente calcula e cobra a quantia correta no cartão de crédito do cliente antes de imprimir um recibo. Viajantes apressados nos aeroportos podem retirar e devolver seus veículos sem nunca pegar fila nem aguardar por um funcionário da empresa.

Comodidades de Negócios e Diversão. Um crescente número de hotéis está oferecendo aos hóspedes serviços de comunicação, como aparelhos de fax nos apartamentos, computadores e correio eletrônico. A Singapore Airlines foi a primeira empresa aérea a oferecer serviços de fax durante o vôo. Pessoas em cruzeiros no Caribe podem manter contato com as ilhas e com o continente por meio de telefones celulares.

A tecnologia também molda as expectativas dos consumidores em bares e restaurantes. Para muitos, a atração dos saguões dos hotéis e dos bares dos restaurantes não é mais apenas as bebidas, mas a experiência como um todo. Nos anos 70, isso significava discotecas; nos anos 80, monitores de vídeo; e no início dos anos 90, computadores pessoais. Em dezembro de 1990, foi aberta uma sala de estar de 1.800 m^2 no Hyatt Regency O'Hare, em Chicago. Cada uma das 25 cabines da sala possuía um computador pessoal, monitor de vídeo e sistema de som estéreo que

Tecnologia

POR DENTRO DA INDÚSTRIA **TECNOLOGIA**

Sistemas a Cabo

Spectradyne[1]. Esse nome lhe parece familiar? Deveria. Spectradyne é o maior fornecedor de programas de televisão paga para a indústria da hospedagem. Em 1993, a Spectradyne Inc. e a Electronic Data Systems (EDS) Corporation desenvolveram e interligaram uma rede digital de vídeo que permite aos hotéis oferecer uma grande seleção de vídeos de entretenimento e programas de informação.

Os benefícios desse sistema a cabo são a melhoria na qualidade da imagem e o acesso a centenas de opções de entretenimento. A rede digital transmite filmes para cada hotel e os armazena em um computador, permitindo aos hóspedes assisti-los quando preferirem, em vez de em determinado horário. Antes dessa inovação, muitos hotéis ofereciam um mesmo filme durante um mês. Agora o filme pode ser trocado da noite para o dia, conforme as solicitações dos hóspedes. E o melhor: o preço para o hóspede não é afetado.

Apesar da utilização desses sistemas a cabo não estar restrita à indústria da hospedagem (Spectradyne e EDS estão de olho em outras instituições, como hospitais, bases militares e escolas), a nova rede de vídeo é um ponto a mais para a hotelaria, que pretende manter sua participação em tão competitivo mercado.

[1] JONES, Kathryn. "Spectradyne and E.D.S. Join in Video Network for Hotels". *New York Times*, 27 de maio de 1993, C20.

permitiam aos clientes jogar videogames, assistir televisão, acessar bancos de dados e comunicar-se com clientes em outras cabines.

O início dos anos 90 também assistiu à popularização da moda asiática do karaokê. Essa moda de cantar com fundo instrumental, lendo a letra da música em um monitor, ganhou popularidade primeiro entre colegas de trabalho japoneses. Os japoneses possuem uma forte tradição de beber e se socializar após o expediente, e essa tradição aceita e incentiva o comportamento informal entre colegas de trabalho. Muitos bares americanos investiram US$ 10.000 ou mais em equipamentos de karaokê e descobriram que suas vendas aumentaram substancialmente.

Apesar de muitas tecnologias (como videogames e karaokês) provavelmente serem modas passageiras, ambas mostram que o futuro dos empreendimentos de hospitalidade está em utilizar a tecnologia para tornar fáceis, eficientes e divertidas as experiências de viagens e refeições fora de casa.

Análise Nutricional. Por causa da tendência das dietas mais saudáveis, alguns empreendimentos de alimentos e bebidas fornecem informações nutricionais em seus cardápios. Atualmente há à disposição softwares que calculam e informam as quantidades e os valores nutritivos dos principais ingredientes das receitas. Um cliente que siga uma dieta com valores limitados de sódio, por exemplo, pode escolher uma refeição apropriada baseado em números exatos e não em descrições vagas. Mesmo para os consumidores com tendência para pensar "magro" e comer "gordo", essas informações são esperadas de outros restaurantes, já que os clientes se acostumaram a vê-las.

A tecnologia continua a se tornar cada vez mais cara e complexa, e o gerente de hospitalidade sempre terá o desafio de decidir se o custo de novas tecnologias compensará em termos de aumento de vendas e/ou redução de custos. A rapidez das mudanças tecnológicas aponta, novamente, para a necessidade de educação continuada para gerentes e demais funcionários.

FORÇAS POLÍTICAS

Forças e eventos políticos resultam das ações ou regulamentações de governos organizados e das ações — muitas vezes violentas — de um segmento da sociedade. Alguns eventos, como atos de terrorismo e guerras, ocorrem repentinamente. Outras ações desenvolvem-se ao longo do tempo, às vezes de pessoas que desejam mostrar sua preocupação para com o bem público — leis quanto à saúde e ao meio ambiente são dois exemplos.

EFEITOS DE EVENTOS POLÍTICOS

Os efeitos políticos sobre a indústria da hospitalidade podem ser de curto ou longo prazo, locais ou globais. Desde convenções de partidos norte-americanos — republicano ou democrata (que ocorrem uma vez a cada quatro anos em diversos centros de convenções) — a leis sobre a imigração, as forças políticas influenciam os empreendimentos de hospitalidade. Os governos regulamentam a segurança, as práticas comerciais e os aspectos ambientais relacionados à indústria. Algumas ações governamentais podem estimular o crescimento da indústria, como, por exemplo, o desenvolvimento de rodovias e destinos turísticos. Algumas ações são prejudiciais. Quando a Síria e o Egito invadiram Israel, em 1973, o transporte de petróleo no Golfo Pérsico foi interrompido. Os preços do petróleo elevaram-se vertiginosamente, e as viagens foram bruscamente reduzidas no mundo todo.

Eventos Políticos Recentes. Mudanças políticas continuam a moldar o desenvolvimento da indústria da hospitalidade, às vezes de maneira dramática. Desde 1989, as imensas transformações políticas ocorridas na Europa Oriental e na extinta União Soviética removeram as barreiras às viagens e aos investimentos internacionais. A partir do fim da Segunda Guerra Mundial, as viagens à Europa Oriental passaram a ser extremamente controladas. E ainda mais controladas eram as viagens dos próprios moradores dessa parte do mundo.

Com a queda dos governos comunistas e a mudança gradual para economias de livre mercado, novas oportunidades surgiram para o Leste Europeu. Durante os antigos regimes comunistas, o governo era proprietário e operava a maior parte dos restaurantes e hotéis sem, no entanto, preocupar-se com a lucratividade ou com o serviço prestado ao consumidor, nem com sua satisfação. Esses hotéis e restaurantes foram privatizados: alguns vendidos para empreendedores locais; outros, para investidores internacionais.

Durante o auge do controle comunista, a hospitalidade era considerada uma indústria não produtiva e merecia baixa prioridade nos planos econômicos do governo. As propriedades do governo não eram adequadas aos padrões globais da indústria. Os sistemas de encanamento, aquecimento, ar-condicionado e mobília eram todos inferiores aos utilizados em outras áreas. Uma vez que as viagens para esses países, e dentro deles, eram limitadas, existiam poucas opções de hospedagem, e a localização dos estabelecimentos era rigorosamente controlada. Por exemplo, na antiga Alemanha Oriental, era proibida a construção de hotéis e restaurantes ao longo de auto-estradas; agora, este é o principal mercado que se abre.

Hoje, turistas e homens de negócios de todos os países estão ávidos para conhecer essa parte do mundo, criando demanda para a modernização da infra-estrutura existente e para a construção de novos hotéis. Mesmo na metade dos anos 90, a maioria das cidades da Europa Oriental ainda não possuía acomodações em quantidade suficiente, particularmente no segmento de conforto médio. Hoje, Radisson, Best Western, Forte Hotels, Marriott, Ramada e Holiday Inn são algumas das empresas internacionais que estão desenvolvendo e administrando empreendimentos no Leste Europeu.

Há muitos desafios para investidores, empreiteiros e gerentes de hotéis da Europa Oriental. Os conceitos de propriedade privada, lucro e serviço são novos para a maioria dos cidadãos das antigas nações comunistas. Sob o regime comunista, aos adultos eram garantidos trabalho e uma remuneração mínima, de modo que conceitos como iniciativa pessoal e concorrência normalmente não eram familiares. Mais significante, entretanto, era a falta de orientação ao serviço e ao consumidor nesse período. Uma vez que a força da indústria da hospitalidade está na intenção sincera de satisfazer as necessidades dos hóspedes, é necessário fornecer bastante treinamento, nesse sentido, aos funcionários.

Guerra, Desordem e Terrorismo. Um exemplo de como a guerra afeta a indústria da hospitalidade é a Guerra do Golfo, que ocorreu em agosto de 1990, quando o Iraque invadiu as ricas terras petrolíferas do Kuwait. Durante seis meses, diplomatas tentaram persuadir o presidente do Iraque, Saddam Hussein, a retirar suas tropas. Até que, finalmente, uma força multinacional liderada pelos Estados Unidos iniciou um ataque aéreo maciço em janeiro de 1991 e, em fevereiro, uma ofensiva terrestre de 100 horas para liberar o Kuwait.

Os bombardeios a Bagdá fizeram cessar praticamente todas as viagens ao Oriente Médio não relacionadas à guerra. O governo norte-americano as restringiu às extremamente necessárias. Além disso, a ameaça do terrorismo interrompeu as viagens aéreas à região e as rotas aéreas para a Ásia, que congestionavam aquele ponto do globo. Grupos de turismo e viajantes de lazer cancelaram suas viagens no início da guerra. Muitas empresas norte-americanas cancelaram reuniões no exterior ou restringiram as viagens de negócios. Como resultado da drástica queda nas reservas, muitas empresas aéreas reduziram o número de vôos para a Europa. De modo geral, o número de reservas caiu cerca de 20% a 25%, nas primeiras semanas da guerra, e de 5% a 10% nas semanas seguintes.

Um Dia na Vida de...

UM DIA NA VIDA DE... UM GERENTE GERAL DE HOTEL

Keaton Woods

Um gerente geral bem-sucedido não possui apenas conhecimento e experiência gerais de gestão, mas também experiência e realizações em áreas específicas. Isso é especialmente válido para o gerente geral estrangeiro, que também precisa se adaptar a um novo ambiente e, talvez, até a um sistema social desconhecido. Uma educação formal sólida acrescida de experiência prática em áreas vitais como marketing, finanças ou mesmo alimentos e bebidas aumentam a possibilidade de um gerente vir a tornar-se um gerente internacional. Além disso, a habilidade em recursos humanos, a familiaridade total com a indústria e a flexibilidade na resolução de problemas acentuam as possibilidades de sucesso de um gerente geral, independentemente da localização do empreendimento. As atitudes de um gerente durante uma crise internacional exemplificam essas qualidades.

Como gerente geral do Hotel Meridien, de 377 unidades habitacionais, no Kuwait, durante a invasão pelo Iraque, o americano Keaton Woods demonstrou a quais extremos um profissional de hospitalidade pode ir para atender aos hóspedes. A invasão só teve início em 2 de agosto de 1990, mas quando tropas iraquianas foram vistas em concentração na fronteira, em julho, Woods começou a se preparar para uma possível invasão. Ele criou um jornal interno para divulgar aos hóspedes medidas de segurança; escondeu mantimentos em depósitos; utilizou fronhas para fazer uma barricada com sacos de areia na garagem, que serviria de abrigo contra bombas, e adaptou o sistema de encanamento da piscina para enviar água para os apartamentos. Ele transformou apartamentos em salas de estar, onde os hóspedes podiam fugir da guerra assistindo a vídeos ou jogando jogos de tabuleiro. As rotas de evacuação foram planejadas, e algumas áreas bloqueadas para separar hóspedes de iraquianos.

No dia 18 de agosto, Woods soube que os hotéis locais começavam a ser utilizados para manter reféns ocidentais. Isso significava que os ocidentais hospedados nos hotéis também estavam sob risco de tornarem-se reféns. Imediatamente, apesar do risco que ele mesmo corria, Woods fez com que seus hóspedes fossem levados a suas respectivas embaixadas ou a casas seguras no Kuwait. Somente depois de assegurar que os hóspedes estavam em locais seguros, fora do hotel, é que ele foi à embaixada.

No dia 22 de agosto, três dias após a evacuação do hotel, o Iraque ordenou o fechamento de todas as embaixadas e somente aos diplomatas restantes estava garantida a saída segura do país, por Bagdá. Woods explicou: "Disseram que os ocidentais que não eram diplomatas poderiam sair com eles, mas era quase certo que nos tornaríamos reféns nos limites da cidade de Bagdá... Pela primeira vez vi pessoas chorando abertamente..."[1]. Escondido na casa de um amigo do Kuwait, Woods esquivou-se dos iraquianos até fugir para a Alemanha, em dezembro. Em março, retornou ao Meridien e descobriu que dois andares haviam sido destruídos pelo fogo e que 39 funcionários tinham permanecido no hotel durante todo o período de ocupação e de libertação.

[1] WOODS, Keaton S. "When the Tanks Rolled Into Town: A G.M.'s Experience in Kuwait". *Cornell Hotel and Restaurant Administration Quarterly*. Maio de 1991: 2.

LEGISLAÇÃO GOVERNAMENTAL E HOSPITALIDADE

Mudanças em políticas governamentais, como as discutidas anteriormente, afetam de modo inadvertido a indústria da hospitalidade, mas regulamentações governamentais também são intencionalmente criadas para mudar a indústria. Para garantir a segurança, controlar as viagens internacionais ou obter receita, os governos exigem licenças, certificados, realizam inspeções e recolhem impostos e taxas.

Impostos e Taxas. A maioria dos países possui códigos sanitários e de segurança que restaurantes e estabelecimentos de hospedagem devem seguir. Os estabelecimentos de hospitalidade podem ser inspecionados e licenciados para o funcionamento junto ao governo local e, freqüentemente, cobra-se uma taxa pela licença. Além disso, os estabelecimentos de hospitalidade podem precisar pagar tributos ao governo. Alguns países, como os Estados Unidos, exigem que os estabelecimentos paguem impostos sobre uma porcentagem do total do lucro obtido. Impostos sobre as vendas, algumas vezes denominados impostos sobre o valor adicionado, são cobrados em muitos países. Esse imposto é cobrado diretamente do consumidor sobre o preço do produto comprado. Em muitos países, impostos sobre vendas podem ser arrecadados local, regional ou nacionalmente. Além disso, muitas cidades possuem impostos específicos sobre viagens, como taxas aeroportuárias ou taxas sobre hospedagem, que servem para investimentos no turismo local. Se as taxas se tornarem muito altas, podem desestimular os viajantes a visitar determinado destino.

Os impostos podem, às vezes, desestimular o desenvolvimento de novos hotéis, como no caso da Reforma Fiscal Americana de 1986, que eliminou alguns incentivos fiscais para investimentos. Por outro lado, incentivos fiscais e abatimentos podem, às vezes, incentivar novos negócios. Os novos empreendimentos de hospitalidade na Europa Oriental são resultado desses incentivos.

Legislação Ambiental e Hospitalidade. Há muitos anos vem crescendo a preocupação com o meio ambiente. A preservação da vida animal e das florestas, a conservação dos recursos naturais e a despoluição do ar, da água e do solo sempre geraram conflitos na indústria. Preocupações

Meio Ambiente

POR DENTRO DA INDÚSTRIA | **MEIO AMBIENTE**

A Lei de Diretrizes sobre o Meio Ambiente de 1969 (*The Environmental Policy Act*)

A preocupação em equilibrar a questão ambiental com a necessidade de desenvolvimento ou modificação de terras para novos usos provocou o surgimento de legislação federal, estadual e municipal nos Estados Unidos, como a Lei Nacional de Diretrizes sobre o Meio Ambiente (*National Environmental Policy Act — NEPA*) de 1969. A NEPA foi formulada para prevenir danos ao meio ambiente e à biosfera, bem como para estimular uma harmonia produtiva e agradável entre as pessoas e o meio em que vivem. A NEPA exige que todos os projetos federais ou que necessitem de aprovação federal estejam sujeitos à elaboração de um relatório de impacto ambiental (*EIS — Environmental Impact Statement*). Desde 1970, a maioria dos estados e localidades adotaram essa exigência, muitos dos quais seguindo o modelo nacional. O *Council on Environmental Quality*, comitê estabelecido pela NEPA para inspecionar os programas e atividades federais, determinou oito itens que devem constar em um EIS[1]:

1. Descrição das condições atuais.
2. Descrição do projeto proposto.
3. Impacto provável.
4. Prováveis impactos ambientais prejudiciais.
5. Alternativas ao projeto proposto.
6. Impactos de longo e curto prazo.
7. Perdas irreparáveis e impactos irreversíveis.
8. Problemas e objeções levantados.

[1] BARRETT, G. Vincent e BLAIR, John P. *How to Conduct and Analyze Real Estate Market and Feasibility Studies*, 2. edição. Nova York, Van Nostrand Reinhold, 1988:23.

ambientais afetam o modo como os empreendedores podem construir, onde podem construir, e, freqüentemente, pessoas preocupadas com questões ambientais precisam atender aos desejos de muitas organizações. Quem faz parte da indústria da hospitalidade está sempre no meio de disputas ambientais, uma vez que seus empreendimentos podem degradar o meio ambiente natural ou cultural que deveriam realçar.

A preocupação com o meio ambiente afetou diretamente o desenvolvimento do Embassy Suites, com 400 apartamentos, em South Lake Tahoe, na Califórnia. Esse projeto exigiu a cooperação de diversas organizações, entre as quais a Liga para Salvar o Lago Tahoe (League to Save Lake Tahoe), a promotoria pública da Califórnia, a Autoridade Regional de Planejamento de Tahoe (Tahoe Regional Planning Authority), a Agência de Reconstrução de South Tahoe (South Tahoe Redevelopment Agency) e a cidade de Lake Tahoe. Para evitar litígios que consumissem muito tempo, os construtores fizeram um acordo, observando rígidos parâmetros ambientais:

- os regulamentos da reconstrução determinavam que a cada nova unidade habitacional construída, 1,31 antiga deveria ser desativada;
- o novo hotel teve de reduzir sua área de terreno em cerca de 38%;
- o comprimento do prédio não poderia exceder 183 metros;
- a altura não poderia ser maior que 29 metros;
- o telhado deveria ser construído com uma inclinação de 22 graus;
- a construção deveria apresentar cores discretas em tons pastéis; e
- toda a água utilizada deveria ser tratada antes de devolvida ao solo.

Essas e outras orientações aumentaram o custo da construção em cerca de 10%, totalizando US$ 65 milhões. Somente o sistema de tratamento de água custou em torno de US$ 250 mil[15].

Em algumas partes do mundo, incluindo China, Japão, América Latina e Europa Oriental, a pressão pela rápida industrialização deixou as questões ambientais ignoradas por muito tempo. Esses países estão começando agora a regulamentar os impactos ambientais, e a ênfase na conservação da energia e do meio ambiente afetará, cada vez mais, a construção e a operação de empreendimentos de hospitalidade.

Nos Estados Unidos, os hóspedes respondem positivamente a programas de conservação. Hotéis e restaurantes na Califórnia e em parte do sudoeste americano reduziram drasticamente seu consumo de água durante um período de seca, no início dos anos 90. Muitas cadeias hoteleiras participam de programas de reciclagem que coletam alumínio, vidro, plástico e papel. Uma vez que algumas comunidades estão iniciando programas obrigatórios de reciclagem, eles se tornarão prática padrão em muitos hotéis e restaurantes.

Legislação Trabalhista e Hospitalidade. Nos Estados Unidos, muitas leis estaduais e nacionais proíbem discriminação quanto ao sexo, nacionalidade, raça, religião, idade ou deficiências. Essas leis proíbem discriminação no ambiente de trabalho e no acesso aos serviços de hospitalidade. Agora, graças à Lei dos Direitos Civis de 1991 (Civil Rights Act of 1991), norte-americanos que trabalham para empresas norte-americanas em território estrangeiro estão protegidos contra discriminação relacionada ao trabalho. Espanha, França, Reino Unido e Austrália também possuem ferramentas legais que proíbem discriminação sexual no trabalho.

Imigração. Desordens políticas, guerras e incertezas econômicas são fatores que aumentam a emigração dos países atingidos para outros mais estáveis e industrializados. No início dos anos 90 ocorreu uma forte emigração dos países da África, do Leste Europeu e da Ásia para a Europa Ocidental. Do mesmo modo, a imigração para o Japão, a Austrália, o Canadá e os Estados Unidos foi muito grande. A imigração pode prejudicar economias em desenvolvimento, pois, nelas, a oferta de emprego é escassa até mesmo para os trabalhadores do próprio país.

TABELA 3-2 Padrões de segurança e jurisprudência

Decisões da justiça quanto a padrões de segurança	Caso pertinente
Relacionados ao meio físico ou à propriedade	
Instalar e inspecionar regularmente sistemas de segurança que forneçam mais do que a segurança mínima necessária.	Garzilli X Howard Johnson Motor Lodges Kveragas X Scottish Inns, Inc.
Fornecer iluminação adequada em corredores e demais áreas abertas a hóspedes.	Boles X La Quinta Inns
Utilizar sistemas remotos de monitoração por vídeo ou outros sistemas de vigilância.	Virginia D. X Madesco Investment Corp. Orlando Executive Park, Inc. X P.D.R. Peters X Holiday Inns
Controlar o acesso às áreas de circulação de hóspedes para impedir a passagem de pessoas não autorizadas.	Virginia D. X Madesco Investment Corp. Nordmann X National Hotel Company Orlando Executive Park, Inc. X P.D.R. Peters X Holiday Inns
Relacionados aos recursos humanos	
Ter seguranças para patrulhar os andares e demais áreas do hotel.	Virginia D. X Madesco Investment Corp. Nordmann X National Hotel Company Banks X Hyatt Corp. Orlando Executive Park, Inc. X P.D.R. Peters X Holiday Inns
Ter seguranças armados quando houver altos índices de criminalidade na região.	Taco Bell, Inc. X Lannon
Fornecer treinamento e instruções de segurança ao pessoal armado.	Harris X Pizza Hut of Louisiana, Inc.
Treinar os funcionários quanto aos procedimentos para relatar e lidar com atividades criminosas que por eles forem descobertas.	Nordmann X National Hotel Company Boles X La Quinta Inns Harris X Pizza Hut of Louisiana, Inc.
Relacionados à administração e a procedimentos	
Monitorar e estar atento às atividades criminosas da região.	Banks X Hyatt Corp. Taco Bell, Inc. X Lannon Peters X Holiday Inns
Estabelecer sistemas para alertar os hóspedes sobre áreas perigosas e/ou atividade criminosa ao redor do hotel.	Banks X Hyatt Corp. Orlando Executive Park, Inc. X P.D.R.

Fonte: Cornell Hotel and Restaurant Administration Quarterly. Fevereiro de 1991: 109.

A maior parte dos governos das nações industrializadas controla o número de imigrantes que podem entrar a cada ano e exige que esses imigrantes obtenham permissão para trabalhar antes de serem contratados. Países como o Japão e os Estados Unidos tentam limitar o número de imigrantes com poucas habilidades. Ainda assim, milhares de imigrantes entram ilegalmente nesses países todos os anos. Alguns empresários contratam intencionalmente imigrantes ilegais para trabalhos que exigem menos habilidades e cuja remuneração é menor. Imigrantes ilegais podem não receber benefícios de assistência médica e previdência social e têm salários mais baixos, uma vez que é pouco provável que denunciem a conduta inapropriada de seu empregador.

Outras Questões Legais em Hospitalidade. Todo país tem suas próprias leis que afetam a condução dos negócios e, em particular, a condução da indústria da hospitalidade. Durante muito tempo, esperou-se que os donos de pousadas e restaurantes fossem responsáveis pela segurança de seus clientes. Leis inglesas tornavam os donos das hospedarias responsáveis pela perda de bens de hóspedes e os obrigavam a receber quantos hóspedes o estabelecimento pudesse acomodar. A justiça dos Estados Unidos estabeleceu padrões de segurança que obrigam o gerente de um estabelecimento de hospitalidade, quando capaz de antever ameaças a qualquer hóspede, a tomar as atitudes cabíveis para lidar com o perigo ou estará sujeito a responder processo judicial[16]. A Tabela 3-2 mostra exemplos de casos relacionados à segurança que foram levados a juízo.

Bares e restaurantes que servem bebidas alcoólicas nos Estados Unidos devem obedecer às leis locais que restringem os horários e os dias de venda. A maioria dos estados e países estabelece em lei a idade mínima para o consumo de bebidas alcoólicas. Além disso, em alguns países, os atendentes não podem servir álcool a pessoas visivelmente intoxicadas.

Propriedade dos Estabelecimentos. Muitos países possuem leis que restringem o investimento estrangeiro e a propriedade da terra e de empresas por estrangeiros. Algumas vezes, um país exerce esse tipo de restrição limitando os financiamentos bancários disponíveis aos estrangeiros ou exigindo que uma parte do negócio seja de propriedade de cidadãos locais para que sejam concedidas melhores taxas de empréstimo.

Muitas questões legais interessantes acerca de propriedade surgiram com a queda do regime comunista no Leste Europeu. Se a terra e as edificações eram de propriedade estatal, quem ficava com o dinheiro quando elas eram vendidas à iniciativa privada? O dinheiro ia para o governo local, regional ou nacional? Se o dinheiro ia para o governo nacional, quem era esse governo? Em muitos casos, governos e fronteiras nacionais completamente novos estavam estabelecidos.

Diante de tanta variação nas políticas governamentais e na legislação da antiga União Soviética, muitos empreendedores não sabiam a quais leis obedecer ou quais ignorar. Uma antiga lei proibia que cidadãos russos se hospedassem em hotéis na cidade onde moravam. Os donos dos hotéis ignoravam essa lei, mas nem sempre sabiam quais leis deviam seguir[17]. Hoje, as leis relativas à operação de empreendimentos estrangeiros na Rússia e nos países do Leste Europeu ainda estão em desenvolvimento.

SINDICATOS

Sindicatos são uma força política e legal em países de todo o mundo, mas o grau em que afetam a indústria da hospitalidade varia em cada cidade ou estado. Os **sindicatos** e as **associações de classe** influenciam bastante a determinação da remuneração, os benefícios e as horas trabalhadas nos países europeus. A maioria dos países possui leis rígidas que controlam as relações entre empregadores e sindicatos e associações que representam os empregados. Entretanto, durante períodos de recessão, como no início da década de 1990, diminui o poder dos sindicatos, que muitas vezes fazem concessões quanto à remuneração e aos benefícios para manter a competitividade internacional e os empregos em suas indústrias.

A administração de empreendimentos de hospitalidade requer sensibilidade e conhecimento das forças políticas e governamentais que podem afetar os negócios. A familiaridade de um gerente com as expectativas cambiantes da comunidade local é que permite ao empreendimento modificar-se de maneira proativa para atender a essas mudanças, antes de ser legalmente forçado a satisfazer suas exigências.

RESUMO

- Alguns fatores comuns que exercem impacto sobre as indústrias na rede de hospitalidade são: conjuntura econômica, tendências socioeconômicas, motivações psicológicas, inovações tecnológicas, acontecimentos políticos e legislação governamental.
- A indústria da hospitalidade em geral reage rapidamente às mudanças econômicas. Os ciclos econômicos são previstos e analisados por meio da econometria.
- O fim da Guerra Fria provocou mudanças econômicas e políticas em diversas nações e o aumento dos investimentos internacionais pelo mundo afora.
- Satisfazer as expectativas e as necessidades dos hóspedes é essencial para uma indústria de prestação de serviços como a da hospitalidade. Pesquisas que fornecem informações demográficas e socioeconômicas sobre a população auxiliam de maneira especial o processo decisório.
- As pesquisas psicográficas tentam classificar as motivações internas e o comportamento das pessoas. As teorias sobre as motivações psicológicas ajudam a direcionar o marketing na indústria da hospitalidade.
- Diversas teorias — entre as quais a teoria do puxa/empurra, a hierarquia das necessidades de Maslow e a tipologia alocêntrico/psicocêntrico de Plog — explicam as motivações internas.
- Turistas psicocêntricos normalmente não são aventureiros, enquanto turistas alocêntricos gostam de vivenciar culturas e costumes exóticos e aprender coisas novas.
- Os rápidos avanços tecnológicos influenciaram demasiadamente a indústria da hospitalidade. Avanços nos transportes, serviços de alimentação e sistemas computadorizados melhoraram a produtividade, o serviço e proporcionaram maiores lucros.
- A legislação e a política governamental determinam como as empresas de hospitalidade devem atuar. Algumas delas são relativas a impostos, recursos humanos, meio ambiente, propriedade e sindicatos.

NOTAS

1 Waters, Somerset R. *Travel Industry World Yearbook — The Big Picture*. Rye, Nova York, Child & Waters Inc., 1992: 4.

2 Waters. *Big Picture*, 151.

3 Holsomback, Barbara. "Getting back on solid ground". *ADWEEK* Eastern Edition. 20 de abril de 1992: 34.

4 Holsomback. "Getting back", 32.

5 "All-women excursions fill a niche". *Columbus Dispatch*. 12 de abril de 1993: 5B.

6 "The Hard Facts Shaping Our Industry". *Restaurant Business*. 20 de novembro de 1991: 2.

7 "Trends and How They Will Change Your Business". *Restaurant Hospitality*. Dezembro de 1992: 72-73.

8 Chon, Kye-Sung. "Understanding Recreational Traveler's Motivation, Attitude and Satisfaction". *Tourist Review* 32, 1989: 3-6.

9 Maslow, Abraham H. "A Theory of Human Motivation". *Psychological Review* 50, 1943: 370-396.

10 Mills, Alan S. "Participation Motivation for Outdoor Recreation: A Test of Maslow's Theory". *Journal of Leisure Research* 17, 1985: 181-193.

[11] Plog, Stanley C. *Leisure Travel: Making It a Growth Market... Again!*. Nova York, John Wiley & Sons, 1991.

[12] Salomon, A. "Hi-tech Haven". *Hotel and Motel Management*. 11 de janeiro de 1993: 23-24.

[13] Hotel & Motel Management, 6 de abril de 1992; the Brand Report, *Lodging Hospitality*, fevereiro de 1998.

[14] "Hyatt Creates Early Check-in Plan...". *Travel Weekly*. 15 de novembro de 1990: 2.

[15] Jesitus, John e Hasek, Glenn. "Design Dilemma: Environmental Regulations Slow Development of Two California Hotel Properties". *Hotel & Motel Management*. 27 de julho de 1992: 25.

[16] "DeFacto Security Standards: Operators at Risk". *Cornell Hotel and Restaurant Administration Quarterly*. Fevereiro de 1991: 107-117.

[17] "Hospitality, Russian Style: Nine Communication Challenges". *Cornell Hotel and Restaurant Administration Quarterly*. Dezembro de 1992: 64-72.

VERIFIQUE SEU CONHECIMENTO

1. Cite cinco forças externas que afetam a indústria da hospitalidade.
2. Quais são as duas partes principais de um ciclo de negócios? Como são denominados os extremos?
3. Quais são os dois aspectos do estilo de vida particularmente relacionados à indústria da hospitalidade?
4. Cite uma maneira pela qual a tecnologia melhorou a prestação de serviços na indústria da hospitalidade.
5. Identifique três tipos de forças políticas que afetam a indústria da hospitalidade.

APLIQUE SUAS HABILIDADES

A recessão econômica do início dos anos 90 levou a uma queda nas viagens de negócios. Observe a Figura 3-5 e responda às perguntas.

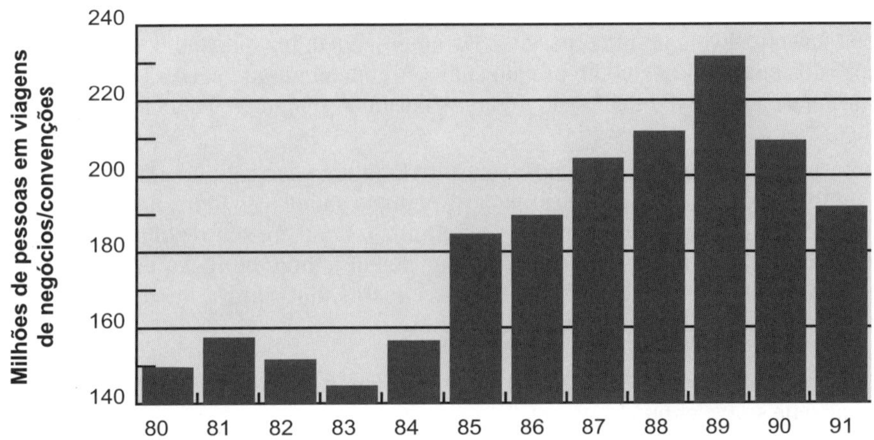

Figura 3-5 Viagens de negócios.
Fonte: Adweek. 20 de abril de 1992: 38.

1. Observando apenas os anos de 1986 a 1989, calcule qual teria sido o número de viagens em 1993 se a tendência apresentada tivesse sido mantida.
2. Observando apenas os anos de 1989 a 1991, calcule qual teria sido o número de viagens em 1993 se a tendência apresentada tivesse sido mantida.
3. Observe os anos de 1980 e 1981. A ascensão durante esse ano foi suficiente para prever uma tendência?

QUAL É SUA OPINIÃO?

1. Observe a lista dos principais indicadores econômicos e imagine uma mudança drástica em um deles. Mostre como os dois outros indicadores poderiam mudar em função do primeiro.
2. Qual fase de um ciclo de negócios seria melhor para lançar um novo empreendimento de hospitalidade que se torne uma tendência? Por quê?
3. Descubra se você é um turista alocêntrico ou psicocêntrico. Em seguida, escolha um destino turístico com uma imagem que combine com sua personalidade e explique como essa imagem puxa você a esse destino.
4. Como um desaquecimento econômico pode afetar a implementação de inovações tecnológicas?
5. Revise a discussão sobre as mudanças que ocorreram na antiga União Soviética. Identifique as forças envolvidas e discuta como elas estão inter-relacionadas e ligadas à hospitalidade.

ESTUDO DE CASO

Nos anos 60, a Comissão Federal do Comércio (Federal Trade Commission) baniu os anúncios de cigarro da televisão nos Estados Unidos. Nos anos 80, a Administração Federal da Aviação (Federal Aviation Administration) baniu o fumo na maioria dos vôos domésticos. Algumas cidades proibiram o fumo em prédios do governo. A Agência Norte-Americana de Proteção ao Meio Ambiente (U.S. Environmental Protection Agency) classificou o fumo passivo como cancerígeno de Classe A, ao lado do amianto e do benzeno. Nos anos 90, os restaurantes se tornaram alvo de grupos como o Ação sobre o Fumo e a Saúde (Action on Smoking and Health — ASH), que quer deixar os restaurantes livres do fumo passivo. Os empreendedores que são contra o ASH dizem que seus negócios serão injustamente prejudicados. Argumentam que seus sistemas de ventilação elimina a fumaça e que a delimitação de áreas para não-fumantes é suficiente para atender a esse público.

Como proprietário de um pequeno restaurante familiar, você está atento às forças sociais que atuam sobre as idéias que as pessoas têm a respeito da saúde e do fumo, modificando-as. Um representante do ASH o aborda pedindo que você proíba o fumo em seu restaurante. Ele explica que, embora você provavelmente perca clientes por algum tempo, no longo prazo, a sociedade passará a evitar os fumantes, e a maior parte dos clientes apreciará a atmosfera mais limpa. Atualmente, cerca de 25% de seus clientes fumam.

1. Você proibiria o fumo em seu restaurante mesmo com os fumantes representando um quarto de sua clientela?
2. Quais outras forças estão atuando nesse contexto, além das que mudam as atitudes das pessoas quanto à saúde e ao fumo?

3. Você acredita que seu restaurante deve acompanhar as tendências culturais ou contribuir para a mudança dessas atitudes?
4. De que maneira o marketing de um restaurante é afetado com a proibição de fumo? Você poderia utilizar esse diferencial para fazer mais negócios do que faria ao permitir o hábito de fumar?

Parte 2

HOSPEDAGEM

Não são todos conhecidos pelo mesmo nome: ao longo do tempo, as hospedarias, as tavernas, as estalagens, os alojamentos, os hotéis, os motéis, os resorts, os chalés e os centros de convenções têm oferecido acomodações às pessoas. Não oferecem os mesmos serviços: o Holiday Inn, em Ft. Meyers, Flórida, oferece leite e biscoitos para seus hóspedes à noite; o Anderson House, em Rochester, Minnesota, oferece um gato (em um cesto e alimentado) para fazer companhia durante a estada. Certamente não possuem a mesma ambientação: decoração estilo country, jardins suntuosos e ruas como as do século XVIII, pavimentadas com pedras, proporcionam a sensação de serenidade de eras passadas no Chewton Glen Hotel, em Chewton, na Inglaterra; o Club Sonoma, em São Francisco, é uma versão na forma de hotel da Ilha da Fantasia, que cria para os hóspedes as aventuras que eles mesmos escolhem. Nem ao menos são construídos pelas mesmas razões: o Trapp Family Lodge, em Stowe, Vermont, oferece atividades e acomodações para esquiadores, no inverno, e, ainda, grupos musicais, no verão. O Sheraton New Orleans Hotel and Towers oferece salas de reunião e acomodações para grupos de convenções.

Cada um tem sua própria identidade, estilo administrativo, metas e clientes fiéis. Mas estejam no hemisfério oriental ou ocidental, sejam luxuosos ou econômicos, há uma coisa que todos têm em comum: envolvem seus hóspedes com o espírito da hospitalidade.

4

A Dinâmica da Indústria da Hospedagem

Resumo

Se há uma constante na indústria de hospedagem é a de que tudo muda. Os Capítulos 2 e 3 proporcionaram a você uma visão geral sobre as forças internas e externas que provocam mudanças na rede de hospitalidade como um todo. Cada uma dessas forças também influencia a hospedagem de forma isolada. Por exemplo, avanços tecnológicos na área de transportes causaram um aumento na oferta hoteleira (número de unidades habitacionais disponíveis para aluguel) e na demanda (pessoas que querem alugar acomodações ou utilizar serviços). Mais pessoas passaram a viajar, e com muito mais freqüência. Com o aumento da demanda surgiram novas opções de oferta: hotéis criteriosamente localizados e estruturados para servir os hóspedes. A prosperidade econômica dos anos 80 tornou o desenvolvimento de hotéis tão proveitoso que logo já havia um excesso de oferta. Apesar da conjuntura econômica favorável ter proporcionado aos viajantes maior liberdade econômica, aumentando também a demanda, essa não cresceu tão rapidamente nem em tão larga medida quanto a oferta. A indústria entrou nos anos 90 saturada — havia mais unidades habitacionais disponíveis do que pessoas dispostas a alugá-las. Os esforços para impulsionar a demanda resultaram em uma maior complexidade em termos de estratégias de marketing, dos sistemas de classificação e de propriedade da indústria.

Objetivos

Ao concluir este capítulo, você deverá ser capaz de:

1. Identificar influências que têm afetado a indústria hoteleira ao longo dos anos.
2. Explicar como as propriedades de hospedagem podem ser classificadas.
3. Discutir as vantagens e as desvantagens da administração de hotéis independentes e de cadeias hoteleiras.
4. Comparar os tipos de propriedade dos estabelecimentos das cadeias hoteleiras: empreendimentos próprios, franquias e contratos de administração.
5. Identificar os oito Ps do marketing de hospitalidade.

A EVOLUÇÃO DOS ESTABELECIMENTOS DE HOSPEDAGEM

Os estabelecimentos de hospedagem mudam continuamente para satisfazer os hóspedes. Freqüentemente essas mudanças ocorrem por meio das forças mencionadas no Capítulo 3 — políticas, psicológicas, socioeconômicas, tecnológicas e econômicas — que sempre influenciaram os esforços da indústria. Por exemplo, durante a Dinastia Tudor, na Inglaterra, no século XVI, houve um salto na evolução dos estabelecimentos de hospedagem, favorecido pela estabilidade política, pelas melhorias tecnológicas nos transportes e pelas mudanças nas condições sociais. O historiador A. E. Richardson citou esse fato no livro *The Old Inns of England*:

> As hospedarias passaram a exercer uma função precisa na sociedade, metade pública metade doméstica; e a passagem do século foi testemunha de um aumento espantoso em termos de quantidade... não há dúvida de que as novas hospedarias prosperaram principalmente por terem se adequado perfeitamente ao sistema social em transformação[1].

Não há registros do aumento exato, mas registros relacionados aos impostos mostram que, em 1577, havia 480 hospedarias, tavernas e estalagens por toda a área de Norfolk, e 876 em Middlesex[2].

Por volta da metade do século XVII, a oferta e a demanda de hospedagem sofreram mais um impulso em virtude de um novo serviço: a carruagem. Uma vez que a indústria depende das condições existentes para que seus hóspedes possam viajar de suas casas até os estabelecimentos de hospedagem, mudanças nos meios de transporte sempre exerceram um impacto direto sobre a indústria.

A INFLUÊNCIA DA TECNOLOGIA DOS TRANSPORTES

Quando as rotas das carruagens se estabeleceram no século XVII, logo surgiram os *coaching inns*. Nessas hospedarias, os viajantes podiam se alimentar e pernoitar em acomodações, e os cavalos cansados podiam ser trocados por outros descansados. As grandes hospedarias possuíam centenas de cavalos para fornecer animais revigorados para as carruagens dos correios e as de passageiros. Como a troca de cavalos demorava cerca de 30 minutos, os passageiros tinham tempo suficiente para comer e, como as carruagens normalmente chegavam em horários predeterminados, o dono da hospedaria já tinha tudo preparado para servir os passageiros assim que eles chegavam. Havia uma grande preocupação com o serviço, visto que os atendentes esperavam pelos clientes na porta, para pegar seus chapéus e casacos. Em seguida, o dono e a dona da hospedaria acompanhavam os clientes para uma mesa bem arrumada, com louça cintilante e toalha impecavelmente limpa.

Além dos *coaching inns*, havia um outro tipo de acomodação denominado *public house* — casas particulares que acolhiam os viajantes, fornecendo-lhes alimento e hospedagem. Acredita-se que a primeira obra construída especificamente para ser hotel tenha sido o New York's City Hotel, edificado em 1794. Por dois dólares, os clientes se hospedavam e tinham direito a serviço de quarto e refeições: às 8 horas, café-da-manhã; às 15 horas, almoço; às 18 horas, chá; e às 21 horas, ceia.

A invenção da estrada de ferro, em 1825, provocou mais mudanças nas opções de hospedagem. As viagens de trem diminuíram a duração da jornada e melhoraram o conforto — uma viagem de 180 quilômetros que de carruagem demorava 11 horas passou a levar apenas duas horas e meia de trem. Disso resultou que as viagens de longa distância tornaram-se mais fáceis para muitas pessoas. Naturalmente, hospedarias, tavernas e restaurantes novos desenvolveram-se perto das estações de trem, iniciando uma tendência que perduraria por quase 100 anos. Os hóspedes do New York's Pennsylvania Statler podiam ir à estação de trem da Pensilvânia por um túnel subterrâneo. Ainda mais bem localizado, o Commodore Hotel foi construído *em cima* da estação Grand Central.

Em algumas regiões em desenvolvimento da fronteira dos Estados Unidos, foram construídos hotéis, tavernas e restaurantes *antes mesmo* da chegada das ferrovias, na esperança de que isso as atraísse com outros novos negócios. Uma boa parte dos resorts norte-americanos — entre os quais muitos nas Castkill Mountains, em Nova York, e outros na Flórida — foi construída junto às principais linhas de trem. Henry Flager, construtor do Ponce de Leon Hotel, em St. Augustine, Flórida, chegou a comprar estradas de ferro da região para assegurar que seus hóspedes tivessem fácil acesso ao hotel. Até mesmo empresas ferroviárias investiram no desenvolvimento de hotéis. O Greenbrier Resort, em West Virginia, foi construído e também desenvolvido pela Chesapeake & Ohio Railway e é servido por ela até os dias atuais.

Foi durante o desenvolvimento das estradas de ferro que os primeiros hotéis verdadeiramente grandes foram construídos na América do Norte. O Tremont House foi edificado em 1828, em Boston. Com ele, teve início uma nova era para o profissional de hospitalidade: o **hoteleiro**, que era o dono, gerente ou quem cuidava do estabelecimento. O Tremont House foi planejado exclusivamente para receber e servir hóspedes. O hotel neoclássico de Isaiah Roger possuía 170 apartamentos, um saguão circular com cúpula, grandes salas de convenções, uma sala de jantar com 200 lugares em que se servia comida francesa e uma sala de leitura repleta de jornais de todo o mundo. Como o hotel possuía três pavimentos (os elevadores ainda não haviam sido inventados), a gerência do Tremont criou o cargo de mensageiro para ajudar a carregar as bagagens dos hóspedes escada acima.

Com suas muitas inovações, o Tremont determinou os padrões para os grandes hotéis norte-americanos e inspirou a revolução do luxo na Europa. Nos Estados Unidos, a era dos grandes hotéis tinha começado — entre eles o Astor House, em Nova York (1836); o Parker House original, em Boston (1856); o Palace Hotel, em São Francisco (1875); o Ponce de Leon Hotel, em St. Augustine (1888); e, claro, os dois Waldorf-Astorias, em Nova York (1893, 1931).

A rapidez e a natureza das viagens mudaram mais uma vez com a introdução dos jatos comerciais, em 1958. Os hotéis do centro da cidade entraram em decadência quando o aeroporto se tornou o novo ponto para o desenvolvimento de hotéis, motéis e restaurantes. Novos resorts foram construídos em locais facilmente acessíveis por via aérea. Além disso, o serviço das linhas aéreas diminuiu tanto o tempo e o desconforto das viagens internacionais que a globalização dos negócios tornou-se regra desde então. Em 1998, existiam mais de 3,9 milhões de unidades habitacionais em aproximadamente 51 mil empreendimentos somente nos Estados Unidos, representando mais de US$ 93,1 bilhões de lucro bruto[3].

A INFLUÊNCIA DAS FLUTUAÇÕES ECONÔMICAS

Historicamente, quando a economia se expande, o mesmo ocorre com a oferta e a demanda. As condições econômicas favoráveis do início do século XX prenunciaram a era dourada dos hotéis, período no qual muitos grandes hotéis foram construídos nos Estados Unidos. Em uma mudança abrupta, veio a Grande Depressão, época em que bancos faliram, a taxa de desemprego subiu vertiginosamente e o número de viagens caiu de modo acentuado. Muitos dos hotéis que sobreviveram à Depressão são agora extremamente conhecidos — Statler, Ritz-Carlton e Hilton, para citar alguns. Um outro súbito crescimento econômico aconteceu nos anos 80. Os incentivos fiscais para investidores, as expectativas de uma alta demanda e a economia em crescimento ajudaram a incentivar um vasto desenvolvimento hoteleiro. No final dos anos 80 e início dos anos 90, entretanto, os empreendimentos futuros foram restringidos, e a indústria ficou seriamente prejudicada pela oferta excessiva, recessão econômica e eliminação dos incentivos fiscais.

Em anos mais recentes, tem havido mais unidades habitacionais hoteleiras disponíveis do que hóspedes para ocupá-las. A proporção entre o número de hóspedes e de unidades habitacionais disponíveis auxilia os analistas a traçar um panorama da saúde da indústria. Denominada **taxa de ocupação**, essa proporção é uma porcentagem obtida dividindo-se o número total de unidades habitacionais ocupadas durante determinado período de tempo (dia, semana, ano) pelo número total de unidades habitacionais disponíveis durante tal período[4]. Nos anos 90, a média da taxa de ocupação da indústria decaiu em relação aos últimos 30 anos[5]. Nos anos 60, a taxa de ocupação média para hotéis e motéis nos Estados Unidos era de quase 70%. Em 1991, a média foi de 60% a 65%[6]. Em 1993, estimava-se que cerca de 40% da oferta de unidades habitacionais hoteleiras nos Estados Unidos estariam vazias todas as noites[7]. Entretanto, o ano de 1998 lucrou com o lento, mas constante crescimento da indústria, elevando a taxa de ocupação de volta a 64%.

História

POR DENTRO DA INDÚSTRIA **HISTÓRIA**

A Origem dos Motéis

Durante as décadas de 1920 e 1930, os automóveis com preços acessíveis à classe média proporcionaram a expansão de um segmento do mercado de hospedagem. Muitos americanos passaram a utilizar as estradas para viajar e optavam por passar a noite em alguns dos primeiros motéis — um conjunto de cabines separadas denominadas *auto courts* ou cabines turísticas.

Após a Segunda Guerra Mundial, entretanto, a maior disponibilidade de automóveis e a implantação do novo sistema de estradas interestaduais possibilitou que um número sem precedentes de pessoas viajasse com facilidade. Essas pessoas geralmente precisavam de pouca coisa além de um local para tomar banho, dormir e comer (se não existissem restaurantes por perto). A combinação das palavras motor e hotel — motel — identificava o novo tipo de empreendimento de hospedagem desenvolvido para atender às necessidades desses viajantes.

Enfim, os motéis — também denominados *motor inns, motor courts* ou *motor lodges* — brotaram ao longo das principais estradas, perto de aeroportos, de centros de convenções e das interligações das rodovias interestaduais. Hoje, nos Estados Unidos, os motéis servem ao mesmo propósito que no passado: acomodações simples para passar a noite, localizadas ao longo das rotas dos destinos.

Nos Estados Unidos, a oferta de unidades habitacionais cresceu cerca de 1,4% ao ano desde 1965, com as maiores altas em 1972-1973 e 1985-1989. A demanda, entretanto, cresceu a uma taxa de 1,4% ao ano da metade dos anos 60 à metade dos anos 80, e a uma taxa de 4,3% a partir da metade até o final dos anos 80[8]. A recessão econômica que se seguiu ao grande crescimento do final dos anos 80 afetou dramática e negativamente a indústria. Mudanças nas leis sobre impostos eliminaram as proteções e os empréstimos a juros baixos, os investimentos estrangeiros diminuíram, os emprestadores passaram a fazer mais exigências quanto ao capital e às garantias pessoais e um número menor de pessoas viajou em resposta aos tempos economicamente difíceis.

A indústria de hospedagem emergiu dessa situação de crise com perseverança. A recuperação econômica, o aumento da demanda doméstica e das viagens internacionais e o leve, mas significativo, aumento das taxas de ocupação ajudaram esse componente da indústria a retomar sua lucratividade. "Bus" Ryan, ex-presidente da Associação Americana de Hotéis e Motéis (American Hotel & Motel Association — AH&MA), demonstrou o otimismo da indústria em 1993: "Nossa indústria é cíclica. Já passamos por recessões econômicas antes e nos recuperamos"[9].

Perfil Pessoal

PERFIL PESSOAL **KEMMONS WILSON**

Fundador da Holiday Inn

Em 1952, ele pegou emprestado US$ 300.000 e a idéia de sua mãe para um logotipo e abriu a primeira unidade de uma cadeia de hotéis familiares cujo nome foi inspirado em um filme de Bing Crosby e Fred Astaire. Suas acomodações foram planejadas para as famílias: preços acessíveis, acomodação gratuita para crianças e uma piscina em cada hotel. Ele criou a maior empresa de hospedagem do mundo, e certa vez declarou que 96% de todos os viajantes americanos já haviam sido hóspedes da cadeia pelo menos uma vez.

Ele prometeu a seus clientes "nenhuma surpresa" — e manteve essa promessa por quase quatro décadas. Ele é Kemmons Wilson: fundador, construtor e homem de marketing da Holiday Inn.

Nascido em Osceola, Arkansas, em janeiro de 1915, Wilson mudou-se para Memphis, Tennessee, com sua mãe Ruby, após o falecimento de seu pai, no outono daquele ano. Começou a trabalhar aos 14 anos, primeiro como entregador de uma farmácia e depois, aos 17, como dono de um carrinho de pipocas em um teatro local. De forma eventual, Wilson investiu em uma série de empreendimentos, entre os quais máquinas de fliperama, corridas de avião e construção civil. Também administrou uma revendedora de órgãos e pianos e serviu o exército durante certo período.

Durante férias familiares pelo interior, no início da década de 1950, Wilson teve, subitamente, a idéia de um novo tipo de hotel. Sua família não admitia hospedar-se em acomodações à beira da estrada, de modo que existiam apenas duas opções: hotéis luxuosos e caros, onde era cobrada a hospedagem de cada criança, ou motéis sujos onde amantes "se entregavam à veneração de Vênus"[1].

Pouco tempo depois, Wilson fez um empréstimo no banco e construiu seu primeiro Holiday Inn em sua cidade natal, Memphis (apesar de nascido em Arkansas, Wilson foi criado em Memphis e se refere a ela como sua cidade natal). O que tornava os Holiday Inns diferentes? Cada quarto era maior que a média, com duas camas de casal. O hotel tinha um restaurante — algo que a maioria dos motor-hotéis daquele período não possuía. A hospedagem de crianças menores de 12 anos era gratuita. Em cada quarto havia televisão (gratuita), telefone e uma Bíblia. Talvez o mais importante era que cada estabelecimento era erguido sob a promessa de Wilson (e slogan da Holiday Inn): "A melhor surpresa é não haver surpresas". Wilson continuou a construir seu império e, conforme o sistema rodoviário interestadual se desenvolvia, seus Holiday Inns ajudavam a criar um fenômeno da hospitalidade.

No verão de 1989, a Bass PLC, um conglomerado britânico considerado a principal cervejaria do Reino Unido e o maior operador hoteleiro do mundo, comprou a Holiday Corporation. Kemmons Wilson, o pioneiro da hotelaria, que construiu um dos maiores impérios comerciais do século XX, partiu para outro negócio: uma cadeia de motor-hotéis denominada Wilson Inns. Essa cadeia oferece unidades habitacionais maiores que a média e acomodações luxuosas (com forno de microondas e pia) por um preço acessível.

Não existem bares, restaurantes ou piscinas nos Wilson Inns. Eles competem com cadeias mais baratas, como Hampton Inns, Red Roof Inns, LaQuintas e Motel 6. Wilson trabalha em seu novo empreendimento com o mesmo zelo por alto padrão de atendimento, controle de qualidade e serviço ao consumidor que tornaram a Holiday Inn uma das marcas mais conhecidas no mundo.

[1] LEE, Patrick. "Chain's Founder Promised Travelers 'No Surprises' – and Delivered for 37 Years". *Los Angeles Times*, 25 de agosto de 1989, sec. 4.

CLASSIFICANDO OS EMPREENDIMENTOS DE HOSPEDAGEM

Em virtude das constantes mudanças, pode ser difícil para o hóspede estar atualizado em relação a quem oferece o que e onde. A necessidade de classificar hotéis surgiu quando um começou a se diferenciar do outro de tal modo que diferentes hotéis passaram a atrair diferentes grupos de pessoas. Já está longe a época em que os hóspedes tinham apenas duas opções: hotéis de luxo ou econômicos. Hoteleiros como Kemmons Wilson (veja o "Perfil Pessoal") criaram uma terceira opção quando construíram empreendimentos voltados para famílias de classe média. No princípio, os estabelecimentos tinham características bem definidas. Os hóspedes potenciais sabiam que podiam esperar mais serviços em um hotel de luxo do que em um hotel econômico, e que nos hotéis de preço médio o serviço era intermediário.

Por causa do rápido crescimento econômico geral e do aumento da oferta, os hoteleiros tentaram se diferenciar no mercado oferecendo acomodações especializadas. Os hotéis não eram mais apenas um local para dormir. Atraíam também participantes de convenções, grupos de negócios e grupos com interesses especiais. As classificações descritivas dos hotéis ajudavam hóspedes potenciais a encontrar as acomodações mais adequadas e, como tal, tornaram-se uma valiosa ferramenta de marketing.

Com a disseminação da diversidade dos empreendimentos, a concorrência para ganhar consumidores e lealdade à marca aumentou. Como os empreendimentos estavam continuamente melhorando seus serviços, tornou-se difícil diferenciar uma categoria da outra. Antigos sistemas de classificação já não eram tão claros. A marca Marriott, por exemplo, antes reconhecida como de preço médio, começou a incluir hotéis classificados como econômicos (Fairfield Inns), de negócios (Courtyard), de longa estada (Residence Inns), *all-suite* (Marriott Suites) e luxo (Marriott Hotels and Resorts). Outras cadeias também começaram a fornecer serviços para um número incontável e variado de hóspedes — de viajantes de negócios a viajantes de lazer, de indivíduos a grupos. Em conseqüência, a classificação ficou mais complexa, sendo os estabelecimentos de hospedagem agrupados conforme o tamanho, as comodidades oferecidas, o preço, o tipo de hóspede (negócios ou lazer) ou o tipo de hotel (luxo, econômico ou de longa estada, para citar apenas alguns). Muitos empreendimentos se encaixam em duas ou mais categorias com o intuito de assim atrair diferentes tipos de hóspedes.

Nas páginas seguintes você aprenderá sobre os tipos de estabelecimento de hospedagem. As descrições desses estabelecimentos auxiliam os hóspedes a escolher acomodações que atendam a suas necessidades. Você também aprenderá sobre níveis de preços do mercado, uma ferramenta valiosa para analisar a indústria e as diversas categorias de serviço, considerando-se o conceito dos hotéis e seu público-alvo. Este capítulo dá maior ênfase aos hotéis, motor-hotéis e hotéis *all-suite*[10].

TIPOS DE ESTABELECIMENTOS DE HOSPEDAGEM

Hotéis e motor-hotéis são as formas de hospedagem mais conhecidas. Pode-se encontrá-los em quase todos os lugares — seja no centro de uma grande metrópole ou nas ruas de uma pequena cidade. Em sua maioria, hotéis e motor-hotéis atraem hóspedes temporários que precisam de um lugar para passar uma noite ou duas quando estão viajando a lazer ou a negócios. Hóspedes que procuram acomodações mais permanentes são servidos por hotéis especializados em residência ou longa permanência.

Hotéis. Da era dos grandes hotéis aos conturbados anos 90, o hotel tem sido o mais lendário tipo de estabelecimento de hospedagem. São sempre lembrados nos filmes e musicais, e alguns dos mais importantes negócios foram tratados em suas dependências. Enquanto outros países construíam castelos para sua realeza, os americanos construíam hotéis-palácio para pessoas comuns

— lugares em que *qualquer um* que pudesse pagar poderia hospedar-se. Apesar de variarem enormemente quanto ao estilo e ao serviço, a maior parte dos hotéis possui estrutura semelhante. Normalmente têm mais de dois andares, com apartamentos localizados ao longo de corredores sociais. As unidades habitacionais geralmente oferecem cama, banheiro, telefone e televisão. Além da arrumação, os serviços incluem carregamento de bagagem, acesso a um business center para uso da copiadora ou da máquina de fax e disponibilidade de instalações destinadas a recreação, além de restaurantes ou bares. Os hotéis estão, em sua maioria, localizados em ou próximos a localidades de negócios, destinos turísticos e aeroportos.

Motor-hotéis. Apesar do desenvolvimento da indústria automobilística haver agitado a indústria da hospedagem nos anos 20, a Grande Depressão causou um grande revés que levou muitos hotéis à falência. Instituições financeiras passaram a rejeitar a indústria depois que os hotéis negligenciaram o pagamento de suas hipotecas durante os anos 30, e a indústria não iniciou sua recuperação até a Segunda Guerra Mundial, quando hotéis eram construídos para hospedar americanos que ajudavam no esforço de guerra. Os motor-hotéis ofereciam menos comodidades e possuíam custos de construção e operação menores que os hotéis centrais. As tarifas mais baixas, as acomodações básicas, a localização perto de rodovias e a inexistência de um saguão central eram adequados ao novo viajante de carro que queria descansar durante a noite.

Os motor-hotéis geralmente são menos formais que os hotéis. Os hóspedes normalmente carregam sua própria bagagem, e o estacionamento é gratuito, freqüentemente próximo ao quarto do hóspede. Diversos motor-hotéis oferecem piscina e serviço de restaurante. Quando a concorrência é acirrada, os motor-hotéis podem oferecer serviços similares aos de hotéis da região. Os hóspedes que preferem economizar dinheiro podem optar por motor-hotéis econômicos, que possuem quartos menores, menos comodidades e não têm piscina.

Hotéis *All-suite*. Diferentemente de hotéis comuns, os hotéis *all-suite* alugam somente suítes. Possuem sala e instalações de cozinha ou quarto com sala de visitas. Para manter tarifas competitivas com outros hotéis, muitos hotéis *all-suite* possuem saguão pequeno e não têm salas de reunião. Alguns não oferecem restaurantes nem bares. Entretanto, com a expansão do mercado, alguns hotéis *all-suite* reintroduziram as áreas comuns e serviços de alimentação limitados. Comodidades como café-da-manhã incluído na diária, drinques e acesso a um *health club* mantêm a taxa de ocupação média do Summerfield Suites Hotel, em San Jose, Califórnia, em 98%.

Hotéis de Convenções. Hotéis de convenções oferecem instalações para banquetes e reuniões para grandes grupos (normalmente de 500 pessoas ou mais) que se hospedam no próprio hotel. Como seu público-alvo é constituído de grupos de pessoas, esses hotéis precisam de grandes saguões para acomodar os grupos em sua chegada. Apresentam alta porcentagem de ocupação dupla dos apartamentos e enfatizam os serviços de alimentos e bebidas. Hotéis de convenções também podem ter andares com serviços especiais e mais exclusivos para atender às necessidades individuais dos hóspedes.

Outros Tipos de Acomodação. A variedade dos estabelecimentos de hospedagem é tão grande quanto a variedade de interesses dos hóspedes. Jovens viajantes podem optar por quartos mais baratos, com cozinhas comunitárias, oferecidos pelos albergues. Hóspedes que queiram desfrutar de atendimento personalizado em locais charmosos freqüentemente se interessam por estabelecimentos do tipo pousada (*bed and breakfast)* e *guest houses*, os quais são residências particulares abertas para hóspedes que desejam passar a noite. A principal diferença entre os dois é que, no primeiro, o café-da-manhã está incluído na diária e, no segundo, não. Os *lodges* oferecem acomodação e serviço de limpeza e arrumação do quarto para os interessados em uma atividade específica, como caça ou esqui. Hotéis residenciais prestam serviços para hóspedes de longa permanência, como uma família que se muda para uma nova cidade. Os serviços são similares aos de um hotel comum, com arrumação diária do quarto, serviços de alimentos e bebidas etc. Mas a decoração é mais parecida com a de uma casa, com cozinha, área de estar e quarto.

Outros tipos de acomodação, como resorts, spas e hotéis-cassinos, serão discutidos no Capítulo 11, com mais informações sobre hotéis de convenções, pousadas e outros empreendimentos de hospedagem. A Tabela 4-1 lista exemplos de tipos de estabelecimento de hospedagem com as respectivas descrições, utilizadas para auxiliar os hóspedes a escolher acomodações adequadas.

TIPOS DE SERVIÇO

Houve uma época em que os hotéis diferenciavam-se claramente pelos serviços que ofereciam. Reconhecendo que nem todos os hóspedes queriam os mesmos serviços nem podiam pagar o mesmo valor, a indústria hoteleira oferecia, por diferentes preços, uma variedade de serviços, direcionados a mercados específicos (grupos cujos membros possuem expectativas e disponibilidade de gastos semelhantes). Durante os anos 80, as empresas hoteleiras dividiram esse mercado em segmentos ainda menores em uma tentativa de ampliar seu apelo geral de marketing. Tentaram, então, oferecer serviços específicos para cada grupo ou segmento-alvo. Com o aumento da concorrência, entretanto, os hoteleiros começaram a melhorar cada vez mais seus serviços, até que, no início dos anos 90, os diferentes tipos de meios de hospedagem não estavam mais tão bem definidos. Disso resultou que a indústria está voltando a se afastar dessas caracterizações e encontrando novas definições. Entretanto, a familiaridade com a tipologia de meios de hospedagem é útil para compreender a percepção do hóspede nessa fase de transição. Além disso, a curta história da tipologia mostra quão dinâmica a indústria é e quão importante é o serviço em todos os níveis. A classificação de hotéis com base no serviço contém quatro amplas categorias: luxo, serviço completo, serviços limitados e econômico

Cultura

POR DENTRO DA INDÚSTRIA **CULTURA**

Os Hotéis Japoneses Abeku

Os japoneses combinaram eficiência com simplicidade em uma proposta sedutora — os *abeku* japoneses, também denominados hotéis da moda ou hotéis do amor. Os *abeku* costumam assemelhar-se a castelos europeus ou chalés alpinos e possuem jardins. Praticamente todos oferecem 360 canais de televisão, vídeos, som, sauna e refrescos dentro do quarto.

Mas o que o *abeku* realmente oferece é um refúgio particular. A alta densidade populacional do Japão e o uso tradicional de paredes finas (por questões de segurança no caso de terremotos) resultam em moradias muito próximas. A privacidade nos *abeku* é preservada com um sistema de reserva tipo *touch-screen* e automação de última geração. Os hóspedes podem fazer seu check-in e check-out e pagar suas contas sem serem vistos por ninguém.

Os negócios estão florescendo para esses hotéis, sendo o domingo um dos dias de maior ocupação. A duração da estada varia de algumas horas até dias. Os *abeku* correspondem a 20 mil estabelecimentos de hospedagem no Japão[1].

[1] REID, T. R. "Japan No-Tell Hotels". *Washington Post*. 13 de agosto de 1990, sec. A.

TABELA 4-1 Exemplos de descrição de meios de hospedagem

Meio de hospedagem	Descrição
Albergue	Acomodações no estilo de dormitórios para grupos específicos, como jovens, em que as instalações são básicas, compartilhadas e inspecionadas.
American Plan (AP)	Acomodações hoteleiras cujo preço inclui três refeições diárias. Veja também "pensão completa".
Apartamentos para alugar	Apartamentos mobiliados encontrados principalmente em estâncias turísticas, normalmente alugados por final de semana, semana, mês ou temporada.
Pousada (*Bed and Breakfast* — B&B)	Hospedagem oferecida em residências particulares; normalmente com café-da-manhã incluído e, às vezes, outras refeições; muitas vezes são casas históricas.
Centro de convenções	Infra-estrutura destinada a oferecer espaço e serviços necessários a grupos que estejam fazendo reuniões. Alguns são resorts e outros podem estar associados a faculdades, universidades e organizações religiosas.
Elderhostel	Rede de centenas de universidades e faculdades nos Estados Unidos e Canadá que oferecem programas de cursos e aventura para pessoas com 60 anos ou mais. Na maior parte das vezes, as acomodações são nos dormitórios do campus.
European Plan (EP)	Acomodações hoteleiras em cuja tarifa não estão incluídas as refeições.
Hotel *all-suite*	Acomodações no estilo de um apartamento, cuja tarifa pode incluir café-da-manhã e/ou bebidas de cortesia.
Hotel-cassino	Hotel que oferece infra-estrutura para jogos de azar.
Hotel de trânsito	Estabelecimento que oferece apenas o quarto com suas comodidades básicas.
Hotel residencial	Estabelecimentos que oferecem serviços a hóspedes que querem se hospedar por longos períodos de tempo — um mês, uma temporada ou mais.
Hotel resort	Estabelecimentos que oferecem, além das acomodações, infra-estrutura para lazer e entretenimento.
Meia pensão	Acomodações hoteleiras que incluem a hospedagem, o café-da-manhã e mais uma refeição. Veja também "Modified American Plan".
Modified American Plan (MAP)	Acomodações hoteleiras que incluem, além do café-da manhã, almoço ou jantar no valor da tarifa.
Pensão completa	Termo utilizado na Europa para acomodações cujo preço inclui três refeições diárias.
Spa	Acomodações construídas em região rica em recursos naturais que oferecem comodidades relacionadas à saúde — água mineral, sol, ar puro, dietas especiais e exercícios físicos.

Hotéis de Luxo e Resorts. Tradicionalmente, hotéis independentes oferecem as acomodações mais refinadas que o dinheiro pode comprar. As propriedades de luxo são descendentes dos grandes hotéis e possuem áreas públicas com decoração pródiga, cara e serviço de qualidade superior. Oferecem a culinária mais sofisticada e uma linha completa de comodidades, que vai de xampus e secadores de cabelo a *jacuzzis* e lareiras. Estacionando seu carro, carregando sua bagagem ou entregando pedidos do *room service*, os funcionários — incluindo *concierges*, mensageiros, recepcionistas e garçons — são bem treinados e eficientes. Resorts de luxo oferecem o que existe de melhor em entretenimento e infra-estrutura de lazer. Uma parte da atratividade dos empreendimentos de luxo reside em habilmente eternizar uma imagem exclusiva por meio de altas tarifas. Entre os hotéis dessa categoria estão os empreendimentos Four Seasons e Ritz-Carlton, o Waldorf-Astoria e o Trump Plaza, em Nova York. O Royal Sonesta, um hotel de luxo em Nova Orleans, Luisiânia, gasta aproximadamente US$ 1,5 milhão por ano com serviços ao hóspede. Os hóspedes devem gostar desses serviços, pois com uma taxa de ocupação média de 75%, em 1992, a receita bruta do hotel foi de US$ 25 milhões em vendas.

Um Dia na Vida de...

UM DIA NA VIDA DE... UM *CONCIERGE*

Qualquer que seja sua definição, o trabalho de um *concierge* não é fácil: em apenas um dia, ele deve atuar como guia turístico, agente de viagens, repórter do tempo, crítico de restaurante, secretária, jornalista etc. Os pedidos mais comuns que um *concierge* precisa atender são: reservar restaurantes, confirmar e reemitir passagens aéreas, alugar limusines ou carros, conseguir entradas para teatro, fornecer mapas e explicar como chegar às atrações locais.

Como muitos dos pedidos que um *concierge* recebe são de última hora, saber lidar com pressões de maneira simpática é uma qualidade importante.

Apesar de a origem precisa do trabalho do *concierge* ser quase desconhecida, muitos acreditam que a profissão vem da Idade Média, quando os porteiros dos castelos também guardavam as chaves, sendo responsáveis por trancar as portas para deixar a família real e seus hóspedes em segurança durante a noite. (Por essa razão, o símbolo internacional para o *concierge* é um par de chaves douradas cruzadas, usado em cada lapela.) A certa altura, os porteiros passaram a viajar para o interior a fim de cuidar das necessidades de seus importantes empregadores. Gradualmente, os hoteleiros europeus começaram a contratar seus próprios "porteiros", que eram responsáveis pelo atendimento a todos os hóspedes[1].

Foi somente séculos mais tarde, por volta de 1970, que diversos hotéis de São Francisco trouxeram o conceito do *concierge* para os Estados Unidos. No início, a comunicação dos *concierges* com os hóspedes era feita por meio de mensagens deixadas nos travesseiros dos quartos. Atualmente, é claro, os computadores facilitam a execução de muitos pedidos, apesar de o serviço pessoal ser a marca registrada da profissão. O conceito de *concierge* é hoje bastante familiar tanto para viajantes norte-americanos como para europeus (não há tradição de *concierge* nos hotéis japoneses). Além disso, a maior parte dos grandes hotéis possui pelo menos um *concierge* em seu quadro de funcionários.

Como todos os dias são diferentes e cada pedido dos hóspedes pode ser único, a formação de um *concierge* não é claramente definida. Entretanto, a organização profissional da indústria Les Clefs d'OR (As Chaves de Ouro), que se orgulha de possuir quatro mil membros no mundo todo, determina alguns padrões para aceitar novos membros, entre os quais um mínimo de cinco anos de atuação na indústria hoteleira (três como *concierge*) e cartas de recomendação de atuais membros.

[1] "The Concierge Explained". *Business Week*, 26 de novembro de 1990: 169.

Empreendimentos de Serviço Completo. Abrangendo empreendimentos como Hilton, Hyatt, Westin e Marriott, essa categoria de hotéis pretende oferecer uma grande gama de serviços por tarifas menores que as dos hotéis de luxo. Os hotéis de serviço completo são geralmente limpos, bem decorados, com infra-estrutura para reuniões e restaurante, um cardápio limitado de *room service* e oferecem diversas atividades de lazer. Apesar de não serem tão extravagantes quanto os empreendimentos de luxo, esses hotéis normalmente oferecem grandes e atraentes áreas comuns. O serviço de *concierge* e alguns outros podem ser restritos aos andares VIP.

Alguns hotéis *all-suite* e de permanência prolongada com áreas comuns de bom tamanho também se enquadram nessa categoria. Oferecem comodidades como máquinas de café, forno de microondas e refrigeradores nos apartamentos.

Empreendimentos de Serviços Limitados. Estabelecimentos de hospedagem como os Days Inn, Hampton Inn e Quality Suites & Inns já foram considerados de serviço limitado. Ofereciam acomodações simples e limpas com telefone, televisão a cabo gratuita, piscinas e restaurante nas adjacências. Outros serviços, além de limpeza e arrumação, eram limitados, mas alguns estabelecimentos ofereciam comodidades adicionais, como xampu e loção de banho gratuitos para se diferenciar dos econômicos. Os demais hotéis *all-suite* encaixam-se nessa categoria em virtude dos serviços e comodidades limitados e às pequenas áreas comuns. O Days Inn em Fort Pierce, Flórida, recebe 50% de hóspedes de lazer e 50% de negócios. Foi o segundo empreendimento localizado em rodovias mais bem-sucedido de 1992. Suas áreas comuns foram reformadas e duas salas de reunião, construídas.

Estabelecimentos Econômicos. Ao oferecer somente o básico (cama e banheiro), os estabelecimentos econômicos pretendem realçar o custo-benefício com acomodações limpas e de baixo custo. Esses estabelecimentos não costumavam oferecer infra-estrutura para reuniões e lazer nem serviços de alimentos e bebidas, com uma possível exceção de uma área destinada a máquinas de salgadinhos e fliperamas. Os funcionários limitavam-se à prestação de serviços básicos, como recepção, segurança, limpeza e arrumação. Normalmente, os apartamentos menores dos hotéis econômicos possuíam uma ou duas camas de casal e um banheiro à parte, equipado apenas com toalhas e sabonete. Alguns empreendimentos dessa categoria são Econo Lodge, Motel 6 e Daystop. A administradora de hotéis Economy Lodging Systems posicionou os Knight Inns como "a opção de hospedagem da classe média americana". Segundo o presidente da empresa, Gregory P. Terrel, "o alvo são vendedores que viajam a negócios, idosos e pessoas cuja renda familiar é de US$ 30 mil por ano".

FAIXAS DE PREÇO DE MERCADO

Em agosto de 1993, foi criado nos Estados Unidos um novo sistema de classificação geral chamado **faixas de preço de mercado**. Uma firma independente de pesquisas, a Smith Travel Research, que possui a AH&MA entre seus clientes, atualmente utiliza esse sistema, baseado nas tarifas das diárias, para classificar os empreendimentos de hospedagem:

Luxo — Propriedades com tarifa publicada acima do 85º percentil em seu mercado geográfico.

Superior (*Upscale*) — Propriedades com tarifa publicada entre o 70º e o 85º percentil em seu mercado geográfico.

Preço intermediário (*Midprice*) — Propriedades com tarifa publicada entre o 40º e o 70º percentil em seu mercado geográfico.

Econômico	Propriedades com tarifa publicada entre o 20º e o 40º percentil em seu mercado geográfico.
Supereconômico (*Budget*)	Propriedades com tarifa publicada abaixo do 20º percentil em seu mercado geográfico.

As classificações nesse sistema não abrangem toda a indústria; as definições dependem de cada região mercadológica, como uma cidade ou determinada área geográfica. Algumas faixas não serão encontradas em alguns mercados. E apesar de algumas cadeias serem classificadas em diversas faixas em regiões diferentes, de modo geral as categorias tradicionais ainda se aplicam. Hotéis considerados propriedades de luxo quanto ao serviço se encontram no segmento luxo de preços ou no superior (veja a Figura 4-1).

Apesar de as faixas de preço de mercado facilitarem o trabalho dos pesquisadores no tocante à análise da indústria da hospedagem, os hoteleiros continuarão, sem dúvida, a utilizar as categorias gerais que indicam ao hóspede, com base nas comodidades disponíveis, o tipo de serviço oferecido.

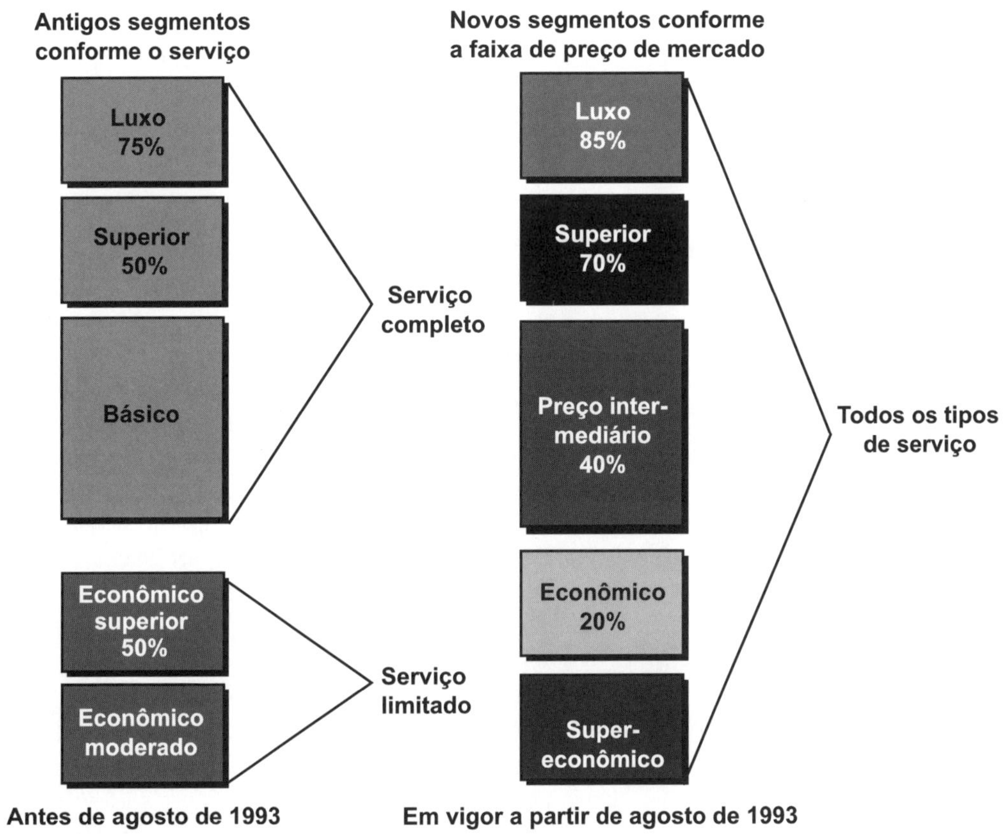

Nota: porcentagens reais serão baseadas na distribuição do mercado.

Figura 4-1 Classificação segundo faixas de preço de mercado.
Fonte: Smith Travel Research.

TIPOS DE PROPRIEDADE DOS ESTABELECIMENTOS DE HOSPEDAGEM

Quando a indústria da hospedagem estava na infância, indivíduos e empresas possuíam e operavam seus próprios hotéis. Mas, conforme a indústria cresceu e se diversificou, outras estruturas de propriedade surgiram para atingir seus novos objetivos. Duas dessas estruturas — hotéis independentes e cadeias, respectivamente — oferecem vantagens e desvantagens distintas para o hoteleiro.

PROPRIEDADE INDEPENDENTE

Originalmente, a única opção existente era a de propriedade independente. Um indivíduo ou empresa abria um hotel e o gerenciava com total responsabilidade pelo sucesso ou fracasso. Se você sempre sonhou em possuir seu próprio negócio, já pensou em ter uma propriedade independente.

VANTAGENS. Os proprietários independentes possuem total controle sobre todos os aspectos de seu empreendimento — da seleção da marca das toalhas que os hóspedes usarão à decisão sobre como se adequar às leis governamentais. Freqüentemente, os hoteleiros independentes têm uma relação singular com suas comunidades. Como membros dessas comunidades, os funcionários e proprietários de hotéis independentes podem utilizar seu conhecimento (adquirido em primeira mão) sobre o local para atrair hóspedes, investidores, obter suporte para novos empreendimentos e negociar descontos com fornecedores. Esses relacionamentos mantêm os hoteleiros independentes em contato com a população local, permitindo-lhes vislumbrar novas tendências e adotar políticas apropriadas.

Inovações Empresariais

POR DENTRO DA INDÚSTRIA | **INOVAÇÕES EMPRESARIAIS**

Associações

Como os hotéis independentes enfrentam muitas dificuldades quando a economia apresenta problemas, eles estão cada vez mais recorrendo às associações para competir com cadeias e franquias. As associações são organizações de hotéis independentes que oferecem a seus membros os mesmos tipos de sistemas centralizados de reservas e/ou campanhas de marketing de larga escala dos franqueadores. "Uma associação reduz custos para a propriedade", diz Kirk Kindles, vice-presidente mundial da Holiday Inn, "mas não substitui a imagem da marca e o poder de marketing."[1]

De fato, as associações atingem um importante nicho de marketing para hotéis independentes que querem competir com grandes corporações sem se juntar a elas. A Inter Hotels International de Paris é uma organização sem fins lucrativos com grupos independentes em diversos países europeus. Seus membros pagam uma taxa, recebem uma placa ornamental e são incluídos em um diretório. Eles são representados em 60 feiras da indústria e reconhecidos por mais de 100 operadores de viagens e turismo no mundo todo.

Mais predominantes na Europa do que nos Estados Unidos, as associações estão procurando expandir-se no mercado norte-americano. Em janeiro de 1992, a Inter HotelsInternational foi lançada nos Estados Unidos como franqueadora e associação. Outras associações norte-americanas incluem Leading Hotels of the World, Preferred Hotels and Resorts e Grand Tradition Hotels.

[1] BAUM, Chris. "Franchising Evolves Worldwide As Technology Competition Grow". *Hotels*, fevereiro de 1993: 48-52.

Uma outra vantagem da propriedade independente é a liberdade de administração. Os proprietários possuem liberdade para implementar e testar suas próprias idéias e podem fazer mudanças a qualquer hora. Esses fatores combinados dão ao hotel independente um ar local que estimula os hóspedes a verem o hotel como um bem da comunidade — um diferencial considerável quando a concorrência é acirrada em tempos econômicos difíceis.

Desvantagens. A despeito da liberdade operacional e da estrutura normalmente pequena, os hotéis independentes enfrentam os maiores desafios financeiros. Eles sofreram as maiores taxas de falência durante a recessão do início da década de 1990. Para se tornarem competitivos, geralmente precisam levantar muito capital e obter lucro rapidamente, mesmo com orçamentos limitados para publicidade e vendas. Empresas hoteleiras independentes desenvolvem todos os seus sistemas operacionais e, como resultado, podem ou não ser bem-sucedidas, dependendo do êxito desses sistemas.

CADEIAS HOTELEIRAS

Os hotéis de cadeias hoteleiras podem ser agrupados em três grupos principais: (1) empresa de propriedade da matriz e operada com o nome da marca; (2) franquia licenciada por investidores e operada pelos franqueados, sob contrato, para utilizar o nome da marca e seus sistemas; ou (3) contrato de administração da propriedade de um investidor ou investidores e operado pela cadeia. Além disso, há associações de referência nas quais os administradores de uma propriedade são donos e operam seus próprios hotéis, mas fazem parte de uma central de reservas. A Tabela 4-2 apresenta as 25 maiores cadeias hoteleiras dos Estados Unidos, e a Tabela 4-3 mostra as 15 maiores empresas internacionais de administração.

Vantagens. Uma das mais importantes vantagens das cadeias hoteleiras é a forte identidade nacional da marca que seus hotéis compartilham. Essa identidade é mantida por meio de campanhas publicitárias financiadas pela corporação com os recursos de cada um dos hotéis. Além disso, a maior parte dos hotéis está conectada a uma **central de reservas**, o que permite que os hóspedes liguem para apenas um número de telefone para fazer uma reserva para qualquer hotel da cadeia. Em virtude de seu porte, as cadeias podem ter acesso mais fácil a capital e, também, maior poder de barganha junto aos fornecedores, sistemas de informação, controles centralizados e programas de treinamento de funcionários. Cada membro da cadeia possui acesso ao know-how da empresa para os assuntos de interesse comum, entre os quais informações para a seleção de locais destinados a novos empreendimentos.

Desvantagens. Talvez a maior desvantagem das cadeias hoteleiras seja a necessidade de estabelecer lealdade à marca entre hóspedes potenciais e diversificar a oferta das propriedades. Tentar ter características atraentes para todos os tipos de hóspedes colocou as cadeias em evidente desvantagem. Muitas estão enfrentando dificuldades para competir não apenas com outros hotéis, mas também com outros segmentos de sua própria cadeia, que, provavelmente, opera uma série de propriedades, entre as quais as que oferecem serviço completo, hotéis *all-suite* ou econômicos.

Propriedade e Operação de Cadeias. Há, hoje, poucos hotéis que não são franquias ou não possuem contratos de administração. Os problemas econômicos da indústria no início dos anos 90 resultaram em fusões, revendas e novas formas de propriedade e organização operacional. A maior parte das empresas simplesmente não poderia sobreviver sem franquear suas marcas ou contratar empresas de administração. Uma organização que não se transformou em franquia, a Red Roof Inns, acredita que, com as propriedades permanecendo em posse da empresa e sendo operadas por ela, a cadeia possui mais consistência do que se fosse de outra maneira. Esse tipo de estrutura de propriedade compartilha muitas das vantagens e das desvantagens das propriedades independentes.

TABELA 4-2 As 25 maiores cadeias hoteleiras do mundo

Classificação		Cadeia hoteleira	Número de unidades habitacionais		Hotéis	
1996	**1995**		**1996**	**1995**	**1996**	**1995**
1	1	Hospitality Franchise Systems (HFS) Parsippany, NJ EUA	490.000	509.500	5.300	5.430
2	2	Holiday Inn Worldwide Atlanta, GA EUA	386.323	369.738	2.260	2.096
3	3	Best Western International Phoenix, AZ EUA	295.305	282.062	3.654	3.462
4	4	Accor Evry, França	279.145	268.926	2.465	2.378
5	5	Choice Hotels International Silver Spring, MD EUA	271.812	249.926	3.197	2.902
6	6	Marriott International Washington D.C., EUA	251.425	198.000	1.268	976
7	7	ITT Sheraton Corp. Boston, MA EUA	130.528	129.201	413	414
8	9	Promus Cos. Memphis, TN EUA	105.930	88.117	809	669
9	8	Hilton Hotels Corp. Beverly Hills, CA EUA	101.000	90.879	245	219
10	10	Carlson Hospitality Worldwide Minneapolis, MN EUA	91.177	84.607	437	383
11	11	Hyatt Hotels/Hyatt International Chicago, IL EUA	80.598	79.483	176	172
12	12	Inter-Continental Hotels Londres, Inglaterra	69.632	61.610	193	179
13	13	Hilton International Watford, Inglaterra	51.305	52.063	160	161
14	15	Grupo Sol Meliá Palma de Mallorca, Espanha	47.371	46.825	203	185
15	14	Forté Hotels Londres, Inglaterra	46.847	49.183	259	270
16	21	Doubletree Hotels Phoenix, AZ EUA	43.555	28.501	166	105
17	18	Westin Hotels & Resorts Seattle, WA EUA	42.897	40.074	97	82
18	16	Club Mediterranée SA Paris, França	37.906	45.104	133	147

(CONTINUA)

TABELA 4-2 As 25 maiores cadeias hoteleiras do mundo (continuação)

Classificação		Cadeia hoteleira	Número de unidades habitacionais		Hotéis	
1996	**1995**		**1996**	**1995**	**1996**	**1995**
19	19	Société du Louvre Paris, França	36.059	32.926	567	511
20	20	La Quinta Inns San Antonio, TX EUA	32.096	30.000	249	240
21	23	Red Roof Inns Hilliard, OH EUA	28.000	26.135	248	231
22	22	Prince Hotels Inc. Tóquio, Japão	26.643	26.235	86	85
23	24	Tokyo Hotel Group Tóquio, Japão	23.130	21.870	109	84
24	25	Circus Circus Las Vegas, NV EUA	19.585	20.754	16	17
25	30	Walt Disney Co. Burbank, CA EUA	19.415	16.163	18	13

Fonte: Hotels. Julho de 1997.

Franquias. Algumas cadeias oferecem oportunidades de franquia. **Acordos de franquia** são contratos nos quais o **franqueador**, ou o dono da marca, concede ao **franqueado**, ou comprador, o direito de usar o nome do franqueador e sua metodologia, já testada, de fazer negócios. O franqueado deve construir o hotel, comprar todos os equipamentos necessários para a operação e pagar uma série de taxas, incluindo a taxa de franquia, de publicidade, de reservas e royalties sobre a receita de hospedagem. Por isso, o franqueador geralmente fornece instruções de operação, programas de treinamento de pessoal, acesso a uma central de reservas, compras e publicidade realizadas de maneira cooperativa.

As franquias oferecem a oportunidade de adquirir uma marca conhecida, com seu conceito de marketing, formato de negócios e produtos, a ser utilizada na própria unidade do franqueado. Comparados aos proprietários independentes, os franqueados enfrentam menos riscos ao operar hotéis, porque podem confiar nas práticas de negócios previamente testadas do franqueador. A franquia deixa o proprietário operar seu próprio negócio e, ao mesmo tempo, beneficiar-se de uma marca conhecida e associada a grandes cadeias hoteleiras. Assim, acesso à central de reservas do franqueador, planejamento de negócios, pesquisas de mercado, programas de treinamento de pessoal e conhecimento técnico na seleção das localidades proporcionam aos hotéis franqueados vantagem competitiva. Para a matriz, a franquia dá à empresa um meio de gerar receita substancial.

Apesar de os franqueados terem acesso a muitos dos programas da cadeia, podem ter de pagar por eles, freqüentemente, por meio de altas taxas. Os franqueados também podem enfrentar a inflexibilidade do franqueador e dele depender para tomadas de decisão e mudanças importantes no tocante à operação. Os investidores que desejam controlar seu próprio negócio ficam desapontados pela falta de poder oferecida por um acordo de franquia.

TABELA 4-3 As 15 maiores empresas de administração hoteleira do mundo

Classificação		Empresa de administração	Número de unidades habitacionais		Hotéis	
1997	1996		1997	1996	1997	1996
1	1	Interstate Hotels Corp. Pittsburgh, PA EUA	45.329	43.178	223	212
2	12	Bristol Hotel Co. Dallas, TX EUA	28.799	10.187	101	39
1	3	Doubletree Hotels Corp. Phoenix, AZ EUA	56.144	23.974	242	86
3	9	Capstar Hotel Co. Corp. Washington, DC EUA	24.287	11.000	121	53
4	4	Prime Hospitality Fairfield, NJ EUA	19.513	14.659	140	103
5		Tharaldson Enterprises Fargo, ND EUA	15.829	13.178	250	225
6	14	UniHost Corp. Belleville, Ontário, Canadá	14.400	11.000	132	110
7	5	American General Hospitality Dallas, TX EUA	13.398	9.207	65	66
8	16	Ocean Hospitalities Portsmouth, PH EUA	13.026	9.207	77	61
9	3	Richfield Hospitality Services Inc. Englewood, CO EUA	12.989	16.000	55	67
10	7	Westmont Hospitality Group Inc. Houston, TX EUA	12.912	12.043	63	63
11	8	Remington Hotel Corp. Dallas, TX EUA	11.500	11.500	70	70
12	10	Winegardner & Hammons Cincinnati, OH EUA	10.228	10.697	49	51
13	15	Beck Summit Hotel Management Group Boca Raton, FL EUA	10.000	9.377	60	63
14	13	Lane Hospitality Northbrook, IL EUA	9.708	9.644	53	49
15	18	Sage Hospitality Resources Denver, CO EUA	8.103	8.119	56	56

Fonte: Hotel & Motel Management, 2 de março de 1998.

Contrato de Administração. Até a Segunda Guerra Mundial, as empresas hoteleiras e os indivíduos possuíam e gerenciavam suas propriedades. Após a Guerra (quando era difícil obter financiamentos nos Estados Unidos), as empresas hoteleiras norte-americanas voltaram-se para outros países em busca de oportunidades. O governo de Porto Rico, por exemplo, tentando atrair investimentos na área de turismo, consultou o magnata hoteleiro Conrad Hilton sobre a possibilidade de desenvolver um hotel em Porto Rico. O governo propunha-se a construir, mobiliar, equipar o hotel, e arrendá-lo a Hilton por dois terços do lucro. A Hilton arcou com as despesas de pré-abertura, o capital de giro e a experiência gerencial, no que foi denominado **arrendamento de lucro compartilhado** (ou *profit-sharing lease*). Outros países, incluindo Cuba, logo desejaram atrair os hotéis de Hilton também. Entretanto, a Revolução Cubana fez com que a Hilton perdesse muito dinheiro. Acreditando que esses arrendamentos envolviam riscos muito grandes, a empresa decidiu que os governos, ou proprietários, deveriam arcar com todas as responsabilidades da propriedade, entre as quais o pagamento dos custos de operação, dívidas e capital de giro. Esse novo tipo de negociação foi denominado **contrato de administração**[11].

Sob um contrato de administração, o proprietário mantém as responsabilidades financeiras sobre a propriedade, e a empresa administradora é responsável pela operação — com dinheiro do proprietário. Além disso, a empresa de administração normalmente precisa fornecer ao proprietário relatórios financeiros e notificações quanto a qualquer mudança de política que afete o hotel. A duração do contrato e as taxas pagas à empresa administradora por seus serviços são negociáveis. A duração do contrato é determinada pelo entendimento entre o proprietário e a empresa administradora, mas a duração média é de 25 anos. A estrutura das taxas é mais complicada, mas é originária do acordo de uma **taxa-base** ou **taxa de incentivo**.

Normalmente, os proprietários preferem taxas de incentivo, baseadas no **resultado operacional bruto** do hotel (sua receita menos seus custos de operação antes dos impostos), porque exigem que a empresa de administração assuma alguns riscos na operação do hotel. As empresas de administração preferem taxas-base determinadas sobre a **receita bruta operacional** (o total de receita obtida com os bens e os serviços) porque assegura rentabilidade à administradora mesmo quando o hotel não gera lucro. Alguns contratos incluem uma combinação das duas taxas (base e de incentivo)[12].

MARKETING

O objetivo comum de todos os estabelecimentos de hospedagem, independentemente de sua classificação ou tipo de propriedade, é satisfazer às necessidades dos hóspedes. Esse grandioso ideal pode ser um desafio a ser vencido porque os desejos e as necessidades dos hóspedes mudam constantemente. O departamento de marketing de um hotel realiza pesquisas para estar sempre atualizado acerca das necessidades e dos desejos dos hóspedes potenciais e para planejar e implementar meios de atender a essas necessidades. Mas conhecer e entender as necessidades dos hóspedes é apenas um dos objetivos do marketing. **Marketing** é o processo de planejamento do conceito do hotel (tipo de instalações, serviços oferecidos e localização), de quais tarifas aplicar e de como atingir clientes potenciais, tudo de uma maneira que satisfaça os objetivos individuais e organizacionais[13]. A concorrência acirrada, a crescente complexidade do mercado e a sofisticação dos hóspedes têm salientado a importância de uma estratégia de marketing vitoriosa. O resultado tem sido orçamentos cada vez maiores para marketing e um maior reconhecimento de seus funcionários.

O marketing logo será prioridade número um para os gerentes. Treinamento especializado e talvez até mesmo cursos de graduação e pós-graduação para profissionais de hospitalidade serão brevemente exigidos, visto que a área está se tornando muito complexa. O Instituto Educacional da AH&MA objetivou atender a essa nova necessidade quando instituiu seu curso de vendas direcionado à indústria da hospitalidade, denominado Certified Hospitality Sales Professional Program, em 1993. O curso é aberto apenas aos trabalhadores que possuem 50% de suas responsabilidades relacionadas a vendas. Os graduados precisam renovar sua certificação a cada cinco anos, por meio da participação em atividades de desenvolvimento profissional. Programas como esse ajudam profissionais de vendas a desenvolver as habilidades necessárias para definir — e atrair — segmentos específicos do mercado.

SEGMENTAÇÃO DE MERCADO

O público-alvo da indústria da hospedagem são todos os hóspedes potenciais de estabelecimentos de hospedagem — pessoas em visita a amigos, realizando negócios ou relaxando nas férias. Por ser um mercado tão vasto, os profissionais de marketing o dividem em **segmentos de mercado** — grupos menores, identificáveis por meio de características comuns. Esses segmentos podem ser definidos utilizando-se qualquer conjunto de características, como as encontradas em dados geográficos, demográficos ou psicográficos. Freqüentemente, combina-se informações de diferentes fontes. O hotel pode, por exemplo, em um primeiro momento, restringir seus segmentos-alvo a determinada região geográfica (todas as pessoas que moram em Taiwan). Os segmentos podem ser posteriormente reduzidos com base na condição financeira (todas as pessoas que moram em Taiwan cuja renda se situe entre US$ 20 mil e US$ 50 mil por ano). Continuando esse processo, os profissionais de marketing podem encontrar alvos cada vez mais definidos. Maior precisão nos alvos de marketing significa uso mais eficaz do dinheiro, mas representa a forma mais cara de marketing, uma vez que a maior parte das empresas precisa atingir vários alvos ao mesmo tempo.

Segmentos Amplos. O segmento mais comum de marketing é definido pelo motivo da viagem: negócios ou lazer. Em um esforço para maximizar sua ocupação, a maior parte dos estabelecimentos de hospedagem tenta atrair pessoas de ambos os grupos, visto que suas diferenças são, às vezes, complementares. Por exemplo, hóspedes a negócios precisam de hospedagem, principalmente, de segunda a quinta. Assim, os hoteleiros podem minimizar a falta de hóspedes nos fins de semana oferecendo promoções especiais para hóspedes de lazer, que viajam principalmente nesse período. Entretanto, nem todas as diferenças se equilibram tão bem. Como muitas necessidades são específicas de cada grupo, diferentes estratégias de marketing são necessárias.

Hóspedes de Negócios. Viagens de negócios são a fonte mais importante de hóspedes para 80% dos hotéis[14]. Por essa razão, reconhecer e satisfazer as necessidades especiais do viajante de negócios é essencial para o sucesso da indústria da hospedagem. Tradicionalmente, as viagens de negócios acontecem mais durante a semana, e sua duração média é de três a cinco dias. Durante sua estada, os viajantes de negócios costumam passar a maior parte do tempo trabalhando. Isso significa que suas necessidades são específicas: áreas de trabalho bem iluminadas, telefone e acesso a equipamentos, como computadores pessoais, modems, copiadoras e máquinas de fax.

O segmento de negócios pode ser mais bem definido por fatores socioeconômicos e psicográficos. Alguns viajantes de negócios possuem orçamentos limitados, enquanto outros não medem as despesas para suas acomodações. Esse último grupo normalmente espera tratamento VIP e acomodações luxuosas. Em alguns casos, viajantes de negócios precisam de acomodações por períodos prolongados. Para conferências, os hóspedes de negócios podem precisar de infra-estrutura para reuniões e banquetes. Os segmentos possíveis são bastante numerosos.

Hóspedes de Lazer. As viagens pessoais e de lazer correspondem a 56% de todas as estadas em hotéis[15]. Muitos especialistas prevêem que o mercado de viagens de lazer prosperará em virtude do aumento da renda dos idosos. Criteriosos e extremamente conscientes quanto à relação preço — valor, os desejos dos turistas de lazer podem variar enormemente — de uma noite de estada em acomodações básicas a muitas semanas em um resort com muito lazer, entretenimento e infra-estrutura de alimentos e bebidas. No passado, as viagens de lazer eram longas. Atualmente,

Perfil Empresarial

PERFIL EMPRESARIAL **HYATT HOTELS & RESORTS**

Um Líder da Indústria

O primeiro hotel Hyatt — um motor-hotel que ficava próximo ao aeroporto internacional de Los Angeles — foi aberto em 1957. Por volta de 1999, a Hyatt Hotels Corporation ostentava 111 hotéis de categoria superior (*upscale*), totalizando mais de 55 mil unidades habitacionais nos Estados Unidos, Canadá e Caribe. Juridicamente, outra empresa, a Hyatt International Corporation, por meio de suas subsidiárias, operava 79 hotéis e resorts e possuía mais de 27 mil unidades habitacionais no resto do mundo. A Hyatt especializou-se em hotéis de luxo e infra-estrutura para eventos. Também é conhecida pela qualidade de seus serviços de alimentos e bebidas. Em muitas cidades, os restaurantes Hyatt são considerados os melhores do mercado.

A Hyatt foi pioneira em muitos conceitos que hoje se tornaram padrões da indústria. O Hyatt Regency Hotel, em Atlanta, o primeiro hotel contemporâneo com átrio, revolucionou a indústria da hospedagem quando foi inaugurado, em 1967. Seu saguão com átrio de 21 andares era um sucesso esplendoroso, inspirando arquitetos de hotel a incluir grandes espaços abertos em seus projetos. A Hyatt também foi a primeira a introduzir o conceito de andar VIP, que denominou *Regency Club:* os hóspedes podem desfrutar de acomodações com maiores comodidades em um andar exclusivo, com maior segurança, bem como de café-da-manhã continental e antepastos no final da tarde no *lounge* do *Regency Club*.

A Hyatt também oferece programação para as crianças. O programa denominado Camp Hyatt oferece atividades supervisionadas para crianças de três a 12 anos. As atividades são relacionadas à história, cultura e geografia da localidade onde está situado o resort. Outras atividades para crianças são populares nos hotéis e resorts da Hyatt nos Estados Unidos, Canadá e Caribe.

O programa executivo da Hyatt oferece aos viajantes de negócios apartamentos em uma área especial do hotel onde estão impressoras, copiadoras e máquinas de fax, e uma área de trabalho maior. O programa também inclui café-da-manhã continental, jornal pela manhã e livre acesso a linha telefônica, sem taxas.

Premiações de viagens, disponíveis por meio do *Gold Passport*, incluem, além de apartamentos exclusivos, descontos em passagens aéreas, aluguel de carro e descontos em cruzeiros.

A Hyatt foi considerada a "primeira na satisfação do hóspede entre as cadeias hoteleiras de categoria superior" no estudo de 1999 sobre a satisfação do hóspede em hotéis domésticos da J. D. Power and Associates. As agências de viagens corporativas consideraram a Hyatt a melhor na categoria superior na pesquisa de 1999 sobre cadeias hoteleiras da *Business Travel News.*

Com a maior utilização da Internet para fazer reservas e planejar viagens, a Hyatt esteve à frente da indústria hoteleira nas transações eletrônicas. Seu site possui informações detalhadas sobre os hotéis, um sistema simples para fazer reservas, recursos para auxiliar o planejamento de eventos e gráficos.

Durante muitos anos, a Hyatt colocou em prática diversas iniciativas para aumentar a diversidade cultural na empresa e na indústria. Além de fornecer bolsas de estudo e estágios a estudantes de hotelaria, a empresa criou um Conselho para a Diversidade (Diversity Council), em 1999, para examinar uma série de questões relacionadas à diversidade e implementou programas para aumentá-la. A Hyatt foi reconhecida em 1999 pela revista *Fortune* como uma das 50 melhores empresas para asiáticos, negros e hispânicos.

entretanto, o aumento do número de famílias que possuem duas fontes de renda influenciou a tendência em relação a viagens mais curtas e mais freqüentes para lugares mais próximos de casa. As "fugas de fim de semana", maneira pela qual essas viagens são freqüentemente denominadas, foram estimuladas pelas dificuldades em conciliar períodos de férias. Ainda assim, famílias em que pai e mãe trabalham (76%) tendem a viajar mais do que aquelas em que só um dos dois trabalha (64%)[16].

Vantagens da Segmentação. Um melhor entendimento das necessidades dos hóspedes ajuda os profissionais de marketing a selecionar as ferramentas adequadas que permitam à empresa obter o maior retorno possível do investimento realizado. Uma imagem clara sobre quem é o hóspede também auxilia a manutenção dos custos de gestão em seu nível mais eficiente, uma vez que a estrutura do hotel e sua operação dependem de quem será seu hóspede potencial. Certamente, um hotel de luxo possui custos de construção e operação mais elevados do que um hotel econômico. O hotel de luxo não poderia hospedar um cliente de US$ 30/noite que não tenha necessidade de serviços extras, nem o hotel econômico teria condições de possuir funcionários em número suficiente para atender a pedidos extravagantes, que exigem atendimento personalizado e comodidades. Obviamente, saber as preferências dos hóspedes que se deseja captar e fazer com que a empresa satisfaça essas preferências é necessário para o planejamento de todos os processos do hotel.

A segmentação também permite às empresas possuir marcas diferentes em um mesmo sistema de reservas. Por exemplo, o sistema de reservas da Choice Hotels atende aos Quality Inns, Quality Hotels e Quality Suites; Clarion Hotels, Clarion Suites e Clarion Resorts; Comfort Inns e Comfort Suites; Econo Lodges; Sleep Inns; Rodeway Inns e Friendship Inns. A Choice Hotels consegue atuar dessa forma salientando as diferenças entre o serviço e a infra-estrutura de cada uma de suas marcas.

Desvantagens da Segmentação. Nem todos os especialistas da indústria concordam quanto às vantagens de dividir o mercado de maneira tão restrita, em parte em virtude do fato de que muitos hóspedes podem não querer, precisar nem conseguir diferenciar os conceitos de hospedagem. Além disso, selecionar segmentos-base e saber quão amplos ou restritos eles devem ser é tarefa que pode consumir muito tempo e dinheiro. Se as escolhas dos segmentos forem acertadas, o processo de marketing provavelmente terá seu custo coberto. Infelizmente, os resultados finais nem sempre são muito úteis, e algumas empresas podem se tornar atraentes para um segmento inviável. Para que isso não ocorra, um plano de marketing deve ser feito, utilizando-se metodologias variadas.

O PLANO DE MARKETING

Usualmente, são utilizados dois planos de marketing. O plano de curto prazo determina as estratégias de marketing para um ano ou menos; o plano de longo prazo é feito para cinco anos ou mais. Esses planos possuirão muito conteúdo em comum, apesar de o plano de curto prazo permitir maior detalhamento. As estratégias determinadas em um plano incluem orçamento e cronograma para cada objetivo, análise do mercado e a imagem ou o mercado pretendidos pela empresa. A principal vantagem da utilização de um plano é sedimentar a consistência dos objetivos.

Sem um plano, os orçamentos de marketing podem ser utilizados sem o correto direcionamento. O pessoal de marketing deve manter sua atenção na percepção que o hóspede possui da imagem do hotel. O ponto de vista do hóspede é extremamente importante — ele precisa ver claramente as vantagens de um hotel em relação ao concorrente, senão pode optar por ficar em outro lugar. O marketing apropriado das vantagens de um hotel é crucial, visto que as pessoas estão normalmente em busca dos "melhores serviços".

O processo de marketing para serviços é diferente dos processos utilizados para o marketing de bens. Nas indústrias produtoras de bens, o produto é *tangível*. Por exemplo, no varejo, o produto pode ser roupas, mobília ou eletrodomésticos. O produto da hospitalidade, por sua vez, é em grande medida *intangível*. Seu produto é o serviço que um hóspede recebe de uma empresa de hospitalidade e de seus funcionários (apesar de elementos tangíveis como o quarto ou a comida estarem envolvidos). O profissional de marketing bem-sucedido utiliza diversas ferramentas para promover a indústria da hospedagem, incluindo vendas diretas ou personalizadas, anúncios, relações públicas, promoções e pacotes.

ELEMENTOS DAS FERRAMENTAS DE MARKETING

Alasthair Morrison, autor de livros, consultor e professor de marketing, sistematizou os elementos de marketing, que ele chamou de oito Ps: produto, pessoas, pacotes, programações, praça, parcerias, preço e promoção[17]. Cada um desses itens é controlável pela empresa de hospitalidade e é utilizado para atrair hóspedes a partir de suas necessidades.

Cada elemento pode ser utilizado isoladamente ou como um composto, um *mix* de marketing. Normalmente, em um *mix*, é dada prioridade a determinado elemento. Hotéis de luxo utilizam exaustivamente o marketing do *produto* ao enfatizar seus serviços, ambiente e acomodações luxuosas. Um exemplo de anúncio pode ser: "Deslumbrante novo empreendimento com excelentes serviços. Possui piscinas, quadras de tênis, *jacuzzis*, sauna e sala de ginástica". É claro que outros tipos de hotel também utilizam marketing de produto. Uma pousada pode anunciar uma "bela paisagem durante o dia e conforto durante a noite; banheiros privativos, ar-condicionado central e loja de artesanatos". Esse tipo de anúncio é atraente para hóspedes que procuram comodidades e serviços específicos.

Um exemplo com o elemento *pessoas* pode ser um anúncio em que um *chef* segura uma torta de maçã com os braços estendidos e o slogan: "Exatamente como a mamãe costumava fazer". O Flora-Dale Resort, em Mears, Michigan, utilizava o elemento pessoas em seu anúncio: "Onde a esposa tira férias também! De onde as famílias guardam recordações felizes, em dunas de areia branca, na piscina ou na praia, divertindo-se juntos e saboreando duas deliciosas refeições diárias". Esse tipo de anúncio pode ser atraente para um hóspede que escolhe sua acomodação baseado no conforto e na familiaridade.

COM A PALAVRA, OS GRADUADOS **JAMES R. MIKULA**

James R. Mikula, diretor de marketing na Índia do Four Seasons Resort, nunca havia imaginado que trabalharia na Ásia um dia, apesar de achar atraente a idéia de fazer carreira internacionalmente, em virtude do interesse que tinha em história e cultura mundiais e do desejo de conhecer o mundo. Após ter se graduado na University of Nevada, em Las Vegas, Mikula encontrou rapidamente trabalho como trainee na Hyatt Hotels. Durante os sete anos em que atuou na Hyatt, passou de trainee a diretor de vendas. Depois, trabalhou dois anos no Sheraton, mudou-se para o Miami Grand Bay Hotel e foi para Taiwan, em 1998, como diretor de marketing do Regency Taipei. Seus cargos subseqüentes foram diretor de marketing do Regent Bangkok e do Regent Singapore. Com a fusão da Regent Hotels com a Four Seasons, foi promovido para a posição atu[illegible]

Mikula credita seu sucesso ao programa de estágios da faculdade e ao contato com profissionai[illegible] ao campus ministrar palestras. Quando perguntado sobre quais habilidades desenvolvidas foram impo[illegible] Mikula respondeu: "Contabilidade básica e finanças. Não tenha medo de números. Seja curioso. Bo[illegible] ting são curiosos e sabem como um hotel funciona". E acrescentou: "Aprenda um idioma estran[illegible] pessoas e nunca perca seu senso de aventura!"

Os *pacotes* podem ser definidos como a oferta para o consumidor de mais de um produto ou serviço juntos por um único preço final[18]. Por exemplo, um hotel com serviços limitados pode oferecer um "Pacote de Fuga do Cotidiano para o Final de Semana" que ofereça duas noites de hospedagem, serviço de translado, na chegada e na saída, e um bufê de café-da-manhã, no domingo, por um único preço. O Gatlinburg Royal Townhouse Motel, no Tennessee, anunciou a inclusão de entradas para o *Dollywood* como parte de uma oferta especial de outono. Os pacotes são sempre atraentes para o hóspede preocupado com o custo-benefício.

As *programações* são ofertas sob medida para grupos que compartilham determinado interesse especial. Os hotéis podem oferecer serviços a muitos segmentos diferentes por meio do desenvolvimento de atividades especiais, eventos e programas educacionais de curta duração. O Mohonk Mountain House, um marco histórico nacional em New Paltz, Nova York, oferece mais de 30 programas que incluem clínicas para deixar de fumar, aulas de idiomas estrangeiros, música e outros cursos (veja a Tabela 4-4).

O sucesso de marketing do elemento *praça* depende, é claro, do desejo que a região desperta. Hotéis localizados em destinações turísticas populares como a Disney World usam a popularidade do local para atrair hóspedes. Seus anúncios geralmente mencionam primeiro a atração, como, por exemplo: "A apenas dez minutos da Disney World". Outro exemplo do elemento praça é um anúncio com a foto de um casal abraçado em uma praia e uma legenda que diz: "Excelente companhia a três — você, ela e o oceano". Hóspedes que desejem uma escapada romântica podem ser atraídos pelo anúncio.

TABELA 4-4 Lista parcial da programação de 1999 da Mohonk Mountain House

Programa	Data
Mostra "O melhor de Mohonk"	1-3 de janeiro
Especial de meio de semana: lazer e renovação	3-7 de janeiro
Equilíbrio pessoal: a perspectiva feminina	8-10 de janeiro
Jazz na montanha	15-18 de janeiro
Como são as florestas no inverno?	5-7 de fevereiro
Especial do presidente (crianças não pagam)	15-18 fevereiro
Jardins dos sonhos	5-7 de março
Final de semana misterioso: receita para assassinatos	26-28 de março
Os bastidores dos musicais da Broadway	9-11 de abril
Especial para casais	16-18 de abril
A natureza da primavera e dos pássaros	7-9 de maio
Final de semana de verão junto à natureza	14-18 de junho
Semana da música	20-25 de junho
Festival de artes	9 de julho -20 de agosto
Observando as estrelas: Vênus e a Lua Nova	15-16 de julho
A colheita de Hudson Valley: um tributo à culinária	17-19 de setembro
Torre de Babel	12-14 de novembro
Dança de salão	3-5 de dezembro
De uma maneira holística	10-12 de dezembro
Especial de férias infantil	19-22 de dezembro

As datas da programação estão sujeitas a alterações.
Fonte: <www.mohonk.com/theme.htm>

As *parcerias* exigem esforços cooperativos de diversos grupos da indústria. Um exemplo familiar são esforços de marketing cooperativos do Diner´s Club International, que juntou cinco hotéis, cinco empresas aéreas e uma empresa de cartões de crédito. "Jante com seu cartão Diner's Club. Durma com ele. Alugue com ele. E veja seu programa de milhagens decolar."

Hotéis econômicos freqüentemente utilizam uma combinação dos elementos *preço* e *praça* em seu *mix* de marketing. Hotéis baratos e limpos, localizados nas rotas das viagens, atraem muitas pessoas que fazem viagens longas.

Promoção são as atividades que não se enquadram em quaisquer das categorias anteriores, que estimulam e despertam, no consumidor, interesse por um bem ou serviço. Para os hotéis, essas atividades incluem eventos especiais, ofertas, exposições ou descontos. Um exemplo seria um hotel patrocinar um festival da comunidade. Além de o festival atrair pessoas de outras regiões, o patrocínio ajudaria a criar uma imagem positiva do hotel perante o público. As promoções se utilizam de publicidade, vendas e relações públicas.

Vendas é o método mais comumente identificado com a promoção da indústria. Envolve tentativas diretas e pessoais de vender o produto a hóspedes potenciais. Por exemplo, quando representantes de estâncias turísticas contatam organizadores de eventos, sua intenção é fazer com que os organizadores agendem seu próximo evento para aquela estância. Vendas exige contatos pessoais e permite ao representante moldar a mensagem a ser transmitida conforme o cliente.

A técnica mais impessoal de promoção, a publicidade, procura tornar o produto conhecido por meio da mídia. As vantagens da publicidade em comparação com as vendas são que (1) muitas pessoas podem ser atingidas de uma só vez, (2) um anúncio pode ultrapassar portas fechadas e (3) não há necessidade de uma grande equipe de vendas, uma vez que a publicidade não precisa de contato pessoal. Exemplos de publicidade são encontrados em quase todos os lugares, seja na televisão, no rádio, na mídia impressa ou em *outdoors*.

Relações públicas é o processo de manipular positivamente a percepção que o público tem da empresa. Isso é conseguido pela publicidade institucional, *press releases*, eventos especiais e por políticas relacionadas a transparência financeira, ações positivas para com o meio ambiente e outras áreas de interesse público.

O PROCESSO DE EVOLUÇÃO CONTÍNUA

O processo de possuir uma colocação de destaque no mercado (e na mente de hóspedes potenciais) é denominado **posicionamento**[19]. Essa é, provavelmente, a etapa mais importante do marketing de hospedagem. Se um hotel não esta posicionado corretamente, não importa quão apropriado seja o preço ou quão bem o hotel seja divulgado, ele não obterá o lucro que poderia. Em virtude das constantes mudanças que ocorrem na indústria, o posicionamento não é fixo; reposicionar é sempre necessário para que os empreendimentos operem sempre com seu potencial máximo. Reposicionar foi a tarefa dada aos profissionais de marketing do Delta Chelsea Inn, de Toronto. Em 1988, o Chelsea deu início a um programa de reformas de 80 milhões de dólares; os profissionais de marketing começaram a traçar um plano para reposicionar o hotel de três estrelas para quatro e, ao mesmo tempo, manter um pouco da imagem anterior de hotel familiar, confortável e confiável. Nancy H. Arab, diretora de relações públicas do Chelsea, explica o processo:

> O Chelsea deveria ser posicionado como o principal hotel para quem tem bom gosto e boas maneiras, oferecendo acomodações, serviços, refeições, bebidas e entretenimento melhores que a média, a preços notavelmente razoáveis. ...
>
> Seu bom gosto original, sua importância e suas características Eduardinas[20] ganharam mais força e foram ampliados para satisfazer às altas expectativas do cliente esperado[21].

TABELA 4-5 As 15 principais cadeias de hotéis econômicos dos Estados Unidos em 1997

Cadeia hoteleira	Número de unidades habitacionais	Número de estabelecimentos
Days Inns of America	163.761	1.812
Ramada Limited	131.713	969
Super 8 Motels	98.286	1.619
Motel 6	84.273	762
Howard Johnson International	55.953	516
Econo Lodge	42.886	711
Travelodge	42.544	521
Red Roof Inns	29.966	257
Knights Inn	18.080	212
Budgetel Inns	15.294	148
Extended Stay America	13.025	108
Rodeway Inns	12.654	202
Sleep Inns	11.212	151
National 9 Inns	9.912	177
Country Inns & Suites	9.262	122

Fonte: Hotel & Motel Management, 2 de março de 1998.

Muitas cadeias de hotéis econômicos estão, hoje, utilizando-se de incentivos e privilégios adicionais como forma de tornarem-se mais competitivas, aumentando o valor percebido que o hóspede possui em relação ao empreendimento. Por exemplo, no final de 1993, a Howard Johnson's começou a oferecer a utilização de um videogame portátil da Sega como parte do pacote da diária. Veja a Tabela 4-5, que enumera as 15 principais cadeias de hotéis econômicos.

O Courtyard da Marriott incluiu em seus serviços chamadas telefônicas e transmissões de fax gratuitas para seus hóspedes; e os Ramada Inns ofereciam gratuitamente câmeras fotográficas descartáveis para as famílias. As comodidades VIP oferecidas no Hyatt Regency O'Hare, de Chicago, foram adequadas a um momento dos Estados Unidos. Em época de eleição, os hóspedes recebiam um chapéu do Tio Sam vermelho, branco e azul, cheio de pipoca e bolachas no formato de elefantes e jumentos. Durante a temporada de basquete, uma cesta de basquete com amendoim, cerveja, canecas de cerveja e cartões do Chicago Bulls substituíram os chapéus. Apesar desses privilégios parecerem triviais, eles são uma arma de marketing relativamente barata para os hotéis atraírem — e manterem — hóspedes.

RESUMO

- ☆ As boas condições econômicas do século XIX resultaram no desenvolvimento dos hotéis modernos e introduziram a era dourada dos hotéis.
- ☆ A indústria da hospitalidade enfrentou um grave problema com a oferta e a demanda na década de 1980. O excesso de oferta forçou os hoteleiros a encontrar novos métodos de classificação, propriedade e marketing para seus empreendimentos.

- Os estabelecimentos de hospedagem podem ser classificados segundo diferentes critérios, como o preço e a descrição dos serviços. Essas classificações flexíveis são úteis tanto para hóspedes potenciais quanto para a própria indústria.
- Ao mesmo tempo em que as empresas independentes de hotéis possuem flexibilidade considerável, elas também enfrentam os mais difíceis desafios financeiros.
- Os acordos de franquia são contratos em que o franqueador concede ao franqueado, por uma taxa de franquia, o direito de utilizar a marca do franqueador e seus métodos já testados e aprovados de fazer negócios.
- Uma empresa de administração hoteleira administra propriedades de terceiros por uma porcentagem dos lucros.
- Marketing é o processo de desenvolvimento do preço, da promoção e da distribuição de bens e serviços. As ferramentas de marketing incluem vendas, publicidade, relações públicas, promoção e pacotes.
- O posicionamento e o reposicionamento são elementos essenciais para o sucesso de empreendimentos de hospedagem.

NOTAS

1 Richardson, A. E. *The Old Inns of England.* Nova York, Charles Scribner's Sons, 1935: 6.

2 Norfolk e Middlesex são regiões da Inglaterra. (N. do T.)

3 *The 1998 Lodging Industry Profile.* American Hotel & Motel Association. http://www.ahma.com/infocenter/lip_98.htm.

4 Metelka, Charles J., org. *The Dictionary of Tourism.* Wheaton, Ill., Merton House Publishing Company, 1981: 53.

5 Miller, Annetta. "Sega, Kitty and Breakfast, Too". *Newsweek.* 6 de setembro de 1993: 58.

6 Waters. *The Big Picture,* 154.

7 Ryan, M. O."Bus". "Business Travel in '93: You *Won't* Pay a Lot for a Room". *Business Travel Management.* Janeiro de 1993: 36.

8 Culligan, Patrick E. "Looking up: Lodging Supply and Demand". *Cornell Hotel and Restaurant Association Quarterly.* Agosto de 1990: 32.

9 Ryan. "Business travel in '93' ". *Business Travel Management:* 38.

10 Optou-se por utilizar a expressão original norte-americana *motor-hotel* para se referir aos hotéis econômicos de estrada, uma vez que "motel" — termo corrente nos Estados Unidos para esse tipo de meio de hospedagem — tem aqui outra conotação. (N. do R. T.)

11 Bell, Charles A. "Agreements with Chain-Hotel Companies". *Cornell Hotel and Restaurant Association Quarterly.* Fevereiro de 1993: 27-28.

12 Tarras, John M. *A Practical Guide to Hospitality Finance.* Nova York, Van Nostrand Reinhold, 1991: 168-170.

13 "Ama Board Approves New Marketing Definition". *Marketing Educator.* Primavera, 1985: 1.

14 Rio, Eduardo Cruz del. "Reinventing business services". *Leaders.* Jan./fev./mar. de 1993: 184.

15 Waters. *The Big Picture,* 155.

16 The Roper Organization. "Work, Money, Children". *American Demographics.* Fevereiro de 1991: 184.

[17] Morrison, Alastair. *Hospitality and Travel Marketing*. Albany, Nova York, Delmar Publishers, Inc., 1989: 210.

[18] Nykiel, Ronald A. *Marketing in the Hospitality Industry*, 2. ed. Nova York, Van Nostrand Reinhold, 1989: 156.

[19] Lovelock, Christopher H. *Services Marketing*. Englewood Cliffs, Nova Jersey, Prentice-Hall, 1984: 134.

[20] Referência ao modo de vida das pessoas que moravam na Inglaterra durante o reinado de Edward VII, 1901–1910. (N. do T.)

[21] Arab, Nancy H. "Integrated Marketing Repositions Toronto Hotel: Occupancy Soars". *Public Relations Journal*. Março de 1991: 23.

VERIFIQUE SEU CONHECIMENTO

1. O que provocou o grande aumento no número de estabelecimentos de hospedagem após a Segunda Guerra Mundial?
2. Por que as taxas de ocupação completaram 30 anos de baixos números no início dos anos 90?
3. Por que são utilizados os contratos de administração?
4. Por que o posicionamento de marketing é importante?
5. Ao negociar um contrato de administração, quais taxas-base você preferiria caso fizesse parte da empresa de administração? Por quê? Responda à mesma pergunta do ponto de vista do proprietário do empreendimento.

APLIQUE SUAS HABILIDADES

Calcule a taxa de ocupação dos hotéis a seguir com base nas informações fornecidas e na seguinte fórmula: divida o número total de unidades habitacionais ocupadas durante o ano pelo total de unidades habitacionais disponíveis e multiplique por 100.

1. Hotel A: 120 unidades habitacionais disponíveis; média de unidades habitacionais vendidas por dia = 80; taxa média de ocupação anual = ?
2. Hotel B: 560 unidades habitacionais disponíveis; média de unidades habitacionais vendidas por dia = 320; taxa média de ocupação anual = ?
3. Hotel C: 1.000 unidades habitacionais disponíveis; média de unidades habitacionais vendidas por dia = 630; taxa média de ocupação anual = ?

QUAL É SUA OPINIÃO?

1. Você acredita que a demanda por hospedagem se igualará à oferta? Se acredita, quando isso acontecerá? Se não, por quê?
2. Se fosse administrar um hotel, você preferiria ser independente, franqueado ou parte de uma cadeia? Por quê?
3. Se você fosse proprietário de um hotel independente com recursos financeiros limitados, como você despenderia seu orçamento de marketing?
4. Em sua opinião, qual seria o conceito de marketing mais importante para a indústria da hospitalidade?

5. O que a indústria da hospedagem pode fazer para se "igualar" à indústria de bens de consumo na área de marketing?

ESTUDO DE CASO

Um anúncio da Holiday Inn de página inteira em uma revista mostra uma mulher de negócios sorridente fazendo check-in em um Holiday Inn. A legenda diz: "Quem melhor saberia acolhê-la em qualquer lugar para onde você viaje? Qualquer dia, você pode ser uma das 15 milhões de pessoas que partem para uma viagem. Ao longo dos anos, ninguém tem dado as boas-vindas a pessoas como você mais do que nós, e em maior número de lugares. Toda essa experiência nos mostrou como fazê-la sentir-se em casa. Mesmo em locais em que a única imagem familiar é nosso símbolo. Holiday Inn. Hospede-se com quem você conhece".

1. Quais frases desse anúncio visam atrair a atenção de quem viaja?
2. Como esse anúncio tenta convencê-lo de que a Holiday Inn é o lugar em que você deve hospedar-se se desejar sentir-se bem-vindo?
3. Se você estivesse escrevendo um anúncio para seu próprio hotel, o que diria para dar as boas-vindas a seus hóspedes?

5

Desenvolvimento de Hotéis

Resumo

Por que construir um hotel? As razões são tantas quanto o número de projetos existentes. Os motivos financeiros geralmente são os principais — obter lucro ou aumentar o valor de propriedades próximas, entre outras considerações financeiras. Além disso, alguns empreendedores constroem para obter satisfação pessoal: o orgulho de ser proprietário, a satisfação de conduzir um negócio e o desejo de reconhecimento são três exemplos. Há também pessoas que gostam de combinar o risco de um empreendimento imobiliário com a gratificação de uma carreira na indústria dos serviços. Essas pessoas constroem para se sentir realizadas.

Independentemente dos motivos que os levam a construir, os empreendedores hoteleiros passam pelos mesmos processos até atingir seus objetivos. Apesar de todos os passos fazerem parte de um metódico processo de desenvolvimento, eles não ocorrem em uma ordem fixa. Um empreendedor pode primeiro decidir que tipo de hotel quer construir e depois selecionar o local apropriado. Um outro pode primeiro ter conhecimento de um bom local para, então, decidir que tipo de hotel construirá. Todos, porém, devem iniciar e completar as mesmas cinco fases: (1) conceituação, (2) análise da viabilidade, (3) comprometimento, (4) projeto físico e construção, e (5) gestão e operação. Você verá as quatro primeiras etapas neste capítulo e a quinta no Capítulo 6.

Objetivos

Ao concluir este capítulo, você deverá ser capaz de:

❶

Identificar as etapas de desenvolvimento hoteleiro, da conceituação à inauguração.

❷

Explicar como a localização influencia o sucesso de um hotel.

❸

Avaliar a importância da realização de um estudo de viabilidade antes da construção de um novo estabelecimento de hospedagem.

❹

Indicar os fatores envolvidos na obtenção de financiamento para o desenvolvimento e a operação de hotéis.

❺

Identificar as exigências básicas do projeto físico de um hotel.

❻

Explicar o conceito de ambientação/atmosfera e seu papel na satisfação do hóspede.

UMA VISÃO GERAL DO PROCESSO

Como a maioria dos processos, o desenvolvimento de um hotel tem início quando um indivíduo ou empresa pensa em construir um hotel e vislumbra uma oportunidade. Normalmente, esses indivíduos ou empresas são donos de propriedades, investidores ou empreendedores que desejam investir no mercado imobiliário. Uma empresa de administração ou de desenvolvimento de projetos hoteleiros pode estar procurando se expandir ou um empreendedor pode estar querendo revitalizar uma área com a construção de um hotel[1]. Independentemente de suas razões, esses indivíduos ou empresas estão interessados em investir na indústria da hospedagem. Antes de fazê-lo, entretanto, é necessário planejar todo o desenvolvimento do projeto, desde a conceituação e a construção até a operação.

CONCEITUAÇÃO

As "idéias são o princípio de um processo", mas torná-las realidade demanda tempo, comprometimento e muito dinheiro. Uma quantidade adequada de tempo deve ser destinada ao início do projeto para clarear a idéia original e planejar como ela será executada. Para lapidar o conceito, os idealizadores precisam examiná-lo de diferentes ângulos: Quem eu espero atrair? Quais necessidades estou tentando satisfazer? A área ao redor está em crescimento ou em declínio? Existe mercado suficientemente grande? Que tamanho de estabelecimento eu preciso? Quais diferenciais o hotel pode oferecer a seus hóspedes que seus concorrentes não podem? O hotel é realmente necessário? Essas e outras questões precisam ser estudadas desde o início. Uma vez que os conceitos preliminares do empreendimento estejam claros, as idéias e as metas podem ser formalizadas em objetivos concretos, e a equipe de desenvolvimento pode ser montada (veja exemplo de um diagrama desse conceito na Figura 5-1).

ANÁLISE DA VIABILIDADE

Uma tarefa da equipe de desenvolvimento é determinar se o projeto é *viável*, ou seja, capaz de ser operado com sucesso. Essa determinação baseia-se em um estudo detalhado dos fatores

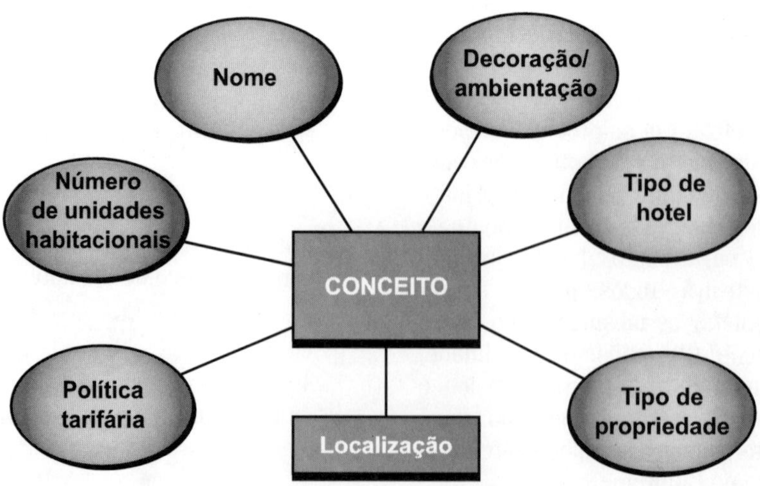

Figura 5-1 Primeiro, a idéia...

envolvidos na abertura e na operação de um hotel de sucesso. A equipe procura evidências que dêem suporte ao sucesso do conceito ou indiquem que ele fracassará. O sucesso é medido financeiramente, visto que os investidores esperam obter o retorno do investimento feito e também rentabilidade. O estudo de viabilidade responde à pergunta: O hotel proposto gerará lucro suficiente para atender às expectativas dos investidores? O estudo também projeta as tarifas, as taxas de ocupação do hotel e estima os gastos da operação. Se essas projeções previrem um empreendimento bem-sucedido, estabeleceu-se um projeto físico preliminar, um cronograma de desenvolvimento e parte-se para a próxima etapa: o comprometimento.

COMPROMETIMENTO

Essa etapa é um ponto crítico para o projeto. É quando os idealizadores precisam assegurar fundos e dar início às negociações com as empresas de construção e administração. Se a administração do hotel estiver a cargo dos proprietários e não de uma empresa de administração, os principais gerentes deverão ser contratados para participar do projeto de desenvolvimento. Os fundos devem cobrir mais do que os custos de construção; devem cobrir também as despesas de operação até que o hotel alcance a rentabilidade. Métodos de controle dos custos de operação devem ser decididos durante essa etapa para que sejam incluídos no projeto físico.

PROJETO FÍSICO E CONSTRUÇÃO

Uma vez que a equipe de projeto está totalmente envolvida no processo e os fundos foram obtidos, o projeto físico e a construção do hotel têm início. O empreendimento é desenhado, construído e equipado conforme as metas dos idealizadores e as recomendações do estudo de viabilidade. A equipe de desenvolvimento trabalha para cumprir o cronograma e permanecer no orçamento previsto, para que problemas financeiros não prejudiquem o empreendimento antes da inauguração. Durante a fase de elaboração do projeto físico e da construção, formalizam-se os acordos de franquia ou administração e recrutam-se os funcionários. O treinamento do pessoal e as ações preliminares de marketing normalmente têm início nessa etapa.

A INAUGURAÇÃO

A etapa final do desenvolvimento de um hotel é a inauguração. Os novos funcionários trabalham para que o hotel esteja pronto e funcionando na data determinada. Até esse momento, a equipe de marketing e vendas estará em total operação para assegurar que o hotel tenha hóspedes desde o primeiro dia. Todo o pessoal de frente e de apoio deve estar treinado e preparado para dar as boas-vindas aos hóspedes. Todos os últimos ajustes das instalações e dos programas operacionais devem ter sido feitos. Assim, inaugura-se o hotel.

ESCOLHENDO A LOCALIZAÇÃO CORRETA

O conceito do hotel abrange itens como nome, ambientação/atmosfera, tipo de serviço e localização. Todos esses fatores contribuem para o sucesso potencial do hotel, mas a localização é o que mais influencia. Mesmo um conceito magnífico não obterá sucesso com a localização errada. Essa fórmula para o sucesso é ratificada por estudos que mostram que a maior parte dos hóspedes indica a proximidade como um dos principais fatores no momento de escolha de um estabelecimento de hospedagem. Os viajantes de negócios, especialmente, preferem os hotéis perto de seus destinos e rotas de transporte. Desde o boom imobiliário dos anos 80, o preço de uma boa localização tem aumentado bastante. A escolha da localização ajuda a calcular a proporção de hóspedes de lazer em relação aos hóspedes de negócios, bem como os tipos de instalações e comodidades a serem oferecidas.

Os estabelecimentos de hospedagem podem até ser classificados conforme a localização: perto de aeroportos, no centro da cidade, no subúrbio, à beira de rodovias ou em áreas de resorts. Esta seção descreve as características desses lugares, suas limitações e os tipos de hotéis construídos em cada um deles para atrair grupos específicos de hóspedes.

HOTÉIS PRÓXIMOS A AEROPORTOS

Construídos concomitantemente ao crescimento da indústria da aviação, os estabelecimentos próximos a aeroportos tinham como objetivo, de início, hospedar as tripulações de

Perfil Empresarial

PERFIL EMPRESARIAL — **FOUR SEASONS HOTEL**

Um Conceito de Sucesso

Em 1961, quatro amigos tornaram-se parceiros comerciais. Sem nenhuma experiência em gestão hoteleira, construíram e abriram o Four Seasons Motor Hotel, em Toronto. O projeto Four Seasons foi realizado segundo o conceito de excelência em qualidade: distinção e atenção aos mínimos detalhes que conferiam ao hotel uma atmosfera de grande opulência.

Os hóspedes são mimados: há serviço de arrumação duas vezes por dia; os sapatos são engraxados gratuitamente; distribuem-se guarda-chuvas como cortesia; para os hóspedes mais freqüentes há roupões de algodão sem costuras laterais com suas iniciais gravadas; e leite e bolachas para as crianças. Um caso ocorrido no hotel Four Seasons de Toronto exemplifica por que os serviços de *guest relations* e de atendimento ao consumidor são marca registrada da empresa. O mensageiro Roy Dyment, funcionário da casa há bastante tempo, recebeu um telefonema de um hóspede de Washington, que tinha esquecido duas maletas. Como o hóspede precisava do conteúdo das maletas urgentemente, Dyment, fora do horário de trabalho e arcando com os custos, embarcou em um avião para Washington para entregar a bagagem pessoalmente. "Esse é o tipo de lealdade e devoção que o dinheiro não pode comprar"[1], diz Isadore Sharp, presidente da Four Seasons.

Apesar de os hotéis da Four Seasons não serem grandes para os padrões da indústria norte-americana — o número médio de unidades habitacionais por hotel é 325 —, eles possuem uma excelente reputação internacional. Em 1972, a Four Seasons percebeu que não poderia comprometer essa reputação. Após firmar parceria com um outro hotel para construir um empreendimento gigantesco de 1.450 unidades habitacionais, em frente à prefeitura de Toronto, a Four Seasons acabou desistindo do negócio. "Nunca mais deveremos tentar ser tudo para todos", disse Sharp[2].

O compromisso com a excelência colocou o Four Seasons em uma categoria única. A empresa prospera porque oferece o melhor serviço e as melhores acomodações para os ricos e famosos. Mesmo com algumas das mais altas tarifas da indústria, o Four Seasons é a casa-longe-de-casa para líderes mundiais, estrelas do rock, xeiques árabes e para a realeza. Em 1999, a cadeia hoteleira Four Seasons tornou-se a principal administradora de hotéis de luxo, com 44 estabelecimentos em 18 países sob as marcas Four Seasons e Regent[3].

[1] CLARK, Gerald. "The Inns That Issy Built". *Reader's Digest*. Agosto de 1991: 73.
[2] DEMONT, John. "Sharp's Luxury Empire". *MacLean's*. 5 de junho de 1989: 32.
[3] <www.fourseasons.com/press/releases>

empresas aéreas e os passageiros de vôos adiados, cancelados ou atrasados. Além disso, ofereciam serviços de alimentos e bebidas a passageiros que estivessem aguardando seus vôos. Nos Estados Unidos, esses estabelecimentos possuíam no mínimo 100 unidades habitacionais. Com o tempo, os hoteleiros de propriedades próximas a aeroportos foram percebendo a necessidade de atingir mercados maiores e começaram a construir mais unidades habitacionais e instalações para banquetes e reuniões. O alvo eram os grupos locais de executivos e as grandes organizações que realizavam convenções regionais. Para atingi-lo, esses hoteleiros ofereciam infra-estrutura de bom tamanho e qualidade, poupando tempo aos viajantes graças à curta distância entre o aeroporto e o centro de convenções. Essa estratégia de marketing colocou os empreendimentos de aeroportos em concorrência direta com os hotéis de convenções do centro da cidade. Além disso, os hotéis de aeroportos ofereciam transporte fácil e rápido entre o aeroporto e suas instalações, por meio de esteiras rolantes subterrâneas ou serviços de microônibus.

HOTÉIS NO CENTRO DA CIDADE

Em virtude da característica de estímulo à revitalização, os empreendimentos situados no centro das cidades compreendem os mais antigos e os mais novos estabelecimentos de hospedagem de uma região. Pela reduzida oferta de terras dentro da cidade e do alto custo de desenvolvimento em áreas de alta densidade populacional, os hotéis centrais são, normalmente, prédios altos. Esses estabelecimentos tendem a cobrar tarifas mais altas que outros tipos de hotéis por causa dos custos imobiliários e do fato de realizarem negócios dentro da cidade.

Atendendo, predominantemente, a viajantes de negócios e participantes de convenções, esses hotéis tendem a ter altas taxas de ocupação durante a semana e pequenas taxas nos finais de semana. Para atender às necessidades dos hóspedes de negócios e para atrair outros grupos — incluindo turistas que estão na cidade para assistir a eventos culturais e esportivos —, foram desenvolvidos estabelecimentos especializados no centro de cidades grandes e pequenas. Além disso, em algumas cidades, os apart-hotéis oferecem serviços a hóspedes de longa permanência.

Apesar de não serem tão especializados como os das grandes cidades, os hotéis centrais de cidades pequenas possuem um importante papel na estrutura social. Eles precisam atender às necessidades de todos os hóspedes do centro, sejam de lazer ou de negócios. Para isso, costumam oferecer espaços flexíveis para banquetes e reuniões e pouca infra-estrutura de lazer. Além dos encontros de negócios, os estabelecimentos das cidades pequenas acolhem também eventos sociais locais, como casamentos, bailes e festas de aniversário. Em virtude da pequena quantidade de eventos de negócios nas cidades pequenas, os serviços locais de banquetes e de restaurante são vitais para a sobrevivência econômica.

HOTÉIS SUBURBANOS

Nos anos 50, a população começou a mudar-se do centro das cidades para áreas mais afastadas, onde a moradia e as terras eram menos caras. Logo, os negócios seguiram na mesma direção, criando uma demanda por hospedagem nos subúrbios. Os estabelecimentos suburbanos, no início, ofereciam hospedagem para viajantes que queriam acesso rápido à área central para participar de eventos culturais e esportivos e de reuniões, mas que não queriam pernoitar na área central. Essa era uma fonte de hóspedes, mas não em número suficiente para lotar os hotéis. Desse modo, os hoteleiros do subúrbio começaram a trazer empresas de banquetes e espaços para convenções para perto dos hotéis suburbanos.

Apesar de os hotéis suburbanos beneficiarem-se de menores impostos e menor custo do terreno, freqüentemente são atingidos pela legislação, como a que regulamenta a altura ou o tamanho da construção e limita as estruturas desses hotéis a um tamanho médio de 200 a 500 unidades habitacionais.

HOTÉIS EM ESTRADAS E RODOVIAS

Assim como ocorreu com os estabelecimentos próximos a aeroportos, os hotéis de beira da estrada surgiram com o desenvolvimento dos transportes. O sistema rodoviário interestadual norte-americano foi construído durante a década de 1950 e no início dos anos 60. Suas interligações proporcionaram o surgimento de muitos locais para o desenvolvimento de hotéis que atenderiam às necessidades de viajantes de lazer e negócios. Atendendo a hóspedes que perma-

Um Dia na Vida de...

UM DIA NA VIDA DE... UM ARQUITETO

Desenhar e planejar fisicamente um hotel ou restaurante não é tarefa simples. Além de criar uma construção esteticamente agradável, é necessário torná-la, também, funcional e em conformidade com as leis e os códigos vigentes. Esse é o trabalho de um arquiteto. Arquitetos que se especializam na área da hospitalidade esforçam-se para tornar suas obras atuais, inovadoras e funcionais, mantendo-se atualizados com relação aos avanços tecnológicos da indústria.

Em um dia comum, um arquiteto precisa encontrar-se com o empreendedor para discutir as plantas da construção e os orçamentos. Também precisa visitar o local da construção, levando em consideração os diversos fatores que influenciam o projeto de um estabelecimento, como o clima, a inclinação do terreno e o entorno. Além disso, o arquiteto trabalha com esboços preliminares. Esses esboços delineiam a aparência geral da obra, o método de construção e o visual interno. Certamente, ele revisará esses esboços (talvez inúmeras vezes), preparando desenhos complementares e plantas detalhadas. Essas plantas incluem detalhes e informações técnicas, como as dimensões das janelas e das paredes, a localização da fiação e da tubulação hidráulica e outras especificações.

Quando as plantas estão prontas, o arquiteto, representando o proprietário, solicita orçamentos de materiais e de serviços de empreiteiros. O arquiteto e o cliente determinam juntos qual proposta será aceita. As responsabilidades do arquiteto estendem-se até a fase de construção. O arquiteto visita o local da obra para supervisionar a construção, assegurando-se de que as plantas estão sendo seguidas. Isso inclui verificar o acabamento interno, bem como trabalhar com paisagistas na parte externa. Como representante do cliente, o arquiteto é responsável por garantir que o resultado satisfaça suas expectativas e, ao mesmo tempo, atinja os objetivos do projeto.

John Portman, de Atlanta, combinou o papel de arquiteto e de empreendedor para projetar seu primeiro hotel, o Hyatt Regency Atlanta, em 1967. O hotel revolucionou o design contemporâneo de hotéis com seu átrio de 22 andares, elevadores de vidro e restaurante com teto removível. O trabalho de Portman está bastante centrado no conhecimento do hóspede e enfatiza tanto os espaços públicos quanto privados dentro do hotel. Há trabalhos seus em várias partes do mundo, o que inclui grandes hotéis de convenções como o Marriott Marquis na Times Square, em Nova York, bem como hotéis menores, de negócios, como o Pan Pacific, em São Francisco. Além desses, o trabalho de Portman em outros países inclui o Pavilion Hotel, em Cingapura; o Brussels International Trade Mart, na Bélgica; e o Shangai Centre, na China.

Portman iniciou sua carreira na arquitetura com Ketchum, Gina e Sharp, em 1945. Após concluir o bacharelado em arquitetura no Georgia Institute of Technology, em 1950, foi, naquele mesmo ano, trabalhar para a empresa Stevens & Wilkinson. Hoje, dirige sua própria empresa, a John Portman and Associates, além de ser sócio da Portman Barry Investments. Portman recebeu inúmeros prêmios, entre os quais uma medalha por design hoteleiro, do American Institute of Architects, e o título de cavaleiro da Royal Order Knights, de Dannebrog, Dinamarca.

necem, em média, por uma noite, esses estabelecimentos são geralmente muito simples, com um ou dois andares e corredores externos com menos de 200 unidades habitacionais. Oferecem estacionamento descoberto gratuito e infra-estrutura de lazer interna ou externa para viajantes de lazer e negócios. Diferentemente de outros estabelecimentos, esses hotéis podem possuir mais de um prédio. As áreas comuns e de check-in podem estar separadas da área das unidades habitacionais.

RESORTS E ATRATIVOS

Os resorts estão localizados perto de um atrativo específico ou são o próprio atrativo. Mais do que para outros estabelecimentos, sua localização é essencial para o êxito. Sua capacidade de atrair hóspedes está na habilidade de criar um local para onde as pessoas queiram ir. Diferentemente de outros estabelecimentos, os resorts são normalmente construídos longe dos centros populacionais e das rotas de transporte.

Seja em virtude do baixo custo das terras, do subsídio governamental ou do meio ambiente, os resorts precisam compensar eventuais deficiências de infra-estrutura. Talvez seja necessário construir estradas e implantar serviços de utilidade pública (como gás, energia elétrica, telefone, água), bem como transporte para aeroportos e estações de trem ou ônibus. Muitos resorts

Lei e Ética

POR DENTRO DA INDÚSTRIA | **LEI E ÉTICA**

Zoneamento

O zoneamento, ou seja, a regulamentação do uso da terra, auxilia os urbanistas a ordenarem o crescimento e as mudanças em uma área. As comissões de zoneamento delimitam as regiões como áreas residenciais, comerciais ou industriais. Visando preservar as características de cada área, somente certas atividades são permitidas em seus limites. As permissões para abrir um negócio em determinado local devem ser concedidas primeiro pela comissão de zoneamento local.

Na cidade de Nova York, cheia de arranha-céus, as leis de zoneamento protegem até mesmo o espaço aéreo existente sobre uma área. O espaço aéreo vazio existente sobre um clube social de elite tornou-se o centro de uma disputa de zoneamento entre o clube e uma empresa imobiliária que queria construir um prédio de escritórios atrás do clube. A empresa ambicionava o prestígio do endereço do clube, situado na Park Avenue, um diferencial que aumentaria significativamente os aluguéis. Mas o clube frustrou os planos da empresa, que queria construir um acesso da rua até o novo edifício, passando pelo clube e utilizando o endereço cobiçado. Depois, a empresa ofereceu milhares de dólares pelos direitos sobre o espaço aéreo do clube, que, em dificuldades financeiras, exigiu mais.

Quando os idealizadores do edifício conseguiram o tão desejado endereço, por meio de uma autorização especial do presidente da comissão de zoneamento de Manhattan, a empresa passou a não precisar mais da cooperação do clube. A comissão de zoneamento concedeu aos idealizadores o direito de construir um edifício mais alto do que o planejado inicialmente. O edifício foi então redesenhado, de modo que todos os escritórios a serem locados teriam vista para a sede do clube e para a Park Avenue. Mas os sócios do clube tinham seus próprios planos. Decidiram construir um hotel de 144 metros de altura, em cima de sua sede, reduzindo a maravilhosa vista do edifício, com a qual a imobiliária estava contando, a uma paisagem de pedra e concreto.

Mais uma rodada de intensas negociações finalmente resolveu a questão. O clube vendeu seu espaço aéreo para a construtora por US$ 5 milhões.

precisam ser relativamente auto-suficientes, e ter grandes áreas para estoque de suprimentos e áreas de suporte para lavanderia e serviços de manutenção. Alguns resorts fornecem até mesmo acomodação e infra-estrutura de lazer para funcionários. A Mackinac Island, um destino turístico em Michigan, proíbe automóveis. Os grandes resorts da ilha recebem alimentos e outros produtos via carroças.

Originariamente projetados para a classe média alta e para os muito ricos, os resorts — quer os localizados em atrativos construídos, como a Disneyworld, quer os em atrativos naturais, como as Montanhas Rochosas — estão ganhando popularidade entre a classe média assalariada. Assim como os shopping centers oferecem a possibilidade de fazer compras diversas em um só lugar, os resorts criaram destinos para férias em um só lugar. Os turistas normalmente hospedam-se por, no mínimo, dois dias, mas freqüentemente ficam durante todo o período de férias. Apesar do crescente número de turistas que recebem, os resorts recorreram às convenções de negócios para conseguir demanda adicional e lucratividade para o ano todo. O mercado de negócios exige que os hotéis ofereçam instalações para banquetes e reuniões, e os resorts tornaram-se mais uma fonte de concorrência para os hotéis urbanos.

AVALIANDO A VIABILIDADE

Apesar de, historicamente, a localização ser considerada o principal fator para o êxito de um hotel, o mercado atual tornou a equação de sucesso muito mais complicada. Antes de investir muito tempo e dinheiro, os investidores e os empreendedores avaliam a possibilidade de sucesso de um empreendimento. Para determinar se um empreendimento é ou não viável, os empreendedores precisam dos resultados da análise detalhada de todos os fatores que tornam um hotel bem-sucedido. Apesar de estudos de viabilidade preliminares poderem ser conduzidos internamente por profissionais experientes da equipe de desenvolvimento, um estudo mais detalhado que uma consultoria hoteleira apresente, apesar de caro, pode ser mais preciso, e os investidores costumam dar preferência a esses estudos (a Tabela 5-1 enumera os tipos mais comuns de estudos de viabilidade ao lado de informações específicas relativas a cada um).

TABELA 5-1 Estudo de viabilidade

Tipo de estudo	Informações
Mercado	Geográfica e econômica: mercado e força de trabalho disponíveis, canais de distribuição, atrativos existentes.
Concorrência	Concorrentes: conceito da concorrência, operação atual e metas futuras.
Localização	Geográfica e legal: infra-estrutura, leis de zoneamento, medidas ambientais.
Demanda	Mercado-alvo e demografia: participação no mercado, tendências, estratégias para a determinação dos preços.
Instalações e serviços	Tipo de hotel e projeto físico: layout, construção, custo e eficiência dos equipamentos, disponibilidade e custo de materiais.
Estimativas financeiras	Viabilidade econômica: orçamento proposto, custos iniciais e projeção de receitas.

MERCADO

Essa fase do estudo de viabilidade é conduzida para determinar os dados demográficos e socioeconômicos da área ao redor da localização do empreendimento. Essas informações ajudam a determinar o mercado que o novo estabelecimento tentará atingir e se a área do entorno pode lhe dar suporte. Essa parte do estudo de viabilidade deve responder a questões específicas sobre as possibilidades de sucesso do novo empreendimento na localização desejada.

Quem mora na área? São medidos o tamanho relativo e a importância de diversos segmentos do mercado, como lazer, negócios e convenções, bem como o tamanho e a disponibilidade da força de trabalho potencial local. O empreendedor precisa ter certeza de que o hotel pode atrair hóspedes em quantidade suficiente para ser lucrativo. Também precisa de garantias de que haverá profissionais em número suficiente na região para que o hotel possa funcionar. A fim de prever possíveis problemas relacionados à força de trabalho para o futuro hotel, estudam-se os hábitos de trabalho e as taxas de emprego/desemprego.

A área já atrai o segmento desejado de mercado? Entrevistas com representantes das principais agências de viagens, autoridades de transportes, *convention and visitors bureaus*, estabelecimentos de hospedagem similares e idealizadores de programas de desenvolvimento e revitalização fornecem informações sobre os futuros hóspedes. Outras considerações importantes sobre o mercado são a localização e o mercado-alvo dos concorrentes, a proximidade entre o mercado-alvo e o hotel, o padrão de comportamento das pessoas que viajam para a região e o perfil de gastos desses viajantes.

A área pode dar suporte a esse novo empreendimento? São coletadas informações sobre as limitações legais da região, a situação da infra-estrutura básica e dos atrativos naturais e construídos. Uma vez coletados, todos os dados auxiliam a equipe de desenvolvimento a tomar decisões sobre a continuidade ou não do projeto e as direções a seguir.

CONCORRÊNCIA

O próximo passo na análise da viabilidade de um projeto é avaliar a concorrência. Um elemento-chave para o sucesso de um empreendimento é seu posicionamento no mercado. Para determinar esse posicionamento, os empreendedores devem conhecer e entender o público-alvo, as taxas de ocupação, as diárias médias e os pontos fortes e fracos de seus concorrentes, bem como seus serviços, comodidades e tipo de gestão (cadeia, franquia ou contrato de administração). Também é importante uma avaliação de todos os projetos físicos. A comparação com a concorrência ajuda os empreendedores a definir os fatores de sucesso de um estabelecimento de hospedagem na região.

LOCALIZAÇÃO

Uma vez que os idealizadores do projeto tenham concluído que existe mercado e que há um nicho a ser conquistado apesar da concorrência, é necessário determinar se a localização escolhida é adequada à construção de um estabelecimento de hospedagem. É preciso avaliar fatores como a distância da localização proposta até os principais atrativos, como os centros de negócios e lazer; as características geográficas do terreno e as dificuldades de construção existentes; a capacidade para expansão futura e as questões legais (relacionadas ao meio ambiente e a quaisquer outros aspectos) que podem afetar o empreendimento. Para um julgamento adequado da localização, também são necessárias pesquisas sobre os planos existentes para o entorno e uma análise da infra-estrutura atual e futura.

DEMANDA

Tendo definido a localização, os empreendedores precisam concentrar-se novamente no público-alvo do hotel. Agora, o objetivo é determinar a taxa de ocupação projetada para o novo estabelecimento e, eventualmente, sua diária média para que seja possível descobrir se o projeto é economicamente viável. Nessa etapa, é importante documentar os padrões de viagem e os padrões de gastos dos visitantes da região, atuais e esperados, a oferta futura provável, as variações sazonais, a permanência média dos diferentes grupos e os meios de transporte utilizados.

INSTALAÇÕES E SERVIÇOS

Após conhecer a demanda projetada e a ocupação, os empreendedores podem decidir o tipo e o tamanho do estabelecimento que construirão. Para que o projeto seja viável economicamente, as taxas de ocupação normalmente precisam ser de 60% ou mais. Se o hotel construído for muito grande para a demanda projetada, sua taxa de ocupação será baixa. Se for muito pequeno, poderá não acomodar grandes grupos e, assim, perder uma fonte potencial de negócios. Do mesmo modo, se um empreendedor constrói um pequeno hotel residencial direcionado para viajantes de negócios, em uma região com grande porcentagem de viajantes de lazer, que tendem a uma permanência média menor, as taxas de ocupação do hotel serão baixas. O empreendimento deve ser construído para atender às necessidades de seu público-alvo. Estudos desse mercado-alvo indicam quais comodidades e serviços são os mais adequados para a proporção esperada de hóspedes a lazer e a negócios.

ESTIMATIVAS FINANCEIRAS

Como mencionado, o propósito de um estudo de viabilidade é determinar a viabilidade econômica de um hotel. As estimativas financeiras não apenas auxiliam os investidores a tomar decisões definitivas sobre seu comprometimento com o projeto, como também ajudam os empreendedores a obter financiamento para a construção do hotel. Utilizando as estimativas das taxas de ocupação e das tarifas a serem praticadas para determinado empreendimento, é possível projetar as receitas dos diversos departamentos do hotel. As projeções levam em consideração variações na demanda e, também, nas taxas de inflação.

Após projetar a receita, os empreendedores estimam os custos de construção, de abertura e de operação do estabelecimento por vários anos. Esses custos incluem os preços de suprimentos e equipamentos, a folha de pagamento estimada, as taxas de administração, os gastos com a rotatividade de empregados e o custo de operação de serviços de alimentos e bebidas e de telefonia, por exemplo. As despesas relacionadas à manutenção geral do estabelecimento e às melhorias contínuas, bem como todas as taxas relacionadas ao licenciamento da franquia ou marketing nacional, também devem estar incluídas no custo total.

A partir dos custos e receitas projetados, os empreendedores e os investidores podem estimar os lucros e a viabilidade do projeto. Essa etapa é crucial porque a viabilidade está diretamente relacionada à capacidade de obtenção de financiamento. Se os empreendedores não conseguirem obter os recursos necessários no tempo apropriado, o projeto pode ser adiado por tempo indeterminado, independente de seu potencial.

COMPROMETIMENTO FINANCEIRO COM O NOVO HOTEL

A decisão de entrar para o ramo hoteleiro é um grande passo que envolve o comprometimento de uma grande quantidade de tempo, dinheiro, energia e outros recursos. Os empreendedores recorrem aos investidores para conseguir financiar uma parte ou todo o projeto. É necessário obter o compromisso de todos os envolvidos com os custos de desenvolvimento, pré-abertura e operação antes que a construção tenha início.

ENCONTRANDO INVESTIDORES

A procura de investidores para obter o capital necessário começa com a conscientização de como os investimentos têm sido influenciados por eventos econômicos anteriores. As modalidades de investimento mudam conforme o momento econômico. A construção de novos empreendimentos era um bom investimento nos anos 80; a compra e a reforma de um já existente era uma opção melhor nos anos 90.

Tipos de Investimento em Prática Durante o Boom Hoteleiro dos Anos 80. Muitos investidores e instituições de crédito dos Estados Unidos estavam ávidos, nos anos 80, por associar-se à indústria da hospedagem. A economia crescente e a expansão da indústria pareciam motivar praticamente todo mundo a fazer a mesma coisa. As principais instituições não apenas concediam empréstimos, como também tornavam-se sócias de hotéis, buscando participar dos lucros da indústria. Com a continuidade dessa tendência, algumas instituições agarraram-se tão avidamente aos lucros que afrouxaram os critérios exigidos para a concessão de empréstimos. Empolgadas com as possibilidades de crescimento, assumiram riscos que provavelmente não teriam assumido se a hotelaria não tivesse prosperado tanto.

A Reação dos Investidores à Diminuição do Crescimento Econômico. Em decorrência disso, o crescimento da indústria foi muito acentuado em um curto período de tempo, de modo que os investidores que haviam entrado no negócio para participar dos lucros estavam sofrendo perdas inesperadas. A oferta excessiva diluiu o mercado. Os investidores, as instituições financeiras e os empreendimentos de hospedagem arcavam com os custos de uma indústria com excesso de estabelecimentos e investimentos realizados sem critério. Os investidores e as instituições financeiras, além de presos a hotéis não lucrativos que eles tinham ajudado a erguer, estavam afundando com esses hotéis, prematuramente fechados em razão do não-pagamento de empréstimos. Quando esses investidores resolveram sair do ramo hoteleiro, encontraram poucos interessados que quisessem comprar suas propriedades falidas ou não lucrativas. Centenas de estabelecimentos hoteleiros foram leiloados no início dos anos 90 pela Resolution Trust Corporation, órgão indicado pelo governo federal norte-americano, que tinha como objetivo fazer uma limpeza geral nas cooperativas financeiras imobiliárias. Alguns investidores e instituições financeiras mantiveram as propriedades falidas e contrataram empresas de administração para mantê-las abertas, na esperança de recuperar parte do dinheiro. Outros, tentando manter distância da hotelaria, venderam seus hotéis por qualquer preço e arcaram com os prejuízos.

Efeitos da Recessão dos Anos 90 sobre os Investimentos. A conjuntura econômica do início dos anos 90 causou, também, um impacto significativo na disponibilidade de financiamentos hoteleiros de empresas de crédito, cooperativas financeiras imobiliárias, bancos comerciais, empresas de seguro e fundos de pensão. Enquanto, nos anos 80, a base de cálculo para os empréstimos era o valor do imóvel, nos anos 90 passou a ser o fluxo de caixa. Referências de marcas bem conceituadas e administração com bons antecedentes tornaram-se necessárias para fechar acordos. Alguns municípios, tentando estimular o desenvolvimento econômico, foram forçados a aplicar taxas sobre a indústria para levantar capital para dar suporte ao desenvolvimento de centros de convenções e hotéis. Em virtude desses problemas, os planos financeiros da maioria das empresas voltaram-se para a consolidação de seu nicho de mercado. Como os fundos internos eram limitados, a maior parte dos planos financeiros refletia alianças estratégicas ou *joint ventures* destinadas a aumentar a participação no mercado[2].

Durante esse difícil período, as empresas hoteleiras e os empreendedores norte-americanos encontraram maneiras criativas de financiar seus hotéis. Algumas dessas medidas incluíam a **securitização**, um processo de emissão de títulos para financiar ou refinanciar empréstimos; o arrendamento da terra, em vez da compra; e a obtenção de empréstimos por meio da Small Business Administration, agência federal independente que se dedica a dar apoio a pequenos negócios.

Os investidores capazes de obter empréstimos para aquisição de hotéis encontram nos Estados Unidos um mercado para compradores, visto que as instituições financeiras liquidaram os hotéis fechados prematuramente para diminuir o número desses estabelecimentos em sua carteira de investimentos. Apesar de os investimentos japoneses estarem diminuindo, investidores europeus, do Oriente Médio, do Canadá e de Hong Kong vêm adquirindo estabelecimentos norte-americanos e reposicionando-os.

Os contratos de administração tornaram-se muito mais populares, visto que as instituições financeiras passaram a exigi-los para conceder empréstimos. (A Figura 5-2 mostra a distribuição das marcas hoteleiras norte-americanas entre cinco empresas de administração.) As instituições esperam que as empresas de administração forneçam algum capital para ajudar a financiar os novos hotéis. Uma outra tendência é a dos estabelecimentos econômicos, que, quando há pouco dinheiro, produzem melhores resultados que outros tipos de hotéis. E, assim como os outros países se voltam para os Estados Unidos quando o mercado está em baixa, empresas norte-americanas direcionam seus investimentos para outros países. No futuro, haverá mais alianças multinacionais estratégicas na indústria da hospitalidade.

Opções de Financiamento para Remodelações. A falta de disponibilidade de financiamento trouxe certa agitação na área de remodelação de hotéis. Muitos proprietários perceberam que podiam obter um retorno razoável ao reinvestir em seus hotéis a receita obtida com a operação, porque o estabelecimento renovado valorizaria[3]. Em resposta ao excesso de oferta, proprietários e gerentes fizeram reformas para reconquistar fatias do mercado ou para reposicionar o empreendimento a fim de atrair um novo grupo de clientes. A ITT Sheraton Corporation gastou US$ 47 milhões para transformar o Sheraton City Squire, em Nova York, de hotel voltado principalmente para lazer e grupos turísticos para hotel que atrai executivos em viagem de negócios. O estabelecimento (de 650 unidades habitacionais) reformado recebeu o nome de Sheraton Manhattan e foi reaberto em fevereiro de 1992[4].

Algumas reformas são inevitáveis, como no caso dos hotéis no sul da Flórida e em Kauai, no Havaí, que sofreram danos em virtude de furacões, e daqueles que precisam adequar-se a novas normas, mais exigentes, como as relativas a energia, a segurança contra incêndios ou a deficientes[5]. Outros proprietários remodelam seus empreendimentos na esperança de torná-los mais atraentes no mercado para potenciais compradores.

O interesse crescente em questões ambientais e a expectativa de que materiais de construção perigosos sejam encontrados em obras antigas, tendo de ser removidos, aumentam os custos das reformas. Materiais de isolamento de amianto e canos de chumbo lideram as listas de materiais perigosos. Procurando maneiras de reduzir o lixo e os custos de energia, alguns hotéis estão trocando suas antiquadas caldeiras de vapor e de calefação, instalando dispositivos para economia de água e, sempre que possível, utilizando produtos recicláveis.

DETERMINANDO OS CUSTOS

Muitos anos atrás, um notável arquiteto hoteleiro desenvolveu uma regra pela qual cada US$ 1.000 gastos na construção de uma unidade habitacional deveria corresponder a US$ 1 na diária. O gasto por unidade habitacional também deve ser calculado levando-se em conta, proporcionalmente, todas as outras partes do hotel, como o *lobby*, os restaurantes, os bares, os corredores, os escritórios, a lavanderia, as cozinhas e demais instalações[6].

Empresa	Número de unidades habitacionais	Número de estabelecimentos
1. Cendant	**536.703**	**6.149**
Days Inns of America	162.757	1.827
Ramada Franchise Systems	127.662	1.007
Super 8 Motels	109.561	1.802
Howard Johnson International	53.387	514
Travelodge Franchise Systems	42.395	512
Knights Franchise Systems	21.833	271
Wingate Inns International	11.787	120
Villager Franchise Systems	7.321	96
2. Bass Hotels & Resorts, Inc.	**448.040**	**2.847**
Holiday Inn	295.939	1.592
Holiday Inn Express	74.951	932
Crowne Plaza	47.676	157
Holiday Inn Garden Court	12.520	96
Holiday Inn Select	10.959	42
Holiday Inn Sunspree Resort	5.877	27
Staybridge Suites by Holiday Inn	118	1
3. Choice Hotels International	**305.372**	**3.665**
Comfort Inns, Suites & Hotels	132.976	1.709
Quality Inns, Suites & Hotels	75.684	683
Econo Lodge	45.919	726
Clarion Hotels	20.934	127
Sleep Inns	15.214	200
Rodeway Inns	12.461	192
Mainstay Suites	1.817	19
Friendship Inns	367	9
4. Best Western International, Inc.	**303.943**	**3.832**
5. Marriott International	**300.264**	**1.542**
Marriott Hotels, Resorts & Suites	127.400	323
Courtyard by Marriott	55.000	396
Fairfield Inns by Marriott	34.900	367
Residence Inns by Marriott	33.900	285
Renaissance Hotels & Resorts	32.300	82
Ramada International	8.400	48

Figura 5-2 Marcas hoteleiras divididas entre as cinco principais empresas de administração norte-americanas.
Fonte: <www.ahma.com/infocenter/top50.htm>

Apesar de esse valor não ser exato, ele indica a quantidade de dinheiro envolvida no desenvolvimento de um hotel. Hoje, os custos crescentes da operação hoteleira transformaram os números a tal ponto que uma unidade habitacional que tenha custado US$ 10.000 não pode mais ser alugada por US$ 10 e ainda dar lucro. Arquitetos e empreendedores estão continuamente procurando maneiras de economizar durante o processo de desenvolvimento para manter os custos baixos e as tarifas em um patamar razoável.

Custos de Desenvolvimento e Pré-operação. O exame dos tipos de despesas que ocorrem durante o desenvolvimento de um hotel explica os gastos envolvidos nesse processo (é claro que esses custos variam conforme o tipo de estabelecimento planejado). Além dos custos da aquisição do terreno e da construção do estabelecimento, deve-se reservar dinheiro para **dívidas** (juros e empréstimos) e para as despesas de **pré-abertura**. Essas últimas ocorrem durante a construção do estabelecimento, quando os principais gerentes são recrutados para planejar a operação do hotel, e uma empresa de publicidade e/ou relações públicas é contratada. A equipe de pré-abertura precisa planejar as festas e os eventos que comporão as cerimônias de abertura, bem como contratar e treinar os funcionários para cada um dos departamentos do hotel. Esses empregados também precisarão de material de escritório e equipamentos como máquinas de fax, fotocopiadoras e computadores.

Esses custos, acrescidos dos custos com a decoração e a mobília do hotel, com o paisagismo, com a estocagem de itens como roupa de cama e banho, uniformes, utensílios de vidro e produtos de limpeza aumentam os custos de construção entre 50% e 75%[7]. Além dessas despesas, o capital de giro necessário para pagar salários e operar o estabelecimento, antes que ele comece a dar lucro, torna o desenvolvimento de um hotel um investimento considerável.

Custos de Operação. Hotéis precisam de entrada constante de capital de giro após a fase de desenvolvimento. Normalmente, as despesas mais significativas na operação de um hotel envolvem os salários, os encargos e os benefícios dos funcionários. Os proprietários também devem

Meio Ambiente

POR DENTRO DA INDÚSTRIA | **MEIO AMBIENTE**

Designando Aposentos para Não-fumantes

A idéia é simples: pegar um quarto de fumante e transformá-lo em um de não-fumante. O ato em si, entretanto, não é tão simples. Converter uma unidade habitacional de fumante em uma de não-fumante pode custar mais de US$ 600[1]. A transformação envolve lavar os carpetes e trocar a roupa de cama, limpar as cortinas e até mesmo pintar as paredes e o teto.

Apesar dos custos, muitos hotéis optaram por fazer a mudança. Tradicionalmente, os hoteleiros separam a maior parte das unidades habitacionais para fumantes. Vinte e seis por cento dos adultos norte-americanos ainda fumam, e os viajantes internacionais, que representam 10% dos hóspedes dos hotéis norte-americanos, fumam ainda mais. As conversões, entretanto, são resultado, principalmente, de pressões dos consumidores. Até 1993, a Marriott havia transformado 60% de suas unidades habitacionais em acomodações para não-fumantes — um aumento de 22% em relação a apenas três anos antes. De 1987 a 1993, a Hilton aumentou o número de suas unidades habitacionais para não-fumantes em 10%, tornando 50% de suas unidades habitacionais em unidades para não-fumantes. Essa tendência tende a permanecer, visto que os fumantes — e os hoteleiros — vêm abandonando o hábito de fumar.

[1] SCHMIT, Julie. "Hotels Kick the Habit". *USA Today*. 13 de abril de 1993. E1.

estar preparados para pagar aluguel, manutenção predial e de equipamentos, contas dos serviços de utilidade pública, seguro, juros de dívidas, impostos e material de consumo, como roupa de cama e banho, materiais de limpeza e de escritório, uniformes, estoque de lâmpadas e mobília. Outras despesas incluem marketing e publicidade, mais os custos de administração de serviços adicionais, como instalações de lazer e restaurantes.

CONTROLANDO OS CUSTOS

Durante o desenvolvimento de qualquer estabelecimento de hospedagem, os proprietários e os gerentes devem estar atentos para eliminar custos desnecessários. E o que é mais importante: os gerentes e os projetistas devem planejar os controles de custos para quando o estabelecimento estiver funcionando. Dois pontos importantes relacionados à redução de custos são: (1) sistemas de engenharia eficientes e (2) medidas eficazes de segurança para prevenir roubos e para garantir a segurança de hóspedes e funcionários.

Eficiência Energética. Em virtude dos altos custos de energia, os engenheiros especificam os equipamentos mais modernos e econômicos a serem utilizados na construção de um hotel. Visto que o maior gasto com energia para qualquer hotel é com o sistema de aquecimento de água, é preciso cuidado especial na escolha de caldeiras e aquecedores eficientes. Instalações que conservam a água do chuveiro, pia e vaso sanitário são, hoje, equipamento padrão. Termostatos eletrônicos sofisticados para o ar-condicionado e para o aquecimento podem ser programados para ser ligados e desligados em horários determinados ou quando há movimento no quarto do hóspede.

Segurança e Prevenção de Perdas. Roubos de qualquer tipo aumentam significativamente o custo de operação de um estabelecimento hoteleiro. Quando afetam hóspedes, os roubos podem prejudicar de maneira irreversível a reputação de um hotel. Quando afetam o hotel, aumentam o custo do negócio. Desse modo, a segurança de um hotel atua de diversas maneiras, independentemente de seu tamanho ou da equipe de segurança.

Se corretamente planejado, um hotel deve possuir um sistema interno de segurança, especialmente nos bastidores. Seu design deve permitir controle rigoroso do fluxo de mercadorias da área de recebimento para a área de armazenamento e dali para a área de uso final. Além disso, os funcionários devem ser treinados para ter consciência das conseqüências das perdas.

Outro aspecto importante é a proteção. Apesar de não ser necessária a existência de guardas armados verificando a identidade dos hóspedes em cada entrada, os programas de proteção aos hóspedes vão de folhetos sobre a disponibilidade de cofres a avisos verbais para que não abram a porta para estranhos. As medidas preventivas podem incluir estacionamentos e corredores bem iluminados e entradas trancadas em determinados horários.

O CLS Video Guardian da Computerized Lodging Systems Inc. ajuda a aumentar a segurança do hóspede. Esse sistema de videofone permite que os hóspedes vejam seus visitantes na tela — mesmo no escuro — antes de abrir a porta. Além disso, o sistema pode armazenar digitalmente imagens instantâneas dos visitantes quando o hóspede estiver fora do quarto ou dormindo.

O PROJETO FÍSICO DO NOVO HOTEL

Uma vez que o financiamento para a obra foi obtido e todos os envolvidos já se comprometeram com o projeto, tem início o planejamento da construção. Utilizando a informação obtida no estudo de viabilidade e as decisões tomadas acerca do tamanho e do tipo de estabelecimento para o local escolhido, os arquitetos delineiam a planta do hotel. Essa planta, juntamente com a dos decoradores de interiores, especifica todos os aspectos do projeto físico do hotel, desde a localização das unidades habitacionais e do número de tomadas em cada sala de convenções até a cor do papel de parede e o estilo das instalações do banheiro. Os proprietários e os gerentes devem estar envolvidos nessa etapa de planejamento porque possuem mais familiaridade com as necessidades dos hóspedes e, também, porque serão os responsáveis por tornar o estabelecimento lucrativo.

O design de um hotel deve satisfazer a duas necessidades essenciais: oferecer aos hóspedes um ambiente confortável e seguro em que possam desfrutar sua estada e permitir que os funcionários possam operar o hotel de maneira eficiente para atender às necessidades desses hóspedes.

DESIGN BÁSICO DE UM HOTEL

Embora cada tipo de estabelecimento hoteleiro possua características exclusivas, criadas para atender às necessidades dos hóspedes, a maior parte deles tem a mesma estrutura básica. Um elemento comum é a divisão entre as áreas de hóspedes, ou *front of the house,* e os bastidores, ou *back of the house*. As áreas ***front*** são aquelas com as quais os hóspedes têm contato, incluindo *lobby*, corredores, elevadores, unidades habitacionais, restaurantes, bares, salas de convenções e banheiros. As demais áreas da propriedade são denominadas **bastidores** ou ***back***. Essas são as áreas de suporte. A dualidade do design hoteleiro reflete a complexa relação entre as duas áreas. A área de frente depende completamente do bom funcionamento dos bastidores, ainda que o hóspede nunca deva ter consciência de toda a movimentação que ocorre nessas áreas. Para o hóspede, o ambiente deve ser calmo, sereno e eficiente, de modo a satisfazer todos os seus desejos. O *back* deve estar organizado de modo que cada funcionário possa atuar da maneira mais eficiente possível, sem que o hóspede perceba que isso está sendo feito[8]. Seguem-se os elementos básicos dos projetos físicos hoteleiros para as áreas de frente e para os bastidores.

Front of the House. Pelo fato de o *front of the house* corresponder às áreas que os hóspedes podem ver, ele deve ser desenhado de modo "a vender" o hotel para consumidores potenciais. As ferramentas dos projetistas incluem espaço, forma, textura, cor e luz, elementos que afetam a impressão dos hóspedes a respeito de uma determinada área. A luz, em especial, pode tornar um ambiente convidativo e até mesmo descontraído. Cada área deve ser projetada para proporcionar conforto e comodidade para o hóspede.

Como o *lobby* é a primeira e a última parte de um hotel que os hóspedes vêem, ele possui um papel importante no projeto físico de um hotel. Em muitos hotéis, o *lobby* é a vitrine do hotel e exibe obras de arte, acabamento perfeito e móveis confortáveis. O *lobby* também precisa ser funcional. O balcão da recepção deve estar localizado em local visível para quem chega e deve possuir espaço suficiente para que diversos hóspedes possam fazer check-in e check-out ao mesmo tempo.

"A arquitetura do *lobby* pode atrair primeiro a atenção, mas é o quarto que faz com que os hóspedes voltem", diz um ex-diretor de design e vice-presidente do Sheraton, Ramada, Inter-Continental e Holiday Inns[9]. É com base nessa teoria que a maior parte das unidades habitacionais é projetada, o que as torna o ponto central de um projeto físico hoteleiro. Em toda a indústria, os projetistas encontraram diversas maneiras de dispor a cama e o banheiro para atender a uma variedade de hóspedes. As plantas exibem desde o padrão *double-double* (duas camas de casal) a luxuosas suítes que mais parecem apartamentos residenciais completos.

Outras áreas de frente também devem ser bem planejadas. Uma indicação da qualidade do planejamento do restaurante do hotel é sua popularidade com clientes não hospedados (passantes). As instalações do hotel também devem ser planejadas para atender às necessidades dos participantes de convenções quanto a equipamentos audiovisuais, espaços para exposições e uma boa diversidade de salas de reunião.

Perfil Pessoal

PERFIL PESSOAL **SARAH TOMERLIN LEE**

A Mais Importante Profissional da América em Design Hoteleiro

Inspirada por memoráveis lembranças de visitas a lendários hotéis durante sua infância, a jovem Sarah Tomerlin Lee desenvolveu um interesse por design interior que a marcou na história como "a embaixadora do design americano de hotéis"[1].

De seu concorrido escritório em Nova York, onde supervisiona uma equipe de seis projetistas e trabalha com 40 arquitetos, Sarah Tomerlin Lee define-se como "uma garota de sorte". Ex-vice-presidente da Lord & Taylor, copywriter sênior da Young & Rubicam, editora-chefe da *Harpers Bazaar* e editora-chefe da *House Beautiful,* Lee herdou de seu marido a empresa de design, a Tom Lee Limited, tendo iniciado a carreira no ramo hoteleiro em 1971.

Apesar da sorte ter feito sua parte, foram o talento e o trabalho duro de Lee que lhe deram o reconhecimento no ramo do design. Ela ganhou, em 1988, o título de Hospitality Woman of the Year da *Network of Executive Women* e, também, vários prêmios, entre os quais o Restaurant and Hotel Design Platinum Circle Award, em 1988; o FIT (50 anos da Women in Fashion) Award; e o ASID Award, em 1982 e 1987.

Com um estilo que combina influências clássicas greco-romanas com interpretações contemporâneas, Lee desenhou o interior de muitos grandes hotéis, entre os quais o New York Helmsley; o Willard, em Washington; o New Orleans Meridien e o Hotel Atop The Bellevue, na Filadélfia.

"Sempre há um pouco de romance em meu trabalho", diz Lee. "Acho que é porque tive uma vida romântica e me casei com um homem maravilhoso, bonito e talentoso." Apesar de ela nunca ter trabalhado com seu famoso marido designer (ele projetou o primeiro Four Seasons), sua influência e reputação ajudaram Lee a fazer a transição de escritora para designer. "Eu estava empolgada e assustada quando fiz meu primeiro hotel. Mas todo mundo achava que eu podia fazê-lo. A *House Beautiful* me ensinou muito sobre essa indústria; meu treinamento foi escrevendo sobre ela."

Nascida em Union City, no Tennessee, e educada no Randolph Macon Woman´s College, em Lynchburg, Virgínia, Lee tornou-se uma importante figura em merchandising, publicidade e promoção — muito antes de se tornar famosa como mulher que faz acontecer. Ela atribui a seu talento para comunicação seu sucesso como publicitária, escritora e designer.

Não existe um padrão para o trabalho de Lee. "Acredito que o que deve vir primeiro não é quem fez o projeto, mas para quem o projeto foi feito. Eu me esforço para que as pessoas digam 'É bonito', e não 'Vemos Sarah em cada detalhe'." Lee também acredita que cada estabelecimento tem uma história. Se um hotel não tem uma história, sua equipe cria uma e o design do hotel é feito a partir da essência dessa história. A filosofia de seu design baseia-se em suas idéias sobre as expectativas dos hóspedes. Ainda na infância, Lee desenvolveu interesse pela estética. "As janelas podem me deixar tão solitária", ela diz. "Tento tornar as coisas aconchegantes e não frias e austeras. Meus projetos são feitos para ser como uma noiva, com um pouco de inocência, algo que nunca havia sido feito antes."

Sarah Tomerlin Lee hoje está aposentada, mas seu estilo clássico é ainda evidente em muitos grandes hotéis.

[1] BARABAN, Regina. "Designing Women". *Lodging Hospitality.* Julho de 1991: 33.

Plantas Baixas das Unidades Habitacionais. Ao projetar um hotel, os arquitetos têm a tarefa de criar um estabelecimento original, com a maior área possível de unidades habitacionais (geradoras de receita). O planejamento cuidadoso proporcionou ao longo do tempo o surgimento de diferentes configurações passíveis de serem trabalhadas, algumas mais eficientes que outras. Essas configurações podem estar classificadas em duas categorias principais: horizontais e verticais.

As configurações horizontais possuem corredores de unidades habitacionais de um só lado ou de ambos (carga simples ou dupla) que podem estar um acima do outro ou arranjados em diferentes formatos para criar formas em L e pátios. Ao escolher um layout, os arquitetos devem considerar a localização de elevadores, escadas de incêndio e áreas de serviço para cada andar. Nas configurações verticais, as unidades habitacionais e os corredores ficam ao redor de uma parte central. O que mais varia é o formato da torre: retangular, circular ou triangular. Na parte central devem ser organizados os elevadores, os depósitos e as escadarias. Os arquitetos também devem determinar como os corredores devem alcançar as unidades habitacionais das esquinas e qual a disposição dessas unidades ao redor da parte central em cada andar.

Back of the House. Apesar de invisível para o hóspede, essa é uma parte importante da estrutura do hotel. Eficiência e controle são os principais objetivos para as áreas de *back*. Os arquitetos devem fazer um planejamento tal que a operação do hotel seja discreta, sem revelar aos hóspedes as técnicas de trabalho. Esse planejamento deve estar atento ao fluxo de mercadorias da área de recebimento para as áreas de estoque e para os usuários finais, sejam eles hóspedes ou funcionários. As plantas devem também prever que os funcionários entrem e saiam do hotel e trabalhem sem serem vistos pelos hóspedes.

Dentre os departamentos de *back* está a governança, que necessita, em cada andar, de depósitos para roupa de cama e banho e carrinhos de limpeza. Além disso, a governanta precisa de um escritório que contenha uma grande área de estoque para armazenar materiais como lâmpadas e pequenos móveis.

A menos que toda a roupa utilizada no hotel seja mandada para uma lavanderia terceirizada, o hotel precisará de áreas para lavar e passar roupas de cama, mesa e banho. Em grandes hotéis, deve ser reservado espaço para outros equipamentos de limpeza, como equipamentos para lavagem a seco e prensas.

Independentemente do tamanho, todos os estabelecimentos de hospedagem também devem ter áreas destinadas à manutenção, onde se situam os sistemas de refrigeração, calefação e controle ambiental. Nessa área também ficam armazenados equipamentos e peças de reserva.

Os estabelecimentos que oferecem serviços de alimentos e bebidas precisam de áreas adicionais de estoque e de cozinhas para os restaurantes e bares. (Veja mais informações sobre restaurantes nos Capítulos 7, 8 e 9.)

ACESSIBILIDADE

A maioria das pessoas sabe que um hotel deve ser acessível, tanto em termos de localização quanto de projeto.

Projeto Que Garante Acessibilidade. Muitas das adaptações do projeto físico destinadas às pessoas que possuem deficiências são apenas extensão dos bons princípios arquitetônicos necessários para atender às necessidades de todos os hóspedes. Essas necessidades incluem segurança, independência, proteção e conforto. Todos os hóspedes precisam sentir-se seguros em um hotel, amparados por medidas como o sistema de fechaduras e trancas das unidades habitacionais. Os hoteleiros precisam estar atentos às necessidades dos hóspedes porque, afinal, eles se hospedarão onde se sentirem mais seguros.

Os hóspedes também querem se sentir independentes. Comodidades simples como maçanetas fáceis de abrir e interruptores mais baixos podem ajudar as crianças e os hóspedes com limitações de movimento a agir de forma mais independente. Essencial para hóspedes e funcionários, a proteção é o terceiro tópico a ser considerado. Oferecer um ambiente livre de barreiras, boxes e banheiras não escorregadios, equipamento de segurança contra incêndios e boa manutenção da propriedade contribui para a segurança de todas as pessoas no hotel. As plantas dos hotéis devem considerar o que é preciso fazer em uma emergência, seja ela natural ou provocada. Alguns hóspedes precisarão de ajuda adicional ao lidar com essas emergências, especialmente em estabelecimentos grandes ou com muitos andares.

Enfim, todos os hóspedes esperam conforto. E conforto é uma combinação de elementos arquitetônicos com serviços de hospitalidade. Deve-se, porém, assegurar que todos os hóspedes terão conforto da mesma forma. Considerações quanto ao conforto incluem termostatos baixos e fáceis de ajustar, piscinas e balneários com acesso para deficientes físicos e televisores com controle remoto.

A Lei Norte-americana para Portadores de Deficiências (The Americans with Disabilities Act of 1990 — ADA). A primeira legislação federal norte-americana relacionada à acessibilidade foi a Lei das Barreiras Arquitetônicas, de 1968 (Architectural Barriers Act)[10]. Ela ordenava que todos os prédios construídos, reformados ou financiados pelo governo federal, depois de 1969, deveriam ser acessíveis e utilizáveis por pessoas com deficiências físicas[11]. Em 1973, o Congresso designou uma comissão (Architectural and Transportation Barriers Compliance Board) para desenvolver e impor padrões de acessibilidade, que foram efetivados em 1982[12]. Mas essa legislação teve pouco impacto na indústria da hospitalidade por afetar somente as obras construídas ou financiadas pelo governo federal.

Uma legislação mais abrangente, a Lei Norte-Americana para Portadores de Deficiências, foi promulgada em 26 de julho de 1990 pelo presidente George Bush. Uma importante publicação de hospitalidade chamou a lei de "a mais impactante legislação desde... a Lei dos Direitos Civis de 1964 (Civil Rights Act of 1964), que proíbe discriminações quanto à raça, sexo ou origem". A ADA combina a Lei dos Direitos Civis e o Rehabilitation Act, de 1973, para garantir oportunidades

Tecnologia

POR DENTRO DA INDÚSTRIA — **TECNOLOGIA**

Classificando Hotéis Quanto à Acessibilidade

Para o deficiente físico, a acessibilidade de um hotel é fator determinante na decisão de retornar ou não. A lei norte-americana para portadores de deficiências, de 1990 , exige que estabelecimentos públicos, como hotéis, possuam acomodações para pessoas com deficiências. Hoje, a maior parte dos hotéis satisfaz as exigências mínimas, como a adição de barras de apoio às banheiras e placas em braile nos painéis dos elevadores[1]. De modo geral, a acessibilidade inclui itens como passagens para deficientes no meio-fio; portas que abrem para fora, em vez de para dentro; portas e corredores largos; mobília e comodidades em altura acessível para uma pessoa em cadeira de rodas.

Na opinião de um hóspede freqüente, o Omni International Crowne Plaza Hotels and Stouffers é o melhor em termos de acessibilidade. "Eles fizeram um trabalho incrível," diz David Burdett, "as portas são enormes e o corredor é grande o suficiente para manobrar a cadeira de rodas... Há espaço para circular a cadeira entre a cama *king-size* e a parede."[2]

[1] STAUFFER, Brooke. "Traveler Criticizes Hotels' Accessibility". *USA Today*. 13 de abril de 1993, 9F.

[2] STAUFFER, Brooke, ob. cit., 9F.

de trabalho iguais para pessoas qualificadas portadores de deficiências físicas, bem como igual facilidade de acesso a instalações públicas[13].

Quem são as pessoas com deficiências? A legislação as define como aquelas com problemas físicos ou mentais que limitem substancialmente uma ou mais atividades consideradas importantes[14]. Embora o número estimado pela legislação seja de 43 milhões de norte-americanos com deficiências, os especialistas concordam que essa ampla definição deve abrigar um número maior do que o originariamente estimado.

Independentemente dos números reais, a ADA trouxe grandes implicações para toda a indústria de hospedagem. Exigiu-se que todos os estabelecimentos públicos cumprissem a lei até 26 de janeiro de 1992[15]. Isso significava que os empreendimentos precisavam realizar mudanças consideráveis em termos de políticas, práticas e procedimentos, a menos que essas mudanças alterassem profundamente a natureza dos serviços oferecidos ao público[16]. Por exemplo, a adoção de lâmpadas mais fortes para atender às necessidades de pessoas com deficiências visuais seria algo aceitável em uma unidade habitacional. Mas essa mudança não seria razoável na boate do hotel, onde a existência de pouca luz é considerada parte do ambiente. O cumprimento da lei também significava fazer modificações razoáveis no projeto físico do estabelecimento e em equipamentos para hóspedes e funcionários.

AMBIENTAÇÃO/ATMOSFERA

O elemento mais abstrato do projeto físico de um hotel é a **ambientação** — a impressão que o estabelecimento de hospedagem transmite a seus hóspedes. Ao planejar um hotel ou sua reformulação, os projetistas criam uma imagem que carrega o conceito inicial. Da escolha dos materiais de construção à cor do carpete ou da telha, essa imagem torna-se o tema de toda a propriedade. Seja um paraíso tropical, uma hospedaria histórica do campo ou um centro de convenções futurístico, o tema deve estar relacionado ao público-alvo do hotel.

A arquitetura e o design interior possuem um papel importante para formar a imagem que o hóspede terá de determinado estabelecimento. A ambientação mostra para o hóspede se ele está em um empreendimento econômico ou de luxo; faz com que se sinta em casa ou pouco à vontade. E pode fazer a diferença: o hóspede retornará ao hotel ou escolherá outro local para se hospedar. A importância da ambientação pode ser vista no aumento do número de reformas e na tendência para a utilização de mobília de estilo residencial, tanto em estabelecimentos novos como em reformados.

RESUMO

- O desenvolvimento de um hotel é um processo que envolve cinco etapas: conceituação, análise da viabilidade, comprometimento, projeto físico, construção e gestão/operação.
- A localização é um fator determinante para o sucesso de um hotel e ajuda a determinar público-alvo, instalações e serviços.
- Os estudos de viabilidade são essenciais para determinar o potencial econômico de um projeto. Estudar o mercado e as fontes de demanda ajuda os empreendedores a decidir o tipo de empreendimento a ser realizado e quais serviços e comodidades oferecer.
- A diminuição do montante de moeda disponível por meio de instituições tradicionais de empréstimos durante os primeiros anos da década de 1990, nos Estados Unidos, levou ao desenvolvimento de esforços criativos por parte dos empreendedores. Um dos resultados foi que muitos hotéis foram renovados com o intuito de aumentar sua participação no mercado.
- Para economizar energia, engenheiros controlam os custos operacionais por meio da instalação de equipamentos modernos.

- ☆ O controle dos custos em um hotel inclui a prevenção contra roubos e outras medidas de segurança.
- ☆ Todos os hotéis compartilham um padrão estrutural básico, que compreende duas áreas distintas — o *front of the house* e o *back of the house*.
- ☆ O *front of the house* inclui todas as áreas que o hóspede vê durante sua estada e deve proporcionar uma atmosfera atraente.
- ☆ O *back of the house* inclui todas as áreas de bastidores. Essas áreas devem ser planejadas para maximizar a eficiência dos funcionários do hotel.
- ☆ A acessibilidade é um fator importantíssimo no projeto físico de um hotel. O parágrafo III da Lei Norte-Americana para Portadores de Deficiências, de 1990, exige que aos hóspedes com deficiências seja assegurado acesso igualitário a serviços de hospedagem e de hospitalidade.

NOTAS

1 Olsen, Michael D. e Center for Hospitality Research and Service. "Trends". *Hotel & Motel Management*. 4 de fevereiro de 1991: 41.

2 Lapidus, Morris e Lapidus, Alan. "Commercial hotels". Time-Saver Standards for Building Types, org. Joseph De Chiara e John Hancock Callender, 3. ed. Nova York, McGraw-Hill Publishing Co., 1990: 972.

3 Baum, Chris e Wolchuk, Sally. "Problem: Losing Market Share? Solution: Renovate". *Hotels*. Novembro de 1992: 104.

4 Baum e Wolchuk. "Problem: Losing Market Share?", 95.

5 Baum e Wolchuk. "Problem: Losing Market Share?", 94.

6 Baum e Wolchuk. "Problem: Losing Market Share?", 95.

7 Lapidus e Lapidus. "Commercial Hotels", 973.

8 Lapidus e Lapidus. "Commercial Hotels", 972.

9 Mays, Vernon. "P/A Inquiry: Inside the Hotel Guest Room". Progressive Architecture. Junho de 1988: 111.

10 Davies Jr., Thomas D. e Easley, Kim A. Design for Hospitality: Planning for Accessible Hotels and Motels. Nova York, Nichols Publishing, 1988: 2.

11 West, Jane. "The Social and Policy Context of the Act". The Americans with Disabilities Act: From Policy to Practice, org. Jane West. Nova York, Milbank Memorial Fund, 1991: 16.

12 West. "The Social and Political Context", 16.

13 Woods, Robert H. e Kavanaugh, Raphael R. "Here Comes the ADA — Are You Ready?" (Part I). *The Cornell Hotel and Restaurant Association Quarterly*. Fevereiro de 1992: 25.

14 LaPlante, Mitchell P. "The Demographics of Disability". The Americans with Disabilities Act: From Policy to Practice, 57.

15 "A única exceção quanto à data (fevereiro de 1992) é para estabelecimentos de hospedagem com, no máximo, cinco quartos para alugar e onde morem os proprietários. Parece que os muitos estabelecimentos de *bed-and-breakfast* estão livres das exigências da ADA quanto às acomodações públicas." Woods, R. H. e Kavanaug, R. R. "Here Comes the ADA — Are You Ready?". *The Cornell Hotel and Restaurant Administration Quarterly*. Fevereiro de 1992. vol. 33, n. 1, p. 24-32.

16 U.S. Department of Justice, Civil Rights Division, Americans with Disabilities Act Handbook. Washington, U.S. Government Printing Office, 1992. Apêndice 02.

VERIFIQUE SEU CONHECIMENTO

1. Quais são as etapas do desenvolvimento hoteleiro?
2. Qual é o papel da localização no desenvolvimento de um hotel?
3. Por que os empreendedores devem encomendar um estudo de viabilidade antes de construir um hotel?
4. Por que os financiamentos para hotéis tornaram-se escassos e como as empresas hoteleiras norte-americanas lidaram com esse problema?
5. Quais aspectos especiais devem ser considerados no projeto físico das áreas de frente e de bastidores de um meio de hospedagem?

APLIQUE SUAS HABILIDADES

Utilizando o exemplo de demonstração de resultados da Tabela 5-2, determine o lucro e o prejuízo do L'Grand Hotel nas seguintes situações:

1. Se não ocorresse aumento da receita e se as despesas operacionais anuais aumentassem em 10%, qual seria o lucro ou o prejuízo antes dos impostos?
2. Em seu segundo ano, a receita líquida do L'Grand e suas despesas operacionais mudaram em relação ao ano anterior nos seguintes itens: a venda de pernoites aumentou 4%, as despesas com serviços de utilidade pública foram 25% mais elevadas, os custos de alimentos e bebidas foram 3% menores e os de manutenção 12% maiores. Quais foram a receita líquida e as despesas operacionais totais L'Grand em seu segundo ano? Qual foi o lucro ou o prejuízo?
3. Qual porcentagem da receita líquida do L'Grand vem da receita de hospedagem? De alimentos e bebidas? De outros departamentos?

QUAL É SUA OPINIÃO?

1. Se você pudesse construir um hotel em qualquer lugar do mundo, onde você o construiria? Quais seriam as limitações específicas desse local?
2. Um estudo de viabilidade deveria ser ampliado para incluir um estudo de impacto ambiental? Justifique.
3. A história da indústria hoteleira parece possuir um padrão cíclico. Se essa teoria é verdadeira, que tipos de mudanças você esperaria no desenvolvimento de projetos hoteleiros para os próximos 20 anos? E nos financiamentos para hotéis?
4. Quais outros métodos poderiam reduzir efetivamente a ocorrência de crimes em hotéis sem afetar o conforto do hóspede?
5. O estilo de criação de Sarah Tomerlin Lee associa a influência contemporânea com sua experiência no estilo clássico greco-romano. Se você fosse um designer de interiores, em qual estilo você se especializaria? Explique sua resposta relacionando-a à ambientação.

ESTUDO DE CASO

Angélica e Tomás Garcia compraram recentemente um imóvel perto de uma praia popular. Apesar das críticas de que a área já cresceu demais e de que os empreendedores estão destruindo a costa, os Garcia planejam construir um resort *all-suite*.

TABELA 5-2 Exemplo de demonstração de resultados

L´GRAND HOTEL
DEMONSTRAÇÃO DE RESULTADOS
CORRESPONDENTE AO PERÍODO COM FINAL EM 31 DE DEZEMBRO DE 19XX

RECEITA LÍQUIDA	
Hospedagem	$ 850.000
Alimentos e bebidas	600.000
Outros departamentos	50.000
Receita total	1.500.000
DESPESAS OPERACIONAIS (Despesas departamentais e gerais)	
Hospedagem	170.000
Alimentos e bebidas	300.000
Salários e benefícios	90.000
Mercadorias de consumo	30.000
Lavanderia	40.000
Outras	90.000
Serviços de utilidade pública	70.000
Manutenção	40.000
Total de despesas operacionais	830.000
GASTOS NÃO-OPERACIONAIS	
Impostos sobre a propriedade	44.000
Seguro	36.000
Despesas com juros	150.000
Depreciação	100.000
Total de gastos não-operacionais	330.000
TOTAL DE DESPESAS	**1.160.000**
LUCRO ANTES DO IMPOSTO DE RENDA	**$ 340.000**

Um estudo de viabilidade preliminar indicou que há demanda suficiente que justifique a construção se o hotel puder atrair uma parte dos hóspedes da concorrência. Os dois maiores concorrentes concentram seus esforços no sentido de atrair convenções a suas grandes e modernas instalações. Um possui um renomado *chef* de cozinha para atrair banquetes; o outro, uma empresa de administração reconhecida internacionalmente e uma marca conhecida.

1. Quais tipos de serviço poderiam os Garcia oferecer para atrair hóspedes de convenções de seus concorrentes?
2. Quais considerações relacionadas ao projeto físico do hotel podem minimizar as preocupações locais quanto ao meio ambiente?
3. Quais outros estudos os Garcia deveriam encomendar antes de procurar financiamento?

6

Gestão e Operação Hoteleira

Resumo

A gestão e a operação de um hotel podem exigir um esforço monumental. Centenas de empregados podem trabalhar em um hotel específico em funções que exigem todos os níveis de habilidade e conhecimento. Neste capítulo, você estudará os principais departamentos existentes em um hotel típico e suas funções básicas. Você examinará como esses departamentos são afetados por questões relacionadas a recursos humanos, como necessidades dos funcionários, sindicatos e imigração. Você também aprenderá sobre problemas financeiros relacionados à operação hoteleira — como determinar o ponto de equilíbrio e as tarifas das diárias e como utilizar classificações e associações para aumentar a lucratividade.

Objetivos

Ao concluir este capítulo, você deverá ser capaz de:

1. Descrever a estrutura organizacional básica de um hotel, incluindo os tipos de cargos existentes e as responsabilidades de cada um.

2. Descrever maneiras pelas quais a indústria hoteleira pode diminuir sua taxa de rotatividade de funcionários.

3. Analisar estratégias para determinar pontos de equilíbrio e tarifas.

ESTRUTURA GERENCIAL BÁSICA

Os hotéis e os meios de hospedagem em geral, independentemente do tamanho, estão organizados de forma a oferecer à clientela hospedagem e serviços relacionados. Todos apresentam semelhanças organizacionais, uma vez que possuem essa missão em comum. No capítulo anterior, você conheceu as expressões *front of the house* e *back of the house* relacionadas ao projeto físico de um empreendimento. Esses mesmos termos podem referir-se aos funcionários e departamentos de um estabelecimento de hospedagem. Os funcionários de **linha de frente**, ou de *front*, são aqueles que mantêm contato direto com os hóspedes. Já os de *back* são os que trabalham nos bastidores para tornar a estada do hóspede agradável e segura. (Veja um organograma de hotel na Figura 6-1 e, na Tabela 6-1, uma lista de cargos comuns existentes.)

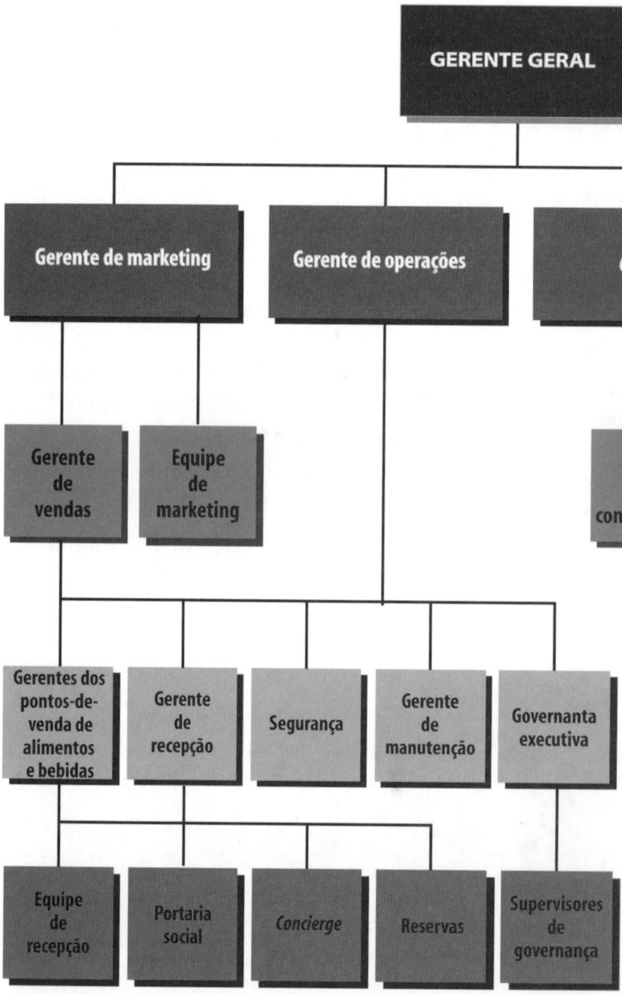

Figura 6-1 Exemplo de organograma para um hotel de grande porte.
Fonte: American Hotel & Motel Association para o Council on Hotel Restaurant and Institutional Education. *A Guide to College Programs in Hospitality and Tourism*, 5. ed. Nova York, John Wiley & Sons, Inc., 1997.

TABELA 6-1 Cargos gerenciais chave em hotelaria

Título	Departamento	Descrição	Oportunidade de crescimento
Controller de alimentos e bebidas	Controladoria	Controla os custos de alimentos e bebidas por meio do planejamento do cardápio e de decisões sobre determinação do preço, compras, estocagem e emissões. Trabalha em conjunto com a gerência e a auxilia por meio de reuniões e relatórios.	Assistente de controladoria
Assistente de controladoria	Controladoria	Atua como gerente com responsabilidade de preparar relatórios financeiros.	*Controller*
Controller	Controladoria	Atua como conselheiro financeiro junto à gerência para a obtenção dos objetivos de lucro por meio de planejamento detalhado, controle de custos e gerenciando, efetivamente, os recursos e os compromissos financeiros do hotel.	*Controller* de área/regional
Gerente de operações	Administrativo	Normalmente é o gerente número dois do hotel, responsável pelo gerenciamento de todos os departamentos operacionais, como alimentos e bebidas, governança etc.	Gerente geral
Gerente geral	Administrativo	Supervisiona todas as atividades dentro do hotel. É responsável pela coordenação de todos os departamentos.	Regional e corporativo
Gerente de manutenção	Manutenção	Responsável pela manutenção da parte física e mecânica do hotel.	Equipe regional
Steward	Alimentos e bebidas	Compra e supervisiona o recebimento e o estoque de alimentos e bebidas para o hotel.	Gerente de restaurante
Gerente de alimentos e bebidas	Alimentos e bebidas	Supervisiona todo o departamento de alimentos e bebidas.	Gerente geral
Gerente de banquetes	Alimentos e bebidas	Vende banquetes e supervisiona o serviço.	Gerente de alimentos e bebidas
Gerente de eventos	Alimentos e bebidas	Atua como contato entre o organizador de eventos e o hotel. Responsável pela execução das principais funções.	Gerente de banquetes/ Gerente de alimentos e bebidas
Gerente de recepção	Hospedagem	Atua como contato entre o hóspede e o hotel para reservas, check-in e informações.	Gerente de operações (com *cross-training* em outros departamentos)
Gerente de reservas	Hospedagem ou marketing	Supervisiona as funções e os mapas de reservas e a gestão de receitas (*yield management*).	Gerente de hospedagem/ Gerente de marketing
Supervisor de governança	Governança	Supervisiona o trabalho das camareiras e demais funcionários em determinadas áreas.	Governanta executiva
Governanta executiva	Governança	Supervisiona todos os funcionários da governança. Responsável pela compra e troca de todos os materiais utilizados.	Gerente de operações (com *cross-training* em outros departamentos)
Gerente de marketing	Marketing	Supervisiona todas as funções de marketing e vendas; desenvolve planos de marketing e vendas.	Gerente de operações (com *cross-training* em outros departamentos)
Gerente de vendas	Vendas	Vende as salas de convenções para reuniões, banquetes e recepções. Vende hospedagem para grandes compradores, como diretores de viagens corporativas de grandes empresas.	Gerente de marketing

Fonte: "The Council on Hotel, Restaurant and Institutional Education", in *A Guide to College Programs in Hospitality and Tourism.* Nova York, John Wiley & Sons, Inc., 5. ed., 1997.

DEPARTAMENTOS ADMINISTRATIVOS

Os cargos envolvidos na administração de um hotel são classificados como *back of the house*. As áreas administrativas incluem gerência geral, controladoria, recursos humanos e marketing/vendas.

Gerência Geral. O gerente geral é o comandante das operações do hotel e possui responsabilidades em três grandes áreas: (1) relacionamento com hóspedes e funcionários, (2) supervisão das operações e (3) aumento da rentabilidade. O gerente geral deve promover a satisfação do hóspede. Isso às vezes é feito por meio da interação com os hóspedes, mas, mais freqüentemente, garantindo o bom funcionamento do hotel.

O gerente geral supervisiona e organiza todos os outros departamentos dentro do hotel e, portanto, deve estar familiarizado com o funcionamento de cada área. Muitos gerentes gerais possuem, pelo menos, dez anos de experiência em vários cargos hoteleiros e aprenderam na prática as habilidades e funções exigidas em cada departamento. A maioria dos gerentes gerais possui bacharelado em hotelaria ou áreas afins. Com amplo conhecimento dos princípios de administração, delegam autoridade e exigem que a equipe esteja direcionada para a resolução de problemas e para o serviço. As hábeis técnicas de motivação e de comunicação de um gerente ajudam a aumentar a satisfação dos funcionários e a produtividade, o que, por sua vez, aumenta a satisfação do hóspede.

Muitas das tarefas gerenciais são conduzidas por chefes de departamento ou outros gerentes diretamente subordinados ao gerente geral. O **gerente residente** costuma supervisionar as operações de recepção, reservas e governança. Os grandes hotéis distribuem as responsabilidades do gerente residente entre um assistente executivo da gerência, que gerencia as funções diretamente relacionadas à venda de hospedagens; um gerente de reservas, que supervisiona as funções de reservas; e uma governanta executiva, que gerencia o departamento de governança.

Controladoria. As funções de controladoria de um hotel estão sob a supervisão do ***controller***, ou contador-chefe. O *controller* gerencia o departamento de controladoria, todas as transações financeiras do hotel e participa de planejamentos e projeções financeiras de longo prazo.

O departamento de controladoria lida com contas a pagar, a receber e com a folha de pagamento. O departamento de contas a pagar é responsável por conferir e pagar as contas decorrentes da compra de materiais e serviços. O de contas a receber registra todo o dinheiro recebido pelo hotel e pode supervisionar as funções de crédito, cobrança e caixa.

Os cargos dentro do departamento de controladoria de um hotel variam consideravelmente conforme o tamanho do empreendimento. O trabalho do *controller* é altamente especializado, e sua execução costuma ficar a cargo de um contador formado em uma faculdade renomada. O *controller* precisa de experiência anterior relevante em contabilidade e na indústria hoteleira. Os grandes hotéis também podem contratar um **gerente de crédito**, cujas responsabilidades incluem validar e autorizar créditos para hóspedes e cobrar contas vencidas. Um **chefe de contas** a pagar pode supervisionar um grande departamento responsável pela folha de pagamento de um hotel. Sob a supervisão dessas pessoas, vários atendentes e caixas registram as vendas, emitem cheques, mantêm lançamentos e computam salários e pagamentos. A maior parte desses cargos exige certa vivência em escrituração ou contabilidade, bem como conhecimento de informática.

Recursos Humanos. Todos os hotéis precisam entrevistar, contratar e treinar seu quadro de funcionários. Em um grande hotel, essas atividades podem ser desenvolvidas por um departamento de recursos humanos. Esse departamento gerencia o programa de benefícios do hotel e monitora a obediência às leis relacionadas à oferta de oportunidades iguais de contratação e promoção. Um **gerente de recursos humanos** com formação superior é quem chefia o departamento.

Marketing/Vendas. Independentemente de seu tamanho, todos os hotéis promovem suas instalações e serviços. Na indústria da hospitalidade, a maior parte dos funcionários, qualquer que seja o cargo, atua, de certa forma, "fazendo marketing", visto que os hóspedes entram em contato com um grande número de pessoas diferentes dentro da empresa.

As responsabilidades específicas do departamento de marketing em qualquer hotel podem incluir:

- venda de hospedagem e instalações para indivíduos e grupos;
- veiculação de publicidade em meios de comunicação;
- gestão de relações públicas para maximizar a imagem do hotel; e
- contatos com agentes de viagens e guias turísticos.

Muitas das funções do departamento de marketing são executadas pela rede hoteleira ou pelo escritório central da franquia. Um grande departamento de marketing pode coordenar as atividades de diversos profissionais, incluindo as de diretores de publicidade, relações públicas, vendas e de representantes de vendas.

DEPARTAMENTOS OPERACIONAIS

Para oferecer hospedagem, todos os hotéis estão organizados em torno de quatro funções básicas: (1) recepção, (2) governança, (3) manutenção e (4) segurança.

Além desses serviços comuns, os hotéis e seus departamentos podem variar muito. Por exemplo, a maioria dos hotéis de luxo possui um departamento de alimentos e bebidas, enquanto a maioria dos estabelecimentos econômicos, não. O tipo de serviço oferecido por cada uma dessas funções também pode variar bastante em hotéis diferentes. Hóspedes de negócios participando de convenções podem esperar um atendimento que utilize alta tecnologia na recepção, e hóspedes de um resort podem preferir uma abordagem mais pessoal. Independentemente da tarifa, os hotéis possuem departamentos operacionais atuando na linha de frente e nos bastidores.

COM A PALAVRA, OS GRADUADOS | **JOHN YEUNG**

Quando John Yeung se formou em Conrad Hilton N. College of Hotel and Restaurant Management, da Universidade de Houston, uma das perguntas que ele mais ouvia em entrevistas era: "Onde você se vê daqui a cinco ou dez anos?". Ele sempre respondia sem hesitar: "Quero ser um gerente geral".

Como parte de sua estratégia de carreira, ele decidiu ingressar em uma empresa onde conseguiria assumir responsabilidades rapidamente. Entrou para a Harvey Hotels, uma pequena empresa de administração hoteleira sediada em Dallas, Texas, que posteriormente tornou-se a Bristol Hotels & Resorts, uma das empresas de desenvolvimento hoteleiro que mais crescem nos Estados Unidos. Em dois anos, John assumiu seis cargos diferentes na empresa, o que permitiu que ele aprendesse todas as facetas do gerenciamento de um hotel, desde a operação de alimentos e bebidas, passando pelo gerenciamento da boate, até as operações de hospedagem. Yeung aconselha: "Pegue as melhores práticas de pessoas bem-sucedidas e utilize-as para desenvolver sua rotina diária e seu raciocínio".

Recepção. A recepção (*front office*) é o coração de qualquer empreendimento hoteleiro. Ela supervisiona a disponibilidade de acomodações, registra hóspedes, processa reservas, supervisiona o check-out e designa acomodações. A recepção responde às dúvidas dos hóspedes quanto às atividades e aos recursos do hotel e fornece informações sobre restaurantes e atrativos próximos.

O número de indivíduos envolvidos no trabalho da recepção e a especificidade de suas funções varia conforme o tamanho do estabelecimento. Os hotéis menores podem possuir uma pessoa por turno realizando todas as funções. Com maior freqüência, um **gerente de recepção** supervisiona uma equipe, incluindo os funcionários cujas tarefas são apresentadas a seguir.

Reservas. As reservas podem ser feitas de várias maneiras diferentes: por meio de um escritório de reservas local, de um departamento de marketing e vendas ou de uma central nacional. A maioria dos estabelecimentos aprendeu com a experiência que alguns hóspedes efetuam a reserva e não comparecem (*no-show*). Para combater essa perda de receita, o ***overbooking*** é uma prática relativamente comum. Muitos hotéis reservam de 10% a 15% a mais do que o número de unidades habitacionais em disponibilidade. Isso não costuma causar problemas, mas, quando causa, em geral recorre-se a outros hotéis próximos para acomodar o fluxo excedente.

Check-in. O **recepcionista** é a pessoa responsável por recepcionar e registrar os hóspedes. Se o hóspede possui reserva, o recepcionista verifica suas informações. Se não foi feita reserva, o recepcionista informa as tarifas e a disponibilidade. Essa informação deve estar imediatamente disponível para o recepcionista, de modo que ele possa vender acomodações disponíveis para os possíveis hóspedes. Muitos hotéis utilizam **sistemas computadorizados de gestão** para armazenar as informações sobre reservas, disponibilidade e tarifas. Os estabelecimentos menores podem manter essas informações em um ***rack*** onde são colocados cartões com o status de todas as unidades habitacionais. Hotéis e outros meios de hospedagem normalmente exigem que os hóspedes paguem pela hospedagem em dinheiro, no ato do check-in, ou pedem uma garantia de pagamento por meio de cartão de crédito.

Após o registro, o recepcionista designa uma unidade habitacional para o hóspede e lhe entrega uma chave ou cartão. Os cartões possuem faixas magnéticas com informações codificadas eletronicamente que são lidas por um leitor eletrônico acoplado à fechadura da porta do quarto do hóspede. Essas chaves são programadas para perder a validade na data e no horário da saída previstos para o hóspede.

Check-out. O procedimento de check-out é de responsabilidade da equipe da recepção e, freqüentemente, é tarefa executada pelas mesmas pessoas que fazem o check-in. Como a maior parte dos hotéis exige pagamento antecipado pela hospedagem, ou pelo menos a conferência da disponibilidade de crédito do cartão, o check-out costuma ser geralmente um processo simples. Cada vez mais, um número maior de hotéis utiliza seu próprio programa computadorizado para armazenar todas as despesas dos hóspedes e emitir a conta final no check-out. Em alguns hotéis, os hóspedes podem conferir a conta, verificar as cobranças e autorizar o pagamento via cartão de crédito sem sair do quarto. Uma cópia da conta detalhada é retirada no saguão, na saída, ou enviada pelo correio.

Recebendo os Hóspedes. O **capitão-porteiro**, cargo encontrado na maior parte dos hotéis médios e grandes, é uma figura de grande importância para a reputação de um estabelecimento de hospedagem. Ele, ou alguém de sua equipe, é sempre a primeira pessoa que o hóspede encontra quando chega ao hotel. O capitão-porteiro treina e supervisiona os **mensageiros**, que são os funcionários que acompanham os hóspedes a seus aposentos e carregam suas bagagens.

O capitão-porteiro supervisiona os atendentes da portaria social do hotel e a equipe do estacionamento. As gorjetas representam uma grande parte da renda de todos os funcionários dessa área (capitães-porteiros, mensageiros, atendentes e manobristas). É considerado normal oferecer ao mensageiro US$ 1 por mala carregada. Um atendente pode receber, em média, de um a dois dólares por chamar um táxi[1].

Comunicação. Tradicionalmente, mensagens telefônicas, cartas e fac-símiles são deixados na recepção até serem entregues aos hóspedes. A tecnologia vem, no entanto, modificando essa prática à medida que um número maior de hotéis instala **sistemas eletrônicos de correio de voz**. Esses sistemas permitem que os hóspedes recebam mensagens no telefone do quarto. Discando um código, eles podem ouvi-las a qualquer momento, tanto de dentro como de fora do hotel. Os correios de voz reduzem bastante a necessidade do auxílio prestado pelas telefonistas. O sistema permite que as mensagens sejam deixadas em qualquer idioma, sem problemas de tradução nem de comunicação. Isso pode ser muito útil para estrangeiros, sejam eles hóspedes ou alguém que está ligando para um hóspede. Pelo correio de voz, os hotéis podem fornecer aos hóspedes informações sobre o restaurante do hotel, o horário de funcionamento das lojas, bem como quaisquer eventos especiais ou atividades dignas de nota.

No Rihga Royal Hotel, em Nova York, o serviço telefônico é ainda mais sofisticado[2]. Cada hóspede recebe um telefone celular e, quando ninguém atende o telefone do quarto, a ligação é automaticamente direcionada para o telefone celular. Somente se ninguém atende o celular é que a ligação retorna para a telefonista do hotel. Atualmente, esse serviço é encontrado somente em alguns hotéis de luxo.

Alguns hotéis transmitem mensagens para hóspedes via televisão. Uma luz piscante no telefone indica ao hóspede que verifique um painel especial de mensagens na televisão do quarto.

Os hóspedes podem fazer chamadas locais ou interurbanas direto do telefone do quarto, sem precisar ligar para a telefonista. O valor das ligações é calculado eletronicamente e automaticamente lançado na conta dos hóspedes. Muitos hotéis oferecem telefones com duas linhas para que o hóspede possa colocar uma linha na espera enquanto atende outra ligação.

Um outro serviço telefônico que tem sofrido transformações é a tradicional **chamada de despertar** ou ***wake-up call***. Antigamente, os operadores de telefonia ligavam para o hóspede para acordá-lo em determinado horário. Esse sistema consumia tempo e era ineficiente, particularmente quando centenas de hóspedes pediam para acordar na mesma hora. Agora, computadores fazem os *wake-up calls*. Os hotéis que não utilizam sistema computadorizado para chamadas de despertar podem colocar despertadores nos apartamentos, de modo que os próprios hóspedes programem a hora de despertar.

Serviços de Informações. A maior parte dos grandes hotéis possui um *concierge*, que esclarece dúvidas, resolve problemas e realiza serviços de secretário particular para seus hóspedes. Esse indivíduo, que geralmente fica no saguão ou em um andar de luxo, fornece informações sobre restaurante, teatros e pontos turísticos da cidade, reserva mesas em restaurantes ou arranja ingressos de teatro para os hóspedes. O *concierge*, sempre atencioso, pode atender aos hóspedes chamando táxis, limusines ou comprando flores, doces ou outros presentes e mandando entregá-los.

Em hotéis pequenos, o recepcionista, o gerente, o capitão-porteiro e o mensageiro devem estar preparados para dar informações sobre como chegar aos lugares, restaurantes e pontos turísticos na área ao redor do hotel.

GOVERNANÇA. O serviço de governança, normalmente o maior departamento do hotel, é um dos mais cruciais para a satisfação do hóspede, que costuma citar a limpeza do estabelecimento como um dos itens mais importantes. Um serviço de governança ruim pode arruinar rapidamente a reputação e os negócios do hotel.

O departamento de governança é chefiado pela **governanta executiva**. Ela cuida do recrutamento, treinamento e supervisão da equipe, bem como da compra de materiais e equipamentos de limpeza. A responsabilidade de todos os que trabalham na governança é manter as unidades habitacionais e demais áreas do hotel limpas, abastecidas com os materiais necessários e em bom estado de conservação. A governanta também determina as prioridades para a limpeza, como, por exemplo, a limpeza dos quartos VIP antes do almoço, para que estejam imediatamente disponíveis para novos hóspedes.

Arrumação das Unidades Habitacionais. A limpeza das unidades habitacionais envolve trocar a roupa de cama e de banho, arrumar a cama, tirar o pó, aspirar o quarto e lavar o banheiro. Além disso, as cestas de lixo são esvaziadas; papel higiênico, xampu, sabonete e lenços de papel são repostos; lâmpadas, televisão e rádios são testados para que se tenha certeza de que tudo está funcionando. Os alimentos e as bebidas do frigobar também são repostos.

As pessoas que executam a limpeza diária são chamadas de **camareiras**. Suas tarefas variam consideravelmente de um empreendimento para outro, mas, em média, uma camareira limpa cerca de 15 unidades habitacionais por dia. As camareiras de hotéis de luxo podem ter outras tarefas, de modo que limpam menos unidades habitacionais.

Uma camareira principiante recebe a remuneração mínima, mas dela exigi-se pouca ou nenhuma experiência. Há oportunidades de crescimento dentro do próprio departamento de governança, visto que os grandes hotéis normalmente possuem **supervisoras de andares** e **assistentes de governança** que supervisionam o trabalho diário das camareiras.

Lavanderia. Fornecer roupa de cama e banho limpas para o hóspede é uma das principais tarefas da governança. Alguns hotéis administram sua própria lavanderia, onde o **gerente de lavanderia** supervisiona os **atendentes** que lavam, secam, passam e dobram a roupa. Outros estabelecimentos de hospedagem possuem roupa de cama e banho própria, mas pagam a uma lavanderia industrial por esses serviços. Existem empresas que alugam roupa de cama e banho para estabelecimentos de hospedagem. Esse serviço é, geralmente, o mais caro dos três apresentados, mas funciona bem para alguns estabelecimentos. Uma outra tarefa a cargo da lavanderia é a limpeza e a manutenção dos uniformes dos funcionários.

Lavanderia e Lavagem a Seco para Hóspedes. Espera-se, tradicionalmente, que os hotéis ofereçam serviços de lavanderia e lavagem a seco para os hóspedes. Muitos hotéis utilizam uma lavanderia terceirizada, mas os hotéis maiores costumam fazê-lo em lavanderia própria. Esse serviço costuma gerar pouca receita para o hotel e ser caro para o hóspede. No entanto, muitos hóspedes, em especial os de negócios, o utilizam. Estabelecimentos de hospedagem que acolhem famílias em viagem de lazer ou hóspedes de longa permanência costumam oferecer serviço de auto-atendimento em máquinas de lavar e secar.

Manutenção. As tarefas da manutenção podem estar a cargo do departamento de governança em hotéis pequenos. Nesses estabelecimentos, contratam-se pessoas externas ao hotel para fazer reparos e melhorias. Entretanto, hotéis grandes possuem seu próprio departamento de manutenção, onde trabalham pintores, encanadores, eletricistas e carpinteiros, que fazem reparos e manutenção preventiva. Normalmente, governança e manutenção trabalham juntas para planejar e implementar a manutenção a longo prazo das unidades habitacionais. A governanta executiva pode ter voz ativa na escolha dos padrões de cor de carpetes, papel de parede, móveis e em outras decisões sobre a decoração de interiores. Se o hotel quiser manter sua reputação, não pode deixar que pintura, mobília e acessórios das unidades habitacionais se deteriorem ou envelheçam. A maior parte dos hotéis redecora as unidades habitacionais conforme agenda estabelecida, a cada três ou quatro anos, por exemplo.

O departamento de manutenção é supervisionado por um **gerente de manutenção**. Uma importante tarefa desse profissional é implementar e assegurar o bom funcionamento de medidas de economia de água e energia. Essas medidas podem implicar a modificação de processos e equipamentos já existentes, a educação de hóspedes e funcionários quanto a como economizar e a instalação de equipamentos mais eficientes em termos de consumo de energia.

SEGURANÇA. Oferecer proteção ao hóspede e fazer prevenção contra perdas é essencial para qualquer estabelecimento de hospedagem, independentemente de seu tamanho. Os viajantes costumam ser alvo de ladrões, visto que muitas vezes carregam grandes quantidades de dinheiro e valores. O número de crimes violentos tem aumentado, e é responsabilidade dos hotéis proporcionar segurança contra agressões físicas. Em qualquer hotel, a segurança deve ser uma responsabilidade compartilhada por todos os funcionários. As despesas decorrentes de roubos ou ferimentos podem ser gigantescas. Em primeiro lugar, a reputação do hotel pode ser seriamente prejudicada, o que resulta em perda direta de reservas. Em segundo, o hotel pode precisar pagar quantias consideráveis para repor bens roubados ou quebrados por hóspedes, funcionários ou ladrões profissionais.

Um dia na Vida de...

UM DIA NA VIDA DE... UM GERENTE DE MANUTENÇÃO

O gerente de manutenção[1] em um hotel é, antes de mais nada, um supervisor. É seu trabalho planejar e organizar as tarefas que serão executadas por sua equipe. O objetivo dessas tarefas é assegurar que os equipamentos e os diversos sistemas mecânicos e elétricos de todo o hotel estejam funcionando de maneira segura e adequada.

Um dia comum de trabalho de um gerente de manutenção envolve responsabilidades administrativas como contratação, demissão, treinamento de pessoal e preparação do orçamento. Isso pode corresponder a 60% das 10 a 12 horas diárias de trabalho. Assegurar a boa comunicação entre departamentos e supervisores também é outra importante função do gerente de manutenção. Quase todos os dias é preciso planejar, coordenar, supervisionar ordens de serviço e lidar com problemas relacionados aos funcionários, bem como treinar outros departamentos para que diminuam os gastos com os serviços de utilidade pública (água, energia elétrica etc.).

Além de certificar-se da qualidade do trabalho realizado por sua equipe, o gerente de manutenção também pode trabalhar como técnico, mantendo ou aperfeiçoando diversos sistemas, como o de aquecimento, ventilação, refrigeração, elétrico ou de circulação da água (em grandes estabelecimentos, é mais provável que essas tarefas técnicas sejam delegadas a algum funcionário do departamento). Especificamente, a maioria dos gerentes de manutenção deve:

- possuir conhecimento sobre instalações elétricas e saber fazê-las;
- saber instalar e consertar encanamentos;
- conhecer o funcionamento dos motores, saber consertá-los ou quem chamar para fazer isso; e
- estar apto a orientar a reforma ou a construção de novas instalações.

Uma outra tarefa desse profissional é negociar contratos e analisar propostas de fornecedores, bem como obter certificados de seguro. Reuniões semanais ou diárias com pessoas de fora da organização são comuns. O gerente de manutenção deve garantir o funcionamento adequado das instalações e, ao mesmo tempo, controlar custos.

Para tornar-se um gerente de manutenção, é importante ter diploma de ensino médio e conhecimentos adicionais, principalmente sobre sistemas de ar-condicionado, encanamentos e manutenção de instalações elétricas. É importante ter vários anos de experiência na área. Além disso, é preciso ter experiência em gestão, principalmente em elaboração de orçamentos.

[1] JOHN Palmer, *Principles of Hospitality Engineering*. Nova York, Van Nostrand Reinhold, 1990: 180.

Hoje, a maioria dos hotéis possui pelo menos um segurança profissional, e muitos grandes estabelecimentos de hospedagem possuem um departamento de segurança coordenado por um **chefe de segurança**. Esse profissional possui amplo conhecimento sobre como fazer cumprir as leis, tanto civis quanto penais. Além disso, muitos hotéis, durante períodos de grande demanda, contratam policiais que se encontram fora de serviço.

Os seguranças utilizam-se dos avanços tecnológicos para executar seu trabalho diário. O emprego de rádios, por exemplo, é bastante comum. Circuitos fechados de televisão vigiam portas e corredores de pouco movimento, bem como os depósitos de alimentos, bebidas alcoólicas e equipamentos. Detectores de fumaça e alarmes de incêndio também aumentam a segurança de hóspedes e funcionários.

Chaves no formato de cartões eletrônicos proporcionam mais segurança para os hotéis e seus hóspedes. Em uma pesquisa realizada entre as 400 maiores empresas de hospedagem dos Estados Unidos, em 1992, quase um quarto já dizia utilizar cartões em vez de chaves comuns para as fechaduras das unidades habitacionais[3]. Normalmente, os cartões não trazem o nome do hotel nem o número do quarto do hóspede, de forma que, se perdidos ou roubados, não será fácil localizar sua origem. Cartões perdidos podem ser facilmente recodificados e trocados. Além disso, muitos dos sistemas de chave-cartão gravam informações sobre as entradas nas unidades habitacionais, a título de medida de segurança, que permite investigar roubos ou estragos notados posteriormente.

Esse tipo de inovação tecnológica inibe roubos de funcionários ou de outras pessoas dentro do hotel. O departamento de segurança costuma trabalhar com o departamento de recursos humanos para minimizar a ocorrência de roubos por parte dos funcionários. Faz parte das normas de recrutamento e seleção a triagem dos funcionários e a conseqüente verificação de seus antecedentes. Sabe-se que ocorrem mais roubos por parte de funcionários de organizações em que a motivação é baixa ou em que os empregados sentem-se frustrados ou explorados. Os hotéis também notaram que, quando se sabe que um funcionário rouba, outros tendem a imitá-lo[4]. Os hotéis que procuram obter o comprometimento de todos os funcionários apresentam menos problemas com roubos.

Os funcionários de segurança desenvolvem **planos de emergência** a fim de garantir a segurança de hóspedes e funcionários, além de minimizar os custos diretos e indiretos de um desastre. O plano de emergência examina as políticas de seguros, analisa as instalações físicas e avalia possíveis cenários de desastre conforme sua probabilidade de ocorrência[5]. Possíveis cenários de desastres incluem incêndios, ameaças de bombas, terremotos, inundações, furacões ou nevascas. Um hotel eficiente desenvolverá políticas formais para lidar com qualquer um desses cenários e treinará pessoal para acionar, quando necessário, os procedimentos mais indicados.

Alimentos e Bebidas. Além das quatro funções básicas de recepção, governança, manutenção e segurança, os hotéis podem oferecer uma infinidade de serviços adicionais aos hóspedes. O serviço adicional mais comum compreende alimentos e bebidas. As principais atividades da operação de alimentos e bebidas em um grande estabelecimento incluem banquetes, restaurantes e *room service*. Como esses serviços serão estudados em outros capítulos, não serão analisados nesta seção. O *room service* é, no entanto, um serviço exclusivo da indústria da hospedagem.

Room Service. Uma pesquisa de 1992 da American Hotel & Motel Association (AH&MA) mostrou que 75% dos estabelecimentos próximos a aeroportos e 56% dos estabelecimentos de hospedagem em geral possuem *room service*[6]. Os gerentes gerais dos hotéis consideram o *room service* um serviço altamente desejado, mas que pouco acrescenta à lucratividade do hotel. Aliás, é comum o *room service* apresentar prejuízo. São necessários mais funcionários para a operação de *room service* do que para a de restaurante, visto que demora mais levar uma refeição da cozinha do hotel para uma unidade habitacional situada muitos andares acima. O volume de vendas do *room service* costuma ser menor do que o do restaurante, e seu horário de funcionamento é maior do que o do restaurante.

Apesar de, isoladamente, representar perda de dinheiro, o *room service* é oferecido porque os hóspedes o querem e o utilizam. Os hotéis compensam as perdas com a receita proveniente das diárias ou de outros departamentos lucrativos. Viajantes de negócios costumam preferir a conveniência desse serviço porque podem comer e trabalhar ao mesmo tempo. Hóspedes cansados podem preferir o conforto e a informalidade de comer no quarto, onde não precisam se preocupar com o que estão vestindo. Certos viajantes desacompanhados acham mais confortável fazer as refeições em seus apartamentos.

O *room service* é chefiado por um **gerente de *room service***. Os *Order takers* recebem os pedidos via telefone, e os **garçons** levam os pedidos da cozinha para as unidades habitacionais.

Os pedidos de café-da-manhã são os mais frequentes e, durante a semana, muitos hóspedes o fazem ao mesmo tempo. Isso pode criar para o departamento problemas de oferta e entrega. Para aumentar a eficiência do *room service*, alguns hotéis oferecem formulários de pedido para pendurar na maçaneta da porta. Esses formulários permitem que o pedido do café-da-manhã seja feito na noite anterior com base em um cardápio reduzido, com tempo de entrega de até 30 minutos. Certos elevadores podem ser designados, pela manhã, apenas para o *room service*, a fim de que as entregas possam ser feitas rapidamente. Alguns hotéis utilizam "copas voadoras"[7], elevadores de serviço que, para agilizar a entrega, transportam travessas de café-da-manhã.

Máquinas de Alimentos e Bebidas. As máquinas de alimentos e bebidas (*vending machines*) são uma alternativa para o restaurante e o *room service*. Alguns hotéis oferecem mais qualidade e variedade de opções disponíveis nas máquinas, como frutas frescas, iogurtes e sanduíches prontos, além dos produtos normalmente oferecidos. A Hyatt introduziu um conceito denominado "Assalte a Geladeira" (*"Raid the Pantry"*) em seus hotéis que não possuem *room service* 24 horas. A chave do quarto permite que os hóspedes entrem e sirvam-se em uma copa guarnecida de sanduíches, refrigerantes e bolachas[8].

QUESTÕES SOBRE GESTÃO DE RECURSOS HUMANOS

Atrair e reter uma força de trabalho competente sempre foi um desafio para a indústria da hospitalidade; hoje, porém, o desafio é maior. Nessa crescente indústria sempre é necessário recrutar pessoas. Os hotéis estão mudando suas políticas de recrutamento e de benefícios a fim de tornarem-se atraentes para os trabalhadores e reduzir a alta taxa de rotatividade de funcionários (*turnover*) na indústria.

DEMANDA POR FUNCIONÁRIOS

Em 1998, a indústria da hospedagem empregou, nos Estados Unidos, cerca de 1,16 milhão de pessoas. Até o ano 2000, esperava-se que as mudanças nessa indústria crescessem em 30%[9] a demanda por trabalhadores. As indústrias de hotéis, restaurantes, viagens, saúde e negócios estão crescendo mais rapidamente que a população em geral. Deve-se considerar, também, que muitos serviços contam com funcionários trabalhando o dia todo, todos os dias da semana. Isso significa que existe uma grande concorrência entre as indústrias de serviços para atrair e manter bons funcionários.

Taxa de Rotatividade de Funcionários. A indústria da hospedagem tem uma das mais altas taxas de rotatividade de funcionários dos Estados Unidos. A **taxa de rotatividade de funcionários** é calculada dividindo-se o número de trabalhadores substituídos em determinado período pelo número médio de funcionários necessários para o empreendimento. Alguns hotéis relatam uma taxa de rotatividade de funcionários de mais de 100% em um ano. A rotatividade é especialmente alta nessa indústria em virtude de métodos inadequados de recrutamento, seleção e contratação de novos funcionários; de supervisão e treinamento inadequados dos funcionários; do alto número de cargos que requerem pouca qualificação; dos baixos salários e benefícios; e da imagem de que há poucas possibilidades de crescimento. Os custos de um hotel para preencher cada vaga operacional eram estimados entre US$ 1.700 e US$ 2.500, em 1990. O custo estimado de rotatividade para as posições gerenciais era de US$ 20.000[10].

Resolvendo o Problema de Rotatividade de Funcionários. Diante da forte concorrência em meio à força de trabalho e do alto custo da troca de funcionários, os hotéis começaram a implementar programas para reduzir a rotatividade de funcionários. Existem muitos métodos que ajudam a fazer isso. Descrições de cargos precisas ajudam a estabelecer padrões de desempenho bem definidos, detalhando como, onde e quando as tarefas deverão ser executadas. É necessário estabelecer padrões claros de avaliação; a carga horária, as remunerações e os benefícios precisam ser bem explicados.

Dar poder aos funcionários para que possam tomar decisões de rotina e mudar procedimentos, quando autorizados, resulta em maior tranqüilidade na execução do trabalho. Geralmente, quando um hóspede reclama da conta, o recepcionista pede que seu supervisor examine a situação antes de fazer ajustes. Isso consome tempo e é frustrante tanto para o funcionário quanto para o hóspede. Em vez disso, os hotéis deveriam treinar e encorajar seus funcionários para que tomem decisões por si próprios. Os resultados dessa ação, denominada *empowerment*, são positivos, e os hotéis que a adotam notam uma satisfação crescente entre hóspedes e funcionários[11].

Como os benefícios são importantes para a maior parte dos funcionários, a implementação de programas de incentivo aumenta sua satisfação. Muitas empresas de hospitalidade oferecem bônus, aumentos salariais garantidos e férias pagas para os funcionários que permanecem no trabalho por períodos de tempo predeterminados. Os hotéis também oferecem programas de incentivo para recompensar comportamentos desejados. Por exemplo, um concurso de camareiras que lhes confira pontos, durante um mês, pela boa limpeza das unidades habitacionais. A camareira que obtiver mais pontos ganha um bônus em dinheiro, folgas ou refeições gratuitas no hotel. Programas de incentivo podem ser utilizados para aumentar as vendas de hospedagem, recompensar quem não falta, estimular o trabalho em turnos adicionais, ou para qualquer outro objetivo determinado pela gerência ou pelos funcionários.

O método mais importante talvez seja simplesmente conhecer as necessidades dos funcionários. Às vezes, os funcionários se demitem em virtude de problemas familiares ou pessoais. O conhecimento da vida e das necessidades dos funcionários permite que os gerentes ofereçam pacotes mais atrativos de benefícios e que contemplem soluções para emergências familiares.

Pacotes de Benefícios. A maior parte das empresas sabe que os benefícios atraem e mantêm funcionários. Infelizmente, os benefícios são caros, e algumas empresas os oferecem apenas para quem trabalha 30 ou mais horas por semana. Programas de seguro-saúde e de vida são muitas vezes exclusivos para os funcionários de período integral. Benefícios relativos à previdência social são considerados garantidos. Outros benefícios, como cuidados com crianças ou idosos, e programas de assistência ao funcionário, foram instituídos como resposta a tendências socioeconômicas.

Programas de Pensão. A previdência social norte-americana possui o maior programa de pensão do país. Empregadores e empregados contribuem com uma certa porcentagem do que recebem para a Social Security. Essas contribuições são feitas mesmo por quem trabalha meio período. Trabalhadores aposentados que preenchem os requisitos necessários podem começar a receber os benefícios da previdência após os 65 anos. Muitas empresas também contribuem para um plano de previdência privada, mas a maioria restringe a participação aos trabalhadores de tempo integral.

Programas de Cuidados com as Crianças. Com tantas mães trabalhando na indústria da hospitalidade, algumas organizações hoteleiras mantêm seus próprios programas de cuidados com as crianças. O Opryland Hotel, em Nashville, oferece a seus funcionários um centro de cuidados diários dentro do hotel, com preços determinados segundo uma escala baseada na remuneração do empregado. O Buena Vista Palace, em Walt Disney World Village, oferece estrutura semelhante; a Marriott também, em seus escritórios centrais. Estabelecimentos que oferecem esse tipo de serviço reduziram a taxa de rotatividade de funcionários e aumentaram a produtividade.

Um grande número de hotéis oferece um **auxílio** para que a criança receba cuidados em um local da escolha do funcionário. Às vezes, se puder garantir certo número de crianças para uma creche, o hotel poderá negociar valores menores para funcionários.

Perfil Empresarial

PERFIL EMPRESARIAL | **RED ROOF INNS**

Liderança Consolidada em Hospedagem Econômica

No início dos anos 90, os estabelecimentos econômicos de hospedagem passaram a assumir um papel cada vez mais importante em relação aos mais caros. Em 1993, a Red Roof Inns, líder consolidada no segmento econômico, era a maior cadeia hoteleira particular desse segmento nos Estados Unidos, com 210 estabelecimentos e 23.438 unidades habitacionais.

O esforço da Red Roof para manter uma clientela fiel parece ter sido a chave de seu sucesso. Para assegurar a satisfação do hóspede a empresa instituiu muitos programas. Um deles foi o programa de treinamento de empowerment para os funcionários, que ensina como solucionar os problemas dos hóspedes no momento em que ocorrem. Um outro é a garantia de satisfação Red Check, que instiga os hóspedes a não desfazer as malas a não ser que estejam completamente satisfeitos com a acomodação. Além de camas *king size*, os quartos denominados Specialized Business King oferecem aos hóspedes de negócios escritórios bem iluminados, tomadas para modem, acesso a máquinas de fax e fotocópias, e outras comodidades por um preço econômico.

Em conformidade com o Americans with Disabilities Act, de 1990, a Red Roof tornou, até 1994[1], todos os seus estabelecimentos acessíveis para hóspedes com deficiências. As instalações oferecem barras para apoiar as mãos no boxe do chuveiro; pias desobstruídas para cadeiras de rodas; cabides, porta-toalhas e fechaduras em locais mais baixos; espaço para manobras (mínimo de 90 cm de espaço entre as passagens dos quartos); alarmes de incêndio mais ruidosos, com luzes piscantes; e dispositivos de telecomunicações para surdos.

O fundador, James R. Trueman, e a ex-presidente, Barbara Trueman, deram nome à cadeia inspirados na churrascaria Red Roof Tavern, em Kalamazoo, Michigan, local onde conceberam a idéia de criar uma cadeia de hotéis econômicos. A Red Roof inaugurou seu primeiro empreendimento em Grove City, Ohio, em fevereiro de 1973. Em 1984, tornou-se a primeira empresa de hospedagem de hotéis econômicos a informatizar todos os seus sistemas de gestão, conectando-os ao escritório central.

Vendida em 1993 para a Morgan Stanley Real Estate Limited Partnership, a Red Roof Inns planeja expandir sua cadeia, não apenas em seus atuais mercados, mas também na costa oeste. Em 1999, a empresa possuía mais de 300 estabelecimentos nos Estados Unidos e no Distrito de Colúmbia. A empresa introduziu o sistema de franquias em 1996 para acelerar sua expansão durante o período de crescimento econômico. Até 1999, havia 40 franqueados nos Estados Unidos.

[1] <www.redroof.com/corporate_profile/questions.html>

Cultura

POR DENTRO DA INDÚSTRIA | **CULTURA**

Quebrando Barreiras

A expressão "política de portas abertas" ganhou novo significado. Em 2000, 85% dos empregados norte-americanos eram mulheres, minorias e/ou imigrantes. Conseqüentemente, a indústria deve continuar a abrir as portas e a quebrar barreiras para mulheres e minorias.

Segundo Ron Wilkinson, ex-vice-presidente da Força-Tarefa da Diversidade da Associação Americana de Hotéis e Motéis (American Hotel and Motel Association Diversity Task Force), "Gastamos todo esse tempo nos adaptando às necessidades de hóspedes estrangeiros sem olhar para as necessidades culturais dos empregados"[1]. Ao longo dos últimos dez anos, a indústria tem feito um esforço combinado para praticar o que é conhecido como "gestão da diversidade". O conceito de "gestão da diversidade" é relativamente simples e, de acordo com a revista *Lodging*, "permite que diferentes valores — decorrentes de sexo, nível socioeconômico, idade e etnia — coexistam no ambiente de trabalho"[2]. A "gestão da diversidade" inclui itens como: um olhar mais cuidadoso para as possibilidades de promoção de mulheres e minorias, mudanças nas instalações para a criação de um ambiente sem barreiras e, até mesmo, uma revisão das descrições de cargos.

Os programas de treinamento sobre a diversidade têm, porém, seus problemas[3]. Em virtude do fato de serem relativamente novos, a questão pode ser um pouco complicada — gerentes e funcionários podem adotar posições conflitantes. Às vezes, o programa pode resultar em discriminação às avessas. Ainda assim, os especialistas argumentam que é melhor ter um programa falho do que nenhum.

Muitos hotéis estão tomando atitudes para quebrar as barreiras. Fazem pesquisas com os funcionários, criam grupos de trabalho para descobrir o nível de diversidade existente no estabelecimento e definem um calendário para um programa de treinamento sobre a diversidade. Ao romper as barreiras culturais, esses primeiros passos podem muito bem levar a portas e mentes abertas para todos.

[1] O'DWYER, Christine. "Opening Doors and Minds". *Lodging*. Maio de 1992: 12.
[2] O'DWYER. Ob. cit., 13.
[3] MURRAY, Kathleen. "The Unfortunate Side Effects of 'Diversity Training'". *New York Times*, 1º de agosto de 1993.

Programas de Cuidados com os Idosos. Conforme a população envelhece, cuidar dos pais idosos torna-se uma preocupação a mais para as famílias. Estabelecimentos com visão de futuro podem oferecer auxílios ou serviços voltados para o atendimento a pessoas idosas.

Programas de Assistência aos Funcionários. Os **programas de assistência aos funcionários** são serviços oferecidos para a administração de problemas pessoais. Esses programas oferecem principalmente acesso a serviços de aconselhamento, além de permitir à família de cada funcionário um certo número de consultas gratuitas, por ano, com um psicólogo, e consultas adicionais por uma taxa reduzida. Alguns programas também oferecem serviços legais ou financeiros por taxas reduzidas.

QUESTÕES RELACIONADAS À IMIGRAÇÃO

Estima-se que um milhão de estrangeiros mudem-se para os Estados Unidos todos os anos. O Congresso norte-americano limitou, por meio de uma cota anual, o número de **imigrantes** que podem obter residência permanente. A permissão para que estrangeiros morem nos Estados Unidos é concedida com base em um sistema que privilegia aqueles que possuem família no país, habilidades de trabalho desejáveis ou riqueza. Atualmente, cerca de 675 mil imigrantes podem entrar nos Estados Unidos por ano.

O Departamento de Estado norte-americano determina o número de refugiados que pode, a cada ano, estabelecer residência legal e permanente no país.

Refugiados são pessoas que, em seu país de origem, eram vítimas de perseguições em virtude de seu grupo étnico, sua raça, sua religião ou suas crenças. Em 1996, os Estados Unidos permitiram que 75.700 refugiados fixassem residência no país. Desde 1980, 1,7 milhão de refugiados entraram legalmente nos Estados Unidos[12].

Trabalhadores sem documentos ou **imigrantes ilegais** não têm permissão de entrar nos Estados Unidos nem como imigrantes, nem como refugiados. A maior parte dos especialistas acredita que cerca de 200 mil pessoas entrem ilegalmente nos Estados Unidos todos os anos. Muitos dos que entram dessa maneira possuem pouco dinheiro, pouca educação e preparo para o trabalho.

A Lei de Controle e Reforma da Imigração de 1986 (Immigration Reform and Control Act of 1986) concedeu anistia, bem como residência permanente, aos imigrantes ilegais que entraram nos Estados Unidos na década de 1980. Três milhões de imigrantes ilegais solicitaram o benefício em dois anos. Entretanto, essa anistia não é mais oferecida.

Os imigrantes e os refugiados que entram legalmente no país recebem um visto para residência permanente também conhecido por ***green card***. Os empregadores podem contratar legalmente imigrantes e refugiados que possuam *green card* válido e preencham um formulário de elegibilidade para o trabalho (veja a Figura 6-2). Alguns empregadores, no entanto, contratam imigrantes sabendo que eles são ilegais, pagam-lhes menos do que o salário mínimo, não oferecem os benefícios de seguros nem fazem as devidas contribuições à previdência social. Se pegos pelo governo, esses empregadores podem ser presos, e o imigrante ilegal, deportado.

SINDICATOS

Em algumas regiões dos Estados Unidos é comum que os trabalhadores de hotéis associem-se a sindicatos. O sindicato mais representativo no país é o Sindicato Internacional dos Trabalhadores de Hotéis e Restaurantes (Hotel Employees and Restaurant Employees International Union), que possui cerca de 370 mil membros. Outros trabalhadores da hotelaria são representados pelo Sindicato Internacional dos Trabalhadores Prestadores de Serviços (Teamsters of the Service Employees International Union).

Os principais objetivos de um sindicato são melhorar a carga horária, a remuneração, os benefícios e as condições de trabalho de seus membros. Uma vez filiados os trabalhadores, o sindicato faz **acordos coletivos** com a administração dos hotéis para estabelecer condições e remunerações que agradem às duas partes. Se o empregado tem alguma reclamação contra o empregador, ele pode prestar **queixa**. Seguindo procedimentos predeterminados, um representante do sindicato, o empregado e a administração da empresa tentam resolver o problema.

O acordo sindical pode exigir que os novos empregados sejam contratados exclusivamente por intermédio de uma cooperativa de trabalhadores desempregados. Também pode ter regras rígidas quanto ao número de funcionários em período integral e meio período que o hotel poderá ter em seu quadro. Além disso, o acordo pode restringir as tarefas que os funcionários poderão executar. Do ponto de vista do empregado, os acordos sindicais podem oferecer mais segurança no trabalho, horas e remuneração bem controladas, e responsabilidades e benefícios bem definidos. Podem deixar de fora pessoas sem experiência, especialmente as que desejam trabalhar meio período.

Do ponto de vista do empregado, os acordos com os sindicatos podem limitar a flexibilidade para selecionar e contratar funcionários. Quando as taxas de ocupação estão baixas, o sindicato pode exigir um grande número de empregados, ou, em outros períodos, prever um número pequeno, visto que alguns contratos limitam contratações temporárias. Seria interessante ver se a demanda por trabalhadores não forçaria os empregadores a oferecer voluntariamente os benefícios solicitados pelos sindicatos sem a rigidez que, algumas vezes, existe em um acordo sindical.

U.S. Department of Justice
Immigration and Naturalization Service

OMB No. 1115-0136
Employment Eligibility Verification

Please read instructions carefully before completing this form. The instructions must be available during completion of this form. ANTI-DISCRIMINATION NOTICE. It is illegal to discriminate against work eligible individuals. Employers CANNOT specify which document(s) they will accept from an employee. The refusal to hire an individual because of a future expiration date may also constitute illegal discrimination.

Section 1. Employee Information and Verification. To be completed and signed by employee at the time employment begins

Print Name: Last	First	Middle Initial	Maiden Name
Address *(Street Name and Number)*		Apt. #	Date of Birth *(month/day/year)*
City	State	Zip Code	Social Security #

I am aware that federal law provides for imprisonment and/or fines for false statements or use of false documents in connection with the completion of this form.

I attest, under penalty of perjury, that I am (check one of the following):
- ☐ A citizen or national of the United States
- ☐ A Lawful Permanent Resident (Alien # A________
- ☐ An alien authorized to work until ___/___/___
  (Alien # or Admission #________

Employee's Signature	Date *(month/day/year)*

Preparer and/or Translator Certification. *(To be completed and signed if Section 1 is prepared by a person other than the employee.) I attest, under penalty of perjury, that I have assisted in the completion of this form and that to the best of my knowledge the information is true and correct.*

Preparer's/Translator's Signature	Print Name
Address *(Street Name and Number, City, State, Zip Code)*	Date *(month/day/year)*

Section 2. Employer Review and Verification. To be completed and signed by employer. **Examine one document from List A OR examine one document from List B and one from List C** as listed on the reverse of this form and record the title, number and expiration date, if any, of the document(s)

List A	OR	List B	AND	List C
Document title: ______		______		______
Issuing authority: ______		______		______
Document #: ______		______		______
Expiration Date *(if any)*: ___/___/___		___/___/___		___/___/___
Document #: ______				
Expiration Date *(if any)*: ___/___/___				

CERTIFICATION - I attest, under penalty of perjury, that I have examined the document(s) presented by the above-named employee, that the above-listed document(s) appear to be genuine and to relate to the employee named, that the employee began employment on *(month/day/year)* ___/___/___ **and that to the best of my knowledge the employee is eligible to work in the United States. (State employment agencies may omit the date the employee began employment).**

Signature of Employer or Authorized Representative	Print Name	Title
Business or Organization Name	Address *(Street Name and Number, City, State, Zip Code)*	Date *(month/day/year)*

Section 3. Updating and Reverification. To be completed and signed by employer

A. New Name *(if applicable)*	B. Date of rehire *(month/day/year) (if applicable)*

C. If employee's previous grant of work authorization has expired, provide the information below for the document that establishes current employment eligibility.

Document Title:______ Document #:______ Expiration Date (if any):___/___/___

I attest, under penalty of perjury, that to the best of my knowledge, this employee is eligible to work in the United States, and if the employee presented document(s), the document(s) I have examined appear to be genuine and to relate to the individual.

Signature of Employer or Authorized Representative	Date *(month/day/year)*

Form I-9 (Rev. 11-21-91) N

Figura 6-2 Formulário de verificação de elegibilidade para o trabalho.

Perfil Pessoal

PERFIL PESSOAL **ELAINE G. ETESS**

Célebre Líder em Hospitalidade

Quando Elaine Grossinger Etess foi eleita presidente do conselho da American Hotel & Motel Association (AH&MA), em 1989, tornou-se a primeira mulher a presidir a associação. Até que não foi um salto tão grande para alguém que cresceu na indústria da hospitalidade — sua família era proprietária do famoso Grossinger's Resort, nas Catskill Mountains de Nova York.

No momento, ela é presidente da Elaine G. Etess Associations, empresa de consultoria especializada na indústria da hospitalidade, e vice-presidente de gestão de qualidade da Excel Corporation, empresa que desenvolve e administra hotéis, condomínios, resorts e clubes pelos Estados Unidos.

Com a influência que o resort da família exerceu sobre Etess, na infância, ela logo aprendeu os segredos que faziam com que o Grossinger´s atraísse centenas de hóspedes, entre os quais celebridades como Eleanor Roosevelt, Nelson Rockefeller e Elizabeth Taylor. Ela explica: "A regra no Grossinger´s era 'O Hóspede Sempre Tem Razão'"[1]. A atmosfera agradável e calorosa, sinônimo da hospitalidade dos Grossinger, tornou-se marca registrada em sua carreira de hoteleira da terceira geração.

Apesar de a indústria da hospitalidade estar em seu sangue, Etess se esquivou dela até os 30 anos. Casada com seu amor de infância, David Etess (hoje um psiquiatra), e com dois dos três filhos na escola, Etess decidiu trabalhar fora, escolhendo o ramo hoteleiro, é claro. Tornou-se vice-presidente executiva do Grossinger's até sua venda, em 1985. Também atuou como assistente executiva do presidente da American Management Company, em Tucson, Arizona. Continuando na indústria dos serviços, foi tesoureira da AH&MA (1987), vice-presidente (1988), presidente (1989) e presidente do conselho (1990).

Etess também é conhecida por defender, há muito tempo, o emprego de idosos e dos deficientes físicos, tendo sido indicada para o Comitê Presidencial para a Empregabilidade de Pessoas com Deficiências Físicas (President´s Committee on Employment of People with Disabilities). "Existe alguma razão", pergunta Etess, "para que uma pessoa de 60 anos não possa recepcionar hóspedes ou ser um excelente recepcionista? Por que uma pessoa em uma cadeira de rodas não pode ser contratada como operador de telefonia? As pessoas esquecem que, em uma cadeira de rodas, Franklin Delano Roosevelt foi presidente dos Estados Unidos."[2]

O trabalho de Etess não passou despercebido pelo resto da indústria. Ela foi nomeada "Mulher do Ano", em 1991, pela Network of Executive Women in Hospitality, Inc., em reconhecimento a seu trabalho e a suas contribuições para a indústria da hospitalidade. Além disso, recebeu o prêmio Column of Hospitality Award do Departamento de Viagens do Governo Italiano e o prêmio Lawson Odde Award da AH&MA por seu excelente trabalho e capacidade de liderança.

[1] COHAN, Gwen. "Signature: Elaine Grossinger Etess". *Boca Raton Magazine*. Primavera de 1989: 170.

[2] COHAN, Gwen. Ob. cit., 171.

MANTENDO UMA OPERAÇÃO EFICIENTE E RENTÁVEL

Operar um estabelecimento de hospedagem de maneira rentável é o principal objetivo de quem possui ou gerencia um empreendimento desse tipo. A receita deve ser suficiente para cobrir as despesas operacionais, como as contas dos serviços de utilidade pública e o salário dos funcionários, para conseguir manter o funcionamento. O hoteleiro espera, no entanto, que a receita exceda as despesas, gerando lucro. Por meio da análise das taxas de ocupação e das tarifas, o hoteleiro bem-sucedido pode aumentar a probabilidade de lucro.

Como a indústria da hospedagem cresceu e se desenvolveu, tornou-se necessário para seus integrantes comparar dados financeiros. Para isso, foi preciso estabelecer uma "linguagem" financeira, ou sistema de contas por meio do qual fosse possível comparar números e estatísticas.

O SISTEMA UNIFORME DE CONTABILIDADE PARA HOTÉIS

Na metade dos anos 20, o Sistema Uniforme de Contabilidade para Hotéis (SUCH) foi desenvolvido para a Associação de Hotéis da Cidade de Nova York (Hotel Association of New York City) e, em 1926, adotado pela precursora da AH&MA, a Associação Americana de Hotéis dos Estados Unidos e Canadá. Seu desenvolvimento foi de importância singular para a indústria, por criar uma linguagem financeira comum entre os hoteleiros e uma estrutura organizacional formal.

As implicações dessa estrutura são consideráveis. O SUCH divide a operação hoteleira em categorias e departamentos estruturais. Por exemplo, a ampla categoria "Marketing" incluiria muitos departamentos como *publicidade, vendas, promoção* e *relações públicas* ou *relacionamento com o consumidor*. Desse modo, funcionários e despesas podem ser agrupados de forma que seja possível determinar os custos exatos de cada parte da operação hoteleira. Além da divisão de custos, a estrutura também estabelece uma hierarquia ou cadeia de comando para o hotel. Até certo ponto, o SUCH também estabelece a base para a classificação dos cargos, permitindo a manutenção da continuidade quando os funcionários mudam de cargo.

ANÁLISE DO PONTO DE EQUILÍBRIO

Os estabelecimentos de hospedagem fazem uma análise do equilíbrio para determinar o **ponto de equilíbrio** do empreendimento, o ponto em que os custos são iguais à receita — onde não há nem lucro nem prejuízo. Antes de determinar o ponto de equilíbrio, um hotel deve calcular o **total anual de despesas**. Todos os custos do ano são registrados, incluindo:

- seguro da propriedade, de automóveis e dos passivos;
- impostos imobiliários;
- depreciação dos equipamentos;
- juros sobre empréstimos;
- salários, encargos e benefícios;
- prestações da propriedade;
- gastos com mobília, equipamentos e automóveis;
- água, gás, eletricidade e telefone;
- suprimentos; e
- outras despesas operacionais.

Uma vez totalizadas as despesas anuais, é necessário fazer uma série de cálculos com base em fatores como, por exemplo, as tarifas de hospedagem. Muitos hoteleiros consideram especialmente difícil determinar o equilíbrio da ocupação, em virtude da complexidade das estruturas de vendas e de custos e das variáveis de cálculo.

Uma regra aproximada para o cálculo do ponto de equilíbrio consiste em dividir o total das despesas diárias pela tarifa diária média. Isso é meramente uma estimativa do número de pernoites a serem vendidos para que os custos sejam cobertos. É claro que qualquer valor que exceda o ponto de equilíbrio da ocupação contribui para o lucro do hotel. Quanto maior for a taxa de ocupação, maior é a lucratividade do estabelecimento. Nos Estados Unidos, a taxa de ocupação média de meios de hospedagem foi de 64,5% em 1997[13].

DETERMINAÇÃO DAS TARIFAS

Os cálculos para a determinação do ponto de equilíbrio envolvem a utilização da diária média. Mas como ela é determinada? De maneira ideal, a tarifa deveria ser suficientemente alta para gerar lucro para a empresa, mas não tão alta que os hóspedes não queiram pagar pela hospedagem.

Tome-se como exemplo um hotel de 100 unidades habitacionais com uma taxa de ocupação média de 65%. As despesas anuais são de US$ 1.500.000. O proprietário quer obter lucro igual a 15% do total de despesas. E 15% de US$ 1.500.000 é US$ 225.000 A receita total necessária para o ano é de US$ 1.725.000, de modo que o total diário é US$ 4.726. A uma taxa de ocupação de 65%, a diária média precisaria ser US$ 72,71 para que as despesas e o lucro almejado fossem obtidos (US$ 4.726 : 65 = US$ 72,71).

A maior parte dos hotéis possui tarifas diferentes para a mesma unidade habitacional, dependendo de condições específicas. Hotéis que atendem viajantes de negócios geralmente oferecem tarifas mais baixas nos finais de semana para atrair hóspedes. As tarifas variam conforme a temporada nos locais em que as viagens de lazer dependem das condições climáticas. A duração da estada e as opções de pré-pagamento também podem influenciar no valor da diária. Grupos que reservam muitas acomodações ao mesmo tempo podem negociar tarifas especiais. Empresas aéreas e locadoras de automóveis freqüentemente oferecem tarifas especiais em hotéis como parte de um pacote de viagens. Além disso, muitos hotéis oferecem descontos para idosos, sócios de clubes de viagens, militares ou funcionários do governo federal. No exemplo, o hotel de 100 unidades habitacionais poderia cobrar diferentes tarifas, desde que a média ao longo do ano ficasse em US$ 72,71 (diária média).

A prática de variar as tarifas conforme muda a ocupação é chamada ***yield management,*** que consiste na análise do padrão das reservas passadas, tarifas, cancelamentos e no-shows, em uma tentativa de maximizar os lucros e as taxas de ocupação e de determinar tarifas mais competitivas. Por exemplo, um hotel quase totalmente reservado para determinada noite cobrará sua tarifa mais alta para as unidades habitacionais restantes. Por outro lado, um hotel relativamente vazio oferecerá descontos, visto que é melhor vender alguns pernoites (mesmo que com descontos) do que nenhuma. Como as empresas aéreas, os hotéis determinam as tarifas diariamente para maximizar os lucros. Programas sofisticados de computador utilizam o histórico da demanda do hotel para ajudar os gerentes a determinar quando cada tarifa deverá ser aplicada.

SISTEMAS DE REFERÊNCIA E DE CLASSIFICAÇÃO

Com vistas a melhorar as taxas de ocupação, os meios de hospedagem procuram sempre obter o maior número de reservas. Para atingir esse objetivo, pode-se recorrer a uma associação de referência, um sistema de reservas 0800 (*toll-free*) ou servir-se da avaliação de um serviço de classificação.

ASSOCIAÇÕES DE REFERÊNCIA

As associações de referência oferecem alguns dos mesmos benefícios que as franquias, mas a custos bem menores. Uma associação desse tipo pode oferecer ao hotel independente visibilidade e poder de marketing e de compras, sem que o estabelecimento de hospedagem precise abrir mão do controle da propriedade. Hotéis que fazem parte de uma associação de referência compartilham uma central de reservas e uma imagem, logotipo ou slogan publicitário. As associações publicam um diretório de seus associados, distribuído gratuitamente ou por uma pequena taxa para hóspedes interessados. Além disso, podem oferecer aos associados descontos para compras em grupos, bem como treinamento gerencial e programas de educação continuada.

Os hotéis pagam uma taxa inicial para tornarem-se membros da associação e, também, uma taxa anual de manutenção. Essa taxa costuma ser bem menor do que a que se paga por uma franquia. Os padrões de tamanho e de aspecto visual para os estabelecimentos-membros são menos rigorosos do que os estabelecidos em contratos de franquia, de modo que os hóspedes podem encontrar variações maiores entre as instalações dos membros de determinada associação do que entre as franqueadas.

A maior associação de referência é a Best Western, com mais de 3.800 hotéis em 75 países. Budget Host e Flags Inn também são grandes associações norte-americanas. Algumas delas são formadas por hotéis que apresentam alguma particularidade, como é caso da Hotéis Históricos da América (Historic Hotels of America), com 127 membros. Essa associação é formada por hotéis de pelo menos 50 anos, importância histórica reconhecida e arquitetura original conservada[14].

Inovações Empresariais

POR DENTRO DA INDÚSTRIA | **INOVAÇÕES EMPRESARIAIS**

Ponto de Equilíbrio da Ocupação

Muitos especialistas da indústria concordam que não existe uma maneira única de determinar o ponto de equilíbrio de um hotel. Sua estrutura complexa de vendas — que inclui receitas obtidas com hospedagem, eventos, telefonia e bares — desafiou, no passado, a habilidade dos gerentes para simplificar o processo de determinação do ponto de equilíbrio da ocupação. A necessidade de atingir os objetivos dos investidores também complica o procedimento.

A principal dificuldade desse cálculo é que as margens de lucro dos diversos componentes de um hotel variam. Por exemplo, um item do cardápio do restaurante de luxo de um hotel terá uma margem de lucro maior do que o mesmo item vendido no café do hotel. Essas diferenças nas vendas tornaram praticamente impossível estimar, de forma precisa, o ponto de equilíbrio da ocupação.

Veterano há 20 anos na indústria, B. S. Wijeysinghe desenvolveu um método de cálculo utilizando um item fixo, comum — o número de unidades habitacionais disponíveis em um hotel[1]. Dizem que o conceito de Wijeysinghe, denominado GITHE (general indicator to hotel efficiency — indicador geral da eficiência do hotel), é um cálculo simples e preciso do ponto de equilíbrio da ocupação dos hotéis.

Além disso, o método GITHE trabalha como um sistema de administração de eficiência, proporcionando melhor controle sobre o empreendimento. O processo de cálculo do GITHE permite prever ações para reduzir ou eliminar prejuízos e aumentar o lucro.

[1] "Break-even Occupancy for a Hotel Operation". *Management Accounting.* Fevereiro de 1993: 32.

História

POR DENTRO DA INDÚSTRIA — HISTÓRIA

Sistemas de Classificação Hoteleira

Apesar de metade dos países europeus e da Austrália não possuírem um sistema oficial de classificação hoteleira, pode ser creditada à França e à Itália a determinação dos padrões para o estabelecimento desses sistemas. E tanto franceses quanto italianos guardam muito bem guardados os segredos de seus sistemas de classificação. Mas uma coisa é certa: é um sistema de verificação e medidas sancionado pelo governo e baseado em padrão definido. E, quanto maior a classificação, maior a tarifa[1].

Para classificar um hotel, também utilizam-se símbolos diferentes das conhecidas estrelas (o *Mobil Travel Guide* também utiliza o sistema de estrelas). A American Automobile Association (AAA) tem seu sistema de diamantes, oferecido como um serviço para seus clientes. Os guias *Michelin* (publicados pela indústria de pneus francesa) utilizam uma elaborada classificação de símbolos e ícones, que ocupa sete páginas. A Comissão Inglesa de Turismo (English Tourist Board) inspeciona hotéis e classifica sua qualidade utilizando coroas.

Um sistema de classificação, seja governamental, como na França e na Itália, ou direcionado ao consumidor, como nos Estados Unidos, é um meio pelo qual os hotéis justificam suas tarifas.

[1] LOLLAR, Coleman. "The Hotel Rating Game". *Travel & Leisure*. Julho de 1990: 65.

SISTEMAS DE RESERVAS

Para um hotel, um dos principais benefícios trazidos pelas associações de referência e pelas franquias é a ligação com um sistema de reservas *toll-free*. Desde os anos 60, esse tipo de sistema vem ganhando popularidade. Hoje, quando um hóspede em potencial liga para a central de reservas, um atendente verifica no computador informações sobre localização, tarifas e disponibilidade dos hotéis. O programa também fornece informações sobre os serviços e facilidades dos estabelecimentos de hospedagem, como restaurantes, piscinas e *fitness centers*. O atendente pode fazer reservas, instantaneamente, inserindo as informações sobre o hóspede e o número de seu cartão de crédito no programa informatizado.

Desde a década de 1980, os **sistemas computadorizados de reservas (SCR)** vêm ganhando importância na indústria de viagens. Esses sistemas são complexos bancos de dados que contêm informações sobre diversos componentes da rede turística e de hospitalidade, como empresas aéreas, locadoras de automóveis, hotéis, motor-hotéis e resorts. Dois exemplos dos mais populares sistemas são o SABRE e o DATAS II.

As empresas interessadas podem comprar o acesso a esses programas, que permitem ao agente de viagens ou ao atendente receber as informações diretamente em seu computador e fazer reservas sem usar o telefone. Os SCRs são sistemas interativos que fornecem informações atualizadas sobre disponibilidade e tarifas de hotéis. O agente de viagens pode comparar tarifas e informações de hotéis ou outros meios de hospedagem concorrentes em determinada região, antes de fazer a reserva. Alguns SCRs transmitem até mesmo imagens computadorizadas das instalações do hotel e do layout das unidades habitacionais, de modo que o agente ou o hóspede podem visualizar o hotel antes de reservar acomodações.

A utilização desses sistemas economiza tempo e dinheiro, visto que dispensa um grande número de ligações telefônicas para os atendentes de reservas dos hotéis. Além disso, os SCRs fornecem confirmação instantânea impressa da reserva. Os melhores sistemas informam instantaneamente situações de disponibilidade e tarifas, no mundo todo.

SISTEMAS DE CLASSIFICAÇÃO

Nos anos anteriores ao crescimento das associações de referência e das cadeias de franquias, os viajantes dependiam de guias de classificação de hotéis que os ajudassem a escolher a acomodação. Hoje, o nome de uma franquia ou cadeia implica certo padrão de qualidade, preço e acomodações, e quem viaja nos Estados Unidos já não depende tanto desses guias. Mesmo assim, as classificações ainda são importantes, e as fornecidas pela Associação Americana de Automóveis (American Automobile Association — AAA) e pela Mobil são umas das mais influentes.

A Associação Americana de Automóveis possui um dos serviços de classificação mais amplamente reconhecidos nos Estados Unidos. A AAA publica o *Tour Books,* que classifica os hotéis por um sistema que vai de um diamante, representando um estabelecimento bom e básico, a cinco diamantes, representando o estabelecimento excepcional. Os estabelecimentos que não possuem os requisitos mínimos da AAA não são incluídos no guia.

Os guias de viagens da Mobil (*Mobil Travel Guides*), da mesma forma que os *Tour Books* da AAA, são revisados e publicados anualmente. A Mobil utiliza uma classificação de cinco estrelas para os melhores hotéis e motor-hotéis e de uma estrela para os que são "bons, melhores que a média"[15].

Muitas outras publicações classificam hotéis em todo o mundo. Dois dos guias mais conhecidos são o *Frommer* e o *Fodor.* Além disso, muitos guias são escritos para atender a mercados específicos, como o de viajantes de negócios, o de viajantes preocupados com custos ou o de pessoas que viajam com crianças.

Profissionais de viagens, em especial, utilizam o *Hotel & Travel Index*, que fornece informações sobre centenas de hotéis, resorts, *lodges* e motor-hotéis em todo o mundo. O *Hotel & Travel Index* é atualizado quatro vezes ao ano. Os agentes de viagens o utilizam para encontrar informações básicas antes de entrarem em um SCR para obter informações específicas sobre disponibilidades e reservas.

RESUMO

- ☆ Alguns cargos e estruturas organizacionais são comuns a todos os hotéis, independentemente de seu tipo ou tamanho.
- ☆ Todo hotel possui pelo menos quatro funções básicas: recepção, governança, manutenção e segurança.
- ☆ A indústria da hospitalidade possui uma taxa de rotatividade de funcionários muito alta. O recrutamento e a manutenção de bons funcionários é uma das principais preocupações dos hotéis.
- ☆ Tanto a diária média quanto a taxa de ocupação determinam o ponto de equilíbrio de um hotel. Para obter lucro, o hotel deve obter mais receita com a venda de hospedagem do que o valor necessário para cobrir suas despesas.
- ☆ Hotéis filiam-se a associações de referência para aumentar sua visibilidade e fazer parte de seu sistema de reservas.
- ☆ Sistemas computadorizados de reservas oferecem informações atualizadas sobre tarifas e disponibilidade, além de permitir que as reservas sejam feitas eletronicamente.
- ☆ O AAA e o Mobil são dois dos principais serviços de classificação hoteleira dos Estados Unidos. Profissionais da indústria costumam utilizar o *Hotel & Travel Index.* Muitos outros guias turísticos e de classificação hoteleira são publicados todos os anos.

NOTAS

[1] New York City Bound? "Tipping Facts". *Hotels*. Abril de 1993: 6.

[2] "Rihga Royal Goes Cellular: Guests Take Calls Anywhere". *Cornell Hotel and Restaurant Administration Quarterly*. Dezembro de 1992: 92.

[3] Reid, R. Dan e Sandler, Melvin. "The Use of Technology to Improve Service Quality". *Cornell Hotel and Restaurant Administration Quarterly*. Junho de 1992: 68-73.

[4] Martin, Robert J. e Jones, Thomas J. A. *Professional Management of Housekeeping Operations*. Nova York, John Wiley & Sons, 1992: 263.

[5] Bean, Nelson R. "Planning for Catastrophe: The Fast Track to Recovery". *Cornell Hotel and Restaurant Administration Quarterly*. Abril de 1992: 64-69.

[6] Spiselman, Anne. "Speed & Quality in Roomservice". *Hotels*. Abril de 1993: 58-60.

[7] Spiselman. "Speed & Quality in Roomservice", 58.

[8] Spiselman. "Speed & Quality in Roomservice", 60.

[9] American Hotel and Motel Association. http://www.eiahama.org/webs/ahma/ahmahome.htm, 1998.

[10] Hogan, John J. "Turnover and What To Do About It". *Cornell Hotel and Restaurant Administration Quarterly*. Fevereiro de 1992: 40.

[11] Sternberg, Lawrence E. "Empower Vs. Control". *Cornell Hotel and Restaurant Administration Quarterly*. Fevereiro de 1992: 69-73.

[12] U.S. Department of State. http://www.state.gov/www/global/prm/oakley031397.html, 1998.

[13] American Hotel and Motel Association. http://www.eihma.org/webs/ahma/ahmahome.html, 1998.

[14] Historic Hotels of America. http://www.lakeside-inn.com/frames8.htm, 1998.

[15] No Brasil, a classificação do Guia 4 Rodas é a mais utilizada. (N. do R. T.)

VERIFIQUE SEU CONHECIMENTO

1. Explique as diferenças entre os termos *front of the house* e *back of the house* e cite dois cargos referentes a cada uma dessas áreas.
2. Descreva as quatro funções básicas a partir das quais os hotéis estão estruturados.
3. Explique por que a operação do *room service* pode ter custo elevado e descreva alguns métodos que os hotéis utilizam para aumentar a rapidez e a eficiência desse serviço.
4. Identifique os métodos utilizados pelos hotéis para diminuir a taxa de rotatividade de funcionários.

APLIQUE SUAS HABILIDADES

Observe essa lista simplificada de despesas e receitas de um hotel referente aos últimos três anos e utilize os dados para responder às questões abaixo.

Ano 1
Despesas: US$ 1.475.000

Número de unidades
habitacionais disponíveis: 115
Diária média: US$ 65
Ocupação média: 65%

Ano 2
Despesas: US$ 1.525.000
Número de unidades
habitacionais disponíveis: 115
Diária média: US$ 65
Ocupação média: 70%

Ano 3
Despesas: US$ 1.700.000
Número de unidades
habitacionais disponíveis: 115
Diária média: US$ 75
Ocupação média: 60%

1. Qual foi a receita proveniente da venda de hospedagem em cada ano?
2. Calcule o lucro líquido (antes dos impostos e da incidência de juros) obtido em cada ano. Qual foi o ano mais rentável?
3. Se a diária média permanecer em US$ 75 no Ano 3, qual deve ser a taxa de ocupação para que o lucro líquido aumente para 25% do total das despesas?

QUAL É SUA OPINIÃO?

1. Em sua opinião, quais são os benefícios e as dificuldades da contratação de pessoas com deficiências mentais em um hotel? Explique.
2. Seu hotel possui muitos funcionários estrangeiros. Em sua opinião, quais benefícios ou modificações seria importante oferecer para maximizar a produtividade e a satisfação? O que você poderia fazer para melhorar a comunicação e a cooperação entre imigrantes e nativos?
3. Você possui um pequeno hotel localizado na região central de uma cidade que acolhe viajantes de negócios. Você tem a oportunidade de se filiar a uma associação de referência. Quais fatores você precisaria analisar antes de tomar uma decisão?
4. Quais métodos você empregaria para evitar roubos em um hotel?
5. Quais inovações tecnológicas mais modificaram a natureza da indústria hoteleira nos últimos dez ou 15 anos? Explique.

ESTUDO DE CASO

Você se tornou, recentemente, gerente geral de um grande hotel no sudeste. A taxa de rotatividade de funcionários no departamento de governança tem aumentado continuamente para mais de 150%. Seus funcionários da governança correspondem a 575 empregados, contratados por hora. Você sabe que o hotel gasta milhares de dólares com a contratação de novos trabalhadores horistas.

Você decidiu que uma de suas principais metas para o próximo ano será desenvolver métodos para diminuir a rotatividade de funcionários. Para o primeiro ano, você espera diminuir essa taxa para 100%.

1. Utilizando a média de US$ 2.000 paga pela indústria para cada funcionário contratado por hora, qual é o custo da rotatividade de funcionários para este ano? Se essa taxa for reduzida para 100%, quanto o hotel economizará em um ano?
2. Quais mudanças poderiam ser feitas nas políticas de recrutamento e seleção que poderiam reduzir a rotatividade de funcionários?
3. Como você poderia calcular os custos e os benefícios de manter uma creche no próprio hotel? Como você poderia calcular os custos e os benefícios de reembolsar parte das despesas que os funcionários têm com creche?

Parte 3

ALIMENTOS E BEBIDAS

Fornecer alimentos e bebidas a clientes é uma prática consagrada através dos tempos. Uma linda pintura chinesa do século XII, feita em seda, mostra um vendedor em uma barraca de bambu vendendo guloseimas (frutas cristalizadas e bolos). Os restaurantes encontrados embaixo das toneladas de cinzas deixadas pelo Monte Vesúvio quando da destruição de Pompéia, no ano 62, mostram que eles não apenas existiam como atendiam a diferentes orçamentos e necessidades. Alguns tinham instalações agradáveis; outros eram pequenas salas mal iluminadas.

As viagens e o crescimento das cidades deram impulso à necessidade do desenvolvimento de estabelecimentos comerciais de alimentos e bebidas. Como a população mundial cresceu, as condições econômicas mudaram, o desenvolvimento tecnológico e as melhorias nos meios de comunicação aproximaram as culturas, a necessidade acompanhou os avanços. Hoje, a variedade disponível de alimentos e bebidas, os diferentes tipos de estabelecimentos que os servem e as diversas maneiras de prepará-los e servi-los seriam surpreendentes para os comerciantes do passado. Essa variedade oferece uma grande riqueza de material sobre alimentos e bebidas para os estudantes de hospitalidade do presente.

7

Conceitos Contemporâneos de Serviços de Alimentação

Resumo

A indústria de alimentação dos Estados Unidos é gigantesca. Mais de 10 milhões de trabalhadores — cerca de 8% do total da força de trabalho — atuam em serviços de alimentação. Existem mais de 815 mil pontos-de-venda, que vão de carrinhos de cachorro-quente a elegantes restaurantes de serviço completo. Um adulto norte-americano come fora de casa, em média, 192 vezes por ano, e 44% de seus gastos com alimentação são com refeições fora de casa. Em qualquer dia, cerca de 46% da população utiliza serviços de alimentação[1].

Neste capítulo, você aprenderá algumas diferentes maneiras de classificar os estabelecimentos de alimentação conforme o tipo de negócio e a qualidade do serviço. Aprenderá também a diferença entre serviços de alimentação comerciais e industriais.

Objetivos

Ao concluir este capítulo, você deverá ser capaz de:

❶

Descrever a relação entre mercado, conceito e cardápio nos serviços comerciais de alimentação.

❷

Identificar as principais características dos restaurantes finos, temáticos, informais, familiares e bufê/cafeteria.

❸

Descrever as principais diferenças entre serviços de alimentação independentes, pertencentes a uma cadeia e franqueados.

❹

Descrever as diferenças entre serviços de alimentação comerciais e industriais.

❺

Identificar as principais características dos segmentos do mercado industrial dos serviços de alimentação.

A RELAÇÃO ENTRE O MERCADO, O CONCEITO E O CARDÁPIO

Neste capítulo, o mercado, o conceito e o cardápio são as ferramentas básicas utilizadas para descrever os serviços de alimentação. Todo empreendimento, de pequenas lojas a grandes cadeias de restaurantes, atende a um segmento particular do mercado de alimentação. Cada estabelecimento responde às necessidades e expectativas de seu mercado por meio do conceito e do cardápio.

SEGMENTOS DE MERCADO

Uma verdade básica para a indústria da hospitalidade é a de que, para alcançar o sucesso, é preciso atender às necessidades e expectativas dos consumidores. Não atingir esse objetivo significa que os hóspedes não retornarão e que o empreendimento, inevitavelmente, fechará. Qualquer serviço de alimentação depende de sua habilidade em atender aos desejos dos consumidores.

Nem todos os consumidores potenciais têm necessidades e expectativas idênticas quanto aos serviços de alimentação. Algumas pessoas apreciam e podem pagar para comer em restaurantes finos, relativamente caros, enquanto outras preferem ter a companhia dos amigos em um restaurante da vizinhança. Umas preferem a aventura de um jantar típico; outras a previsibilidade de um bife com batata assada. Os indivíduos experimentam em diferentes momentos diferentes necessidades e expectativas de serviços de alimentação. Ocasiões especiais, como os aniversários, podem pedir refeições comemorativas. Ocasiões triviais, como cruzar a cidade para uma reunião de negócios, fazem de um hambúrguer em um fast-food, no caminho, a melhor alternativa.

Segmento de mercado é uma expressão utilizada para descrever subgrupos de consumidores que compartilham necessidades e expectativas específicas. Nos serviços de alimentação, por exemplo, executivos que querem impressionar possíveis clientes constituem um segmento de marketing, assim como famílias em uma viagem interestadual à procura de um lugar barato e conveniente. Cada segmento tem necessidades e expectativas diferentes quanto à alimentação. O restaurante que satisfaz as necessidades da família em viagem provavelmente não atrairá o executivo que quer impressionar o cliente com um belo almoço.

Quando se pensa em segmentos de mercado, é útil imaginar pessoas com necessidades e expectativas reais. Entretanto, é importante lembrar que as mesmas pessoas podem fazer parte de diversos segmentos de marketing ao mesmo tempo, dependendo de suas necessidades e expectativas no momento. O executivo que, na sexta-feira, procura uma opção que cause boa impressão, no sábado pode ser parte da família que está viajando e querer uma refeição rápida. Um indivíduo pode ser, e geralmente é, parte de dois ou mais segmentos de mercado. Conseqüentemente, apesar de os segmentos de mercado parecerem descrever sempre grupos distintos de indivíduos, eles estão, na verdade, centrados em grupos de necessidades e expectativas.

A segmentação do mercado está baseada no princípio de que é muito difícil, se não impossível, ser tudo para todos. Um único restaurante não é capaz de atender às necessidades de todas as pessoas em todos os momentos. Para um serviço de alimentação, centrar-se em um conjunto específico de necessidades e expectativas relacionadas torna possível a excelência em determinados aspectos, de modo a atrair a atenção — e o dinheiro — daqueles que procuram uma experiência específica em termos de refeição (veja a Tabela 7-1).

Pense no mercado de serviços de alimentação como uma torta cortada em fatias. Nem sempre é fácil, no entanto, saber onde fazer o primeiro corte ou que tamanho de fatia pegar. O mercado dos serviços de alimentação pode ser dividido de muitas maneiras diferentes, mas nem todas produzem bons resultados. Considere os seguintes exemplos de como a indústria dos serviços de alimentação pode ser segmentada.

Localização Geográfica. Para alguns estabelecimentos de alimentação, uma localização conveniente é essencial para o sucesso. Os fast-foods estão presentes em diversas localizações porque poucas pessoas estão dispostas a dirigir duas horas para comer hambúrguer com batata frita. Entretanto, alguns outros restaurantes, conhecidos como *restaurantes-destino*, que ganharam reputação por servir, por exemplo, maravilhosos filés em grandes porções, podem atrair clientes de distâncias relativamente grandes.

Idade. Entre as cadeias de fast-food, o McDonald's conseguiu obter vantagem competitiva considerável atraindo crianças. O personagem Ronald McDonald, os playgrounds e a decoração especializada, bem como as diversas doações da empresa para instituições de caridade, aumentaram a força do apelo do McDonald's junto às crianças — e a seus pais.

Etnia. Os restaurantes identificados por suas comidas típicas podem atrair membros da etnia correspondente e também outras pessoas que gostam de experimentar comidas de diferentes culturas.

TABELA 7-1 Perfil dos consumidores habituais

Restaurante/ localização	Tipo de consumidor	Renda familiar anual (em mil dólares)	Região
Churrascarias	Idade entre 34-38, famílias com crianças até 12 anos	$ 50 mil - $ 74,8 mil	Centro-Norte
Restaurantes informais	Idade entre 18-33, famílias com jovens ou adolescentes, idosos	Mais de $ 75 mil	Sul
Restaurantes familiares	Idade entre 39-52, famílias com adolescentes	Mais de $ 75 mil	Sul
Hambúrgueres	Idade entre 34-38, famílias com jovens e adolescentes	$ 35 mil - $ 49,9 mil	Centro-Norte
Pizzas	Idade entre 18-33, solteiros e famílias com adolescentes	$ 35 mil - $ 49,9 mil	Centro-Norte
Sanduíches	Idade entre 34-38, solteiros e famílias com adolescentes, idosos	$ 35 mil - $ 49,9 mil	Centro-Norte
Frango	Idade entre 18-33, solteiros e famílias com adolescentes, idosos	$ 35 mil - $ 49,9 mil	Sul
Mexicano	Idade entre 18-33, famílias com adolescentes	$ 35 mil - $ 49,9 mil	Sul

Fonte: Restaurants & Institutions. 1º de fevereiro de 1990: 40.

Classe Social. Certos tipos de restaurante confirmam a classe social do consumidor — ou, pelo menos, suas aspirações sociais. Esses restaurantes podem ser lugares onde é possível ver pessoas famosas ou onde os famosos querem ser vistos.

Preço. Alguns restaurantes são conhecidos por serem caros, outros por serem baratos. Normalmente, o critério não é tanto o valor gasto, mas o custo-benefício proporcionado. Especialistas de marketing referem-se a esse fenômeno como a **relação do custo-benefício**. Os consumidores esperam receber mais por preços mais altos.

Os segmentos de mercado são, portanto, muito variáveis quando se trata da indústria de serviços de alimentação. As expectativas e as necessidades dos consumidores podem variar bastante, dependendo das circunstâncias do momento. De maneira similar, suas necessidades e expectativas impedem a categorização clara em um ou dois segmentos facilmente identificáveis. A decoração pode ser crucial para preencher certas expectativas dos clientes, mas é irrelevante para outras expectativas. Os estabelecimentos de alimentação que compreendem o conjunto de expectativas de seus clientes, e conseguem satisfazê-las, têm maior probabilidade de sucesso.

CONCEITO

O **conceito** é uma das principais maneiras pelas quais os estabelecimentos de alimentação atendem a seu segmento de mercado. Compreende os vários elementos que contribuem para o funcionamento desses estabelecimentos como um sistema completo e organizado que atende às necessidades e expectativas dos consumidores. Alguns dos elementos mais básicos de conceituação incluem o porte do estabelecimento, sua localização e horário de funcionamento.

Porte do Estabelecimento. O porte de um estabelecimento de alimentação é normalmente descrito em termos de número de assentos, apesar de o tamanho em metros quadrados, o número de refeições servidas e do valor total das vendas também o descreverem. O número de assentos está diretamente relacionado ao volume de negócios realizados, a não ser quando as refeições para viagem, as entregas ou o drive-thru têm participação significativa no negócio. Afora as refeições para viagem e entregas, os estabelecimentos com mais assentos têm maior probabilidade de vender mais do que um de mesmos preços e menos assentos.

Em teoria, qualquer estabelecimento de alimentação tem um tamanho ótimo. Como a opinião de Cachinhos Dourados sobre as camas dos três ursos[2], um estabelecimento pode ser muito pequeno e perder negócios; muito grande e muito caro para manter; ou pode ter o tamanho certo. Umas das poucas regras quanto ao tamanho dos empreendimentos diz que: o estabelecimento deve ter tamanho suficiente para atender às necessidades do mercado da maneira mais lucrativa possível. Pode ser bastante difícil para um restaurante com 600 assentos sobreviver em uma cidadezinha a leste de Montana simplesmente porque não conseguirá atender a um número suficiente de pessoas para conseguir pagar pelo espaço e pela energia elétrica utilizada no aquecimento e na iluminação. Do mesmo modo, um restaurante fino de 60 lugares em uma grande cidade pode afastar seus consumidores ou ter imensas filas de espera, de modo que obteria melhores resultados financeiros se possuísse 100 assentos. De qualquer maneira, a maior parte dos empreendedores de serviços de alimentação preferiria lidar com o problema de excesso do que de falta de consumidores.

Localização. A localização é um fator crucial para muitos conceitos de serviços de alimentação. Um ótimo produto com preço excelente não vale nada se estiver muito longe do seu mercado-alvo. Por essa razão, a maior parte das cadeias de restaurantes faz uma análise cuidadosa da localização antes de instalar uma nova unidade, para assegurar-se de que o estabelecimento está perto o suficiente de seu público-alvo. A localização deve ser considerada em conjunto com outros elementos no conceito de um serviço de alimentação e em relação ao mercado-alvo. Um restaurante de tema único e marcante poderá atrair clientes de regiões muito mais distantes do que um restaurante comum. Da mesma forma, algumas localizações parecem destinadas a restaurantes de sucesso por outras razões — como, por exemplo, estar perto de grandes atrações turísticas.

Há quem diga que os três principais elementos para o sucesso de um restaurante são, na ordem, "localização, localização e localização". Essa afirmação, apesar de parcialmente verdadeira, é enganosa quando não explicada. Segmentos de mercado diferentes exigem localizações diferentes. Uma boa localização para determinado conceito pode ser péssima para outro. Alguns restaurantes prosperam a grandes distâncias de bons mercados; outros fracassam em uma esquina movimentada.

Horário de Funcionamento. O horário de funcionamento pode parecer irrelevante para o conceito de um serviço de alimentação, mas é extremamente importante. Um restaurante voltado para caminhoneiros que não funcionar 24 horas não entende as necessidades de sua principal clientela. Do mesmo modo, restaurantes em áreas urbanas poderão prosperar servindo apenas no horário do almoço. Aqui, mais uma vez, é preciso determinar as necessidades e expectativas dos consumidores e, então, esforçar-se para atendê-las.

TEMA E DESIGN

Para uma série de estabelecimentos de alimentação contemporâneos, o tema é o elemento principal do conceito. Difícil de descrever com precisão, pode ser pensado como o efeito coletivo de vários fatores que criam uma experiência única. Restaurantes com temas fortes proporcionam a seus clientes a sensação de serem transportados para outras épocas ou lugares.

Muitas vezes, um tema é originário de outras culturas. Por exemplo, restaurantes com temas da Polinésia, populares nos anos 70, criavam uma atmosfera de ilhas tropicais. Móveis feitos de cana, redes de pescadores, uniformes floridos, entradas e pratos especiais transportavam os clientes de frias cidades, no inverno, para um paraíso tropical imaginário. Da mesma forma, muitas cidades são testemunhas do ressurgimento dos *diners*[3], talvez em virtude de um sentimento nostálgico em relação a um passado mais simples.

Além de emprestados de outras culturas, os temas podem intensificar as características da cultura local para agradar aos turistas. Uma tendência popular no Texas há alguns anos era a "experiência do Oeste". Habitantes do Norte vestiam roupas do Velho Oeste e freqüentavam imensos restaurantes nos subúrbios da cidade, onde sentavam em mesas de piquenique, comiam churrasco, bebiam cerveja texana, ouviam música country e montavam (pelo menos temporariamente) um touro mecânico.

Os temas podem refletir interesses especiais, como rock (Hard Rock Cafe), automóveis (Studebaker's) ou celebridades do esporte (Michael Jordan's), para citar apenas alguns. Alguns restaurantes reconstituem o passado, como o Ed Debevic's, restaurante construído para imitar os clássicos *diners* dos anos 50.

O design é importante para praticamente todos os serviços de alimentação e é essencial para aqueles que possuem temas fortes. Por meio do design — a organização do espaço, o acabamento, os móveis, a arrumação da mesa (pratos, copos e talheres), a iluminação, o som do ambiente e a escolha das cores — o tema do restaurante é transmitido visualmente aos clientes.

Mesmo em restaurantes onde o tema não é explícito, o design é importante. Ele cria uma qualidade sutil denominada atmosfera. Transmite ao cliente de maneira poderosa, em geral subliminarmente, a essência do estabelecimento. Diferentes iluminações podem, por exemplo, criar um clima de empolgação e ação ou demarcar espaços mais íntimos.

O design é um elemento crítico na percepção de valor que o cliente tem da experiência. Pelo design, os consumidores podem captar dicas sutis sobre o que os aguarda. Qual é a distância entre as mesas? As paredes são pintadas ou forradas com papel de parede? São feitas de madeira de mogno sólida? As toalhas de mesa são brancas? Ou de quadriculado vermelho e branco e plastificadas? Ou, então, cobertas com papéis marrons de açougue? Alguns restaurantes servem caranguejos em fina porcelana e outros em pratos e talheres de plástico. Outros cortam uma caixa de cerveja na metade longitudinalmente, colocam uma dúzia de caranguejos, cozidos no vapor, em pedaços dentro da caixa, jogam-na sobre a mesa e servem para o cliente com um babador e um martelo de madeira. Cada maneira representa diferentes valores.

Entretanto, isso não significa que designs caros são necessários para o sucesso. Tudo depende das necessidades e expectativas do mercado. Um restaurante barato com excelente comida pode ser um sucesso, mesmo que seja óbvio que o espaço atual era, até um mês atrás, uma lavanderia automática. Da mesma forma, muitos restaurantes ousam não investir na melhoria do "design" por medo de espantar fregueses habituais. Mas essas são exceções que provam a regra: a qualidade do design mostra sutilmente o que é possível esperar do restaurante. Um restaurante fino que espera atender a clientes que gastem, em média, US$ 150 em uma refeição não deve servir caviar em prato de papel ou Cabernet Sauvignon em copo plástico.

TIPOS DE SERVIÇO

O tipo de serviço refere-se à maneira como as comidas e bebidas são apresentadas para os clientes. Os diferentes tipos de serviço indicam as diferentes necessidades dos segmentos de mercado e também contribuem para a percepção de valor que tem o consumidor.

Serviço à Mesa. Os clientes são levados à mesa por alguém que os recepciona. Os pedidos são tirados pelos garçons, à mesa onde os alimentos e bebidas são servidos. As louças sujas são retiradas das mesas pelos garçons ou *commis*.

Serviço de Bufê. O serviço de bufê é geralmente associado a eventos em que os clientes se dirigem a uma "mesa-bufê" para pegar comidas e bebidas. Recepções de casamentos, eventos de igrejas e *brunches* de domingo em restaurantes e clubes costumam oferecer esse tipo de serviço. O diferencial é que o cliente deve dirigir-se à mesa do bufê para se servir.

Serviço de Banquete à Mesa. Esse tipo de serviço é muito semelhante ao serviço à mesa comum em que os garçons levam a comida à mesa do cliente. Exige, no entanto, que a comida seja transportada a partir de uma cozinha central. A comida pode ser "empratada" na cozinha central e transportada em estufas especiais para o salão ou pode ser transportada em grandes volumes para uma cozinha de apoio ao lado do salão e lá empratada.

Serviço Tipo Cafeteria. Nesse tipo de serviço, como no serviço de bufê, os clientes pegam sua própria comida e a levam para a mesa. A diferença entre os dois é que no serviço tipo cafeteria há funcionários que servem os clientes, enquanto no bufê os próprios consumidores se servem. As cafeterias também possuem balcões permanentes, enquanto os bufês costumam ser temporários. Originariamente, o serviço de cafeteria exigia que os hóspedes formassem uma fila única e passassem pelos balcões com bebidas, sobremesas, pratos principais etc. O design dos serviços tipo cafeteria contemporâneos possibilita circulação mais livre, permitindo aos consumidores ir de um balcão para outro na ordem em que preferirem. Algumas cafeterias são bastante parecidas com praças de alimentação, onde os clientes podem escolher entre diversas "lojas" especializadas em determinado tipo de comida.

Serviço Estilo Familiar. Normalmente utilizado em acampamentos, bem como em alguns poucos restaurantes comerciais, esse tipo de serviço envolve o fornecimento de diversos tipos de comida em quantidade suficiente para seis, oito, 12 ou mais pessoas. A comida é passada de uma pessoa para outra, como em uma refeição tradicional em família. Em alguns tipos de serviço familiar, uma pessoa da mesa é escolhida para ir ao balcão onde as travessas e os pratos de comida estão expostos. Outra forma é a comida ser levada à mesa por garçons. Nos restaurantes Basque, em Winnemuca, Nevada, os clientes sentam-se com desconhecidos em grandes mesas de piquenique. O cardápio é fixo — os consumidores comem o que o garçom levar à mesa.

***Room Service*.** O *room service* é associado a hotéis, onde os hóspedes podem fazer os pedidos e receber a refeição em seus quartos. Sistemas semelhantes existem em hospitais onde os pacientes escolhem em um cardápio o que querem comer, e os pedidos são levados a seus quartos. Os hospitais, entretanto, tendem a oferecer refeições em horários determinados, e o serviço dos hotéis pode estar disponível 24 horas por dia.

Fast-foods. Os fast-foods são serviços de alimentação em que os consumidores ficam em pé diante de um balcão, fazem seu pedido, pagam e esperam que o pedido lhes seja entregue. O McDonald's e o Burger King são alguns exemplos de restaurantes fast-food.

Serviço de Balcão Tradicional. Esse tipo de serviço representa uma forma mais antiga de pedir e receber comida rápida do que a encontrada em restaurantes com serviço à mesa. Os clientes, em especial os desacompanhados, não querendo sentar-se à mesa e esperar pelo garçom, podem sentar-se em banquinhos diante do balcão, onde fazem seus pedidos para um atendente, geralmente um cozinheiro de pratos rápidos. Vários *coffee-shops* (Denny's), bem como lanchonetes tradicionais em lojas de departamentos (Walmart's), oferecem serviço de balcão tradicional.

Serviço para Viagem. O termo "para viagem" costuma ser empregado para restaurantes com serviço à mesa, cujos clientes preferem levar a comida para casa. Alguns restaurantes, como

História

POR DENTRO DA INDÚSTRIA **HISTÓRIA**

O Diner

São todos iguais. São todos diferentes. Localizados em Qualquer Lugar, nos Estados Unidos, o *diner* é uma tradição americana. É um lugar onde o café e a fofoca são quentes, e o garçom sabe seu nome (mesmo que você não seja da região, será tratado de um modo bem informal). É um lugar onde as sugestões do dia são preparadas de maneira rápida e eficiente, onde se ouve o ruído da grelha e da geladeira — tudo na frente do cliente, sentado em um tradicional banquinho cromado.

Quando Walter "Scotty" Scott abriu seu primeiro carrinho de lanches, puxado a cavalo, em Providence, Rhode Island, em 1872, teve início a era do *diner*, que, apesar dos altos e baixos, resistiu ao longo dos anos. Antes e logo após a Segunda Guerra Mundial existiam cerca de seis mil *diners* nos Estados Unidos. Hoje existe menos de um terço disso, embora o número esteja novamente aumentando.

Os primeiros *diners* eram industrializados, construídos sobre rodas e organizados de forma a serem eficientes (um balcão divide o *diner* em duas metades; de um lado fica a cozinha e do outro, os clientes). Ao longo dos anos, os *diners* passaram por inúmeras transformações, como, por exemplo, a adição de cabines e mesas para aumentar o número de assentos e diferentes arranjos de design interno, que iam desde a fórmica branca até a arte moderna.

Com seu renascimento nos últimos dez anos, o *diner* está surgindo novamente não apenas nos Estados Unidos, mas também no Canadá e na Europa, valorizando ainda mais um ícone americano.

as lojas exclusivas para entregas do Pizza Hut, servem comida para viagem, mas não dispõem de mesas.

Serviço de Entrega. O serviço de entrega de comida pronta na casa do consumidor foi popularizado na atualidade pela Domino's Pizza. Alguns serviços de entrega não estão relacionados a determinado restaurante. Oferecem um cardápio reduzido de vários restaurantes participantes da redondeza. O cliente faz um pedido à empresa de entrega, que encaminha o pedido ao restaurante e, depois, retira o pedido e o entrega ao consumidor.

Serviço de Drive-in. Esse serviço surgiu com os restaurantes drive-in, populares no sul da Califórnia nos anos 40 e 50. Os clientes entram de carro no estacionamento do restaurante e ali permanecem. Os pedidos são feitos em um interfone ou diretamente ao garçom, que vem até a janela do motorista. O garçom traz a comida, a conta e recebe o pagamento.

Serviço de Drive-thru. O drive-thru é o parente contemporâneo do serviço de drive-in, popular décadas atrás. Esse tipo de serviço costuma ser encontrado em fast-foods. Os clientes fazem o pedido em um microfone, e seguem de carro até uma janela, onde pagam e recebem o pedido. Uma variação do sistema utiliza duas janelas: uma para pagar, outra para receber a comida.

QUALIDADE DO SERVIÇO

A qualidade do serviço é um termo relativo que depende do tipo de serviço e do conceito envolvido. Cada tipo de serviço é avaliado por diferentes critérios. O atendimento rápido é crucial em fast-foods, mas não tão determinante em um restaurante fino de serviço à mesa, onde os clientes não têm pressa para terminar uma refeição cara. Da mesma forma, um garçom que confunde quem pediu o que em uma mesa é mais facilmente perdoado do que um atendente de drive-thru que trocou os pedidos e deu o duplo hambúrguer para o Chevy e o sanduíche de peixe para o Honda.

Os "roteiros de serviço" podem auxiliar a identificar a qualidade do serviço. Um roteiro de serviço é uma seqüência antecipada das interações implícitas entre atendentes e clientes. O roteiro indica o que cada um dirá e fará e contém as expectativas envolvidas no momento do serviço.

Diferentes serviços de alimentação têm diferentes roteiros. Clientes em restaurantes finos esperam que alguém os leve até a mesa e os sirva. Por outro lado, serviço à mesa não faz parte do roteiro de fast-foods.

O atendente e o cliente podem ter expectativas diferentes; podem estar seguindo roteiros diferentes. Quando as expectativas não são satisfeitas, podem surgir problemas. Por exemplo, um cliente cuja expectativa não está sendo atendida ("Por que o garçom não vem receber a conta?") pode interpretar o serviço como ruim. Talvez não saiba que, nesse estabelecimento, os clientes pagam a conta diretamente no caixa.

De forma ideal, o conceito de um serviço de alimentação está intimamente relacionado às necessidades e expectativas de seu mercado-alvo e, de certa forma, são inseparáveis. No entanto, assim como os segmentos de mercado, os elementos do conceito de um serviço de alimentação são variáveis. Para determinado conceito, alguns elementos podem ser essenciais, enquanto, para outros, podem ser menos importantes ou irrelevantes. Um restaurante que deseja atender pessoas para o café-da-manhã, como um *coffee-shop*, e possui horário de funcionamento das 11h às 22h, é uma contradição, e é praticamente impossível imaginá-lo bem-sucedido! Da mesma forma, uma barraca de cachorro-quente em um estádio de beisebol não depende do apelo da decoração.

CARDÁPIO

Muitos clientes de restaurantes acreditam que o cardápio é uma lista do que o *chef* prefere cozinhar. Mesmo alguns proprietários de restaurantes acreditam que, sendo especialistas, seus cardápios devem refletir o que *eles acreditam* ser o melhor para o consumidor.

Apenas os *chefs* mais renomados são capazes de ser bem-sucedidos no mercado elaborando cardápios que expressem seus talentos culinários. A maior parte dos proprietários de restaurantes entende que o consumidor é o juiz final — e o mais importante: juiz do cardápio. Se os clientes não encontram o que esperam no cardápio, a escolha é simples: vão a outro lugar.

O cardápio é o plano do estabelecimento de alimentação para atender às necessidades e às expectativas dos clientes. Ele lista os itens que os consumidores desejam e apreciam. É, portanto, o plano de produto de um restaurante.

A sabedoria popular imagina que quanto mais itens existirem em um cardápio, mais as expectativas e as necessidades dos consumidores poderão ser satisfeitas, de modo que o ideal seria um cardápio extenso. A verdade, entretanto, é o oposto disso na maioria dos casos. Um cardápio limitado muitas vezes é mais rentável do que um extenso. É muito mais fácil "colocar" um cardápio reduzido na cabeça do cliente potencial. É mais eficaz fazer poucos itens excepcionalmente bem do que fazer tudo moderadamente bem. Tentar fazer tudo muitas vezes acaba tornando o restaurante conhecido por não fazer nada muito bem.

Uma vantagem mercadológica de um cardápio limitado é que os consumidores sabem o que será servido. Certamente, serviços para viagem como o Domino's Pizza e o Pizza Hut Delivery levam vantagem sob esse aspecto. Eles sabem que os clientes já descartaram muitas possibilidades de escolha.

Não existem regras para o que constitui um cardápio limitado ou extenso. Uma grande parte dessa avaliação baseia-se no conceito e no mercado do serviço de alimentação. Por exemplo, um cardápio com 12 pratos principais poderia ser extenso para um drive-thru de hambúrgueres. Entretanto, seria relativamente limitado para um restaurante informal como o Bennigan's ou o T.G.I. Friday's, onde o conceito implica ampla variedade de opções. O objetivo do cardápio reduzido não é limitar nenhum cardápio em apenas cinco ou seis itens. Ao contrário, é encontrar o número ideal de itens necessários para atender às expectativas e às necessidades daquele segmento de mercado e para dar ao empreendimento uma posição bem definida na mente dos clientes potenciais.

A maior parte dos cardápios exibe os preços dos itens de alimentos e bebidas. A determinação do preço, assim como a seleção de itens do cardápio, deve demonstrar um entendimento claro dos segmentos de mercado atendidos pelo estabelecimento. Preços muito altos não proporcionarão ao cliente a percepção de um valor justo do produto. Por outro lado, os preços interferem nos lucros. Preços muito baixos ameaçarão a sobrevivência financeira do empreendimento. Determinar preços para os itens do cardápio é, portanto, uma delicada medida de equilíbrio. Estratégias específicas para a determinação do preço vão além do propósito deste texto. Mas é importante enfatizar que o preço dos produtos, bem como a seleção dos itens oferecidos, será, em última instância, julgado pelo consumidor.

O cardápio e o conceito de um serviço de alimentação estão intimamente relacionados. De forma ideal, os itens do cardápio e os preços ajustam-se perfeitamente ao conceito. O restaurante Ed Debevic's, projetado para assemelhar-se a um *diner* dos anos 50, serve hambúrgueres, bolo de carne e frango frito. Salmão ou *foie gras* estariam claramente no lugar errado.

O mercado, o conceito e o cardápio são ferramentas que ajudam a entender as semelhanças e as diferenças entre os serviços de alimentação. Essas "ferramentas" realçam elementos essenciais dos estabelecimentos de alimentação que podem ser usados para identificar as tendências e os avanços da indústria.

CONCEITOS CONTEMPORÂNEOS DOS SERVIÇOS COMERCIAIS DE ALIMENTAÇÃO

O mercado, o conceito e o cardápio também podem ser utilizados para classificar os serviços de alimentação, sejam eles comerciais ou industriais. Os estabelecimentos comerciais de alimentação vão de restaurantes finos a fast-foods. (Os conceitos dos serviços de alimentação industriais serão discutidos adiante.)

RESTAURANTES FINOS

O restaurante fino é caracterizado pela alta qualidade e pelo cuidado do serviço à mesa, bem como pelos móveis e decoração, aparentemente caros, e pela cozinha requintada. As mesas nesses estabelecimentos são sempre cobertas por toalhas brancas e guarnecidas de fina porcelana, talheres de prata e copos de cristal. Os preços são os mais elevados: os clientes pagam de US$ 40 a US$ 75, ou mais, pela refeição (entrada, prato principal e sobremesa). Com o acréscimo de licor ou vinho, a conta pode sair mais de US$ 100 por pessoa.

A categoria dos restaurantes finos pode ser dividida em segmentos menores. Alguns atraem aventureiros da culinária, que escolhem o restaurante em virtude da reputação do *chef.* Esses restaurantes são conhecidos pela "fama do *chef*". Alguns exemplos são o Wolfgang Puck's, no sul da Califórnia, e o Charlie Trotter's, em Chicago.

Outros restaurantes finos podem depender da localização, por serem dirigidos a turistas. Esses estabelecimentos muitas vezes situam-se no topo dos edifícios mais altos das principais cidades ou perto de destinos turísticos. Alguns podem ser o próprio destino.

Seja pela cozinha, localização ou outros fatores, esses restaurantes procuram proporcionar uma experiência de elegância, refinamento e atenção a todas as necessidades (explícitas e implícitas) dos clientes. No contexto da cultura e da sociedade, os restaurantes finos podem ser um meio de as pessoas ricas demonstrarem seu status. O convite para jantar em um restaurante desse tipo pode representar uma tentativa sutil de impressionar ou influenciar o convidado.

Em virtude da posição relativamente alta na escala de preços, os restaurantes finos prosperam em períodos de crescimento econômico, mas sofrem durante períodos de declínio. Seu sucesso também tem sido afetado por outros fatores, como mudanças na política fiscal norte-americana, que reduziu as deduções das refeições de negócios. Além disso, ao contrário dos anos 80, quando a demonstração de riqueza pessoal era aceita, a sociedade atual parece desencorajar o consumismo ostensivo. Alguns estabelecimentos responderam a esses desafios abaixando os preços. Outros mantiveram a estrutura de preços, mas procuraram aumentar o valor percebido de seus produtos, reforçando em seu marketing a maestria culinária do *chef* e o frescor dos ingredientes. Algumas empresas atenderam à demanda do mercado por restaurantes finos menos caros, abrindo restaurantes "irmãos". O Chicago's Brasserie Jo, por exemplo, é irmão do restaurante Everest, conhecido como um dos melhores restaurantes da cidade. O nome Brasserie Jo vem de Jean Joho, renomado *chef* do Everest; o restaurante oferece comida francesa a um preço substancialmente menor.

RESTAURANTES TEMÁTICOS

Restaurantes temáticos têm uma abordagem diferente quanto a oferecer uma experiência única. Enquanto os restaurantes finos tendem a criar uma atmosfera de elegância, os temáticos procuram oferecer a seus clientes uma experiência que evoca outras épocas e lugares. Alguns temas são relativamente de fácil execução, como restaurantes com traços visuais de pubs ingleses, bares de temática esportiva que exibem recordações de times locais ou restaurantes de frutos do mar com escotilhas em vez de janelas. Outros restaurantes são muito mais intensos na criação de temas, como o Medieval Times, onde os clientes assistem a disputas entre cavaleiros e chamam a garçonete gritando "Criada!".

O preço, a cozinha, a atmosfera e o serviço variam muito entre os restaurantes temáticos. Entretanto, com relação ao preço, a maioria está em uma faixa média de US$ 15 a US$ 30 pela refeição (entrada, prato principal e sobremesa). Da mesma forma, a maioria possui serviço à mesa. A atmosfera e o design dependem do tema.

Apesar de o tema ter pouca relação com a qualidade da comida ou do serviço, esses restaurantes normalmente conseguem fixar na mente do consumidor a imagem de uma experiência memorável, diferente e divertida. Os temas, portanto, ajudam os restaurantes a se destacar perante os outros. O risco em um restaurante temático é o de o conceito não ser atraente para um número substancial de pessoas.

RESTAURANTES INFORMAIS

Os restaurantes informais como Bennigan's, T.G.I. Friday's e Chili's estão intimamente relacionados aos temáticos. Procuram atrair pessoas da classe média que gostam de comer fora e querem evitar os altos preços e a formalidade dos restaurantes finos. Seus preços situam-se em uma faixa média, a atmosfera é confortável e o ambiente, descontraído. Muitas vezes, servem-se bebidas alcoólicas nesses restaurantes.

Nem sempre é possível diferenciar um restaurante informal de um temático. Muitos restaurantes temáticos têm ambiente descontraído e muitos restaurantes informais têm temas. A diferença entre os dois é, de um modo geral, uma questão de interpretação. Para muitos propósitos, os dois podem ser agrupados em uma única categoria. Para complicar ainda mais a divisão em categorias, alguns restaurantes informais têm temas relacionados a etnias ou a culturas. Dois bons exemplos são o Chi-Chi's (mexicano) e o Olive Garden (italiano), ambos informais com temas derivados de culinárias étnicas.

A principal razão para que as categorias de restaurante temático, informal e étnico/cultural se misturem é que, durante as últimas décadas, muitas cadeias de restaurantes desenvolveram conceitos informais com temas étnicos para atrair a nova geração.

RESTAURANTES ÉTNICOS

Apesar de muitos restaurantes informais terem temas étnicos, os restaurantes étnicos — cujas origens e mercado-alvo são diferentes — também existem. É necessário classificá-los em uma categoria à parte para salientar essas diferenças.

A categoria dos restaurantes étnicos inclui estabelecimentos fortemente ligados às culturas das quais se originaram. Esses restaurantes estão normalmente localizados em áreas onde vive um grande número de pessoas da cultura específica. A cozinha tende a ser autêntica, mais do que apenas influenciada, e o cardápio e o idioma podem ser nativos.

Os restaurantes étnicos representam uma categoria que deverá crescer nos próximos anos. Em parte, esse crescimento acontecerá em virtude de mudanças demográficas na composição da população. Além disso, a proliferação desses restaurantes, de cozinha autêntica, provavelmente atrairá um número cada vez maior de pessoas que gostam de novas experiências.

Os restaurantes étnicos refletem a variedade e a diversidade de suas culturas originais. Podem ser caros ou baratos, elegantes ou informais. Podem oferecer comida para viagem e poucas mesas, como a *taqueria* mexicana, um restaurante que serve diferentes tipos de tacos e *antijotos*, um petisco feito de milho. Ou, em vez de refeições completas, podem dar ênfase a porções de petiscos, como em um bar de *tapas*, restaurante especializado em diversos aperitivos espanhóis.

RESTAURANTES FAMILIARES

Os restaurantes familiares, antigamente denominados *coffee-shops*, oferecem serviço no balcão ou à mesa, cardápio um tanto limitado e atmosfera amigável e familiar. A diferença entre restaurantes temáticos/informais e restaurantes familiares nem sempre é clara, mas os últimos costumam ser menos sofisticados na temática ou na ambientação e praticamente não vendem bebidas alcoólicas. Cardápios para crianças e opções de pratos atraentes para os pequenos são

Um Dia na Vida de...

UM DIA NA VIDA DE... UM *CHEF*

Alice Waters, Charlie Trotter e Paul Prudhomme trabalharam bastante para elevar o conceito do trabalho do *chef* na cabeça das pessoas. Apesar desses famosos *chefs* terem conseguido abrir espaço para si cozinhando, escrevendo livros de cozinha, aparecendo na televisão e (para dois desses *chefs*) administrando restaurantes, um dia típico em suas vidas não compreende todas essas atividades, mas destina-se ao preparo dos pratos.

O dia comum começa muito cedo, pois o *chef* compra as hortaliças, as frutas, o peixe e outras comidas frescas da estação. Como a capacidade de estoque é limitada e o frescor dos alimentos uma prioridade, essas compras são feitas diariamente. O *chef*, em seguida, dá início à preparação diária dos pratos ou supervisiona os funcionários da cozinha. Mais tarde, durante a manhã, pode encontrar-se com outros gerentes e, às vezes, com clientes para planejar cardápios. Os cardápios são planejados conforme a disponibilidade, a estação e as cotações diárias do mercado. Durante o resto do dia, o *chef* pode cuidar de questões burocráticas ou do aprimoramento de receitas, sempre descansando por algumas horas antes de retornar para o jantar.

O *chef* é oficialmente encarregado de preparar toda a comida do restaurante ou do hotel. Ele é o supervisor dos funcionários da cozinha e, em grandes estabelecimentos, supervisiona ajudantes, assistentes e aprendizes. Um *chef* pode supervisionar uma equipe de chefes especializados, como o *chef* de confeitaria e o de cozinha fria. Além disso, o *chef* determina o estilo da cozinha e cria as receitas. Um *chef* que muda de emprego costuma levar consigo as receitas que criou. Ele também:

- avalia continuamente o que está sendo preparado e como, para assegurar que os itens do cardápio sejam lucrativos e atraentes para os consumidores;
- é responsável por garantir que o ambiente de trabalho seja limpo e seguro;
- orienta ou supervisiona o treinamento dos funcionários da cozinha;
- é responsável por assegurar que todos os alimentos e bebidas estejam dentro dos padrões de qualidade, sejam entregues na quantidade correta e armazenados apropriadamente;
- deve relacionar-se bem com as pessoas no ambiente de trabalho.

O trabalho de um *chef* é cansativo e exigente: muitas horas e muitos dias; entre 40 e 70 horas por semana, incluindo noites, finais de semana e feriados. Talvez isso explique a carência de *chefs* executivos no país — há menos de 75 *chefs* especializados e com certificado nos Estados Unidos[1]. Mas um bom *chef* pode ganhar um salário muito bom, além de benefícios e refeições.

A maioria dos grandes hotéis e restaurantes exige que o *chef* tenha pelo menos dois ou três anos como aprendiz e experiência prática como assistente. A graduação ou a especialização em gastronomia ou administração hoteleira/de restaurantes também ajuda bastante.

[1] Henkin, Shepard. *Opportunities in Hotel and Motel Careers*. NTC Publishing Group, 1992: 91, 95-97.

comumente aí encontrados, bem como os pratos "simples", como purê de batatas, caldo de carne com pão e massas. Uma refeição completa custa entre US$ 7 e US$ 15. Shoney's, Bob Evan's e Denny's são alguns restaurantes familiares, assim como muitos outros administrados pelos próprios donos.

BUFÊ/GRELHADOS

Essa categoria inclui cadeias de churrascarias que utilizam serviço de bufê e cafeterias. Alguns exemplos dessas churrascarias são a Golden Corral, a Ponderosa e a Ryan's Family Steakhouse. As cafeterias incluem a Home Town Buffet e a Old Country Buffet (que agora são uma única empresa), a Furr's/Bishop's e a Picadilly's. Os dois tipos de restaurantes utilizam o formato self-service, e o bufê costuma ser do tipo "tudo o que você conseguir comer por um único preço". Os restaurantes de grelhados e bufê tradicionalmente atendem a segmentos de mercado que procuram qualidade por um preço relativamente baixo. As famílias que procuram refeições não muito caras e os aposentados com renda fixa são dois importantes mercados para esses restaurantes.

As cafeterias no estilo bufê eram um conceito popular nas primeiras décadas do século XX por servirem refeições baratas aos trabalhadores. Algumas eram grandes até mesmo para os padrões atuais. A Ontrá Cafeteria, em Chicago, por exemplo, tinha 1.100 assentos. Apesar de a popularidade das cafeterias ter diminuído em muitas partes do país, elas ainda são fortes no sudeste dos Estados Unidos.

Os especialistas da indústria concordam que as churrascarias e os bufês disputam os mesmos consumidores. Essa categoria de estabelecimentos possui pequena participação no mercado norte-americano de alimentos (menos de 3%) e tem se empenhado para manter as vendas desde o final dos anos 90.

RESTAURANTES DE SERVIÇO RÁPIDO

Os restaurantes de serviço rápido ou fast-foods ocupam, de longe, a maior fatia da indústria de alimentos nos Estados Unidos. De fato, as cadeias de fast-food produziram sozinhas mais de US$ 100 bilhões em vendas em 1997, sem contar o valor produzido na Europa e na Ásia.

Apesar de os restaurantes de serviço rápido ou fast-foods serem mais identificados a grandes cadeias norte-americanas, há muito tempo eles fazem parte de diversas sociedades. Cidades de todo o mundo têm vendedores de rua que oferecem seus produtos, como torradas em frente ao porto, em Veracruz, e *gluay habn* (um tipo de milk-shake de banana), nos mercados tailandeses.

Da mesma forma, já existia serviço rápido nos Estados Unidos muito antes desse tipo de refeição tornar-se uma instituição por meio da expansão das principais cadeias. Durante o final do século XIX, os carrinhos de comida atendiam às necessidades dos operários. Mais tarde, apareceram salas de refeições que serviam com relativa rapidez comida no balcão, com cozinheiros capazes de executar muitos pedidos ao mesmo tempo. Nas primeiras décadas do século XX, Horn e Hardart implantaram as primeiras cadeias de máquinas de comida "automáticas", que exigiam "apenas que os clientes colocassem moedas em uma abertura ao lado do produto que desejavam, visível através de pequenas janelas brilhantes"[4].

A categoria de refeições rápidas é, hoje, caracterizada por preços relativamente baixos, cardápios limitados, decoração funcional e balcões de serviço adaptados. Os processos de produção em série tornaram possível o preparo de grandes quantidades de itens do cardápio com padrões precisos de qualidade e consistência.

Essa categoria é dominada pelas grandes cadeias. A McDonald's é a maior do mundo, com vendas de mais de US$ 33,6 bilhões e mais de 23 mil restaurantes fora dos Estados Unidos, em 1997. A Tricon, proprietária da Pizza Hut, Kentucky Fried Chicken (KFC) e Taco Bell, é a segunda maior. Outras grandes cadeias são Burger King (US$ 9,8 bilhões em vendas em 1997) e Wendy's (US$ 5,2 bilhões em vendas em 1997). Muitos acreditam que o crescimento dessa indústria atingiu seu ponto de saturação. Em 1996, a taxa de crescimento para o segmento, nos Estados Unidos, foi menor do que a de restaurantes de serviço completo. As principais oportunidades de crescimento para os fast-foods estão fora dos Estados Unidos. A McDonald's, por exemplo, possuía 8.959 restaurantes nos Estados Unidos, em 1992, e 4.134 (32%) em outros países. Em 1997, o número de restaurantes nos Estados Unidos cresceu para 12.380, mas fora do país subiu para 10.752 (46%). De 1988 para 1997, a taxa de aumento da receita líquida do McDonald's no mercado norte-americao foi de 3%; fora dos Estados Unidos, foi de 19,4%, o que indica claramente a importância da expansão internacional para a continuidade do crescimento.

Uma tendência crescente no mercado de fast-foods é a utilização de quiosques e carrinhos para atingir consumidores em locais não tradicionais e de muito movimento. Os quiosques exigem investimento de capital muito menor, uma vez que a área necessária para seu funcionamento também é bem menor. Quiosques de serviço rápido estão surgindo nos aeroportos, shopping centers, hospitais e prédios de escritórios.

TERCEIRAS CASAS

Uma perspectiva contemporânea interessante para o entendimento de um tipo particular de restaurante foi desenvolvida por Ray Oldenburg em seu livro *The Great Good Place*[5]. Para Oldenburg, alguns estabelecimentos de hospitalidade funcionam para as pessoas como sua "terceira casa". As pessoas na sociedade possuem uma primeira casa: o lugar onde moram. A segunda casa é o local de trabalho. A terceira casa é o lugar onde as pessoas se encontram para interagir informalmente, longe do trabalho e de casa[6].

Oldenburg argumenta que a sociedade americana está muito centrada nas duas primeiras casas, moradia e trabalho. A urbanização tirou das famílias os laços com a vizinhança e os relacionamentos, tornando-as mais centradas em suas próprias casas. A quantidade de trabalho aumentou, e as pessoas passaram a despender mais tempo trabalhando e nos deslocamentos de ida e volta ao trabalho. Resta pouco tempo para as interações sociais informais. E mesmo quando há tempo disponível, não há oportunidade. Cada vez mais, diz Oldenburg, os norte-americanos "são estimulados a procurar descanso, entretenimento e proteção em suas próprias residências, que acabaram se tornando mais um refúgio da sociedade do que uma ligação com ela"[7].

Na visão de Oldenburg, o problema da ênfase norte-americana à casa e ao trabalho é que nenhum dos dois é capaz de fornecer um sentimento de comunidade. Sem tempo e local para se distraírem do trabalho e do confinamento de suas residências, os norte-americanos tornam-se impacientes, entediados, solitários e alienados. A terceira casa oferece uma alternativa para o excesso de trabalho e a solidão da vida urbana. Mas a terceira casa é mais do que um refúgio ou fuga. Ela oferece o que a primeira e a segunda não conseguem: a interação social informal que leva a uma vida verdadeira em comunidade.

As terceiras casas podem ser os *coffee-shops*, os bares da vizinhança e os balcões de refeição. Na Europa, os pubs ingleses, os cafés de beira de calçada franceses e as cervejarias alemãs funcionam com freqüência como terceiras casas. O que diferencia as terceiras casas dos demais estabelecimentos comerciais são os seguintes aspectos:

- **Campo neutro**. As terceiras casas são lugares em que as pessoas podem interagir sem as pressões sociais de serem anfitriões ou convidados na casa de alguém. Uma terceira casa é um lugar ao qual "os indivíduos podem ir e vir quando quiserem, um lugar onde ninguém precisa ser anfitrião e todos sentem-se em casa e à vontade"[8].

- **Nivelamento**. As terceiras casa são abrangentes e democráticas. O contato com os outros não é baseado em semelhanças de status social, classe ou classificações. Na verdade, "o charme da personalidade de cada um, independentemente de sua posição social, é o que importa"[9].

- **Conversas**. Bares onde estranhos assistem a programas em grandes telões taciturnamente em silêncio não são terceiras casas. As terceiras casas são caracterizadas não apenas pelas conversas, mas por boas conversas, uma arte que muitos americanos precisam praticar mais[10].

- **Acessibilidade e acomodações**. Uma terceira casa é facilmente acessível às pessoas da região e está disponível durante a maior parte do dia e da noite. As terceiras casas "estão prontas para atender às necessidades de sociabilização e relaxamento antes, depois e nos intervalos das atividades obrigatórias"[11].

- **Clientes regulares**. As terceiras casas, por sua natureza, são freqüentadas por um bom número de *clientes regulares*. São os clientes regulares que mantêm o local vivo. Como Oldenburg observa, esse cliente não vai a uma terceira casa em virtude da qualidade da comida ou das ofertas especiais para o *happy hour*. Em vez disso, "o que atrai o cliente regular a uma terceira casa não é oferecido pela gerência, mas por outros clientes"[12].

- **Descontração**. As terceiras casas não são extravagantes nem bem decoradas. Sendo assim, "não incentivam a pretensão" e estimulam os clientes regulares a "aparecer como eles são"[13].

- **Casa longe de casa**. As terceiras casas não são residências, mas parecem-se com elas em muitos aspectos. Proporcionam um sentimento de posse sem propriedade; não se sabe, aliás, muito bem se as terceiras casas pertencem aos *clientes regulares* ou vice-versa! Por meio da interação com amigos, as pessoas se sentem revigoradas em um ambiente onde podem ser elas mesmas. As terceiras casas oferecem calor humano, "decorrente da cordialidade, do apoio e da preocupação mútua"[14].

Os tipos de estabelecimentos que podem ser classificados como terceiras casas apresentam diferenças interessantes quando comparados aos tipos de restaurantes normalmente indicados como modelos de sucesso na atualidade. Raramente há terceiras casas na primeira página da *Nation's Restaurant News*. Na realidade, para muitas medidas financeiras e comerciais de uma gerência sensata, as terceiras casas são exemplos do que não se deve fazer. Há quem diga que os clientes regulares que ficam muito tempo e gastam pouco são péssimos clientes, que uma decoração atraente traria mais clientes, que oferecer comida de melhor qualidade proporcionaria melhores negócios e que fechar em períodos de baixa representa bom senso comercial. Todas essas críticas são válidas. Entretanto, os críticos esquecem-se de um ponto importante: o tipo de prática administrativa e de estratégia de negócios utilizado em bares e restaurantes comerciais de sucesso não funciona nas terceiras casas. Pode, aliás, até mesmo destruir a característica de lugar de encontro social para clientes regulares.

O conceito de Oldenburg sobre a terceira casa oferece uma boa perspectiva da dimensão social e cultural da hospitalidade, normalmente observada somente do ponto de vista do "negócio".

CAFÉS

Os cafés estão entre os conceitos de serviços de alimentação que mais crescem, em grande parte em virtude do dinâmico crescimento da Starbuck's, uma cadeia com sede em Seattle, Washington.

A Starbuck's cresceu de menos de 200 lojas, em 1992, para mais de 1.600, em 1998. Assim como aconteceu quando do crescimento explosivo da Pizza Hut, algumas décadas atrás, criando um mercado em que os concorrentes encontraram lugar, a Starbuck's tornou possível o sucesso de muitos outros cafés. Muitos cafés localizados em áreas urbanas oferecem uma versão contemporânea de

Perfil Pessoal

PERFIL PESSOAL ***CHEF* LOUIS**

Um Chef Reconhecido Mundialmente

O Chef *Louis Szathmary* — showman, *aluno e professor — teve um importante papel na história da alimentação na última metade do século XX.*

Em Providence, foi o chef *consagrado da Johnson & Wales University, a maior universidade de serviços de alimentação do mundo. Hoje, sua coleção de 400 mil peças da arte culinária está em exposição no Culinary Archives and Museum.*

A cozinha de Szathmary no Bakery foi local de aprendizado para pelo menos duas gerações de chefs, *dos quais muitos tornaram-se bem-sucedidos proprietários de restaurantes.*

Szathmary nasceu nos arredores de Budapeste, na Hungria, em 1919. Formou-se na Universidade de Budapeste, onde concluiu pós-graduação em psicologia, em 1944. Em 1951, mudou-se para os Estados Unidos com US$ 1,10 no bolso e com conhecimento de apenas cinco palavras em inglês. O primeiro emprego de Szathmary foi como *chef* em um retiro para padres em Manresa Island, Connecticut.

Em 1955, Szathmary tornou-se, em Nova York, *chef* exclusivo de Thomas O´Neill, presidente da Mutual Broadcasting System. A relação de Szathmary com O´Neill tornou-os sócios no conhecido Humpty Dumpty Restaurant, em Old Greenwich, Connecticut, um empreendimento de estrondoso sucesso até ser destruído por um incêndio.

Um encontro ocasional com uma pessoa da alta sociedade resultou no próximo passo da carreira de Szathmary. Eles se tornaram sócios da Reddy-Fox Catering Company, em Darien, Connecticut. Lá, Szathmary conheceu Harve Hearl, diretor de desenvolvimento de embalagens da Continental Can Company. Pouco tempo depois, a Reddy-Fox vendia grandes quantidades de comida congelada para empresas. Szathmary criou diversos pratos para empresas pioneiras na área de comidas congeladas. Posteriormente, desenvolveu receitas para a primeira linha de congelados da Stouffer e envolveu-se cada vez mais nas grandes mudanças que ocorriam no mundo dos serviços de alimentação na década de 1950. Foi, em seguida, contratado como gerente de desenvolvimento de novos produtos da Armour and Company, em Chicago, onde criou, entre outras coisas, diversas linhas de comida congelada.

Como já estava integrado à indústria da hospitalidade e de restaurantes dos Estados Unidos, Szathmary sentiu-se tentado a testar suas crenças e, em 1963, abriu o Bakery Restaurant, em Chicago. Acreditava que, para um restaurante obter sucesso, bastavam boa comida e bom atendimento. Posteriormente Szathmary provou que estava certo.

O Bakery também tinha um design diferente. Além do salão principal, havia uma pequena sala de banquetes para festas particulares. Mas a famosa "sala-cozinha", onde cabiam apenas 20 pessoas, era o lugar mais cobiçado. Nela, os clientes faziam sua refeição enquanto observavam *Chef* Louis desossar um cordeiro ou decorar um salmão frio. É por essa abordagem inovadora que talvez Szathmary seja mais lembrado.

Chef Louis faleceu em 4 de outubro de 1996.

"A culinária teve seus grandes homens — Antonin Careme, Escoffier. A Johnson & Wales University teve Louis Szathmary", disse Thomas L. Wright, vice-presidente de educação culinária da Johnson & Wales. "Uma lenda na profissão, um mentor para tantos de nós. Sentiremos sua falta, mas seu legado ficará para a eternidade".

uma terceira casa onde os clientes se encontram para conversar, ler jornal e saborear um *cappuccino*. Nos cibercafés, os clientes preferem acessar a Internet em vez de ler o jornal.

CATERING

Apesar da recessão do início dos anos 90, as empresas de *catering* avançaram e continuaram a crescer tanto na obtenção de receita quanto na participação no mercado. Mudanças no negócio, com a inclusão de cozinhas móveis, caixas para refeições e o crescimento dos serviços de comida pronta dos supermercados, transformaram os serviços de *catering* em um segmento da indústria dos serviços de alimentação "à prova de recessão".

A criatividade tem influenciado bastante o sucesso dos serviços de *catering*. Como os orçamentos ficaram menores tanto para eventos sociais quanto de negócios, as empresas de *catering* recorreram a opções criativas para os cardápios, com a substituição de itens, adoção do formato self-service e de porções menores para manter, e até mesmo aumentar, seus negócios. Essas empresas têm uma vantagem especial, porque normalmente sabem para quantas pessoas devem preparar a comida e qual será o cardápio. Isso faz com que possam estimar de maneira razoavelmente precisa quanta comida precisam comprar e preparar.

O serviço de *catering* tornou-se tão atraente que todo mundo que tem uma cozinha parece querer entrar no negócio. Hospitais e escolas estão começando a utilizar suas instalações e funcionários encarregados do preparo de alimentos, especialmente durante períodos de baixa, para aumentar a receita. Nos últimos anos, as escolas públicas de Detroit forneceram refeições para as escolas particulares da região. A receita obtida com esse serviço permitiu que as escolas públicas melhorassem a estrutura de suas cozinhas e passassem a utilizar produtos mais frescos em seus cardápios[15].

Apesar de as vantagens do *catering* serem grandes, o ramo tem suas desvantagens. Alguns empreendimentos não conseguem lidar com o aumento da concorrência em uma indústria em que, normalmente, se vive sob pressão. Além disso, os restaurantes que têm serviço de *catering* precisam tomar cuidado para não dedicar muito tempo a essa atividade em detrimento do próprio restaurante.

TIPOS DE PROPRIEDADE DE RESTAURANTES

Ter um restaurante é um sonho compartilhado por muitos. Mas o ramo dos restaurantes é extremamente competitivo. Cerca de metade dos restaurantes independentes vai à falência em seu primeiro ano de operação, e 85% fecha em menos de cinco anos[16]. A maior parte dos restaurantes corresponde a pequenos empreendimentos cuja receita anual é inferior a US$ 500 mil[17]. A estrutura de propriedade dos restaurantes normalmente é uma das seguintes: independente, cadeia ou franquia. Um quarto tipo é o misto, onde são combinadas características dos restaurantes independentes e das cadeias.

INDEPENDENTES

Os restaurantes independentes costumam ter um ou mais proprietários, geralmente envolvidos na operação diária do estabelecimento. Mesmo quando os donos têm mais de um estabelecimento, cada um atua de maneira independente, em geral sem relações formais de marketing ou de identidade com os demais. Esses restaurantes não são associados a nenhuma grande marca e, conseqüentemente, proporcionam ao dono mais independência, criatividade e flexibilidade, além de mais riscos.

Um restaurante independente não é, necessariamente, pequeno. Todos os anos, a *Restaurants & Institutions* divulga os 100 maiores restaurantes independentes dos Estados Unidos segundo seu faturamento bruto. A Tabela 7-2 mostra os 25 principais restaurantes independentes na classificação de 1998.

TABELA 7-2 Os 25 principais restaurantes independentes dos Estados Unidos em 1998

Restaurante/localização	Vendas de alimentos e bebidas em 1997 (em milhões)	Número de assentos	Couvert médio	Número de pessoas atendidas
1. Tavern on the Green, Nova York, NY	$ 34,150	1.000	$ 59,29	576.000
2. The Rainbow Room, Nova York, NY*	34,005	1.200	86,00	464.700
3. Smith & Wolleasky, Nova York, NY	23,501	380	62,00	404.723
4. Bob Chinn's Crabhouse, Wheeling, IL	20,627	650	27,86	923.121
5. Spars Steakhouse, Nova York, NY	20,400	300	75,00	290.000
6. Joe's Stone Crab, Miami Beach, FL	18,000	515	45,00	415.000
7. The "21" Club, Nova York, NY	15,723	650	84,20	156.565
8. Fulton's Crab House, Lake Buena Vista, FL	15,400	720	33,00	600.000
9. Scoma's Restaurant, São Francisco, CA	14,053	350	32,00	434.354
10. The Manor, West Orange, NJ	14,000	1.200	50,00	250.000
11. Phillips Harborplace, Baltimore, MD	13,767	880	18,50	600.246
12. Redeye Grill, Nova York, NY	13,256	286	43,00	334.000
13. Gladstone's 4 Fish, Pacific Palisades, CA	13,189	700	23,00	568.754
14. The Four Seasons, Nova York, NY	13,059	650	91,34	143.564
15. Space Needle Restaurant, Seattle, WA	12,501	244	37,73	426.800
16. Trattoria Dell'Arte, Nova York, NY	12,206	280	44,50	309.000
17. Commander's Palace, New Orleans, LA	12,000	350	50,00	275.000
18. Brennan's, New Orleans, LA	11,770	550	45,00	278.000
19. Del Frisco's Double Eagle Steak House, Dallas, TX	11,667	450	60,00	197.600
20. Old Ebbitt Grill/Ebbitt Express, Washington, DC	11,545	580	22,00	730.000
21. The Lobster House, Cape May, NJ	11,467	600	25,00	573.000
22. Dock's Oyster Bar and Seafood Grill, Nova York, NY	11,400	275	32,00	346.000
23. Anthony's Pier 4, Boston, MA	11,360	625	34,00	410.000
24. Montgomery Inn at the Boathouse, Cincinnati, OH	11,330	550	26,50	800.000
25. Red Sage, Washington, DC	11,300	400	42,00	283.000

* Atualmente fechado.
Fonte: Restaurants & Institutions. 1º de abril de 1998.

CADEIAS DE RESTAURANTES

As cadeias de restaurantes representam uma fonte importante de crescimento para a indústria dos serviços de alimentação. Os estabelecimentos de alimentação pertencentes a cadeias conseguiram obter uma participação crescente no mercado, especialmente no final da segunda metade do século XX. (As cadeias de restaurantes preferidas estão listadas na Tabela 7-3. Os restaurantes foram classificados em sete categorias, incluindo variedade de cardápio, qualidade, valor e serviço.)

Uma *cadeia* se diferencia pelo fato de que todos os seus restaurantes são praticamente iguais quanto ao mercado, conceito, design e nome. Parte da estratégia de marketing de uma cadeia de restaurantes é eliminar a incerteza. O mesmo cardápio, a mesma qualidade do serviço, da comida e a mesma atmosfera são encontrados em qualquer um dos restaurantes, independentemente da localização. Desse modo, os consumidores não precisam enfrentar o "risco" de entrar em um restaurante estranho, tendo de escolher entre opções desconhecidas no cardápio ou preocupando-se com a limpeza da cozinha e dos banheiros.

McDonald's, Wendy's, Burger King, Taco Bell e outros grandes fast-foods são exemplos de cadeias de restaurantes. Com raras exceções, cada restaurante é idêntico sob o aspecto visual e de operação. Mas os fast-foods não são o único exemplo de cadeias. Foram elas que popularizaram o conceito de restaurante informal. Alguns exemplos são: Bennigan's, Chili's, Olive Garden, Chi-Chi's e Red Lobster.

Uma cadeia pode ser de propriedade familiar ou de uma corporação, franquia ou empresa de administração. Gerentes e funcionários da cadeia são empregados da matriz.

As operações de cadeias de restaurantes apresentam muitas vantagens, especialmente as relacionadas ao porte. Uma cadeia pode pagar profissionais talentosos para supervisionar os departamentos e a operação. Costuma ter maior poder de compra e recursos financeiros. Pode ter mais capacidade financeira para testar itens do cardápio, procedimentos operacionais ou o design do estabelecimento, já que pode experimentar os novos métodos em pequena escala antes de implementar em toda a rede. Uma cadeia não é, porém, tão flexível quanto um estabelecimento independente e pode não responder tão rapidamente a mudanças na demanda ou na conjuntura

TABELA 7-3 As cadeias de restaurantes vencedoras na opinião dos norte-americanos, em 1997

HAMBÚRGUERES In-N-Out Burger	**PIZZA** Papa John's
CAFETERIAS Luby's Cafeteria	**DOCES** Starbucks
FRANGO Kenny Rogers Roasters	**SANDUÍCHES** Subway
RESTAURANTES INFORMAIS The Olive Garden	**FRUTOS DO MAR** Red Lobster
FAMILIARES Cracker Barrel Old Country Store	**CHURRASCARIAS** Outback Steakhouse
MEXICANO Chi-Chi's	

Fonte: "America's Choice in Chains". *Restaurants & Institutions.* 1º de fevereiro de 1998.

econômica. Todavia, seu maior tamanho permite que administre os ciclos do negócio mais facilmente do que os restaurantes independentes.

FRANQUIAS

As franquias são um tipo de propriedade de restaurante comumente utilizado pelas cadeias. Constituem acordos entre o proprietário do empreendimento, denominado franqueado, e a empresa de **franquias**, denominada **franqueador**. O franqueador vende ao franqueado o direito de usar sua marca e logotipo (o símbolo que identifica a empresa), seus produtos e conceito. O empreendedor investe certa quantia para comprar uma franquia, e o franqueador lhe fornece um empreendimento com uma identidade estabelecida, bem como treinamento, suporte publicitário, assessoria de pré-abertura e procedimentos operacionais já testados. O franqueado é o verdadeiro dono do negócio, mas não administra com total independência porque precisa adequar-se às condições específicas impostas pelo franqueador. Essas condições geralmente estabelecem a localização do restaurante e podem especificar equipamentos, produtos, procedimentos e características de design das instalações.

O dono da franquia geralmente paga ao franqueador uma taxa anual baseada nas vendas. Com a franquia de uma popular cadeia de restaurantes é possível obter lucros consideráveis. Entretanto, a taxa inicial de compra de uma franquia de sucesso é muito maior do que o capital que muitos empreendedores possuem para começar um empreendimento. E, normalmente, quanto maior for o sucesso da cadeia de franquia, maior será o preço de compra — algumas franquias custam mais de meio milhão de dólares. Muitas cadeias de restaurantes combinam a operação da cadeia com a operação de franquias, possuindo unidades próprias e unidades franqueadas.

As franquias proporcionam às cadeias a possibilidade de expansão mais rápida do que seria possível somente com restaurantes próprios. Isso ocorre porque a franquia é uma estratégia para financiar o capital necessário para o crescimento por meio dos franqueados, que investem seu dinheiro no negócio.

EMPRESAS DE PROPRIEDADE MISTA

O tipo de empresa de alimentação de propriedade mista mais comum é a empresa que possui e opera diversos restaurantes, cada um com conceito, cardápio e público-alvo diferentes. Entretanto, há empresas que não são proprietárias dos restaurantes, mas são totalmente responsáveis por sua administração e operação.

Uma das mais conhecidas empresas de restaurantes de propriedade mista é a Lettuce Entertain You, Inc., com sede em Chicago, que opera mais de 60 restaurantes, muitos dos quais com temas independentes. O Papagus Taverna é um restaurante grego, o Café Baba-Reeba serve comida espanhola, o Ben Pao serve pratos orientais, o Scoozi é uma *trattoria* italiana e o Tru é um restaurante fino com design original. A empresa também administra o Food Life, um mercado em um shopping center luxuoso.

Esse tipo de empresa apresenta algumas das vantagens das cadeias, como a centralização de atividades e os benefícios da experiência. Trata-se, no entanto, de um empreendimento de risco, visto que cada conceito, por ser único, precisa se firmar no mercado.

RESTAURANTES COMERCIAIS EM OUTROS NEGÓCIOS

Historicamente, os restaurantes sempre tiveram relação com outros negócios. As primeiras hospedarias e tavernas ofereciam quartos e refeições. Lojas de departamento operavam *coffee-shops* informais e elegantes salas de chá. Farmácias mantinham balcões que vendiam sanduíches, sorvetes e refrigerantes. Hoje, essa tendência não só continua, como tende a aumentar. Cinemas vendem pizza, batata frita e *nachos*, entregando-os no assento do consumidor. Lavanderias automáticas vendem cachorros-quentes e bebidas para os clientes enquanto eles assistem TV e esperam a roupa secar. Do mesmo modo, os serviços de alimentação continuam sendo importantes para hotéis e motéis. Lojas de varejo ainda mantêm restaurantes. E as praças de alimentação, localizadas em grandes shoppings, atraem clientes com os mais populares sanduíches, doces e refrigerantes.

SERVIÇOS DE ALIMENTAÇÃO EM MEIOS DE HOSPEDAGEM

Ao longo da história, os hoteleiros têm considerado seus restaurantes como de importância secundária em relação a seu principal negócio, a hospedagem. Doug Fountain, proprietário de um hotel em Pascagoula, Mississípi, resume esse sentimento: "Vejo o restaurante como um mal necessário. Nós o administramos para obter lucro, mas sempre foi difícil"[18]. Compreende-se isso em virtude de o departamento de alimentos e bebidas apresentar uma margem de lucro muito menor do que o departamento de hospedagem na maior parte dos hotéis. No entanto, os serviços de alimentos e bebidas fazem parte de quase todos os conceitos de hospedagem e são necessários para atender às necessidades e às expectativas dos hóspedes.

Causada por uma expansão exagerada, a "recessão" da indústria hoteleira durante os primeiros anos da década de 1990 fez com que muitos meios de hospedagem passassem a ver seus serviços de alimentos e bebidas como uma nova fonte de lucro. A ênfase na qualidade, criatividade e em uma atmosfera mais informal possibilitou a muitos hotéis atrair clientes para seus restaurantes. Essa tendência manteve-se ao longo da década. Em Chicago, o hotel Le Meridien transformou seu restaurante francês formal em um bistrô informal e transferiu-o do primeiro andar para o piso térreo. Com entrada própria e janelas do chão ao teto, de frente para a rua, o restaurante passou a atrair pessoas da região e também hóspedes do hotel[19]. Outros hotéis terceirizaram esse serviço.

Muitos hotéis começaram a utilizar estratégias agressivas de marketing para promover suas instalações para banquetes. Isso possibilita aumentar tanto as vendas de alimentos e bebidas quanto de hospedagem. Para um hotel, organizar a recepção de um casamento gera venda de pernoites e também de alimentos e bebidas (por meio do serviço de banquetes)[20]. Alguns hotéis começaram a operar serviços de *catering* para eventos fora de suas instalações, de modo a maximizar a utilização de sua cozinha e de seus funcionários.

PRAÇAS DE ALIMENTAÇÃO

As praças de alimentação representam uma evolução do conceito de restaurantes em lojas. Situadas principalmente nos shopping centers, proporcionam variedade e conveniência em suas diversas opções de fast-food para os consumidores. Os restaurantes de uma praça de alimentação precisam de pouca publicidade para atrair clientes, já que a maior parte dessas praças é construída para que os consumidores possam ver prontamente as opções de escolha ao circular por sua área. Assim como a presença de lojas atrai consumidores aos restaurantes, as praças de alimentação de sucesso também atraem consumidores às lojas.

Uma tendência quanto às praças de alimentação é a criação de minipraças com quiosques e estabelecimentos de cardápio limitado. Talvez tenham apenas três ou quatro opções de restaurantes, mas podem ser lucrativas em locais onde a circulação de pessoas é menor do que em um grande shopping center. As minipraças de alimentação estão sendo construídas em escolas, universidades, aeroportos, hospitais e supermercados. Supermercados de todo o país estão abrindo cafés, pizzarias e outros serviços de alimentação em suas instalações.

LOJAS DE VAREJO

Os restaurantes localizados em lojas de varejo são diretamente influenciados pelas vendas da loja onde estão situados. Quando as vendas da loja são boas, os restaurantes costumam ir bem. Quando entram menos consumidores na loja, há menos clientes para o restaurante. Há muito os restaurantes têm estado presentes em grandes lojas de departamento. Hoje, porém, essas lojas não dominam mais o mercado, e outras, menores, vêm obtendo maior participação. Por outro lado, há restaurantes sendo construídos em grandes lojas de descontos, como Target e Walmart, que crescem de maneira surpreendente. Franquias de marcas conhecidas vêm sendo instaladas em lojas de varejo. O Kmart, por exemplo, trocou alguns dos restaurantes de suas lojas por franquias da pizzaria Little Caesar[21].

Perfil Empresarial

PERFIL EMPRESARIAL — **HOWARD JOHNSON**

Uma Franquia Construída com 28 Sabores

Apesar de a Howard Johnson Company ter mudado ao longo dos anos, para muitos ela ainda tem a imagem de telhados alaranjados, mariscos fritos e 28 sabores de sorvete. A empresa surgiu quando Howard Dearing Johnson comprou uma pequena farmácia e resolveu vender sorvetes de fabricação própria, e excelente qualidade. O sorvete era um sucesso. Procurando expandir o negócio, ele construiu quiosques à beira da praia e contratou meninos para vender sorvetes de casquinha e cachorros-quentes para os banhistas.

Na década de 1930, Howard Johnson vislumbrou as possibilidades que as franquias ofereciam e tornou-se um dos pioneiros nesse sistema. Infelizmente, a Segunda Guerra Mundial e o conseqüente racionamento de combustível e pneus levou ao fechamento de quase todos os restaurantes Howard Johnson — as pessoas simplesmente não estavam mais viajando. O sempre empreendedor sr. Johnson manteve seus negócios ativos fornecendo comida para as fábricas da defesa. Após a guerra, os restaurantes foram reabertos e a expansão teve início novamente.

A base para o sucesso dos restaurantes Howard Johnson nos anos 50 e 60 teve três pilastras: a localização nas rodovias, a qualidade da comida e do sorvete e as casas de telhado alaranjado atraentes e facilmente identificáveis. Naquela época, a Howard Johnson começou a cozinhar e a congelar muitos dos itens de seu cardápio em uma central e a distribuí-los congelados para os restaurantes. Isso demonstrou que auxiliares de cozinha podiam substituir *chefs* caros, mantendo um cardápio padronizado e de alta qualidade a preços razoáveis.

O acréscimo de um estabelecimento de hospedagem aos negócios da Howard Johnson aconteceu em 1954, por idéia do filho do sr. Johnson, Howard Brennan Johnson. Em 1959, o filho tornou-se presidente da empresa, cargo em que permaneceu até sua venda.

Nos anos 70, o império da Howard Johnson era formado por mais de mil restaurantes e 500 estabelecimentos de hospedagem.

Infelizmente, a Howard Johnson, que um dia já vendeu mais do que o McDonald's, o Burger King e o Kentucky Fried Chicken juntos, enfrentou a grande concorrência dos recém-surgidos fast-foods nos anos 80 e nunca mais conseguiu retornar a seus dias de glória. Mas será sempre lembrada como peça importante da história dos restaurantes.

Hoje, a Howard Johnson é de propriedade da Franchise Associates, Inc., que possui oito unidades próprias e 24 franquias nos Estados Unidos, além de três lojas de sorvete em Porto Rico.

LOJAS DE CONVENIÊNCIA

As lojas de conveniência e os postos de gasolina também possuem serviços de alimentação para viagem, especializados em bebidas geladas, café e *donuts*, sopas, cachorros-quentes e outros itens que podem ser esquentados no microondas da loja. Algumas conhecidas cadeias de restaurantes estão testando estabelecimentos com cardápio limitado em lojas de conveniência.

Os restaurantes em lojas de varejo rapidamente adotam as tendências que afetam a indústria de alimentação como um todo. Bons produtos, bom atendimento e opções de escolha interessantes são os destaques desse mercado. Comida saudável ou étnica, bem como especialidades regionais, são grandes atrações.

SERVIÇOS INDUSTRIAIS (DE COLETIVIDADE) CONTEMPORÂNEOS DE ALIMENTAÇÃO

Uma das principais maneiras de dividir a indústria da alimentação é diferenciar os estabelecimentos comerciais dos industriais. Freqüentemente, o termo "não-comercial" é utilizado no lugar de "industrial"[22]. Em inglês, o termo serviço de alimentação *on-site* tornou-se o mais aceito para se referir a esse tipo de estabelecimento[23].

Serviços de alimentação industriais e comerciais são diferentes em função do público que atendem. Os **estabelecimentos de alimentação de coletividade** atendem pessoas que fazem parte de instituições sociais específicas, como hospitais, escolas, casas de repouso, exército e indústrias. Essas instituições fornecem serviços de alimentos e bebidas não como parte de sua missão principal, mas como um serviço auxiliar para seus afiliados. Os **serviços de alimentação comerciais**, por outro lado, não atendem a segmentos de mercado definidos conforme afiliações institucionais. Em vez disso, competem por consumidores no mercado aberto. Isso significa que os serviços comerciais enfrentam um risco de falência muito maior do que os serviços industriais.

AS TÊNUES FRONTEIRAS ENTRE OS SERVIÇOS DE ALIMENTAÇÃO COMERCIAIS E DE COLETIVIDADE

Nos anos 50 e 60, era bem nítida a diferença entre os serviços de alimentação comerciais e industriais. Ambos atendiam a mercados diferentes e também tinham conceitos distintos. A comida industrial era associada a ensopados e alimentos ricos em amido, mesas de aço inoxidável sem brilho, hortaliças insossas e refeitórios de cor parda onde os clientes comiam em bandejas de fibra de vidro sob fortes luzes fluorescentes. Os serviços comerciais, por outro lado, eram o local onde estavam as novidades, a emoção, a qualidade. Os donos de restaurante criavam cardápios diferentes para atender às mudanças de gosto das pessoas, as salas de refeição tornavam-se cada vez mais agradáveis visualmente, e a comida era particularmente boa. Enfim, os restaurantes eram lugares onde a comida era boa; nas indústrias e outras instituições, a comida era "boa para os outros".

As instituições serviam comida nutritiva, barata e não muito atraente, porque não era seu objetivo fazer outra coisa. Sua razão de existir era fornecer nutrientes para o organismo de maneira eficiente e econômica. Os serviços de alimentação nas escolas, por exemplo, tiveram início em Boston nas primeiras décadas do século XX, com o intuito de compensar as práticas e preferências alimentares pouco nutritivas dos imigrantes, segundo pensavam os reformistas sociais[24]. Sua intenção nunca foi a de proporcionar uma boa experiência; assim como não é plausível esperar que, nas penitenciárias, seja servido champanhe aos detentos nas refeições de domingo.

Os serviços de alimentação de coletividade, portanto, têm servido ao longo de sua história a um chamado "mercado cativo". Aqui, o termo *cativo* significa que os membros de determinada

Inovações Empresariais

POR DENTRO DA INDÚSTRIA — INOVAÇÕES EMPRESARIAIS

A Pesquisa Zagat

Decidir onde comer pode ser uma tarefa desconcertante. A indicação de um crítico no jornal local fornece alguma orientação. Mas uma crítica baseada na opinião de centenas de pessoas parece ser bastante confiável. Então, ao ouvir que Tim Zagat, que já foi um advogado de aspirações políticas, coloca milhares e milhares de críticos voluntários independentes para fazer a *Pesquisa Zagat*, as pessoas abaixam seus garfos e o escutam. Zagat e sua esposa Nina (que também já foi advogada) publicam nos Estados Unidos a nacionalmente aclamada *Pesquisa Zagat*, uma coletânea das principais críticas metropolitanas e regionais de restaurantes. A cozinha, a ambientação e o serviço são classificados em uma escala de 30 pontos (0 para ruim e 30 para perfeito). O custo da refeição é baseado no prato principal, em uma bebida e na gorjeta.

Para quem compra as críticas (cerca de um milhão de pessoas), a *Pesquisa Zagat* é o livro de referências para quem deseja fazer refeições fora de casa em todos os Estados Unidos. Segundo os Zagat, a fórmula da pesquisa é mais confiável que a crítica individual, pois a crítica de cada restaurante baseia-se, em média, em mil refeições. Desse modo, um grande número de cardápios, itens da estação e peculiaridades do serviço podem ser experimentados, comentados e verificados para se fazer uma descrição precisa e sucinta do que os clientes podem esperar dos restaurantes em mais de 20 cidades e regiões do país.

instituição não podem optar por comer em outro lugar; ou que a escolha de comer em outro lugar não tem impacto econômico negativo no funcionamento do serviço de alimentação. Por exemplo, espera-se que um paciente que se recupera de uma cirurgia em um hospital coma o que lhe trouxerem na bandeja. Mesmo que, como às vezes acontece, um visitante leve comida às escondidas e o paciente a prefira à comida do hospital, não haverá impacto econômico sobre o serviço de alimentação. O paciente terá de pagar pela refeição de qualquer forma. Do mesmo modo, embora tenha um plano de 19 refeições por semana, um estudante de faculdade pode deixar de tomar o café-da-manhã e almoçar na cidade todos os dias que não haverá impacto negativo sobre o serviço de alimentação da faculdade. O estudante comprou e pagou antecipadamente todas as refeições que não fez.

Hoje, as fronteiras entre os serviços de alimentação comerciais e de coletividade ficaram mais tênues, com forte tendência de maior aproximação entre os dois tipos de serviço.

MUDANÇAS NAS EXPECTATIVAS DOS MEMBROS DE INSTITUIÇÕES

Os membros das instituições estão ficando cada vez mais exigentes quanto a suas expectativas em relação aos serviços de alimentação. Eles querem os padrões de qualidade, serviço e variedade que encontram nos estabelecimentos comerciais.

Alguns exemplos dos efeitos das mudanças nas expectativas quanto aos serviços de alimentação de coletividade são:

- uma grande instituição financeira troca suas máquinas de salgadinhos e refrigerantes por um estabelecimento de alimentação que serve pães e sanduíches frescos, sopas caseiras e um bufê de saladas;

- um museu elimina sua velha lanchonete e então arrenda o espaço para uma franquia de fast-food;
- uma universidade troca a cafeteria por uma praça de alimentação e abre uma pizzaria para entregas à noite.

Em muitos casos, as instituições transformam o caráter "institucional" de seus serviços de alimentação para atender a um mercado cativo desgastado. Em outros, as instituições criam, por outras razões, serviços de alimentação tão dinâmicos e atraentes quanto os comerciais. A melhoria das instalações, do serviço e da comida pode ajudar a manter a lealdade dos funcionários, aumentar a participação e gerar maior lucro operacional. Entretanto, nos últimos anos, talvez as principais razões para as mudanças tenham sido a redução do tamanho e a necessidade de diminuir os custos das instituições. Com menos dinheiro no mercado, hospitais, escolas e outras instituições tiveram de reestruturar seus serviços de alimentação para acomodar orçamentos menores. As instituições não querem mais subsidiar seus serviços de alimentação; querem atingir o equilíbrio ou obter lucro.

SEGMENTOS DA INDÚSTRIA DE ALIMENTAÇÃO DE COLETIVIDADE

Os segmentos que fazem parte da indústria de alimentação de coletividade implementaram algumas mudanças surpreendentes nos últimos anos. Algumas delas são detalhadas a seguir.

Organizações de Saúde. Para permanecerem competitivos, hospitais e outras empresas que cuidam da saúde melhoraram o cardápio oferecido aos pacientes. Assim, em alguns lugares, é difícil notar diferenças entre o cardápio oferecido aos pacientes e o cardápio de restaurantes comerciais. Há até mesmo cardápios de gourmets. No caso de restrições dietéticas (sem sal, sem açúcar, sem leite e assim por diante), existem diversas versões para o cardápio.

A comida é preparada em uma cozinha central e transportada para os andares dos pacientes. Para proteger a comida e deixar os clientes satisfeitos, os hospitais e as outras instituições de saúde utilizam tecnologia para manter os pratos na temperatura adequada. Os hospitais foram os primeiros a empregar avanços tecnológicos na produção de alimentos, como os sistemas *cook-chill*, que permitem a produção de grandes quantidades de comida bem antes da data de consumo, sem perda de qualidade. Também utilizam a tecnologia dos computadores para controlar o estoque; analisar o conteúdo nutritivo dos alimentos, dos pratos do cardápio; e relacionar possíveis reações decorrentes da associação de drogas e alimentos.

Apesar de a preparação de alimentos em conformidade com as normas sanitárias ser essencial em todos os serviços de alimentação, nos estabelecimentos de saúde isso é especialmente importante, pois os pacientes estão mais vulneráveis a doenças provocadas por alimentos. As normas específicas para o manuseio de alimentos devem ser seguidas meticulosamente.

Os pacientes não são o único alvo dos serviços de alimentação dos estabelecimentos de saúde. As cafeterias vêm cada vez mais atraindo funcionários e visitantes com uma grande variedade de alimentos em instalações que mais parecem um restaurante. Alguns hospitais servem comida de marcas conhecidas, como TCBY Yogurt e Dunkin' Donuts.

Escolas. Marcas conhecidas de serviços de alimentação vêm encontrando um crescente nicho de mercado não somente nos hospitais, mas também nas escolas de ensino médio e até mesmo fundamental. Em escolas onde o almoço é livre, as cafeterias que servem Pizza Hut, Taco Bell e outros fast-foods encontram consumidores que as preferem a outros restaurantes similares das proximidades. Uma outra novidade é a oferta de serviço à la carte, onde os estudantes têm uma variedade maior de opções.

Algumas escolas públicas recebem subsídios públicos que ajudam no custeio de suas refeições. Isso significa que alguns estudantes podem receber refeições gratuitas ou a preço reduzido.

Além de fornecer dinheiro, o governo norte-americano impõe padrões nutritivos e de variedade do cardápio. Entretanto, nos últimos anos, como resultado de cortes das verbas governamentais, um menor número de escolas e alunos vêm recebendo o benefício.

Faculdades e Universidades. Os estabelecimentos de alimentação em faculdades e universidades variam de muito pequenos a muito grandes, dependendo do tamanho da escola e do fato de os alunos nela residirem ou não. Enquanto as máquinas de salgadinhos e refrigerantes podem atender às necessidades de escolas onde não há residentes, as faculdades maiores, onde há residências estudantis, precisam oferecer diversos pontos-de-venda de alimentos, como lanchonetes, praças de alimentação, concessões, máquinas de salgadinho e refrigerantes, lojas de conveniência e serviços de entrega tanto para os alunos que têm as refeições incluídas no valor do aluguel quanto para aqueles que pagam na hora.

Essas mudanças começaram a acontecer há 30 anos, quando comidas contemporâneas (pizzas, por exemplo) começaram a fazer parte dos cardápios. Uma tendência recente que vem ganhando popularidade é a mudança para cardápios à la carte, pois oferecem mais opções de escolha e ajudam a evitar o desperdício. A utilização de cartões de débito (em vez de um plano de refeições fixas) favoreceu essa tendência, já que, com os cartões, os estudantes pagam apenas o que consomem. O sistema à la carte permite que os gerentes saibam em detalhes o que os estudantes comem e o que não comem. Isso permite que eles ajustem melhor os produtos oferecidos às necessidades dos estudantes, de modo a preservar os negócios.

Como muitas outras mudanças, a troca do sistema tradicional de refeições fixas por um sistema à la carte demanda tempo e ajustes antes que o sistema se torne lucrativo. Os gerentes não podem mais confiar no lucro certo resultante de refeições já pagas que os estudantes não consumiram. Isso significa que, na hora de comprar a matéria-prima e preparar a comida, não podem mais levar em consideração o número de refeições que os estudantes deixarão de fazer. Agora, precisam agir com base no que os estudantes efetivamente consomem. O resultado, entretanto, compensa o esforço. Os estabelecimentos que adotaram o sistema à la carte com cartão de débito aumentaram as vendas entre 10% e 15%.

Empresas e Indústrias. Assim como nas faculdades e universidades, nas empresas e nas indústrias existem serviços de alimentação que vão de muito pequenos — máquinas de refrigerantes e salgadinhos — a grandes operações diversificadas, com praças de alimentação, salas de jantar para executivos, serviços de *catering* e quiosques. O cardápio varia conforme o tipo de negócio — de chicletes (máquinas automáticas) a cozinha quatro estrelas (restaurantes executivos). Na maioria das cafeterias de empresas norte-americanas o almoço quente tradicional foi totalmente substituído por sanduíches frios, bufês de saladas, pizzas e itens similares de apelo contemporâneo.

Em virtude da crescente preocupação com custos, a maior parte das empresas norte-americanas reluta em subsidiar seus serviços de alimentação, forçando os gerentes desses estabelecimentos a direcionar melhor seus produtos para o mercado a fim de competir adequadamente com os estabelecimentos próximos. Além disso, em virtude da atual preocupação com a saúde, algumas empresas estão oferecendo opções saudáveis de refeição a seus funcionários; a lógica é a seguinte: quanto mais saudável for o funcionário, menor será o custo da assistência médica.

Máquinas. Nas últimas décadas, as transações realizadas com máquinas de alimentos e bebidas aumentaram rapidamente. O sucesso dessa indústria pode ser atribuído a diversas inovações tecnológicas. Talvez a principal delas seja o forno de microondas, que esquenta comida em poucos minutos. Também ocorreram avanços na variedade e na qualidade das comidas vendidas em máquinas. Agora, é possível encontrar grande variedade de opções, de lanches a refeições completas. Além disso, à medida que as empresas reduzem os gastos, as máquinas, com seu baixo custo, representam uma alternativa a serviços completos de alimentação. A utilização de máquinas como complemento a outros serviços de alimentação também vem se tornando cada vez mais popular.

Especialmente nas fábricas, nas faculdades e nas universidades, o fato de as máquinas venderem comida 24 horas por dia é uma grande vantagem. Nas faculdades e nas universidades onde as máquinas aceitam cartões de débito, as vendas dobraram[25].

Empresas Aéreas. De um modo geral, a comida das empresas aéreas é produzida em um estabelecimento com características de cozinha tradicional e indústria de processamento de alimentos. Para obter o máximo de eficiência, a maior parte desses estabelecimentos está localizada perto de grandes áreas centrais. O cardápio oferecido aos passageiros é restrito às dificuldades de transporte e limitações das áreas de estoque.

As empresas aéreas vêm enfrentando os desafios modernos de muitas maneiras. Elas cortaram as refeições dos vôos de curta distância e fora dos horários das refeições. Também mudaram os cardápios para incluir alimentos mais nutritivos, com pouca gordura e pouco sal. Para quem viaja de primeira classe, oferecem refeições preparadas por gourmets, acompanhadas de vinhos de qualidade.

Exército. Os serviços de alimentação no exército variam muito em tamanho, tipo e localização. Incluem cozinhas de navios, grandes refeitórios, clubes de oficiais e operações de campo. Assim os serviços de alimentação do exército enfrentam alguns desafios pouco comuns e de grande escala. Por exemplo, grandes bases situadas longe de grandes centros urbanos precisam de bastante capacidade de armazenagem. Os serviços de navios e de campo precisam de soluções engenhosas para superar as muitas restrições existentes.

Os cortes recentes nos gastos militares norte-americanos, menos tropas e menos funcionários dedicados à produção de refeições, mudaram esses serviços de alimentação. Algumas das mudanças foram a consolidação dos serviços de refeitório e a contratação de empresas terceirizadas para administrar os clubes dos oficiais. Outras mudanças foram a supervisão cuidadosa das compras para obter as melhores ofertas e o estabelecimento de fast-foods nas bases, como o Burger King e o McDonald's[26].

COM A PALAVRA, OS GRADUADOS — KRISTI IGIELSKI

Para Kristi Igielski, seu estágio de três anos em um programa de treinamento foi o primeiro passo rumo ao sucesso na indústria da hospitalidade. Mais tarde, Kristi tornou-se gerente de serviços de alimentação da Aramark Services, em Hoffman Estates, Illinois.

Na opinião de Kristi, trabalhar na área e conhecer pessoas foi fundamental para prepará-la para uma carreira, no ramo da alimentação, na indústria da hospitalidade. Ela aconselha aos estudantes: "Tenham o maior contato possível com a indústria. Freqüentem reuniões, seminários, degustações de vinhos. Tentem fazer alguma coisa, qualquer coisa para encontrar profissionais da indústria que os ajudem a ter contatos".

É óbvio que Kristi fez o que prega. Quando ainda era estudante da Roosevelt University, estagiou na Marriott Corporate Services para ganhar experiência e ter contato com profissionais da área (essa experiência lhe valeu um emprego na Marriott Corporate Services depois de formada). Kristi explica: "Se você não tem contatos ao deixar a faculdade, fica difícil ingressar na indústria em um cargo de gerência".

Prisões. Os serviços de alimentação nas prisões costumam compreender grandes cozinhas, áreas de estoque e refeitórios. As cozinhas são projetadas de modo a deixar os campos de visão desobstruídos, e os equipamentos dispõem de dispositivos para garantir a segurança de guardas e detentos.

Comparadas a outras instituições estudadas, as opções do cardápio são bastante restritas. Algumas prisões servem até pizzas. O aumento do número de prisões construídas nos Estados Unidos resultou na diminuição do capital disponível para fazer os investimentos necessários para melhorar o atual serviço de alimentação.

ADMINISTRANDO O ESTABELECIMENTO

Com o corte de verbas no governo dos Estados Unidos e nas empresas, algumas instituições vêm procurando sistemas de informação para aumentar a economia e a produtividade. Alguns programas criados especialmente para os serviços de alimentação de coletividade, como os desenvolvidos pela CBORD, determinam o valor nutritivo, planejam e imprimem cardápios, produzem relatórios, mantêm registros sobre a comida e analisam as contas dos fornecedores. Muitas instituições, entretanto, não querem mais administrar seus serviços de alimentação. Cada vez mais, vêm contratando profissionais para obter lucro operacional. Em alguns casos, empresas independentes de administração são totalmente responsáveis pelo sucesso ou fracasso do serviço de alimentação. A empresa de administração paga à empresa contratante uma porcentagem das vendas, a título de aluguel. Os ganhos e as perdas vão muito mais para a empresa de administração do que para a contratante.

RESUMO

- ✰ O mercado, o conceito e o cardápio são importantes para definir os serviços de alimentação. Cada estabelecimento atende às necessidades de seu público-alvo por meio de seu conceito e cardápio.
- ✰ A indústria dos serviços de alimentação divide-se em segmentos de mercado: grupos de indivíduos que compartilham expectativas e necessidades comuns. Localização geográfica, idade, etnia, classe social e preço são algumas das características que podem ser utilizadas para a segmentação.
- ✰ Fazem parte do conceito o porte do estabelecimento, sua localização e horários de funcionamento.
- ✰ O tema e o design trabalham juntos para criar a "atmosfera" do restaurante.
- ✰ Algumas das diferentes formas de serviço encontradas na indústria dos serviços de alimentação são: serviço à mesa, cafeterias, restaurantes familiares, fast-foods e serviço para viagem.
- ✰ A qualidade do serviço está baseada no tipo de serviço e conceito utilizados. Os "roteiros" do serviço ajudam a determinar as expectativas que determinam a qualidade do serviço.
- ✰ O cardápio representa o plano de ação operacional do estabelecimento para atender aos clientes. Ele lista os itens que eles pedirão.
- ✰ Os serviços comerciais de alimentação incluem restaurantes finos, temáticos, informais, étnicos ou familiares, cafeterias/bufês, fast-foods e terceiras casas.
- ✰ Os restaurantes podem ser independentes, parte de uma cadeia ou franquias. Os serviços de alimentação mistos assemelham-se aos independentes em alguns aspectos e aos de cadeia em outros.
- ✰ Alguns restaurantes estão localizados dentro de outros estabelecimentos comerciais, como hotéis e motéis, lojas de departamento, lojas de conveniência e praças de alimentação em escolas, shoppings e prédios de escritório.

- Os serviços de alimentação podem ser comerciais ou industriais (de coletividade), apesar de as diferenças entre os dois tipos hoje serem mais sutis do que antes.
- Os serviços de alimentação industriais estão presentes em empresas de saúde, instituições de ensino, empresas e indústrias, empresas aéreas, exército e prisões. Todas essas instituições fizeram mudanças recentes nos serviços que mantêm para compensar cortes nos orçamentos.
- Algumas instituições estão contratando empresas independentes de administração para operar seus serviços de alimentação, visando diminuir riscos financeiros e concentrar seus esforços em seus objetivos.

NOTAS

1 National Restaurant Association. Pocket Facts, 1999. http://www.restaurant.org/research/pocket/index.htm

2 Referência ao conto de Cachinhos Dourados, uma garotinha que entra na casa de três ursos, onde o tamanho das camas corresponde ao tamanho de cada um. (N. do T.)

3 Os *diners* são pequenos restaurantes típicos dos Estados Unidos que servem pratos simples. Originariamente, instalavam-se em antigos vagões-restaurantes de trens. (N. do T.)

4 Levenstein, Harvey A. *Revolution at the Table: The Transformation of the American Diet.* Nova York: Oxford University Press, 1988: 188.

5 Oldenburg, Ray. *The Great Good Place.* Nova York, Paragon House, 1989.

6 Oldenburg. *The Great Good Place,* 14-19.

7 Oldenburg. *The Great Good Place,* xvi.

8 Oldenburg. *The Great Good Place,* 22.

9 Oldenburg. *The Great Good Place,* 24.

10 Oldenburg. *The Great Good Place,* 26-31.

11 Oldenburg. *The Great Good Place,* 32.

12 Oldenburg. *The Great Good Place,* 33.

13 Oldenburg. *The Great Good Place,* 37.

14 Oldenburg. *The Great Good Place,* 41.

15 "Cashing in on Catering". *Restaurants & Institutions.* 16 de outubro de 1991: 14.

16 Waters. *The Big Picture,* 150.

17 Deloitte & Touche. *National Restaurant Association Restaurant Industry Operations Report 1992.* Washington, National Restaurant Association, 1992: 5.

18 "Feed 'Em or Forget 'Em". *Restaurant Business.* 10 de fevereiro de 1993: 64.

19 "Marketing". *The Wall Street Journal.* 7 de junho de 1993: B1.

20 "There's Been Too Much Room at the Inn". *Restaurant Business.* 20 de setembro de 1992: 103.

21 "R & I Segment Outlook". *Restaurants & Institutions.* 1º de janeiro de 1993: 88.

22 No original em inglês o termo utilizado é "institucional". Em português, optou-se pelo termo industrial, utilizado inúmeras vezes até como referência ao porte e equipamentos de cozinha "industrial", que preparam refeições para servir em indústrias e outras instituições. (N. do R. T.)

23 Em português, o termo "restaurante de coletividade" é mais empregado atualmente. (N. do R. T.)

[24] Levenstein. *Revolution at the Table.*

[25] "Keeping the Change". *Restaurant Business.* 20 de setembro de 1992: 118.

[26] Freeman, Laurie. "Fighting Trim". *Restaurant Business.* 20 de setembro de 1992: 126-127.

VERIFIQUE SEU CONHECIMENTO

1. Como estão relacionados o conceito, o mercado e o cardápio?
2. Liste as características principais de cada um dos seguintes tipos de restaurantes: restaurante fino, temático, informal, étnico, familiar e cafeteria/bufê.
3. Quais são as diferenças entre restaurantes independentes, de cadeias ou franquias?
4. Dê algumas diferenças entre os serviços de alimentação comerciais e de coletividade.
5. Identifique e descreva brevemente as características de cada um dos segmentos do mercado dos serviços de alimentação de coletividade.

APLIQUE SUAS HABILIDADES

1. A Tabela 7-4 mostra mudanças nas vendas de restaurantes de fast-food e de serviço completo. Qual foi a porcentagem de crescimento para cada segmento de 1997 para 1998?

TABELA 7-4 Vendas e crescimento dos restaurantes de serviço completo e fast-foods

Vendas	Fast-foods	Serviço completo
1998	$ 105,7 bilhões	$ 110,0 bilhões
1997	$ 100,6 bilhões	$ 104,8 bilhões

2. A Tabela 7-5 fornece dados sobre quatro cadeias de restaurantes informais. Qual é a média de vendas por loja para cada uma das empresas?
3. A Tabela 7-5 mostra as vendas totais para o segmento de cadeia de restaurantes informais da indústria de restaurantes. Qual é a participação no mercado de cada uma das empresas?

TABELA 7-5 Vendas em quatro cadeias de restaurantes informais

	Applebee's	Chili's	Red Lobster	Olive Garden
Vendas (em milhões)	$ 1.523,0	$ 1.035,1	$ 1.774,9	$1.225,0
Número de lojas	810	486	650	461
Vendas totais das cadeias de restaurantes informais (em milhões)	$ 10.583,8			

4. Suponha que você tem qualificações para ser gerente em uma cadeia de restaurantes informais. Suponha que cada uma das quatro empresas da Tabela 7-5 lhe ofereça um salário-base anual de US$ 50 mil, mais 1% das vendas brutas do restaurante que você gerenciar. Em qual empresa você ganharia mais dinheiro?

QUAL É SUA OPINIÃO?

1. Você gostaria de possuir um restaurante independente ou preferiria ter uma franquia?
2. Este capítulo discute diferentes conceitos de restaurantes: finos, temáticos e assim por diante. Se você fosse abrir um restaurante, que tipo escolheria? Por quê?
3. Os restaurantes de serviço rápido representam a maior categoria da indústria dos serviços de alimentação. Por que você acha que os fast-foods tornaram-se tão populares?
4. Escolha dois restaurantes populares diferentes de sua região. Quais conceitos e tipos de serviço são utilizados para atrair os clientes?
5. Os serviços de alimentação estão surgindo em lugares inusitados, como lavanderias automáticas. Em que tipo de lugar você colocaria um serviço de alimentação? Por quê?

ESTUDO DE CASO

Os estudantes de determinada faculdade podem pagar antecipadamente por um plano de refeições que lhes dá direito a um número determinado de refeições na cafeteria da faculdade. No jantar, eles podem escolher um entre três pratos principais além de salada, bebida e sobremesa. E sem nenhum custo extra, podem servir-se quantas vezes quiserem. Ultimamente há menos estudantes optando pelo plano. Eles estão preferindo fazer as refeições em fast-foods fora do campus.

Que conselho você daria ao gerente da cafeteria da faculdade para ajudá-lo a melhorar seu negócio?

NA INTERNET

1. Visite o site da revista *Restaurants & Institutions*. Procure artigos que indiquem tendências que estão afetando cada um dos seguintes segmentos da indústria dos serviços de alimentação:
   a. Restaurantes finos
   b. Serviços de alimentação de coletividade
   c. Fast-foods
2. Visite o site da National Restaurant Association. Entre nas páginas relacionadas a questões governamentais que afetam a indústria dos restaurantes. Quais são três das principais preocupações que segundo a NRA terão impacto negativo sobre a indústria? Explique por que o impacto negativo pode ocorrer. Você concorda com a posição da NRA? Por quê?
3. Visite o site do café Starbuck's. A partir do apresentado no site, você diria que o Starbuck's é uma terceira casa? Por que sim ou por que não?

8

A Arte Culinária e a Operação de Serviços de Alimentação

Resumo

Os clientes de um restaurante bem administrado já sabem, ao ver o cardápio, que tipo de refeição e serviço os aguarda. Toda a produção, nos menores detalhes, parece ter sido feita sem esforço algum — um efeito que, para ser alcançado, demanda muito esforço de diversas pessoas.

Neste capítulo, você lerá sobre essas pessoas e o que elas fazem. Aprenderá o que é preciso para administrar com sucesso um serviço de alimentação — da organização da cozinha às compras e preparação dos alimentos, bem como limpeza, procedimentos de segurança ao manusear a comida e questões gerais. Em razão das tradicionais técnicas de preparação dos alimentos e de serviço, você também conhecerá um pouco da história da cozinha e da arte culinária.

Objetivos

Ao concluir este capítulo, você deverá ser capaz de:

1. Explicar como a palavra *restaurante* tornou-se conhecida como um lugar onde se faz refeições.
2. Definir *mise en place.*
3. Explicar os quatro fatores que influenciam o planejamento e o desenvolvimento de cardápios.
4. Identificar os elementos que compõem o ciclo de produção.
5. Discutir questões sociais e culturais relacionadas à operação dos serviços de alimentação.

PANORAMA HISTÓRICO GERAL DO PREPARO DE ALIMENTOS E DA ARTE CULINÁRIA

O estudo da história proporciona uma visão sobre como foi o passado e como as coisas evoluíram. A história do preparo de alimentos teve início há cerca de um milhão e meio de anos, quando o homem aprendeu a controlar o fogo. Não há dúvida de que os primeiros homens não demoraram muito a descobrir que o fogo não apenas fornecia calor, proteção e luz, como também poderia mudar e melhorar a textura e o gosto dos alimentos. Com o cultivo de grãos, a domesticação de animais e o aparecimento da cerâmica em diversas culturas entre 10000 e 6000 a.C., o ato de cozinhar tornou-se mais fácil e diversificado. As primeiras civilizações da Mesopotâmia começaram a plantar grãos, figos e tâmaras e a domesticar carneiros e cabras. Os povos das Américas plantavam abóbora, pimenta, feijão e batata.

Com o desenvolvimento de diversas civilizações, as classes dirigentes começaram a apreciar a boa comida e a reservar para si as pessoas com talento especial para preparar pratos deliciosos. A comida passou a ocupar um lugar de destaque na cultura das antigas civilizações. Na China antiga, por exemplo, o caldeirão ting[1], um utensílio de cozinha, era um dos principais símbolos do Estado. Registros da época da dinastia Zhou (1027-221 a.C.) fornecem uma lista dos responsáveis pela administração do palácio do imperador. Entre as cerca de quatro mil ocupações listadas, quase 60% lidavam com comidas e vinho, incluindo 162 especialistas em dietas, 256 *chefs* e 62 assistentes de *chef*[2]. No Egito antigo, a comida era uma parte muito importante dos rituais fúnebres. Os oficiais importantes eram sepultados com uma grande variedade de pratos destinados a alimentá-los até que chegassem ao outro mundo.

A culinária européia parece ter surgido em Atenas e, posteriormente, se desenvolvido em Roma, onde cozinheiros profissionais eram chamados para organizar banquetes para os mais ricos. Alguns dos primeiros molhos foram servidos nessas festas, e também os vinhos mais finos do mundo antigo. Infelizmente, pouco se sabe sobre as origens da culinária em muitas civilizações da África, Ásia e das Américas.

As refeições das pessoas comuns eram geralmente simples e pouco variadas. Os habitantes da Mesopotâmia e do Egito viviam de itens básicos como pão e cerveja. A maioria dos gregos e romanos comia pães rústicos, azeitonas e queijo de cabra; nas ruas, vendedores perambulavam oferecendo carne assada, peixe frito e doces. Um preparado especial de milho proporcionou aos antigos mexicanos a *tortilla*, base de sua alimentação. As refeições na Índia antiga compreendiam uma grande variedade de hortaliças, laticínios e uma complexa mistura de temperos conhecida nos dias atuais como *curry*.

Talvez a primeira cozinha regional altamente sofisticada tenha sido a da China imperial. Os gêneros alimentícios básicos utilizados eram arroz e outros grãos, hortaliças, peixes e suínos, preparados seguindo princípios rígidos que refletiam profundamente as crenças existentes sobre a comida, seu preparo e os hábitos adequados de alimentação. Independentemente das diferenças regionais, a culinária se desenvolveu como uma mistura altamente requintada de ingredientes e temperos, preparada e servida com elegância. As refeições tinham importância singular na cultura chinesa: refletiam o status e a etnia; eram parte de encontros sociais e de negócios; assinalavam ocasiões especiais e eventos de família. O consumo e o preparo de comida tornou-se um idioma social.

Na época da dinastia Sung (960-1279 d.C.) as cidades estavam cheias de restaurantes, tavernas, casas de chá e muitos outros estabelecimentos especializados em um determinado estilo de comida. Um restaurante comum assemelhava-se a qualquer grande casa da cidade, com uma passagem na entrada, átrio e uma grande sala. A cozinha era normalmente construída perto da entrada principal para que as pessoas que passassem pudessem admirar a habilidade do cozinheiro. Os clientes escolhiam o que queriam no cardápio e gritavam para os garçons, que enviavam os pedidos à cozinha. Era possível escolher entre vários tipos de sopa, hortaliças, carnes, pães doces e bolos[3]. Muitas vezes os clientes comiam em pequenas salas reservadas, separadas do salão principal por biombos ou paredes. Além dos restaurantes para refeições formais, muitos restaurantes de pratos rápidos ou especializados em macarrão ofereciam um bom almoço ou simples petisco. Havia ainda os vendedores ambulantes que ofereciam todos os tipos de comida dia e noite.

Os japoneses também davam bastante ênfase à imaginação e à apresentação dos alimentos. O altamente formal *Chanoyu*, ou cerimônia do chá, é um ritual que teve início no século XIII. Cada detalhe da cerimônia era planejado para ter determinado efeito harmonioso, incluindo o local, a arrumação da mesa, as travessas onde os pratos eram servidos, a textura da comida e, até mesmo, os assuntos das conversas. Diversos pratos eram preparados de maneira simples e servidos em uma série de travessas e tigelas que tinham como objetivo mostrar as qualidades únicas da cozinha regional.

A Europa medieval, contemporânea à era Sung chinesa, era uma sociedade simples que vivia de pães, caldo de carne e saborosos pudins feitos de legumes secos. Estabelecimentos de carnes e peixes prontos eram bastante comuns nas cidades. O pouco que se sabe sobre a culinária medieval vem de alguns pequenos registros contábeis e livros de cozinha dos monastérios e senhores feudais. Os grandes senhores e as ordens religiosas preferiam carnes assadas no espeto, bem temperadas ou com molhos para realçar o sabor. As refeições consistiam em diversos pratos colocados à mesa ao mesmo tempo, como sopas, peixes, carnes e doces. As pessoas escolhiam o que queriam comer entre as opções oferecidas e, depois, esperavam as opções seguintes. A comida era retirada de uma tigela compartilhada por todos, e uma fatia grossa de pão envelhecido servia como prato.

Alguns estilos regionais mais refinados foram desenvolvidos na Itália. A culinária italiana utilizava produtos mais frescos e macarrão com diversos molhos saborosos. O comércio com o Oriente Médio trouxe novas idéias, bem como novos produtos. O Oriente Médio influenciou de ma-

Cultura

POR DENTRO DA INDÚSTRIA **CULTURA**

Esculpindo Alimentos

Quem vai a um restaurante chinês facilmente se encanta com a delicada mistura de sabores, para não falar da apresentação. No entanto, a apresentação é muito importante na culinária chinesa tradicional. Aquelas pequenas flores feitas de rabanete e outras hortaliças são mais do que simples enfeites. São parte da cultura e da tradição asiática. Essa apresentação não costuma ser utilizada no dia-a-dia; ela está reservada para eventos especiais, como feriados e festas de ano-novo.

Essa arte não se limita à China e ao Japão. Na verdade, as "raízes" das esculturas elaboradas de frutas e hortaliças estão em uma antiga arte tailandesa conhecida como *kaesalak*. O *kaesalak* é uma tradição da época em que as jovens tailandesas eram enviadas ao palácio real para aprender essa meticulosa arte[1]. Cebolas, rabanetes, nabos, abacaxis, pepinos e até mesmo melancias eram delicadamente esculpidos para transformar-se em criações elaboradas.

As aulas podem durar 30 horas ou mais sob a orientação de grandes *chefs*, como os do Thai Temple, em North Hollywood. O *kaesalak* exige muita arte e paciência no manuseio de facas afiadas para cortar com precisão frutas e hortaliças que vão tomando a forma de flores e animais.

[1] LONG, Dolores. "Vicki Thapthimthong, She Slices, She Dices...", *Los Angeles Magazine*. Abril de 1988: 18.

neira muito forte a cozinha italiana e provavelmente introduziu na Europa o garfo como utensílio a ser utilizado nas refeições. Na época, as características da cozinha italiana influenciaram os hábitos alimentares do resto da Europa, particularmente da França.

Os franceses começaram a levar a culinária a sério durante o reinado de Henrique IV (1589-1610). No reinado de Luís XIV (1643-1715) a culinária francesa já havia passado por profundas transformações. Esse período viu a substituição da culinária improvisada e muito condimentada por pratos simples, molhos leves feitos a partir de caldos naturais e sopas cuidadosamente preparadas em vez de cozidos grosseiros. Durante esse período, as associações de mercadores e artesãos ganharam força, com o controle econômico e legal sobre muitas profissões, incluindo as relacionadas aos serviços de alimentação. Por exemplo, a associação dos fornecedores de serviços para festas e banquetes tinha o direito de servir toda comida quente nos banquetes e festas ou nas tavernas.

Em Paris e em outras cidades francesas, pessoas comuns encontravam-se em cabarés, hospedarias e tavernas, mas a associação dos fornecedores de serviços para festas e banquetes controlava rigorosamente a comida servida nesses lugares. O vinho era o principal diferencial de um estabelecimento em relação a outro. A palavra *restaurante* (de "restaurar") era utilizada em referência a certos caldos de carne consumidos para restaurar as forças após alguma doença ou cansaço físico.

Um incidente, em 1765, mudou essa situação e marcou o início dos restaurantes modernos na Europa[4]. Um vendedor de caldos de carne em Paris, cuja placa na porta dizia "Boulanger vende restauradores [*restorantes*] bons para os deuses", servia seu preparado no próprio local. Quando Boulanger criou um novo restaurador feito de pés de carneiro em molho de vinho, ele tinha, segundo a associação dos fornecedores de serviços para festas e banquetes, infringido as normas, indo além do que lhe era permitido produzir. Boulanger não tinha autorização legal para servir "pedaços inteiros" dentro do molho. Para espanto da associação, o Parlamento de Paris decidiu em favor de Monsieur Boulanger. A influência da associação se enfraquecera. O estabelecimento de Boulanger desapareceu há muito tempo, mas desde então a palavra "restaurante", tirada de sua placa, sobrevive, embora tenha passado a significar estabelecimento que serve refeições.

O primeiro estabelecimento comercial que parecia um restaurante foi o Grand Taverne de Londres, aberto em Paris em 1782. O proprietário, Beauvilliers, inovou com a introdução do cardápio e do serviço em pequenas mesas individuais durante horários determinados. Um observador disse que esse estabelecimento foi "o primeiro a combinar os quatro princípios básicos: um salão elegante, garçons hábeis, uma boa adega e excelente cozinha"[5].

ELEMENTOS DA CULINÁRIA SOFISTICADA AMERICANA E EUROPÉIA

A culinária clássica francesa é a mais influente e prestigiada do mundo ocidental. Seu estilo cheio de regras — que exalta a sutileza, a ordem, o equilíbrio e uma apresentação elegante — tem o suporte de um amplo e especializado vocabulário e rica literatura culinária. À medida que se desenvolviam e se aperfeiçoavam, os ingredientes e as técnicas de cozinha foram sendo descritos e transmitidos em detalhes minuciosos, construindo-se uma tradição de experiências compartilhadas. As receitas são transmitidas por uma espécie de taquigrafia técnica, e espera-se que, a cada vez, o resultado obtido seja o mesmo.

A tradição francesa é o padrão para muitos estabelecimentos sofisticados da atualidade. A culinária sofisticada norte-americana e européia têm suas raízes no trabalho dos primeiros cozinheiros franceses. Sua influência, modificada ao longo dos anos, ainda pode ser vista nos diversos setores de um estabelecimento de alimentação, na maneira como os pratos são preparados, nas formas de organização de diversas cozinhas e salões e nos métodos de treinamento dos funcionários.

GRANDES NOMES DA CULINÁRIA FRANCESA TRADICIONAL

Inúmeras pessoas fizeram contribuições importantes para a culinária francesa tradicional. Guillaume Tirel (também conhecido como Taillevent), cozinheiro de Charles V, compilou o *Le Viandier* um pouco antes de 1380, um dos primeiros livros de cozinha a estabelecer algumas regras e princípios. Catherine de Médicis (1519-1589) e Anne da Áustria (1601-1666) casaram-se com homens que se tornaram reis da França. Cada uma delas levou para a França seus *chefs* particulares, que introduziram elementos estrangeiros (principalmente italianos) na culinária francesa. A culta e enérgica Catherine gostava de iguarias delicadas e finas e a ela credita-se a introdução de garfos e guardanapos nos hábitos franceses relacionados às refeições.

Pierre François de La Varenne é conhecido por seu livro *Le Cuisiner Français*, publicado em 1651. O livro contém muitos dos soberbos molhos que caracterizam a culinária francesa e ensinou as gerações seguintes de *chefs* a apreciar o caráter básico dos ingredientes. François Marin escreveu *Les Dons de Comus* (publicado em 1739), um livro de culinária para pessoas comuns. Ele dizia que, "com as panelas e as frigideiras adequadas, alimentos frescos comprados toda manhã e um bom caldo de carne, até mesmo as pessoas das classes mais baixas podem fazer refeições prazerosas"[6]. Em 1938, o grande *chef* Prosper Montagne publicou a *Larousse Gastronomique*, enciclopédia básica da culinária francesa que até hoje tem edições atualizadas.

Marie-Antoine Carême (1784-1833), fundador da cozinha clássica francesa, é considerado por muitos o maior *chef* de todos os tempos. Carême ganhou fama pela decoração e pelas esculturas elaboradas de seus pratos. Em seus escritos, ele enfatizava a importância dos ingredientes frescos, da organização da cozinha e da relação dos pratos individuais com toda a refeição para se obter um efeito único.

Seguidor dos métodos e princípios de Carême, Georges Auguste Escoffier (1846-1935) simplificou os excessos do século XIX e introduziu um sistema de organização em tudo o que realizou. Seus cardápios listavam os pratos de maneira lógica e progressiva. Além disso, Auguste Escoffier desenvolveu um eficiente sistema de organização da cozinha, a brigada, até hoje utilizada nos grandes restaurantes. (A Tabela 8-1 mostra um diagrama do sistema.)

A BRIGADA DA COZINHA

Auguste Escoffier criou o sistema de **brigada da cozinha** (*brigade de cuisine*) com base em princípios organizacionais bem definidos. Os funcionários da cozinha eram divididos em departamentos especializados, e cada um tinha tarefas e responsabilidades definidas; antes, o *chef* era responsável pelo preparo de toda a refeição. O sistema de Escoffier resultou em mais eficiência e resultados melhores e mais consistentes. Essa forma de organização tornou-se padrão para as grandes cozinhas clássicas dos restaurantes finos europeus e norte-americanos, e é encontrada em menor escala em muitas cozinhas da atualidade.

Chef. Principal autoridade da cozinha no sistema de brigada, o ***chef*** é um especialista em culinária, supervisor, gerente e chefe dos funcionários da equipe de indivíduos especializados e talentosos que trabalham no estabelecimento. Junto da administração, o *chef* desenvolve o cardápio, faz pedidos de compras, organiza escalas de trabalho e mantém os padrões de qualidade necessários para o preparo dos alimentos e para o serviço. O trabalho de um *chef* une criatividade, qualidade, consistência e reflete o conhecimento das tendências culinárias atuais. O preparo concomitante de uma variedade de pratos do cardápio durante os horários de pico exige que a elaboração da escala, a monitoração do preparo e a coordenação das atividades ocorram de maneira precisa. As responsabilidades de gerente da cozinha exigem do *chef* certa experiência em negócios que o capacitem a participar de operações financeiras e administrativas e a supervisionar as compras de matéria-prima, suprimentos e equipamentos da maneira mais econômica e eficiente.

TABELA 8-1 A brigada da cozinha

Chef
  Assistente do *chef*
    Chefes de partida:

- *Saucier* (chefe de molhos)
- *Poissonier* (chefe de peixes)
- *Grillardin* (chefe de grelhados)
- *Friturier* (chefe de frituras)
- *Rotisseur* (chefe de assados)
- *Entremetier* (chefe de vegetais)
- *Potager* (chefe de sopas)
- *Garde Manger* (chefe de *garde manger*)
- *Legumier* (chefe de legumes)
- *Pâtissier* (chefe de confeitaria)
- *Tournant* (chefe que trabalha em qualquer lugar da cozinha)
- *Boucher* (açougueiro)

SUBCHEFE. Em muitas empresas grandes, o primeiro subordinado ao *chef* é o **subchefe**, que tem funções como elaborar escalas, auxiliar outras estações de trabalho quando preciso e, se necessário, substituir o *chef*.

CHEFES DE PARTIDA. Abaixo do assistente estão os **chefes de partida**, também denominados chefes de estação ou chefes de linha. Um grande estabelecimento, com uma brigada de cozinha completa e tradicional, pode ter 20 ou mais chefes de partida. Muitas vezes, entretanto, uma pessoa assume duas ou mais responsabilidades em uma estação de trabalho. Alguns chefes de partida são: o ***saucier***, que prepara todos os itens que são servidos com molhos, além dos próprios molhos; o ***poissonier***, ou chefe de peixes, que prepara todos os peixes e seus respectivos molhos; o ***grillardin***, ou chefe de grelhados, que prepara todos os pratos grelhados; o ***entremetier***, ou chefe de vegetais, que prepara as entradas quentes, sopas, vegetais, massas e, algumas vezes, pratos com ovos; o ***pâtissier***, que prepara todas as massas doces e as sobremesas, bem como outros itens assados do cardápio; e o ***garde manger***, que cuida das estações frias e prepara diversas saladas, patês, entradas frias, sobremesas e molhos para as saladas. O garde manger também cuida de preparações como marinados, defumados e alimentos em salmoura. Além disso, essa estação prepara todos os itens de café-da-manhã.

ORGANIZAÇÃO DO SALÃO

Os trabalhadores do salão são a ligação entre os clientes e os funcionários da cozinha. Como na cozinha, existe no salão uma hierarquia tradicional.

MAÎTRE D'HÔTEL. No topo, coordenando as políticas de serviço e as expectativas de qualidade, em conjunto com os proprietários ou gerentes, está o gerente do salão ou o ***maître d'hôtel***. Esse profissional supervisiona toda a operação do salão, treina os funcionários, acompanha os clientes à mesa, escolhe o cardápio de vinhos do restaurante e auxilia o *chef* na determinação dos cardápios diários.

Perfil Pessoal

PERFIL PESSOAL **AUGUSTE ESCOFFIER**

Chefe Supremo

Auguste Escoffier, que quando jovem queria ser escultor, tornou-se um dos mais famosos chefs *de cozinha do mundo. Ele elevou o prestígio da culinária francesa e restaurou a dignidade do cargo de* chef.

Em 1860, aos 12 anos, Escoffier teve sua primeira experiência ligada a um restaurante, ao trabalhar em um estabelecimento de seu tio, Le Restaurant Français, em Nice, na França. Ainda que forçado pelo pai e pelo avô a entrar para o ramo dos restaurantes, Escoffier decidiu que, se seu destino era ser cozinheiro, ele teria como missão restaurar o prestígio da profissão. Naquela época, ao contrário da geração anterior, os cozinheiros não eram muito admirados.

Cedo — e rapidamente — em sua carreira, Escoffier igualou-se ao mais ilustre *chef* do século XVIII, Marie-Antoine Carême. Logo depois, procurou modernizar e simplificar o estilo de Carême. Carême tinha sido um grande *chef*, mas seu estilo altamente elaborado criava dois problemas para os clientes: os pratos quentes raramente estavam quentes, e a maioria dos clientes quase nunca conseguia reproduzir suas criações. Escoffier logo mudou tudo isso. Unindo o talento que tinha para a cozinha e seu dom de organização, achou que a culinária ainda poderia ser criada de maneira artística, mesmo que cientificamente executada. Criou pratos simples, mas elegantes, e os serviu com o tempo rigorosamente controlado para manter a temperatura adequada. Foi depois de 1883, quando conheceu Cesar Ritz (do famoso Ritz Hotel), que o talento de Escoffier para a organização fez com que ele desenvolvesse a brigada da cozinha, sistema de organização que muitos restaurantes utilizam até hoje.

Em dupla, Escoffier e Ritz trabalharam de maneira esplendorosa. Por exemplo, desafiados por clientes que falavam inglês em Monte Carlo (onde Escoffier muitas vezes trabalhava durante o verão, na década de 1890, e onde moravam sua esposa e os três filhos), Escoffier e Ritz desenvolveram um novo conceito de cardápio, o *prix fixe*, para grupos de quatro pessoas ou mais. Com o *prix fixe*, o garçom simplesmente informava ao *chef* o nome do cliente e o número de pessoas. Escoffier, então, escolhia entre diversos pratos do cardápio alguns que acreditava serem do gosto dos clientes. Em um livro especial mantinha-se o registro dos pratos servidos a cada cliente a fim de que, da vez seguinte, os pratos não fossem repetidos, a menos que solicitassem. Esse sistema obteve sucesso não apenas em Monte Carlo, mas também na Inglaterra.

Como *chef* do Savoy Hotel e depois do Carlton (ambos em Londres), Escoffier criou muitos pratos novos. Entre os mais famosos está a Melba de pêssego, que ganhou esse nome em homenagem à estrela da ópera australiana Nellie Melba, que se hospedou no Savoy; e entre os mais interessantes está Jeanette, peito de frango recheado servido sobre um navio esculpido em gelo, criado para homenagear o navio Jeanette, que teve má sorte e afundou em virtude de um iceberg.

Escoffier ganhou o prêmio da Legião de Honra da França, em 1920, e foi agraciado como seu oficial em 1928. Aposentou-se por volta dos 75 anos, mas permaneceu muito ativo. Faleceu em Monte Carlo, em 1935.

Em comemoração a seu trabalho, alguns dos *chefs* que haviam estudado com Escoffier fundaram, em 1966, o Musée de l'Art Culinaire. O museu fica na casa onde Auguste Escoffier nasceu, na pequena cidade de Villenueve-Loubet. Tem uma bela biblioteca, artigos que pertenceram a Escoffier e a outros *chefs* famosos e uma sala cheia de cardápios que Escoffier criou — uma homenagem justa a um homem que fez muito para aperfeiçoar a arte da culinária francesa.

Chef de Salle. O próximo na hierarquia é o ***chef de salle***, ou primeiro maître, que é responsável pelo serviço oferecido no salão. Esse profissional organiza e supervisiona os funcionários da operação.

Chef d'Etage*.** Entre todos os funcionários, o que tem maior contato com os clientes é o ***chef d'etage, ou chefe de fila. Esse profissional tira o pedido dos clientes após explicar o cardápio, descreve os pratos especiais do dia e responde a eventuais dúvidas. Além disso, finaliza alguns pratos, como saladas, ou acrescenta certos molhos aos pratos no momento em que são servidos.

Chef de Rang*.** O ***chef de rang, ou garçom, atende às necessidades dos clientes durante a refeição, assegurando-se de que o serviço correto seja disposto a cada prato a ser servido, de que a água e demais bebidas estejam sempre frescas e a louça suja seja retirada imediatamente.

Um Dia na Vida de...

UM DIA NA VIDA DE... UM SUBCHEFE (*SOUS CHEF*)

Da palavra francesa *sous* (pronuncia-se "su"), que significa "abaixo de", o cargo de *sous chef* é uma tradução literal — o *chef* abaixo do *chef* executivo[1]. Isso significa que o subchefe é o segundo responsável pela cozinha. Se o *chef* não está presente, é o subchefe quem assume todas as responsabilidades.

Apesar de as responsabilidades (e algumas vezes o nome do cargo) variarem, o subchefe é normalmente encarregado da produção dos alimentos e do gerenciamento da execução de cada refeição ou banquete. Na indústria, o subchefe é visto como a pessoa responsável por organizar as funções da equipe. Isso significa que o subchefe orienta o preparo dos pratos e sua apresentação conforme planejado pelo *chef* executivo.

Em essência, é trabalho do subchefe:

- fazer a previsão para o cardápio do dia — determinar quanto de cada item será necessário e, aproximadamente, quando;
- divulgar a previsão do dia para que os funcionários da cozinha possam lê-la;
- supervisionar a preparação de cada estação para o trabalho para assegurar que todos os ingredientes, utensílios e panelas que serão utilizados estejam prontos para o uso (*mise en place*);
- assegurar que todos os funcionários da cozinha respeitem os padrões de qualidade;
- assegurar que os funcionários da cozinha sigam as normas e as regras;
- ter certeza de que os funcionários da cozinha estão preparando as porções no tamanho correto;
- assegurar que os funcionários da cozinha obedeçam aos procedimentos de higiene e nutrição;
- orientar o preparo e a apresentação dos pratos.

Assim como muitos outros profissionais da indústria dos serviços de alimentação, um subchefe de cozinha deve estar em boa forma física e mental. O subchefe deve:

- ter boa capacidade de organização;
- ser capaz de comunicar-se bem com os funcionários da cozinha, do salão e com os clientes;
- ser diplomático, mas direto ao dar ordens;
- ler bem para poder entender receitas e instruções; escrever de maneira clara;
- estar familiarizado com os termos culinários e com os diferentes utensílios de cozinha;
- ser capaz de ficar em pé e andar pela cozinha por mais de quatro horas seguidas.

Para tornar-se um subchefe de cozinha, uma pessoa precisa ter pelo menos três anos de experiência profissional no preparo de refeições. Ajuda bastante, também, possuir curso de culinária ou gastronomia.

[1] *Webster's Ninth New Collegiate Dictionary.* Springfield, Massachussetts, Merriam-Webster, Inc., 1987: 1128.

Dependendo do tamanho e da formalidade do restaurante, essas posições podem ser combinadas para que seja possível trabalhar melhor as expectativas e as necessidades dos clientes.

Demi-chef de Rang. O ***demi-chef de rang***, ou *commis*, limpa a mesa no intervalo entre os pratos servidos e troca os copos. Além disso, pode ajudar outros funcionários, se necessário.

O SALÃO DA ATUALIDADE

O sistema de brigada da cozinha surgiu de uma tradição cultural específica e, na prática, hoje, está presente em poucos estabelecimentos de alimentação. Os crescentes custos do trabalho e a necessidade de serviço mais rápido derrubaram algumas tarefas rigidamente definidas por Escoffier, e as responsabilidades freqüentemente são acumuladas durante os horários de pico. A cozinha grande moderna pode ter um *chef* executivo, um gerente, um subchefe e alguns chefes de partida. Em muitos estabelecimentos pequenos, entretanto, podem existir apenas um ou dois funcionários para executar todas as funções.

Hoje, o quadro de funcionários do salão está muito mais enxuto, refletindo mudanças no estilo de serviço ocorridas desde a época de Escoffier, quando a finalização de muitos pratos era feita à mesa. Freqüentemente, um gerente de salão ou uma *hostess* ou *host* supervisiona os garçons, que levam os pratos montados para a mesa, enquanto os *commis* retiram os utensílios usados.

O sistema tradicional de brigada da cozinha é utilizado em restaurantes finos, principalmente da Europa, e em alguns lugares dos Estados Unidos. Esse sistema também influenciou a organização da cozinha em muitos outros conceitos de serviço de alimentação. Os tradicionais cargos de *chef*, subchefe e *garde manger*, bem como as estações de trabalho a eles associadas, são encontrados na maior parte dos restaurantes de serviço completo. Entretanto, é importante reconhecer que o sistema de brigada da cozinha foi desenvolvido por Escoffier antes do século XX. Ele contribuiu para o desenvolvimento de muitas técnicas gerenciais, como layout de trabalho, administração de recursos humanos e reengenharia de processos, que proporcionaram melhorias significativas na produtividade e na eficiência de outras indústrias. No extremamente competitivo mundo atual, os administradores de estabelecimentos de alimentação desenvolveram novas formas de organização da cozinha e do salão.

EDUCAÇÃO PARA A CULINÁRIA E ESTÁGIOS

Muitos cozinheiros e *chefs* começam suas carreiras com experiência prática no trabalho, em cargos que exigem menos habilidades. Entretanto, é preciso muito trabalho e educação formal para avançar para níveis que exigem mais habilidades. Por exemplo, exigem-se anos de prática e experiência para o cargo de *chef* executivo. Os cozinheiros são normalmente treinados em cursos de ensino médio ou posteriores, ou em faculdades de dois a quatro anos. Uma fonte da indústria da hospitalidade lista 126 faculdades e universidades com cursos de gastronomia e 260 cursos de administração de serviços de alimentação nos Estados Unidos[7]. Além disso, há programas de estágio organizados por institutos de culinária profissional, associações da indústria e alguns grandes hotéis e restaurantes disponíveis nos Estados Unidos e no exterior. Por exemplo, a California Culinary Academy, em São Francisco, tem um curso profissionalizante para *chef* de 16 meses; o Culinary Institute of America, em Hyde Park, Nova York, fornece o título equivalente ao de tecnólogo após 21 meses de curso e estágio.

Apesar de o currículo desses programas variar, em geral os estudantes aprendem os procedimentos para o preparo de alimentos na prática, em ambientes de trabalho reais. Estágios em restaurantes próximos são sempre exigidos. Também dá-se ênfase aos aspectos financeiros, jurídicos e sociais dos serviços de alimentação, como, por exemplo, planejamento de cardápio, controle de custos, compras, gestão de pessoal, higienização e manipulação do lixo.

A ***mise en place*** (literalmente, "colocar no lugar") é a base para muitas técnicas de cozinha, de caldos básicos a pratos mais complexos. *Mise en place* significa estar pronto e ter os ingredientes necessários e os utensílios de cozinha à mão, prontos para uso no momento da preparação do prato. Os estudantes precisam dominar as técnicas básicas de *mise en place* antes de avançar para tarefas mais difíceis. Por exemplo, precisam conhecer os diferentes tipos de facas, suas finalidades e saber usá-las. Também precisam aprender a criar temperos clássicos como o *mirepoix* (normalmente, cebola picada, cenoura e aipo) e marinados, bem como cozinhar caldos saborosos, componente essencial de sopas e ensopados. Um princípio culinário essencial é seguido em todos os lugares: aprenda as técnicas básicas primeiro; quando bem compreendidas, as técnicas básicas são versáteis o suficiente para produzir diversos produtos.

O maior teste para as habilidades de um *chef* são os molhos. O domínio dos grandes molhos, como o bechamel ou o *hollandaise* e suas variantes, é uma habilidade desenvolvida ao longo da carreira dos *chefs*. Os molhos exigem grande conhecimento dos alimentos e representam a assinatura do *chef* na profissão culinária. A certificação da American Culinary Federation reconhecem formalmente os níveis (conforme as habilidades desenvolvidas) de cozinheiro, *chef*, *chef* executivo e *chef* master, bem como profissionais de confeitaria e educadores da área. (Veja a Tabela 8-2.)

PLANEJAMENTO E DESENVOLVIMENTO DO CARDÁPIO

O cardápio é o plano operacional que o restaurante utiliza para atender às necessidades e expectativas dos clientes. Apesar de o desenvolvimento do cardápio constar, em termos ideais, do conceito original do restaurante, elaborado durante a fase do projeto, mudanças no cardápio fazem parte do sucesso da operação dos restaurantes.

A escolha do cardápio em muitos estabelecimentos de serviço rápido e em muitos restaurantes médios é freqüentemente determinada pela cadeia ou pelas normas da franquia. Normalmente, são os restaurantes sofisticados que têm maior liberdade na hora de escolher os pratos e as bebidas de seu cardápio. Os proprietários de restaurantes independentes podem, obviamente, escolher o que querem servir. Entretanto, o sucesso ocorre apenas se a escolha satisfizer os clientes.

Ao lado do *chef*, o proprietário trabalha para desenvolver um cardápio básico e consistente ao abrir o empreendimento. Adicionar itens ou mudar o cardápio básico exige planejamento e reflexão. O conceito do estabelecimento, as necessidades e os desejos do consumidor, a margem de lucro e a equipe e equipamentos disponíveis influenciam o planejamento e o desenvolvimento do cardápio.

O CONCEITO

Em grande medida, o conceito de um estabelecimento determina o que pode e o que *não* pode fazer parte do cardápio. Um restaurante francês servindo pizza seria bastante inusitado, bem como um chinês que servisse *enchiladas*[8]. Quando um restaurante coloca produtos no cardápio que não têm relação com o conceito, o conceito torna-se fraco.

EXPECTATIVAS E DESEJOS DOS CONSUMIDORES

Dentro dos limites do conceito do estabelecimento, os desejos e as expectativas dos consumidores devem direcionar o planejamento e o desenvolvimento do cardápio. É preciso levar em consideração os hábitos alimentares específicos da região ou da localidade do restaurante.

TABELA 8-2 Exigências para a obtenção de certificação

Tipo de certificação	Formação	Experiência	Atividades na associação	Total de pontos	Outras exigências
Cozinheiro (CC)	20 pontos	20 pontos	4 pontos	44 pontos	A, B
Chefe de confeitaria I (CPQ)	20 pontos	20 pontos	4 pontos	44 pontos	A, B
Subchefe (CSC)	25 pontos	12S, 18G*	5 pontos	60 pontos	B, E
Chefe de confeitaria II (CWPC)	25 pontos	12S, 18G*	5 pontos	60 pontos	B, E
Chefe de cozinha (CCC)	30 pontos	20S, 18G*	5 pontos	85 pontos	B, E
Chef executivo (CEC)	35 pontos	35S, 18G*	10 pontos	110 pontos	B, E
Chefe executivo de confeitaria (CEPC)	35 pontos	35S, 18G*	10 pontos	110 pontos	B, E
Educador de culinária (CCE)	55 pontos	12S, 30G*	10 pontos	110 pontos	B, C, E
Chef master (CMC)/Chefe master de confeitaria (CMPC)					D

*Há em cada nível exigências específicas quanto à experiência (S) e outras exigências de experiência em qualquer nível (marcados com G). A combinação desses dois níveis (S e G) completa o total de pontos exigido.

OUTRAS EXIGÊNCIAS

A Para receber a certificação de cozinheiro ou confeiteiro é necessária a conclusão de um dos seguintes cursos: (1) programa de estágio do American Culinary Federation Educational Institute (ACFEI), (2) escola de culinária e experiência profissional totalizando três anos, (3) teste escrito da ACFEI mais três anos de experiência profissional.

B Conclusão dos cursos de nutrição, higiene e desenvolvimento de supervisores. Esses três cursos devem ter carga horária de pelo menos 30 horas ou duração de dois créditos de uma faculdade.

C Para os educadores culinários há exigências especiais. Eles devem preencher as exigências para obter a certificação CSC ou CWPC. Devem possuir pelo menos mil horas de aula em uma escola reconhecida. Devem concluir 90 horas de cursos de desenvolvimento profissional que incluem, no mínimo, oito horas de cada uma das seguintes áreas: psicologia da educação, avaliações e testes, técnicas de ensino, planejamento e organização de currículo.

D Os certificados de *chef master* ou chefe master de confeitaria representam o reconhecimento do mais alto nível de conhecimento e habilidades. A certificação nesse nível exige a aprovação em exames teóricos e práticos. Informações e inscrições estão abertas a todos os que já possuírem a certificação de *chef* executivo ou chefe executivo de confeitaria.

E A conclusão do teste escrito da ACFEI é obrigatória para iniciar um dos cursos ou passar de um nível para outro.

CONTAGEM DOS PONTOS

Pontos relativos à formação educacional

Faculdade	15	Três anos de estágio	13
Ensino médio	10	Cursos em nutrição, higiene e desenvolvimento de supervisores (30 horas)	5 cada
Ensino médio técnico em serviços de alimentação (por ano)	5	Aulas de tecnologia em serviços de alimentação ou de habilidades específicas (30 horas)	5
Um ano de escola de culinária (após o ensino médio)	7	Atuação como palestrante em instituições reconhecidas (três palestras por ano)	5
Dois anos de escola de culinária (após o ensino médio)	13	Professor de culinária em tempo integral (por ano)	5
Teste escrito do ACFEI	5		

Fonte: The National Certification for Chefs and Cooks. St. Augustine, Flórida, American Culinary Federation Educational Institute, n.d. lado 1.

Além disso, a opinião dos freqüentadores assíduos deve ser considerada. Apesar de não ser viável perguntar sempre aos clientes quais são seus desejos e expectativas, isso pode ser inferido pela escolha dos pratos. Manter registro cuidadoso dos pedidos e analisá-los para identificar padrões pode resultar na descoberta de tendências. Com essas tendências na cabeça, um *chef* pode incrementar o cardápio básico e oferecer alternativas novas e interessantes aos clientes. Por exemplo, os últimos anos foram testemunhas de uma tendência de busca de alimentação saudável, o que levou as pessoas a consumir alimentos com menos sal, gordura e colesterol. Muitos cardápios foram modificados seguindo essa tendência. Além disso, realizar testes com um pequeno número de novos itens no cardápio pode indicar rapidamente ao estabelecimento que direção seguir.

EQUIPE E EQUIPAMENTOS

A capacidade da equipe e dos equipamentos afeta o que pode ser incluído no cardápio. O que os funcionários sabem fazer deve ser considerado em relação a tempo, dificuldade e habilidades exigidas nos diversos estágios do preparo dos alimentos. Habilidade e experiência são requisitos para o preparo de pratos complexos ou elaborados. Muitos itens do cardápio não podem ser preparados e estocados com antecedência; outros precisam ser preparados apenas um pouco antes da hora de servir. Isso impõe certas responsabilidades e limitações aos funcionários nos horários de pico. Itens que exigem preparação elaborada e demorada ou muita habilidade talvez não possam constar do cardápio.

Os equipamentos disponíveis para armazenagem e preparo também influenciam o tipo de cardápio que será desenvolvido. A quantidade e a capacidade dos equipamentos afetam o tempo e o custo de mão-de-obra dos itens do cardápio. Sem os equipamentos corretos alguns pratos não podem ser preparados.

MARGENS DE LUCRO

A faixa de preço em que um empreendimento está posicionado é inerente a seu conceito. Optar por vender um item do cardápio pelo dobro do preço dos outros itens não é uma boa escolha. Da mesma forma, itens com preços baixos podem ter pequena **margem de contribuição**, e sua popularidade pode prejudicar itens de grande margem. A margem de contribuição é a diferença entre o custo da produção de um item e seu preço de venda. A margem de contribuição representa o dinheiro usado para pagar despesas fixas e impostos, restando o lucro. Quanto maior for a margem de contribuição geral, maior será o lucro potencial. Uma medida do sucesso de um cardápio é o quanto ele aumenta a margem de contribuição geral. Um cardápio adequado fará uso da maneira mais eficiente possível dos recursos disponíveis e garantirá lucratividade máxima.

OS BENEFÍCIOS DE UM CARDÁPIO LIMITADO

O conceito de cardápio limitado tem vantagens claras. Um restaurante não precisa de muita variedade. Na verdade, muita variedade costuma ser uma receita para a falência. A limitação do cardápio proporciona uma direção clara para o estabelecimento, definindo-o em relação a sua localização, clientela e fornecedores. Um restaurante estará "posicionado" na mente de seus clientes pelo sabor, atmosfera ou estilo específico. Um cardápio limitado diminui as necessidades de estoques e espaço, bem como de capital necessário para adquirir equipamentos. Além disso, reduz significativamente o desperdício. Tudo isso junto leva a maiores lucros.

ENGENHARIA DE CARDÁPIO

Durante muitos anos, os estabelecimentos de alimentação controlaram o custo dos ingredientes e determinaram os preços do cardápio utilizando a "porcentagem de custo dos alimentos" para cada item do cardápio. A porcentagem de custo dos alimentos é a porcentagem do preço de venda de um item que deve ser gasta para comprar as mercadorias para preparo. Por exemplo, uma pizza é vendida por $ 12. Se os ingredientes (massa, molho, recheios) custam $ 3, então a porcentagem referente ao custo da pizza é de 25%. Ao determinar os preços de todos os itens do cardápio de modo que atinjam, na média, o percentual de custo desejado, o estabelecimento pode ter certeza de que obterá uma margem de contribuição suficiente — o valor resultante da subtração do preço de venda menos o custo — para pagar salários, aluguel e outras despesas.

A engenharia de cardápios, ao contrário, utiliza uma abordagem mais sofisticada para determinar preços e controlar custos. Ela trabalha com o princípio de que a porcentagem do custo dos alimentos de cada prato do cardápio não é tão importante quanto a margem de contribuição como um todo. Por exemplo, utilizando a abordagem tradicional de percentual de custo dos alimentos, um gerente de restaurante pode vender a pizza por $ 12 para manter a porcentagem do custo em 25%. Se a $ 12 os clientes compram 100 pizzas, a margem de contribuição total da pizza será de $ 900. Suponha, entretanto, que o preço caia para $ 9, e os clientes comprem 200 pizzas. Apesar de a porcentagem do custo subir para 33%, o estabelecimento ganha $ 1.200 de margem de contribuição, contra $ 900 — mesmo que a porcentagem do custo da pizza tenha subido 8%, de 25% para 33%. A engenharia de cardápios aplica essa mesma lógica para todos os itens do cardápio, permitindo ao proprietário do estabelecimento maximizar a margem de contribuição independentemente da porcentagem de custo dos alimentos. Graças à engenharia de cardápios, pratos que deveriam ser reposicionados, cortados, ter seus preços remarcados ou ser simplesmente eliminados continuam sendo oferecidos aos clientes. Embora existam softwares para engenharia de cardápios, pode-se facilmente aplicar a técnica utilizando-se planilhas simples.

Os computadores estão adquirindo importância cada vez maior em estabelecimentos de alimentação grandes e pequenos. Atualmente são utilizados principalmente para controle de es-

História

POR DENTRO DA INDÚSTRIA | **HISTÓRIA**

O Uniforme do Chef

A maioria das pessoas provavelmente descreveria um *chef* de cozinha como alguém usando um chapéu branco comprido e carregando uma grande faca de cozinha. De fato, faz parte do uniforme tradicional do *chef* um chapéu branco, comprido e pregueado — a *toque blanche*. O chapéu tradicional do *chef* contém 100 pregas. Apesar de o significado das 100 pregas não ser precisamente conhecido, diz-se que cada prega representa um dos 100 pratos de ovos que um *chef* pode criar.

A calça xadrez preta e branca que a maior parte dos *chefs* usa torna as manchas e respingos de comida menos perceptíveis. O jaleco branco (*dolman*) com dupla camada de tecido no peito oferece maior proteção contra queimaduras no fogão. Além disso, se o *chef* precisar aparecer "limpo" de repente, o jaleco pode ser abotoado ao contrário, de forma a esconder algumas das inevitáveis manchas encontradas na roupa de um *chef* ocupado.

O lenço no pescoço, que antes tinha como objetivo absorver a transpiração do rosto e do pescoço, hoje é mais um toque final para o uniforme. O avental grande e branco oferece proteção adicional contra manchas e também protege contra queimaduras.

Inovações Empresariais

POR DENTRO DA INDÚSTRIA | **INOVAÇÕES EMPRESARIAIS**

Design de Cardápios

Servir comida à mesa a partir de um cardápio é uma tarefa complicada que envolve mais do que uma lista de preços, diz o consultor de cardápios Gregg Rapp. Rapp, fundador do Seattle's Menu Workshop, afirma que destacar as entradas, os pratos principais e as sobremesas mais rentáveis de um restaurante é essencial para o sucesso do design do cardápio[1].

Como é o cardápio que vende os pratos para os clientes, ele deve ser usado como uma atraente ferramenta de marketing. Imagens e textos de dar água na boca podem ajudar a vender itens mais lucrativos. O local de cada item no cardápio também deve ser bem estudado.

Pesquisas mostram que os clientes tendem a olhar para o lado direito superior de um cardápio com duas páginas e para o topo de um cardápio de uma página. Ao projetar o cardápio com esses detalhes em mente, o *restauranteur* pode destacar determinados pratos e aumentar a lucratividade.

Além disso, os clientes escolhem seus pedidos da mesma maneira pela qual o cardápio é elaborado — pelo preço ou pelo prato. O planejamento cuidadoso do design do cardápio pode transformar uma lista de preços em uma ferramenta de marketing inovadora.

[1] HUFFMAN, Frances. "Food for thought". *Entrepreneur*. Agosto de 1993: 120.

toque, da produção e em sistemas de controle de custos. Sua utilização vem aumentando no planejamento do cardápio, na análise nutricional, na administração de pessoal e na elaboração da escala da produção e dos funcionários. A habilidade do computador para armazenar e organizar grande quantidade de informações e efetuar cálculos complexos rapidamente tirou dos gerentes a obrigação de fazer inúmeras tarefas repetitivas.

O CICLO DE PRODUÇÃO

A tarefa mais importante da cozinha é, obviamente, o preparo dos alimentos. Todo o ciclo de produção constitui-se em função das necessidades do cardápio.

FICHA TÉCNICA DE RECEITA PADRÃO

Os restaurantes organizam as receitas dos principais pratos do cardápio e das especialidades em um arquivo de fichas técnicas. A ficha técnica é uma parte vital do processo de preparo dos alimentos. As receitas de todos os pratos do cardápio são registradas em um formulário padrão, designadas por meio de um título e de uma categoria de fácil identificação e de um número que pode ser utilizado para referência cruzada. Também estão especificados nas fichas os padrões necessários para a execução do serviço (por exemplo, o tamanho da panela ou o número de porções), o rendimento esperado, um lista completa dos ingredientes e sua porção exata. Por fim, o método de preparo também é explicado em detalhes. Até mesmo instruções sobre como servir são acrescentadas algumas vezes. (Veja a Tabela 8-3.)

A ficha técnica de receita padrão é importante para o planejamento do cardápio, previsões e compras. É um formulário de controle de qualidade, uma maneira de garantir um produto consistente e de alta qualidade. Quem preparar qualquer prato do cardápio deve consultar sua ficha técnica e seguir as instruções à risca; os resultados devem, portanto, ser idênticos. As receitas padronizadas também funcionam como controle de qualidade ao relacionar o número esperado de porções, a quantidade exata de cada ingrediente e os padrões necessários para a execução do serviço. Isso acaba com a produção em excesso e com o desperdício.

PREVISÕES

Quais pratos do cardápio serão pedidos na próxima semana ou no próximo mês e quantos serão vendidos? Quando deve ser feito o pedido de compras junto aos fornecedores para que se tenha sempre produtos frescos em estoque? Quais são os pratos populares durante as festas de fim de ano? Quais tendências de vendas no longo prazo afetarão a reorganização dos funcionários do restaurante? Como identificá-las? Todos os estabelecimentos de alimentação devem estar preparados para responder a essas questões. **Prever** é o processo de estimar eventos futuros, combinando a intuição com modelos estatísticos. O cálculo e a previsão das necessidades futuras do restaurante são extremamente importantes para a administração eficaz do estabelecimento. A previsão proporciona alguma idéia dos resultados esperados, desde que a gerência não efetue mudanças na operação.

As previsões lidam com o futuro, mas baseiam-se no passado do restaurante. Para prever, assume-se a premissa de que existe um padrão que pode ser identificado e utilizado para a preparação de eventos futuros. Por essa razão, registros bem mantidos das vendas e da produção são a base das previsões. Podem ser obtidos três tipos de padrões a partir desses dados: tendências ou projeções de longo prazo, padrões sazonais e cíclicos. Apesar de a intuição desempenhar importante papel nas previsões, modelos baseados em métodos quantitativos ou qualitativos têm sido desenvolvidos para ajudar a interpretar os dados. Esses modelos variam em complexidade, e a escolha de um depende da previsão específica que se quer fazer, da relevância dos dados para essa previsão, de quanto tempo a projeção quer abranger e do custo de utilização do modelo.

COMPRAS

Os produtos do cardápio determinam quais ingredientes devem ser comprados, a qualidade e a quantidade necessária e quando devem estar disponíveis. O comprador deve comprar os produtos necessários na quantidade certa, no momento certo e pelo preço certo. A habilidade do comprador é um elemento essencial para o controle dos custos. Os funcionários de compras precisam ter diversas habilidades e experiências, incluindo o conhecimento e os procedimentos do mercado, bem como capacidade para prever necessidades e responder às flutuações do mercado. Para fazer boas escolhas, os compradores precisam ter total conhecimento dos itens a serem comprados e da maneira como serão utilizados. Precisam também conhecer a terminologia, as especificações, as leis, as normas e as exigências relacionadas aos processos de produção e ser capazes de avaliar a qualidade dos produtos. Além disso, precisam coordenar o almoxarifado para adequá-lo ao funcionamento das compras, do recebimento e dos fornecedores. Em suma, essas tarefas precisam ser executadas por alguém com experiência global em serviços de alimentação.

Ao executar seu trabalho, os compradores baseiam-se em **padrões de especificação de compra** — padrões de qualidade dos alimentos estabelecidos pelo restaurante, determinados e registrados em detalhes. Essas especificações devem ser baseadas na experiência, em testes e em medidas objetivas. Uma linguagem técnica clara deve descrever cada mercadoria, discriminando seu tamanho, qualidade e condição. As informações devem incluir a marca ou o nome do produto, o nome genérico, o peso, a espessura ou o tamanho e o grau de amadurecimento. Na verdade, as

TABELA 8-3 Exemplo de ficha técnica de receita (valores em dólares)

Nome: Ranch House Chili	**Número** 37
Rendimento: 32 porções	**Tamanho da porção**: Tigela de 30 X 225 g

Ingredientes	**Peso**	**Medidas**	**Método**	**Custo**
Bacon em cubos	140 g	8 tiras	1. Cozinhe o bacon. 2. Remova o bacon. Reserve a gordura.	0,75
Carne bovina cozida, sem gordura, cortada em cubos de 1 cm.	1.800 g	—	3. Coloque os pedaços de carne na gordura.	8,12
Costela de porco, sem osso e sem gordura, cortada em cubos de 1 cm.	1.800 g			7,01
Cebola seca fatiada	—	½ xícara	4. Junte as carnes aos demais ingredientes. Deixe ferver. Cozinhe com tampa por uma hora e meia ou até que a carne esteja macia.	0,21
Alho seco espremido	—	1 colher de chá		0,09
Orégano seco	—	1 colher de sopa		0,10
Sal de mesa	—	4 colheres de chá		0,12
Cominho moído	—	2 colheres de chá		0,19
Coentro moído	—	2 colheres de chá		0,22
Pimenta-malagueta verde picada	765 g	2 latas		12,00
Caldo de carne	—	3 xícaras		1,02
Vinho de Borgonha	—	3 xícaras	5. Receita completa.	5,17
Molho de pimenta-malagueta verde	790 g	2 latas		7,00
Molho de tomate	900 g	1 quantidade		3,77
Aipo fatiado	480 g	1 quantidade		1,42

Decoração ou condimento	85 g de queijo tipo Jack (queijo típico da Califórnia) em tiras a 0,09 por grama	CUSTO DA RECEITA PRINCIPAL	47,19
		CUSTO DA PORÇÃO (÷ 32)	1,47
		+ CUSTO DA DECORAÇÃO OU DO CONDIMENTO	0,27
Utensílios	Concha	CUSTO TOTAL DA PORÇÃO	1,74
Apresentação	Tigela de sopa branca com capacidade para uma porção de 225 g, com um prato de salada para realçar.	DATA DA ÚLTIMA ATUALIZAÇÃO 13 de outubro de 20__	

Fonte: Ware, Richard e Rudnick, James. *The Restaurant Book*. Nova York, Facts on file, 1989: 136.

especificações são as políticas gerenciais quanto às exigências mínimas para as compras. Dizem ao vendedor exatamente o que é necessário e eliminam falhas de comunicação.

Os padrões de compra também são utilizados para determinar a quantidade de produto a ser comprada. As especificações fornecem informações sobre a quantidade necessária de cada produto, na unidade normalmente utilizada; o nome e o tamanho da embalagem básica; e a quantidade ou o número de unidades em cada embalagem. Compras em excesso resultam em dinheiro imobilizado desnecessariamente e espaço de estoque ocupado sem necessidade. Além disso, os produtos perecíveis estragam rapidamente. Quando as compras são feitas em quantidades muito pequenas, o restaurante fica freqüentemente sem estoque, se vê obrigado a fazer pedidos de emergência, perde os descontos concedidos para compras grandes e, além disso, os clientes ficam insatisfeitos.

Ao selecionar fornecedores para os ingredientes *in natura* ou processados, os compradores devem levar em consideração a qualidade dos alimentos, com base nos seguintes fatores: quantidade adequada, preço razoável, pronta entrega e serviço. A quantidade de cada ingrediente pedido baseia-se em uma previsão precisa do cardápio, isto é, em quantas porções de cada item serão necessárias para cada prato durante determinado período de tempo. As decisões de compra baseiam-se, porém, em mais fatores do que simplesmente nas necessidades do cardápio, como, por exemplo, no estoque geral disponível, na capacidade de armazenagem, nas variações sazonais de disponibilidade ou de custo do produto, no tipo de mercado e sua proximidade. Freqüentemente, devem-se considerar também as restrições do fornecedor quanto a valores, quantidades mínimas exigidas para a compra ou o padrão das embalagens.

As compras para pequenos estabelecimentos podem ser feitas por meio de acordos informais, que são mais ágeis, convenientes e exigem menos burocracia. Os grandes estabelecimentos tendem a utilizar o método formal da *concorrência*, enviando pedidos escritos com as especificações a prováveis fornecedores, solicitando propostas. As compras formais criam uma "trilha de auditoria" dos registros e documentos que traçam o fluxo dos produtos no estabelecimento. Esses registros ocorrem na forma de requisições, inventários, pedidos de compra e sistemas de entrega. Em muitos estabelecimentos os pedidos de compra são gerados por meio de sistemas computadorizados ligados a bancos de dados que contêm especificações sobre ingredientes, fichas técnicas e registros de estoque.

RECEBIMENTO DE MERCADORIAS

O departamento de recebimento de mercadorias é responsável por garantir que os produtos entregues pelos fornecedores sejam os pedidos pelo comprador. Desse modo, o departamento de recebimento e o de compras devem coordenar seus horários e ter boa comunicação entre si. Os funcionários do recebimento de mercadorias precisam conhecer bem o mercado e os padrões de qualidade dos produtos. Também precisam saber quais produtos foram pedidos, quando devem chegar e como devem ser armazenados. Além disso, precisam conhecer muito bem os procedimentos de recebimento e os registros internos do departamento.

Ao chegar uma entrega, os funcionários encarregados do recebimento verificam os produtos, comparando o que foi entregue com o pedido feito, conferem a nota fiscal e verificam se as especificações solicitadas foram atendidas. São necessários equipamentos como balanças, calculadoras, réguas, instrumentos para marcar e etiquetar, termômetros, ferramentas e equipamentos de transporte, como carrinhos de mão ou plataformas com rodas. Os produtos devem ser marcados e etiquetados com a data da entrega e informações sobre o preço; essas informações são essenciais para o controle e para a rotação do estoque. Em seguida, os produtos devem ser imediatamente transportados para a área de armazenagem. A documentação necessária também deve ser preenchida; por exemplo, o relatório diário de recebimento. Se o recebimento ficar a cargo de qualquer pessoa aleatoriamente disponível, produtos fora dos padrões especificados podem ser aceitos, o estoque pode ser perdido ou mal armazenado e os registros podem ficar incompletos ou errados — o que talvez abale financeiramente um serviço de alimentação.

ARMAZENAMENTO E REGISTRO

Todos os produtos — sejam congelados, refrigerados, perecíveis, enlatados ou não perecíveis — precisam ser armazenados adequadamente em áreas apropriadas e registrados em uma seqüência definida. As áreas de armazenagem devem ser limpas, bem ventiladas, isoladas e facilmente acessíveis a partir das áreas de recebimento e de preparo dos alimentos. Uma rotatividade uniforme do estoque garante que os itens comprados há mais tempo sejam consumidos primeiro. O armazenamento adequado e os procedimentos de registro também protegem contra roubo, perdas e desperdício. Por essa razão, um número limitado de pessoas deve ter acesso às instalações onde os produtos são armazenados.

Os funcionários devem pesar, medir ou contar cada produto antes de distribuí-lo. A manutenção de registro dessas transações ajuda a manter o controle do estoque, mostrando as quantidades disponíveis para uso e o que precisa ser pedido, o valor dos produtos utilizados, o custo dos alimentos para pratos do cardápio e a porcentagem de custo dos alimentos. Em grandes estabelecimentos, também são utilizados formulários de requisição para monitorar e controlar o fluxo do estoque, fornecendo uma ferramenta adicional para a verificação das despesas e a análise das vendas.

PRÉ-PREPARO

Os alimentos podem muitas vezes ser limpos, processados, misturados, temperados e até trabalhados antes do horário das refeições. O pré-preparo possibilita que um prato do cardápio seja finalizado para um cliente com o mínimo trabalho possível. As tarefas podem incluir limpar, descascar e picar hortaliças frescas; descongelar carnes e prepará-las; acrescentar líquidos a alimentos desidratados; ferver caldos lentamente ou fazer molhos de saladas.

PREPARO FINAL

O preparo final é a fase do ciclo de produção em que a comida é aquecida imediatamente antes de ser servida. Alimentos que precisam ser cozidos são trazidos da área de pré-preparo, aprontados para o preparo final e colocados em locais de fácil alcance para os cozinheiros. Os processos típicos de preparo final incluem fritar, refogar, cozinhar no vapor e grelhar. Durante o preparo final, a comida é "empratada" e decorada para ser servida ao cliente. A preparação final costuma ocorrer em uma área específica. Na maior parte dos restaurantes, essa área é conhecida como "linha" e é delimitada por um corredor com a mesa do *chef* de um lado, e fogões, fritadeiras, grelhas, panelas de vapor e equipamentos semelhantes, do outro. Alguns estabelecimentos colocam a área de preparo final em uma parte especial do salão a fim de que os clientes possam ver os cozinheiros trabalhando e que o aroma dos alimentos estimule o prazer sensorial da refeição.

SERVIÇO

O Capítulo 7 descreveu os vários tipos de serviço utilizados pelos estabelecimentos de alimentação, como bufê, serviço à mesa e de balcão. Aqui, é importante observar as muitas tendências do serviço à mesa. Normalmente, os garçons tiram o pedido dos clientes, passam-no para a cozinha e, quando o prato está pronto, levam-no às mesas dos clientes. Esse sistema ainda existe em muitos restaurantes que utilizam o serviço à mesa. Entretanto, os avanços tecnológicos tornaram possível mudar esse sistema e, assim, superar duas de suas maiores fraquezas. Em primeiro lugar, quando os garçons estão na cozinha entregando ou verificando o andamentos dos pedidos ou retirando pratos, não podem estar no salão atendendo às necessidades imediatas dos clientes. Em segundo lugar, os garçons podem conspirar com os cozinheiros e atender a certos clientes de graça.

Avanços tecnológicos substituem a tradicional comanda dos garçons por alguns terminais localizados estrategicamente no salão e um monitor com impressora em diversos pontos da cozinha. Os garçons inserem nos terminais os pedidos dos clientes, e esses pedidos aparecem nos monitores da cozinha ou são impressos na mesa do *chef.* Quando o prato está pronto, um *runner*[9] o leva da cozinha à mesa do cliente. Terminada a refeição, o garçom imprime a conta no terminal e a entrega ao cliente; depois, recebe o pagamento e insere o valor no terminal. Alguns sistemas utilizam, inclusive, transmissores portáteis para enviar o pedido do cliente diretamente da mesa. Em nenhuma etapa do processo o garçom precisa sair do salão, o que aumenta a qualidade e a agilidade do atendimento. Esse método não permite que os garçons conversem diretamente com os cozinheiros, o que os impede de servir refeições gratuitas aos amigos.

As cadeias de restaurantes informais e os restaurantes de propriedade mista foram os primeiros a adotar as novas tecnologias no serviço à mesa, talvez em parte em virtude desses serviços estarem sempre ligados a softwares gerenciais, que permitem ao escritório central obter dados atualizados da operação.

Apesar de os restaurantes fast-food raramente oferecerem serviço à mesa, esse segmento de mercado também tem utilizado novas tecnologias no atendimento ao cliente. Muitos experimentaram, por exemplo, sistemas de pedido automático que poderiam suplantar ou substituir os atendentes de balcão.

LIMPEZA

Embora a limpeza não envolva o alimento *em si*, ela é parte importante do ciclo de produção. A limpeza compreende retirar os pratos e talheres sujos das mesas e levá-los à copa de lavagem para separá-los, limpá-los e desinfetá-los. Abrange todas as panelas, frigideiras e utensílios utilizados no preparo da comida, bem como a limpeza e desinfecção da cozinha e dos equipamentos.

A limpeza é uma parte do ciclo de produção que será extremamente importante neste século. A preocupação com os impactos ambientais dos serviços de alimentação estará centrada nesse processo. O aumento dos custos dos aterros sanitários fará com que um número cada vez maior de empresas utilize trituradores para diminuir o volume do lixo que sai da cozinha. Um mercado de trabalho cada vez mais escasso, especialmente para os cargos menos desejados, como lavadores de panelas e pratos, estimulará os industriais a desenvolver processos de lavagem mais automatizados. O aumento da preocupação com a segurança dos alimentos estimulará os estabelecimentos de alimentação a utilizar sistemas mais eficazes de lavagem e desinfecção em cozinhas novas e remodeladas.

QUESTÕES SOCIAIS

Como empreendimento público, todos os serviços de alimentação devem estar atentos às preocupações dos clientes. Há quatro questões que afetam os estabelecimentos de alimentação: o acesso para os deficientes físicos, a segurança dos alimentos, o meio ambiente e as leis sobre o rótulo dos alimentos.

ACESSO IGUALITÁRIO

O Americans with Disabilities Act (ADA), da legislação norte-americana, aplica-se à indústria da alimentação do mesmo modo que se aplica à hospedagem. Todos os restaurantes e serviços de alimentação novos nos Estados Unidos devem adequar-se às normas do ADA ao projetar e construir suas instalações. Os estabelecimentos mais antigos devem ser modificados para atender às exigências no que for possível, a menos que isso represente um custo excessivo. Diversas modificações podem ser feitas para tornar o acesso aos restaurantes mais cômodo para pessoas em cadeiras de rodas. Algumas modificações importantes são:

- pelo menos 5% das vagas do estacionamento devem ser acessíveis, com espaço para estacionar de 2,5 metros e 1,5 metro de corredor;
- rampa com inclinação de não mais de 1:12 até a entrada;
- portas de entrada com espaço livre de 80 cm;
- saídas de incêndio acessíveis;
- passagens no salão e passagem para pelo menos um banheiro com, no mínimo, 90 cm de largura;
- pelo menos 5% das mesas do restaurante acessíveis para cadeiras de rodas, com espaço para as pernas de 70 cm de altura, 75 cm de largura e 50 cm de profundidade;
- as áreas de self-service devem estar ao alcance de uma pessoa sentada em uma cadeira de rodas — mais baixas do que 90 cm; e
- devem existir banheiros acessíveis para pessoas em cadeiras de rodas[10].

O ADA exige que os restaurantes sejam acessíveis a indivíduos com qualquer deficiência, seja visual, auditiva, mental ou psicológica. Por exemplo, um restaurante pode oferecer serviço adequado a um cliente com deficiência visual por meio de cardápios em braile ou de alguém que leia as opções e preços. Alguns, no entanto, como os restaurantes do Lake Buena Vista Embassy Suites Resort, na Flórida, oferecem uma fita cassete do cardápio. Muitas cadeias de fast-food desenvolveram cardápios em braile para os deficientes visuais, bem como cardápios com fotos para quem não lê ou não entende o idioma.

O ADA aplica-se tanto à contratação de funcionários quanto ao acesso público. As instruções para a contratação de deficientes são igualmente aplicáveis aos serviços de alimentação. Como afirma Steve Zivolich, fundador de uma empresa de consultoria dedicada a empregar pessoas com deficiências: "Atender às especificações do ADA relativas ao emprego normalmente não é difícil. Atendê-las levará alguns estabelecimentos a encontrar excelentes funcionários portadores de alguma deficiência"[11].

SEGURANÇA DOS ALIMENTOS

A segurança dos alimentos é fundamental para qualquer estabelecimento de alimentação. É uma questão de saúde, com implicações fatais, já que, somente nos Estados Unidos, mais de nove mil pessoas morrem todos os anos de intoxicação alimentar. A maior parte das vítimas são pessoas doentes, muito novas ou muito idosas. Além disso, a segurança dos alimentos apresenta conseqüências econômicas. Um único incidente de intoxicação alimentar pode prejudicar a imagem de um restaurante por muitos anos e custar aos proprietários centenas de dólares em ações judiciais.

Alguns alimentos são mais suscetíveis que outros aos agentes que provocam intoxicações alimentares, entre os quais encontram-se os frutos do mar, os ovos, as massas cozidas, o arroz, as sopas, as carnes e as aves. Os frangos, por exemplo, freqüentemente ocultam a bactéria salmonela (bem como os perus, a carne de vaca, os ovos, os peixes e o leite) e a *campylobacter* (também encontrada no queijo, nos mariscos e no leite não fervido). A carne de porco pode causar triquinose[12] por meio do verme *Trichinella spiralis*. As carnes de vaca são especialmente propícias ao desenvolvimento da bactéria *Escherichia coli*, responsável por inúmeras das recentes epidemias de intoxicação alimentar. Uma nova e perigosa variedade da *E. coli*, descoberta há mais de 10 anos, foi encontrada em carnes, aves, maioneses, batatas e cidra de maçã.

Não é possível garantir totalmente a segurança dos alimentos, mas o risco de intoxicação pode ser bastante reduzido por meio de um ambiente de trabalho limpo e da higiene pessoal; da prevenção da contaminação; do descongelamento e cozimento adequado dos alimentos e de sua manipulação correta.

Limpeza do Ambiente de Trabalho e Higiene Pessoal. A limpeza do ambiente de trabalho significa a higiene e desinfecção constantes desses locais, de modo a não favorecer a proliferação de doenças originárias de alimentos. A higiene pessoal refere-se à necessidade de os trabalhadores seguirem regras rígidas de higiene para que os alimentos não sejam contaminados. A limpeza do ambiente de trabalho e a higiene pessoal são a primeira linha de defesa no combate às intoxicações alimentares.

Alguns elementos essenciais para manter um ambiente de trabalho higienizado e desinfetado são: higienizar e desinfetar todos os utensílios, equipamentos e bancadas de trabalho toda vez que utilizados; desmontar os equipamentos para limpá-los adequadamente; utilizar vasilhas que fechem bem, com tampas apertadas, para o lixo; e remover com freqüência o lixo das áreas de preparo dos alimentos, mantendo as latas de lixo em um local à parte.

Mesmo antes de um estabelecimento de alimentação abrir as portas, algumas medidas devem ser tomadas para promover um ambiente de trabalho em condições adequadas de higiene. As plantas para construção ou reforma devem ser analisadas pela vigilância sanitária a fim de assegurar que o estabelecimento tenha instalações adequadas para o preparo seguro dos alimentos. Por exemplo, os códigos sanitários normalmente exigem:

- superfícies (parede, piso, telhado) feitas de materiais duráveis e de fácil limpeza;
- ventilação adequada dos exaustores sobre os equipamentos de cocção;
- água quente ou desinfetantes químicos nas pias e máquinas de lavar;
- sifões nos ralos conectados a máquinas de gelo e balcões térmicos para evitar que a água utilizada volte para a comida;
- pias para lavar as mãos em diversos lugares;
- iluminação adequada;
- condições de limpeza embaixo dos balcões.

Diversas práticas devem ser utilizadas pelos funcionários para manter a adequada higiene pessoal. Eles devem lavar as mãos freqüentemente — especialmente após tocar partes do corpo como boca e nariz, tocar comida ou quando mudarem de função. Além disso, os funcionários precisam usar aventais e trocá-los quando estiverem sujos. Precisam usar também redes no cabelo ou chapéus, manter as unhas curtas e limpas e não podem manusear alimentos quando estiverem doentes.

O Culinary Institute of America diz que os maus hábitos higiênicos são responsáveis por mais de 90% dos problemas sanitários na indústria da alimentação; somente a má lavagem das mãos corresponde a mais de 25% de todas as doenças provocadas por alimentos[13].

Evitando a Contaminação. Uma cozinha higienizada e funcionários conscientes quanto aos hábitos de higiene fazem parte do processo de prevenção da contaminação. Os alimentos em si precisam ser armazenados, preparados e manuseados apropriadamente.

Os refrigeradores devem estar organizados de modo que os alimentos que não precisam ser cozidos fiquem nas prateleiras mais altas, e as carnes e os alimentos crus nas mais baixas. Essa forma de organização ajuda a prevenir a contaminação que pode ocorrer, por exemplo, se o sangue da carne escorrer em pedaços de pepino. Uma outra medida preventiva é a existência de áreas separadas para trabalhar alimentos crus e cozidos. A utilização de pinças e luvas ao manusear alimentos reduz os riscos de contaminação — desde que as pinças estejam desinfetadas e as luvas sejam trocadas a cada tarefa. Finalmente, a instalação de pias exclusivas para lavar as mãos é primordial, visto que as mãos nunca devem ser lavadas nas pias onde os alimentos são preparados.

Descongelando e Cozinhando Alimentos de Maneira Segura. A temperatura é o elemento crucial no preparo dos alimentos de maneira segura. Bactérias perigosas e outros organismos desenvolvem-se em temperaturas entre 4º C e 60º C (essa faixa de temperatura é conhecida como **zona de perigo**). Isso significa que, quanto menos tempo um alimento estiver nessa zona de temperatura, mais seguro ele será. Por exemplo, a necessidade de manter os alimentos a temperaturas seguras determina como descongelá-los. A melhor maneira de descongelar alimentos é tirá-los do congelador e colocá-los direto na geladeira. Esse é o método mais seguro porque, assim, nenhuma parte do alimento excederá 4º C ao descongelar. Como esse é um processo demorado, os alimentos que precisam ser descongelados rapidamente podem ser colocados em uma sacola plástica à prova d'água e mergulhados em água corrente ou serem imersos em água fria dentro de uma pia. No último caso, a água precisa ser trocada a cada 20 minutos.

Cozinhar a comida a uma temperatura acima de 60º C mata quase todos os agentes perigosos causadores de doenças. É imprescindível que todas as partes dos alimentos atinjam pelo menos 60º C. O U.S. Department of Agriculture recomenda temperaturas mais elevadas para carnes e peixes (observe a Tabela 8-4). A única maneira de saber se o alimento atinge a temperatura desejada é medindo-a com um termômetro especial denominado *termômetro do chef*. O termômetro do *chef*, que parece um grande prego, pode perfurar o alimento para descobrir se suas partes mais internas atingiram a temperatura. Esse termômetro precisa ser limpo e desinfetado toda vez que for utilizado.

Servir os alimentos assim que possível após o cozimento ajuda a diminuir as chances de contaminação em virtude da diminuição do tempo em que ficarão na zona de perigo. Um outro benefício é a satisfação dos consumidores. As pessoas gostam que sua refeição esteja quente e fresca.

Manuseando Alimentos Cozidos de Maneira Segura. As bactérias desenvolvem-se em alimentos cozidos que não tenham sido refrigerados no devido tempo ou que não tenham sido resfriados ou aquecidos de maneira adequada. Os alimentos cozidos precisam ser refrigerados assim que possível. Se deixados em temperatura ambiente por mais de duas horas, eles devem ser jogados fora.

Um dos principais motivos de doenças causadas por alimentos é a refrigeração inadequada. Estabelecimentos de alimentação comerciais e de coletividade muitas vezes preparam os alimentos em grande quantidade para utilizá-los mais tarde, como sopas, molhos, assados, entre outros. Quando os alimentos são cozidos em grande quantidade e depois colocados em uma câmara fria para serem refrigerados, o lado de fora esfria muito mais rapidamente que o de dentro. Um grande pedaço de carne assada pode ficar cerca de 17 horas a 4º C em uma câmara fria até que sua temperatura interna saia da zona de perigo. Esse tempo é mais do que suficiente para as bactérias se multiplicarem. Se o pedaço de carne fosse retirado da câmara fria e fatiado para fazer sanduíches, tanto os sanduíches quanto a máquina de fatiar estariam perigosamente contaminados[14].

É possível prevenir de diversas maneiras a ocorrência de doenças originárias dos alimentos em virtude de refrigeração imprópria. Assados e outros alimentos sólidos similares devem ser fatiados em pedaços menores para que o processo de refrigeração ocorra mais rapidamente. Sopas, caldos e molhos podem ser resfriados utilizando-se "garrafas" especiais que são colocadas frias dentro da vasilha onde estão os produtos. Entretanto, a técnica mais segura é a câmara para resfriamento rápido, conhecida como *blast chiller* — criada especialmente para reduzir a temperatura dos alimentos de maneira segura e rápida.

HACCP. O acrônimo em inglês para Análise dos Perigos e Pontos Críticos de Controle (Hazard Analysis — Critical Control Points) é HACCP. A HACCP é uma técnica sistemática para reduzir as possibilidades de doenças oriundas dos alimentos. Originariamente desenvolvida para proteger os astronautas desse tipo de infecção no espaço, a HACCP apresenta quatro etapas básicas. Primeiramente, o fluxo dos alimentos em um sistema de processamento ou de produção é estudado para determinar os pontos onde a contaminação e/ou o crescimento de microorganismos perigosos podem ocorrer. Esses pontos são denominados "pontos críticos de controle". Como a contaminação é freqüentemente causada pelo manuseio inadequado dos alimentos (por exemplo, contaminação em virtude de bancadas de trabalho não higienizadas ou mãos mal lavadas), esses pontos são, de certo modo, mais facilmente observados e corrigidos. Entretanto, mesmo que a comida seja corretamente manuseada, microorganismos perigosos que atinjam os alimentos durante o transporte ou o processamento podem se multiplicar se a temperatura subir (ou cair) para a zona de perigo. Desse modo, o principal objetivo da identificação dos pontos críticos de controle é avaliar se, e em caso afirmativo por quanto tempo, os alimentos permanecem na zona de perigo (4° C a 60° C). Depois dessa etapa, os processos de produção são reformulados para impedir a contaminação e para limitar o tempo em que os alimentos permanecem na zona de perigo. Os processos de trabalho podem ser alterados, e refrigeradores e novos equipamentos podem ser comprados ou melhorados para manter a temperatura dos alimentos fora da zona de perigo. A terceira etapa envolve o contínuo monitoramento da manipulação dos alimentos e da temperatura em cada ponto crítico do processo de produção. Por exemplo, as *blast chillers* utilizadas nos serviços de alimentação dos estabelecimentos de saúde têm sondas que verificam a temperatura interna dos alimentos para assegurar um resfriamento seguro. As sondas são conectadas a computadores, de forma que existe um registro contínuo do tempo levado para que a temperatura dos alimentos saia da zona de perigo. A quarta etapa envolve ações corretivas para resolver problemas detectados durante o monitoramento. Por exemplo, caso se constate que grandes vasilhas de caldo de carne não estão sendo resfriadas com a rapidez requerida, provavelmente serão necessários vasilhames ou porções menores, que percam calor mais rapidamente.

TABELA 8-4 Exemplo das temperaturas internas mínimas recomendadas pelo U.S. Department of Agriculture*

Alimento	Temperatura	Alimento	Temperatura
Carne moída		Porco fresco	
Ao ponto	70° C	Ao ponto	70° C
Bem passada	75° C	Bem passado	75° C
Outras carnes (Filés, assados e assim em diante)		Frango	85° C
		Peru	85° C
		Peixe de barbatana***	60° C
Mal passado**	65° C	Marisco	70° C
Ao ponto	70° C		
Bem passada	75° C		

Fonte: U.S. Department of Agriculture.

*Lembrete: essas não são as temperaturas utilizadas para cozinhar os alimentos. São temperaturas que os alimentos devem atingir — registradas por um termômetro — a fim de se tornarem seguros para a ingestão.

**Em 1993, o FDA acrescentou essa recomendação: é seguro servir bife mal passado, mas não é seguro servir hambúrguer mal passado.

***O peixe é tão fino que o termômetro do *chef* simplesmente não pode ser utilizado para medir sua temperatura.

O governo norte-americano ordenou recentemente que a HACCP seja utilizada em fábricas que processam frutos do mar. Além disso, em alguns estados, as leis exigem que os estabelecimentos de saúde empreguem alguns dos princípios da HACCP na operação de seus serviços de alimentação. Visto que os restaurantes e outros estabelecimentos de alimentação cada vez mais utilizam alimentos pré-cozidos, a HACCP terá, sem dúvida, bastante impacto nos anos futuros.

MEIO AMBIENTE

Os consumidores têm estado, nas últimas décadas, cada vez mais preocupados com diversas questões ambientais. Os empreendimentos nos Estados Unidos reagiram lentamente, lançando um movimento chamado "mais verde para as empresas norte-americanas", que agora utilizam essa onda de preocupação ambiental como estratégia de marketing. Para uma nova geração de consumidores bastante preocupados com o meio ambiente, as empresas que tiverem produtos e serviços que não agridam o meio ambiente tenderão a aumentar sua participação no mercado.

Reciclagem. As decisões que envolvem o meio ambiente nem sempre são muito claras. A escolha entre utilizar embalagens de papel descartável ou de poliestireno não é tão fácil quanto parece. O poliestireno utilizado para fabricar copos de café e embalagens para sanduíches em forma de conchas não se desmancha nos aterros sanitários, mas o papel também não. Os aterros normais não permitem que ar e luz suficientes atinjam o papel para que ele possa se desintegrar. O poliestireno é reciclável e o papel também. Ainda assim, muitos restaurantes optaram por trocar o poliestireno pelo papel sempre que possível. Os restaurantes estarão sempre procurando encontrar maneiras de reciclar eficientemente seu lixo.

O Burger King, o Kentucky Fried Chicken (KFC) e o McDonald's testaram programas que permitem que papéis usados, restos de comida e outros lixos orgânicos se decomponham naturalmente. O material resultante pode, então, ser utilizado como adubo. O KFC, por exemplo, descobriu que cerca de 80% de seu lixo podia ser decomposto[15].

O produto mais reciclado pelos estabelecimentos de alimentação é o papelão ondulado. Muitos restaurantes reciclam centenas de quilos de papelão ondulado todos os meses. O Red Lobster, o Jack in the Box, o McDonald's e o Burger King reciclam seus óleos de fritura. Esse óleo é refinado e reaproveitado em comida de animais e em cosméticos. A reciclagem de alumínio, plástico, vidros e latão é mais comum nos escritórios administrativos dos estabelecimentos.

Diminuindo o Lixo. Os restaurantes trabalham duro para diminuir a quantidade de lixo que produzem. A Dominos Pizza redesenhou a caixa de suas pizzas, de um retângulo para um octágono, para diminuir em 10% a quantidade de papelão utilizada. O McDonald's trocou seus guardanapos por versões menores. Canecas de refrigerante que podem ser enchidas várias vezes foram introduzidas com sucesso por muitos restaurantes em substituição às descartáveis. Muitos restaurantes voltaram a utilizar toalhas de mesa de tecido, guardanapos de tecido e toalhas de louça também de tecido para diminuir a quantidade de lixo. Por outro lado, é claro que isso aumenta bastante o consumo de água utilizada para lavar esses itens. Os fornecedores de alimentos também trabalham para diminuir o lixo utilizando embalagens mais eficientes. Um empresário trocou suas embalagens de lata por bolsas de papel-filme, eliminando a utilização de milhares de latas todos os dias[16].

Reutilização. Os restaurantes e seus fornecedores trabalham em conjunto para encontrar maneiras de reaproveitar as embalagens. A International Dairy Queen e seu fornecedor de cones de waffle reutilizam a embalagem que protege os cones durante o transporte. Alguns restaurantes oferecem a seus clientes pequenos descontos se eles devolverem as embalagens para reutilizá-las nos pedidos para viagem.

LEIS SOBRE O RÓTULO DOS ALIMENTOS

Em 1990, o Congresso dos Estados Unidos aprovou o Nutrition Labeling and Education Act, que exige que os produtores de alimentos forneçam aos consumidores informação nutricional completa sobre seus produtos. A lei também estabeleceu definições e normas para o uso de rótulos como "light", "com pouca gordura", "baixo teor de sódio", "alta concentração de fibras" e "fresco". A parte da lei que exige análise nutricional completa não se aplica à indústria dos restaurantes ou a seus cardápios, a não ser quando um restaurante vende no varejo um produto específico, como, por exemplo, seu molho para saladas ou molho de churrasco.

RESUMO

- ✰ Toda grande civilização teve seus cozinheiros, e, à medida que uma civilização sucedia a outra, seus conhecimentos de culinária iam sendo assimilados e transmitidos.
- ✰ A palavra restaurante, inicialmente empregada para qualificar um caldo de carne "restaurador", hoje refere-se a lugares que servem refeições.
- ✰ O sistema de brigada da cozinha e do salão delegou tarefas, aumentou a produtividade e ainda hoje influencia a cozinha e o salão modernos.
- ✰ *Mise en place* designa os preparativos para cozinhar e é a base de muitas técnicas culinárias.
- ✰ O desenvolvimento e o planejamento de cardápios envolvem o conceito, o conhecimento das expectativas e desejos dos clientes, o emprego de bons funcionários, bem como equipamentos e a determinação adequada da margem de lucro.
- ✰ O ciclo de produção é o passo a passo do processo de compra e armazenagem do alimento, o pré-preparo, o preparo, o serviço, a limpeza da cozinha e do salão e a gestão do lixo. As etapas desse processo são interdependentes e estão interconectadas.
- ✰ As questões sociais e culturais que afetam os estabelecimentos de alimentação são: o acesso igualitário de pessoas com deficiências, a segurança dos alimentos, o meio ambiente e as leis sobre o rótulo dos alimentos.

NOTAS

1 Nome de um tipo de caldeirão de bronze com três pés e duas asas, considerado sagrado, utilizado para preparar comidas em oferenda aos deuses e ancestrais. (N. do T.)

2 Chang, K.C., org. *Food in Chinese Culture: Anthropological and Historical Perspectives*. New Haven, Connecticut, Yale University Press, 1977: 11-12.

3 Chang. *Food in Chinese Culture*, 158-162 e 305.

4 "Restaurant". *Larousse Gastronomique*. Org. Jennifer Harvey Lang. Nova York, Crown Publishers, 1988; Revel, Jean-François. *Culture and Cuisine: a Journey Through the History of Food*, trad. Helen R. Lane. Garden City. Nova York, Doubleday & Company, 1982: 206-207.

5 Jacobs, Jay. *Gastronomy*. Nova York, Newsweek Books, 1975: 116.

6 Jacobs. *Gastronomy*, 107.

7 The Council on Hotel, Restaurant, and Institutional Education. A Guide to College Programs in Hospitality & Tourism, 1991-1992. Nova York, John Wiley & Sons, 1991.

8 Tortas apimentadas de origem mexicana. (N. do T.)

9 *Runner* é o funcionário responsável apenas pelo transporte de alimentos e utensílios entre a cozinha e o salão. (N. do T.)

[10] Adaptado de Weinstein, Jeff. "The Accessible Restaurant, Part I". *Restaurants & Institutions*. 8 de abril de 1992: 96-117.

[11] Lorenzini, Beth. "The Accessible Restaurant, Part II". *Restaurants & Institutions*. 20 de maio de 1992: 154.

[12] Doença não encontrada no Brasil, existente somente em países de clima temperado. Assemelha-se à teníase. (N. do T.)

[13] Doom, Michael. *Fighting Back: How to Protect Yourself Against the "Food Bug" and Report Food Poisoning Hazards*. Los Angeles, M&C Publishing, 1992.

[14] Sparrowe, Ray e Leister, Marsha. "Food Safety Is No Mystery". *Trainers Manual*. Washington, U.S. Department of Agriculture. Agosto de 1987.

[15] Quinton, Brian e Weinstein, Jeff. "Who's Leading the Green Revolution?" *Restaurants and Institutions*. 27 de novembro de 1991: 32-54.

[16] Larson, Melissa. "Innovative Containers Give Foodservice a Boost". *Packaging*. Março de 1993: 29.

VERIFIQUE SEU CONHECIMENTO

1. A decisão de autorizar Boulanger a servir ensopado em seu estabelecimento provocou que tipo de mudanças?
2. O que significa *mise en place*?
3. Como os empregados influenciam o que será oferecido no cardápio?
4. Qual é a vantagem da utilização das fichas técnicas de receita padrão?
5. Identifique e explique três maneiras pelas quais os restaurantes podem ajudar o meio ambiente.

APLIQUE SUAS HABILIDADES

A Tabela 8-5 é uma versão simplificada do que um computador imprimiria para uma tarefa de engenharia de cardápio. Utilize-a para responder às questões.

TABELA 8-5 Margem de lucro

Item do cardápio	MM	MM%	Preço do cardápio	Custo	MC	MC do cardápio
1. Chicken Dinner	420	42%	$ 4,50	$ 1,50	$ 3,00	$
2. New York Strip Steak	360	36%	7,00	3,00		1.440
3. Lobster Tails	150		9,00	4,50	4,50	675
4. Sirloin Tips	70	7%	5,50	3,00	2,50	175
TOTAL	1.000	100%				$ 3.550

MM	Mix do cardápio; número de itens vendidos
MM%	Porcentagem do total de vendas para cada item
MC	Margem de contribuição; determinada subtraindo-se o custo do prato pelo preço de cardápio de cada item
MC do cardápio	Lucro real gerado por cada item do cardápio (MC do Cardápio = MC x MM)

Fonte: adaptado de KASAVANA, Michael L., *Computer Systems for Foodservice Operation*. Nova York, Van Nostrand Reinhold, 1984: 155-160.

1. Qual item é o mais popular?
2. Qual é a margem de contribuição do New York Strip Steak?
3. Qual é a porcentagem do total de vendas para o Lobster Tails?
4. Qual é a margem de contribuição para o Chicken Dinner?
5. Qual item você provavelmente substituiria? Por quê?

NA INTERNET

1. Visite os sites de três grandes empresas de serviço de alimentação de propriedade mista. Em cada site, procure informações que descrevam como a empresa está ajudando a comunidade ou a sociedade por meio de programas especiais ou de caridade. Responda às seguintes questões para cada empresa:
   a) O envolvimento da empresa na comunidade ou seu programa de caridade estão relacionados aos interesses de seus principais segmentos de mercado?
   b) Como você acha que os clientes das empresas se sentem com relação ao apoio que a empresa dá à comunidade?
2. Utilizando ferramentas de busca da Internet, localize os sites de três *chefs* que sejam celebridades e/ou os sites de seus restaurantes. Compare os três quanto à eficácia da forma de apresentação da arte culinária.
3. Imagine que você seja gerente de um grande estabelecimento de alimentação e que lhe tenham solicitado o desenvolvimento de um programa de treinamento sobre segurança de alimentos para seus funcionários. Utilizando ferramentas de busca na Internet, localize informações sobre materiais de treinamento e programas relacionados à utilização da HACCP em serviços de alimentação. Quais materiais/programas você utilizaria em seu treinamento?
4. Visite o site da American Culinary Federation. Leia os requisitos necessários para a certificação e escolha um nível que preencha seus objetivos. Desenvolva um plano por escrito do que você precisaria fazer para atingir tal nível.

QUAL É SUA OPINIÃO?

1. Existe uma tradição culinária norte-americana específica? Se sim, descreva algumas de suas características.
2. Os clientes de seu restaurante pediram muitas vezes que você colocasse no cardápio um item que está na moda em outros estabelecimentos. Entretanto, você está satisfeito com seu cardápio da maneira como ele está, e o novo item não parece corresponder às características de seu restaurante. Como você agiria?
3. Um item oferecido em seu restaurante agora existe congelado, pré-pronto. A qualidade parece boa e você está interessado na novidade, pois não seria mais necessário adquirir diversos ingredientes crus e perecíveis. Se você optasse por utilizar o novo produto, quais seriam os reflexos para os departamentos de compra e recebimento?
4. Na época em que ocorreu a desregulamentação das empresas aéreas e de outros negócios, as normas referentes ao acesso aos restaurantes para os deficientes físicos deveriam ter sido afrouxadas? Por quê?
5. Fumar em restaurantes tornou-se uma questão social importante em sua cidade. Um grupo de cidadãos fez um abaixo-assinado pedindo que o ato seja proibido. Como proprietário de um restaurante fino muito conhecido — onde cerca de um terço de seus clientes fuma — sua opinião sobre o abaixo-assinado foi solicitada. O que você diria?

ESTUDO DE CASO

Você é proprietário de um restaurante de luxo, bem estabelecido na região central de uma cidade de tamanho médio. Como os negócios sempre estiveram bem no passado, você quase não teve motivos para mudar o estilo de seu estabelecimento ou o cardápio, que oferece diversos pratos clássicos. Recentemente, entretanto, o perfil da região central se transformou, tornando-se menos comercial e mais destinado à prestação de serviços. Algumas lojas fecharam ou mudaram-se, e uma imobiliária e um grande banco foram abertos. A clientela agora parece diferente. Além disso, novos restaurantes foram abertos nas proximidades, o que aumentou a concorrência.

1. Qual seria sua primeira atitude para atender a essas mudanças?
2. Como você poderia atrair novos consumidores para seu restaurante?

9

Gestão de Bebidas

Resumo

A venda de bebidas é de grande importância para a indústria dos serviços de alimentação, e as tendências quanto aos padrões de consumo são observadas bem de perto pelos estabelecimentos. Além disso, certos métodos de apresentação e serviço devem ser observados, especialmente no tocante a bebidas alcoólicas, como vinho, cerveja e coquetéis. Espera-se que um restaurante sofisticado, por exemplo, prepare e sirva bebidas que complementem seu cardápio e ambientação conforme manda a tradição.

Objetivos

Ao concluir este capítulo, você deverá ser capaz de:

❶

Denominar as bebidas existentes no mercado dos serviços de alimentação e descrever as tendências atuais para a venda e o consumo de bebidas não-alcoólicas.

❷

Examinar as tendências quanto à venda e ao serviço de bebidas alcoólicas e relacioná-las à ênfase dada para os estilos de vida mais saudáveis e comedidos.

❸

Saber como os vinhos europeus e americanos são denominados e citar pelo menos quatro vinhos brancos e tintos dignos de nota.

❹

Explicar brevemente o processo de fermentação e sua relação com a produção de vinho e cerveja e o processo de destilação utilizado para a produção de outras bebidas alcoólicas.

❺

Citar duas questões legais relacionadas à venda de álcool e dizer como os bares e restaurantes se protegem contra violações dessas normas.

TENDÊNCIAS NO CONSUMO DE BEBIDAS

Durante os anos 90 e no início deste século, a indústria de bebidas não-alcoólicas passou por um período de relativa estabilidade, enquanto a de bebidas alcoólicas sofreu mudanças consideráveis. O consumo público de bebidas não-alcoólicas como leite, café, chá e sucos cítricos manteve-se razoavelmente constante.

O consumo *per capita* de refrigerantes e água mineral aumentou continuamente nos Estados Unidos entre 1992 e 1996, enquanto o de outras bebidas não sofreu grandes alterações (veja a Figura 9-1). O consumo de café, que esteve em elevação, parecia aproximar-se de um patamar estável.

O consumo *per capita* é o principal indicador de perspectiva para cada segmento da indústria de bebidas, porque reflete aumentos ou quedas no mercado. É influenciado por negócios essenciais ou tendências sociais. Amplas questões relacionadas ao estilo de vida, como a aceitação pela sociedade do consumo de bebidas alcoólicas, afetam o consumo de cerveja, vinho e destilados. Mudanças demográficas, como a diminuição do número de jovens menores de 21 anos, afetam o consumo *per capita* de leite e refrigerantes. Entretanto, o consumo *per capita* não é o único indicador importante de tendências na indústria de bebidas e das perspectivas de cada um de seus segmentos. O consumo *per capita* pode cair enquanto aumentam as vendas e os lucros em determinado segmento da indústria de bebidas. Isso ocorre quando as preferências dos consumidores mudam de marcas de preço baixo/pequena margem de contribuição para marcas melhores, de preço mais elevado. Simplificando, os consumidores bebem menos, mas gastam mais. Esse comportamento é evidente no caso dos destilados, em que o declínio do consumo foi parcialmente compensado com uma mudança para marcas melhores. De modo semelhante, apesar de o volume de vendas de café ter caído quase 3% entre 1995 e 1996, o total de vendas aumentou 10% com a mudança da preferência dos consumidores para marcas de café de melhor qualidade.

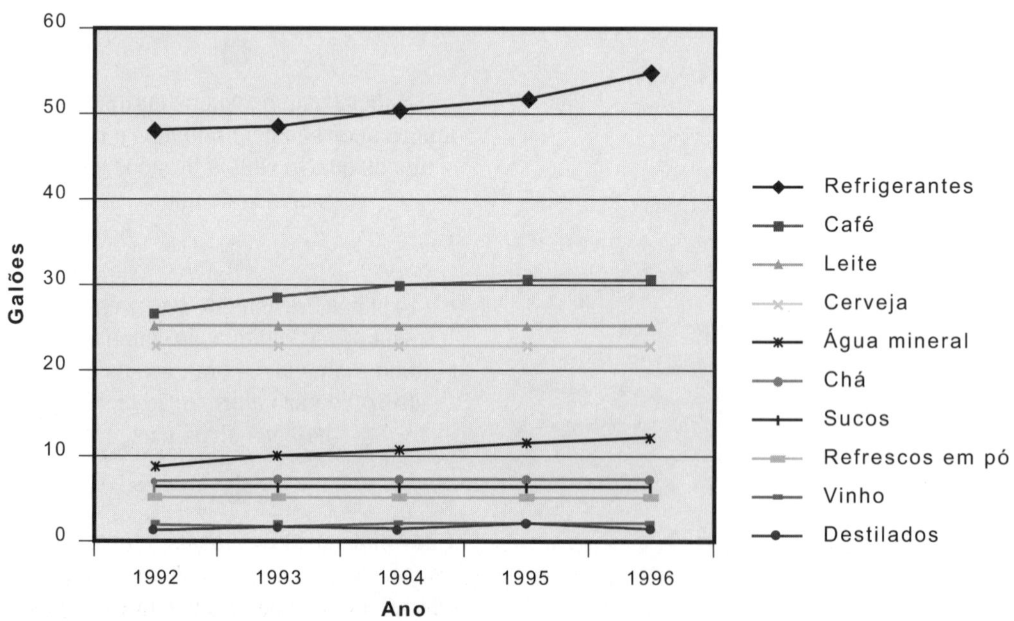

Figura 9-1 Consumo de bebidas nos Estados Unidos de 1992-1996.
Fonte: adaptado a partir de dados apresentados na *Beverage Industry*, de março de 1998.

TABELA 9-1 Principais marcas de bebidas conforme participação no mercado norte-americano

	Refrigerantes		Cervejas		Água mineral	
Classificação	Marca	Participação no mercado (%)	Marca	Participação no mercado (%)	Marca	Participação no mercado (%)
1.	Coca-Cola Classic	20,7	Budweiser	28,1	Poland Spring	7,606
2.	Pepsi-Cola	14,9	Bud Light	9,2	Arrowhead	6,8
3.	Diet Coke	8,5	Miller Light	7,2	Evian	4,7
4.	Mountain Drew	6,3	Coors Light	5,9	Sparkletts	4,7
5.	Sprite	6,2	Busch	2,4	Hinckley & Schmidt	3,1
6.	Dr. Pepper	5,8	Natural Light	2,3	Zephyrhills	2,8
7.	Diet Pepsi	5,1	Miller Genuine Draft	1,8	Ozarka	2,7
8.	7-Up	2,2	Miller High Life	1,5	Deer Park	2,5
9.	Caffeine Free Diet Coke	1,8	Busch Light Draft	1,3	Crystal Geyser	2,4
10.	(Tie) Barq´s Root Beer	1,0	Old Milwaukee	1,0	Crystal Springs	2,2
	Caffeine Free Diet Pepsi					

Fonte: Beverage World Publication Group, 1997.

A Tabela 9-1 mostra as dez principais marcas de refrigerante, cerveja e água mineral em 1997, conforme participação no mercado norte-americano.

BEBIDAS NÃO-ALCOÓLICAS

Quase todos os restaurantes oferecem uma seleção tradicional de "bebidas para acompanhar as refeições". Nos Estados Unidos, essa seleção costuma incluir café e chá quentes, chá gelado, refrigerantes, leite, chocolate quente, suco de frutas e água mineral. A popularidade de diversas bebidas muda rapidamente. Quase um terço de toda a população nunca pede álcool, de modo que o cardápio de bebidas não-alcoólicas é bastante importante.

A crescente preocupação com a boa forma e a tendência a estilos de vida mais saudáveis influencia a compra de bebidas. Além disso, a ênfase da sociedade no consumo moderado e responsável de álcool levou muitos a escolherem bebidas alternativas.

A economia também pode afetar as opções de bebidas à disposição e as vendas, apesar de os refrigerantes sofrerem menos do que bebidas caras, como os vinhos finos e os destilados. Durante períodos econômicos difíceis, as pessoas têm menos dinheiro, de modo que tendem a gastar menos com itens luxuosos ou caros.

Refrigerantes. O consumo *per capita* de refrigerantes esteve em constante crescimento, apesar das previsões dos especialistas de que atingiria a estagnação[1]. Entretanto, dentro desse mercado, a popularidade de marcas isoladas e de tipos de bebidas muda muito rapidamente. Nos anos 80, houve um grande crescimento dos refrigerantes *diet*, de forma que, em 1993, a Diet Coke havia se tornado o terceiro refrigerante mais popular, com 9% de participação no total de vendas de refrigerantes[2]. As colas sem cafeína, por sua vez, parecem ter perdido participação no mercado depois das altas de 1991 e 1992. Qualquer produto novo, como as colas transparentes, surgidas no início de 1993, tem potencial para fazer duas coisas: pode **canibalizar** a participação no mercado de produtos já existentes ou atrair novos consumidores, que escolheriam outras bebidas que não refrigerantes.

Espera-se que as vendas internacionais de refrigerantes continuem a crescer acentuadamente em volume, uma vez que a saturação do mercado norte-americano força os fabricantes desse produto a procurar oportunidades de crescimento no exterior.

Café e Chá. Novos produtos de café e chá surgiram nos Estados Unidos em 1992 e 1993. No início dos anos 80, bares de café expresso foram abertos em casas especializadas, quiosques e restaurantes tradicionais. Cafés especiais feitos de grãos exclusivos, bem como cafés expressos, com caldas não-alcoólicas que lhe conferem sabor diferente, tornaram-se um novo e grande mercado. Como uma máquina de moer grãos e fazer café podia ser adquirida com um investimento relativamente baixo (dois a três mil dólares), muitos proprietários de restaurantes passaram a oferecer esse produto popular.

Ao mesmo tempo, cadeias que servem diversos tipos de café tornaram-se populares, como a Starbuck's Coffee Company, de Seattle, surgida em 1971 como uma pequena casa especializada. Com mais de 1.600 lojas, seu resultado líquido atingiu, em 1997, US$57,4 milhões, e quase US$ 1 bilhão em vendas. O crescimento extraordinário da Starbuck's ocorreu em virtude de duas principais estratégias de marketing: a colocação de sua linha de produtos nos supermercados, para competir com as marcas tradicionais; e a abertura de cafés de estilo europeu, onde os clientes podem sentar-se, encontrar pessoas e saborear seu café.

Embora o consumo *per capita* de café esteja aparentemente se aproximando de um patamar estável (observe a Figura 9-1), a Starbuck's e outros cafés tendem a prosperar porque seu sucesso depende de uma mudança nas preferências dos consumidores para bebidas especiais como o *latté* (leite morno com um pouco de café) e o *cappuccino*.

O consumo de chá também começou a mostrar os efeitos das mudanças nas preferências dos consumidores. Apesar de o consumo *per capita* ter diminuído um pouco durante os anos 90, a popularidade dos chás especiais vem crescendo nos cafés, e, nos supermercados, as vendas estão aumentando.

Água Mineral. Entre 1984 e 1996, o consumo anual *per capita* de água mineral nos Estados Unidos aumentou de quatro galões para quase 12 galões. Esse maior consumo de água mineral resulta de diversos fatores. O primeiro é o crescimento do segmento de mercado interessado em questões de saúde, o qual inclui pessoas da nova geração preocupadas com o envelhecimento. Esses consumidores sabem que a ingestão de seis a oito copos de água por dia contribui para o bem-estar geral. Algumas águas minerais foram introduzidas no mercado como "puras" e, desde então, parecem mais saudáveis do que a água comum de torneira. Em segundo lugar, a aceitação da água mineral é um componente da ampla tendência dos consumidores no sentido de adquirirem produtos especializados ou de melhor qualidade. Os executivos de marketing das empresas de água mineral resolveram, portanto, introduzir em seus produtos algumas características de singularidade e satisfação. O terceiro fator diz respeito à embalagem. A água mineral engarrafada em embalagem plástica, de formato atraente, rótulo elegante e bico funcional é fácil de levar a um clube ou local de atividades esportivas. Carregar a garrafa para o escritório ou para o shopping passa a impressão de que a pessoa leva uma vida ativa, saudável.

O desafio enfrentado pelos executivos de marketing das empresas de água mineral é convencer os consumidores a pagar por um produto que eles podem ter de graça (ou por muito menos) simplesmente abrindo a torneira. No final dos anos 80, um pequeno número de produtores ressaltou os benefícios para a saúde da água "pura", mineral. Posteriormente, foram encontradas mais impurezas em algumas marcas de "água mineral" do que na água de torneira. Os consumidores estavam, na realidade, pagando mais por uma água mineral que era pior para eles do que a água fornecida pelo município. Em 1993, a Food and Drug Administration propôs novos padrões para os rótulos das águas minerais a fim de evitar falsificações.

Sucos. Bebidas *frozen*, tipo raspadinha, muitas delas versões não-alcoólicas de coquetéis populares como margaritas e daiquiris de morango, têm sido um dos principais produtos dos restaurantes dos Estados Unidos há muitos anos. Além dessas bebidas, muitos restaurantes servem coquetéis não-alcoólicos de laranja, abacaxi ou outras frutas. Casas de sucos que funcionam como restaurantes de especialidades ou quiosques também têm ganhado popularidade ao oferecer misturas de sucos naturais de abacaxi, mamão, melão e laranja, servidos com estilo.

Cervejas e Vinhos sem Álcool. Diferentemente de outras bebidas não-alcoólicas, as cervejas e os vinhos sem álcool são direcionados para um número menor de pessoas: os adultos que gostam de cerveja e de vinho, mas que, por motivos sociais ou de saúde, preferem abster-se de álcool. No estoque e nos cardápios, as cervejas e os vinhos sem álcool ficam junto dos originais alcoólicos.

No início dos anos 80 havia apenas dez marcas de cerveja sem álcool nos Estados Unidos, mas, no início dos anos 90, já existiam mais de 60 à venda. Os líderes desse mercado nos anos 90 eram a O'Doul's, da Anheuser-Busch's, e a Sharp's, da Miller Brewing. Especialistas da indústria prevêem que as vendas de cervejas não-alcoólicas chegarão a cerca de 3% das vendas de cerveja nos Estados Unidos[3].

Os vinhos não-alcoólicos demoraram mais para ganhar popularidade, em parte em virtude de o sabor e o aroma únicos do vinho virem do álcool. A Sutter Home Winery vendeu nos Estados Unidos os primeiros Chardonnay e White Zinfandel sem álcool em 1992. A Sutter Home utiliza um processo de remoção do álcool chamado de cone giratório, desenvolvido inicialmente na Austrália para sucos de frutas. O cone giratório "quebra" o vinho em suas partes constituintes, que são depois recombinadas sem o álcool.

O consumo de cervejas e vinhos sem álcool depende de uma relação social e cultural entre certas atividades sociais e o consumo de bebidas alcoólicas. Como os consumidores associam bebidas alcoólicas a encontros sociais, eventos esportivos ou jantares, esses produtos permitem que as pessoas participem dessas ocasiões sem que pareçam abstêmias.

BEBIDAS ALCOÓLICAS

O **álcool** é um elemento natural e facilmente sintetizável. O álcool puro não tem cor, é volátil e inflamável. Nas bebidas, recebe o nome de **álcool etílico**, identificado cientificamente como C_2H_6O. É o agente responsável pela embriaguez quando consumido em excesso.

As bebidas alcoólicas pertencem a dois grupos principais: as fermentadas e as destiladas. As **fermentadas** são formadas pela ação de leveduras em substâncias que contêm açúcar, como grãos ou frutas. Os dois exemplos mais comuns desse tipo de bebida são o vinho e a cerveja. A quantidade de álcool nas bebidas fermentadas varia entre 2% e 20%. As cervejas normalmente têm entre 2% e 7%, e a maioria dos vinhos entre 12% e 14%.

Já as **bebidas destiladas** são feitas a partir de um produto fermentado que passa por um processo de destilação, que recupera e acrescenta álcool. Esses dois processos serão examinados em maiores detalhes mais adiante, neste capítulo. As bebidas destiladas contêm, em geral, entre 12% e 55% de álcool etílico.

A quantidade de álcool nas bebidas é indicada por seu **teor alcoólico**. Nos Estados Unidos, o teor alcoólico equivale a duas vezes a porcentagem de álcool existente na bebida[4]. Ou seja, um uísque cujo rótulo indica "teor alcoólico 90" contém 45% de álcool etílico. No Reino Unido e no Canadá, "teor alcoólico 100" representa 57% de álcool.

O Consumo de Álcool na Atualidade. Após um período de significativo declínio na década de 1980, a tendência de queda no consumo geral de bebidas alcoólicas diminuiu. De 1992 a 1996, o consumo *per capita* caiu levemente, de 26,2 para 25,7 galões. O consumo de cervejas e bebidas destiladas caiu, enquanto o de vinhos permaneceu estável (Figura 9-1). A tendência geral quanto ao consumo de bebidas alcoólicas é de estagnação ou pequeno declínio. Entretanto, algumas bebidas alcoólicas estão passando por uma fase de ligeiro crescimento nos Estados Unidos, como a tequila, o rum e as cervejas de microcervejarias. A Figura 9-2 ilustra esse aspecto e mostra o consumo de bebidas destiladas de 1996 a 1998, nos Estados Unidos. O consumo de uísque caiu nesse período, mas o de rum, tequila e conhaque aumentou levemente.

É interessante observar que, enquanto o consumo de bebidas alcoólicas em geral se manteve constante, aumentaram as vendas de vinho e cerveja nos restaurantes. Como já mencionamos, os consumidores continuam a associar cerveja e vinho a ocasiões sociais, como jantares fora de casa.

Álcool e Saúde. Em novembro de 1991,o programa *60 Minutes,* da rede de televisão CBS, transmitiu uma história que causou impacto em toda a indústria. O programa mostrou um fenômeno chamado "o paradoxo francês". Os franceses ingerem cerca de 30% a mais de gorduras que os norte-americanos, fumam mais, praticam menos exercícios e, ainda assim, sofrem menos ataques cardíacos — um terço a menos que os norte-americanos, proporcionalmente. Os franceses também lideram o consumo *per capita* de álcool: seu consumo de vinho é de surpreendentes 73,1 litros por pessoa. Muitos médicos pesquisadores investigaram esse fenômeno. Morley Safer, âncora do *60 Minutes,* resumiu as descobertas das pesquisas da seguinte maneira:

> O vinho aparentemente afeta as plaquetas, as menores células do sangue. São as plaquetas que fazem o sangue coagular, impedindo os sangramentos. Mas elas também prendem-se aos depósitos de gordura das paredes das artérias, obstruindo-as e causando ataques cardíacos. O vinho remove as plaquetas das paredes das artérias[5].

Nas quatro semanas seguintes ao programa, as vendas de vinho tinto subiram 45%. Os proprietários de restaurantes relataram um aumento total da venda de vinhos e a mudança, na preferência dos consumidores, do vinho branco para o tinto[6].

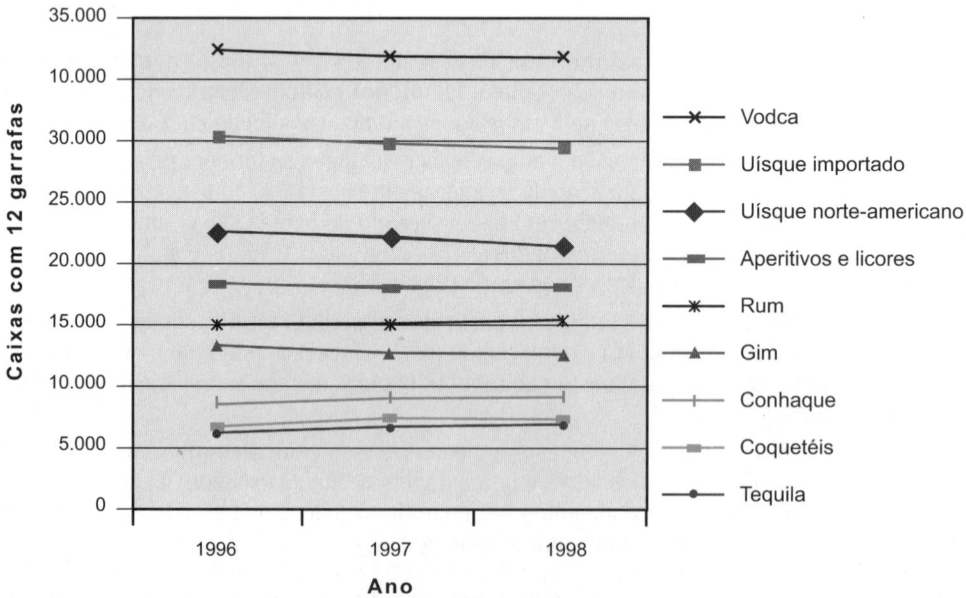

Figura 9-2 Consumo de bebidas destiladas nos Estados Unidos (em número de caixas com 12 garrafas).
Fonte: adaptado a partir de dados apresentados na *Beverage Industry,* de abril de 1998.

Outros estudos continuaram a apontar os possíveis benefícios para a saúde da ingestão moderada de álcool, como a diminuição do risco de ataques cardíacos, derrames e certos tipos de câncer. A American Heart Association afirma que um ou dois copos de vinho por dia produzem benefícios de longo prazo para a saúde. Por outro lado, os custos sociais e para a saúde do consumo excessivo de álcool são bem conhecidos.

Bares. O futuro dos bares e dos estabelecimentos especializados em bebidas provavelmente será de pouco crescimento. Os proprietários queixam-se da dificuldade de atrair clientes, independentemente da diminuição do número de estabelecimentos desse tipo. Aumentou a quantidade de bares com telões, decorações e temas relacionados a esportes, pois os proprietários têm buscado novos conceitos para atrair clientes. A venda de alimentos ganhou mais importância. Em parte como forma de estimular o consumo de bebidas e, em parte, como meio de reter clientes e aumentar as vendas, os bares vêm oferecendo maior variedade de antepastos, petiscos e pratos informais.

BEBIDAS E IMPOSTOS

Nenhuma discussão acerca de tendências quanto ao consumo de bebidas estaria completa sem mencionar a cobrança de impostos sobre a venda de bebidas. Esses impostos representam uma das maiores receitas do governo dos Estados Unidos. Os estados também recolhem impostos sobre a venda de álcool. Os impostos norte-americanos atuais representam metade do preço final de uma garrafa de destilado e sempre se fala em aumentar essas taxas no futuro. Um aumento nos impostos federais dobrou a taxação sobre a cerveja, em 1991[7].

VINHOS

Não se sabe ao certo quando, na história, teve início a produção de bebidas alcoólicas. Na realidade, as primeiras experiências com álcool de nossos ancestrais foram provavelmente acidentais, visto que o álcool é resultado de um processo natural de fermentação. Para acontecer a transformação química que produz o vinho precisamos apenas de uvas e luz solar. A enzima responsável pela transformação está nas microscópicas leveduras que crescem naturalmente na superfície externa das uvas e transformam seus açúcares naturais. Algum antigo fazendeiro deve ter descoberto o vinho ao abrir uma jarra de cerâmica contendo suco de uva fermentado que ele armazenara. Tanto os hieróglifos egípcios quanto as cerâmicas da Mesopotâmia confirmam a origem antiga do vinho.

A DENOMINAÇÃO DOS VINHOS

Os vinhos são separados em categorias e denominados de maneiras diversas e, às vezes, contraditórias. Primeiramente, os vinhos são classificados em tintos ou brancos. Depois, ao menos nos Estados Unidos, os vinhos ganharam seu nome em função do tipo ou **variedade** da uva com que são feitos. Chardonnay, Sauvignon Blanc e Riesling são três tipos diferentes de uva, cada qual utilizado para fazer vinhos brancos específicos que levam o mesmo nome. Pela lei norte-americana, determinada variedade de vinho precisa conter pelo menos 75% da uva que lhe dá nome. A maior parte dos vinhos satisfaz facilmente essa exigência.

Por outro lado, a maioria dos vinhos europeus recebem o nome da região onde são produzidos. O processo europeu de denominação de origem, o mais antigo dos dois existentes, assim se dá em parte em razão das características exclusivas dos vinhos, resultantes do clima e das condições do solo de cada região produtora. Bordeaux, Champagne e Burgundy são regiões da França onde vinhos específicos são produzidos. Um verdadeiro Burgundy francês pode ser branco ou tinto. Um Burgundy francês tinto é feito basicamente de uvas Pinot Noir, e o branco, de uvas

Chardonnay. O vinho produzido nos Estados Unidos e que traz no rótulo o nome Burgundy tem pouca semelhança com o francês do mesmo nome; é um vinho de mesa barato feito de uma mistura de diversas uvas.

Um vinho também pode ser identificado pela **safra**, ou seja, pelo ano em que as uvas foram colhidas. A safra é importante porque existem diferenças sutis de sabor de um ano para outro em decorrência das influências climáticas sobre a colheita.

A PRODUÇÃO DO VINHO

Muitas frutas e algumas hortaliças podem ser utilizadas na produção de vinhos. Maçãs e peras foram utilizadas para produzir cidra e vinho de peras, respectivamente, por muitas gerações. Além disso, a maioria das frutas vermelhas, e também as cenouras e os dentes-de-leão, é utilizada na produção de vinhos. Esses vinhos, entretanto, costumam ser produzidos como bebidas caseiras, em pequena escala. As uvas são o principal ingrediente dos vinhos comerciais. A descrição a seguir é um resumo bem geral dos procedimentos das diversas maneiras utilizadas para fazer vinhos.

Na época da colheita, as uvas são prensadas para romper a casca e permitir a saída do suco. Em seguida, o **sumo** resultante, uma mistura de polpa de uva, cascas, sementes e talos, é colocado em grandes tonéis onde a fermentação tem início. A **fermentação** é o processo químico pelo qual as leveduras agem sobre o açúcar, produzindo álcool e dióxido de carbono. Essa primeira fermentação é surpreendentemente ativa — o sumo incha e borbulha conforme o gás atravessa a massa e chega à superfície. Dependendo de fatores como temperatura e quantidade de açúcar na mistura, a fermentação dura uma semana ou mais. Finalmente, obtém-se o jovem vinho, que costuma ser armazenado em grandes barris de madeira ou tonéis de vidro, onde tem início o processo de **envelhecimento**: a lenta e sutil conclusão da fermentação.

O vinho envelhecido em madeira adquire sabores mais diferenciados. Poucos vinhos, como o Beaujolais Noveau, podem ser engarrafados em dois meses. Vinhos tintos bem saborosos podem envelhecer por dois anos ou mais antes de serem engarrafados. Depois de engarrafado, o vinho continua a envelhecer, ocorrendo mudanças sutis em seu sabor e qualidade.

Durante os processos de fermentação e envelhecimento, o vinho absorve **taninos**, que são substâncias da casca da uva e dos barris de madeira utilizados no envelhecimento. Os taninos contribuem para a adstringência do vinho. Em sua forma não diluída, possuem gosto parecido com o de chá amargo. Além de contribuir para a formação de um sabor único, os taninos são elementos essenciais para garantir a longevidade do vinho. Até certo ponto, a influência dos taninos no vinho pode ser controlada mudando-se os contêineres onde o vinho é fermentado, armazenado e envelhecido. Sua força também muda conforme a variedade da uva.

Apesar de os princípios gerais da fermentação e do envelhecimento permanecerem os mesmos, existem inúmeras variáveis a que o produtor pode recorrer para alterar o sabor e a qualidade do vinho.

VINHOS TINTOS

Os vinhos tintos representam uma das duas categorias básicas de vinhos. São produzidos a partir de uvas vermelhas, seguindo os procedimentos gerais já resumidos. A cor é derivada de pigmentos das cascas das uvas. As principais variedades de uvas utilizadas na produção de vinhos tintos são: Cabernet Sauvignon, Pinot Noir, Merlot, Gamay, Syrah e Zinfandel.

Alguns dos vinhos tintos populares de preço médio são na verdade misturas de duas ou mais variedades. O Chianti, vinho italiano da região homônima, o alemão Côtes-du-Rhome e o espanhol Rioja são três vinhos tintos produzidos a partir de mistura de variedades de uvas.

Os vinhos rosés, às vezes classificados como tintos, são produzidos com a remoção das cascas no início da fermentação, o que lhes confere uma cor rosa-claro. Quanto mais tempo as cascas permanecem no processo, mais escura é a cor do vinho. O vinho blush, evitado por muitos conhecedores de vinho e popularizado no final dos anos 80, é mais claro e doce do que o rosé. O branco Zinfandel, variedade obtida com uvas Zinfandel vermelhas, é produzido sem o contato do suco da uva com as cascas, sendo a fermentação interrompida antes de todo o açúcar ser utilizado. Muitos acreditam que essa variedade se parece mais com alguns dos vinhos brancos mais doces e suaves.

VINHOS BRANCOS

Os vinhos brancos são geralmente feitos a partir de uvas brancas e de algumas outras variedades que produzam suco claro. Entretanto, mesmo as uvas vermelhas e pretas podem ser utilizadas na produção de vinho branco, desde que as cascas sejam removidas antes de iniciada a fermentação. Os vinhos brancos são sempre mais leves e têm menos açúcar que a maioria dos vinhos tintos. Além disso, envelhecem e amadurecem mais rapidamente que os tintos, que podem precisar de dez anos ou mais na garrafa antes de estarem prontos para o consumo. Algumas das variedades mais comuns de uva utilizadas na produção de vinhos brancos e de vinhos que levam seu nome são: Chardonnay, Sauvignon Blanc, Riesling, Chenin Blanc e Pinot Blanc.

Alguns dos vinhos brancos populares são misturas de duas ou mais variedades, como por exemplo o alemão Liebfraumilch, o italiano Soave e o espanhol Rioja.

TIPOS DE VINHO

Além da classificação conforme a cor, os vinhos podem ser divididos em quatro grupos diferentes baseados no método de produção. São eles: vinho de mesa, vinho espumante, vinho fortificado e vinho aromatizado.

Vinhos de Mesa. Produzidos conforme os métodos básicos descritos anteriormente, os vinhos de mesa são os mais consumidos. Os bebedores de vinho costumam avaliar o sabor com base na doçura. O vinho pouco doce é denominado seco. Os vinhos mais secos são mais populares que os muito doces. A temperatura na qual o vinho deve ser servido varia de acordo com a tradição e com as preferências pessoais. Normalmente, os tintos são servidos à temperatura ambiente, entre 17º C e 19º C, e os brancos entre 5º C e 10º C. A maioria deles é servida em copos de formato balão.

Vinhos Espumantes. Os vinhos que contêm dióxido de carbono, produzido naturalmente ou mecanicamente introduzido, são conhecidos como espumantes. O espumante mais famoso é o champanhe, da província francesa de mesmo nome. Dom Perignon, um monge francês que viveu no final do século XVII, recebe os créditos pela perfeição das técnicas que produzem o champanhe. Como era impossível prever a quantidade de gás no vinho, era comum que as garrafas explodissem. As melhorias feitas por Perignon, bem como a utilização de cortiça natural como tampa, invenção do monge, permitiram o transporte mais seguro dessa bebida. Assim, a demanda logo se estendia à Grã-Bretanha e, por fim, ao mundo todo.

Fazer champanhe francês de qualidade é um processo que leva tempo. Apesar de normalmente seguir os estágios típicos da produção de vinhos, a produção de champanhe compreende algumas etapas a mais para a retirada de todos os resíduos e a conservação da efervescência. Para que os resíduos não se prendam ao fundo, as garrafas devem ser armazenadas na horizontal e sacudidas todos os dias de determinado modo. A inclinação das garrafas é gradualmente aumentada, até que se chegue à posição vertical e os resíduos se encontrem no gargalo das garrafas, já invertidas. Uma esteira transportadora e algumas máquinas completam as etapas seguintes de maneira mais eficiente. Para remover os resíduos e manter a efervescência, os gargalos são congelados rapidamente em uma solução especial; em seguida as garrafas são colocadas em pé e as rolhas são removidas para que o gás natural possa expelir a tampa formada por resíduos congelados. Uma outra máquina acrescenta vinho repondo o que foi perdido, e coloca a rolha novamente. Da colheita à mesa, o champanhe francês pode demorar quatro anos.

Um sistema menos complicado é comumente utilizado em vinícolas nos Estados Unidos e em muitos outros países. A segunda fermentação ocorre em grandes tonéis, e o vinho é filtrado e engarrafado sob pressão para manter a efervescência. Especialistas dizem que o produto resultante é, de certa forma, inferior ao produto francês, mas a produção em massa atende a um grande mercado que aprecia uma bebida boa e menos cara. O Asti Spumanti é um famoso vinho espumante italiano produzido por meio desse método.

Segundo a lei francesa, somente os vinhos espumantes produzidos na região de Champagne podem receber esse nome. Essa lei surgiu em 1911, depois que uma praga devastadora atingiu a safra dos vinhedos daquela região. Para manter a produção de seu vinho espumante, alguns produtores importaram uvas de outras regiões. O vinho espumante que produziram e engarrafaram era diferente do tradicional e, ainda assim, eles o denominaram "champagne". O governo francês interferiu para estabelecer uma definição legal dos limites da região de Champagne e declarou que esse nome somente poderia ser utilizado para vinhos cuja matéria-prima fosse totalmente produzida na região. Tempos depois, outras leis francesas foram escritas para definir outras fronteiras regionais, estipular denominações de regiões para os vinhos e identificar prescrições legais que detalhavam as variedades de uva que podiam ser utilizadas em determinados vinhos regionais.

Os Estados Unidos não restringem a utilização do nome champanhe nem de qualquer outra denominação regional européia, de modo que muitos vinhos espumantes norte-americanos recebem o nome de champanhe quando produzidos à maneira francesa.

Vinhos Fortificados. Os vinhos fortificados são aqueles aos quais foi acrescentado conhaque ou álcool de vinho, aumentando a porcentagem de álcool do vinho resultante. A fermentação natural normalmente produz vinhos com 12% a 14% de álcool. Essa concentração mata as leveduras e, portanto, impede sua ação, dando fim ao processo de fermentação. Acrescentar conhaque ao vinho, entretanto, aumenta a concentração de álcool para até 20%. Como a fermentação havia sido interrompida, o açúcar restante permanece suspenso no vinho, aumentando a doçura. O conhaque, produzido a partir da destilação de qualquer suco de frutas fermentado, como, por exemplo, sucos obtidos a partir de uvas, maçãs, peras, damascos ou amoras, acrescenta um sabor único e doce ao vinho. Alguns vinhos fortificados são: vinho do Porto, xerez, Marsala e Madeira.

Vinhos Aromatizados. Vinhos aromatizados são aqueles aos quais foram acrescentadas substância que dão sabor. Normalmente, essas substâncias são frutas ou ervas. O vermute é um vinho branco aromatizado com ervas. Muitos dos vinhos com forte sabor de frutas são baratos, doces e inaceitáveis para um bom conhecedor.

REGIÕES PRODUTORAS DE VINHOS

A viticultura, ou cultivo de uvas, muito provavelmente teve origem no Oriente Médio, há milhares de anos. O cultivo de uvas e a produção de vinho provavelmente caminharam sempre ao lado do desenvolvimento da agricultura, em um período de transição da vida nômade para a sedentária. Os primeiros egípcios aprenderam a fazer vinho, e os melhores eram reservados aos sacerdotes e aos nobres. Os gregos adotaram e melhoraram as técnicas de produção, que foram, em seguida, adotadas e adaptadas pelos romanos. Os gregos devem ter sido os primeiros a apresentar a viticultura aos gauleses no atual sul da França, mas os romanos deram continuidade à

Perfil Pessoal

PERFIL PESSOAL **DOM PERIGNON**

O "Pai" do Champanhe

Conhecido como a personalidade mais famosa da história do vinho e de sua fabricação, a Dom Pierre Perignon sempre é concedido o título de inventor do champanhe. Apesar de não ser verdadeiramente o inventor, é um de seus desenvolvedores.

Dom Perignon nasceu em uma família de classe média em Lorraine, na França, em 1639. Aos 29 anos, foi enviado para Hautvillers, provavelmente o mais conhecido mosteiro produtor de vinhos da região. Em pouco tempo, Perignon foi nomeado procurador (ou administrador) do mosteiro, responsável por administrar a propriedade e supervisionar sua produção de vinhos. Como não pudesse ser abade, por não ser nobre, continuou na posição de procurador por quase 50 anos. Durante esse tempo, ele ampliou bastante o tamanho dos vinhedos do mosteiro e melhorou a qualidade dos vinhos produzidos.

Foi durante essa época que o monge Dom Perignon iniciou sua trajetória de descobrir e aperfeiçoar a produção de vinhos, incluindo a transformação de uvas pretas em vinho branco fino. Como diz a seu respeito o escritor francês Fernand Woutaz:

> Se Dom Perignon não "inventou" de verdade o champanhe, pode ser considerado "inventor" no sentido legal de ter sido alguém que descobriu um tesouro escondido... Perignon elevou ao mais alto nível as etapas da produção do vinho branco, do cultivo da uva ao engarrafamento ...[1]

Naquela época, o vinho branco feito a partir de uvas verdes ficava amarelo na primavera seguinte à colheita. O vinho tinto, menos popular e conseqüentemente menos lucrativo que o branco, durava uma média de cinco a seis anos. Perignon, entretanto, fazia vinho branco de uvas pretas (*vin gris*), criando um vinho branco que durava tanto quanto um tinto.

Perignon também passou vários anos desenvolvendo um vinho branco espumante fino a partir de uvas pretas. Apesar de os champanhes espumantes já serem fabricados e vendidos antes de Perignon existir, demorou quase um século após sua morte para que o processo de produção do verdadeiro champanhe ficasse perfeito. Embora hoje o champanhe seja considerado uma bebida de luxo, na época de Perignon qualquer vinho espumante era visto como inferior aos outros vinhos.

Após sua morte, em 1715, Perignon tornou-se uma espécie de lenda. Diz-se que ficou cego e, apesar dessa deficiência, tornou-se um grande identificador de uvas — tão bom que podia dizer a variedade da uva ao prová-la. Esse fato não é, no entanto, reconhecido, principalmente porque sua cegueira nunca foi mencionada por seus contemporâneos.

O champanhe de luxo mais famoso, Dom Perignon, ganhou o nome do monge em virtude da família Moet, que, em 1936, lançou a primeira marca de champanhe de luxo da região. Os Moet utilizaram os "segredos" de Perignon para a produção de vinho após encontrarem, quase dois séculos depois, as memórias em que o monge descreve as técnicas de produção de vinho. Ironicamente, Perignon não gostava muito de beber vinho; diz-se que ele consumia mais frutas e laticínios. Ainda assim, foram suas influências no processo de produção que até hoje fazem sua reputação de inventor do champanhe.

[1] FAITH, Nicholas. *The Story of Champagne*. Nova York, Facts on File, 1989: 22.

técnica e a expandiram a praticamente todos os lugares aonde foram, tanto na Europa como no norte da África. Como a exposição prolongada ao calor e ao ar estimula a transformação do vinho em vinagre, o vinho não chegava em boas condições fora dos limites do império. Os oficiais militares e civis, que esperavam obter alimentos melhores do que os fornecidos para as tropas, queriam manter os mesmos hábitos "civilizados" nas áreas fronteiriças, mas não podiam esperar que o vinho de Roma chegasse a eles em bom estado. Ao levarem consigo mudas de videiras, possibilitavam a formação de novos campos, algumas vezes incluindo variedades selvagens encontradas na região. Dessa forma, os primórdios da indústria vinícola moderna foram estabelecidos e assim permaneceram após a partida dos soldados e oficiais. Hoje, vinhedos viçosos são encontrados em regiões de clima temperado em todo o mundo.

França. O clima, o solo e a dedicação do povo francês associaram-se para tornar os vinhos franceses produtos de excelente qualidade, servindo de exemplo para quase todas as demais regiões produtoras. Hoje, esses vinhos obedecem a normas rígidas determinadas pelo governo a fim de assegurar determinados padrões de qualidade e consistência.

Os vinhos franceses mais finos são identificados como vinhos Appellation d'Origine Contrólée. A lei francesa determina que esses vinhos sejam produzidos a partir de uvas específicas que crescem em vinhedos especialmente podados e cuidados de determinada região. Precisam conter uma quantidade mínima de álcool, e a produtividade por hectare precisa estar dentro de determinados limites.

Seguindo normas similares, muitos dos melhores vinhos franceses são identificados como Vins Délimités de Qualité Supérieure (VDQS). Um outro grupo, formado por vinhos bons e menos caros, é o Vins de Pays.

Vins Ordinaires são vinhos que não são classificados, geralmente misturas de uvas de diferentes regiões. Esses e os Vins de Pays são vinhos de mesa comuns, facilmente encontrados e de preço razoável.

Os vinhos tradicionalmente produzidos na França são o tinto, o rosé e o branco — normal e espumante —, que vão de vinhos com pouco ou sem açúcar aos muito doces. Historicamente, as mais famosas regiões produtoras de vinho são Bordeaux, Burgundy e Champagne. Algumas subdivisões famosas são Medoc, Sauterne, Barsac, St. Emilon, Chablis e Beaujolais. Cada uma dessas regiões tem um vinho exclusivo.

Itália. Algumas pessoas já descreveram a Itália como um imenso vinhedo. A contribuição do clima e do solo fizeram da região um local ideal para o cultivo de uvas, desde o surgimento da viticultura. Apesar de os vinhos franceses serem considerados como o padrão por meio do qual a qualidade dos demais vinhos é medida, a Itália produz excelentes vinhos. Os vinhos italianos abrangem todas as variedades tradicionais existentes. À exceção dos vinhedos da Grécia, os italianos são os mais antigos de toda a Europa.

O governo italiano tentou desenvolver um sistema para rotular vinhos parecido com o sistema francês. Não é tão bem organizado e aplica-se apenas a alguns vinhedos italianos, mas oferece algum auxílio para orientar quanto à qualidade dos vinhos em questão. Os mais finos são denominados *denominazione di origine controllata e garantita*, isto é, controlados e garantidos. A categoria seguinte é a *denominazione di origine controllata*, ou vinhos controlados. Apesar de existirem variações e exceções entre os vinhos dos grupos, são todos de boa qualidade. Os vinhos simples de mesa, do dia-a-dia, são os *denominazione di origine simplice*.

Independentemente da regulamentação governamental, muitas áreas produtoras têm organizações locais ou associações que controlam os padrões de qualidade e protegem a reputação de determinados vinhos. Alguns vinhos italianos bem conhecidos e populares são: Barolo, Gattinara, Barbaresco, Chianti, Lambrusco e Spumante.

Alemanha. Muitos especialistas e conhecedores classificam a Alemanha como um dos melhores produtores de vinho branco do mundo. Os alemães trabalharam duramente ao longo dos anos para produzir uvas em um clima pouco propício para a viticultura e criaram algumas bebidas extraordinárias.

A Riesling, famosa vinha alemã, produz vinhos dos mais variados teores de açúcar. Era esse natural sabor doce que a lei alemã tentava proteger quando determinou que a informação de adição de açúcar ao vinho deveria constar no rótulo. Além disso, o rótulo identifica se o vinho é de mesa, um vinho de qualidade de uma região específica ou um vinho de qualidade "com atributos". Essa categoria é subdividida para indicar vinhos especiais aos quais não foi acrescentado açúcar, vinhos de safras tardias, vinhos de uvas selecionadas, vinhos de uvas frescas ou vinhos de uvas secas. Alguns vinhos alemães bem conhecidos são: Moselle, Rhine, Sekt (vinho espumante alemão), Liebfraumilch, Spätlese e o de difícil pronúncia, mas saboroso, Trockenbeerenauslese (geralmente chamado de "T.B.A." por pessoas que não falam alemão).

Portugal e Espanha. Havia videiras crescendo na Espanha e em Portugal muito antes da chegada dos romanos. O xerez espanhol e os vinhos do Porto e Madeira portugueses têm sido exportados e apreciados há muitos anos. Os dois países têm leis sobre o produto e sobre os rótulos que, como em outros países, visam proteger produtores e consumidores.

Grande parte do vinho espanhol não é nem mesmo engarrafada no país. O vinho é enviado a granel, geralmente em navios-tanques, para outros produtores, que o utilizam para fazer vinhos misturados ou como base para vermute e outras bebidas.

Muitos outros produtores produzem xerez, mas o autêntico xerez vem da região de Andaluzia, na Espanha. Ali, o vinho é produzido de acordo com os procedimentos padrão, mas a fermentação é interrompida por meio da adição de aguardente vínica, quando a concentração de álcool atinge 12%.

Em seguida, o vinho é colocado em barris de carvalho denominados pipas, onde começa a envelhecer. As pipas são armazenadas em fileiras, com a safra mais recente no topo e a mais velha embaixo. Para garantir a consistência, os xerez são formados por uma mistura de diversas safras. Esse sistema de envelhecimento é conhecido como **solera**.

O vinho do Porto genuíno é produzido somente na região do Douro, em Portugal. Apesar de produzido em Portugal, esse rico vinho tinto é tradição na Inglaterra, onde é conhecido como *claret*. Após envelhecer por cerca de dois anos em tonéis de madeira, o vinho do Porto é engarrafado, e seu processo de envelhecimento continua. Não é incomum que um vinho do porto envelheça engarrafado por 15 ou 20 anos antes de atingir seu melhor sabor.

Madeira, uma ilha portuguesa no Oceano Atlântico situada na costa oeste da África, é o local onde são produzidos os verdadeiros vinhos Madeira. Rumores históricos dizem que os portugueses que descobriram a ilha incendiaram suas imensas florestas, que permaneceram queimando durante sete anos. As grossas camadas de cinzas que sobraram serviram de adubo para os vinhedos que ali foram plantados mais tarde. A produção do vinho Madeira ocorre por um processo similar ao vinho do Porto. Em certa etapa, acrescenta-se conhaque ao vinho em fermentação, interrompendo-a e aumentando o nível de álcool para 20%. Em seguida, pelo processo de solera, os produtores misturam vinhos de diferentes safras para obter um Madeira consistente. Como o xerez e o Porto, o Madeira tem um mercado especial na Inglaterra. Outros vinhos portugueses apreciados mundialmente são Dio, Lancer's e Mateus — especialmente o Mateus Rosé.

Estados Unidos. O clima de grande parte da Califórnia é tão parecido com o da região do Mediterrâneo que é denominado clima mediterrâneo. Não é surpresa, então, que os primeiros conquistadores espanhóis tenham introduzido a viticultura na Califórnia. A produção de vinhos na Califórnia continua até hoje, apesar de ter sofrido interrupções em virtude de pragas e ter sido quase totalmente destruída quando a produção de álcool foi considerada ilegal em todo o país. Desde que o interesse por vinhos foi reaceso, nos anos 60 e 70, as vinícolas californianas expandiram-se dando origem a muitos vinhos excepcionalmente bons, além de vinhos de mesa. As regiões que mais se destacam na produção de vinhos na Califórnia são Napa, Sonoma, Monterey, Santa Clara e Mendocino.

Como as condições do solo variam, as muitas variedades de uvas existentes permitem que a Califórnia produza tantos tipos diferentes de vinho quanto as principais áreas produtoras da Europa. Há vinhedos de Napa Valley até o município de Sonoma, na região de Monterey, ao longo da costa sul e na cidade de Santa Barbara. Grandes vinícolas, como a Robert Mondavi, engarrafam vinhos produzidos com uvas de diferentes regiões do estado sob diferentes nomes, como Mondavi, La Famiglia di Robert Mondavi, Byron Vineyard & Winery e Vichon Mediterranean. Já a Grgich Hills Cellars é uma empresa relativamente pequena que produz alguns poucos vinhos de excelente qualidade, sob a supervisão do produtor Miljenko Grgich. Em 1973 Grgich ganhou fama quando um Chardonnay californiano que ele havia produzido para a Chateau Montelena venceu os vinhos franceses em um famoso concurso em Paris.

A segunda maior região produtora de vinho nos Estados Unidos é Nova York. Sua produção é bem menor que a da Califórnia, mas seus vinhos são distribuídos e apreciados em todo o mundo. Apesar de outros vinhos de Nova York serem bem recebidos, o espumante de Taylor é seu representante mais famoso.

Perfil Empresarial

PERFIL EMPRESARIAL **VINÍCOLA ROTHSCHILD**

A Maior Propriedade Vinícola

O nome Rothschild traz à mente imagens de dinheiro, poder e, é claro, vinho. Freqüentemente denominada a família mais rica e poderosa do mundo, a família Rothschild possui algumas das maiores propriedades rurais produtoras de vinho do mundo: Chateau Mouton-Rothschild e Mouton-Cadet.

Apesar de o reinado dos Rothschild já durar várias décadas, eles eram uma família judia pobre de sobrenome Meyer. No final do século XVIII, após adotar o nome Rothschild (de Rote Schield — um apelido da família), Amschel Rothschild e sua família tornaram-se banqueiros — primeiro em Frankfurt, na Alemanha, depois na Áustria, Inglaterra, França e Itália.

O Barão Nathaniel de Rothschild foi o primeiro da família a expandir os negócios para a produção de vinhos quando comprou um vinhedo de 65 acres conhecido como Brane-Mouton. Entretanto, foi o Barão Philippe de Rothschild, bisneto de Nathaniel, que, literalmente, transformou o mundo dos vinhos. Algumas pessoas diziam que o Barão Philippe, que faleceu em 1988, tinha vinho correndo em suas veias, em virtude da grande paixão pela bebida. Aos 20 anos, o Barão Philippe foi encarregado de administrar os vinhedos da família, dando início a um império que revolucionou a indústria de vinhos.

Barão Philippe recebeu os créditos por estabelecer um conceito conhecido como *estate bottling*[1], que assegura a qualidade do vinho. Além disso, encarregou artistas famosos mundialmente como Andy Warhol, Pablo Picasso e Henri Matisse de desenhar rótulos para os vinhos Rothschild. A Rothschild é conhecida por seus rótulos com cinco flechas, representando os cinco filhos de Amschel.

Hoje, a empresa produtora de vinhos Rothschild, conhecida oficialmente como Baron Philippe de Rothschild SA, produz 20 mil caixas de Mouton por ano, vendidos a US$ 100 a garrafa[2]. O Barão Philippe, que disse certa vez que "vinho é como uma mulher — incerto, incitante e difícil de agradar"[3], ficaria feliz.

[1] Sistema no qual o vinho é totalmente produzido com uvas da propriedade do produtor. (N. do T.)

[2] SUCKLING, James. *Wine Spectator.* 15 de março de 1993: 22.

[3] LITTLEWOOD, Joan e ROTHSCHILD, Baron Philippe de. *Baron Philippe: A Very Candid Authobiography of Baron Philippe de Rothschild.* Nova York, Crown Publishers, Inc., 1984: 140.

A região do noroeste do Pacífico vem ganhando importância como produtora de vinho nos Estados Unidos. A maior parte das vinícolas em Oregon, Washington e Idaho começou a funcionar somente a partir das décadas de 1960 e 1970, e rapidamente elas se tornaram grandes produtoras de vinhos brancos. Os três estados especializaram-se em Chardonnay, Johannisberg Riesling e Gewurztraminer. Além disso, em Oregon se produz um Pinot Noir de categoria internacional, e em Washington se fabrica Cabernet Sauvignons e Merlots de excelente qualidade.

Alguns outros estados como Virgínia, Missouri, Michigan, Ohio e Texas também produzem vinhos de qualidade. Se a popularidade dos vinhos continuar a crescer, novas vinícolas serão abertas a cada ano. Alguns dos vinhos produzidos são excelentes e rivalizam com os da Europa. Muitos são médios, mas esses vinhos comuns e baratos funcionam, para muitos, como uma introdução no mundo dos vinhos.

Países Sul-americanos. Na América do Sul, o mais antigo produtor de vinhos é o Peru, onde as videiras foram estabelecidas durante a época do conquistador espanhol Pizarro. O Peru ainda produz grandes quantidades de vinho, principalmente para consumo local. Hoje, a Argentina é o maior produtor de vinhos sul-americanos. Mendoza, uma cidade aos pés dos Andes, há muitos anos vem produzindo colheitas abundantes. O vinho de melhor qualidade, entretanto, vem do Vale Central, no Chile. Os vinhos chilenos, muitos dos quais recebem bastante influência francesa na técnica e no sabor, têm obtido aceitação crescente no mercado mundial.

Outros países que cada vez mais têm sido reconhecidos no mercado dos vinhos são a Austrália, o Canadá e a África do Sul. As principais regiões, entretanto, continuam a ser os tradicionais gigantes europeus: França, Itália, Alemanha, Espanha e Portugal — e os Estados Unidos.

A RELAÇÃO DO VINHO COM OS ALIMENTOS

Ninguém pode prever ou prescrever as preferências ou gostos de qualquer pessoa quanto a alimentos ou bebidas. Um degustador de vinhos experiente e treinado pode reconhecer e detectar diferenças e sabores sutis em uma grande variedade de vinhos que enganam completamente um iniciante. Todavia, as experiências ao longo da história produziram algumas tradições confiáveis para a melhor apreciação das bebidas.

Vinhos Brancos. Os vinhos brancos normalmente acompanham comidas de sabor mais leve, como peixes, aves e pratos principais à base de ovos, bem como os que levam molhos leves. Vinhos secos ou levemente adocicados são as escolhas tradicionais. Com frango e peru, entretanto, a escolha do vinho pode depender dos acompanhamentos ou do tipo de serviço. Um frango com molho leve cremoso é bem acompanhado por um vinho branco. Um peru recheado, por outro lado, pode combinar melhor com um vinho tinto leve. Certamente há espaço para variações. Os gostos e escolhas pessoais ainda são os melhores parâmetros.

Vinhos Tintos. Para pratos com sabores fortes, recomenda-se um vinho tinto mais encorpado e consistente. A máxima "carne vermelha, vinho tinto" ainda é digna de consideração. Os sabores fortes da carne vermelha e da carne de caça sobrepõem-se a um vinho leve. Essas carnes são bem acompanhadas por vinhos mais encorpados, como os tintos. Algumas opções são Burgundy, Bordeaux, Merlot e Cabernet.

Vinhos Espumantes. Vinhos espumantes combinam com quase todos os pratos e situações, dependendo, também, de gostos e preferências individuais. Os vinhos espumantes vão dos bem secos (*brut*) aos bem doces (*doux*). Os champanhes franceses são os vinhos espumantes mais tradicionais, mas o Asti Spumante — o "champanhe" da Itália — é o favorito de muitos amantes de vinhos. As vinícolas americanas, especialmente as da Califórnia e de Nova York, produzem vinhos espumantes de qualidade.

Vinhos Aperitivos e de Sobremesa. Os aperitivos estimulam o apetite e refrescam o paladar para realçar o sabor e o prazer dos alimentos a serem servidos. Vinhos aperitivos, ou *apéritifs*, tendem a ser mais leves e pouco doces. Alguns *apéritifs* populares são Madeira, vermute, xerez, Moselle, Burgundy branco seco ou qualquer vinho branco leve e gelado. Os vinhos de sobremesa são vinhos servidos após a refeição. A popularidade dos vinhos de sobremesa parece ter diminuído um pouco nos últimos anos.

Degustando e Classificando. Concursos de âmbito regional, nacional ou internacional permitem que desgustadores de vinhos avaliem novos produtos. Essas competições são importantes para os produtores e também para os restaurantes, já que os prêmios para os vinhos aumentam as vendas para ambas as indústrias.

Nos Estados Unidos, são utilizadas duas escalas para degustação e classificação. A primeira é a escala dos 100 pontos, utilizada no julgamento mais acadêmico do vinho, bem como em publicações como a *Wine Spectator*. Por esse sistema, os vinhos são avaliados com base em cinco categorias: cor, transparência, aroma, sabor e impressão. A Tabela 9-2 fornece um exemplo da escala dos 100 pontos.

O segundo e mais amplamente utilizado sistema de classificação é a escala dos 20 pontos, desenvolvida por pesquisadores da Universidade da Califórnia, em Davis. Dez critérios são avaliados: transparência, cor, aroma, buquê, acidez total, tanino, consistência, doçura, sabor geral e impressão geral.

Nos dois sistemas, o aroma do vinho é um dos fatores mais importantes, pois o olfato é o sentido mais sensível envolvido na avaliação do vinho. Para que os degustadores pudessem descrever os aromas em termos específicos reconhecidos por todos, desenvolveu-se um sistema padronizado, também na Universidade da Califórnia, em Davis. A Roda dos Aromas do Vinho (Wine Aroma Wheel), mostrada na Figura 9-3, tem três tipos de definição para descrever de maneira precisa o aroma de determinado vinho. Por exemplo, o Gewurztraminer é considerado "aromatizado", o Chardonnay pode ser "amanteigado" ou "frutado" e o Cabernet Sauvignon pode ter aroma de "pimentão". Esse sistema permite aos degustadores expressar de maneira efetiva as nuanças de determinado vinho.

Selecionando e Determinando o Preço. Os restaurantes selecionam os vinhos baseados no tipo e no custo do prato que o vinho acompanhará. Por exemplo, os restaurantes mexicanos podem optar por vinhos de mesa regionais como Los Reyes ou Terratola, e os restaurantes italianos podem servir vinhos padrão como Valpolicella ou Chianti. Os restaurantes com cardápio reduzido podem oferecer uma seleção limitada de vinhos, visto que muitos não dispõem de espaço para armazenamento por muito tempo. Restaurantes que possuem adegas oferecem maior variedade de vinhos. Esses restaurantes sofisticados costumam comprar vinhos que ficarão armazenados de três a sete anos, permitindo que envelheçam até atingir a maturidade total.

Embora o vinho seja um produto caro para os restaurantes comprarem e servirem, a margem de lucro sobre sua venda pode ser alta. É relativamente comum em um restaurante a garrafa de vinho ser vendida por duas vezes o preço de varejo, mesmo que o restaurante tenha pago metade desse valor. Vinhos comprados e estocados em adegas são ainda mais rentáveis.

Os vinhos são normalmente vendidos em garrafas, mas é cada vez maior o número de restaurantes que aumenta a venda por copo ou **meia garrafa**. Inovações tecnológicas como o Cruvinet ou o Vacu-Vin tornaram possível a venda de vinhos por copos, pois preservam a bebida dos efeitos da exposição ao oxigênio. O Cruvinet é uma máquina com temperatura controlável que extrai o oxigênio de uma garrafa de vinho aberta e a pressuriza com nitrogênio. O Vacu-Vin é um sistema mais simples e econômico, que tira o oxigênio da garrafa utilizando uma tampa de borracha. Essas inovações permitiram aos consumidores o luxo de experimentar vinhos caros em um restaurante sem comprar toda a garrafa.

TABELA 9-2 Escala dos 100 pontos para avaliação dos vinhos

Item avaliado	Vinho nº 1	Vinho nº 2	Vinho nº 3	Vinho nº 4	Vinho nº 5	Vinho nº 6
COR (20)						
Nuança (5)						
Intensidade (5)						
RTV* (10)						
TRANSPARÊNCIA (20)						
Suspensão (10)						
Precipitação (10)						
AROMA (25)						
*Acescense*** (10)						
Buquê (8)						
RTV (7)						
PALADAR (25)						
Acidez (3)						
Adstringência (3)						
Doçura (3)						
Equilíbrio (3)						
Consistência (3)						
Sabor						
Prova (3)						
Pós- prova (2)						
RTV (5)						
IMPRESSÃO (10)						
TOTAL (100)						

Fonte: VINE, Richard P. *Wine Appreciation: A Comprehensive User's Guide to the World's Wines and Vineyards.* Nova York, Facts on File, 1988.
*Representativo do tipo ou variedade.
**Formação de ácido acético.

DESTILADOS

Um destilado é uma bebida alcoólica produzida por meio do processo de destilação. Esse processo ocorre porque a água evapora a 100º C, ao nível do mar, e o álcool a 78,3º C, ao nível do mar. Quando um líquido que contém álcool é aquecido, o álcool começa a evaporar antes que a água entre em ebulição. Esse álcool pode ser separado e condensado para tornar-se um destilado. As bebidas destiladas possuem maior concentração de álcool do que o vinho ou a cerveja.

TIPOS DE BEBIDAS DESTILADAS

As duas principais categorias de destilados são produtos envelhecidos e produtos compostos por outros ingredientes. Eis alguns exemplos: uísque de cereais, rum, vodca, gim e conhaque.

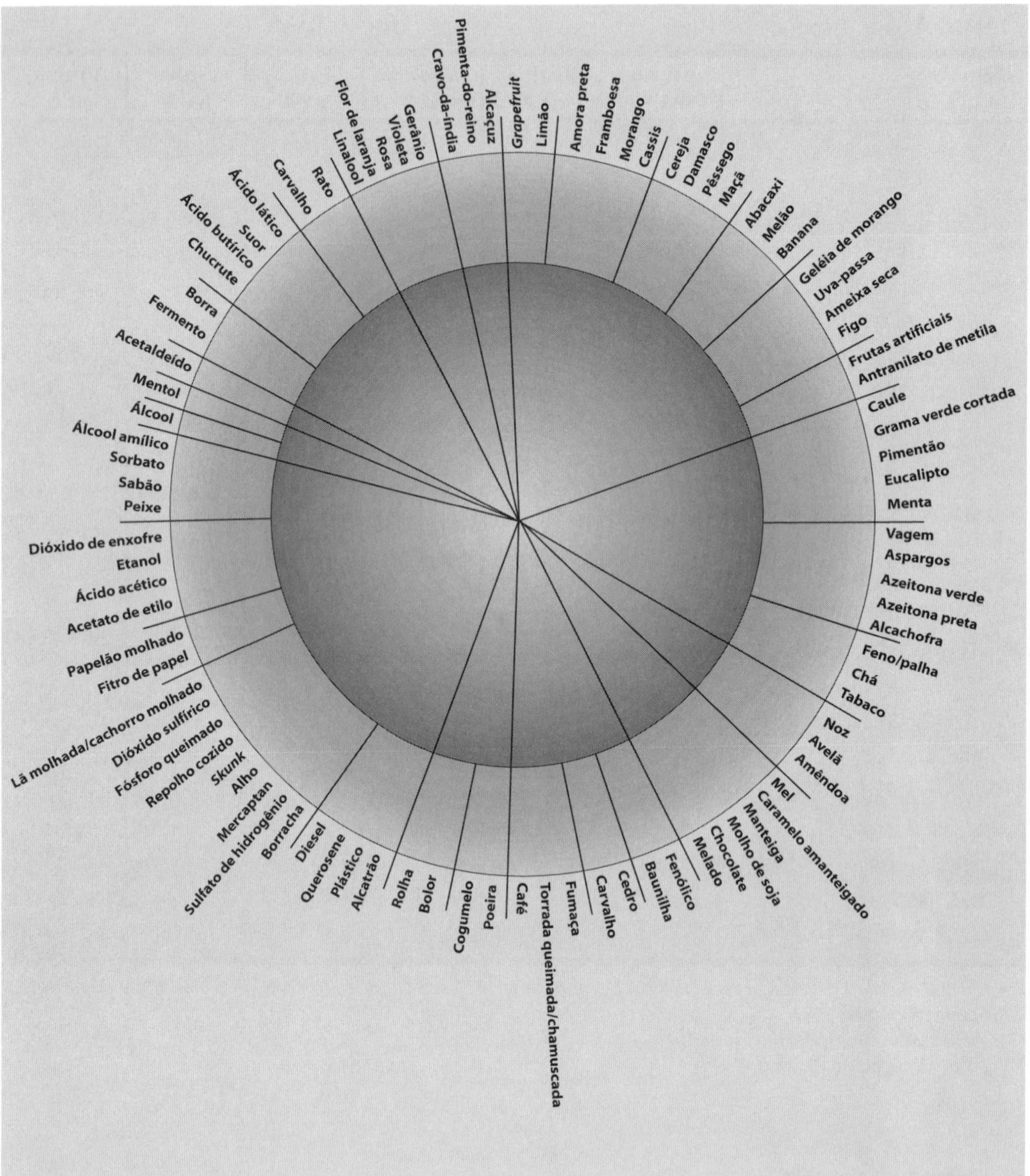

Figura 9-3 Modificação de um sistema de terminologia padronizada para os aromas dos vinhos. Formulou-se uma versão modificada da roda dos aromas dos vinhos para simplificar e melhorar a lista proposta de terminologia padrão para os aromas dos vinhos. A ordem dos termos foi reorganizada para facilitar a utilização. Foram acrescentados termos descrevendo os aromas de "nozes" no vinho. Além disso, são sugeridos padrões de referência para a definição da maioria dos termos.

Fonte: American Journal of Enology Viticology, 1987: 38.

Um Dia na Vida de...

UM DIA NA VIDA DE... UM *SOMMELIER*

A palavra ***sommelier*** deriva da palavra francesa *saumalier,* que significa motorista de transporte de carga e que, posteriormente, passou a ser utilizada para identificar o oficial da corte encarregado do transporte de suprimentos[1]. Felizmente, para o *sommelier* da indústria hoteleira, o termo passou a significar, simplesmente, especialista em vinhos. Em outras palavras, o *sommelier* é a pessoa responsável pela seleção e pelo serviço dos vinhos, auxiliando os clientes a fazerem a escolha correta.

Um *sommelier,* também chamado de chefe de vinhos, pode ser comparado a um *chef*: ambos estão encarregados das escolhas e compras, supervisionam uma equipe e devem dar lucro para o hotel ou restaurante. O *sommelier* é um especialista na área, e suas principais tarefas compreendem:

- supervisionar os pedidos e a armazenagem dos vinhos;
- preparar uma carta de vinhos;
- supervisionar a equipe;
- manter uma metodologia de controle de custos;
- auxiliar os clientes na escolha dos vinhos;
- servir os vinhos de maneira adequada.

Todas essas tarefas são realizadas tendo-se em vista as necessidades dos clientes.

Além disso, os *sommeliers* estão cada vez mais treinando seus funcionários para a escolha adequada dos vinhos e o serviço. Isso inclui familiarizar os garçons com pelos menos dois vinhos tintos e dois brancos e torná-los capazes de indicar dois pratos que complementem esses vinhos, segundo o consultor e educador Kevin Zraly[2]. Em situações mais complicadas, os garçons podem pedir auxílio ao *sommelier.*

O *sommelier* precisa conhecer bem destilados e vinhos (inclusive os anos de safras boas e ruins), precisa saber cuidar bem dos vinhos, além de conhecer a história da profissão e seus produtos. Também precisa trabalhar em conjunto com o *chef* para preparar uma carta de vinhos que atenda às necessidades do restaurante. Essa carta deve estar bem relacionada com o cardápio do restaurante e seu estilo de apresentação. Esse conhecimento demanda muitos anos de treinamento, geralmente por meio da aprendizagem em um grande hotel.

Como um *chef,* a posição do *sommelier* é de bastante prestígio e exige não somente bastante treino, mas também aguda percepção do sabor para distinguir diferentes vinhos. Historicamente, a posição do *sommelier* era transmitida de geração para geração ou obtida após um longo período de aprendizado como assistente. Agora, entretanto, treinamento adequado e anos de trabalho árduo podem garantir a obtenção do cargo.

A cada três anos, a International Association of Sommeliers patrocina uma competição para premiar o melhor *sommelier* do mundo. Testes de sabor, uma prova escrita e a sugestão de cada candidato para a combinação dos vinhos com o cardápio são levados em consideração na escolha do vencedor.

[1] MISH, Frederick C. *Webster's Ninth New Collegiate Dictionary.* Springfield, Massachussetts, Merriam-Webster, Inc., 1987: 1124.

[2] "Winning Ways with Wine: Tips from the Experts". *Lodging Hospitality.* Outubro de 1989: 151.

Uísque. O uísque é uma das bebidas alcoólicas mais populares nos Estados Unidos, atrás da cerveja e do vinho. Os quatro principais tipos de uísque de cereais são: escocês, irlandês, de centeio e bourbon. Todos eles têm sabor único e são conhecidos mundialmente. Os uísques podem ser consumidos puros ou com gelo. Algumas pessoas preferem misturá-lo com água mineral ou com club soda.

Uísque Escocês. A primeira produção de uísque em grande escala foi feita na Escócia há cerca de mil anos. Para fazer uísque escocês, o fabricante parte da cevada. A cevada molhada é espalhada em um solo especial para germinar ou brotar. Em seguida, a cevada germinada, agora denominada **malte**, é seca em estufas especiais com turfa, um delicado carvão comum na Escócia, que dá ao malte o sabor de fumaça. Depois, o malte é triturado ou prensado e misturado à água de forma especial, que permite a extração do amido do grão e sua conversão em açúcar. Esse líquido é, então, transferido para grandes tanques, onde são acrescentadas leveduras para iniciar a fermentação.

O uísque "cru" agora está pronto para ser destilado em um compartimento especial, um destilador de cobre, que retira a parte do líquido que contém mais álcool, separando a água de outros elementos, como resíduos de levedura. O uísque é, em seguida, transferido para barris para ser estocado em armazéns até envelhecer, às vezes por dois ou três anos. Quando o envelhecimento termina, o uísque é engarrafado como uísque puro de malte ou é misturado a outros lotes de uísques em determinadas proporções. Os uísques misturados devem ser envelhecidos por mais alguns meses antes de serem engarrafados. A maior parte das bebidas rotuladas como uísque escocês (Scotch) são misturas (blends), algumas de 40 a 50 uísques de malte diferentes. A Escócia é o único lugar do mundo onde esse uísque é produzido. Um produtor, a Macallan-Glenlivet Distillery, produz uísque escocês desde o final do século XIX. Essa destilaria emprega apenas cerca de 50 pessoas e, ainda assim, é o quarto maior produtor de uísque escocês do mundo.

Uísque Irlandês. O uísque irlandês é feito de pequenos grãos como cevada, milho e centeio. O processo de produção é muito parecido com o do uísque escocês, mas o malte do uísque irlandês não é defumado, de forma que não apresenta o sabor de queimado característico dos Scotchs. O uísque irlandês costuma ser destilado três vezes em um alambique em coluna e, às vezes, é misturado a uísques de cereais neutros de modo a resultar em um produto mais leve.

Uísque de Centeio. O Canadá é o principal produtor desse tipo de uísque, que é feito de centeio e milho, apesar de pequenas quantidades de outros cereais serem às vezes incluídas. O uísque de centeio tem normalmente consistência e sabor mais leves que outros uísques. Sua produção ocorre de maneira semelhante à do uísque irlandês. Costuma ser envelhecido em barris por seis anos ou mais. Logo antes do engarrafamento, diversos lotes são misturados em determinadas proporções, levemente coloridos com açúcar caramelizados e adoçados com uma pequena quantidade de xerez.

Bourbon. Os uísques têm sido produzidos na região leste dos Estados Unidos há pelo menos 200 anos. Diz a lenda que o município de Bourbon foi o primeiro lugar de Kentucky onde esse tipo de uísque foi produzido. O bourbon é feito principalmente de milho, mas outros grãos, como centeio ou trigo, também podem ser misturados. Basicamente, a destilação do bourbon é muito parecida com a dos uísques irlandeses e de centeio. No entanto, os barris de carvalho carbonizados utilizados no processo de envelhecimento dão a ele sabor e cor únicos. Os Estados Unidos são os maiores produtores e consumidores desse tipo de uísque. A maior destilaria americana de propriedade familiar é a Heaven Hill Distillery, em Kentucky.

Rum. Feito de cana-de-açúcar, o rum foi produzido primeiramente nas Índias Ocidentais no século XVII. Historicamente conhecido como "demônio matador", "tumulto" e "tarja preta", é feito de melaço, um subproduto da produção do açúcar. Para produzir rum, o melaço é fermentado e, depois, destilado. Como o melaço já contém açúcar, não é necessário produzir malte ou espremê-lo. Mas o processo de produção é semelhante ao do uísque. O rum é geralmente classificado em leve (de cor clara) ou escuro (de cor de âmbar). Serve de base para diversos coquetéis, muitos dos quais doces. Raramente é consumido puro.

Vodca. A vodca é outra bebida alcoólica destilada que pode ser produzida a partir de muitos cereais diferentes, ou de alimentos que contêm amido, como cevada, milho, centeio, trigo ou batatas. Originária do século XIV, na Rússia, é uma bebida sem cor nem cheiro e quase sem sabor; por isso é bastante utilizada no preparo de coquetéis ou combinada com sucos e outras bebidas alcoólicas que têm sabor próprio.

Gim. O gim foi desenvolvido inicialmente no século XVII por um médico holandês como remédio para os rins. Seu sabor característico vem da mistura de zimbro e álcool de cereais, mas pode conter outros elementos vegetais como semente de coentro, erva-doce, raiz de cálamo, amêndoas, gengibre, canela, alcaçuz e alcaravia. Muitas **destilarias**, empresas que produzem bebidas alcoólicas destiladas, guardam a sete chaves as receitas de seus gins, de sabor único. O uso mais famoso do gim é no dry martini, junto com o vermute seco. Também é misturado a diversos sucos cítricos para compor outros coquetéis populares.

Aguardente à Base de Vinho. A aguardente vínica é produzida a partir de vinho destilado ou de um destilado de alguma fruta fermentada. Seu nome em inglês, brandy, é originário da palavra alemã *brandewign*, que significa "vinho queimado". É uma referência ao fato de o vinho ser aquecido no processo de destilação. Muitos países produtores de vinho também produzem aguardente. Alguns deles são: França (conhaque, da região de Cognac), Grécia (Mextaxa e Ouzo), Espanha, Portugal, Estados Unidos e Peru (Pisco). Os brandies costumam ser servidos sem acompanhamento, depois das refeições, ou são utilizados no preparo de sobremesas flambadas.

Licores. Os licores (certos tipos são chamados de cordiais) foram inicialmente criados por monges, na Europa, durante a Idade Média. Familiarizados há muito tempo com as qualidades medicinais do álcool e de muitas ervas, os monges começaram a combinar esses elementos para criar

Cultura

POR DENTRO DA INDÚSTRIA | **CULTURA**

Tequila

Antigamente conhecida apenas pelos amantes da margarita e perseguidores de larvas, a tequila está na moda. Com as vendas aumentando constantemente, esse destilado mexicano está ganhando popularidade e deixando de ser regional.

A tequila é a agave (uma planta) fermentada e destilada; normalmente utiliza-se a agave azul. Membro da família das amarílis que cresce somente no México, a agave azul pode ser comparada a um abacaxi gigante, com mais de 4,5 quilos. A lei mexicana exige que a tequila tenha 51% de suco de agave e que o restante seja destilado de cana ou de outras matérias-primas.

Marcas menos conhecidas de tequila que atingem o mínimo padrão exigido ficam boas se misturadas a sucos cítricos que abrandam seu sabor. Esse tipo de tequila é conhecido como prata ou branca. A tequila ouro é mais suave e passa por um curto processo de envelhecimento em barris. *Anejos*, ou tequilas envelhecidas, permanecem de um a três anos em barris e são as de sabor mais suave. As tequilas *super premium* são envelhecidas e feitas com 100% de suco de agave azul; são normalmente destiladas duas vezes para ficar ainda mais suaves.

Alguns especialistas atribuem a popularidade da tequila ao aumento do consumo de alimentos provenientes do México e da região sudoeste dos Estados Unidos. Além disso, a existência de coquetéis feitos com tequila em todos os restaurantes e a popularidade da margarita também contribuíram para o aumento do consumo. Existem ainda pessoas que dizem que a tequila atrai os aventureiros em virtude de seu mistério e da novidade. Independentemente dos motivos, a tequila já ganhou seu lugar entre os destilados mais tradicionais.

inúmeros sabores. Muitas das receitas e técnicas precisas de produção continuam a ser utilizadas em segredo por muitos produtores de licor da atualidade.

Dois métodos utilizados para a produção de licores são a *maceração* e a *infusão*. A **maceração** é o processo de imergir ingredientes sensíveis ao calor, como frutas, em uma base fria de álcool. Deixa-se a mistura de molho até que o sabor dos ingredientes tenha sido absorvido pelo álcool, freqüentemente durante períodos de até um ano. O álcool aromatizado é, em seguida, adoçado com açúcar e colorido com aditivos. A bebida, então, está pronta para ser engarrafada. Licores de framboesa, pêssego e morango são produzidos dessa maneira.

Outros licores, como os de avelã ou baunilha, são normalmente produzidos por **infusão**. Esse método é bem parecido com a maceração, mas a base de álcool é quente e não fria. O líquido quente é então despejado sobre ingredientes como sementes, condimentos, ervas e nozes e fica de molho até que o álcool tenha extraído o sabor dos ingredientes. Após ser filtrada, adoçada e colorida, a bebida está pronta para ser engarrafada. Todos os licores contêm, pelo menos, 2,5% de açúcar, sendo que muitos contêm de 30% a 40%. Os licores são normalmente servidos após as refeições e são muito utilizados em receitas de sobremesas.

BARTENDERS

Bares e restaurantes empregam *bartenders* para servir bebidas alcoólicas a seus clientes. Muitos dos grandes *bartenders* têm treinamento profissional e muita experiência. Hoje, tanto homens quanto mulheres cuidam dos bares norte-americanos, mas nem sempre foi assim. Mesmo em épocas tão recentes quanto os anos 70, somente um quinto de todos os *bartenders* era constituído de mulheres[8].

Além da técnica de preparo e da receita de diversas bebidas, um *bartender* precisa conhecer também a apresentação tradicional de cada bebida. Por exemplo, o dry martini é servido em um copo característico chamado de copo de coquetel ou de martini; o uísque *sour* (com suco de limão e açúcar) é servido no copo tipo *sour*, e um bourbon com água, em um copo *old-fashioned*, a menos que o cliente tenha solicitado um copo tipo *long drink*. O álcool é medido na coqueteleira ou no dosador, onde cabe geralmente de 30 a 60 gramas de bebida.

Alguns *bartenders*, especialmente os que trabalham em locais muito movimentados, utilizam um **medidor eletrônico de bebidas**, um aparelho que coloca a quantidade exata de bebida alcoólica em cada copo. Esse dispositivo funciona de maneira semelhante às máquinas com mangueiras de refrigerantes e água com gás, e se parece com elas. Aumenta a rapidez e a conveniência e controla rigorosamente a dose. Como o custo das bebidas alcoólicas é alto, proprietários de bares e restaurantes que queiram assegurar que os garçons sirvam a dose exata das bebidas ficarão satisfeitos com esse medidor.

As desvantagens de sua utilização são a despesa inicial, os custos de manutenção e a falta de aceitação por parte do consumidor. Os clientes gostam de observar o *bartender* servir suas bebidas para ter certeza de que a quantidade e a marca correta das bebidas estão sendo servidas, o que o equipamento impede que ocorra. Um *bartender* que não pode usufruir desse tipo de avanço tecnológico utiliza **mensuração manual** por meio da coqueteleira, ou do dosador, ou a **medida "a olho"**, servindo uma quantidade estimada intuitivamente.

Os bares armazenam diversas marcas dos principais tipos de bebidas alcoólicas. Para preparar drinques, muitos bares geralmente utilizam produtos de menor qualidade e marca menos conhecida dos consumidores.

No entanto, diversas marcas de boa qualidade também fazem parte do estoque. Nos Estados Unidos, essas marcas são denominadas **call brands**, e os clientes costumam pedi-las pelo nome. Por exemplo, em vez de pedir um uísque com gelo, o cliente pede um "Ballantines com gelo". Em muitos bares de luxo, é padrão que os pedidos sejam feitos dessa maneira para todas as bebidas. Esses estabelecimentos normalmente servem também bebidas alcoólicas de qualidade superior.

A qualidade e o preço de atacado de cada bebida utilizada no preparo de um drinque influenciam o preço cobrado do cliente. Sistemas computadorizados (denominados **PDV**, sigla para ponto-de-venda) permitem ao bar determinar o preço de cada bebida conforme os ingredientes utilizados. O garçom insere no sistema os ingredientes utilizados e o sistema faz o resto. O PDV é mais sofisticado que uma **caixa registradora eletrônica**, pois além de registrar o volume de bebidas servido, o preço unitário, o tempo de atendimento, o tipo específico de bebida e o nome do garçom, pode calcular mudanças no estoque em virtude das vendas do dia e muitas outras coisas em detalhes.

BEBIDAS À BASE DE MALTE

As bebidas produzidas com malte, denominadas genericamente cerveja, existem há tanto tempo quanto os vinhos. A história mostra que os antigos povos da Babilônia, do Egito e da Grécia produziam diversos tipos de cerveja. Depois que os romanos aprenderam as técnicas de produção da cerveja, eles as espalharam por várias partes do império, especialmente nas regiões do norte. A cerveja é anterior ao uísque, que, em essência, é cerveja destilada.

A PRODUÇÃO DA CERVEJA

Na produção em larga escala ou na produção caseira, os processos utilizados são parecidos. A produção tem início com a água, que é essencial para a qualidade da cerveja (deve ser pura e mineral). Em seguida entram os cereais, preferencialmente cevada de boa qualidade, convertida em malte. A **conversão em malte** é um processo em que o cereal é colocado para germinar a fim de produzir uma enzima que converte o amido em açúcar fermentável. A água e o malte são misturados em um grande tonel onde o grão amolece e se separa. Enquanto isso está ocorrendo, outros cereais, como milho ou arroz, são fervidos. Depois, as duas misturas são colocadas juntas, e enzimas especiais do malte agem sobre o amido dos cereais, transformando-o em maltose.

Quando esse processo termina, a mistura é espremida e filtrada. O líquido resultante, agora denominado **mosto**, é colocado em um imenso tacho de cobre onde é adicionado o **lúpulo**. O lúpulo é o fruto seco de uma videira especial, que tem formato cônico e é o responsável pelo gosto amargo da cerveja. Após a infusão do lúpulo, o mosto é filtrado novamente e colocado em um tanque com leveduras para provocar a fermentação e a gaseificação. Certas leveduras provocam o início da fermentação no fundo do tanque e vão subindo, espalhando-se por todo o líquido. Esse tipo de fermentação produz as cervejas ditas leves (*lagers*). Outras leveduras iniciam a fermentação na parte superior, de forma que as bolhas de dióxido de carbono vão descendo gradualmente. As cervejas mais fortes (*ales*) são produzidas dessa maneira.

A cerveja jovem é então derramada em tanques de vidro para ser envelhecida, as *ales* mais fortes, de uma a três semanas, e as mais leves, até quatro meses. As cervejas *ales* via de regra são encorpadas, têm forte gosto de lúpulo e normalmente contêm mais álcool que as mais leves. Dois tipos diferentes são a *stout* e a *porter*. A *stout* pode ser seca ou doce, e a *porter* é seca e, normalmente, menos encorpada e cremosa que a *stout*.

Após envelhecida, a cerveja é filtrada para ficar brilhante, sendo gaseificada em seguida. Depois, é colocada em garrafas, latas ou em barris para ser retirada como chope.

A CERVEJARIA

Durante os primeiros anos da história dos Estados Unidos, a cerveja era um produto comum e muitas hospedarias e tavernas, bem como famílias, produziam suas próprias cervejas.

Ao longo dos anos, com o desenvolvimento dos negócios e o aumento da quantidade de cerveja demandada, grandes cervejarias começaram a surgir. A primeira grande cervejaria comercial era de propriedade de William Penn, fundador da Pensilvânia. Com o advento da refrigeração, no final do século XIX, a cerveja passou a ser transportada em navios. Podia ser levada para locais distantes sem perder a qualidade. As grandes cervejarias começaram, então, a produzir para um mercado crescente. Milwaukee assistiu ao crescimento da Miller, da Pabst e da Schlitz. A Anheuser-Busch dominou St. Louis, e a Hudepohl cresceu em Cincinnati. Existia uma cervejaria Schmidts na Filadélfia e outra em St. Paul. Além disso, a Strohs, de Detroit, tornou-se a maior cervejaria de Michigan.

MICROCERVEJARIAS

Os Estados Unidos são, de longe, o maior produtor de bebidas à base de malte do mundo. No início dos anos 90, havia mais de 200 cervejarias produzindo mais de 200 milhões de barris por ano, e a Anheuser-Busch era a maior cervejaria. Entretanto, nos anos 80, ressurgiram as cervejarias pequenas e locais, denominadas **microcervejarias**. No início da década, havia menos de 100 cervejarias, entre grandes e pequenas. Em 1983, por exemplo, havia apenas sete microcervejarias nos Estados Unidos. No final dos anos 80, as microcervejarias, ou, como muitas preferiam ser chamadas, cervejarias artesanais, estavam surgindo em todo o país. Em 1998, havia mais de 1.200 microcervejarias funcionando nos Estados Unidos. Obviamente sem condições de competir em termos de quantidade com as gigantes do mercado, essas microcervejarias concentram seus esforços na produção de bebidas de alta qualidade, concorrendo com as importadas, mais caras. Algumas funcionam junto de um bar ou restaurante. Apesar de serem, de maneira isolada, um empreendimento pequeno, essas microcervejarias passam, somadas suas vendas e produção total, a apresentar importância social e econômica.

O rápido crescimento das microcervejarias levou alguns especialistas da indústria a considerar alta a probabilidade de ocorrer uma reestruturação, com muitas delas saindo do mercado. Robert Weinberg, da Weinberg and Associates, uma consultoria da indústria, diz que a oferta das microcervejarias ultrapassou a demanda[9]. Além disso, há a pressão exercida pelas grandes distribuidoras e pelas grandes cervejarias, que introduziram suas próprias marcas especiais e querem tirar as microcervejarias do mercado, pois sua produção ocupa um espaço precioso nas prateleiras das lojas de varejo.

CERVEJAS IMPORTADAS

A importação possibilita oferecer uma grande variedade de bebidas à base de malte dificilmente produzidas no mercado interno, tais como cervejas *lagers* e *ales*. Em 1997, as importadas respondiam por 7% do consumo de cerveja nos Estados Unidos. Nomes como Heineken, Molson, Moosehead, Modelo e Dos Equis tornaram-se conhecidos e populares no mercado norte-americano. O atual interesse por cervejas importadas tem relação com o similar pela culinária étnica, regional e internacional.

TENDÊNCIAS DE VENDAS DE CERVEJAS

A cerveja é a bebida alcoólica mais popular nos Estados Unidos e em muitos outros países. Seu menor teor alcoólico é atraente para muitas pessoas. A cerveja também perdeu sua imagem negativa e, hoje, é vista como uma bebida superior, que deve ser levada a sério. Degustações de cerveja são um meio comum de mostrar aos consumidores os diferentes sabores. É comum um cardápio apresentar grande variedade de marcas importadas, nacionais, de qualidade superior e produtos de microcervejarias. O consumo, antes dominado pelos homens,

Inovações Empresariais

POR DENTRO DA INDÚSTRIA | INOVAÇÕES EMPRESARIAIS

Microcervejarias

Os alemães a chamam de pão líquido. Os comerciais americanos dizem que ela anima qualquer ocasião. As microcervejarias dizem que ela representa dinheiro no banco. "Ela" é a cerveja.

Em aproximadamente 300 microcervejarias nos Estados Unidos, água, cevada, leveduras e lúpulo são processados em caldeiras e tanques de fermentação e transformados em cervejas locais artesanais, que levam nomes como Sierra Nevada, Abita Amber Lager ou Catamount Porter-all. Os donos das microcervejarias dizem que suas cervejas são mais saborosas e que por isso devem ser consumidas moderadamente. A maior vantagem, entretanto, parece ser o frescor: uma microcervejaria leva a cerveja diretamente do tanque de fermentação para a mesa.

Embora a produção de uma microcervejaria seja pequena — 15 mil galões comparados aos 70 milhões de galões produzidos, por exemplo, por uma Anheuser Busch —, o impacto dessas empresas tem sido fenomenal. Nos primeiros anos da década de 1990, as vendas de marcas das microcervejarias superaram as das marcas importadas em alguns estados norte-americanos, e parece que essa tendência tende a continuar na próxima década.

O processo de produção da microcervejaria é rápido, simples e eficiente em termos de custo e tempo, algo como de quatro a oito semanas para as cervejas leves e duas semanas para cervejas normais. A metade oeste dos Estados Unidos, especialmente Califórnia e Washington, foi a primeira a abraçar esse conceito e está abrindo caminho para futuras microcervejarias, defendendo a cerveja produzida localmente.

tem aumentado bastante entre as mulheres. Em parte, está em alta porque a cerveja é vista como ótimo acompanhamento para diversas comidas populares, como pizzas e pratos étnicos, como os mexicanos, por exemplo.

A Figura 9-4 ilustra mudanças no consumo de cerveja nos Estados Unidos entre 1993 e 1997. Os gráficos estão organizados conforme o segmento de mercado:

- as *importadas* incluem todas as cervejas de outros países, como Heineken (Holanda), Moosehead (Canadá) e Corona (México);
- as *especialidades norte-americanas* incluem cervejas de microcervejarias, como Samuel Adams, Sierra Nevada e Pete's Wicked Ale;
- as cervejas *premium* incluem cervejas norte-americanas, como a Michelob;
- as *cervejas leves* incluem Bud Lite, Miller Light e Natural Light (para citar apenas algumas); e
- as *cervejas populares* incluem Budweiser, Miller Genuine e Pabst Blue Ribbon.

Em bares e restaurantes, as cervejas estão sempre disponíveis em barris ou garrafas. O **chope** não é pasteurizado e, por isso, precisa ser mantido entre 2° C e 3,5° C. A cerveja pode estragar e, quando isso acontece, ela fica viscosa e azeda. Tradicionalmente, o chope é servido com uma camada de espuma de 2,5 cm. O chope costuma ser servido em jarras ou em copos. As cervejas engarrafadas ficam melhores quando tomadas no copo do que diretamente na garrafa, pois a garrafa impede a liberação do excesso de gás. Os americanos normalmente a preferem bem gelada, costume oposto ao de muitos outros países onde a cerveja é servida apenas fria.

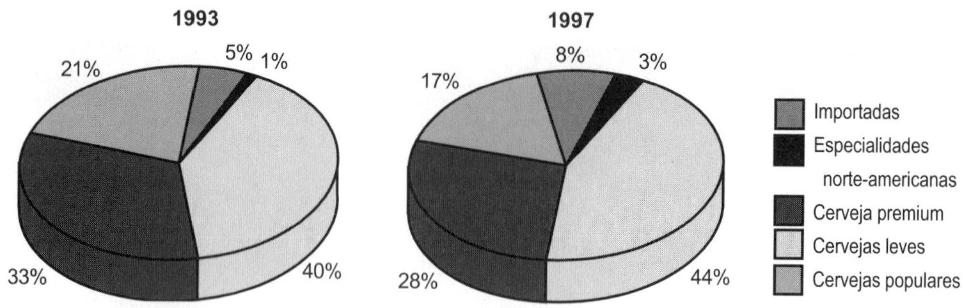

Figura 9-4 Consumo de cerveja por categoria nos Estados Unidos entre 1993 e 1997.
Fonte: adaptado a partir de dados apresentados na *Beverage Industry*, de janeiro de 1998.

GESTÃO DE RISCOS E RESPONSABILIDADES LEGAIS QUANTO À VENDA DE BEBIDAS ALCOÓLICAS

A sociedade tenta proteger-se contra os abusos trazidos pelo consumo excessivo de álcool provavelmente desde que existem bebidas alcoólicas disponíveis para o consumo. Desde o Código de Hamurabi, na antiga Babilônia, leis têm sido escritas para restringir os possíveis prejuízos e a violência causados pelo abuso de álcool.

RESPONSABILIDADES LEGAIS QUANTO À VENDA DE BEBIDAS ALCOÓLICAS E LEGISLAÇÃO

Duas áreas de grande preocupação para os legisladores modernos são a idade mínima legal para o consumo de bebidas alcoólicas e os motoristas que dirigem sob a influência do álcool. Quando o Congresso norte-americano ameaçou cortar as verbas federais destinadas aos estados que não aumentassem para 21 anos a idade mínima legal exigida para o consumo de bebidas alcoólicas, todos os estados que ainda não tinham essa lei imediatamente acataram a determinação. Hoje, os restaurantes e os bares norte-americanos verificam cuidadosamente os documentos de identidade para checar a idade de seus clientes. Uma grande cervejaria distribuiu um panfleto promocional descrevendo as características dos documentos de identificação autênticos de cada estado para inibir a utilização de documentos falsos por menores de idade.

Cada estado norte-americano também tem leis rígidas que proíbem que pessoas alcoolizadas dirijam ou operem maquinários pesados. Muitas dessas leis prescrevem sanções obrigatórias para pessoas que dirigem após consumir álcool, como prisão, fianças caras e perda da carteira de motorista.

Os estabelecimentos que vendem bebidas alcoólicas em doses são regidos por legislação específica que visa controlá-los. Dependendo do estado ou da localidade, pode haver leis que controlam os horários e os dias de funcionamento, se o estabelecimento pode abrir aos domingos ou até mesmo vender bebidas alcoólicas. Além disso, muitos estados lutam contra a conjugação de álcool e volante por meio de leis que proíbem vender ou mesmo servir bebidas alcoólicas a uma pessoa embriagada. Um caso jurídico de 1992 questionou a responsabilidade de um *bartender* na morte de um rapaz de 21 anos, na Flórida. Algumas horas após ingerir 23 drinques, atendido sempre pelo mesmo *bartender*, o rapaz morreu de intoxicação por álcool. Essa responsabilidade de terceiros tem sido uma das principais causas do aumento dos valores dos seguros de responsabilidade de pessoas e estabelecimentos que vendem bebidas alcoólicas. Apesar de alguns juízes norte-americanos estarem limitando os valores acertados em acordos judiciais e diminuindo a responsabilidade legal de proprietários de bares e atendentes por manter as pessoas sóbrias, os valores dos seguros continuam a ser problema para muitos estabelecimentos.

GESTÃO DE RISCOS

Para combater os crescentes custos dos seguros de responsabilidade e as repercussões legais relacionadas às responsabilidades civis de terceiros, a indústria de bebidas e os revendedores, em especial, vêm colocando em prática diversos procedimentos e técnicas de gestão de riscos. Alguns exemplos são o estímulo ao desenvolvimento de programas para motoristas, campanhas pela responsabilidade ao beber, bem como maior atenção com o treinamento de garçons e o controle de bebidas alcoólicas.

Programas para Motoristas. Uma prática comum que muitos grupos e estabelecimentos estimulam é a utilização de um motorista escolhido com antecedência: uma ou mais pessoas de um grupo concordam em não beber para poder dirigir e levar todos em segurança embora. Estabelecimentos que apóiam a prática podem oferecer bebidas não-alcoólicas gratuitas para o motorista predeterminado. Freqüentemente, são oferecidos alimentos gratuitamente ou a preços reduzidos.

Responsabilidade ao Beber. Um outro conceito que pode aumentar o sucesso dos proprietários no combate a problemas relativos à responsabilidade social de vender bebidas alcoólicas é o incentivo real à responsabilidade ao beber. Não fazer promoções que estimulem as pessoas a beber em excesso pode indicar às cortes norte-americanas que o estabelecimento está agindo de maneira responsável com relação aos clientes. Muitos empreendimentos agora têm desestimulado ou interrompido promoções como *happy hour*, "duas bebidas pelo preço de uma" e bebidas de tamanho maior que o normal. A tendência agora é oferecer comida gratuita ou a preço baixo e bebidas não-alcoólicas, como águas com sabor e sucos de frutas. Os bares que funcionam em restaurantes oferecem pequenas porções do cardápio de entradas/antepastos do restaurante para estimular os clientes a pedir pratos.

Gestão de Bebidas Alcoólicas e Treinamento dos Garçons. Com a ênfase mudando da quantidade para a qualidade das bebidas, é possível compensar, nos Estados Unidos, a queda de vendas de bebidas alcoólicas com a diminuição dos prêmios de seguros e com o aumento da receita advinda da venda de alimentos. O desafio agora é como aumentar as vendas sem estimular os clientes a beber demais.

Exigir que os garçons participem de programas de treinamento como o Treinamento para Procedimentos de Intervenção por Parte dos Atendentes (TIPS — Training for Intervention Procedures by Servers) ou Venda Responsável de Álcool (Responsible Alcohol Service), patrocinados pela Associação Nacional dos Restaurantes dos Estados Unidos (National Restaurant Association) ajuda. Os garçons que obtêm esse tipo de certificado receberam informações sobre como o álcool afeta as pessoas, os sinais comuns de embriaguez e como ajudar os clientes para que não bebam demais. Esse tipo de treinamento adicional favorece garçons, clientes e também os estabelecimentos. Em vez de perguntar "O que o senhor gostaria de beber?", um garçom treinado poderia sugerir uma bebida específica que seja, além de opção interessante para o cliente, lucrativa para o bar. O garçom também pode incentivar o consumo de uma entrada ou de um prato do cardápio ao sugerir itens interessantes.

Lei e Ética

POR DENTRO DA INDÚSTRIA **LEI E ÉTICA**

Leis para os Estabelecimentos Que Vendem Bebidas Alcoólicas em Doses

Por volta de 1855, existiam leis nos Estados Unidos que responsabilizavam os proprietários e gerentes de estabelecimentos que vendiam bebidas alcoólicas em doses por prejuízos causados por clientes embriagados[1]. Em outras palavras, considerava-se o ato de vender álcool a causa das mortes ou prejuízos ocorridos.

Antes dessa época, proprietários de tavernas e *bartenders* estavam isentos dessa responsabilidade. Acreditava-se que a culpa era do *consumo* de álcool, não de sua *venda*, o que tornava os clientes (e não os proprietários dos estabelecimentos) responsáveis. Certas leis vieram a modificar isso.

A primeira delas — que serviu de modelo para as seguintes — foi estabelecida em Indiana, em 1853, em meio a um movimento crescente em favor da abstinência/moderação. A lei estipulava que qualquer pessoa prejudicada por uma pessoa embriagada poderia processar o garçom responsável por servir as bebidas alcoólicas.

Hoje, pouco mais de 12 estados norte-americanos têm leis desse tipo. Entretanto, leis contemporâneas modificadas, que sucederam as primeiras, existem em 36 estados. Como resultado, do início até a metade da década de 1980, houve um aumento de 300% no número de casos levados à justiça, questionando a responsabilidade dos estabelecimentos. Por outro lado, alguns estados, como Wisconsin e Califórnia, revogaram essas leis e retornaram à lei comum no século XVIII: retiraram a responsabilidade de quem vende e serve bebidas alcoólicas, exceto nos casos que envolvem menores.

[1] ROBIN, Gerald D. "Alcohol Service Liability: What the Courts Are Saying". *Cornell Hotel and Restaurant Administration Quarterly*. Fevereiro de 1991: 102.

A lucratividade também aumenta com o serviço imediato, consistente e de alta qualidade. Os clientes que ficam felizes com suas escolhas e com o serviço tendem a retornar, assegurando negócios futuros. Garçons bem treinados são cordiais e eficientes. Essa eficiência deve estar em conjunto com um layout bem planejado para as instalações e procedimentos de serviço bem determinados.

A eficiência, o planejamento e o preparo adequados promovem a satisfação dos clientes. Uma outra preocupação vital para quem administra bebidas, entretanto, é a manutenção do faturamento e o aumento do lucro por meio da proteção contra as perdas. Um bom planejamento ajuda a prevenir desperdícios. O controle cuidadoso das doses garante a homogeneidade, impede que as bebidas fiquem muito fortes e evita a perda de dinheiro decorrente de desperdícios, permitindo controle mais preciso do estoque. O controle das doses também auxilia os garçons a monitorar quem bebe em excesso. Finalmente, controlar as doses e o estoque ajuda a prevenir roubos que podem ser uma grande ameaça às receitas e ao lucro.

RESUMO

- ☆ O consumo público da maioria das bebidas não-alcoólicas permaneceu estável durante as décadas de 1980 e 1990. As vendas de refrigerante, porém, cresceram mais de 100%.
- ☆ Apesar de existir uma tendência nos Estados Unidos em direção ao aumento da venda de cervejas e vinhos, a diminuição das vendas de bebidas alcoólicas resultou em uma queda geral no consumo de álcool.

- As principais etapas da produção do vinho são trituração, fermentação, envelhecimento e engarrafamento.
- Apesar de os vinhos franceses serem considerados há muito tempo padrão de qualidade, produtores dos Estados Unidos, Itália, Alemanha, Espanha, Portugal e de diversas regiões da América do Sul produzem excelentes vinhos.
- As bebidas destiladas são produzidas por meio do processo de destilação de grãos. As principais são: uísque, rum, vodca, gim e conhaque.
- Os ingredientes mais importantes das cervejas são água e cereais. O lúpulo dá à cerveja seu característico gosto amargo.
- O aumento do número das microcervejarias modernas, ou cervejarias artesanais, tornou-as uma força na indústria de bebidas.
- No final dos anos 80 houve um grande aumento do valor dos seguros da responsabilidade civil dos estabelecimentos, uma forte campanha contra a combinação beber e dirigir e um aumento da consciência dos consumidores em relação à saúde.
- O incentivo à responsabilidade ao beber e à moderação, bem como programas de treinamento dos funcionários, está mudando o mercado e também trazendo novas oportunidades a empreendedores criativos.

NOTAS

1 " 'Diet Decade' Spurs Industry to New Heights". *Beverage Industry Supplement.* Março de 1993: 10.

2 "Big Three Continue Hold in Beverage Industry's Top 10". *Beverage Industry Supplement.* Março de 1993: 8-9.

3 Prince, Greg. W. "Middle of the Road". *Beverage World.* Setembro de 1992: 46.

4 O sistema norte-americano indica a graduação em *proof*. O sistema utilizado no Brasil é o europeu, que indica o teor alcoólico por graus Gay Lussac, ou °GL. (N. do R. T.)

5 Prince. "Middle of the Road", 41-42.

6 Scarpa, James. "Just a Taste". *Restaurant Business.* 10 de abril de 1992: 10.

7 Kelley, Kristine Portnoy. "Beer Beams, Bottlers Balk at U.S. Budget Burden". *Beverage Industry.* Março de 1993: 18.

8 "You've Come a Long Way, Ms". *Nations Restaurant News Bar Management Supplement.* 26 de março de 1990: 16.

9 *Beverage Industry.* Janeiro de 1998: 9.

VERIFIQUE SEU CONHECIMENTO

1. Cite algumas das bebidas disponíveis nos restaurantes. Quais são as tendências para o consumo e as vendas de bebidas não-alcoólicas?
2. Como são dados os nomes aos vinhos dos Estados Unidos? E da Europa? Cite quatro tipos de vinho tinto e quatro de vinho branco.
3. Como a ênfase atual em estilos de vida mais saudáveis refletiu nas vendas e no serviço de bebidas alcoólicas?
4. Compare os processos de produção de vinho, cerveja e destilados.
5. Quais são as duas principais questões legais relacionadas à venda de álcool? Como os bares e restaurantes podem se proteger contra violações dessas leis?

APLIQUE SUAS HABILIDADES

1. Veja a Figura 9-4 e responda: (a) Qual segmento do mercado de cervejas norte-americano teve o maior crescimento relativo entre 1993 e 1997? (b) Qual segmento obteve o maior declínio relativo? Quais fatores podem explicar essas mudanças?
2. Um restaurante vendeu $ 23.000 em bebidas em 1992. Considere que as vendas do restaurante seguiram exatamente o mesmo padrão que as do gráfico. Quanto das vendas totais foi originário de refrigerantes? É razoável dizer que, pelo fato de vinhos e destilados representarem uma pequena porcentagem das vendas, eles representam uma pequena porcentagem do lucro? Por quê?

NA INTERNET

1. Visite o site de uma grande revista de bebidas como a *Beverage World*. Pesquise a seção de estatísticas atuais. Quais são as cinco principais marcas de refrigerante hoje nos Estados Unidos? E de cerveja?
2. Visite o site do Wine Institute. Procure informações sobre a safra atual de uvas californianas. As perspectivas são de uma boa safra? Existem ameaças para a safra deste ano, como clima desfavorável ou pragas?
3. Visite o site da revista *Wine Spectator*. Examine os resultados dos "10 Melhores Vinhos" por categoria (tintos e brancos). Compare os preços às classificações. Como podem vinhos mais baratos ser tão bons quanto os mais caros?

QUAL É SUA OPINIÃO?

1. Você é garçom em um restaurante fino. Uma cliente pede um copo de xerez para acompanhar sua costela de boi. O xerez que ela escolheu é extremamente doce e você considera a escolha inadequada. Você deveria dizer alguma coisa à cliente sobre sua escolha?
2. Um grupo de quatro jovens adultos está em um bar há duas horas bebendo incessantemente. Eles estão falando cada vez mais alto e ficando cada vez mais incômodos. Você acha que eles estão embriagados. O que você faria?
3. Cite três categorias diferentes de bebidas não-alcoólicas que você escolheria para o estoque de seu restaurante, que tem famílias como público-alvo. Justifique.
4. Seu bar vende chope em jarras. A maior parte de seus clientes é composta de universitários e adolescentes. Como você poderia assegurar que somente os que tivessem a idade legal bebessem?
5. Seu bar está sendo reformado e seu orçamento lhe permite comprar um novo equipamento. Qual você compraria e por quê?

ESTUDO DE CASO

Um bar de um senhor de 70 anos está à venda. O preço é razoável, mas será preciso reformar todo o estabelecimento. A clientela atual vem principalmente da vizinhança. Você percebe que muitas pessoas vão lá todos os dias. A média de idade dos clientes é de 50 anos. O bar tradicionalmente vende de tudo, em especial cerveja e destilados. Se desejar, você poderá pedir uma jarra de vinho tinto para beber.

Você decidiu comprar o bar e transformá-lo em um restaurante informal. Que bebidas você levaria e por quê?

Parte 4

SEGMENTOS ESPECIALIZADOS DA INDÚSTRIA DA HOSPITALIDADE

Imagine a indústria da hospitalidade como uma esfera feita de várias facetas de espelho, cada qual brilhando por si, mas também como parte de um todo. Esses pedaços de espelho permitem que você observe a indústria de diferentes ângulos.

Algumas facetas — a indústria de eventos, por exemplo — refletem o lado da indústria que fornece atrativos para os negócios. As pessoas que planejam e organizam reuniões, exposições e convenções e cuidam do conforto e do bem-estar dos participantes dos eventos e dos visitantes são parte integrante da indústria da hospitalidade. Uma outra faceta da indústria cuida do bem-estar dos hóspedes de longa permanência, especialmente dos idosos, que precisam de mais infra-estrutura de apoio. Existem ainda outras facetas, como o segmento de recreação que cuida das atividades de lazer dos hóspedes. Pousadas (*bed and breakfasts*) aconchegantes, *chateaux*, clubes de campo, parques temáticos, cassinos e cruzeiros, cada um representa um segmento especializado do ponto de vista social. Os spas e clubes, também. Apesar de cada um oferecer uma imagem diferente da indústria da hospitalidade, todos refletem a missão básica da indústria: oferecer alimentos e hospedagem para pessoas que estão longe de suas casas.

10

Eventos e Saúde

Resumo

As reuniões, as convenções, as exposições e a indústria de hospedagem para tratamento de saúde ganharam muita importância nos últimos anos. Os eventos cresceram porque foi necessário atender à demanda de empresas e associações, e a indústria da saúde expandiu-se para atender às necessidades de uma população em processo de envelhecimento. Assim como alguns setores da indústria da hospitalidade concentram seus esforços em restaurantes e hotéis, por exemplo, outros setores especializam-se em eventos e saúde.

Neste capítulo, você estudará a indústria de eventos — por que ela tem crescido, quais são seus efeitos sobre a economia local, quem trabalha nela — e aprenderá também sobre os diferentes tipos de estabelecimentos que oferecem hospedagem e tratamento de saúde para idosos, empreendimentos que dependem bastante de serviços de hospitalidade. Apesar de esses dois segmentos não estarem necessariamente relacionados um ao outro, os serviços de alimentação e de hospedagem são de importância fundamental para seu funcionamento.

Objetivos

Ao concluir este capítulo, você deverá ser capaz de:

❶

Identificar dois fatores que diferenciam o segmento de eventos de outros segmentos da indústria da hospitalidade.

❷

Discutir o papel do organizador de eventos em relação ao planejamento, à organização e à execução de um evento.

❸

Dizer como um bom relacionamento profissional com o *conventions and visitors bureau* local pode engrandecer um evento.

❹

Explicar como a indústria da hospitalidade está relacionada com os tratamentos de saúde de longa duração.

REUNIÕES, CONVENÇÕES E EXPOSIÇÕES

Há apenas três décadas, as reuniões, as convenções e as exposições não eram exatamente um ramo de negócios. Na verdade, a maioria dos eventos tinha importância secundária na indústria da hospitalidade. Hoje, no entanto, essa atividade tem grande representação e constitui um ramo sério de negócios, que gerou cerca de US$ 37,4 bilhões em 1995, nos Estados Unidos.

AS DIFERENÇAS ENTRE REUNIÕES, CONVENÇÕES E EXPOSIÇÕES

Este capítulo empregará freqüentemente o termo *indústria de eventos* como uma simplificação para "reuniões, convenções e exposições". Algumas vezes, porém, será necessário referir-se a reuniões, convenções e exposições separadamente, de modo que é importante conhecer as diferenças sutis, mas relevantes, existentes entre cada termo.

- Uma **reunião** é um encontro de pessoas com um objetivo comum. As reuniões podem ser de todos os tamanhos e tipos. Eis alguns exemplos: sessões de treinamento para funcionários, encontros de negócios, seminários motivacionais e encontros religiosos.
- Uma **convenção** difere de uma reunião não no tamanho, mas no objetivo do grupo. Uma convenção é uma reunião de membros de determinado grupo que se encontram para atingir um objetivo específico[1]. Esse objetivo pode ser civil, social, político ou econômico. Provavelmente, os exemplos mais conhecidos de convenções com objetivos políticos, nos Estados Unidos, são as convenções dos partidos Republicano e Democrata, que acontecem a cada quatro anos para indicar os candidatos à presidência dos Estados Unidos. As convenções também acontecem com o propósito de intercâmbio de idéias e informações de interesse comum para o grupo.
- Uma **exposição** é um grande evento em que a apresentação é a grande atração, bem como fonte de receita do expositor. Feiras e mostras de determinados ramos de negócios, abertas ao público ou não, são exemplos de exposições.

COMO A INDÚSTRIA DE EVENTOS DIFERE DE OUTRAS ÁREAS DA HOSPITALIDADE

Existem dois fatores principais que colocam a indústria de eventos como uma área à parte da indústria da hospitalidade. O primeiro é o porte; o segundo, o objetivo.

Embora o tamanho de uma reunião, exposição ou convenção possa variar — de uns poucos a milhares de participantes —, o número exato (dois ou 200 mil) não é o principal fator de diferenciação. Como um todo, esses eventos representam grupos de pessoas que utilizam centros de convenções e hotéis. Sempre reservam acomodações com meses, ou mesmo anos de antecedência, e negociam pacotes que podem incluir hospedagem, refeições, eventos especiais, passeios e entretenimento. Desse modo, o número de participantes, as necessidades do grupo, o tempo de permanência e o número de reuniões e convenções agendadas são todos determinantes do "tamanho" do evento.

Além disso, o objetivo do grupo também diferencia os eventos de outros segmentos da indústria da hospitalidade. Esses grupos têm planos e programações bem específicas (por exemplo, planejar diretrizes, fazer intercâmbio de idéias ou apresentar serviços) e esperam alcançar resultados decisivos. Os viajantes de negócios ou lazer, entre outros, têm objetivos mais gerais (por exemplo, passear ou ter um lugar para ficar entre encontros de negócios).

UMA CRESCENTE E IMPORTANTE FONTE DE RECEITA PARA A HOSPITALIDADE

A indústria de eventos é um ramo de atividade em constante crescimento, não apenas para as pessoas que atuam na área, mas também para as comunidades que colhem os frutos dos benefícios econômicos desses eventos. Até agora, entretanto, não existe uma maneira de medir o tamanho exato dessa atividade. Algumas estimativas indicam que o número de reuniões e convenções aumentou quatro vezes entre 1980 e 1989, com 43% de aumento entre 1987 e 1990[2]. Em 1992, a International Association of Convention & Visitor Bureaus (IACVB) contratou a Deloitte & Youche, empresa multinacional de auditoria e consultoria, para determinar uma medida estatística objetiva e válida dos impactos econômicos que uma convenção provoca em uma cidade média.

Entre junho de 1992 e junho de 1993, 73 cidades foram objeto de estudo, envolvendo mais de 500 eventos em todo o mundo (veja na Figura 10-1 os diferentes tipos de eventos). A Deloitte & Touche analisou respostas de mais de 17 mil participantes de reuniões, associações, expositores e fornecedores de serviços para exposições antes de chegar às conclusões finais. Segundo a pesquisa[3]:

- associações profissionais e de negócios fizeram 45% dos eventos;
- 61% dos eventos foram internacionais, nacionais ou regionais;
- os participantes gastaram, em média, US$ 638 para uma permanência média de 3,48 dias;
- os participantes de outras cidades gastaram, em média, US$ 763, oito vezes mais que os da região, que gastaram, em média, US$ 93;
- 46% dos gastos dos participantes foram com hospedagem; e
- os gastos aumentaram 52% entre 1985 e 1993.

Certamente, ninguém que atue na indústria diria que o crescimento e a importância desse segmento da indústria da hospitalidade não tenham sido extraordinários. Joseph R. McGrath, presidente da IACVB, resume bem esse fato: "Os resultados desse ano de estudo refletem claramente o substancial impacto econômico desses eventos"[4].

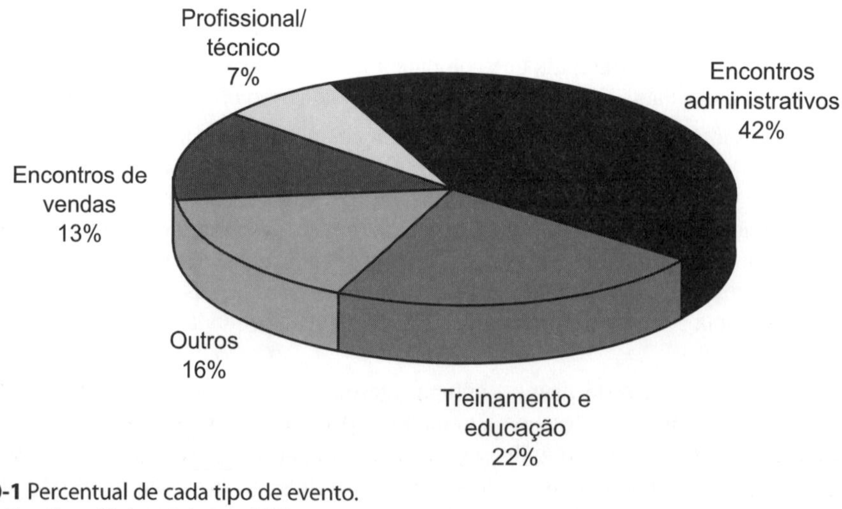

Figura 10-1 Percentual de cada tipo de evento.
Fonte: Meeting News. 20 de outubro de 1997.

PRINCIPAIS RAZÕES DO CRESCIMENTO

Não existe um fator isolado responsável pelo crescimento da indústria. Existem, sim, vários fatores, mas a explosão da disponibilidade de informações e a maior facilidade de realizar viagens aéreas são os principais.

Informações. Talvez a mais importante razão do crescimento da indústria seja o principal motivo pelo qual as pessoas fazem reuniões, convenções e exposições: a troca de informações. As pessoas vão a esses eventos para trocar idéias e conhecimento. Nos últimos 30 anos, a disponibilidade das informações explodiu. Os computadores tornaram possível trocar, manipular e disseminar grandes quantidades de informação sobre qualquer assunto. Certamente, ninguém consegue absorver tanta informação. Aliás, a maioria das pessoas não consegue nem mesmo se manter a par das informações de sua própria área de atuação. Elas vão a reuniões, convenções e exposições para saber o que está acontecendo em suas áreas, contar o que estão fazendo e trocar idéias. Isso é verdade tanto para o cabeleireiro quanto para o cientista. Como existe um número cada vez maior de informações disponíveis, tornou-se necessário freqüentar encontros, convenções e exposições para as pessoas se manterem atualizadas.

Empresas Aéreas. Um outro motivo importante para o crescimento da indústria de eventos é a facilidade de realizar viagens aéreas. Em 1970, as empresas aéreas começaram a utilizar os jumbos 747, proporcionando, pela primeira vez, a oportunidade para que um grande número de pessoas pudesse viajar de um lugar a outro de maneira rápida e eficiente, independentemente da distância. Desde essa época, nenhuma localidade é considerada fora do alcance da indústria de eventos, o que torna possível a realização de eventos nacionais e, até mesmo, internacionais.

Mais ou menos na mesma época, uma grande mudança afetou o relacionamento entre a indústria de eventos e as empresas aéreas: a constituição de uma associação chamada Meeting Planners International (MPI). A MPI objetivava conseguir para os organizadores de eventos os mesmos privilégios de passagens aéreas gratuitas que as grandes empresas ofereciam aos agentes de viagens[5]. Com o aumento dos custos dos combustíveis, as empresas aéreas estavam ansiosas por atender a esse novo e crescente ramo de atividade a fim de aumentar o número de passageiros — e o lucro.

Além do surgimento dos jumbos, a desregulamentação da atividade do transporte aéreo no começo de 1980 nos Estados Unidos também afetou diretamente a indústria de eventos. Estimulou guerras de preço entre as empresas aéreas, e o preço das passagens caiu vertiginosamente, tornando as viagens para reuniões, convenções e exposições mais acessíveis. Assim, as empresas aéreas passaram a atender o segmento de eventos oferecendo pacotes e tarifas negociadas com exclusividade.

Recentemente, entretanto, as empresas aéreas norte-americanas mudaram sua política. Resolveram não mais negociar acordos especiais, fazendo com que os organizadores de eventos tenham de procurar — algumas vezes sem sucesso — tarifas reduzidas e outros privilégios para os participantes dos eventos. Agora, contudo, as coisas estão mudando novamente na direção oposta.

OUTRAS INFLUÊNCIAS

Com a expansão da indústria de eventos, outros empreendimentos, organizações e trabalhos surgiram para atender a essas novas necessidades, o que, por sua vez, facilitou seu crescimento. Mais especificamente, o crescimento da indústria de hospedagem, dos centros de convenções, dos *convention bureaus*, da tecnologia utilizada nos eventos e do trabalho dos organizadores e fornecedores[6] estimulou a expansão da indústria de eventos *e* foi por ela estimulado.

Expansão da Hospedagem. Como a indústria de eventos afetou a indústria da hospedagem? Para responder a essa questão é necessário entender o "antes e depois" da indústria da hospedagem. "Em 1966, os grupos de negócios representavam uma pequena porcentagem da ocupação de hotéis, motéis e resorts", diz Mike Leven, na época presidente da Days Inns of America (e hoje presidente do Holiday Inn Franchise Group). "Em alguns hotéis, hoje, os grupos de negócios correspondem a 80% ou 90% das reservas."[7]

Como resultado do excepcional aumento do número e do tamanho dos eventos, os hotéis *tiveram* de se adaptar, tornando-se maiores fisicamente. Em conseqüência, hoteleiros de todos os tamanhos adaptaram seus serviços para esses clientes e aumentaram os lucros oriundos desse segmento. Cadeias como Sheraton, Hilton e Hyatt e, posteriormente, Radisson, Omni e Marriott monopolizaram o mercado nos Estados Unidos. Hoje, esses estabelecimentos continuam a receber a maioria dos eventos realizados em hotéis.

Centros de Convenções. Há um outro segmento em crescimento atendendo às necessidades da indústria: os centros de convenções. Durante os últimos 25 anos, os centros de convenções foram sinônimo de expansão da indústria hoteleira. Espaço, acessibilidade e locais de armazenagem tornaram os centros de convenções ideais para reuniões, convenções e exposições.

"O dia termina quando o organizador de eventos recebe a chave do centro de exposições e, ao sair, manda apagar as luzes", diz Dan Graveline, diretor do Georgia World Congress Center, em Atlanta[8]. Centros de convenções e hotéis de convenções (hotéis com instalações e infra-estrutura para eventos) agora são lugares que têm todos os tipos de serviço e ultrapassaram o antigo conceito de acomodação de quatro paredes, chão e telhado.

O Coliseum, em Nova York, foi provavelmente o primeiro centro de convenções construído para acomodar grupos de diferentes tamanhos. Concluído em 1958, o Coliseum oferecia flexibilidade: paredes móveis com isolamento acústico para dividir grandes áreas, lugares específicos para fazer a inscrição dos participantes, variedade de opções para iluminação e rampas para os andares de exposições mais baixos. Hoje, centenas de cidades ao redor do mundo vangloriam-se de seus centros de convenções.

Em virtude da grande explosão dos centros de convenções nos anos 80, muitos argumentaram que o mercado estava saturado. Mas, em meados da década de 1990, novos centros continuaram a surgir. Na região centro-oeste dos Estados Unidos, centros de convenções já existentes em Columbus, Ohio e em Indianápolis, Indiana, ampliaram suas instalações. O Greater Columbus Convention Center dobrou de tamanho, acrescentando 66 mil metros quadrados a seu espaço de exposições e 9.500 metros quadrados ao saguão. O Indiana Convention Center and Hoosier Dome, em Indianápolis, aumentou seu salão principal em 110 mil metros quadrados e em 6.700 metros quadrados o espaço flexível para reuniões. Em 1997, o McCormick Place, de Chicago, investiu US$ 675 milhões em uma ampliação total de 670 mil metros quadrados. Cleveland, em Ohio, ostenta um novo centro, o Cleveland State Convocation Center, que oferece 15 mil assentos.

Convention and Visitors Bureaus. Um outro fator que afeta a indústria de eventos é o relacionamento entre os organizadores de eventos e os Convention and Visitors Bureaus (CVB). Segundo a IACVB, um **Convention and Visitors Bureau** é uma organização sem fins lucrativos que representa uma cidade ou área urbana e visa atrair todos os tipos de visitantes para a cidade ou região — seja um visitante de negócios, lazer ou ambos. Em outras palavras, um CVB tem três objetivos principais:

- estimular grupos a realizar reuniões, convenções e exposições em sua cidade ou região;
- auxiliar grupos com os preparativos dos eventos e oferecer serviços durante sua realização; e

- estimular os turistas a visitar e aproveitar as atrações históricas, culturais e recreativas que a cidade oferece.

No final do século XIX, um grupo de executivos de Detroit contratou uma pessoa em tempo integral para sair em busca de eventos para a cidade. Sem saber, eles devam início a um fenômeno que resultou em bilhões de dólares para as cidades que sediam eventos. Em 1896, após trabalhar sozinha durante um ano, a pessoa contratada pelos executivos de Detroit saiu-se tão bem que pôde contratar uma secretária — nascia o primeiro CVB. No início do século XX, surgiram os CVBs em todos os Estados Unidos, em cidades como Cleveland, Atlantic City, St. Louis, Denver e Louisville. Por volta de 1914, os CVBs uniram-se para formar a International Association of Convention Bureaus — IACB. Foi somente após 1974 que o "& Visitor" foi acrescentado ao nome da associação para refletir a maior abrangência da atividade de seus membros na indústria do lazer e das viagens e na promoção do turismo. Ainda assim, mesmo com a presença dos CVBs, um número bem menor do que 100 mil eventos acontecia no país até 1980. Por volta de 1990, entretanto, esse número pulou para mais de 350 mil[9].

Hoje, a IACVB possui 400 membros em 30 países e oferece a associados e organizadores de eventos diversos serviços administrativos e de consultoria. Os CVBs em todo o mundo dão informações aos visitantes sobre a cidade, atuam como conexão entre fornecedores e organizadores de eventos e oferecem serviços de administração de eventos. Os CVBs são indispensáveis para atrair eventos que de outra maneira talvez nunca ocorressem em determinada cidade ou região. O caso a seguir ilustra quão valiosa a ação de um CVB foi para uma convenção em Kerrville, Texas.

Todos os anos, a Regional Publishers Association (RPA) realiza uma convenção para seus membros. Seminários, palestrantes famosos, mesas-redondas, intercâmbio de informações e, é claro, passeios fazem parte da agenda do encontro que dura uma semana e percorre todo o país.

Em 1991, dois membros da RPA, a *Texas Highways* e a *Texas Parks & Wildlife,* trabalharam em conjunto para sediar a convenção anual. Embora a *Texas Highways* e a *Texas Parks & Wildlife* estejam localizadas em Austin, essas duas revistas focam o estado do Texas como um todo. O desafio: sediar um encontro informativo, divertido e, ao mesmo tempo, mostrar o extenso e diversificado estado do Texas.

A pessoa encarregada da organização do evento iniciou seus trabalhos procurando atrações turísticas locais, como Alamo e RiverWalk, em San Antonio. Depois, o organizador entrou em contato com os CVBs locais. Com o organizador de eventos, o CVB de Kerrville, Texas, desenvolveu um itinerário que incluía passeios, compras, jantares temáticos e diversão.

Desde o início, o CVB marcou sua presença junto ao grupo. Um representante do CVB estava encarregado de recepcionar os 100 participantes internacionais e oferecer-lhes ajuda. Durante a semana do evento, funcionários do CVB serviram um almoço em um dos parques locais, arranjaram um lagostim para uma brincadeira e providenciaram um grupo de caubóis para cantar durante o café-da-manhã ao nascer do sol. O encontro foi um grande sucesso, em grande parte graças ao CVB da cidade.

O trabalho dos CVBs não é fácil. Existem pedidos inusitados e exigências para atender, além de horários a cumprir. Como outros segmentos da indústria da hospitalidade, os CVBs enfrentam muita concorrência, pois competem regional, nacional e internacionalmente pelos dólares da indústria.

Isso, no entanto, pode significar vantagens para o organizador de eventos. Ao mesmo tempo em que os CVBs podem recomendar fornecedores, promover hotéis e atuar como ligação entre um grupo e a comunidade, também podem fornecer ao organizador de eventos materiais e assistência local, além de organizar passeios.

Simplificando, os CVBs trabalham para os visitantes e organizadores de eventos, bem como para a cidade — sem custo algum (alguns possuem fundos oriundos apenas das taxas de associação e outros obtêm recursos por meio de taxas de associação e de impostos locais e estaduais). É importante lembrar que o organizador de eventos é quem de fato organiza, enquanto o CVB é um "assistente". Os CVBs auxiliam os visitantes a saber mais sobre a cidade e seus atrativos. Ao mesmo tempo, também ajudam o organizador a fazer o melhor uso possível dos serviços e instalações que a cidade oferece.

Centros de Conferência. A contínua evolução dos centros de conferência também influenciou fortemente o grande crescimento da indústria de eventos. Anteriormente, os centros de conferência eram salas com pouca coisa além de cadeiras e o mínimo equipamento audiovisual necessário. Entretanto, o boom do culto à boa forma nos anos 70 afetou até mesmo esse ramo da indústria. Os participantes das convenções não queriam mais ficar sentados por horas e horas sem nenhuma diversão. Os centros de convenções resolveram adaptar-se a essa onda e começaram a construir centros mais voltados para o lazer. Com instalações para atividades físicas recreativas, os centros de conferência agora podem atingir diferentes tipos de público.

E não oferecem serviços apenas em terra. Os centros de conferência flutuantes — em navios — são uma novidade recente. Os navios possuem salas especiais, auditórios e oferecem serviços de alta tecnologia, como circuitos internos de televisão e videoconferências. Uma outra variedade são as salas de reuniões dos aeroportos. A American Airlines, por exemplo, oferece 19 salas de reuniões no O'Hare International Airport.

Nem todos os centros de conferência são abertos ao público. Alguns são de propriedade de empresas e utilizados somente por elas. Outros, embora sejam de propriedade de empresas, tam-

Meio Ambiente

POR DENTRO DA INDÚSTRIA | **MEIO AMBIENTE**

Eventos Preocupados com o Meio Ambiente

A proteção ao meio ambiente depende de todos. Sendo assim, não surpreende que também seja uma preocupação da indústria de eventos. Os planejadores de eventos estão colocando em prática pequenas mudanças que podem representar uma grande diferença para o mundo.

Eis alguns exemplos do que os organizadores de eventos vêm fazendo:

- verificam junto a hotéis e centros de convenções, quando da escolha de um local para eventos, se há um programa de reciclagem;
- colocam cestas de coleta seletiva de lixo em áreas como saguões e salas de convenções, onde as pessoas provavelmente consumirão alimentos ou bebidas;
- imprimem folhetos ou qualquer outro material escrito em papel reciclado;
- asseguram-se de que os fornecedores dos serviços de alimentação utilizam pratos de cerâmica e talheres de metal em vez de descartáveis; e
- providenciam que os participantes que vêm e vão para o aeroporto dividam o mesmo meio de transporte.

Os organizadores de eventos estão atentos até mesmo à comida que é servida. David Phillips, diretor de operações da Associação dos Corretores de Imóveis de Virgínia (Virginia Association of Realtors), salienta esse aspecto: "Em nosso último encontro, servimos de sobremesa um sorvete da Ben & Jerry´s que contém castanhas-do-pará. Isso faz parte do esforço da empresa em ajudar a salvar a floresta, lembrando que as árvores podem ser utilizadas para a obtenção de frutos em vez de madeira. Parte da receita da venda desse sorvete foi direcionada a essa causa"[1].

[1] "Green to the Extreme". *Meetings & Conventions*. 1º de março de 1993: 126.

bém são alugados. E ainda existem os de propriedade de universidades, abertos para o público. A Columbia University inaugurou o primeiro centro de conferência, o Arden House, em Harriman, Nova York, em 1950.

Maior Utilização da Tecnologia. A revolução eletrônica dos últimos anos proporcionou à indústria de eventos flexibilidade máxima para a apresentação em reuniões. Vídeos, técnicas de projeção em 360º, apresentações com imagens múltiplas, computadores e sistemas de som exclusivos tornaram-se lugar-comum. Os avanços tecnológicos da indústria proporcionaram um leque de diferentes formas de comunicação que tornaram as reuniões, as conferências e as convenções mais fáceis de organizar e mais interessantes para quem participa.

Tecnologia de Vídeo. Antes da metade da década de 1970, a palavra *vídeo* praticamente não existia. Com o advento de tecnologias como o projetor de vídeos, o termo vídeo tornou-se sinônimo de evento. Hoje, existem alto-falantes melhorados para vídeos, paredes com vídeos que transmitem imagens diferentes, repetições (replays) instantâneas e "projeções ao vivo" (as projeções ao vivo parecem-se com o recurso utilizado em shows — um close do apresentador é projetado em um telão para que os participantes possam estar "mais próximos" dele, de modo a melhorar a interação).

Teleconferências. Nos anos 80, o avanço tecnológico transformou o vídeo em teleconferência. Os satélites, comumente utilizados para transmitir notícias pelo mundo, tornaram possível ligar grupos de palestrantes separados geograficamente. Em 1980, a Holiday Inn transmitiu a primeira teleconferência nacional, juntando dois mil participantes de 33 lugares diferentes. Muitos recearam que as teleconferências acabassem com a necessidade dos serviços de reuniões e convenções. Felizmente para a indústria, entretanto, esse temor não se concretizou — as pessoas ainda sentem necessidade de se encontrar pessoalmente.

Computadores. Os computadores são muito usados na indústria de eventos — seja para fazer reservas, workshops ou demonstrações. Por exemplo, uma rede computadorizada de informações permite que os CVBs troquem importantes informações demográficas e históricas sobre locais potenciais para eventos com outros CVBs em todo o mundo. A IACVB utiliza um sistema chamado CINET (convention information network). Esse sistema contém informações sobre cerca de 20 mil eventos e mais de 9.400 organizações. Cerca de 24 mil reservas são registradas, bem como o histórico de aproximadamente 38 mil eventos, metade dos quais para grupos que utilizaram menos de 200 unidades habitacionais na noite mais concorrida. A cada ano, a IACVB acrescenta mais de 1.500 eventos a seu banco de dados.

A tecnologia é uma parte indispensável da indústria de eventos, e os recursos utilizados (videoconferências, aplicativos e outras tecnologias) continuarão evoluindo tão rapidamente quanto os avanços tecnológicos permitirem.

Organizadores de Eventos. O papel do organizador de eventos (que será discutido em maiores detalhes adiante) teve início há cerca de 20 anos e tem evoluído com a indústria. O profissional de eventos planeja e organiza os detalhes para que as reuniões, as convenções e as exposições aconteçam da maneira desejada.

Certamente, nenhum evento é produzido por uma única pessoa. Sem o suporte de muitos organizadores de eventos da indústria, seu crescimento e seu sucesso teriam ocorrido de maneira mais lenta.

Agentes Receptivos. Por último, o surgimento, nos anos 70, de agências que prestam serviços receptivos (responsáveis por lidar com detalhes de passeios, transporte, banquetes e chegada no hotel) deu início a uma mudança significativa na indústria. No início, sua atuação era principalmente relacionada ao transporte dos participantes dos eventos, mas a gama de atividades desenvolvidas ampliou-se de forma a transformá-las em organizadores de atividades adicionais que oferecem, por exemplo, eventos especiais para os cônjuges dos participantes das convenções, torneios esportivos no local do evento e palestrantes que falam sobre motivação (os organizadores de eventos também podem executar essas tarefas).

IMPACTO ECONÔMICO: UM EXEMPLO

Obviamente, cada um dos fatores anteriormente discutidos desempenha um papel importante na indústria de eventos. A melhor maneira de determinar seu efeito cumulativo é observar os impactos econômicos das reuniões, convenções e exposições em uma cidade ou região. A Figura 10-2 detalha o gasto médio por participante.

O Minneapolis Convention Center é um exemplo de como os eventos transformam-se em renda e prestígio para uma comunidade. O Minneapolis Convention Center, aberto em dezembro de 1989, levou mais de 27 mil pessoas à região de Minneapolis/St. Paul para a Convenção Internacional do Lion's Club em julho de 1993. Dessas pessoas, cerca de nove mil eram de outros países. Todos esses visitantes afetaram diretamente a economia local e das regiões próximas com a renda gerada com acomodação, alimentação, compras e transporte.

Os especialistas da indústria concordam que os eventos podem abrir portas para todos os segmentos das economias municipais e estaduais. Os centros de convenções funcionam para as

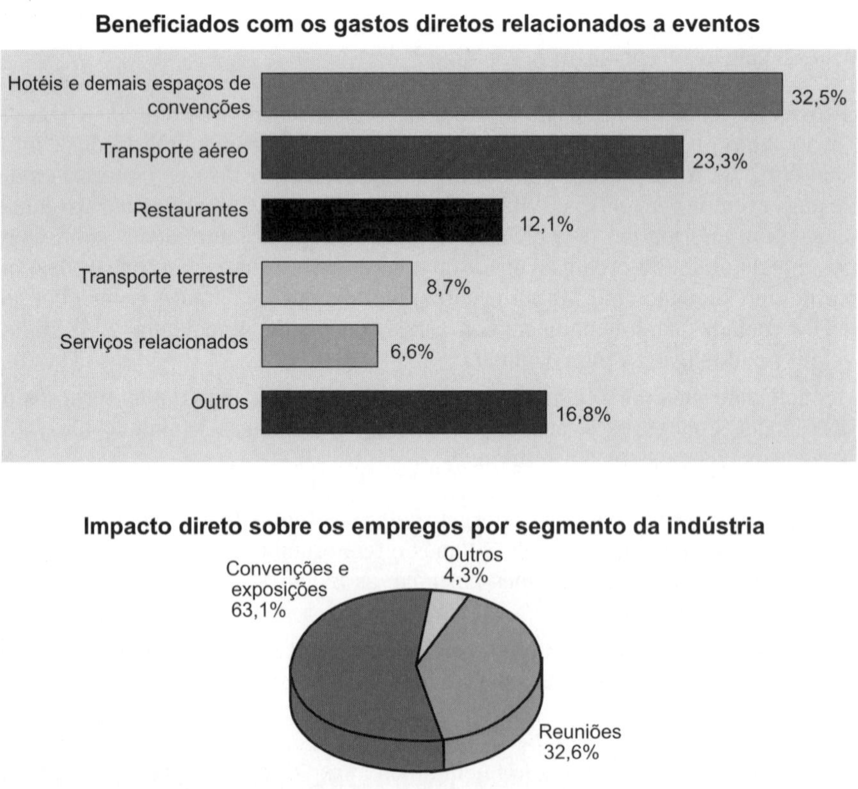

Figura 10-2 Gastos diretos e oportunidades de trabalho relacionadas a eventos.
Fonte: CLC Economic Impact Survey. <http:www.pcma.org>

cidades receptoras como um trampolim que as lança, no mercado regional e nacional, para oportunidades de realizar negócios com pessoas de todo o mundo, mostrar suas cidades e, é claro, gerar renda.

Além disso, esses centros criam centenas de empregos e geram bilhões de dólares em impostos. Por esse motivo, os centros de convenções foram chamados de "máquinas econômicas". Em Minneapolis, como resultado das reservas e contratos com seu centro de convenções, a receita projetada era de US$ 23 milhões em impostos até 1998. A indústria do turismo e da hospitalidade (incluindo a de eventos) perde, em Minnesota, apenas para a indústria da saúde e, em algumas partes do estado, como Bloomington, a hospitalidade está em primeiro lugar. Em Washington, uma outra área popular para eventos e férias, o turismo e a hospitalidade perdem apenas do governo federal.

Tom Getzke, sócio-diretor do St. Paul Convention and Visitors Bureau, diz: "Assim como os parques industriais eram grandes nos anos 60 e 70, a indústria do turismo e das convenções é grande hoje. Maior. É uma indústria muito limpa e será a principal indústria do mundo até o ano 2000"[10].

EVENTOS REGIONAIS

Muitos dos centros de convenções expandiram-se para atender a grupos e entrar no mercado regional. Por exemplo, Kansas City, em Missouri, ampliou seu H. Roe Bartle Hall Convention Center. Na reforma de US$ 130 milhões foi construído o maior espaço contínuo sem colunas para exposições do país, deixando o empreendimento com cerca de 122 mil metros quadrados de área total, 55 salas de reuniões, um teatro com 2.400 assentos e uma área com capacidade para mais de mil pessoas sentadas.

Além disso, os eventos regionais têm outras vantagens: são menores em tamanho, e as despesas com viagens também são menores. Essa é uma boa notícia para muitas empresas, visto que 80% dos eventos são encontros empresariais que normalmente envolvem grupos de menos de 100 pessoas[11].

EVENTOS INTERNACIONAIS

As pessoas vão a eventos no estrangeiro por inúmeras razões. Os aviões tornaram mais fácil a participação em convenções em outros países. As localidades são interessantes e, às vezes, exóticas. Muitas empresas são multinacionais e podem optar por fazer reuniões em diversos países onde possuem negócios. Além disso, os eventos internacionais custam, às vezes, menos do que eventos nacionais semelhantes.

A China é um caso interessante. Visando atrair turistas, a China construiu muitos hotéis durante os anos 80 para acabar com a pequena oferta de boas acomodações. A combinação de uma drástica queda no movimento turístico, após os tiroteios da praça Tiananmen, em junho de 1989, com a existência de muitos hotéis disponíveis, tornou a China um destino barato hoje. Por exemplo, o custo do aluguel do novo Museu Histórico de Shaanxi, em Xi'an (uma grande cidade com interessantes atrativos turísticos, mais de sete mil quartos de hotel e um aeroporto internacional), para um evento de 300 pessoas é US$ 200 por dia. Portanto, as pessoas estão indo novamente à China. Pequim sozinha recebe, em média, um grande evento internacional a cada três dias[12].

Em geral, a indústria de eventos é um grande negócio em todo o mundo, com grandes e sofisticados centros de convenções em Paris, Birmingham (Inglaterra), Amsterdã, Frankfurt e outros lugares. Na verdade, o Equip'Hotel Trade Show, em Paris, possui quase o dobro do tamanho do National Restaurant Show, de Chicago, que é atualmente o maior espaço para feiras dos Estados Unidos.

A CONCORRÊNCIA NA INDÚSTRIA

Os eventos nacionais, regionais e internacionais tornaram o segmento de eventos cada vez mais competitivo. Anteriormente, o número limitado de locais e acomodações significava que a concorrência estava limitada a poucos locais mais importantes. Hoje, entretanto, há muitos concorrentes em cena. Segundo alguns especialistas, a concorrência aumentou, em média, 300% nos últimos anos. Essa é uma boa notícia para o organizador de eventos — o aumento da concorrência significa serviço completo e mais facilidades para seu evento.

Há quem diga que sem esses serviços os centros de convenções terão dificuldades para atrair grupos a suas instalações. Joseph Psuik, diretor executivo do Denver's Colorado Convention Center, afirmou: "Essas facilidades estão se tornando necessárias para os que estão no negócio. Sem elas, somos apenas mais um na multidão"[13]. Segundo um estudo recente, um centro de convenções perde, em média, US$ 1,5 milhão por ano nos Estados Unidos[14]. Como é possível observar, existem interesses maiores envolvidos, na verdade milhões, o que torna essencial que os centros de convenções sejam ativos na concorrência.

PLANEJAMENTO, ORGANIZAÇÃO E EXECUÇÃO

Em seus primeiros anos, a indústria de eventos dos Estados Unidos sofreu bastante. Muitas pessoas não tinham a mínima idéia do esforço e conhecimento necessários para planejar, organizar e executar eventos. A percepção era, e freqüentemente ainda é, de que os organizadores de eventos eram "pessoas que davam festas". Nem tanto. Em apenas uma geração o setor transformou-se em um campo específico de especialização.

O Papel do Organizador de Eventos. A ampliação do papel do organizador de eventos foi um dos mais significativos acontecimentos da indústria. No início, eles apenas determinavam datas e escolhiam o local onde o evento aconteceria, deixando os demais detalhes a cargo do hotel ou centro de convenções. Com o amadurecimento da indústria, o papel do organizador de eventos foi ampliado. Hoje, eles:

- escolhem o local para o evento acontecer;
- reservam o espaço do evento;
- reservam hospedagem;
- reservam equipamentos audiovisuais e demais equipamentos;
- providenciam alimentos e bebidas;
- organizam o registro dos participantes;
- providenciam crachás e folhetos;
- planejam passeios/programas para os participantes e seus convidados;
- trabalham em conjunto com expositores e palestrantes;
- desenham plantas baixas;
- providenciam segurança;
- providenciam transporte;
- resolvem problemas inesperados; e
- avaliam o evento após seu término.

Cada uma dessas tarefas envolve outras dez. E todas elas exigem que sejam mantidos registros cuidadosos, que o cronograma seja seguido e que o trabalho seja realizado com base em um orçamento. Como os organizadores de eventos fazem tantas coisas, algumas pessoas acreditam que o nome mais adequado para o cargo seria "gerente de eventos".

Os organizadores de eventos podem trabalhar diretamente para hotéis, associações ou empresas, ou ser independentes e trabalhar para diversas instituições. Suas responsabilidades podem variar um pouco com relação às citadas acima, dependendo de para quem trabalham. Em geral, no entanto, o trabalho de todos os organizadores de eventos é realizar e supervisionar tarefas a fim de assegurar que o evento ocorra conforme planejado.

Um Dia na Vida de...

UM DIA NA VIDA DE ... UM ORGANIZADOR DE EVENTOS

Em um pequeno café de uma cidade do centro-oeste norte-americano, duas jovens mulheres, de pé, maletas na mão, conversam animadamente, tomando chá. Ao saírem, são abordadas por um senhor que as cumprimenta e lhes deseja boa sorte no planejamento da festa. "Na verdade", elas respondem, "estamos planejando um encontro internacional de uma semana para 200 pessoas."

Não surpreende o fato de muitas pessoas, como o senhor da situação acima, confundirem organização de eventos com o "planejamento de festas". O organizador de eventos tem, no entanto, funções claras e bem definidas: total responsabilidade pelo planejamento e condução do evento, bem como pela coordenação e direcionamento de atividades para que o evento seja um sucesso[1].

De Los Angeles a Chicago e de Peoria a Baton Rouge, os organizadores de eventos dos Estados Unidos investem milhares de horas todos os anos fazendo apenas isso: planejando eventos. Nenhum dia é igual a outro nessa profissão. Os eventos são planejados com meses, até mesmo anos, de antecedência, o que torna a vida de um organizador agitada e interessante.

Desnecessário dizer que, para planejar eventos com anos de antecedência, os organizadores precisam ser extremamente organizados. Eles também precisam ser criativos e seguros, capazes de lidar com emergências (que inevitavelmente acontecem) sem preocupar-se com ninguém mais. Além disso, precisam saber lidar com pessoas e estar dispostos a "ir um pouco além". Por exemplo, um organizador de eventos que supervisionava uma conferência em Ohio ouviu um participante que viera do Arizona dizer em voz alta que gostaria de comer um hambúrguer que não existe na região onde ele morava. Enquanto o participante estava em uma palestra, o organizador de eventos foi, em segredo, a um drive-thru e comprou o sanduíche que esse participante queria. Um bom organizador fará o que for possível para assegurar a satisfação do participante do evento.

Em um dia normal, um organizador de eventos provavelmente negociará com hotéis, se encontrará com fornecedores e contratará palestrantes, sempre com o objetivo de conseguir o melhor serviço pelo menor preço[2]. Também não se pode esquecer da atenção a ser dispensada a outros detalhes, como a arrumação das salas, a necessidade de equipamentos audiovisuais, a decoração, as exposições, o transporte... a lista não tem fim.

O cargo de organizador de eventos é relativamente novo e, portanto, ainda está em evolução. Antes da década de 1980, a maioria das empresas não tinha consciência de que era necessário planejar os eventos — "apenas selecione um local e marque a data" era a ordem do dia. No horizonte de um novo século, com necessidades que mudam constantemente e grandes desenvolvimentos tecnológicos, o campo de atuação do organizador de eventos tende a aumentar cada vez mais. Isso, é claro, significa que há oportunidades em abundância para organizadores de eventos, o que torna essa uma das mais interessantes ocupações da indústria.

[1] JEDZIEWSKI, David R. *The Complete Guide for the Meeting Planner.* Cincinnati, South-Western Publishing Co., 1991: 318.

[2] BUTCHER, Lola. "Hold Tight to Your Yellow Legal Pads! *It's Time Again to Meet About Meetings". Kansas City Business Journal.* 15 de fevereiro de 1991: 19.

Associações de Organizadores de Eventos. A primeira edição da revista *Meetings & Conventions* (junho de 1996) não fazia nenhuma menção a uma associação de organizadores de eventos. Vinte anos atrás, existiam muito poucas associações nos Estados Unidos, e elas recebiam pouca atenção da indústria. Mesmo há dez anos, a maior e mais influente associação de organizadores de eventos, a Meeting Planners International (MPI), tinha apenas 300 membros. Atualmente, a MPI tem mais de 14.500 membros. Uma outra importante organização da indústria, a Professional Convention Managers Association (PCMA), começou como uma associação de organizadores de eventos médicos. A PCMA cresceu e tornou-se uma associação de abrangência semelhante à da MPI. Essas associações são um veículo por meio do qual seus membros podem obter formação educacional e ajudar-se uns aos outros.

Educação e Certificação. Centenas de escolas nos Estados Unidos oferecem cursos de graduação nas áreas de hospitalidade, turismo e organização de eventos. Associações independentes como MPI, PCMA e ASAE (American Society of Association Executives), bem como organizações como a IACVB, oferecem programas de certificação avançados para administração. Freqüentar cursos na área de hospitalidade e obter experiência prática durante as férias ou após as aulas é a melhor maneira de preparar-se para conseguir emprego como organizador de eventos. Fazer um curso de pós-graduação é uma excelente maneira de manter-se atualizado a respeito das tendências e das inovações e de desenvolver-se na área.

PESSOAS DE DIFERENTES FORMAÇÕES INGRESSAM NA ÁREA

Estudar para ser um organizador de eventos é a maneira mais direta de tornar-se um deles, mas não a única. Em busca de novas oportunidades de carreira, secretárias executivas e funcionários de hotéis com experiência na organização de reuniões, convenções e exposições estão ingressando na área. A transição para a ocupação de organizador de eventos é bastante natural para eles, visto que já têm algum conhecimento da atividade.

Lei e Ética

POR DENTRO DA INDÚSTRIA — **LEI E ÉTICA**

Informando sobre Riscos de Saúde nos Destinos

Relatos sobre algum vírus misterioso ou perigo para a saúde existente na água surgem com freqüência nos noticiários. Os organizadores de eventos têm obrigação ética, se não legal, de manter os visitantes informados sobre esses riscos?

As perdas financeiras poderiam ser grandes se as pessoas resolvessem cancelar suas viagens após serem informadas. Essas perdas seriam fortemente sentidas pelos hotéis, restaurantes, empresas aéreas, centros de convenções e por todos os que trabalham com essas empresas. Acrescente-se a isso o custo de informar visitantes potenciais e o estigma associado à doença que a cidade terá de enfrentar durante meses. Essses custos deveriam determinar se as pessoas devem ou não ser alertadas sobre riscos potenciais? Talvez o problema pudesse ser resolvido até a data do evento, e informar aos visitantes causaria medo desnecessário.

Por outro lado, as pessoas não deveriam ter o direito de tomar suas próprias decisões sobre os riscos de saúde que enfrentarão? Ao ser informada sobre uma doença, a pessoa pode tomar precauções como, por exemplo, receber as vacinas apropriadas, utilizar somente água mineral, mesmo para escovar os dentes, ou compreender que dar comida a certos animais pode resultar em uma perigosa mordida.

Além disso, como a desregulamentação da atividade das empresas aéreas resultou na queda signficativa da receita de passagens, os agentes de viagem tiveram de encontrar outras maneiras de atuar, e muitos passaram a organizar eventos também. Isso permite aos agentes obter comissões não só sobre passagens aéreas, mas também sobre hospedagem e outros serviços de hospitalidade. Essa tendência deve continuar, pois as empresas aéreas ainda enfrentam dificuldades.

Trabalhando com Expositores. Além dos funcionários mais importantes dos convention and visitors bureaus, os expositores são provavelmente os profissionais com quem os organizadores de eventos mais trabalham. Os expositores promovem bens e serviços de determinada área e realizam reuniões, convenções e, principalmente, exposições para demonstrar seus produtos, utilizando estandes, oportunidades de patrocínio e fazendo contatos dentro do grupo para atingir seus objetivos.

Perfil Empresarial

PERFIL EMPRESARIAL | **LOEWS ANATOLE HOTEL**

Uma Cidade Dentro de uma Cidade

Anunciado como o mais completo hotel de convenções do sudoeste dos Estados Unidos, o Loews Anatole Hotel, em Dallas, ostenta 1.620 unidades habitacionais, 18 bares e restaurantes, 13 lojas, 58 salas de reuniões, quatro salões principais, um *health club* de última geração e um parque de sete acres. Pode ser facilmente descrito como um hotel de categoria internacional.

Mais impressionante que seu tamanho é sua coleção particular de obras de arte, com mais de mil peças, algumas do século II a.C. Conhecida como Coleção Anatole, é a maior coleção particular de arte do mundo em contínua exibição em um hotel e inclui nove litografias originais de Picasso e uma das maiores peças conhecidas de porcelana Wedgwood.

Uma cidade dentro de uma cidade, o Loews Anatole Hotel situa-se em uma área de 45 acres. Os apartamentos e suítes, com instalações e comodidades diferentes, são decorados em estilo do século XVIII. Sete suítes presidenciais ocupam 1.036 metros quadrados e oferecem o que há de melhor em termos de conforto e privacidade.

O Loews Anatole Hotel é um hotel de superlativos — o maior, o melhor, o mais elegante. Seu *health club* de US$ 12 milhões e categoria internacional foi classificado como uma das dez melhores instalações desse tipo pela revista *FITNESS*. Com 25 mil metros quadrados, o Verandah Club possui:

- seis quadras de tênis descobertas;
- oito quadras de squash;
- uma piscina coberta e uma descoberta;
- uma pista de cooper coberta e uma descoberta;
- uma sala de aeróbica;
- um ginásio completo;
- sauna seca e a vapor e salas de massagem; e
- um salão de beleza completo com salas de bronzeamento artificial.

Como se isso tudo não bastasse, os hóspedes podem desfrutar de uma série de lojas e restaurantes. As lojas do Loews Anatole Hotel vendem de suvenires do Texas a cerâmica italiana e roupas estilo Velho Oeste. Os restaurantes servem diversos tipos de comida: mexicana, natural, mediterrânea e chinesa (neste é necessário usar terno e gravata).

O Loews Anatole Hotel também tem sido reconhecido como um dos dez melhores hotéis em excelência na prestação de serviços pela revista *Corporate Meetings and Incentives*. Além disso, ganhou diversos prêmios de excelência de várias outras revistas, como *Meetings and Conventions*, *Successful Meetings* e *Medical Meetings*.

As exposições *estão* prosperando. Mais de dez mil exposições por ano atraem perto de 77 milhões de visitantes e geram bilhões de dólares[15]. Os expositores que contratam recepções, banquetes e outros itens caros são parte essencial do processo de organização de eventos.

CONSIDERAÇÕES ESPECIAIS: ATENDENDO ÀS NECESSIDADES DOS DEFICIENTES FÍSICOS

A aprovação do American with Disabilities Act, nos Estados Unidos, atraiu a atenção da indústria para as necessidades especiais dos deficientes físicos. Atender a essas necessidades — como, por exemplo, providenciar intérpretes, tradutores e pessoas para ler — é agora uma atividade comum para organizadores de eventos e profissionais de hospitalidade. Além disso, elevadores com botões mais baixos (para que pessoas em cadeiras de rodas possam alcançá-los) e com os números dos andares escritos em braile, rampas para cadeiras de rodas e indicações de sanitários em braile representam um diferencial para os estabelecimentos.

FUNÇÕES DA HOSPITALIDADE E TRATAMENTOS DE SAÚDE DE LONGO PRAZO

Assim como é necessário atender às necessidades dos deficientes físicos, também é preciso atender às necessidades dos idosos, que representam aproximadamente 8,5% da população dos Estados Unidos. Comunidades de aposentados e estabelecimentos de tratamentos de saúde para idosos compõem um segmento especializado da indústria da hospitalidade que oferece oportunidades de carreira relacionadas a funções da hospitalidade, como gestão, preparo de alimentos, governança e manutenção.

TRATAMENTOS DE SAÚDE DE LONGO PRAZO

Com o aumento da expectativa média de vida e o envelhecimento da geração do pós-guerra, os tratamentos de saúde de longo prazo vêm ganhando importância. Apesar de esse tipo de atividade existir desde o final do século XIX, a Lei da Previdência Social de 1935, nos Estados Unidos, deu início a uma nova era para esse segmento da indústria da hospitalidade. Pequenas casas de saúde privadas com fins lucrativos começaram a funcionar nos Estados Unidos, e diversos programas de empréstimos com fundos federais passaram a oferecer auxílio para esses estabelecimentos. Quando os programas Medicare (programa do governo federal dos Estados Unidos que paga certas despesas médicas para pessoas com mais de 65 anos ou que tenham determinadas deficiências) e Medicaid (programa federal, também norte-americano, que ajuda a pagar despesas médicas de pessoas que ganham menos que determinada quantia) foram inseridos na Lei da Previdência Social de 1965, foram impostos à indústria padrões de inspeção e licenciamento, e outras regulamentações. Combinadas, essas mudanças afetaram de maneira acentuada o papel dos profissionais de hospitalidade. E, à medida que novas leis forem sendo criadas, elas continuarão a afetar esses profissionais.

Tipos de Estabelecimentos de Tratamento de Saúde. Estabelecimentos de tratamento de saúde de longo prazo incluem centros de tratamento prolongado, centros de tratamento intermediário, centros residenciais de tratamento e comunidades residenciais para idosos. Os **centros de tratamento prolongado** oferecem cuidados de enfermagem intensivos, 24 horas por dia sob a supervisão de um médico, e podem ter o serviço de enfermeiras registradas, auxiliares e assistentes hospitalares. Esses estabelecimentos podem receber pagamentos públicos e estão sujeitos a normas e diretrizes. Os **centros de tratamento intermediário** oferecem assistência a pessoas que não podem morar sozinhas e cuidados básicos de enfermagem, aliados a serviços sociais e de acomodação. Nos Estados Unidos, o Medicaid está disponível para esse tipo de estabelecimento, mas o Medicare não. Os **centros residenciais de tratamento** oferecem cuidados de enfermagem e alguns serviços sociais, principalmente para deficientes mentais (de qualquer idade), em um ambiente residencial.

As **comunidades residenciais para idosos** são estabelecimentos de tratamento de saúde de longo prazo que atendem a idosos dependentes e independentes. Os moradores desse tipo de comunidade normalmente pagam uma alta taxa de admissão e uma taxa de aluguel mensal ou manutenção por serviços sociais, de enfermagem e hospedagem. Podem começar morando de maneira totalmente independente e, depois, se necessário, mudam para residências assistidas. Quando for preciso, podem mudar para uma área dentro da comunidade com bastante infra-estrutura para atender a necessidades médicas.

Essas comunidades são um novo segmento da indústria dos tratamentos de saúde. Atualmente, milhares de pessoas (a maioria com mais de 75 anos) vivem em mais de 800 comunidades nos Estados Unidos[16]. As previsões eram que esse número dobraria até o ano 2000. O nome em inglês dessas comunidades, *lifecare*, é utilizado como sinônimo de vida independente para os idosos. A independência que essas comunidades oferecem é, talvez, o fator mais importante que contribui para o crescimento desse segmento da indústria.

Inovações Empresariais

POR DENTRO DA INDÚSTRIA | **INOVAÇÕES EMPRESARIAIS**

Centros de Moradia Assistida

Na área dos negócios inovadores, poucas idéias parecem tão promissoras quanto a moradia assistida, um conceito relativamente comum na Europa que agora está chegando aos Estados Unidos. As **moradias assistidas** oferecem uma opção que se fazia necessária entre os asilos e as casas residenciais com serviços de enfermagem. Para pessoas que não precisam de uma enfermeira 24 horas, mas que não podem ter vidas totalmente independentes, as moradias assistidas oferecem uma alternativa confortável e de bom custo–benefício.

Na maior parte desses estabelecimentos, os residentes podem escolher entre um quarto individual ou compartilhado com geladeira e pia em um ambiente residencial. As áreas comuns de moradia são compostas de salas de estar, lanchonete e uma cozinha completa equipada para quem quiser preparar suas refeições. A maioria das moradias assistidas oferece serviço de enfermagem limitado, mas mantém funcionários autorizados a dar banho e aplicar medicamentos nos residentes, quando necessário.

A DevelopMed Associates, empresa de moradia assistida com sede em Ohio, possui diversos estabelecimentos. Um de seus diretores, Richard Slager, fez a seguinte observação: "Nós percebemos que em nossas casas residenciais tradicionais tínhamos de 30% a 50% dos residentes alocados de maneira inadequada". William Eggbeer, vice-presidente de marketing da Manor Healthcare Corp., de Maryland, uma das maiores empresas de moradias residenciais com serviços de enfermagem, comenta: "Notamos que as moradias assistidas estão crescendo a uma taxa de 8%, contra 1% a 2% das casas residenciais com serviços de enfermagem tradicionais"[1].

Em virtude dos menores custos com funcionários e do crescente interesse na moradia assistida, esse tipo de empreendimento tende a prosperar. Essa tendência apresenta um novo desafio para a indústria da hospitalidade, que precisará fornecer diversos serviços a esse tipo de estabelecimento.

[1] AMATOS, Christopher. "Assisted Living Offers Options". *Columbus Dispatch*. 17 de maio de 1993.

Perfil Pessoal

PERFIL PESSOAL **J. WILLARD "BILL" MARRIOTT**

Gênio do Marketing

Em 1927, J. Willard "Bill" Marriott abriu um quiosque de root beer[1] *em Washington. Era o início de uma escalada na indústria da hospedagem e dos serviços de alimentação que o transformou em líder da indústria e milionário algum tempo depois.*

Nascido em uma fazenda em Settlement, Utah, em setembro de 1900, Marriott era o segundo de oito irmãos. Foi na fazenda que aprendeu a ter responsabilidades e a trabalhar arduamente. Aos 13 anos, lançou-se em sua primeira aventura no ramo dos negócios — como produtor de alface —, arrendando terra de seu pai e, posteriormente, repassando-lhe os lucros (surpreendentes US$ 2.000) da temporada.

Ao completar 19 anos, Marriott trabalhou como missionário mórmon, passando dois anos em Connecticut e Vermont. Em 1921, ingressou no Weber Junior College, em Utah. Com grande paixão pelo aprendizado, Marriott continuou seus estudos na Universidade de Utah pagando-a com seu próprio dinheiro e ainda enviando um pouco para a família. Conseguiu fazer isso graças à venda de roupas íntimas de lã para lenhadores, gerenciando uma livraria, ensinando inglês em escolas de ensino médio e fazendo diversos outros trabalhos curiosos.

Quando conheceu sua futura esposa, Alice "Allie" Sheets, seu faro para os negócios despertou. Com dinheiro economizado e emprestado, e também com a ajuda de um sócio, Hugh W. Colton, Marriott comprou a franquia de *root beer* da A & W para Washington; Baltimore, Maryland; e Richmond, Virgínia. Abriu seu estande de nove assentos no dia em que Charles Lindbergh sobrevoou com sucesso o Atlântico.

Marriott considerava a venda de *root beer* um bom negócio, mas preocupava-se com o fato de que, passado o calor do verão e começado o inverno, não seria tão fácil vender uma caneca gelada de *root beer*. Acrescentar alimentos ao cardápio seria uma evolução natural e, assim, embora contrariando as normas da A & W, Marriott pôs-se a executar o que havia planejado. Por fim, com permissão especial do escritório central da A & W, pôde incluir alimentos no cardápio e acabou mudando o nome do estande para Hot Shoppe.

O conceito do Hot Shoppe pegou e muitas outras lojas foram abertas, entre as quais o primeiro restaurante drive-in na costa leste. Aos 30, Bill Marriott estava milionário. No entanto, como de costume, não estava satisfeito com seus negócios; além disso, tinha o dom de encontrar nichos de mercado que pudesse atender. Ao ver que seus clientes compravam comida em seus restaurantes para levar em viagens de avião, percebeu que existia a necessidade de alguém fornecer comida para as empresas aéreas. Em 1937, Marriott passou a fazer isso e fundou a indústria de *catering* para empresas aéreas.

Em 1953, abriu o capital da Hot Shoppe, vendendo as ações ofertadas em apenas duas horas. Nesse mesmo ano, entrou para o ramo dos serviços de alimentação de coletividades, tendo sido contratado para fornecer refeições para a American University e para o Children's Hospital, em Washington. Em 1957, abriu seu primeiro estabelecimento de hospedagem, o Twin Bridges Marriott Motor Hotel.

Nos anos 60, Marriott nomeou seu filho como sucessor e, em 1972, Bill Júnior tornou-se diretor executivo da Marriott Corporation. Em meados dos anos 80, a Marriott Corporation orgulhava-se de suas vendas anuais superiores a US$ 3 bilhões e de ter se expandido em diversas áreas, como resorts, cruzeiros, fast-foods e comunidades para idosos.

Bill Marriott foi um homem que baseava seu trabalho na fé, na determinação e na família. No verão de 1985, faleceu como sempre viveu: em família.

[1] Espécie de refrigerante feito com extrato de raízes. (N. do T.)

As Empresas de Hospitalidade e as Comunidades Residenciais para Idosos. As comunidades para idosos precisam oferecer serviços de alimentos e bebidas e de hospedagem. Grandes empresas de hospitalidade, como Hyatt Hotels, Marriott Corporation, Food Dimensions e Morrison Custom Management, estão se desenvolvendo e sendo contratadas para administrar comunidades de idosos[17]. A Senior Living Services é uma divisão da Marriott que vem crescendo rapidamente e administra aproximadamente 150 comunidades. Se a taxa de crescimento dessa divisão da Marriott se mantiver, a empresa possuirá o maior grupo de comunidades para idosos dos Estados Unidos. A Hyatt Hotels também entrou no ramo, introduzindo sua Classic Residence em localidades espalhadas pelos Estados Unidos. A expectativa de crescimento desses estabelecimentos é de quatro a cinco novas instalações por ano. Nas Classic Residences, os clientes tomam café-da-manhã todos os dias e fazem de 25 a 30 refeições adicionais por mês incluídas no contrato. As demais refeições devem ser compradas à la carte[18].

Com a contínua expansão das grandes corporações na área de tratamento de saúde, a dinâmica da indústria da hospitalidade pode mudar acentuadamente. Isso pode significar uma diminuição do número de empresas independentes no segmento, visto que as grandes cadeias hoteleiras têm vantagem sobre os estabelecimentos independentes, pois podem aplicar princípios de economia de escala na operação e na administração desses centros de tratamento. As cadeias podem, por exemplo, comprar alimentos em grandes quantidades, conseguindo, assim, descontos substanciais. O crescimento da indústria hoteleira, a expansão de cadeias de comunidades residenciais para idosos e o aumento da população de idosos oferecerão muitas novas oportunidades para os profissionais de hospitalidade.

RESUMO

- ☆ Um evento é um encontro de pessoas com um objetivo comum. Uma convenção é um grupo de representantes ou membros de determinada associação/empresa que se reúne para atingir um objetivo específico. Uma exposição é uma grande mostra.
- ☆ Existem dois fatores que colocam a indústria de eventos como um segmento à parte da indústria da hospitalidade: seu tamanho e função.
- ☆ A indústria de eventos é uma fonte crescente de receita para a hospitalidade.
- ☆ Alguns fatores que contribuíram para o sucesso e o crescimento da indústria de eventos foram a necessidade de as pessoas manterem-se atualizadas mediante o grande número de informações disponíveis e a introdução dos aviões jumbo no transporte aéreo.
- ☆ Algumas inovações que melhoraram os eventos são a tecnologia dos vídeos, as videoconferências e os computadores.
- ☆ Os organizadores de eventos planejam, organizam e fazem os eventos.
- ☆ As principais organizações com as quais os organizadores de eventos trabalham são os convention and visitors bureaus, as agências de viagens e os expositores.
- ☆ Os tratamentos de saúde de longo prazo representam um segmento especializado da indústria da hospitalidade em que é possível desenvolver carreira nas áreas administrativa, de alimentos e bebidas e de governança.
- ☆ Os centros de tratamento prolongado oferecem cuidados de enfermagem intensivos, 24 horas; os centros de tratamento intermediário oferecem serviços sociais e de hospedagem, mas apenas cuidados básicos de enfermagem a indivíduos que não podem ter vidas totalmente independentes; os centros residenciais de tratamento oferecem serviços médicos e de enfermagem básicos em um ambiente residencial para pessoas de qualquer idade.
- ☆ As comunidades residenciais para idosos permitem que seus residentes mudem das instalações onde vivem de maneira totalmente independente para outras onde existe serviço de enfermagem 24 horas.

NOTAS

1 Alguns autores distinguem convenção de congresso, sendo convenção a reunião de um grupo ligado ou pertencente a uma empresa ou entidade em particular, enquanto o congresso é aberto a qualquer pessoa que queira participar de um grupo com um objetivo em comum. (N. do R. T.)

2 International Association of Convention & Visitors Bureaus. "Delegate Meeting Survey History". Suplemento do pacote de informações da International Association of Convention & Visitors Bureaus. Dezembro de 1993.

3 *1993 Convention Income Survey*. Champaign, Ill. International Association of Convention & Visitor Bureaus, 1993.

4 International Association of Convention & Visitors Bureaus. <http://www.iacvb.org/members.iacvb.html>, 1998.

5 Maynard, Mike. "An Industry Comes of Age: Airlines". *Meetings & Conventions*. Junho de 1986: 53.

6 Hosansky, Mel. "An Industry Comes of Age: Associations". *Meetings & Conventions*. Junho de 1986: 50-52.

7 Varney, Linn. "An Industry Comes of Age: Hotels". *Meetings & Conventions*. Junho de 1986: 54.

8 Korth, Barbara. "An Industry Comes of Age: Convention Bureaus". *Meetings & Conventions*. Junho de 1986: 56-57.

9 McDowell, Edwin. "Shorter Meetings on Short Notice Are the Rule". *New York Times*. 9 de fevereiro de 1992: 10 F.

10 Kansas City Convention and Visitors Bureau. <http://kcmo.org/conv/home.htm>, 1997.

11 McDowell, Edwin. "Shorter Meetings on Short Notice Are the Rule".

12 Crystal, Susan. "China: The Next Great Destination?". *Meetings & Conventions*. Outubro de 1992: 67-75.

13 *Meeting News*. 6 de outubro de 1997.

14 Migdal, David. "From Dining to Day Care". *Meetings & Conventions*. Junho de 1986: 73.

15 *Exposition Industry Economic Report*, 1993.

16 Bosselman, "Long-Term Health Care Management", 514.

17 Bosselman, "Long-Term Health Care Management", 515.

18 Bosselman, "Long-Term Health Care Management", 515.

VERIFIQUE SEU CONHECIMENTO

1. Quais são as diferenças entre reuniões, convenções e exposições?
2. Como os eventos afetam as economias locais e regionais?
3. Quais os dois principais fatores que afetaram o crescimento da indústria de eventos nos últimos 30 anos?
4. Cite seis atribuições de um organizador de eventos.
5. Quais são as diferenças entre os centros de tratamento prolongado, intermediário e residencial?

APLIQUE SUAS HABILIDADES

Utilize as informações a seguir para preencher a planilha abaixo.

- Você está organizando um evento de quatro dias (três noites de hospedagem) para 300 pessoas.
- Vinte participantes trarão suas esposas, que não participarão das reuniões, mas irão ao banquete.
- Para diminuir os custos, 16 participantes dividirão o quarto (duas pessoas por quarto).

PLANILHA

	Número de unidades habitacionais	**Custo**
1. Quartos duplos:		
Quartos individuais:		
2. Custo total dos quartos:		
3. Número de mesas necessárias:		
4. Custo do banquete para todos os participantes; custo do banquete para todas as esposas:		
5. Custo total com acomodação e banquete:		

- Quartos duplos custam $ 65 por dia.
- Quartos individuais custam $ 50 por dia.
- Cada mesa de banquete comporta 18 pessoas.
- O custo do banquete para os participantes é $ 15 por pessoa.
- O custo do banquete para as esposas é $ 20 por pessoa.

QUAL É SUA OPINIÃO?

1. Uma empresa que administra uma cadeia de lojas de roupas restringiu suas opções de local para seus eventos a seu hotel e a um hotel perto do aeroporto. O que você diria à empresa para convencê-la de que seu hotel tem uma melhor localização? O que você diria à empresa se você representasse o outro hotel?
2. Durante a Guerra do Golfo, a utilização de teleconferências aumentou substancialmente. Por que você acha que isso ocorreu?
3. Imagine que você seja um consultor a quem foi solicitada a avaliação da necessidade de construir um centro de convenções em sua cidade. Sabendo que um centro de convenções tem, em média, prejuízo de US$ 1,5 milhão por ano, quais argumentos você utilizaria para defender a construção do novo empreendimento?
4. Os organizadores de eventos estão encontrando maiores dificuldades para obter descontos em passagens aéreas para grupos. Você acha que as empresas aéreas deveriam continuar a oferecer descontos?

5. Sua carreira o levou para o segmento de administração de estabelecimentos de tratamentos de saúde de longo prazo. Quais desafios você acredita que provavelmente atingirão essa indústria até o ano de 2005?

ESTUDO DE CASO

Você acabou de abrir uma empresa independente de organização de eventos em sua cidade natal. Seu primeiro cliente é um grupo de 50 pessoas que está interessado em uma conferência de uma semana em sua região. Esse grupo nunca fez um evento antes e está procurando ajuda. Além disso, o CVB mais próximo fica a 400 km de distância.

1. Como um CVB a 400 km de distância poderá ajudá-lo?
2. Quais fontes locais de informação você pode utilizar para buscar ajuda?
3. Até que ponto você deve confiar em suas próprias opiniões em vez de fazer estritamente o que seu cliente deseja?
4. Algumas pessoas que vêm para seu evento trarão suas famílias. Entretanto, as atividades direcionadas para famílias são poucas em sua região. Quais alternativas você sugeriria?

11

Lazer e Hospitalidade

Resumo

Imagine-se no convés de um luxuoso navio de cruzeiro atracando no exótico porto de Antígua. Imagine-se em um dos mais fascinantes cassinos do mundo contemplando um mar verde-esmeralda. Deleite-se na fantasia dos brinquedos, shows e reproduções históricas em um parque temático. Você está procurando a emoção desses lugares? De fato, muitas pessoas sonham ser levadas para aventuras desse tipo. Recreação e lazer fazem parte da sociedade e estão se tornando cada vez mais importantes. Apesar de existir cada vez menos horas para o lazer, a verdade é que muitas pessoas aproveitam mais o tempo livre do que dez, 20 ou 30 anos atrás. Isso é válido especialmente para as pessoas de meia-idade ou mais que têm renda suficiente para ser sócias de clubes, participar de eventos esportivos ou viajar em um cruzeiro. Todavia, as mudanças no modo pelo qual as pessoas aproveitam o tempo estão modificando as expectativas com relação às atividades de lazer.

O Capítulo 11 estuda a gestão desse segmento especializado da indústria — segmento impulsionado pela busca do lazer. Em particular, este capítulo analisa destinos que oferecem oportunidades para a prática de atividades sociais, culturais, recreativas e outras relacionadas à saúde e à manutenção da boa forma física.

Objetivos

Ao concluir este capítulo, você deverá ser capaz de:

1. Identificar três áreas das atividades de lazer e explicar como estão relacionadas à indústria da hospitalidade.
2. Comparar e saber diferenciar quatro tipos de clubes sociais.
3. Identificar quatro tipos de setores especializados da hospitalidade relacionados com o lazer.
4. Explicar as principais diferenças entre os hotéis-cassinos e outros estabelecimentos de hospedagem.
5. Citar dois tipos de estabelecimentos que forneçam serviços a pessoas interessadas na manutenção da saúde e da boa forma.

ADMINISTRANDO SEGMENTOS DE LAZER DA INDÚSTRIA DA HOSPITALIDADE

Uma idéia muito difundida é a de que o ritmo cada vez mais intenso de vida das pessoas significa mais trabalho e menos diversão. Entretanto estudos realizados por pesquisadores das universidades de Maryland e de Penn State mostram que, na verdade, o tempo que os norte-americanos dedicam ao lazer aumentou proporcionalmente à diminuição do tempo gasto com trabalho[1]. Entre 1965 e 1985, o tempo livre aproveitado pelos americanos aumentou em quase 5%[2]. Por que, então, tantas pessoas acham que não são donas do próprio tempo?

A resposta pode estar em como as pessoas percebem o tempo, atualmente, do ponto de vista psicológico. As pessoas utilizam o tempo de maneira *mais intensa* do que nunca, esperam obter o máximo proveito de cada hora do dia e acreditam piamente que os outros esperam que elas produzam mais também! Em parte, isso é resultado das mudanças tecnológicas. Máquinas de fax, e-mails e telefones celulares elevaram as expectativas de obtenção de respostas rápidas e até mesmo imediatas. O que levaria dias por meio do lento correio pode agora ser conseguido em instantes. Com a chegada das videoconferências em tempo real aos escritórios ou telefones celulares, a expectativa de respostas instantâneas será ainda maior. A paciência pode ser uma virtude, mas é cada vez menos praticada, pois as normas sociais determinam que ninguém pode ficar esperando.

John Robinson e Geoffrey Godbey, que conduziram o projeto de pesquisa "O Uso do Tempo pelos Americanos", chamam de **aprofundamento** do tempo o que foi apurado em sua pesquisa: os americanos vivem cada momento com profunda intensidade psicológica[3]. Para "aprofundar" o tempo, as pessoas aceleram suas atividades, tentam fazer diversas coisas de uma vez ou administram seu tempo de maneira mais precisa.

O aprofundamento do tempo possui importantes implicações para o marketing e a administração de empresas voltadas para o lazer. Quando as pessoas esperam mais atividades em menos tempo, tendem a freqüentar locais que ofereçam a possibilidade de vivenciar muitas experiências em curtos períodos. Por exemplo, um parque de diversões dá a seus clientes um bip ao entrarem. Se há uma fila de 30 a 40 minutos em determinada atração, eles dão aos atendentes o número de seu bip, de modo que podem passear em outras atrações. Quando chega a vez dos clientes, seus bips tocam e eles sabem que é hora de voltar[4]. Vários restaurantes localizados em shopping centers utilizam sistema parecido quando os clientes precisam esperar por uma mesa. Com um bip, eles estão livres para fazer compras até que exista uma mesa disponível.

Apesar de os norte-americanos aproveitarem mais o tempo livre do que antes, eles esperam mais de suas atividades de lazer. O aprofundamento do tempo continuará a exercer influência na maneira pela qual os empreendimentos voltados para o lazer projetam, comercializam e gerenciam seus produtos.

OBJETIVOS DOS SEGMENTOS DE LAZER DA INDÚSTRIA

Felizmente, toda uma indústria está dedicada a ajudar a definir, expandir e oferecer serviços de lazer e recreação. Sem a existência de tal nicho na indústria da hospitalidade, a busca por lazer e recreação seria realmente paradoxal: os indivíduos passariam grande parte de seu tempo de lazer *trabalhando* para fugir do trabalho.

O **lazer** é definido como a liberdade resultante da cessação das atividades relacionadas a trabalho e obrigações. A **recreação** é definida como a renovação das forças e do espírito após o trabalho, um meio de diversão. Essa definição de recreação é geral, pois nenhuma atividade pode satisfazer adequadamente a todo mundo. Existem, no entanto, algumas características comuns básicas que motivam os indivíduos.

A recreação e o lazer despertam sensações em quem os vivencia. Para alguns, a sensação pode ser de diversão; para outros, de revitalização. Pode ser até mesmo uma combinação de ambos, ou uma outra sensação completamente diferente. Qualquer que seja o motivo, existe um elemento principal a ser considerado: a recreação e o lazer atendem a determinado *objetivo* e, por isso, não são simplesmente uma "brincadeira". O lazer *pode* ser brincadeira, mas não se limita a essa definição. Interesse pela manutenção da saúde e da boa forma, passeios, intercâmbios culturais, experiências educacionais e estéticas, comer, fazer compras, participar de eventos esportivos, bem como simplesmente fugir das pressões do trabalho ou de casa podem fazer parte da recreação e do lazer. A Figura 11-1 mostra os tipos de viagens com mais de 160 quilômetros feitas pelos norte-americanos.

O ADVENTO DOS PROFISSIONAIS DE HOSPITALIDADE NO SEGMENTO LAZER

Para atender aos objetivos deste capítulo, a referência à gestão de atividades sociais, recreacionais e de saúde e boa forma será feita por meio do termo "administração do lazer". A **administração do lazer** é a gestão profissional das instalações físicas onde as atividades de lazer e recreação ocorrem.

A administração do lazer nos Estados Unidos não existia "oficialmente" até as décadas de 1920 e 1930, quando programas sociais e de lazer passaram a ser oferecidos ao público na forma de serviço comunitário. Algumas atividades de recreação nos anos 20 e 30 — jogos, paródias, teatro de variedades e bares clandestinos — eram ilegais e não muito bem-vistas. Até que, na década de 1930, algumas faculdades e universidades passaram a oferecer cursos de gestão de parques e lazer como áreas de estudo. Guardas-florestais, guias e coordenadores de programas são oportunidades de carreira dentro da área de administração do lazer.

A Segunda Guerra Mundial colocou a administração do lazer em alta, uma vez que o moral e o bem-estar das tropas tornaram-se prioridade. Sendo assim, a administração do lazer cresceu à medida que novas formas de entretenimento tornaram-se respeitadas e populares, como as oferecidas pela United Service Organizations (USO), organização sem fins lucrativos destinada a oferecer lazer a militares.

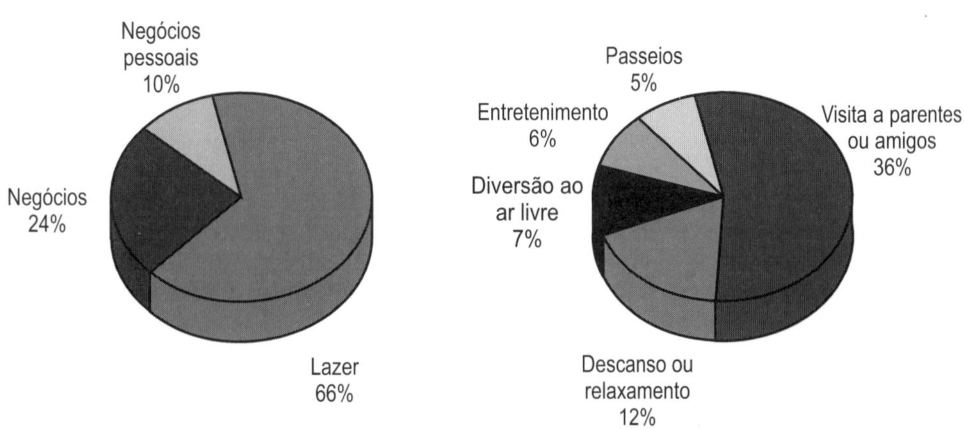

Figura 11-1 Objetivos das viagens entre os americanos (viagens de 160 quilômetros ou mais).
Fonte: U.S. Department of Transportation. *American Travel Survey*, 1997.

Após a Segunda Guerra Mundial, as atividades comerciais de lazer cresceram velozmente nos Estados Unidos, com a construção de instalações como os estádios esportivos, a Disneylândia, na Califórnia, e a rápida expansão dos parques americanos. Ao mesmo tempo, o desenvolvimento do sistema viário interestadual permitiu que as pessoas tivessem acesso relativamente fácil a esses empreendimentos. Nos anos 70, cortes governamentais, inflação, recessão e outros males sociais afetaram gravemente os cursos de administração do lazer dos parques e florestas governamentais dos Estados Unidos. Infelizmente, até 1980 a maioria desses cursos ainda não havia se recuperado do revés da década anterior.

Hoje, porém, a administração do lazer, particularmente de estabelecimentos comerciais, está entre os segmentos da indústria que crescem com mais rapidez. Com novos estádios esportivos em funcionamento ou em construção em Charlotte, Baltimore, San Diego, Denver, Cleveland, Cincinnati, Detroit, São Francisco e Hartford, existirão novos desafios e oportunidades no futuro para a administração do lazer. Andrew Zimbalist, professor da Smith College, prevê que mais de US$ 10 bilhões serão gastos na construção de novos estádios entre 1990 e 2006[5].

EMPREENDIMENTOS DE HOSPEDAGEM COM CARACTERÍSTICAS SINGULARES

Algumas pessoas em férias preferem desfrutar de atividades que vão além da recreação e do descanso. Podem, por exemplo, optar por ficar em uma pousada, onde as pessoas usufruem da viagem em uma atmosfera menos comercial. No exterior, os turistas podem optar por castelos históricos da França ou monumentos antigos da Espanha. Aqueles que desejarem uma experiência singular, podem ficar em hotéis que antes eram escolas ou escunas. Qualquer que seja o caso, os hóspedes podem encontrar diversas opções de hospedagem para atender a suas necessidades.

POUSADAS

Um segmento da indústria da hospitalidade que cresceu bastante em popularidade nos últimos anos é o de pousadas. Difícil de definir, uma **pousada** é geralmente a residência particular de uma família que oferece de um a cinco quartos para hóspedes, apesar de algumas serem bem maiores. Originárias da tradição européia de abrir a casa para hospedar viajantes, muitas das pousadas atuais combinam, na medida do possível, charme histórico com toque pessoal.

As pousadas estão prosperando por diversas razões. Os viajantes de negócios estão cada vez mais cansados da complexidade dos check-ins e check-outs de alguns hotéis comerciais. Além disso, muitos viajantes de lazer estão procurando acomodação que seja o meio-termo entre um hotel grande e formal e a casa de um amigo ou familiar. As pousadas oferecem uma atmosfera aconchegante, como a de casa. Muitos hóspedes dizem que chegar em uma pousada ao final do dia é como chegar em casa após um duro dia de trabalho. Cafés-da-manhã comunitários com anfitriões e outros hóspedes parecem ampliar essa sensação, assim como os banheiros compartilhados (apesar de esses banheiros estarem rapidamente desaparecendo). Cada pousada é única como seu proprietário. As pessoas podem ser atraídas a uma bem cuidada casa de período anterior ao da guerra, no extremo sul, ou a uma casa vitoriana reformada, no nordeste dos Estados Unidos.

O crescente interesse pelas pousadas levou à publicação de diversos guias. Hoje, existem organizações que efetuam reservas (denominadas, em inglês, reservation service organizations — RSO) que fazem a conexão entre os clientes e as pousadas. Além disso, existem hotéis trabalhando em conjunto com pousadas para formar organizações de referência mútua, com benefícios para ambos e para os hóspedes.

Apesar de as pousadas serem um segmento da indústria da hospedagem, é difícil obter estatísticas sobre elas. Nos Estados Unidos, as regulamentações a respeito dessa atividade também variam de estado para estado, de forma que em alguns são licenciadas como hotéis e, em outros, não. Além disso, são normalmente estruturadas como propriedades limitadas, de modo que, diferentemente das grandes empresas, não precisam tornar públicos seus balanços contábeis.

Ron Thomas, membro da Oakton Community College, cuja especialidade lhe deu o apelido de "o garoto *bed-and-breakfast*" [6], estima que existam aproximadamente 25 mil pousadas nos Estados Unidos. Esse total inclui casas com um a cinco quartos e banheiros compartilhados, pousadas mais comuns com cinco a 25 quartos e grandes hospedarias rurais. O número de pousadas continua a crescer no centro-oeste e no sudeste norte-americano, mas nem tanto na Nova Inglaterra e nas regiões do Pacífico. O crescimento das pousadas ocorre, em grande parte, em virtude da natureza extremamente personalizada do serviço que oferecem. Diferentemente das grandes propriedades, em uma pousada o hóspede é atendido pessoalmente pelo proprietário e toma café-da-manhã com o *chef* (geralmente a mesma pessoa).

Segundo Thomas, as pousadas foram pioneiras na utilização da Internet como ferramenta de marketing. Por meio de sites, uma pousada pode tornar-se conhecida de hóspedes potenciais por um custo muito menor do que o de anúncios em revistas de viagem. Como o segmento de mercado atingido pelas pousadas inclui uma grande porcentagem de pessoas com boa escolaridade que utilizam a Internet, essa estratégia tem obtido bons resultados. Uma pequena pousada localizada em um destino de lazer como Charleston, na Carolina do Sul, ou Charlevoix, no Michigan, pode concorrer efetivamente com um grande hotel. O mesmo acontece em áreas urbanas, onde as pousadas são uma alternativa para os grandes estabelecimentos. Surpreendentemente, as taxas de ocupação e diárias médias tendem a ser mais altas nas pousadas urbanas do que nos hotéis.

CHÂTEAUX

Um ***châteaux*** é um castelo, uma mansão senhorial ou um palácio. Espalhados por toda a zona rural francesa, alguns *châteaux* são propriedades particulares que aceitam hóspedes pagantes. Esses hóspedes podem ficar em um belo hotel de serviço completo como o Châteaux Hôtel, de Rieutort, no sul da França, ou optar por *châteaux* que são residências particulares e oferecem seus quartos de hóspedes, como o elegante Châteaux de Roussan, em Provence. Com camas ornamentadas, um jardim e anfitriões que fazem da privacidade de seus hóspedes uma prioridade, esses *châteaux* garantem descanso e relaxamento.

Nos dois tipos de hospedagem, os hóspedes podem desfrutar a oportunidade de ficar em majestosas construções seculares que proporcionam um mergulho exclusivo na história. Organizações como a Relais & Châteaux ou a Châteaux Accueil sempre publicam catálogos com os *châteaux* existentes para auxiliar os hóspedes a encontrar o local perfeito para suas férias.

PARADORES

A Espanha possui uma grande variedade de hotéis de propriedade estatal ou ***paradores***, que possibilitam a seus hóspedes conhecer o país em grande estilo. De hotéis de frente para a praia, ex-conventos como o Parador de Trujillo a antigos palácios como o Parador de Argomaniz, as acomodações dos hóspedes são suntuosas. Normalmente, quem se hospeda nos *paradores* pode usufruir de atividades de lazer, como golfe, tênis e até mesmo pesca.

OUTROS ESTABELECIMENTOS

Quem procura novidades nos Estados Unidos encontra muitos lugares para ir. O Hilton Inn, situado na Quaker Square, em Akron, Ohio, possui quartos redondos que eram silos de armazenamento de aveia da Quaker, bem como restaurantes e lojas de especialidades. Na End of the Line Vacation Station, em Lake Geneva, em Wisconsin, os hóspedes podem passar a noite em um antigo vagão de trem ou em uma suíte no formato de um carro Pullman. Turistas que sentem saudade da escola podem ficar no ABC Country Inn, em Buckingham, Iowa. Essa antiga escola primária vem completa, com mapas, lousas e outros objetos antigos nos quartos.

Os turistas que procuram experiências de viagem únicas podem geralmente encontrar o que procuram em diversos lugares. Nos Estados Unidos ou no exterior, em uma pousada singular ou em um elegante castelo, há diferentes tipos de acomodação para atender a todos os gostos.

CLUBES

Um outro segmento de mercado de interesse para profissionais de hospitalidade é a administração de clubes. Um **clube** é uma associação de pessoas com alguns objetivos comuns, viabilizado coletivamente e com reuniões periódicas. As pessoas se associam a clubes para desfrutar da companhia de amigos em um ambiente agradável. Existem mais de dez mil clubes somente nos Estados Unidos, de modo que há oportunidades de carreira em abundância.

Os clubes existem há centenas de anos, mas a maior parte deles segue o modelo dos clubes ingleses dos séculos XVII e XVIII. O Royal and Ancient Golf Club de St. Andrews, na Escócia, fundado em 1758 e conhecido como o local de nascimento do golfe, é o precursor do clube de campo moderno. Hoje, os clubes das cidades parecem-se com os clubes sociais ingleses, cujos membros encontram-se para beber e comer em bares locais. Por exemplo, o Mermaid Club, fundado por *sir* Walter Raleigh e freqüentado por Marlowe e Shakespeare, promovia encontros na London's Mermaid Tavern.

TIPOS DE PROPRIEDADE DOS CLUBES

Existem dois tipos principais de propriedade de clubes: igualitária e privada. O **clube de propriedade igualitária**, historicamente o tipo de propriedade mais antigo e ainda hoje o mais comum, é um clube sem fins lucrativos. Normalmente é de propriedade dos associados e também organizado por eles. Uma diretoria, eleita pelos associados, controla o orçamento e determina a política do clube. O gerente do clube é contratado pela diretoria e a ela se subordina. O dinheiro excedente resultante das operações do clube e das mensalidades é reinvestido na melhoria dos serviços e instalações.

Os **clubes privados** são propriedade de um indivíduo ou empresa e têm fins lucrativos. Para se associar, as pessoas compram um título do clube. Esses clubes limitam a participação e o controle dos associados nas decisões administrativas. O gerente geral está subordinado ao proprietário do clube.

ASSOCIAÇÃO A CLUBES

Os clubes sempre restringiram a associação a determinadas categorias. Por exemplo, ex-alunos de determinada escola, residentes de certa comunidade, profissionais de determinada área ou adeptos de determinada religião. De fato, para se associar a alguns clubes é preciso obter convite ou recomendação de um ou mais associados. Clubes privados, por sua própria natureza, são seletivos.

Os clubes têm sido freqüentemente acusados de discriminar deliberadamente mulheres, minorias e membros de certos grupos religiosos. Nos Estados Unidos os clubes privados são protegidos pela Primeira Emenda, que garante o direito de assembléias sem interferências externas; entretanto, leis municipais, estaduais e federais continuam em desenvolvimento para controlar até onde os clubes podem limitar as associações. Muitas cidades norte-americanas já proibiram clubes privados de expulsar membros por causa de sexo, raça ou religião. Sem dúvida, cada vez mais clubes deverão adotar estatutos que garantam a admissão de pessoas independentemente de sexo, raça ou religião.

TIPOS DE CLUBES

Todos os clubes, independentemente de tamanho, tipo ou localização, compartilham de uma característica comum: o sócio. O sócio do clube paga mensalidade e tem ligações financeiras — e, provavelmente, emocionais — com o clube. Muitos clubes cobram uma taxa de adesão/associação e uma taxa anual de manutenção. A taxa de adesão de um clube de campo exclusivo pode chegar a US$ 150.000, apesar de a maioria dos clubes cobrar bem menos[7].

Clubes de Campo. Cerca de 50% dos clubes particulares são clubes de campo que oferecem instalações de lazer e convívio social, normalmente em áreas suburbanas. Nos Estados Unidos, a principal atividade de lazer de um clube de campo é o golfe, mas natação e tênis costumam estar sempre presentes. Além disso, alguns clubes de campo podem oferecer quadras de bocha, cavalos, salas de bilhar, salas de ginástica, sauna seca e a vapor, entre outras atrações. A maioria tem pelo menos um restaurante e instalações para jantares grandes e banquetes. Seus associados costumam fazer casamentos, reuniões e outros eventos sociais em suas instalações. Recentemente, alguns clubes de campo têm sido construídos como parte do projeto de condomínios residenciais. A presença de um clube de campo na região pode atrair um número significativo de interessados em comprar uma casa nova.

Os clubes de campo vendem títulos completos ou parciais. Nos Estados Unidos, o **título social**, por exemplo, pode permitir que o sócio utilize o restaurante, as salas de eventos e a piscina, mas não o campo de golfe ou as quadras de tênis.

Clubes Metropolitanos. Os clubes metropolitanos promovem trocas, negócios e amizade entre as pessoas. Como o próprio nome sugere, os clubes metropolitanos são encontrados em cidades ou distritos empresariais. Existe grande variação entre os clubes metropolitanos quanto a tamanho e objetivo, mas a maioria oferece serviços de alimentação de alta qualidade a seus membros e convidados. Alguns clubes metropolitanos alugam unidades habitacionais por períodos curtos ou prolongados. Podem ter como sócios profissionais de determinada área, como o Press Club, de Washington, ou o Lawyers' Club, de Nova York; ou estar associados a determinada faculdade ou universidade, restringindo a associação a alunos, ex-alunos e funcionários. A maior parte dos clubes metropolitanos não restringe a associação a um grupo determinado, atraindo empreendedores e profissionais de várias áreas.

Clubes Militares. O Departamento de Defesa dos Estados Unidos possui clubes para seus oficiais. Localizados próximos às principais instituições militares, esses clubes têm restaurantes e salas de reuniões; alguns têm também praias e instalações para lazer, além de acomodações para hospedagem.

Iates Clubes. Esses clubes visam promover e regulamentar o iatismo e o remo. Normalmente, têm uma marina para seus sócios e também podem ter uma sede com restaurantes e instalações de lazer.

Clubes Fraternais. Apesar de terem menos prestígio do que muitos clubes metropolitanos e de campo, os clubes fraternais como Shriners, Elks e Veterans of Foreign Wars (VFW) têm muitos sócios em algumas partes dos Estados Unidos. Normalmente, esses clubes contam com instalações para banquetes, casamentos e outros eventos especiais; além disso, podem administrar serviços de alimentação.

O SERVIÇO NOS CLUBES

A natureza ímpar dos clubes e o status de fazer parte dele elevam as exigências e as expectativas dos sócios quanto ao serviço. Os clubes são seletivos por definição. Seus sócios querem sentir que o serviço que recebem é diferente, melhor que o dos outros clubes. Isso aumenta a procura por profissionais para clubes, especialmente pelo gerente geral, que precisa muitas vezes conciliar objetivos divergentes.

A maior prioridade de um gerente de clube é a satisfação dos sócios. Ele precisa ser diplomático, prestar um serviço exemplar, preparar o orçamento e supervisionar toda a operação. Os diretores de clube, na maioria das vezes, não são jovens profissionais; em vez disso, costumam vir dos quadros gerenciais de hotéis, de algum estágio avançado em suas carreiras.

A função de assistente de gerente geralmente abre portas para um recém-formado em hotelaria. Um assistente pode ser responsável pela operação de alimentos e bebidas, encarregado da supervisão das compras e dos serviços nos restaurantes e bares. Nesse caso, o assistente trabalharia com o *chef*, responsável pela cozinha, ou com o comprador, encarregado das despesas com mercadorias. Outras áreas de responsabilidade do assistente de gerente podem incluir as instalações esportivas, bem como a segurança e a manutenção do clube. Um grande clube pode ter mais de um assistente para supervisionar áreas específicas.

Para os interessados em administração de clubes, a Club Managers Association of America (CMAA) funciona como associação profissional dos gerentes de clubes. Fundada em 1927, a CMAA oferece oportunidades de aperfeiçoamento profissional para seus membros, publica o jornal *Club Management* e possui programas de certificação para participantes de seus cursos. Esse programa inclui uma prova abrangente que, com o curso, dá ao participante aprovado o título de "Gerente de Clube Certificado". Para quem gosta do desafio de oferecer o melhor, desenvolver carreira em clubes pode ser interessante.

EMPREENDIMENTOS RELACIONADOS À SAÚDE E À BOA FORMA FÍSICA

O crescimento do culto à boa forma representou uma grande oportunidade para a indústria da hospitalidade. Ao oferecer serviços que atendem a essa tendência, resorts e spas captam uma parte do amplo mercado do *fitness*. Clubes e estabelecimentos destinados à manutenção da boa forma também atendem à demanda por atividades físicas atraentes e convenientes e por programas que proporcionam um estilo de vida saudável.

SPAS

Atualmente, a palavra **spa** é utilizada para fazer referência a qualquer resort voltado à manutenção da forma física e da saúde. Entretanto, o significado original referia-se às estâncias de águas minerais ou termais. As águas termais eram utilizadas para banhos mornos, e as águas minerais eram consumidas em virtude do suposto valor medicinal. A palavra spa é, na verdade, o nome de uma cidade da Bélgica que tinha uma fonte de água mineral bastante conhecida.

Os hóspedes podem usufruir de dois tipos de spas: **resorts que são spas** ou spas dentro de um resort. Os primeiros são estabelecimentos com instalações de resorts, mas com o objetivo de um spa, desprovidos de tentações e divertimentos do mundo exterior. As pessoas que vão para esses spas querem perder peso, melhorar a forma física, diminuir o estresse, aumentar o nível de energia e relaxar. Os grandes atrativos desses estabelecimentos são seus programas de exercícios e dietas, mas também é dada bastante ênfase a serviços de beleza, terapias e relaxamento. Já os spas dentro de resorts são instalações que oferecem aulas de ginástica, massagens faciais e máscaras de ervas. Esses serviços são oferecidos além das atividades sociais e de lazer tradicionais de um resort. Os elementos essenciais desses spas estão relacionados ao "sentir-se bem", apesar de também apresentarem aspectos dietéticos e de manutenção da boa forma.

Hot Springs, em Virgínia, e Saratoga Springs, em Nova York, são estâncias de relaxamento populares há centenas de anos. De fato, ambas eram usadas por nativos norte-americanos antes de tornarem-se localidades conhecidas na segunda metade do século XVIII[8]. Outras estâncias famosas são Vichy, na França; Baden-Baden, na Alemanha, e White Sulpher Springs, em West Virginia, onde fica o resort Greenbrier.

Na Europa e nos Estados Unidos, os spas ficaram famosos como lugares de descanso de ricos e famosos. Esses spas oferecem acomodações luxuosas, restaurantes sofisticados e acesso a águas terapêuticas. Atualmente, entretanto, as pessoas procuram os spas para fazer exercícios e "entrar em forma", bem como para livrar-se do estresse do dia-a-dia e sentir-se bem cuidadas.

Um aspecto importante do funcionamento dos spas atuais são os serviços de alimentos e bebidas. A **culinária dos spas** dá ênfase ao preparo de pratos de baixas calorias e poucas gorduras, com muitas frutas, vegetais e carboidratos. A apresentação artística dos pratos também é muito importante, e utilizam-se ingredientes bem frescos e de alta qualidade. Esse tipo de culinária tornou-se tão popular que muitos restaurantes finos, como Four Seasons, Le Cirque e "21" Club, em Nova York, acrescentaram a seus cardápios pratos dos cardápios dos spas.

CLUBES E CENTROS DE *FITNESS*

Muitos clubes metropolitanos particulares oferecem instalações para a prática de exercícios, como pistas de corrida, piscinas, sala de musculação, quadra poliesportiva, bicicletas ergométricas, esteiras e outros aparelhos de última geração. Tradicionalmente, alguns dos melhores clubes de campo das cidades ofereciam oportunidades para as pessoas se exercitarem, além de restaurantes finos e convívio social e de negócios. O Downtown Athletic Club, de Nova York, que patrocinava anualmente o prêmio Heisman Trophy para homenagear um jogador de futebol americano de alguma faculdade, é um exemplo de clube atlético nos moldes antigos.

As YMCAs (Young Men's Christian Association — Associações Cristãs de Moços, ACMs)[9] foram fundadas, em parte, para proporcionar uma alternativa aos caros clubes atléticos privados das cidades. Hoje, muitas ainda oferecem diversos programas de atividades físicas, além de fornecer acomodações e alimentação para hóspedes de curta ou longa permanência.

EMPREENDIMENTOS DE RECREAÇÃO

Uma grande variedade de estabelecimentos oferece às pessoas maneiras de obter diversão e esquecer o trabalho. Nesta seção serão incluídas cinco grandes áreas: parques temáticos, resorts, cassinos, cruzeiros e teatros-restaurantes.

PARQUES TEMÁTICOS

A cada ano, milhões de pessoas vão a parques temáticos regionais, nacionais e internacionais. Por quê? Respondendo de maneira simples: para obter diversão. Apesar de essa ser a razão pela qual os parques temáticos são destinos turísticos procurados, é seu cuidado com o serviço que faz com que os visitantes voltem ano após ano.

A HISTÓRIA DOS PARQUES TEMÁTICOS. A origem histórica dos parques temáticos está nas feiras. Os historiadores observaram que as feiras existem há milhares de anos e que as primeiras eram provavelmente mostras de agricultura. Hoje, esse é o tipo de feira mais comum nos Estados Unidos e no Canadá. As feiras também costumam oferecer atrações musicais, eventos esportivos, jogos e brinquedos. Além das feiras de agricultura, existem também exposições internacionais, como as feiras mundiais industriais, artísticas e de inovações científicas, com contribuições de diversos países.

Da operação temporária e sazonal das feiras locais, surgiu a idéia de desenvolver parques de diversões permanentes. Um dos primeiros parques de diversões de que se tem notícia foi o Vauxhall Gardens da Inglaterra, criado no século XVII. O Copenhagen's Tivoli Gardens, que celebra 160 anos em 2003, é o mais famoso parque de diversões do mundo. O Tivoli possui 20 acres de jardins, 25 atrações e mais de 25 restaurantes. Uma montanha-russa chamada Flying Trunk leva os visitantes através do mundo de conto de fadas das personagens de Hans Christian Anderson. O Tivoli Gardens, que Walt Disney conheceu, serviu de inspiração para a Disneylândia.

Os primeiros parques de diversões dos Estados Unidos foram construídos no século XIX em cidades litorâneas populares. A principal atração era sempre uma "montanha-russa"[10]. Entretanto, a instituição de Coney Island, em 1895, mudou o cenário dos parques de diversões. Localizada em uma parte do Brooklyn, em Nova York, à beira do oceano Atlântico, Coney Island foi (e ainda é) um destino popular em virtude de seus estabelecimentos de entretenimento, calçadão de madeira, praias e do New York Aquarium. Esses parques foram, é lógico, os precursores dos parques temáticos modernos. Os atuais exploram a emoção das atrações dos parques de diversões e a combinam com o entretenimento educativo das feiras[11].

Os parques temáticos diferem dos parques de diversões tradicionais em dois aspectos: (1) são idealizados com base em um cenário específico ou em uma interpretação artística, tal como "O Velho Oeste"; (2) normalmente funcionam em uma escala muito maior, com centenas ou milhares de acres de área e centenas ou milhares de funcionários.

O principal objetivo de um parque temático foi muito bem descrito pelo pai desses parques, Walt Disney. Ele acreditava que os parques temáticos deveriam ser locais limpos e simpáticos, onde as pessoas pudessem se divertir.

Em julho de 1955, Walt Disney abriu seu primeiro parque temático, a Disneylândia, em Anaheim, Califórnia. A partir de então, os parques temáticos nunca mais foram os mesmos. Conta a lenda que Walt Disney teve a idéia de seu parque temático sentado em um banco de parque, observando suas filhas brincarem em um carrossel. Ele achava que os adultos deveriam ter a chance de se divertir também, em vez de apenas pagar a conta. Disney encontrou uma maneira de produzir e comercializar diversão para todas as idades.

Os Parques Temáticos Atuais. Apesar de o império da Disney ser o modelo de parque temático atual, muitos outros parques encontraram ou criaram seus próprios nichos dentro desse segmento da indústria da hospitalidade. A Six Flags, uma cadeia norte-americana de parques temáticos, no Texas, tem como tema a história dos Estados Unidos; o Opryland, em Nashville, no Tennessee, baseia-se na música country, e o Busch Gardens, na Flórida, é um parque com tema africano.

Outros parques temáticos de sucesso são os relacionados à indústria do entretenimento. A Universal Studios possui dois parques assim — um em Hollywood e outro na Flórida — e está construindo um terceiro no Japão. A participação da platéia torna as atrações populares, e os segredos do show business são compartilhados com os turistas. No parque de Hollywood, os visitantes podem apreciar o "Jurassic Park", uma atração cuja construção custou US$ 110 milhões e que oferece um passeio de apenas cinco minutos.

Os parques temáticos e de diversões sempre foram uma maneira de atender à demanda de um público ávido por divertimento. De fato, a abertura em 1982 do EPCOT Center no complexo Walt Disney World, na Flórida, pode ser atribuída diretamente à necessidade de oferecer instalações de diversão para os mais velhos. A abertura da EuroDisneyland, em 1992, ocorreu em parte pelo desejo das comunidades européias de possuir um parque de diversões de sucesso. O sucesso contínuo dos parques temáticos regionais, como o Dollywood, em Pigeon Forge, no Tennessee, o Six Flags, por toda a Geórgia, e o Knott's Berry Farm, parece indicar que os parques temáticos especializados têm seu lugar no futuro.

Uma razão por trás do sucesso dos parques temáticos regionais é a popularidade das férias mais curtas e perto de casa, cada vez mais freqüentes. Esses parques têm como alvo moradores e turistas de uma área geográfica específica e mantêm um quadro de funcionários formado em grande parte por jovens. A tendência é de que os parques temáticos continuem a crescer e a ter sucesso.

RESORTS

Perto da costa da Carolina do Sul, nos Estados Unidos, existe uma ilha com formato de bota cujo encantamento atrai visitantes do mundo todo. Grandes praias de areia branca estendem-se por quilômetros. Curtos espaços entre os buracos desafiam os melhores jogadores de golfe em meio a um verde exuberante. Ciclovias serpenteiam por entre velhos carvalhos adornados de cipós. Em uma curva está a piscina; em outra, a quadra de tênis. Espalhado pela ilha, um doce aroma de jasmim perfuma o ar. Ao sul, em Harbour Town, a fragrância é tão forte que causa vertigens. Ou talvez sejam os iates milionários ao redor da enseada que deixam as pessoas um pouco atordoadas. Bem-vindo ao Hilton Head Island e ao Sea Pines Plantation[12].

Descrições como essa são típicas da indústria dos resorts. Os resorts são tão diferentes com relação a seus atrativos e comodidades quanto o número de pessoas atraídas por eles. Alguns são especializados em golfe ou tênis e oferecem pacotes que permitem aos hóspedes jogar golfe e tênis o quanto quiserem e ainda aproveitar as demais instalações do complexo. O Balsams Grand Resort Hotel, em New Hampshire, o Casa de Campo Resort, na República Dominicana, e o Pebble Beach Golf Resort, na Califórnia, são três resorts que oferecem esses pacotes.

Há também resorts em fazendas que permitem aos moradores das cidades vivenciar um estilo de vida diferente e aproveitar o que há de melhor na natureza. Alguns chegam até a "transportar" as pessoas à época do Velho Oeste, de modo que é possível laçar bezerros, comer comida da época e dormir em sacos de dormir sob as estrelas. Alguns resorts comercializam seus serviços de hospedagem e alimentação de maneira tradicional dentro da indústria da hospitalidade. Outros utilizam agências de turismo.

Panorama Geral e Definição. Um **resort** é um lugar que oferece recreação e entretenimento, especialmente a turistas em férias. As estâncias romanas do século II foram os primeiros resorts. Eram dedicadas exclusivamente ao prazer, descanso e relaxamento dos visitantes. Até a metade do século XX, os resorts eram freqüentados exclusivamente pelos ricos.

Muitos resorts foram construídos em localidades remotas, longe de qualquer comunidade. O fato de terem surgido nesses locais indicava fortemente a necessidade das pessoas de "fugir de tudo". O apelo de localidades remotas, bem como o clima ideal, as paisagens naturais e as atividades de lazer ajudaram esse segmento da indústria a obter sucesso nos anos 70 e 80. No final dos anos 80, grandes corporações e cadeias hoteleiras construíram resorts em virtude de seu potencial de geração de receita. Os resorts têm diárias médias e taxas de ocupação consideravelmente superiores a outros segmentos da indústria, apesar de os custos de operação serem substanciais. A Tabela 11-1 mostra as taxas de ocupação e as diárias médias dos dez melhores resorts norte-americanos.

Ênfase Especial no Serviço Personalizado. Os gerentes e os funcionários que atuam nos bastidores de um resort trabalham em tempo integral para proporcionar prazer e relaxamento aos hóspedes. Seu principal objetivo é agradar para que os hóspedes retornem. Fazer isso, entretanto, não é tão glamouroso como pode parecer. Segundo Tom Norby, gerente de serviços do Sea Pines: "Para quem observa de fora, o ramo dos resorts parece ser um mundo de lazer. Mas se você está trabalhando para que os hóspedes fiquem satisfeitos, você está trabalhando duro"[13]. Ainda assim, o profissional de hospitalidade desse ramo especializado definitivamente descobrirá uma carreira desafiadora, já que faz parte da natureza dos resorts atender aos hóspedes demonstrando atenção e esmero e prestando um bom serviço nos mínimos detalhes.

Serviço personalizado representa o lado bom e ruim da indústria dos resorts. Oferecer luxo em profusão é o objetivo principal dos resorts e, ao mesmo tempo, esse luxo custa caro e provoca altas taxas de rotatividade de pessoal. Segundo Monika Church, gerente de recursos humanos do Sea Pines (Carolina do Norte): "Muita gente quer trabalhar em um resort — mas não muito. Não quer trabalhar o número de horas necessárias durante a temporada. Ou não consegue entender que a base do negócio é o serviço"[14]. Outros fatores, como locais de moradia acessíveis para os funcionários, também afetam as taxas de rotatividade de pessoal.

Ainda assim, os resorts podem ser bem lucrativos e, dependendo da aceitação da comunidade local, podem representar oportunidades de emprego significativas para profissionais de hospitalidade e gerar receita para os negócios locais. A gerente de recursos humanos do Sea Pines diz: "Se você demonstra profissionalismo e iniciativa, existem boas oportunidades de promoção"[15].

TABELA 11-1 Os dez melhores resorts dos Estados Unidos

Classificação	Estabelecimento	Faturamento por unidade habitacional (US$)	Número de unidades habitacionais	Receita total em milhões (US$)	Taxa de ocupação média (%)
1	Auberge du Soleil Rutherford, Califórnia	280.769	52	14.600	83
2	Timberline Lodge Timberline, Oregon	207.129	70	14.499	80
3	Rancho Valencia Resort Rancho Santa Fé, Califórnia	185.142	43	7.961	74
4	Turnberry Isle Resort & Club Aventura, Flórida	158.852	340	54.010	78
5	Resort at Longboat Key Club Longboat Key, Flórida	155.414	223	34.567	77
6	Four Seasons Resort & Club Irving, Texas	154.062	357	55.000	80
7	Ponte Vedra Inn/Club Ponte Vedra Beach, Flórida	146.396	222	32.500	80
8	Salish Lodge and Spa Snoqualmie, Washington	142.019	91	12.924	75
9	Silverado Country Club and Resort Napa, Califórnia	137.931	290	40.000	90
10	Kona Village Resort Kailua-Kona, Havaí	128.952	125	16.119	60

Fonte: Lodging Hospitality. Agosto de 1998.

Os Resorts Expandem o Turismo — e, às Vezes, Causam Problemas. Como pudemos ver no Capítulo 2, a aceitação pela comunidade local é um dos principais desafios que os idealizadores e gerentes de resort enfrentam. A relação ambivalente entre turistas e moradores pode perturbar o equilíbrio necessário para que o estabelecimento seja administrado com sucesso. O dilema tradicional é que os residentes são normalmente pessoas mais pobres que vivem em lugares bonitos. Eles gostam do dinheiro que o turismo traz, mas ressentem-se da presença de turistas. É um problema que precisa ser previsto pelos idealizadores e cuidado pelos gerentes.

Durante os anos 80, o turismo trouxe crescimento e prosperidade econômica para as cidades montanhosas do Colorado, como Aspen e Telluride. Entretanto, muitos moradores reclamaram da falta de acesso às terras públicas, do aumento da criminalidade e da mudança da paisagem causados pelo desenvolvimento comercial. Em 1993, os moradores do Colorado votaram contra um imposto utilizado para financiar esforços de marketing do estado, incluindo campanhas nacionais de publicidade de US$ 10 a 12 milhões anualmente. Assim, o número de viagens para o estado caiu e permaneceu por cinco anos abaixo dos números de 1992. As taxas de ocupação dos hotéis de Boulder caíram de 78%, em 1995, para 73%, em 1997. Em 1998, o número de visitas ao Colorado tinha voltado aos níveis de 1992, mas a taxa de crescimento ainda estava longe da registrada nos anos 80.

As preocupações dos moradores com o desenvolvimento do turismo e dos resorts não são exclusivas do estado do Colorado. Apesar de os resorts normalmente provocarem efeitos positivos, os custos sociais do desenvolvimento comercial em pequenas comunidades e em áreas pouco exploradas podem sobrepujar os benefícios econômicos imediatos. Os idealizadores de resorts

História

POR DENTRO DA INDÚSTRIA | **HISTÓRIA**

John Muir e as Preocupações com o Meio Ambiente

John Muir, que quase ficou cego em um acidente quando pequeno, em uma indústria, logo trocou a triste vida de trabalhador de fábrica por uma de aventureiro. Em seu primeiro ano como explorador, Muir percorreu 1.600 quilômetros (de Indiana à Flórida) e, no ano seguinte, viajou para Sierra Nevada e Yosemite Valley, onde o jovem naturalista fez alguns trabalhos ocasionais como pastor de ovelhas, funcionário de serraria e guia. Ele fugiu para lugares ermos em busca de refúgio e revitalização.

Apesar de Muir ter publicado muitos ensaios sobre a Sierra durante sua juventude, ele só se tornou conhecido nos Estados Unidos no final do século XIX, ao pressionar o Congresso a criar o Yosemite National Park. Com seu amigo Robert Underwood Johnson, Muir constituiu o Sierra Club, fundado para defender as regiões selvagens da Califórnia. Voltou a escrever e fez dois ensaios que propunham um parque nacional. Em 1890, o Congresso criou o Yosemite National Park.

A despeito dos esforços de Muir, o Congresso alterou radicalmente as fronteiras do parque em 1906. Naquele mesmo ano, na cidade de São Francisco, foi lançada a pedra fundamental para construção de uma represa e um reservatório para uma hidroelétrica que iria, segundo Muir, destruir parte do Yosemite. Dizem que Muir perguntou: "Somos tão pobres... que precisamos destruir o que deveríamos amar e proteger? Invadir um espaço sagrado porque assim é mais fácil obter progresso (é) falso humanitarismo"[1].

Hoje, o Sierra Club possui 550 mil membros e se dedica à preservação global do meio ambiente. Mais de 100 anos depois, as idéias de Muir continuam vivas nesse grupo.

[1] "Muir & Yosemite". *Los Angeles*. Dezembro de 1987: 185.

devem considerar, portanto, como o retorno econômico de seu investimento será afetado por fatores sociais e ambientais.

A Indústria dos Resorts na Atualidade. No início dos anos 90, a indústria dos resorts sofreu com a estagnação econômica dos Estados Unidos. Além disso, foi prejudicada por problemas de imagem, desde a idéia de que o Club Med é voltado exclusivamente para "solteiros liberais" até o conceito de que os resorts, em geral, são muito caros para o cidadão comum. Uma pesquisa de 1998 da Marriott Hotels & Resorts confirmou que muitos consumidores viam os resorts como lugares de férias para (1) turistas de classe alta, (2) não-aventureiros e (3) idosos[16].

Assim, os resorts adotaram estratégias criativas de marketing para fixar novas imagens. O Club Med, por exemplo, lançou uma bem-sucedida campanha de marketing de US$ 25 milhões direcionada a casais e famílias e combatendo "uma imagem de sol, surfe, solteiros e sexo". O SuperClubs, que possui cinco resorts na Jamaica e planeja abrir pelo menos mais três no Caribe, autodenominou-se o único resort "*super-inclusive*" do mundo. Acomodações, refeições, bebidas e instalações de lazer e entretenimento estão incluídos em um único preço, e as gorjetas são estritamente proibidas[17]. Outros resorts apostaram em estratégias como mala-direta, e outros ofereceram descontos e incentivos aos agentes de reservas.

A sociedade norte-americana, que vive em constante processo de mudança, oferece, talvez, os maiores desafios à indústria dos resorts. Apesar de agora os resorts serem acessíveis para todos, dois grupos principais são alvos da indústria: os idosos e a geração formada por pessoas que hoje têm entre 40 e 60 anos e anseiam por férias com a família ou férias em que possam conhecer novas pessoas. Além desse grupo, um outro segmento de marketing que gerentes astutos procuram atrair são os idosos, que representam uma porcentagem crescente da população.

As condições econômicas fizeram com que as pessoas passassem a tirar férias mais curtas e com maior freqüência. Apesar do fato de um número cada vez maior de famílias dispor de duas fontes de renda, os consumidores querem receber mais por seu dinheiro. Turistas em férias geralmente querem pelo menos uma dessas duas coisas: férias para a família ou férias educativas que os ajudarão a se desenvolver em uma área específica (por exemplo: culinária, degustação de vinhos, computação).

Ao contrário de antigamente, os idealizadores e gerentes de resorts precisam confiar em mais coisas do que na localização e em paisagens bonitas para atrair hóspedes. Três fatores essenciais ajudam a determinar o sucesso de um resort: sua reputação, os atrativos da região e as instalações oferecidas. O desenvolvimento e a administração desse tipo de empreendimento são diretamente influenciados por esses fatores, bem como por mudanças demográficas e as relativas às necessidades dos consumidores.

Os resorts também estão procurando maneiras de expandir sua base de consumidores. Um exemplo é tentar atrair o mercado de eventos. Ao criar novos segmentos de mercado e expandir os serviços, o futuro dos resorts poderá manter-se brilhante.

CASSINOS

Os jogos de azar existem há tanto tempo na história da humanidade que não é possível atribuir sua origem a uma cultura ou período histórico específicos. Dados feitos de ossos do tornozelo de antílopes foram encontrados em sepulturas pré-históricas. Os antigos egípcios, hebreus, gregos e chineses deixaram evidências ou referências de que tinham o hábito de jogar. Os **jogos de azar** são aqueles em que se aposta dinheiro ou artigos de valor, e os **cassinos** são locais onde se faz isso.

Regulamentações Governamentais. Atualmente, as leis mais liberais relativas a jogos de azar são as do Reino Unido. Muitos países, como Gana, França, Macau, Mônaco, Porto Rico,

Rússia, países escandinavos e Estados Unidos, mantêm alguma forma de restrição governamental aos jogos de azar. Apesar de, nos Estados Unidos, o jogo estar muito relacionado a Nevada e a Atlantic City, em Nova Jersey, também é de algum modo legal em todos os outros estados, à exceção do Havaí e de Utah. Em alguns estados do centro-oeste, o jogo é legal em embarcações fluviais. Navios luxuosos ancorados em águas internacionais, onde é possível chegar por meio de balsas ou barcos a motor, também oferecem oportunidades de apostas. O jogo em cassinos ainda deve expandir-se pelos Estados Unidos, em estados como Massachusetts, Pensilvânia, Flórida e Louisiana, e também pelo mundo, em países como Polônia e Austrália. A indústria do jogo no esporte e no entretenimento é um segmento da indústria do lazer que obtém milhões de dólares em receita todos os anos.

Auditorias Contábeis. As oportunidades de carreira em cassinos nos Estados Unidos dependem de normas impostas pelo governo que determinam a estrutura organizacional e os cargos específicos. Em virtude da enorme receita gerada por esse segmento da indústria da hospitalidade — 80% da renda bruta em Atlantic City e mais de 50% em Nevada —, auditorias contábeis interligadas, bem como outras normas governamentais, são essenciais para o sucesso e para a

Perfil Empresarial

PERFIL EMPRESARIAL | **GRAND TETON LODGE COMPANY**

Orgulho nos Tetons

"Trate seus hóspedes como você trataria os amigos." Essa é a filosofia da Grand Teton Lodge Company. Há mais de quatro décadas a Grand Teton Lodge Company vem atendendo a milhões de turistas e visitantes que vão todos os anos ao Grand Teton National Park, em Jackson Hole, Wyoming.

Contemplando o montanhoso vale de Jackson Hole, de 80 quilômetros de extensão e 1.500 metros de altitude, onde vive o maior bando de alces da América, a região de Grand Tetons é uma área turística de surpreendente beleza natural. O que, então, uma empresa de administração como a Grand Teton Lodge Company faz? Muito. Como principal concessionária da região, a Grand Teton Lodge Company, com a autorização do National Park Service e do Departamento do Interior, possui acomodações para visitantes em três áreas do Grand Teton National Park. Além disso, oferece transporte, lojas e atividades de lazer, como golfe, tênis, pesca e passeios de balsa pelo rio Snake.

A empresa surgiu no início da década de 1930, quando a Jackson Hole Preserve, Inc., uma organização sem fins lucrativos que trabalha pela preservação e pela educação, fundou a empresa, conhecida então como Grand Teton Transportation Company. Atualmente, décadas depois, a Grand Teton Lodge Company ainda se dedica aos princípios determinados por seus fundadores: trabalhar para que o visitante tenha a melhor experiência possível dentro do parque, gerenciando todas as operações de maneira lucrativa e fornecendo um serviço de qualidade que atenda às expectativas dos hóspedes.

Uma das principais funções da Lodge Company é a administração de três estabelecimentos: o Jackson Lake Lodge, um hotel de 385 unidades habitacionais; o Colter Bay Village, uma área para trailers, barracas e cabanas; e o Jenny Lake Lodge, um estabelecimento com cabanas de aparência rústica, mas excelentes. Além disso, a Lodge Company possui diversos restaurantes, entre os quais o Strutting Grouse Restaurant & Lounge, onde os clientes podem experimentar pratos típicos da região.

Como muitos de seus parceiros da hospitalidade, a Grand Teton Lodge Company sedia conferências como a American Travel Writers, a New York Life Insurance e as do National Park Service. Não é de surpreender que os velhos "amigos" retornam ano após ano.

legalidade de um cassino. Na verdade, os governos dos estados regulam o funcionamento dos cassinos por meio de diversas juntas e comissões, como o Nevada Gaming Policy Committee, a State Gaming Control Board e a Casino Control Commission. As normas governamentais determinam os tipos de jogos permitidos e os dias e horários de funcionamento dos cassinos. Os funcionários precisam provar que não têm antecedentes criminais. Algumas localidades autorizam os empregadores a verificar as finanças pessoais dos funcionários para ter certeza de que não há dívidas ou falta de recursos.

A Ética nos Jogos de Azar Legalizados. Apesar dessas e de outras normas governamentais, o crime organizado sempre esteve relacionado aos jogos de azar legais e ilegais. Fundos de pensão de pelo menos um grande sindicato investiram em bancos de Las Vegas, que financiaram a construção de cassinos. Há muitos anos se diz que os principais funcionários de alguns grandes cassinos têm fortes ligações com o crime organizado. Em virtude disso, muitas pessoas questionam a ética dos jogos de azar legalizados.

Além das relações com o crime organizado, existe oposição aos cassinos porque eles podem incentivar as pessoas a gastar e perder um dinheiro que poderia ser utilizado para alimentar e cuidar de suas famílias. Outros não apreciam a característica básica do jogo — que uma pessoa ganhe um prêmio ou dinheiro sem que tenha trabalhado ou se esforçado para merecer tal recompensa. Há, ainda, os que temem que o jogo leve a um aumento da criminalidade em geral. Além disso tudo, existe o fato de que grandes quantidades de dinheiro passam de mão em mão nos cassinos sem que nada seja produzido, em oposição à indústria. Há ainda uma outra questão: em certos casos, o jogo pode tornar-se um vício. A Associação dos Apostadores Anônimos, uma organização mundial, utiliza um programa de recuperação com 12 etapas parecido com o utilizado pela Associação dos Alcoólicos Anônimos, para ajudar os apostadores compulsivos a superar seu problema.

Não há dúvida de que o jogo, para a maioria das pessoas, significa perdas. Até mesmo Steve Wynn, um dos maiores proprietários de cassinos dos Estados Unidos, admite que a única maneira de fazer dinheiro em um cassino é sendo o proprietário[18]. Os defensores do jogo argumentam que ele traz benefícios econômicos para a comunidade, por exemplo na forma de impostos ou do turismo.

Jogos Significam Negócios. Em 1976, o jogo legalizado rendeu US$ 17,3 bilhões nos Estados Unidos. Vinte anos depois, esse número subiu para US$ 586 bilhões. Muitos fatores contribuíram para esse espantoso aumento, entre eles a criação de loterias em muitos estados e a abertura de cassinos em outras áreas que não as tradicionais Las Vegas e Atlantic City. A Figura 11-2 mostra o crescimento dos cassinos fora de Nevada e Nova Jersey. Apesar de a receita hoje ser menor se comparada à de Nevada, a perspectiva da implementação de jogos de azar na Internet é forte.

As estatísticas do crescimento dos jogos sugerem que o crescimento está mais lento. O crescimento nos anos anteriores foi de 22% em 1994, 14% em 1995 e 5% em 1996[19]. Essa queda pode refletir uma saturação do mercado em algumas regiões dos Estados Unidos. Todavia, a indústria do jogo constitui uma parte importante e significativa do segmento lazer da indústria da hospitalidade. Mesmo com taxas de crescimento de um dígito, essa indústria continuará a ser muito importante.

Cassinos em Nevada. A indústria do jogo em Nevada e especialmente em Las Vegas prosperou: as apostas em cassinos cresceram 9,6% em 1996[20]. Além dos grandes hotéis e cassinos abertos na década de 1990, mais 15 mil unidades habitacionais estavam em construção em 1998. O Bellagio é um estabelecimento de luxo com três mil unidades habitacionais aberto recentemente. Alguns outros estabelecimentos são o Venetial, um hotel *all-suite*, um novo Hilton e um da empresa Circus Circus com o nome de Mandalay Bay[21].

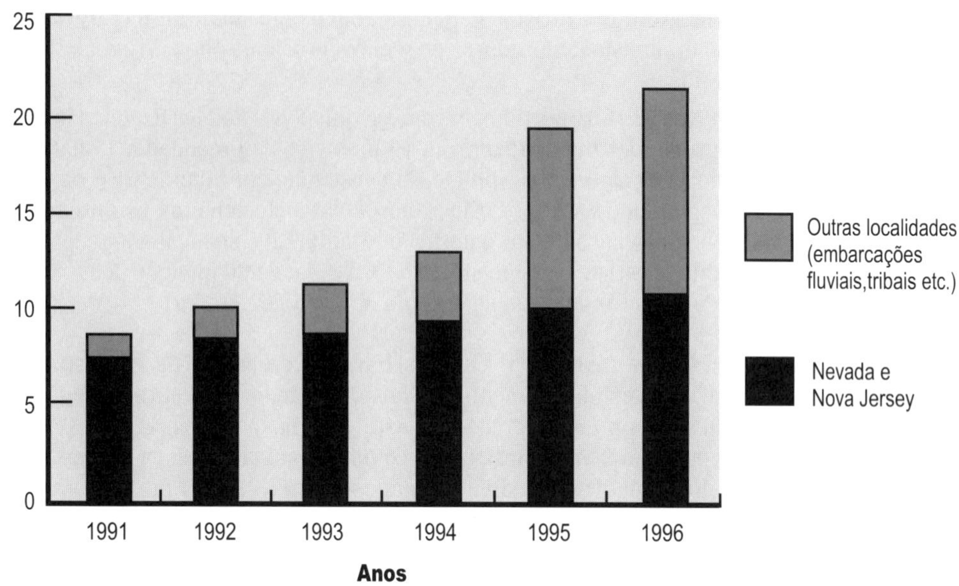

Figura 11-2 A expansão dos cassinos fora de Nevada e de Nova Jersey, nos Estados Unidos.
Fonte: Harrah's Entertainment Inc.

Esses novos estabelecimentos associam-se a prósperos megacassinos. O Mirage, avaliado em US$ 600 milhões, tem um vulcão de 16 metros, tigres brancos siberianos vivos, um aquário com tubarões e um hotel-cassino de três mil unidades habitacionais. O Excalibur, um castelo medieval de quatro mil unidades habitacionais, promove torneios de cavaleiros ao vivo. É fácil perceber por que Las Vegas se auto-intitula a capital mundial do entretenimento.

É interessante notar que, com todo o brilho e o glamour que esse "playground para adultos" oferece, os empreendedores e os gerentes de cassinos e hotéis em Las Vegas criaram uma nova tendência: cassinos extravagantes com mais atrações para as crianças. Na segunda metade da década de 1990, cerca de 5% dos visitantes da cidade traziam crianças. Agora, Las Vegas almeja desfazer-se da imagem de "pecadora" e tornar-se um destino turístico para famílias, como Orlando, só que mais barato. As diárias dos hotéis de Las Vegas correspondem a um terço das de Orlando, o que torna a cidade mais atraente para quem tem filhos. A maioria dos novos estabelecimentos de Las Vegas utiliza essa estratégia de marketing.

Além de dar mais ênfase às diversões para as famílias, os estabelecimentos de Las Vegas estão ampliando seus esforços de marketing com o objetivo de atrair mais eventos.Os administradores dos hotéis-cassinos acham esse mercado mais lucrativo do que o de turistas convencionais, porque as despesas dos participantes de eventos normalmente são pagas por empresas. Foram construídas áreas para eventos no Caesars Palace e no MGM Grand. Essas áreas também fazem parte dos planos do Bellagio e do Mandalay Bay[22].

Cassinos em Nova Jersey. No final dos anos 70, esperava-se que Atlantic City fosse a salvação da costa leste dos Estados Unidos. Atlantic City ainda precisa atender a essas expectativas. Os cassinos criaram alguns empregos, mas não podem salvar as regiões de baixa renda. Na realidade, "o crescimento no ramo dos jogos de azar diminuiu bastante e tornou-se vítima de uma economia em crise no nordeste e do aumento da concorrência dos espetaculares megacassinos de Nevada"[23]. Quase 60 milhões de pessoas — um quarto da população dos Estados Unidos — vivem em um raio de 480 quilômetros de distância de Atlantic City. Diferentemente de Las Vegas, que atrai muitos participantes de eventos e turistas que pernoitam na cidade, Atlantic City é freqüentada principalmente por excursionistas, moradores de regiões próximas que entram na cidade de ônibus para um dia de apostas.

Apesar de o jogo em Atlantic City ter tido um começo difícil, há indícios de que a localidade ainda pode tornar-se um grande destino de lazer. Em 1990, o rico empreendedor Donald Trump abriu o Taj Mahal, o cassino mais caro (US$ 1 bilhão) já construído em Atlantic City, para tentar competir com os megacassinos de Las Vegas. Cinco novos estabelecimentos estão em projeto para este século, todos planejados para mudar o perfil de Atlantic City, de local que recebe excursionistas para uma localidade turística cheia de atrativos[24]. A cidade tem ajudado nesse processo por meio da construção de um centro de convenções e da reforma do aeroporto.

As Diferenças entre os Hotéis-cassinos e Outros Estabelecimentos de Hospedagem. O "casamento" dos cassinos com os estabelecimentos de hospedagem ocorreu naturalmente. Como a maioria dos cassinos subsidia ou cobra preço de custo pela hospedagem e pelo serviço de alimentos e bebidas (compensando-se nas mesas de jogo ou nas máquinas caça-níqueis), a conjunção de forças atende a dois objetivos: (1) atender o apostador e (2) criar um único centro de lucro para hotéis e cassinos. De fato, a maioria dos cassinos são hotéis. Em virtude disso, muitos são de propriedade de grandes empresas, como a Hilton ou a Promus Corporation, dona do Harrah's Hotel and Casino. Por necessidade, a maior parte dos cassinos conta com 500 unidades habitacionais ou mais.

No entanto, os hotéis-cassinos não funcionam do mesmo modo que os hotéis tradicionais. A maior diferença entre os dois é que os hotéis-cassinos não pretendem obter muito lucro com a venda de hospedagem, pois sabem que obterão receitas muito maiores com as apostas. As diárias em hotéis-cassinos são relativamente baixas se comparadas a outros hotéis. Deve-se observar, no entanto, que os hotéis-cassinos possuem taxas de ocupação em torno de 80% a 90% durante todo o ano — maior do que a média da indústria. Os cassinos devem sempre procurar oferecer serviço excepcional a seus hóspedes, sendo uma das tarefas da recepção assegurar que sempre existam quartos disponíveis para hóspedes importantes que vão ao hotel para jogar.

Os hotéis-cassinos possuem diversos pontos-de-venda de alimentos e bebidas, de lanchonetes a restaurantes sofisticados. Muitos dos restaurantes funcionam 24 horas e podem servir centenas de refeições em um único dia. Um aspecto interessante do funcionamento de um hotel-cassino é o fato de seus restaurantes nunca fecharem. E "bons" clientes ganham refeições quando gastam muito dinheiro no cassino.

CRUZEIROS

Tecnicamente, um **cruzeiro** é uma viagem feita de navio. Algumas pessoas imaginam um navio de cruzeiro como um resort flutuante. Outras o vêem como um agradável meio de transporte, uma maneira de conhecer lugares distantes com o conforto de uma casa[25]. Qualquer que seja o ponto de vista, não há dúvida de que os cruzeiros são uma forma popular de entretenimento.

O Crescimento da Indústria. A partir da metade da década de 1990, a indústria dos cruzeiros passou por um extraordinário crescimento de demanda. Entre 1978 e 1989, o aumento da receita foi de 468%. Nos 12 anos transcorridos entre 1986 e 1998, a porcentagem de norte-americanos que já tinham viajado em cruzeiros aumentou de menos de 4% para quase 12%. Na metade da década de 1990, entretanto, a taxa de crescimento caiu. Apesar de a indústria ter permanecido saudável, as reservas caíram em meados dos anos 90, tornando a crescer no final da década. Em 1997, o volume de passageiros aumentou 8,6%, e a ocupação atingiu recordes de 90%[26]. É interessante notar que o lançamento do filme *Titanic*, em 1998, provocou enorme aumento no número de reservas para cruzeiros, com muitas empresas divulgando aumentos significativos nas reservas. O número mensal de visitas ao site da Cunard passou de 110 mil para mais de 950 mil no mês em que o filme foi lançado[27].

As empresas de cruzeiros tendem a crescer neste século. Novos navios estão sendo lançados, muitos com capacidade para mais de duas mil pessoas. Espera-se que a capacidade total dos cruzeiros aumente em 50% até 2005.

Perfil Pessoal

PERFIL PESSOAL — **SAMUEL CUNARD**

Navegando para o Sucesso

Nascido na Nova Escócia no inverno de 1787, Samuel Cunard se tornaria famoso mundialmente como o fundador da Cunard Steam Ship Co. Ltd. A empresa começou como uma transportadora dos correios que passava por Newfoundland, Halifax, Boston e Bermudas. Com o sucesso de seu empreendimento, Cunard, com 27 anos, estabeleceu-se de maneira sólida e construiu sua reputação no mundo dos negócios.

O pai de Samuel Cunard, Abraham, era carpinteiro e foi trabalhar no estaleiro Halifax. Por fim, ele e o filho acabaram construindo uma empresa bem-sucedida no ramo dos navios, a A. Cunard and Son. Samuel Cunard trabalhou primeiro para o governo, aprendendo o ofício de corretor marítimo. Foi do começo à metade do século XIX que Samuel desenvolveu seu interesse por navios. Ele comprou um navio chamado White Oak, que atuava no comércio de baleias, comprou terras e trabalhou como distribuidor de chá chinês na América do Norte britânica.

Posteriormente, Samuel foi designado encarregado dos faróis e mudou o nome da empresa de seu pai de A. Cunard and Son para S. Cunard and Company. Em 1831, o visionário Cunard e seus irmãos fizeram um empréstimo e compraram um navio a vapor conhecido como Royal William, que cruzou o Atlântico. Cunard foi para a Grã-Bretanha em 1839, "determinado a procurar e explorar as possibilidades de serviço dos navios a vapor". Após negociar um contrato com o notório engenheiro naval Robert Napier, de Glasgow, para construir três navios a vapor, em maio de 1839, Cunard fechou o primeiro de seus muitos contratos com o governo para fazer o transporte de correspondências entre Liverpool, Halifax, Boston e Quebec.

Em parceria com *sir* George Burns, de Glasgow, e David MacIver, de Liverpool, Cunard fundou a British and North American Royal Mail Steam Packet Co., que mais tarde tornou-se a Cunard Steam Ship Co. Como o governo modificou o tamanho, a capacidade e o número de navios necessários para os correios, quatro navios formaram uma nova empresa — o Acadia, o Britannica, o Caledonia e o Columbia. Cada um tinha 60 metros de comprimento, motores de 750 cavalos de potência e podia carregar até 100 passageiros.

O Bothnia e o Scythia foram os primeiros navios de passageiros de Cunard a pesar mais de quatro mil toneladas. Eles podiam carregar 300 passageiros de primeira classe e 1.200 de segunda. Como os custos operacionais aumentaram com a maior capacidade, as margens de lucro da empresa encolheram. Mesmo assim, as habilidades empresariais de Cunard ajudaram a fundar a primeira empresa de cruzeiros regulares do Atlântico. A monarquia inglesa reconheceu seus feitos conferindo-lhe o título de baronete, em 1859. Quando Cunard faleceu, seis anos depois, deixou um legado para a indústria dos navios e cruzeiros que dominou o mercado por mais de um século.

[1] HYDE, Francis E. *Cunard and the North Atlantic, 1840-1973*. Atlantic Highlands, NJ, Humanities Press, 1975: 3.

O mercado para os cruzeiros está em expansão. Segundo um estudo patrocinado pela Cruise Industry Association of America, o mercado dos cruzeiros tem as seguintes características:

Idade	27% menos de 40 45% entre 40 e 59 28% têm 60 ou mais Idade média: 50
Sexo	54% mulheres 46% homens
Estado Civil	73% casados
Renda	Renda média: US$ 58.800

Fonte: 1998 Market Profile Study. Cruise Industry Association of America.

A Nova Concorrência. Apesar de a indústria dos cruzeiros ser parte de um todo conhecido como hospitalidade, ela está superando outros segmentos dessa indústria global. A indústria dos cruzeiros vem desafiando a dos resorts e está disputando o mercado com outros segmentos, dando trabalho para os hoteleiros.

Alguns especialistas dizem, entretanto, que a concorrência está diminuindo e que o mercado dos cruzeiros está caminhando para onde os resorts estavam em um passado recente — um ponto de saturação. Entretanto, com estratégias inteligentes de marketing, preços competitivos e novos mercados, talvez a indústria dos cruzeiros possa evitar os perigos enfrentados por seus parceiros de terra.

ÊNFASE NO ENTRETENIMENTO

Os **teatros-restaurantes** surgiram em 1959 como invenção de Bill Pullinsi. Na época, recém-saído da faculdade, Pullinsi resolveu criar um lugar onde os clientes pudessem jantar e assistir a um espetáculo ao vivo sem ter de deixar seus assentos ou gastar uma pequena fortuna[28]. Hoje, credita-se ao dono da Candlelight Dinner Playhouse, além da invenção do conceito de teatro-restaurante, muitas outras inovações da indústria. Entretanto, essas inovações provocaram acentuada queda no número de teatros-restaurantes nos Estados Unidos. Os que sobreviveram obtêm sucesso ao fornecer a seus clientes um serviço de qualidade que corresponde ao preço pago.

No princípio, os teatros-restaurantes produziam espetáculos com estrelas da televisão ou do cinema para atrair clientes. Entretanto, como muitas dessas estrelas tinham pouca ou nenhuma experiência de palco e o custo para tê-las era muito alto, os teatros-restaurantes abandonaram esse conceito. Atualmente, trupes residentes fazem as apresentações. O teatro-restaurante de Pullinsi foi um dos primeiros a utilizar essas companhias. Pullinsi também foi responsável por prolongar a temporada das apresentações de três para seis ou oito semanas. Além disso, em vez de apresentarem espetáculos por apenas 40 semanas no ano, agora esses estabelecimentos têm espetáculos para 50 semanas.

Apesar de os teatros-restaurantes normalmente produzirem musicais ou dramas, também exibem diversos outros tipos de espetáculos. O Jai Lai Dinner Theater, em Columbus, Ohio, exibiu uma história de mistério, com a participação da platéia, em que se dava dinheiro de mentira aos espectadores para que eles "subornassem" os personagens a fim de obter mais informações. No Sea World's Aloha Polynesian Luau, em Orlando, dançarinos demonstram as danças tradicionais das ilhas. E o Medieval Times Dinner and Tournament, em Kissimmee, Flórida, fica em um castelo onde os clientes participam de um banquete (sem talheres) e assistem a batalhas de cavaleiros, lutas de espada e um desfile de pompa medieval[29].

Inovações Empresariais

POR DENTRO DA INDÚSTRIA | **INOVAÇÕES EMPRESARIAIS**

Segurança nos Cruzeiros

Como tantos negócios, a indústria dos cruzeiros está sujeita a muitas normas e regulamentos. As maiores preocupações estão relacionadas à segurança.

Um relatório de 46 páginas, produzido em 1993 pelo General Accounting Office (GAO), do Congresso dos Estados Unidos, culpou a indústria e a Guarda Costeira por muitos dos acidentes que ocorrem em virtude da falta de cuidados com a segurança. Citando detalhes reais de embarcações específicas nas quais ocorreram acidentes e mortes, o GAO percebeu a existência de três grandes falhas nos procedimentos de segurança dos cruzeiros:

- a tripulação normalmente não está preparada para emergências;
- equipamentos de segurança e contra incêndio adequados e em bom estado nem sempre estão disponíveis; e
- os oficiais que realizam inspeções não costumam ter treinamento suficiente, em especial na área de segurança internacional.

A indústria de cruzeiros, informada do relatório, tomou providências imediatas para implementar novas normas. Por exemplo, a International Maritime Organization (IMO) instituiu duas regras: uma que exige a instalação de sistemas de extinção de incêndio por aspersão (navios antigos tiveram de instalá-los até 1997, e navios construídos entre 1980 e 1994 têm prazo até 2005) e uma outra exigindo sistemas de iluminação (utilizados para guiar os passageiros através da fumaça)[1].

Infelizmente, são as tragédias que sempre estimulam as mudanças. Apesar de a segurança nos cruzeiros estar longe de ser perfeita, a distância vem sendo rapidamente vencida, o que representa um alívio para as preocupações dos passageiros de cruzeiros.

[1] WADE, Betsy. "Cruise Ships: How Safe?". *New York Times*. 23 de maio de 1993:3.

Vários teatros-restaurantes foram abertos nas décadas de 1960 e 1970, mas poucos sobreviveram — a maioria em virtude de má administração. Muitos desses primeiros gerentes tinham pouca ou nenhuma experiência em restaurantes ou teatros, de modo que seus negócios faliram. Para um empreendimento obter sucesso, é necessário que o gerente conheça bem os dois negócios.

A imagem da indústria melhorou à medida que gerentes com mais experiência passaram a administrar os estabelecimentos. A qualidade dos espetáculos, a comida e o serviço melhoraram continuamente ao longo dos anos. Além disso, a variedade das apresentações também aumentou. Apesar do trabalho de difícil execução, os gerentes de teatros-restaurantes consideram suas carreiras gratificantes quando conseguem oferecer um produto de qualidade a um bom preço.

RESUMO

- ☆ O segmento de lazer é um dos que mais rapidamente crescem dentro da indústria da hospitalidade.
- ☆ O lazer conseguiu se "impor" como uma indústria de milhões de dólares.
- ☆ Pousadas, *châteaux*, *paradores* e outros estabelecimentos exclusivos oferecem uma alternativa de hospedagem diferente dos hotéis comuns.

- Os diferentes tipos de clubes são clubes de campo, clubes metropolitanos, iates clubes, clubes militares e clubes fraternais.
- Os spas são resorts relacionados à manutenção e melhoria da boa forma física ou a tratamentos de saúde onde é possível emagrecer ou fugir do estresse. Os spas localizados dentro de resorts possuem algumas instalações para tratamentos de saúde, mas são especializados em lazer e convívio social.
- Os parques temáticos regionais continuarão a fazer sucesso à medida que as pessoas tirarem férias cada vez mais curtas e mais próximas de casa. Além disso, o cuidado com o serviço assegura a volta dos clientes a esses parques.
- O sucesso de um resort depende de sua reputação, das atrações do entorno e de suas instalações.
- Os resorts vêm tentando recuperar participação no saturado mercado por meio de estratégias de marketing que incluem melhoria da imagem, promoção agressiva, expansão dos serviços e criação de novos mercados.
- Os cassinos, em sua maioria, também são hotéis que cobram preços de custo pelas refeições e pela hospedagem. Fazem isso por que sabem que obterão maior lucratividade com o jogo.
- Os navios de cruzeiros são "palácios flutuantes" que estão aumentando a concorrência para os hotéis e os resorts.
- Os teatros-restaurantes possibilitam que os clientes apreciem um jantar e um espetáculo sem sair do lugar. Nos últimos anos, aumentou bastante a qualidade da comida, dos espetáculos e do serviço desses estabelecimentos.

NOTAS

1 Robinson, John P. e Godbey, Geoffrey. *Time for Life: The Surprising Ways Americans Use Their Time.* University Park, Pennsylvania State University Press, 1997.

2 Robinson e Godbey. *Time for Life.*

3 Robinson e Godbey. *Time for Life.*

4 Zoltak, James. "Academician Schools IAAPA Delegates on Leisure Trends". *Amusement Business.* 30 de novembro de 1998.

5 *Fortune Magazine.* 21 de dezembro de 1996.

6 A expressão *bed-and-breakfast* pode ser traduzida para pousada. (N. do R. T.)

7 Club Managers Association of America. *1992 Operations and Financial Data Survey.* Alexandria, Va., Club Managers Association of America, 1992: 41.

8 "Taking the Waters: Ancestral American Spas". *Food Arts.* Janeiro/fevereiro de 1991: 44.

9 As YMCAs, clubes originados na Inglaterra e depois difundidos nos Estados Unidos, têm por objetivo a congregação de pessoas sem distinção de sexo, raça, religião ou nacionalidade. (N. do T.)

10 Adams, Judith e Perkins, Edwin. *The American Amusement Park Industry.* Boston, Twayne Publishers, 1991.

11 Benedict, Burton. *The Anthropology of World's Fairs.* Brookfield, Vt., Ashgate Publishing Company, 1983.

12 Stanton, Michael. "Working on Fantasy Island: A Visit to Hilton Head". *Occupational Outlook Quarterly.* Inverno de 1990: 2.

[13] Stanton. "Working on Fantasy Island", 3.

[14] Stanton. "Working on Fantasy Island", 5.

[15] Stanton. "Working on Fantasy Island", 5.

[16] Welihan III, William P. e Chon, Kye-Sung. "Resort-Marketing Trends of the 1990s". *Cornell Hotel and Restaurant Administration Quarterly*. Agosto de 1991: 57.

[17] Brower, Helen. "SuperClubs: New Promotion Reinforces Inclusive Concept". *Travel Weekly*. 12 de outubro de 1992: 63.

[18] Painton, Priscilla. "The Great Casino Salesman". *Time*. 3 de maio de 1993: 55.

[19] *International Gaming and Wagering Business*. Agosto de 1997.

[20] North American Gaming Report. *International Gaming and Wagering Business*. Julho de 1997.

[21] Watkins, Ed. "Don't Bet Against Las Vegas". *Lodging Hospitality*. Setembro de 1998: 10.

[22] Nigro, Dana. *Meetings and Conventions Magazine*. Junho de 1998: 57.

[23] Egan, Jack. "Trump Plays His Biggest Ace". *U.S. News & World Report*. 9 de abril de 1990: 41.

[24] *Hotel and Motel Management Magazine*. 3 de março de 1997: 18.

[25] Schwartzman, M. T. "Lines Add to Roster of Exotic Port Calls Due to Client Demand". *Travel Weekly*. 5 de agosto de 1991: C11.

[26] Cruise Industry Association of America. *1998 Market Profile Study*.

[27] Seal, Kathy. "Cruise Sales Hit Titanic Levels". *Hotel and Motel Management Magazine*. 4 de maio de 1998: 4.

[28] Link, William M. "Dinner Theatre: Recipe for Success". *Back Stage*. 24 de julho de 1992: 1.

[29] Mitchell, Mary A. "Area Offers Array of Dinner Shows". *Travel Weekly*. 19 de abril de 1993: F4.

VERIFIQUE SEU CONHECIMENTO

1. Identifique três grandes áreas das atividades de lazer e explique como estão relacionadas à indústria da hospitalidade.
2. Compare e indique as diferenças entre quatro tipos de clube.
3. Identifique quatro setores especializados da indústria da hospitalidade relacionados com o lazer.
4. Explique as principais diferenças entre hotéis-cassinos e outros estabelecimentos de hospedagem.
5. Identifique dois tipos de estabelecimentos que oferecem serviços a clientes interessados em manter a saúde e a boa forma física.

APLIQUE SUAS HABILIDADES

1. O Tara Hill Country Club cobra US$ 15.000 de taxa de associação e US$ 3.000 por ano de manutenção. Quem não desejar usar o campo de golfe pode ficar sócio por US$ 7.500 e ter a taxa de manutenção anual reduzida em um terço. Se os 280 sócios decidirem aceitar 12 novos sócios que utilizam o campo de golfe e oito que não utilizam, qual será

o total pago pelos novos sócios? Se o clube precisar de pelo menos mais US$ 325.000 com novos sócios, quantos novos sócios que utilizem o campo de golfe o clube precisará aceitar?

2. Examine as informações da Figura 11-2. Calcule a taxa de crescimento da receita para os cassinos localizados em Nevada e em Nova Jersey entre 1994 e 1996. Faça o mesmo para os cassinos localizados em outros locais dos Estados Unidos. Qual está crescendo mais rapidamente? Quais são as implicações desse crescimento para o desenvolvimento de novos cassinos em Las Vegas? E em outras regiões do país?
3. A Seaspray Cruise Line decidiu construir um novo navio de cruzeiros que ficará pronto em três anos. O custo estimado do navio é de US$ 150.000 por leito, sendo dois leitos por cabine. Se o navio tiver 800 cabines, qual será o custo do navio? Se 200 dessas cabines forem reservadas para a tripulação, qual será a porcentagem de quartos disponíveis para os passageiros? Se 300 tripulantes estiverem a bordo com 1.500 passageiros, qual será a proporção entre tripulantes e passageiros?

NA INTERNET

1. A exploração de jogos de azar na Internet é uma questão bastante controversa, principalmente porque é difícil controlar quem participa. Crianças, por exemplo, podem ter acesso a sites de jogos. Visite diversos sites de jogos de apostas on-line. Preste bastante atenção em como o acesso é restringido em cada site. Menores poderiam jogar em qualquer um dos sites que você visitou? Quais as possibilidades de os menores de idade participarem de jogos de azar na Internet?
2. Imagine que você está planejando uma viagem de carro e quer ficar em pousadas pelo caminho. Escolha um destino imaginário e pelo menos três pontos de parada. Utilizando a Internet, encontre as pousadas onde você gostaria de se hospedar. Imprima as informações.
3. Você planeja fazer um cruzeiro na costa oeste do Canadá e no Alasca. Escolha um cruzeiro baseado em informações obtidas na Internet. Imprima as informações relevantes.

QUAL É SUA OPINIÃO?

1. Você acredita que o ramo de administração do lazer continuará a crescer? Por quê?
2. Em seu entender, qual das seis áreas de especialização da administração do lazer possui maior renda e tem mais potencial de crescimento? Por quê?
3. O governo deveria ser mais rígido quanto às normas que regulam a indústria do jogo? Justifique.
4. Por que você acha que os segmentos especializados da hospitalidade estão crescendo rapidamente?
5. Dê exemplos de alguns obstáculos de uma carreira no segmento de lazer da indústria da hospitalidade.

ESTUDO DE CASO

Bem-vindo a Desert Sands, Novo México. Você foi contratado pelo gerente de um resort para fazer um estudo de viabilidade para o desenvolvimento de um novo resort com 1.000 acres de área nos limites de uma pequena cidade cuja principal atividade econômica tem sido o descarte de lixo tóxico.

1. Quais áreas específicas deverão ser estudadas?
2. Supondo que o resort seja aberto, quais são suas obrigações éticas com os hóspedes no sentido de informá-los sobre a presença de lixo tóxico?
3. Após muitos anos de funcionamento do resort, os moradores da região começam a ressentir-se dos turistas. Quais medidas você acha que poderiam ser adotadas pelo resort para acalmar os moradores?

Parte 5

O FUTURO E VOCÊ

O futuro da indústria da hospitalidade refletirá as mudanças que estão ocorrendo com a população — que está envelhecendo e tornando-se mais diversificada culturalmente. Os avanços tecnológicos estão ampliando os caminhos. Tanto a maior popularidade dos jogos de azar como a crescente preocupação com o meio ambiente mudarão o formato do segmento lazer da indústria da hospitalidade.

Nesse ponto de sua jornada, é importante entender o que provavelmente acontecerá com a indústria da hospitalidade para que você possa escolher que caminho seguir e trabalhar em direção ao futuro. Construir um futuro de sucesso é um processo deliberado que começa com o desenvolvimento de habilidades de comunicação e de domínio da computação. Avaliar seus pontos fortes e determinar seus objetivos de carreira são parte do processo e indicam o caminho para os passos seguintes: procurar empresas nas quais você gostaria de trabalhar e criar uma rede de contato com pessoas que podem auxiliá-lo a conseguir um emprego.

Preparar currículos e ir a entrevistas são os últimos passos do processo, que colocarão você cara a cara com seu futuro — seu novo emprego!

12

De Olho no Futuro

Resumo

Muitos fatores ajudaram a moldar e a definir a indústria da hospitalidade: a economia global, as forças políticas, as mudanças demográficas, as tendências tecnológicas, os ciclos de negócios, as demandas de hóspedes/clientes e a legislação governamental. Este capítulo estuda o efeito de tendências atuais no futuro da indústria da hospitalidade.

Muitas pessoas dizem que pelo fato de venderem um serviço em vez de um produto manufaturado, as empresas de hospitalidade precisam enfatizar muito mais o lado humano do que o tecnológico. Essa afirmação será testada na próxima década. A nova onda de inovações tecnológicas transformará a maneira pela qual os indivíduos interagem com as empresas prestadoras de serviços, e as empresas de hospitalidade estarão no centro dessas transformações.

Objetivos

Ao concluir este capítulo, você deverá ser capaz de:

1. Identificar características da mão-de-obra para o século XXI e quatro maneiras pelas quais os empresários podem aproveitar ao máximo a mão-de-obra disponível.
2. Descrever os efeitos da globalização na indústria da hospitalidade.
3. Indicar as áreas da indústria onde se espera que ocorra crescimento.
4. Explicar o efeito dos serviços tecnológicos na indústria e identificar áreas de avanço tecnológico.
5. Discutir a relação entre serviço personalizado e tecnologia no ambiente de trabalho da hospitalidade.
6. Discutir a importância da ética na indústria da hospitalidade.

O FUTURO DA INDÚSTRIA DA HOSPITALIDADE

Muitos fatores estão moldando o futuro da indústria da hospitalidade: as influências internacionais e multinacionais, a globalização, o aumento da diversidade cultural, as diferentes preferências dos consumidores, suas expectativas cada vez maiores e as mudanças constantes na área do lazer. Talvez o grande direcionador de mudanças, no início deste século, seja o desenvolvimento tecnológico — precisamente em virtude do fato de que o desenvolvimento tecnológico estimula a globalização, a preocupação com a diversidade e as mudanças no comportamento dos consumidores. A manifestação mais óbvia de como a tecnologia pode transformar a sociedade é a Internet. Hoje, quem utiliza os serviços da indústria da hospitalidade pode comprar passagens aéreas, reservar hotéis e alugar um carro utilizando um computador; amanhã, videoconferências em computadores pessoais poderão tornar as viagens desnecessárias.

De fato, a Internet é apenas parte de uma avalanche tecnológica cujos tamanho e progresso aumentam em proporções inacreditáveis. Os avanços tecnológicos dão suporte ao crescimento internacional ao transmitir rapidamente informações e manter os principais executivos da maioria dos países desenvolvidos em contato constante. E o que é mais importante: o ritmo da atividade comercial. As empresas não precisam mais esperar pelo correio tradicional para receber informações, elas têm acesso instantâneo pelo correio eletrônico.

A tecnologia também transformou a maneira pela qual as empresas e os mercados se relacionam. As empresas agora têm acesso a informações extremamente detalhadas sobre seus mercados, como, por exemplo, o que os clientes compram no supermercado, quanto pagaram por suas casas e se pagam suas contas corretamente. O "marketing em massa" de bens e serviços está sendo substituído por um marketing direcionado a categorias de consumidores e segmentos de mercado mais específicos. Neste século, muitas informações sobre os consumidores estarão disponíveis em um cartão de crédito "inteligente" e serão facilmente acessadas toda vez que o consumidor fizer uma compra.

A DEMOGRAFIA NESTE SÉCULO

O Capítulo 3 estudou a demografia ou a análise estatística dos fatores socioeconômicos. Neste capítulo, você estudará o porquê desses números e como aplicar esse conhecimento em seu futuro como profissional de hospitalidade. Ao longo deste livro, a hospitalidade foi definida como um ramo de atividade orientado para a prestação de serviços que funciona com base na oferta disponível e na demanda de hóspedes/clientes. À medida que a sociedade atual passa a considerar os serviços seu principal produto, a identificação de tendências e o desenvolvimento de estratégias de mercado para a indústria dos serviços tornam-se cada vez mais importantes.

Por quê? A resposta está no fato de que, mais do que qualquer outro ramo de atividade, a hospitalidade é um negócio que atende a pessoas. Quanto mais se souber a respeito das pessoas, melhor suas necessidades e desejos poderão ser satisfeitos. Por exemplo, suponha que você seja o empreendedor de um hotel. Cavar a fundação do hotel não seria prático ou eficiente em termos de custos sem antes conhecer a resposta para algumas perguntas: "Quantos hóspedes potenciais freqüentarão o hotel?" "São famílias ou viajantes de negócios?" "Gastarão muito ou pouco?" "O restaurante deve servir pratos rápidos ou oferecer um ambiente confortável para uma refeição prazerosa?" "Deve existir um restaurante?" "E quanto ao lazer?" Sem respostas para essas perguntas não se pode assegurar o êxito no atendimento às necessidades dos hóspedes. Dadas as constantes mudanças da população quanto a idade, educação, fatores demográficos e tradições culturais, você precisará sempre redefinir seu papel e adaptar seus serviços conforme as necessidades dos clientes.

ATRAINDO UMA MÃO-DE-OBRA EM CONSTANTE MUDANÇA

A indústria da hospitalidade é um ramo de atividade crescente que oferece muitas oportunidades de carreira para profissionais qualificados. Como os empreendimentos direcionados à prestação de serviços estão suplantando a indústria de bens de consumo, as características da mão-de-obra naturalmente se modificarão.

A atual mão-de-obra norte-americana está mais velha, mais diversificada étnica e culturalmente e mais bem dividida entre homens e mulheres. Negros, hispânicos e asiáticos representam mais de um terço das pessoas que ingressam no mercado de trabalho. A Figura 12-1 mostra

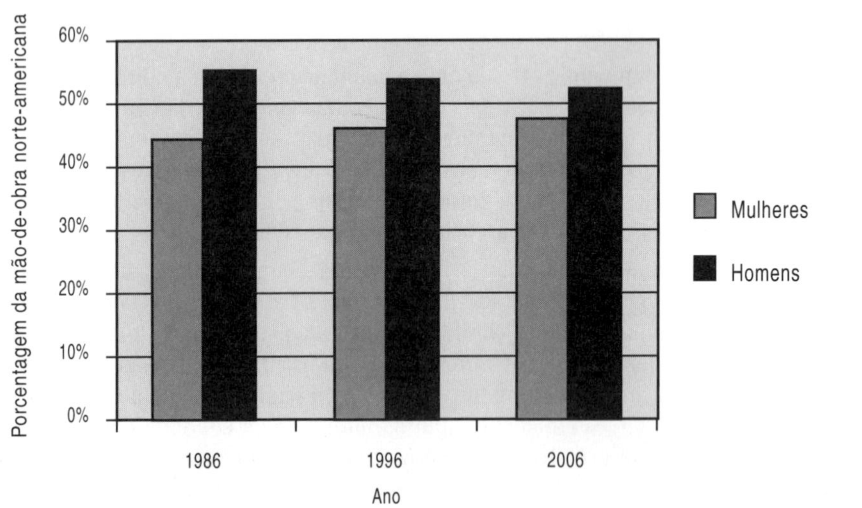

Figura 12-1A Homens e mulheres no mercado de trabalho norte-americano entre 1986-2006.
Fonte: U.S. Department of Labor, Bureau of Labor Statistics, 1998.

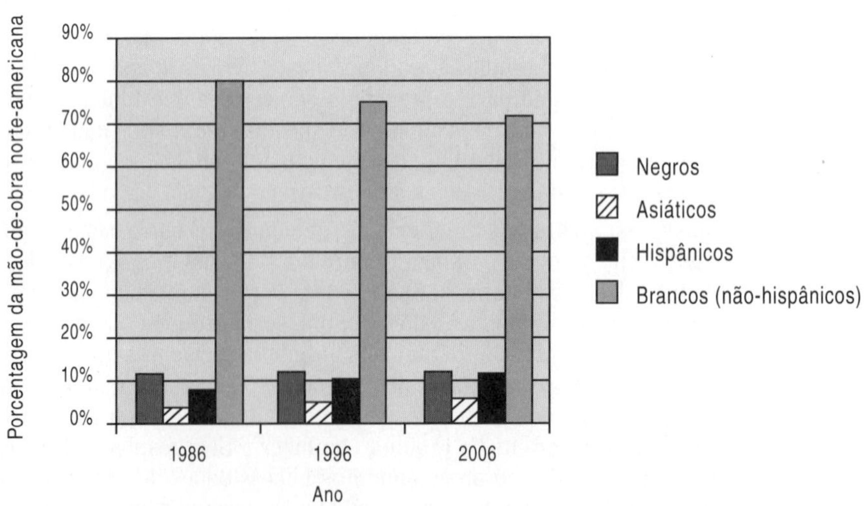

Figura 12-1B Participação de minorias no mercado de trabalho entre 1986-2006.
Fonte: U.S. Department of Labor, Bureau of Labor Statistics, 1998.

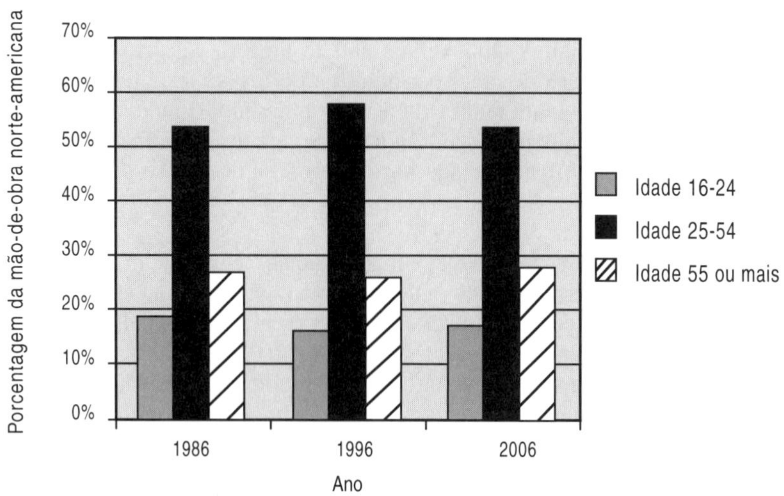

Figura 12-1C Participação no mercado de trabalho conforme a idade entre 1986-2006.
Fonte: U.S. Department of Labor, Bureau of Labor Statistics, 1998.

tendências quanto a transformações demográficas da mão-de-obra de 1986 a 2006 (projeção). A mão-de-obra norte-americana apresenta um número crescente de mulheres — tendência que deve continuar neste século (Figura 12-1A). Essa mudança deve-se, em parte, ao fato de que mais e mais mulheres com idade acima de 16 anos estão ingressando no mercado de trabalho, mas também reflete um declínio constante no número de trabalhadores homens. A composição racial e étnica da mão-de-obra norte-americana também continuará a mudar neste século, mas a uma taxa menor do que a observada nas últimas décadas do século XX (Figura 12-1B). A participação de hispânicos e asiáticos vem crescendo de modo especialmente rápido em virtude da imigração. A composição etária também muda conforme a geração *baby boom* (explosão demográfica) envelhece (Figura 12-1C).

Trabalhadores Mais Velhos. Tradicionalmente, a maior parte dos cargos na indústria dos hotéis e restaurantes é ocupada por pessoas entre 18 e 34 anos[1]. Entretanto, os estabelecimentos perceberam que a quantidade disponível de trabalhadores mais velhos está aumentando e, assim, passaram a procurar métodos de recrutar e manter esses funcionários. Tanto a Days Inn quanto a Marriott tornaram-se pioneiras nesse sentido. Os gerentes descobriram que trabalhadores mais velhos trazem diversas características positivas para o trabalho. Por exemplo:

- faltam menos que os mais jovens;
- existe menor probabilidade de que deixem seus empregos;
- eles se acidentam menos no trabalho;
- estão mais satisfeitos com seus empregos;
- sofrem menos estresse relacionado ao trabalho;
- existe menor probabilidade de precisarem de auxílio psicológico ou de usarem drogas[2].

Além disso, os trabalhadores mais velhos dizem que uma de suas maiores motivações para trabalhar é a vontade de estar com as pessoas e de serem úteis. Isso os torna candidatos ideais para a indústria da hospitalidade.

Atrair e manter trabalhadores mais velhos exige certa adaptação por parte da gerência. Por exemplo, os esforços de recrutamento apresentam melhores resultados quando feitos por meio de centros de idosos, anúncios em murais de prédios e pelo boca a boca, em vez de em anúncios de jornais. Os trabalhadores mais velhos podem preferir horário de trabalho flexível, cargos compartilhados ou empregos de meio período, temporários ou de temporada. Benefícios adicionais, especialmente seguro-saúde e de vida, têm grande importância para esses trabalhadores e podem representar mais que o salário. Além disso, alguns trabalhadores permanecerão mais tempo trabalhando se forem transferidos para cargos menos estressantes ou que exijam menos força física.

Trabalhadores com Necessidades Especiais. A legislação norte-americana para deficientes, de 1990, abriu novas portas para portadores de deficiências ao exigir que os empregadores contratassem trabalhadores portadores de deficiências físicas ou mentais. Com a diminuição do número de jovens trabalhadores que ingressam no mercado de trabalho dos Estados Unidos, a indústria da hospitalidade pode se voltar para esse segmento da sociedade marginalizado e subempregado. Assim como em relação aos trabalhadores mais velhos, a indústria vem mudando sua atitude em relação aos portadores de deficiências. Entre outras coisas, os empregadores precisam:

- aprender a reconhecer as competências das pessoas portadoras de deficiências físicas ou mentais;
- conscientizar-se dos excelentes desempenhos registrados por esses trabalhadores e do baixo custo (em geral) de abrigá-los;
- contratar profissionais treinados especificamente para trabalhar com pessoas portadoras de deficiências a fim de ajudá-las no processo de integração;
- reformular o trabalho de funcionários com deficiências progressivas;
- desenvolver programas de conscientização para educar os funcionários[3].

Duas empresas da indústria que se destacam na contratação de indivíduos com necessidades especiais são a Marriott e a McDonald's. A Marriott mantém uma fundação dedicada a ajudar essas pessoas a conseguir um emprego vantajoso e recompensador. Um programa denominado "Bridges" arruma estágios para pessoas com deficiências e já colocou mais de 2.700 estudantes em estágios remunerados, sendo que mais de 87% deles receberam oferta de emprego de tempo integral depois do estágio.

Minorias. O Departamento do Trabalho dos Estados Unidos (U.S. Department of Labor) estima que 35% dos que ingressarem no mercado de trabalho nos próximos dez anos serão negros, hispânicos ou asiáticos. Parte desse número será decorrente da maior taxa de natalidade entre negros e hispânicos (maior que a dos demais grupos) e parte desses novos trabalhadores será de imigrantes. Até 2050, a população hispânica representará 21% da população dos Estados Unidos, sendo a minoria mais numerosa do país[4]. Ou seja, a mão-de-obra e os consumidores do futuro serão grupos de grande diversidade cultural.

Com a entrada de tantos imigrantes no país, a nova mão-de-obra será composta de uma mistura de muitas etnias. A indústria da hospitalidade já emprega mais mulheres e minorias do que qualquer outra. O desafio para a indústria será garantir que essa diversidade se reflita em todos os níveis da organização e não apenas nos cargos da base da hierarquia ou que exijam poucas qualificações.

Apesar de as mulheres e as minorias tradicionalmente encontrarem emprego na indústria da hospitalidade, historicamente esses grupos têm pequena representação em cargos de gerência. Um relatório de 1992 da American Hotel and Motel Association Diversity Task Force mostrou que nos (então) 44 mil hotéis dos Estados Unidos existiam apenas 100 mulheres e 15 negros no cargo de gerente geral[5]. Um estudo baseado em dados do censo de 1990 mostrou que a renda das gerentes da indústria da hospitalidade, comparada à dos gerentes, estava defasada em mais de

US$ 4.000 — mesmo considerando-se os diferentes níveis de formação e o número médio de horas trabalhadas por semana[6]. Historicamente, **barreiras invisíveis** têm impedido que mulheres e minorias alcancem cargos de gerência.

Entretanto, dados recentes sugerem que essas barreiras estão caindo. A National Restaurant Association recentemente relatou que:

> A análise que essa associação fez dos dados do Bureau of Labor Statistics revelou que, em 1995, o número de mulheres em cargos de supervisão aumentou em 34,5%, indo para 260 mil mulheres — um número que corresponde a 68,9% de todos os supervisores nos serviços de alimentação. Em 1985, apenas 6% do total de mulheres empregadas nos serviços de alimentação eram de supervisoras.
>
> Além disso, a análise de dados do censo feita por essa associação revela que o número de mulheres proprietárias de estabelecimentos de alimentação aumentou 41,4% entre 1987 e 1992. As mulheres agora possuem mais de 128 mil estabelecimentos, mais de um terço do total desse tipo de empreendimento nos Estados Unidos[7].

A National Association of Black Hospitality Professionals foi criada em 1985 para aumentar as oportunidades para os negros na indústria da hospitalidade. A Asian-American Hotel Owners Association tem objetivo similar. Além disso, a National Society of Minority Hoteliers (NSMH) foi constituída no final da década de 1980 para promover a profissionalização e oferecer oportunidades para estudantes oriundos de minorias. Diversas universidades, como a Cornell e a University of Nevada, em Las Vegas, têm suas próprias associações. Em todo o país, diversos hotéis implementaram de maneira incisiva **programas de treinamento de conscientização quanto à diversidade**. Esses programas educam funcionários de hotéis de todos os níveis hierárquicos para que ofereçam acesso e oportunidade a todos, independentemente de idade, sexo, raça ou deficiências. Esses programas ensinam a aceitar e a valorizar a diversidade.

Mulheres. O tamanho e a forma de organização da família norte-americana mudaram acentuadamente nos últimos 50 anos. O tamanho médio da família é, hoje, um pouco maior do que três pessoas, o menor de todos os tempos nos Estados Unidos. Pela primeira vez na história do país, a maior parte dos lares não tem crianças. Em um terço das famílias em que há crianças, a mulher é chefe da casa e a maior parte das mães trabalha fora[8]. Essa mudança na forma de organização das famílias aponta para uma outra fonte de mão-de-obra para a indústria da hospitalidade: as mulheres.

Para continuar a atrair mulheres, a indústria deve atender com flexibilidade e criatividade às necessidades dos funcionários. Horários de trabalhos flexíveis e cargos compartilhados são atraentes para muitas mães, bem como creches ou auxílio financeiro para o cuidado das crianças. O reembolso educacional estimula a educação contínua. E o mais importante, a indústria da hospitalidade precisa treinar e promover mulheres competentes a cargos de maior autoridade. Os diversos níveis hierárquicos existentes tornam a indústria da hospitalidade um campo ideal para o treinamento gerencial.

A NATUREZA DO FUTURO CONSUMIDOR

Além de atrair mão-de-obra, a indústria da hospitalidade deve atender às necessidades e preferências de novos grupos de consumidores e dos consumidores mais jovens. O Capítulo 3 apresentou a importância da pesquisa demográfica para prever tendências quanto ao estilo de vida. Essas pesquisas não podem prever a natureza do futuro consumidor da indústria da hospitalidade de maneira perfeita, mas pode oferecer um panorama notável do que é possível esperar no primeiro quarto deste século.

Um dos principais objetivos da pesquisa demográfica é explicar e prever tendências gerais do comportamento do consumidor. As empresas de hospitalidade podem utilizar essas informações para prever que tipos de destinos, serviços de hospedagem ou de alimentos e bebidas serão importantes na próxima década a fim de atender com sucesso às necessidades de seu público-alvo. Por exemplo, as pesquisas demográficas mostram que a proporção de idosos na população aumentará bastante. Empresas de hospitalidade responderam a essa tendência abrindo estabelecimentos residenciais para idosos.

Tão valioso quanto a pesquisa demográfica para prever as necessidades e expectativas futuras dos consumidores, o entendimento das premissas subjacentes é essencial para aplicar corretamente os dados. A pesquisa demográfica examina mudanças nos padrões da população com relação a idade, raça, etnia, estado civil, tamanho da família, geografia e fatores semelhantes. De forma isolada, esses dados nada dizem sobre as necessidades, as expectativas e o comportamento de compra dos consumidores. Quando, porém, pesquisas adicionais sobre o comportamento do consumidor são combinadas com os dados demográficos, encontram-se relações significativas. Por exemplo, existe relação entre a idade e o gasto nas viagens de lazer. Pessoas mais jovens, entre 20 e 30 anos, gastam menos do que pessoas entre 45 e 55. Essa informação é certamente valiosa para que as empresas de turismo escolham seus segmentos de mercado e desenvolvam suas campanhas promocionais.

Quando se relaciona preferências, necessidades e comportamento dos consumidores a fatores demográficos como idade, sexo e etnia, é possível tratar cada um desses fatores como **substitutivo** para um grupo de necessidades e expectativas desses consumidores. Isso pode simplificar imensamente o processo de marketing, porque é muito mais fácil e barato obter dados demográficos do que conduzir pesquisas sobre as necessidades, as preferências e o comportamento. Os dados dos recenseamentos oferecem informações demográficas muito detalhadas sobre praticamente todos os moradores. Mais importante ainda, a utilização e a monitoração de dados demográficos como substitutivos para grupos de necessidades, expectativas e comportamentos dos consumidores torna plausível a previsão de tendências de grande escala. Por exemplo, muitas pesquisas demográficas foram realizadas para mostrar como o envelhecimento da população afetará diversas indústrias.

Os substitutivos e as pesquisas demográficas podem ser enganosos e levar a previsões errôneas sobre o comportamento futuro do consumidor se não forem aplicados de maneira correta. Em um exemplo anterior, afirmou-se que pessoas mais velhas gastam mais com viagens de lazer do que as mais jovens. Apesar de essa relação ser estatisticamente confiável, não é o processo de envelhecimento que faz com que as pessoas viajem mais a lazer; são outros fatores, como a maior quantidade de dinheiro disponível e a maior liberdade para viajar que surge depois que os filhos já cresceram e saíram de casa. Como, porém, esses fatores estão relacionados à idade, os pesquisadores observam em seus dados a relação entre a idade e as viagens. Ter consciência de que os dados são indicadores imperfeitos do comportamento e do estilo de vida do consumidor é essencial para evitar más previsões e custosos erros de marketing.

Diversidade Cultural. Não há dúvidas de que os Estados Unidos estão se tornando mais diversificados culturalmente. A imigração de hispânicos, asiáticos, africanos e de pessoas do Leste Europeu para os Estados Unidos cresce constantemente. Entretanto, é importante observar que a entrada de imigrantes no país acontece de forma concentrada, em regiões específicas. Os hispânicos tendem a ir para áreas metropolitanas como Los Angeles, Miami, Nova York e Chicago. Do mesmo modo, os asiáticos costumam fixar-se em locais como Los Angeles, Nova York e São Francisco. Em comparação com essas regiões metropolitanas, a entrada de imigrantes no restante do país é, de certo modo, insignificante.

Esse comportamento do fluxo de imigrantes, bem como o comportamento dos fluxos migratórios dentro dos Estados Unidos, levou William Frey, pesquisador da Universidade de Michigan, a sugerir que a diversidade cultural está muito menos difundida pelos Estados Unidos do que os números sugerem[9]. Por outro lado, é interessante notar que, como o fluxo imigratório está concentrado em um número pequeno de cidades, esses locais estão se tornando muito diversificados.

Frey identificou 21 regiões metropolitanas caracterizadas pela presença de hispânicos, asiáticos e negros em porcentagens relativamente altas — todas, com exceção de Nova York, Washington/Baltimore e Chicago, localizadas na Califórnia ou no Texas. Existem, naturalmente, muitas outras regiões metropolitanas nos Estados Unidos com altas porcentagens de negros, hispânicos ou asiáticos. Entretanto, regiões genuinamente multiculturais, onde a maioria dos grupos está representada, ainda são relativamente raras.

O fato de grupos de imigrantes quase sempre se concentrarem em regiões metropolitanas específicas tem importantes implicações. Por estarem agrupados, conseguem manter seu idioma, suas tradições e seus hábitos culturais, assim como seus hábitos alimentares. Os **hábitos alimentares** são os tipos de comida, as técnicas de preparo e o comportamento alimentar característicos de uma cultura. Além disso, a concentração geográfica facilita a influência social, política, cultural e comercial. Em grandes regiões metropolitanas, como Miami, Los Angeles e Chicago, onde os hispânicos vivem em bairros bem determinados, eles exercem poder político, definem questões sociais e atraem a atenção dos executivos de marketing. Em Chicago, por exemplo, também influenciam os gostos dos grupos não-hispânicos, por meio da promoção da autêntica comida mexicana e da abertura de restaurantes mexicanos na região metropolitana.

Coortes. **Coorte** é um termo demográfico utilizado para descrever um grupo de indivíduos nascidos durante determinado período de tempo. A geração *baby boom* é uma coorte de pessoas nascidas nos Estados Unidos entre 1946 e 1964. Da mesma forma, a expressão *Geração X* refere-se à coorte dos nascidos no período seguinte, entre 1965 e 1976. Já *baby boomlet* refere-se à coorte que começa em 1977 e continua até 1994, composta dos filhos da geração do *baby boom*.

Os pontos de início e de término de uma coorte resultam das variações (pontos altos e baixos) na taxa de crescimento da população. Muitos especialistas dizem que indivíduos pertencentes à mesma coorte são mais parecidos entre si do que membros de diferentes coortes. Em parte, essa semelhança é resultante de todas as experiências comuns que as pessoas apresentam quando envelhecem juntas: estudam, casam-se, criam os filhos, vêem-nos partir e ficam sozinhas. Como compartilham dessas experiências mais ou menos ao mesmo tempo, os membros de cada coorte têm necessidades, expectativas e preferências semelhantes. Mas muitos estudiosos também argumentam que as circunstâncias históricas ajudam a definir o comportamento do consumidor. A geração que viveu durante a Grande Depressão dos anos 30 aprendeu a importância de economizar e privar-se de luxos. Os nascidos na época do *baby boom*, por outro lado, cresceram em um período de fartura. Muitos desenvolveram uma forte individualidade em oposição ao conformismo dos anos 50, bem como em função dos movimentos contra a guerra e das experiências sociais dos anos 60. Essas pessoas são individualistas e apreciam coisas divertidas, peculiares e incomuns.

A coorte da geração *baby boom* terá muita importância para a indústria da hospitalidade neste início de século. Na primeira década eles terão entre 36 e 54 anos — período em que as pessoas dispõem de mais dinheiro e tempo para viajar. Além do fato de essa coorte ser maior em comparação a outras, esse grupo exercerá bastante influência em virtude de seu grande poder de compra. Em um período relativamente curto, essa coorte representará pessoas que comporão um mercado maduro. Em 2005, elas representarão a maioria do grupo com idade entre 50 e 74 anos. Entretanto, o fato de envelhecerem compondo um mercado mais maduro não significa que suas necessidades, suas expectativas e seus comportamentos serão os mesmos da geração anterior:

> A diversão pode não estar sendo suficientemente enfatizada como a melhor forma de os empreendimentos atraírem as pessoas da geração *baby boom*. Ainda não há nada de divertido na maneira pela qual os produtos e os serviços são direcionados aos americanos mais velhos. Em parte, isso acontece porque as pessoas que hoje têm entre 50 e 60 anos são voltadas para o dever, e sempre o serão. Esse não é o caso da geração *baby boom*. O que mais pode explicar o surpreendente sucesso do sorvete Ben & Jerry, que se vale do senso

de humor dessa geração para dar nomes inusitados e engraçados a seus produtos? O que mais explica a grande audiência de seriados como *Arquivo X* e *Seinfield* e outros programas supostamente juvenis? A única coisa juvenil nesses programas são seus idealizadores e anunciantes. Eles acham que a geração *baby-boom* é muito velha para gostar de humor excêntrico e fora dos padrões. Os estabelecimentos que direcionarem suas tradicionalmente sóbrias campanhas de marketing para pessoas da geração *baby-boom* não serão apenas ignorados, serão detestados.

Ávidas por diversão, essas pessoas serão a melhor coisa que já aconteceu para as indústrias das viagens e do entretenimento. Sua busca por diversão afetará também as demais indústrias, como as montadoras de automóveis. Não vai demorar muito para que elas, sem seus filhos, abandonem suas minivans trocando-as por carros com mais estilo e potência[10].

Esse exemplo demonstra claramente como as pesquisas demográficas podem ser utilizadas de maneira eficaz. As pessoas da geração *baby-boom* não mudam suas necessidades, preferências e comportamento conforme envelhecem, de modo que definem um mercado de necessidades, preferências e comportamentos iguais. O mesmo acontece com as demais coortes.

A Geração X definirá o mercado de lazer da segunda e da terceira década deste século. Como o número de pessoas dessa geração é proporcionalmente menor e como ela (e a coorte seguinte) estará dando suporte às necessidades de tratamento de saúde da coorte da geração anterior, a quantidade global de dinheiro disponível para gastos com lazer poderá cair.

ATENDENDO ÀS EXPECTATIVAS DOS CONSUMIDORES QUANTO À QUALIDADE DO SERVIÇO

Como a indústria da hospitalidade é um ramo de negócios voltado para serviços, ela tradicionalmente se orgulha de atender às necessidades dos consumidores. Entretanto, existem indícios de que o atendimento aos hóspedes precisa de melhorias. A pesquisa denominada Indicadores da Satisfação dos Consumidores Norte-americanos (American Constumer Satisfaction Index), conduzida pelo National Quality Research Center, da Universidade de Michigan, e patrocinada por Arthur Andersen, indica que a satisfação do consumidor tem diminuído. De 1994 a 1998, a cotação dos hotéis na opinião dos hóspedes tem caído constantemente, bem abaixo da média das indústrias de serviços. A satisfação com as empresas aéreas também caiu.

A Tabela 12-1 mostra o resultado da pesquisa com dados obtidos em 1997 para algumas empresas selecionadas, incluindo grandes empresas de hospitalidade e turismo grafadas em itálico. De modo geral, os consumidores estão menos satisfeitos com os hotéis, empresas aéreas e restaurantes do que com os demais bens e serviços. De fato, os consumidores parecem mais satisfeitos com suas roupas íntimas (Fruit of the Loom) do que com muitas empresas de hospitalidade. Existem outras empresas da área posicionadas abaixo do serviço dos correios e da polícia e outras que não ficaram muito acima do Internal Revenue Service (Receita Federal norte-americana). Existem, naturalmente, problemas em comparações desse tipo. As experiências de um viajante de negócios qualquer com empresas aéreas e hotéis são muito mais complexas e difíceis de ser controladas do que as experiências do mesmo viajante com uma garrafa de cerveja Miller ou com um sabonete. De qualquer maneira, as evidências demonstram que existe espaço para melhorar. As empresas que forem bem-sucedidas em aumentar a satisfação do consumidor ganharão em lealdade. A lealdade, por sua vez, reflete-se em lucros maiores, porque é muito mais caro atrair um novo cliente do que atender a um cliente fiel.

TECNOLOGIA E INOVAÇÕES NA INDÚSTRIA DA HOSPITALIDADE

Tecnologia é um termo com muitos significados contemporâneos que passou a ser associado à utilização de sistemas computadorizados na realização de negócios — em grande parte

TABELA 12-1 Indicador de satisfação dos consumidores norte-americanos — Classificação de empresas selecionadas

Classificação	Empresa	Pontuação de 1998	Variação com relação a 1997 (%)
1	Mercedes-Benz	87	0
10	Coca-Cola	84	-3,4
23	Federal Express	82	-4,7
26	Nordstrom	82	-1,2
43	Miller Brewing	81	+3,8
85	Fruit of the Loom	77	-1,3
87	*Hyatt Hotels*	77	0
96	*Marriott Hotels*	76	-1,3
97	*Southwest Airlines*	76	0
102	*Hilton Hotels*	75	0
119	Nike	74	-3,9
144	*Wendy´s International*	71	-2,7
156	*KFC*	69	+1,5
159	U. S. Postal Service	69	-6,8
162	*Domino's Pizza*	68	-2,9
169	*United Airlines*	68	-2,9
171	*Burger King*	67	+3,1
177	*Taco Bell*	66	0
184	*Ramada*	64	-8,6
185	*Pizza Hut*	63	-4,5
186	Polícia (nas principais cidades)	63	6,8
187	*American Airlines*	62	-12,7
189	*McDonald's*	60	-4,8
190	Internal Revenue Service	54	+8,0

Fonte: Fortune. 16 de fevereiro de 1998.

em virtude do fato de terem sido feitas muitas inovações na área de sistemas de informação. Entretanto, para que se possa compreender o impacto da tecnologia na indústria da hospitalidade neste século, é necessário uma definição mais abrangente de tecnologia.

Nas indústrias de bens de consumo, a tecnologia refere-se ao processo pelo qual a matéria-prima é transformada em produto acabado. Assim como elas, o ramo dos serviços de alimentação da indústria da hospitalidade utiliza a tecnologia para transformar alimentos crus em refeições para seus clientes. Posteriormente, serão discutidos os avanços na produção de alimentos e na entrega.

Estudiosos das organizações reconheceram há muito tempo, entretanto, que há importantes diferenças entre a tecnologia para produzir produtos e a tecnologia para oferecer serviços. A indústria da hospitalidade, apesar de "produzir" alguns produtos (como os pratos de um cardápio), compõe-se praticamente de empresas fornecedoras de serviços. As empresas de serviços, ao contrário de suas parceiras produtoras de bens:

- *produzem* produtos ao mesmo tempo em que eles são *consumidos*, como, por exemplo, quando um hóspede passa a noite em um hotel. As fábricas produzem produtos para venda posterior;
- envolvem o cliente no processo de produção, como, por exemplo, um vôo onde é necessária a presença do passageiro. As empresas de bens de consumo produzem seus produtos em fábricas, e os consumidores os obtêm depois de prontos; e
- oferecem produtos intangíveis, enquanto as fábricas produzem produtos tangíveis (mercadorias).

A diferença entre a tecnologia de serviços e a de produção de mercadorias é particularmente importante no tocante às inovações. Quando as fábricas introduzem novidades em seus processos de produção, o consumidor se beneficia *indiretamente* dessas inovações — em razão da melhor qualidade do produto final, da produção mais rápida ou do menor custo. As inovações nas indústrias de serviços freqüentemente afetam o consumidor *diretamente,* porque ele é parte integrante do serviço. Na indústria da hospitalidade, o envolvimento dos clientes com os serviços oferecidos por hotéis, restaurantes, navios de cruzeiros, cassinos, estabelecimentos de lazer e centros de convenções costuma significar que as inovações tecnológicas exercem impacto direto, imediato e significativo.

Um exemplo dos efeitos das inovações tecnológicas é encontrado nas viagens aéreas. Quando a Boeing, por meio de inovações tecnológicas, constrói um novo 737 de manutenção e operação mais econômicas, os viajantes acabam se beneficiando porque as passagens se tornam relativamente mais baratas. Entretanto, quando a Southwest Airlines tornou possível as reservas via Internet, sem a necessidade de "passagens" impressas, a natureza da participação do cliente no serviço mudou substancialmente.

A utilização de tecnologias inovadoras e seu impacto sobre os consumidores variam nos principais segmentos da indústria da hospitalidade. Os efeitos das inovações tecnológicas nos serviços de alimentação, na hospedagem e no turismo serão discutidos a seguir.

TECNOLOGIA E INOVAÇÕES NOS SERVIÇOS DE ALIMENTAÇÃO

Ao discutir a utilização das inovações tecnológicas nos serviços de alimentação, é preciso pensar em termos de três diferentes áreas: a produção de alimentos, o serviço e a administração.

Produção de Alimentos. As inovações tecnológicas na produção de alimentos envolvem os processos de armazenagem e produção. Vêm na forma de novos ou melhorados equipamentos de cozinha ou em maneiras inovadoras de projetar cozinhas que tornam o processo de preparo mais eficiente ou eficaz. As inovações tecnológicas nos equipamentos de alimentação ocorrem de maneira relativamente lenta em comparação a outras áreas. Com poucas exceções, as melhorias visam a diminuir os custos operacionais e de mão-de-obra. Alguns desenvolvimentos recentes são:

- câmara para resfriamento rápido, conhecida como *blast chiller*, que reduz a temperatura dos alimentos de maneira segura e rápida para que sejam armazenados, impedindo o desenvolvimento de bactérias;
- sistemas de aquecimento por indução para refogar alimentos, substituindo os sistemas a gás ou elétricos tradicionais;

- fritadeiras automáticas para preparar batatas fritas que despejam e removem as batatas do óleo automaticamente;
- sistemas centralizados de refrigeração que substituem os compressores em câmaras frias, refrigeradores/freezers, máquinas de gelo e balcões refrigerados de exposição de alimentos;
- *réchauds* que controlam a umidade e a taxa de evaporação e tornam possível manter aquecidos ovos fritos e pãezinhos sem perda de qualidade;
- sistemas contra incêndio na cozinha que extinguem incêndios extensos com jatos de água em vez de produtos químicos difíceis de limpar; e
- pias que removem restos de alimentos agitando as panelas sujas, diminuindo o tempo necessário para a lavagem.

As inovações tecnológicas nas áreas de produção de alimentos acontecem mais em função de grandes cadeias de restaurantes do que de propriedades individuais. Isso ocorre porque as grandes empresas possuem recursos para investir em pesquisa e desenvolvimento de equipamentos. Da mesma forma, os produtores de equipamentos para cozinhas preferem investir em pesquisa e desenvolvimento quando seus novos produtos podem ser vendidos para cadeias em grandes quantidades. O McDonald's, por exemplo, é responsável por muitas das inovações no processo de produção de batatas fritas.

Serviço. O serviço refere-se a todos os processos que envolvem a entrega dos pratos preparados e inclui fazer reservas, encaminhar o cliente à mesa, tirar pedidos, servir alimentos e receber pagamentos. As inovações tecnológicas no serviço estão freqüentemente associadas a sistemas computadorizados de pedidos e terminais de ponto-de-venda. Entretanto, a tecnologia não deveria ser associada apenas a sistemas computadorizados. As diferentes formas de serviço discutidas no Capítulo 7, como serviço à mesa, cafeterias e serviço de bufê, refletem a necessidade da existência de diferentes tecnologias para a entrega dos pedidos dos clientes. As janelas dos drive-thru utilizadas na maior parte dos fast-foods são uma inovação tecnológica da mesma forma que os terminais computadorizados de ponto-de-venda utilizados para fazer o pedido do motorista.

É bastante provável que as inovações tecnológicas com relação à maneira pela qual os clientes interagem com os serviços de alimentação para fazer seus pedidos continuem a ser desenvolvidas nos fast-foods por duas razões. Em primeiro lugar, as inovações que aumentam a rapidez e a conveniência do serviço representam uma vantagem competitiva. Em segundo lugar, os fast-foods costumam concorrer em termos de preço. As inovações que substituem o trabalho dos funcionários pelo trabalho dos clientes diminuem os custos de mão-de-obra e aumentam a competitividade. Por exemplo, entre 1995 e 1998, a maior parte dos fast-foods dos Estados Unidos tirou suas máquinas de refrigerantes de trás do balcão e levou-as para o salão. Assim, foi possível eliminar o custo de manter um funcionário para servir bebidas aos clientes. Da mesma forma, algumas empresas têm procurado experimentar inovações tecnológicas destinadas a diminuir a participação de funcionários ao tirar pedidos e receber pagamentos, instituindo sistemas em que os clientes digitam seu pedido em terminais do tipo *touch-screen* e pagam com seu cartão de crédito ou débito.

É interessante notar que muitas dessas "inovações" tecnológicas não deveriam ser vistas como novidades. As janelas dos drive-thru são um descendente tecnológico dos serviços de alimentação em autocines. Da mesma forma, fazer com que o cliente faça seu pedido e pague por ele sem o envolvimento de funcionários era marca registrada das "máquinas automáticas" de alimentos da Horn and Hardart. Nessas máquinas, os itens disponíveis ficavam visíveis atrás de pequenas portas de vidro. Os clientes olhavam pelo vidro, escolhiam sua opção e depositavam moedas em uma abertura perto da porta. Com o pagamento, a porta era destravada e o consumidor retirava o item escolhido e o levava para a mesa. O último estabelecimento desse tipo fechou na década de 1990.

Os sistemas computadorizados trouxeram as inovações tecnológicas para o serviço, substituindo os sistemas tradicionais com comandas por terminais de ponto-de-venda. O sistema manual tradicional exige que os garçons tirem os pedidos dos clientes nas mesas e levem suas anotações até a cozinha, retornando para pegar o pedido, quando pronto, para levá-lo à mesa do cliente. Com os terminais de ponto-de-venda, os garçons digitam o pedido, que é transmitido eletronicamente para as diversas áreas da cozinha. Quando o pedido está pronto, um *runner* o leva à mesa. Esses terminais permitem que os garçons estejam sempre no salão para atender às necessidades dos clientes. Também permitem que a gerência exerça maior controle, pois impedem que garçons e cozinheiros sirvam alimentos de graça.

A Internet tem tido impacto relativamente pequeno na indústria dos serviços de alimentação, independentemente de oferecer pronto acesso a críticas sobre restaurantes e, em alguns casos, aos cardápios propriamente ditos. As grandes empresas que possuem diversos tipos de restaurante, os restaurantes finos e os restaurantes-destinos serão os primeiros a possibilitar aos clientes a realização de reservas pela Internet. Essas organizações têm muito a ganhar automatizando o processo de reservas e investindo recursos para desenvolver e manter um site altamente interativo e seguro.

Administração. As inovações tecnológicas no escritório administrativo são guiadas por desenvolvimentos em softwares e hardwares de computadores. Em alguns estabelecimentos, os sistemas utilizados pela gerência podem estar interligados aos terminais de ponto-de-venda, com disponibilidade para executar as seguintes funções:

- emitir relatórios de composição das vendas e vendas de itens do cardápio;
- estimar as necessidades de produção com base no histórico das vendas;
- calcular as necessidades de reposição de estoque; e
- transmitir informações de vendas a escritórios corporativos.

Grandes estabelecimentos não-comerciais beneficiam-se de sistemas mais complexos de produção capazes de:

- estimar os custos dos alimentos antes da compra;
- controlar o estoque por meio de códigos de barras;
- prever necessidades futuras de compras e enviar os pedidos direto aos fornecedores;
- calcular quantidades de preparo de alimentos proporcionais às necessidades previstas para o dia;
- preparar análises nutricionais das receitas e verificar possíveis combinações;
- gerenciar sistemas de cartões de débito e sistemas de acesso; e
- fazer escalas de trabalho.

Melhorias nos sistemas de informação continuarão a levar inovações tecnológicas aos escritórios administrativos.

TECNOLOGIA E INOVAÇÕES NOS ESTABELECIMENTOS DE HOSPEDAGEM

Os desenvolvimentos tecnológicos para os estabelecimentos de hospedagem neste século serão caracterizados pela maior integração entre os sistemas de administração da propriedade e pela crescente implementação de serviços para os hóspedes via Internet.

Sistemas de Administração da Propriedade. Um **sistema de administração da propriedade** combina hardware e software em um sistema integrado capaz de executar todas ou muitas das seguintes funções:

- receber reservas (normalmente em uma central que retransmite as informações para cada estabelecimento);
- determinar preços com base em uma demanda prevista (*yield management*);
- manter registros sobre as preferências e as necessidades dos hóspedes;
- registrar todas as transações efetuadas nos terminais de ponto-de-venda;
- rastrear a disponibilidade de acomodações e efetuar check-ins e check-outs de hóspedes;
- ativar chaves e fechaduras eletrônicas, telefones e filmes nas unidades habitacionais;
- registrar o uso do telefone pelos hóspedes e o cálculo das tarifas telefônicas;
- manter atualizados dados da governança, inclusive os de unidades habitacionais limpas;
- gerenciar alimentos e bebidas (veja a seção anterior);
- registrar os horários de trabalho dos funcionários e processar a folha de pagamento;
- executar tarefas de contabilidade e controladoria, incluindo a auditoria noturna e a manutenção atualizada das contas dos hóspedes;
- preparar relatórios financeiros; e
- monitorar e gerenciar a utilização de energia elétrica no prédio.

Poucos estabelecimentos de hospedagem nos países desenvolvidos não utilizam sistemas de administração da propriedade. Esses sistemas provaram ser extremamente eficientes como meio de administrar hotéis grandes e complexos.

Muitos sistemas de administração da propriedade são capazes de diminuir os custos com mão-de-obra ao automatizar o processo de check-out. Os hóspedes podem conferir sua conta na televisão do quarto e, com o controle remoto, aprovar as cobranças e autorizar o pagamento. Entretanto, esse sistema é mais utilizado por viajantes de negócios e hóspedes acostumados a lidar com tecnologia. Talvez essa inovação não tenha sido tão bem aceita entre os viajantes porque a interface da televisão e do controle remoto é pouco familiar e não muito intuitiva. Quando mais pessoas estiverem acostumadas a efetuar transações financeiras eletronicamente, e quando uma interface padrão for desenvolvida e se tornar tão familiar quanto um cheque, o check-out eletrônico passará certamente a ter preferência.

A Internet. Muitas empresas de hospedagem estão presentes na Internet, possibilitando aos hóspedes potenciais ver suas propriedades, unidades habitacionais, comodidades e tarifas. Uma pequena porcentagem oferece a possibilidade de o cliente efetuar reservas on-line por sistemas corporativos de reservas. Para grandes estabelecimentos pertencentes a cadeias conhecidas, a presença na Internet representa mais uma maneira de atrair hóspedes e efetuar reservas.

As oportunidades de marketing criadas pela Internet podem ser, porém, ainda mais úteis para estabelecimentos pequenos e/ou independentes, que não têm os recursos de uma cadeia para anunciar em todo o país. Pousadas e hotéis pequenos podem utilizar a Internet para fornecer aos hóspedes potenciais informações visuais sobre suas comodidades e características exclusivas. Dessa forma, podem superar qualquer restrição que os turistas tenham quanto a ficar em um hotel "desconhecido".

TECNOLOGIA E INOVAÇÕES NO TURISMO

Talvez o maior impacto da tecnologia sobre o turismo seja a transformação do papel do agente de viagens provocada pela Internet. Isso ocorre por causa de diversas inovações inter-relacionadas. Primeiro porque a maioria dos recursos e informações necessários para planejar viagens de lazer ou negócios é acessível via Internet. Críticas de hotéis e restaurantes, guias de cidades, informações sobre atrativos e atividades de lazer, bem como horários de vôos e tarifas estão disponíveis para qualquer um que acesse a rede. E, apesar de os agentes de viagens continuarem a ter informações mais detalhadas e especializadas do que o disponível na Internet, cresce entre os consumidores a percepção de que as informações da rede mundial de computadores são suficientes para planejar uma viagem. A dependência de um agente de viagens está, portanto, diminuindo, visto que os viajantes podem obter na Internet todas as informações de que necessitam.

Em segundo lugar, a crescente disponibilidade de reservas on-line para empresas aéreas, hotéis e locadoras de automóveis, além das "viagens sem passagem", mostra que os passageiros não dependem mais dos agentes de viagens para viajar. Além disso, as informações sobre tarifas mais baixas e especiais estão prontamente acessíveis na Internet. Pela Internet os viajantes podem comparar tarifas, escolher horários convenientes de partida, alugar carros e reservar acomodações em um hotel com relativa conveniência e facilidade. Muitas empresas aéreas oferecem prêmios especiais a quem faz reservas via Internet, como descontos ou maiores benefícios no programa de fidelidade.

A menor procura por agentes de viagens, sem dúvida, diminuirá o emprego e as oportunidades futuras na área. As empresas aéreas, sentindo a posição enfraquecida das agências de viagens, começaram a pressionar por concessões sob a forma de diminuição do valor das comissões. Esses fatores sugerem que o papel do agente de viagens neste século será substancialmente diferente do que era no século anterior. A agência de viagens independente certamente sofrerá, e os sobreviventes serão aqueles empreendimentos que centralizarem seus esforços e fornecerem um alto nível de serviço aos clientes que não tenham tempo nem inclinação para planejar uma viagem complexa sozinhos. Os preparativos para as viagens de negócios serão cada vez mais centralizados e organizados por funcionários da própria empresa ou agentes independentes que conseguirem obter tarifas mais baixas em virtude do alto volume de negócios.

TECNOLOGIA, INOVAÇÕES E A NATUREZA MUTANTE DOS NEGÓCIOS

As seções anteriores discutiram a utilização de inovações tecnológicas nos três principais segmentos da indústria da hospitalidade. Entretanto, uma série de inovações de origem externa afetará o modelo pelo qual os negócios são conduzidos dentro da indústria. A Internet está entre as mais importantes, mas muitos outros elementos relacionados à tecnologia causarão grande impacto na indústria nas próximas décadas.

ALIANÇAS ESTRATÉGICAS POSSÍVEIS POR MEIO DA TECNOLOGIA DOS CARTÕES DE FIDELIDADE

As inovações tecnológicas recentes que afetam a indústria da hospitalidade não afetam somente a participação do cliente na prestação dos serviços, mas quebram barreiras entre os diferentes setores da indústria e as organizações dentro desses setores. Muitas empresas de hospitalidade começaram a perceber os benefícios de alianças estratégicas com empresas que oferecem serviços gratuitos. Uma **aliança estratégica** é a relação iniciada entre duas ou mais empresas para compartilhar recursos, tecnologias ou mercados. Empresas aéreas, cadeias hoteleiras e locadoras de automóveis freqüentemente unem esforços de marketing para estimular os viajantes a escolher um "pacote" de serviços que inclui transporte aéreo e terrestre, bem como hospedagem. Por exemplo, algumas empresas aéreas dão créditos em seus programas de fidelidade a passageiros que utilizem empresas parceiras para alugar veículos ou hospedar-se.

Freqüentemente, essas parcerias vão além das fronteiras da indústria da hospitalidade, como, por exemplo, quando uma empresa aérea junta-se a um banco para oferecer um cartão de crédito com a marca da empresa ou oferece prêmios em seu programa de fidelidade com determinada transportadora de longa distância. Essas alianças estratégicas são facilitadas pelas inovações na área da tecnologia da informação, que permitem às empresas compartilhar dados imediatamente e a baixo custo.

Nos Estados Unidos, essas alianças estratégicas fazem com que os consumidores tenham de carregar diversos "cartões de associação" e as organizações parceiras invistam em sistemas computadorizados para compartilhar dados. Entretanto, foi lançado na Europa um cartão de fidelidade capaz de combinar funções de débito e de crédito a informações sobre associações a programas, bem como informações personalizadas sobre as preferências do indivíduo quanto a viagens e hospedagem. Como o cartão utiliza tecnologia de armazenamento de dados, a integração desses dados acontece no próprio cartão, simplificando bastante o processo de compartilhamento de informações entre empresas parceiras. Quando adaptados internacionalmente, esses cartões possibilitarão às pessoas reunir muitas de suas empresas de serviços preferidas — entre as quais as empresas de hospitalidade — em um único dispositivo. Os consumidores serão beneficiados, pois os cartões armazenam as preferências pessoais e simplificam o acesso às empresas. As empresas, por sua vez, se beneficiarão dos menores custos de marketing e terão acesso a informações detalhadas sobre as preferências e o comportamento de seus clientes.

Há, no entanto, potenciais pontos negativos relacionados às alianças e à utilização da tecnologia dos cartões de fidelidade. Um certo número de empresas de hospitalidade sofrerá em virtude do crescente número de alianças estratégicas dentro da indústria. Segundo Benjamin Gomes-Casseres,

Inovações Empresariais

POR DENTRO DA INDÚSTRIA | **INOVAÇÕES EMPRESARIAIS**

Históricos de Hóspedes

Imagine que você acaba de chegar em seu quarto de hotel. Ao entrar, você observa que existem travesseiros adicionais, suas três revistas favoritas e um frigobar totalmente abastecido de água mineral, refrigerante descafeinado e deliciosas maçãs. "Que coincidência!", você pensa. "Este quarto é exatamente como eu gosto." Coincidência? Talvez. Mas o atendimento às necessidades individuais dos hóspedes está se tornando cada vez mais comum — graças aos avanços tecnológicos e a algo chamado históricos automatizados de hóspedes.

Utilizados principalmente no segmento hoteleiro da indústria, os históricos dos hóspedes foram implementados com sucesso em estabelecimentos como Ritz-Carlton, Four Seasons Hotels and Resorts e Hilton Hotels. Alguns restaurantes também aderiram e mantêm registro das preferências dos clientes. Os históricos dos hóspedes são exatamente isso: um registro de suas preferências observadas pelos funcionários do hotel e armazenadas em um banco de dados que tem interface com o sistema de administração da propriedade. Antigamente, as preferências dos hóspedes eram anotadas à mão em cartões, mas era difícil manuseá-los, e o custo de mão-de-obra para mantê-los era muito alto.

Os históricos dos hóspedes, se bem utilizados e atualizados, podem ser o principal componente para construir e assegurar relacionamentos duradouros com os clientes. Quando houver uma diminuição no número de edifícios em construção, os hotéis terão de competir por sua fatia no mercado. O serviço, informado pelos históricos de hóspedes, será o elemento essencial para conseguir a lealdade dos clientes.

as alianças estratégicas inicialmente proporcionam aos participantes vantagem competitiva sobre os demais. À medida que outras empresas formam suas próprias alianças, a concorrência entre elas muda. São alianças que agora competem com alianças, em vez de empresa com empresa. A rivalidade entre grandes alianças, cada qual com muitos recursos, costuma destruir empresas que não têm aliados fortes.

Enfim, apesar de a tecnologia dos cartões de fidelidade ser potencialmente capaz de armazenar o registro de todas as compras efetuadas pelo portador, os consumidores talvez não aprovem o fato de seus padrões de consumo terem sido registrados e depois vendidos, para fins de marketing, a outras empresas sem seu consentimento.

VIDEOCONFERÊNCIAS E VIAGENS DE NEGÓCIOS

A alegação de que as videoconferências eliminariam a necessidade de viagens de negócios mostrou-se equivocada já mais de uma vez. A comunicação frente a frente oferece uma experiência mais rica do que algumas "cabeças falantes" em uma tela e, provavelmente, nunca será substituída. No entanto, à medida que os indivíduos e as empresas estiverem mais conectados em "redes de banda larga", as videoconferências por meio de "computadores pessoais" serão mais populares. As pessoas poderão ver umas às outras e conversar em tempo real. Quando esse tipo de comunicação for tão popular quanto fazer interurbanos, a natureza dos negócios mudará. Embora as reuniões frente a frente continuem sendo necessárias, os executivos descobrirão que as videoconferências individuais podem ser uma alternativa conveniente que economiza tempo e dinheiro. Quando as videoconferências via computadores pessoais forem adotadas em substituição às reuniões, os segmentos da indústria da hospitalidade que prestam serviços a viajantes de negócios ficarão prejudicados.

Ainda assim, paradoxalmente, é possível que essas videoconferências exerçam efeito positivo sobre as viagens de negócios. Computadores portáteis, telefones celulares e e-mails libertaram as pessoas da necessidade de estar fisicamente presentes nos escritórios e mudaram fundamentalmente a maneira pela qual os negócios são conduzidos. Os executivos de vendas podem cobrir áreas muito maiores do que antes, porque os computadores portáteis permitem que sejam enviados pedidos diretamente à fábrica. Os gerentes podem, de maneira econômica, manter contato constante com seus principais funcionários. As empresas puderam expandir-se em novos mercados geográficos, domésticos e internacionais, a custos muito menores.

Além disso, as pessoas utilizam essas mesmas inovações tecnológicas para modificar a maneira como organizam suas vidas particulares. O trabalho a distância permite que morem "em qualquer lugar". Por exemplo, muitas pessoas trabalham para empresas de computadores e de softwares do Vale do Silício (em San Jose, na Califórnia) e moram a quilômetros de distância em Washington, Oregon ou Idaho. O dinheiro economizado com moradia é muito maior do que o custo das duas passagens aéreas mensais utilizadas para levar a reuniões no escritório da empresa, quando a presença física é absolutamente necessária.

Em resumo, as inovações tecnológicas recentes que facilitam o contato entre as pessoas sem interação frente a frente não prejudicaram a indústria da hospitalidade diminuindo as viagens de negócios. Em vez disso, facilitaram a expansão das empresas e a mobilidade das pessoas. Também as videoconferências devem permitir maior expansão das empresas e mais mobilidade individual, embora tornem desnecessários certos tipos de viagem. Assim como os computadores portáteis, os e-mails e os telefones celulares, as videoconferências diminuirão a necessidade de pessoas e empresas estarem em determinado local em determinada hora, aumentando o potencial para outras viagens.

IDENTIFICAÇÃO, SEGURANÇA E CONTROLE DE ACESSO

Durante a maior parte do século XX, as transações comerciais individuais puderam acontecer de maneira relativamente anônima. Uma refeição podia ser comprada com dinheiro e uma passagem aérea ou um quarto de hotel podiam ser reservados com pouco mais do que um simples formulário de identificação pessoal. No início deste século, entretanto, tornou-se evidente o fato de que as transações comerciais individuais precisarão de identificação confiável onde quer que a preocupação com a segurança seja importante.

O controle de acesso a áreas de hóspedes é uma das principais preocupações dos estabelecimentos de hospedagem. Sistemas biométricos que registram digitais ou informações da retina deverão substituir os sistemas de chaves eletrônicas nos hotéis. Da mesma forma, como parte de medidas antiterrorismo, as empresas aéreas devem adotar tecnologias de identificação como essa tão logo sejam comercializadas.

OUTROS SISTEMAS

Como a tecnologia está em constante evolução, as inovações tecnológicas de hoje podem tornar-se obsoletas no ano que vem, no mês que vem ou até mesmo na próxima semana. No entanto, algumas inovações provavelmente terão cada vez mais importância na indústria.

Robôs. A falta de trabalhadores qualificados para a indústria da hospitalidade poderia abrir portas para a robótica. Isso significa que você, profissional de hospitalidade, perderá uma oportunidade de trabalho para um robô? Provavelmente não. O especialista em robótica Roger A. Edwards sugere que serão delegadas a robôs certas tarefas repetitivas e indesejadas. Algumas delas podem ser: limpar o chão, aspirar carpetes, embalar talheres, colocar sal e pimenta nos recipientes adequados ou carregar e descarregar lava-louças e fritadeiras.

Se os robôs executassem essas tarefas repetitivas, os funcionários poderiam atuar em funções mais desafiadoras. Segundo Edwards, os robôs[11]:

- são eficientes e econômicos;
- adaptam-se a mudanças;
- podem preencher lacunas criadas pela escassez de mão-de-obra;
- manuseiam itens com maior higiene e eficiência; e
- podem ser mais produtivos.

Sistemas de Cobrança de Chamadas Telefônicas. Os sistemas de cobrança de chamadas telefônicas registram e calculam cobranças para as chamadas telefônicas e transmissões de fax feitas por hóspedes e funcionários. Sistemas mais sofisticados atualizam constantemente as tarifas para garantir a cobrança correta.

Sistemas de Segurança. Sistemas biométricos, nos quais máquinas reconhecem as características pessoais do hóspede, poderão substituir as chaves de metal ou cartão para as unidades habitacionais. A identificação de características, como impressões digitais ou retinas, já está em uso em alguns cassinos e hotéis do Oriente Médio[12]. Além dessas medidas, cofres eletrônicos nas unidades habitacionais fornecerão segurança extra para os valores dos hóspedes.

Videoconferências Portáteis. Equipamentos portáteis para videoconferências — do tamanho de um videocassete — utilizam um monitor de televisão para mostrar as imagens e podem também ter conexões para fax, computador e microfone. Esse tipo de tecnologia deverá reduzir os custos das viagens para empresas que instalarem redes particulares de videoconferência, afetando de modo desfavorável a indústria da hospitalidade. Entretanto, hotéis que oferecerem serviços de alimentos e bebidas em conjunto com as videoconferências poderão se beneficiar.

A tecnologia pode ser utilizada para diminuir os custos operacionais e aumentar a satisfação do hóspede. Os profissionais de hospitalidade devem continuar a fortalecer a parceria entre tecnologia e serviço. Apenas aqueles que conseguirem o equilíbrio entre o serviço e o aumento da eficiência serão bem-sucedidos.

A ECONOMIA GLOBAL

O Capítulo 3 detalhou como as diversas mudanças que ocorreram no mundo nos anos 80 e 90 impulsionaram a criação de um mercado global. Com as vantagens monetárias da expansão de novos mercados, a economia global trouxe à tona um novo conjunto de desafios aos diretores de empresas — entre os quais podemos citar: maior concorrência, transações comerciais marcadas por diferenças culturais e implicações políticas.

Mudanças significativas continuarão a acontecer em âmbito internacional: barreiras comerciais cairão, o poder econômico será repartido e talvez, algum dia, exista uma única economia global. O conceito da globalização, entretanto, não é novo para a indústria da hospitalidade. A Trans World Airlines (TWA) foi uma das pioneiras no ramo das viagens internacionais. As cadeias hoteleiras InterContinental e Hilton fizeram o mesmo no ramo da hospedagem. A Disney é outro excelente exemplo da globalização — uma empresa multinacional que tem trabalhado para adaptar-se aos idiomas, às moedas e aos costumes de outras nações.

A globalização é a nova realidade e, agradando ou não, uma questão premente para o profissional de hospitalidade de amanhã. Com o NAFTA, barreiras comerciais já caíram na América do Norte. O Acordo Geral sobre Tarifas e Comércio (General Agreement on Tariffs and Trade — GATT) entre 117 nações, incluindo os Estados Unidos e a maior parte da Europa, será totalmente efetivo no início deste século e quebrará muitas outras barreiras. Se o pacto de Cooperação Econômica da Ásia e do Pacífico (Asia-Pacific Economic Cooperation — APEC) efetivar-se entre os Estados Unidos e os países da Ásia, o mundo terá dado mais um passo na direção de um mercado verdadeiramente global.

Com essa globalização, o conceito tradicional de barreiras políticas e nacionais talvez tenha menos significado do que no passado. Conjugado aos avanços nos transportes, a globalização significará mais viagens e interação entre os povos do mundo.

A globalização também levará a um aumento da *interdependência* entre as nações e as empresas de hospitalidade, o que significa que a saúde financeira de uma nação é afetada pela saúde financeira de outras. Os efeitos potenciais negativos da interdependência econômica ficaram evidentes no terceiro trimestre de 1998, quando o mercado de ações norte-americano teve uma queda substancial, parcialmente em virtude da preocupação dos investidores com as economias asiática e russa. Essas preocupações tinham fundamento, uma vez que empresas norte-americanas haviam realizado investimentos significativos na Ásia, na Rússia e na Europa Central. As dificuldades econômicas dessas regiões poderiam resultar em enormes perdas para essas empresas. A interdependência também afeta os investimentos estrangeiros em ativos. No final dos anos 80 e início dos anos 90, muitos estabelecimentos de hospedagem dos Estados Unidos foram comprados por empresas japonesas e européias, unindo as economias dessas regiões.

No entanto, a indústria da hospitalidade deve beneficiar-se da globalização porque o turismo e os estabelecimentos de hospedagem têm importante papel na expansão global dos negócios domésticos. Viagens aéreas, transporte terrestre e hospedagem crescem para dar suporte à expansão global. Mais importante ainda é o papel do turismo no desenvolvimento das nações. O turismo tem o potencial de trazer muitos recursos para países que precisam de investimentos estrangeiros. No Vietnã, por exemplo, o crescimento do turismo e os novos investimentos em hotéis e transportes são elementos importantes do crescimento econômico do país.

Ao mesmo tempo, a indústria da hospitalidade é altamente vulnerável à potencial diminuição da interdependência no desenvolvimento global. Distúrbios políticos podem levar rapidamente a um desastre econômico, como ocorreu na Malásia em 1998. Do mesmo modo, com a volta de

Hong Kong ao controle chinês seguiu-se uma queda substancial no número de viagens de lazer para a cidade em 1998.

TENDÊNCIAS

As tendências mostradas a seguir podem influir em seu futuro e no da indústria da hospitalidade. Apesar de esse tópico não contemplar todas as tendências, as que aqui estão representam exemplos de oportunidades e desafios para a indústria. Como outros aspectos da hospitalidade,

Um Dia na Vida de...

UM DIA NA VIDA DE... UM ANALISTA DE MERCADO

O ramo da hospitalidade é apenas um ramo de negócios com todas as considerações financeiras e avaliações de empreendimento próprios da administração de uma empresa. É por essa razão que o trabalho de um analista de mercado é tão importante.

Recorre-se a um analista de mercado sempre que um hotel ou restaurante está envolvido em transações de compra, venda, desenvolvimento ou financiamento. Uma análise completa das condições do estabelecimento pode determinar seu potencial de receita, bem como suas despesas e valor de mercado.

O processo de quatro fases a seguir é normalmente seguido pelo analista de mercado[1]:

1. **Definição de objetivos**. Trabalhando com o gerente do estabelecimento, o analista de mercado define o que fará juntando informações sobre o empreendimento. Essas informações podem incluir a localização da propriedade e os tipos de instalações oferecidas, bem como detalhes financeiros, como dívidas e patrimônio líquido. Além disso, o analista de mercado deve determinar o objetivo do estudo.
2. **Coleta de dados**. Utilizando uma lista de verificação para reunir os dados a fim de garantir que informações importantes não sejam esquecidas, o analista de mercado começa esse trabalho recolhendo dados de fontes como o proprietário, pesquisas de mercado anteriores, documentos e bancos de dados do estabelecimento.
3. **Análise dos dados**. Utilizando os dados coletados e sofisticados programas de análise, o analista de mercado começa a formular conclusões. Softwares como o Modelo de Previsão de Receitas e Despesas Fixas e Variáveis prevêem o lucro líquido de um hotel, antes dos juros das dívidas de financiamento, ao identificar quais despesas são fixas e variáveis. Programas de análise das diárias avaliam a demanda para o hotel em determinada região durante certo período de tempo a fim de prever a taxa de ocupação do hotel. Os dois tipos de programas permitem ao analista de mercado manipular os dados e simular as condições reais do mercado.
4. **Conclusões**. Finalmente, o analista de mercado formula suas conclusões finais. Elas podem incluir itens como as condições econômicas e demográficas locais, as despesas operacionais projetadas, as tendências para a demanda por acomodação e a adequação de melhorias e comodidades, entre outros.

Lembre-se de que um analista de mercado é tão bom quanto os dados que coleta. Na realidade, a coleta de dados precisos é a etapa mais importante desse processo.

[1] RUSHMORE, Stephen. *The Computerized Income Approach to Hotel-Motel Market Studies and Valuations*. Chicago, Appraisal Institute, 1990, xii-xiii.

o futuro desses componentes depende de muitos fatores, como avanços tecnológicos, estilos de vida, demanda e mudanças econômicas.

Gestão do Lazer. Especialistas prevêem que o longo ciclo econômico de crescimento dos anos 90 deve continuar neste século. Isso significa que os Estados Unidos continuam a mudar de uma ênfase na indústria de bens para uma ênfase nos serviços. Os serviços serão os maiores captadores de demanda. Todas as funções da hospitalidade — alimentos e bebidas, hospedagem, turismo, eventos, manutenção, lazer — são serviços. Como o ponto crucial para a hospitalidade (em especial para a gestão de lazer em empreendimentos, como parques temáticos, resorts e spas) é manter-se em atividade, o serviço e tudo o que ele engloba são essenciais para despertar no cliente o desejo de voltar.

Existem oportunidades em abundância para profissionais de hospitalidade nessas áreas específicas. Como o serviço é inerente à indústria da hospitalidade e a sociedade espera que as atividades de serviço cresçam, novas oportunidades na indústria deverão surgir. Em especial, empreendimentos que ofereçam oportunidades de lazer e interação social em um único local — miniparques temáticos e atividades de lazer em shopping centers parecidos com o Mall of the Americas, em Minneapolis — representarão oportunidades para o segmento do lazer e das atividades sociais da hospitalidade.

Serviços de Alimentação. Historicamente, a principal fonte de crescimento das empresas de serviços de alimentação é a maior penetração no mercado por meio da abertura de novos restaurantes. Isso não significa que o aumento das vendas e do lucro em estabelecimentos independentes não seja importante. Nem que o dono de um empreendimento desse tipo deva procurar oportunidades de expansão em vez de aproveitar o sucesso de um empreendimento pequeno. No entanto, de 1950 a 2000 o crescimento da indústria dos restaurantes foi atribuído à expansão das empresas mistas.

A perspectiva geral para a indústria dos serviços de alimentação é de crescimento nas primeiras décadas deste século, se as economias mundiais permanecerem sólidas. Como essa indústria depende cada vez mais do desenvolvimento global para crescer, suas perspectivas estão inextricavelmente relacionadas à saúde econômica das principais economias do mundo. Isso é especialmente verdade porque, em muitas economias desenvolvidas, parecem ter diminuído as oportunidades de crescimento decorrentes do desenvolvimento de novos restaurantes e de novos conceitos.

Nos Estados Unidos e no Canadá, as oportunidades de crescimento variam conforme o setor da indústria e o segmento específico de mercado. Os fast-foods estão encontrando um mercado cada vez mais saturado e, portanto, oportunidades limitadas de crescimento. Durante as décadas de 1950, 1960 e 1970, as cadeias de fast-foods cresceram à custa dos estabelecimentos de propriedade familiar, de uma só unidade. Hoje, entretanto, as cadeias mistas são as principais integrantes do ramo de fast-foods dos Estados Unidos. Novos produtos terão de roubar das empresas estabelecidas nacionalmente, com imensos recursos competitivos, sua participação no mercado. O valor dos imóveis aumentou de maneira absurda — especialmente nos melhores locais para a construção de restaurantes. Além disso, outros estabelecimentos, como as mercearias, entraram no mercado e muitas vezes concorrem no mesmo segmento que os restaurantes fast-foods.

Os restaurantes sofisticados e os temáticos também enfrentam concorrência acirrada das cadeias mistas. Entretanto, conforme vimos anteriormente, tendem a beneficiar-se do envelhecimento da geração que tem hoje de 40 a 50 anos e, espera-se, mais dinheiro para gastar. Os restaurantes voltados para "famílias" também devem se beneficiar dos filhos dessa geração nas primeiras décadas deste século.

Uma outra área que está mudando é a dos serviços de alimentos e bebidas em hotéis. Depois do aumento da concorrência hoteleira nos Estados Unidos e da queda da rentabilidade, os restaurantes dos hotéis estão atualmente prosperando — nas mãos de terceiros. Os restaurantes de renome têm se revelado uma tendência lucrativa para os hotéis. Antigamente, os restaurantes de hotéis eram locais conhecidos por preços altos e comida pouco apreciável. Hoje, empresas terceirizadas estão levando para dentro dos hotéis restaurantes conhecidos, como o T.G.I. Friday's.

O crescimento dos serviços de alimentação de coletividade tende a fortalecer-se em estabelecimentos de tratamentos de saúde de longo prazo, estabelecimentos educacionais e prisões. Essas previsões refletem tendências demográficas: a população envelhece e precisa de cuidados especiais; novas prisões são construídas; e os filhos da geração *baby boom* enchem as escolas, as faculdades e as universidades. A indústria dos serviços de alimentação também deverá se fortalecer à medida que grandes empresas constroem novos estabelecimentos. Entretanto, se as

Inovações Empresariais

POR DENTRO DA INDÚSTRIA | **INOVAÇÕES EMPRESARIAIS**

A Concorrência no Segmento dos Restaurantes de Serviço Rápido: A Saga da Boston Market

Um exemplo instrutivo da natureza competitiva do segmento dos restaurantes de comida rápida é a Boston Market. Conhecida como Boston Chicken, a empresa surgiu no começo da década de 1990, servindo frango assado e acompanhamentos caseiros. Em virtude de seus fundadores terem obtido muito sucesso com a Blockbuster Video, os analistas da indústria estavam otimistas com as perspectivas da nova empresa. Quando a Boston Chicken abriu seu capital, os preços das ações foram de US$ 20 a US$ 50 em um único dia.

A Boston Chicken utilizou os fundos levantados em Wall Street para abrir restaurantes em ritmo acelerado — passou de 35 para mais de 1.200 lojas em cinco anos. A maior parte dessa expansão ocorreu por meio de franquias. Para acelerar o processo de desenvolvimento, o escritório central da Boston Chicken emprestou a seus principais franqueadores o dinheiro necessário para abrir diversas lojas em suas respectivas regiões. O sucesso do empreendimento passou a depender da lucratividade de cada loja. Quando as lojas obtinham sucesso, o lucro podia ser utilizado para pagar os empréstimos obtidos com o escritório central da Boston Market.

Muitas das lojas locais não tiveram, porém, sucesso financeiro. Em parte, isso resultou do sucesso inicial da própria Boston Market. Como tanto os clientes quanto Wall Street tivessem respondido de maneira muito positiva à entrada da Boston Market no mercado de refeições caseiras, os concorrentes potenciais rapidamente reagiram. A KFC introduziu no cardápio seu próprio frango assado. Mais prejudicial foi a súbita e inesperada aparição em mercearias de fornos para assados. O mercado das refeições caseiras que a Boston Market esperava dominar rapidamente tornou-se extremamente competitivo. Além disso, acreditando na avaliação positiva da indústria e em Wall Street, a Boston Market superestimou o mercado e expandiu-se com rapidez excessiva.

Em 1997, muitas das franquias da Boston Market não conseguiam pagar seus empréstimos à franqueadora. Um ano depois, a empresa não conseguia pagar suas dívidas a bancos e instituições de empréstimo. O preço das ações, antes em saudáveis US$ 40, caiu para menos de um dólar. Em outubro de 1998 a Boston Market pediu concordata.

Seria esse o final de uma empresa prejudicada por suas próprias perspectivas de sucesso? Talvez não. A concordata permitirá à Boston Market reduzir substancialmente suas dívidas. Além disso, como as franquias regionais não pudessem pagar seus empréstimos, a corporação exigiu seus ativos: as lojas. Se a empresa conseguir fechar as unidades que não dão lucro, diferenciar seus produtos dos de supermercados e obter novamente a confiança dos investidores, ainda poderá ser bem-sucedida no mercado de refeições caseiras.

fusões e as aquisições levarem a consolidações entre as maiores empresas, com o crescimento econômico ocorrendo principalmente por meio de empresas menores, os estabelecimentos de alimentação industriais deverão sofrer. Isso porque as grandes empresas tendem a investir mais em serviços de alimentação para seus funcionários do que as pequenas.

Na hospedagem, a natureza do desenvolvimento hoteleiro mostra que a oferta e a demanda de hospedagem raramente estão em equilíbrio perfeito. No final dos anos 80 e início dos anos 90, a indústria hoteleira tinha um excesso de apartamentos disponíveis. As taxas de ocupação eram baixas, e os administradores dos hotéis e investidores sofreram perdas. Durante a última metade da década de 1990, a prosperidade econômica levou ao aumento das viagens de negócios e lazer. Em muitas cidades, as taxas de ocupação aumentaram. Em Chicago, por exemplo, as taxas de ocupação eram de cerca de 65% no início dos anos 90, mas subiram para mais de 70% em 1998. As taxas crescentes de ocupação levavam a novos desenvolvimentos de hotéis à medida que os investidores vislumbravam uma oportunidade de atender à demanda crescente. Entretanto, os novos desenvolvimentos não podem atender perfeitamente ao aumento da demanda. Freqüentemente, muitas empresas respondem ao mesmo tempo às oportunidades construindo novos empreendimentos, causando novamente um excesso de oferta e derrubando as taxas de ocupação. Quando as taxas caem significativamente, os novos empreendimentos ficam inviáveis.

Espera-se que a onda de desenvolvimento de hotéis iniciada na metade da década de 1990 continue de 2002 a 2005. Entretanto, mesmo no final de 1998, os analistas da indústria advertiam que os novos empreendimentos já em desenvolvimento causariam excesso de oferta em determinados mercados.

As previsões indicavam que os serviços de alimentação teriam o crescimento mais rápido e constante dentro da indústria da hospitalidade nos Estados Unidos. Estimativas conservadoras indicavam vendas projetadas de pelo menos US$ 400 bilhões até o ano 2000[13]. Como muitos segmentos da indústria da hospitalidade, os serviços de alimentação estão buscando novos rumos. Tendências em desenvolvimento, mudanças no estilo de vida e avanços tecnológicos são fatores que afetam o futuro dos serviços de alimentação. A indústria tem passado por grandes mudanças, como a maior consciência quanto ao consumo de álcool, áreas para fumantes/não-fumantes e melhorias no serviço. Entretanto, o futuro dos serviços de alimentação é desafiador. O desenvolvimento de cardápios étnicos para escolas, métodos de cocção mais eficientes, novas necessidades dos funcionários e melhorias no atendimento ao consumidor são desafios que deverão ser enfrentados pelos profissionais dos serviços de alimentação.

Cassinos. A década de 1990 foi testemunha de um grande desenvolvimento de novos cassinos e de extraordinário crescimento de outras formas de jogo legalizado, como as loterias. Em 1992, o jogo legal em todas as suas formas gerou mais de US$ 325 bilhões nos Estados Unidos. Até 1996, esse número cresceu para mais de US$ 500 bilhões — uma quantia correspondente a *cinco vezes* o total da receita de *toda* a indústria dos fast-foods. O aumento das apostas veio com o maior acesso a oportunidades para jogar por meio de novas loterias estaduais, locais para apostas informais e cassinos flutuantes. Em Illinois, por exemplo, onde foram abertos dez cassinos flutuantes desde 1991, a quantia apostada por cada visitante cresceu de US$ 321 para mais de US$ 1.500[14].

Não há dúvida de que o crescimento dos jogos beneficiou os investidores, que compartilharam o lucro dos cassinos e demais estabelecimentos de jogos de azar. Além disso, em virtude da maneira pela qual a receita dos jogos é taxada nos Estados Unidos, os estados e os municípios desfrutaram imensamente da boa sorte. Em 1995, os cassinos flutuantes em Illinois pagaram quase US$ 300 milhões em impostos para o estado e o município. Essa receita foi utilizada para a educação, os serviços comunitários, a compra de carros para a polícia, os caminhões para os bombeiros e o desenvolvimento de áreas públicas de lazer, sem cobrança de impostos adicionais da população[15].

No entanto, o crescimento dos cassinos tem sido bastante controverso. Apesar de os estados e os municípios ganharem, os economistas apontam que o dinheiro gasto com as apostas nos cassinos e loterias teria sido gasto em restaurantes, cinemas, eventos esportivos e outras formas de lazer. Os restaurantes locais das regiões onde foram implantados cassinos são especialmente prejudicados. Em vez de serem beneficiados com o fluxo de turistas, são incapazes de concorrer com os cassinos, que vendem filé mignon por US$ 4,95. Earl Grinois, um economista da Universidade de Illinois, relata que o número de restaurantes em Atlantic City caiu de 243 para 146 entre 1977 e 1987. Os críticos argumentam que o governo deixa de relatar o impacto econômico do desenvolvimento dos cassinos porque se beneficia da receita do jogo, melhorando a vida da comunidade sem precisar persuadir o povo da necessidade de novos impostos. Os críticos ao desenvolvimento dos cassinos também apontam os custos sociais dos jogos de azar. Pesquisadores estimam que mais de 50% da receita dos cassinos vêm de "apostadores-problema" — indivíduos que vivem sob constantes problemas financeiros em virtude das apostas.

O crescimento dos cassinos e de outras formas de aposta neste século depende de muitos fatores. Um deles diz respeito à maior ou menor oposição que a sociedade fará ao jogo. Se os opositores conseguirem convencer os eleitores a combater propostas que permitam o desenvolvimento de cassinos, o crescimento será menor. Entretanto, talvez seja mais significativo saber se as vantagens econômicas pregadas por idealizadores e investidores de cassinos se sustentam sob uma análise rigorosa. Em Illinois, por exemplo, os investidores prometeram aos políticos que os cassinos flutuantes gerariam receita para o turismo, atraindo pessoas de outros estados. Na verdade, porém, mais de 85% dos apostadores dos cassinos flutuantes de Illinois são pessoas que moram a um raio de 80 quilômetros desses cassinos e, metade desses, a 40 quilômetros[16]. À medida que um número maior de estados legalizar os jogos de azar, menor será a credibilidade da promessa de mais receita oriunda de outros estados. Além disso, o excesso de oferta de cassinos é uma possibilidade bastante real. Os cassinos flutuantes de Illinois sofreram perdas financeiras imediatamente após a abertura de novos cassinos no vizinho estado de Indiana. Se as comunidades locais começarem a depender dos impostos cobrados sobre a receita dos cassinos e essa receita diminuir com a concorrência mais acirrada, a reputação dos jogos de azar certamente será prejudicada.

Ecoturismo. O **ecoturismo** é um segmento crescente da indústria da hospitalidade. Engloba as viagens a localidades onde é possível ter contato com a natureza causando o mínimo impacto no meio ambiente. A Ecotourism Society define ecoturismo como "viagens responsáveis a áreas naturais que preservam o meio ambiente e melhoram o bem-estar da população local". Entretanto, o ecoturismo começou a ser relacionado a um espectro relativamente amplo de viagens, desde as que têm realmente o objetivo de melhorar a vida local e o meio ambiente até outras que enfatizam atividades de aventura em ambientes externos. Alguns exemplos de viagem de ecoturismo são idas aos parques e reservas da Costa Rica e da África, fazer trilhas na Austrália ou praticar canoagem no rio Amazonas.

Apesar de o número de pessoas que praticam o ecoturismo ser relativamente pequeno, esse deverá ser um segmento muito importante para o turismo. O ecoturismo cresce a uma taxa muito maior do que a do turismo em geral, e os ecoturistas costumam dispor de renda pessoal relativamente maior. Essa combinação de potencial de crescimento com maior renda dos participantes assinala uma oportunidade para os operadores locais e as organizações sem fins lucrativos que patrocinam essas viagens.

Talvez ainda mais significativo seja o impacto potencial do ecoturismo na indústria como um todo. O ecoturismo está baseado em valores específicos, como a proteção do meio ambiente e a melhoria da vida da população local. Assim como esses valores são muito importantes para as pessoas da geração do pós-guerra, podem tornar-se cada vez mais importantes para outros segmentos do turismo. O padrão tradicional de desenvolvimento do turismo durante a segunda metade do século XX foi a construção de grandes resorts em frente ao mar em regiões pouco desenvolvidas, para proporcionar aos visitantes mais do que o conforto de suas casas. A criação desses resorts-destinos muitas vezes transformava a economia agrária local em uma economia de assalariados à medida que a população conseguia emprego nos hotéis, como motoristas de táxi etc. Se uma porcentagem significativa de turistas realmente procurar os destinos desenvolvidos em harmonia com o meio ambiente e com a população local, os destinos tradicionais serão prejudicados financeiramente.

Desenvolvimento Internacional. No passado, as empresas norte-americanas dominavam a indústria hoteleira. A partir da década de 1990, as empresas hoteleiras passaram a ser multiculturais e globais. Os pactos regionais de comércio passaram a estimular futuros empreendedores a ultrapassar as fronteiras da América do Norte, Europa, América do Sul e Sudeste Asiático. Além disso, enquanto o mercado hoteleiro em muitos países desenvolvidos já estava relativamente maduro, em países em desenvolvimento as oportunidades de crescimento passaram a ser ainda maiores. A Hilton Hotels começou a expandir-se no México e no Canadá, e a Hilton International (uma outra empresa) abriu diversos novos estabelecimentos entre 1998 e 2000. A Marriott estabeleceu hotéis de serviço completo em grandes cidades e está levando seus conceitos *Executive Suites* e *Courtyard* para o exterior também. A Cendant, atualmente a maior franqueadora hoteleira do mundo, planeja abrir mais de 50 estabelecimentos até 2005 na Europa Oriental. A Hyatt International administra mais de 70 hotéis e resorts em todo o mundo e possui 30 em desenvolvimento. A Wyndham, que atualmente opera hotéis no Caribe, planeja expandir-se para a América Latina e a Europa. A Westin tem mais de 100 estabelecimentos e planos de abrir mais 50 na Ásia. A Four Seasons está abrindo hotéis na China. A Accor planeja mais 30 hotéis para Indonésia, Tailândia e Vietnã.

A globalização das empresas hoteleiras também está acontecendo em virtude das fusões e conversões que a seguem. A Wyndham adquiriu a rede européia Arcadian e converterá seus hotéis para a marca Wyndham. A Marriott também está convertendo seus hotéis Renaissance para sua própria marca. Entretanto, nem todas as fusões e as aquisições são seguidas por conversões. A Starwood Hotels and Resorts Worldwide comprou a Westin e a ITT Sheraton, mas planeja expandir-se internacionalmente utilizando essas duas marcas.

Fusões e Aquisições. As principais consultorias hoteleiras, como a KPMG Peat Marwick e a Coopers-Lybrand, prevêem que a indústria da hospedagem, neste século, será caracterizada por um número pequeno de grandes empresas globais. Essas empresas administrarão diversas marcas de hotéis. As fusões e as aquisições ocorridas entre 1997 e 1998 confirmam essa previsão dos especialistas. Além das aquisições mencionadas anteriormente, Wyndham, Clubhouse Inns e Gencom Hospitality foram compradas pela Patriot American Hospitality.

Em virtude dos altos custos de marketing e de administração, há quem diga que as fusões são boas para propriedades independentes, que precisam arcar com todos os custos de atrair e atender hóspedes. A parceria com uma grande corporação permite o acesso a programas de marketing, a sistemas de reservas e ao conhecimento corporativo que a maioria dos administradores individuais não poderia usufruir em virtude dos altos custos. Com a parceria, os custos são repartidos de maneira igual por todos os hotéis, diminuindo os custos individuais. Em contrapartida, há quem diga que muitas das empresas envolvidas nas fusões ganham dinheiro com a compra e venda de hotéis em vez de com sua operação. Isso freqüentemente faz com que se dê prioridade ao lucro da corporação em detrimento do lucro de cada estabelecimento, tornando os negócios mais difíceis, em vez de mais fáceis, para os hotéis independentes.

Essa tendência teve início com a explosão de novos empreendimentos nos anos 80, que resultou no acentuado aumento da concorrência entre os hotéis, em maior número de franquias e no desenvolvimento de muitas marcas. Administrar diversas marcas com uma única empresa permitiu uma segmentação de mercado mais específica e uma concorrência mais direta com outros hotéis. A estratégia de fusões e aquisições foi alimentada pelos financiamentos agressivos dos anos 80 (*junk bonds*[17] e parcerias limitadas). Os investimentos internacionais também tornaram-se importantes, uma vez que a estabilidade da economia norte-americana oferecia um ambiente

Perfil Pessoal

PERFIL PESSOAL **MORRIS LASKY**

Recuperando a Saúde Financeira dos Hotéis

A fama de Morris Lasky é a de que ele cura hotéis doentes — e o faz em 12 meses. Como presidente da Lodging Unlimited, Inc., uma empresa com sede em West Chester, Pensilvânia, Lasky recupera financeiramente hotéis falidos. Conseguiu recuperar bem mais de 200 estabelecimentos, inclusive hotéis associados a grandes cadeias, como Best Western, Hyatt e Ramada.

Aos 21 anos, Lasky tornou-se gerente geral do Touraine Hotel, no Brooklyn. O empreendimento não estava bem — até a chegada do jovem Lasky. Pouco tempo depois, ele juntou-se à Helmsley-Spear em sua empresa chamada American Motors Inn, adquirindo motéis com problemas financeiros. Em oito anos, foi responsável pela recuperação de muitos hotéis. Em 1970, Lasky deu início a um negócio próprio, a Lodging Unlimited, Inc., que tinha por objetivo restabelecer a saúde financeira de hotéis. Seu primeiro projeto foi a recuperação de um hotel de Detroit. Desde então, Lasky e seus funcionários trabalharam em mais de 250 estabelecimentos que valem, no total, mais de US$ 2 bilhões.

Lasky credita a maior parte das calamidades financeiras da indústria ao mau planejamento. Ele e sua equipe começam o trabalho estudando o empreendimento, em todas as fases, para descobrir quais departamentos estão perdendo dinheiro e quais estão atingindo o ponto de equilíbrio ou obtendo lucro. Em seguida, são elaborados planos para acabar com as perdas e aumentar o lucro. A equipe também desenvolve um plano de marketing e de reforma. Por fim, Lasky quase sempre substitui o gerente geral por alguém que ele mesmo escolhe.

Às vezes, é preciso fazer tantas coisas para que o estabelecimento recupere a saúde financeira que é melhor vendê-lo. O auxílio de Lasky também pode acontecer nesse momento, com a indicação de como e onde vender o estabelecimento.

O mundo mudou desde a fundação da Lodging Unlimited, e os negócios de Lasky também. A empresa é sensível e flexível o suficiente para atender à demanda de uma sociedade em constante mudança. Lasky observa que, até 1990, "a Lei para os Americanos Portadores de Deficiências não existia e, hoje, é preciso entrar em conformidade com ela. [Alguns] anos atrás, as questões ambientais eram pouco importantes; hoje, elas são uma das grandes preocupações para a maioria dos proprietários [de hotéis] e proprietários em potencial". Essa atenção aos detalhes e a receptividade às mudanças contribuíram muito para o sucesso da Lodging Unlimited.

Em 1988, com mais de 30 anos de experiência acumulados, Lasky abriu seu próprio hotel, o Comfort Inn, em Valley Forge, com 120 unidades habitacionais. Seu hotel está direcionado para o segmento de executivos. Além de cama king-size e uma poltrona confortável, as unidades habitacionais oferecem uma escrivaninha, três telefones e videocassete. As ações de marketing tiveram início cinco meses antes do início das obras. A cinco quilômetros do histórico Valley Forge, o hotel situa-se em uma região de edifícios comerciais. "Você deve adquirir o melhor local que encontrar", aconselha Lasky, "não apenas o melhor pelo qual você pode pagar."[1]

O objetivo da empresa de Lasky é oferecer serviços para a indústria da hospitalidade, ajudando arrendatários e investidores, bem como proprietários. A filosofia de Lasky é "começar com as necessidades dos clientes e oferecer soluções eficazes de custo compatível para que seus objetivos sejam alcançados"[2].

[1] LASKY, Morris. "Turnarounds Unlimited". *Cornell Hotel and Restaurant Administration Quarterly*. Maio de 1988: 89.

[2] The LUI Group: *A Corporate Profile*. West Chester, Pensilvânia, Lodging Unlimited, Inc., 1993: 13.

seguro para investimentos em um mercado imobiliário em expansão. Além disso, surgiram alianças estratégicas entre hotéis, locadoras de automóveis, empresas aéreas e empresas de cartão de crédito, resultando em pacotes para os viajantes.

Grandes empresas dominarão a indústria neste século. Em 1998, cerca de 3,4 milhões de unidades habitacionais estavam nas mãos de uma centena de empresas. Mais da metade desse número (1,8 milhão) pertencia às cinco maiores empresas: Cendant, Bass, Marriott, Best Western e Choice.

As grandes empresas desfrutam de vantagens importantes, como o acesso ao capital, ao mercado e à economia de escala. Entretanto, quando muitas das unidades habitacionais disponíveis no mundo forem controladas por uma dúzia de empresas, será cada vez mais difícil para os consumidores diferenciá-las. Essas grandes empresas precisarão manter diversas marcas, cada qual direcionada para o atendimento de necessidades de segmentos específicos de mercado. Os desafios que essas empresas terão de enfrentar são reais:

- incorporar outras empresas de hospedagem que tenham sido recentemente adquiridas;
- estabelecer políticas e procedimentos consistentes;
- instalar sistemas de informação que integrem diversos estabelecimentos; e
- manter as diferenças de cada marca, ao mesmo tempo em que se beneficia por ser grande.

A Marriott, por exemplo, administra as marcas Ramada, Renaissance e Ritz-Carlton, além de suas próprias Fairfield, Courtyard, Residence Inn e Town Place.

Convergência. *Convergência* é um termo utilizado para descrever como empresas antes independentes passaram a trabalhar juntas. É uma tendência que caracterizará o futuro da indústria da hospitalidade. Um exemplo de convergência tecnológica ocorre quando um único cabo disponibiliza acesso à Internet, à televisão e ao telefone, em vez de cada serviço ser fornecido por empresas e tecnologias distintas. A convergência pode ocorrer em uma indústria por meio de fusões e aquisições, mas normalmente começa com alianças estratégicas. O compartilhamento da tecnologia dos cartões de fidelidade, descrito anteriormente neste capítulo, é um exemplo de aliança estratégica que leva à convergência, uma vez que os consumidores podem comprar diversos serviços de lazer com um único ponto de contato. Outros exemplos de alianças estratégicas e de convergências na indústria incluem:

- ampliação da atuação de empresas, que anteriormente ofereciam apenas serviços de administração de estabelecimentos de alimentação, para serviços de administração de governança, manutenção e outros;
- compartilhamento de vôos por empresas aéreas por meio de acordos (denominados *code sharing*), de modo que um viajante possa fazer uma única reserva para uma viagem que exija duas transportadoras diferentes;
- marcas e conceitos de restaurantes conhecidos sendo levados para hotéis por meio de acordos, em vez de os hotéis administrarem seus próprios restaurantes; e
- oferta de serviços residenciais de tratamento de saúde ou serviços de lazer em empresas de hospedagem.

A convergência também ocorre quando empresas de hospitalidade são compradas por outras empresas que não eram do mesmo ramo, como financeiras ou empresas de bens de consumo[18].

O CRESCIMENTO DA INDÚSTRIA

A indústria da hospitalidade como um todo — incluindo turismo, serviços de alimentação, hospedagem e empreendimentos relacionados — é uma das maiores do mundo e deve crescer ainda mais. Em 1998, gerou US$ 3,6 trilhões em atividade econômica e empregou mais de 230 milhões de pessoas. Em 2010, espera-se que gere US$ 10 trilhões e empregue 328 milhões de indivíduos[19]. A Tabela 12-2 mostra a importância da indústria do turismo nas principais regiões do globo e estima a taxa de crescimento entre 1998 e 2010.

A Figura 12-2 mostra a importância que a indústria da hospitalidade terá na criação e manutenção do crescimento econômico, especialmente em países menos industrializados e desenvolvidos. Algumas áreas que terão crescimento significativo são o Sul e o Sudeste Asiáticos e a Europa Oriental, onde a taxa de crescimento estimada ultrapassa 8% anuais.

A ÉTICA EM HOSPITALIDADE

Para abrir, um cassino contrata 200 funcionários de alimentos e bebidas, segurança e negociadores, mas não diz a eles que apenas 150 permanecerão contratados após seis semanas.

Uma atendente de um fast-food reclama que o assistente da gerência (que por acaso é filho do dono) a está assediando sexualmente.

Um hóspede muito rico pede ao gerente de reservas para excluir a reserva de uma pessoa para um banquete. O cliente influente, um *habitué*, ameaça não mais utilizar os serviços do hotel se isso não for feito.

Um restaurante recusa-se a contratar um *sommelier* com boas qualificações apenas porque ele é HIV positivo e seus futuros companheiros de trabalho e clientes poderiam sentir-se "incomodados" se ele for contratado.

TABELA 12-2 Crescimento projetado para a indústria do turismo

Região	Economia			Emprego		
	Bilhões de US$	% do total	Taxa de crescimento*	Milhões de empregos	% do total	Taxa de crescimento*
Mundo	3.564,3	11,6	4,0	230,8	9,4	3,0
África	48,0	10,3	5,7	16,3	10,2	3,0
Norte	23,5	8,7	6,3	3,0	9,6	3,0
Sul do Saara	24,5	12,5	5,1	13,3	10,3	3,0
Américas	1.236,5	10,9	3,2	33,7	9,8	2,5
América do Norte	1.078,8	11,3	2,8	20,8	11,8	2,0
América Latina	129.0	7,7	5,8	9,9	6,4	3,7
Caribe	28.8	24,7	6,3	2,9	25,1	2,0
Ásia/Pacífico	797,7	10,7	5,4	136,2	8,7	3,3
Oceania	72,0	14,3	3,6	2,7	21,5	1,9
Nordeste Asiático	607,6	10,3	4,3	77,6	9,7	2,0
Sudeste Asiático	77,2	12,1	9,1	22,2	6,7	5,2
Sul Asiático	40,9	8,6	9,5	33,7	7,8	4,6
Europa	1.439,3	13,2	3,7	41,6	11,5	2,4
União Européia	1.178,1	14,0	2,9	22,0	14,7	1,1
Demais países da Europa Ocidental	101,3	16,2	4,6	4,4	16,5	3,5
Europa Oriental	159,9	8,5	8,2	15,2	8,2	3,6
Oriente Médio	42,7	8,9	5,5	3,1	9,7	3,3

*Taxa de crescimento anual estimada, 1998-2010.

Fonte: World Travel and Tourism Council. Abril de 1998.

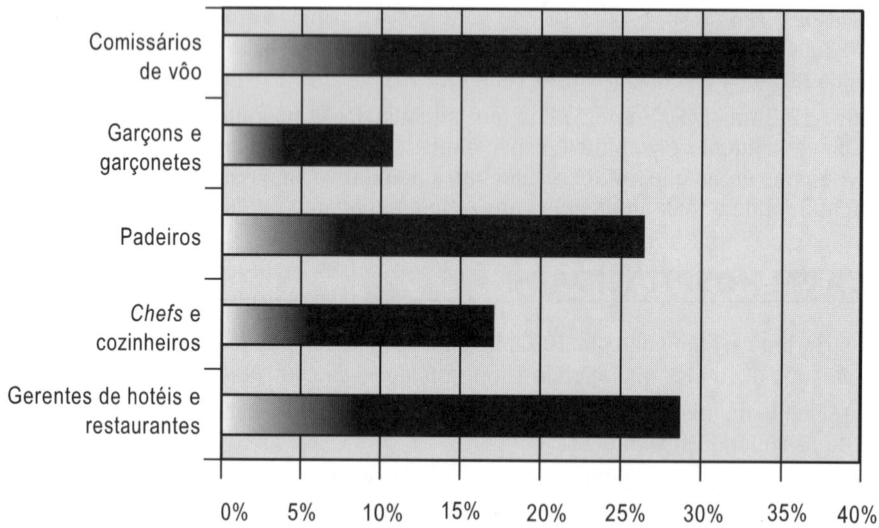

Figura 12-2 Projeção de mudanças no emprego para certas funções da hospitalidade entre 1996-2006. *Fonte:* U.S. Department of Labor. *Monthly Labor Review*. Novembro de 1997.

Problemas éticos como os mencionados acima surgem todos os dias para gerentes e trabalhadores da indústria da hospitalidade. Além dessas questões, práticas questionáveis, como oferecer e aceitar subornos, não declarar gorjetas ou outras rendas à Receita, ser conivente com situações que oferecem pouca segurança ou poucas condições de higiene, fazer propaganda enganosa ou persuadir funcionários da concorrência, podem causar problemas a gerentes e funcionários. Os profissionais de hospitalidade vêm dando mais atenção a questões éticas. Lidar com problemas de uma maneira ética envolve determinar diretrizes de conduta no ambiente de trabalho e ajudar os funcionários a tomar decisões éticas para superar os desafios do futuro.

DIRETRIZES PARA UMA CONDUTA ÉTICA NO AMBIENTE DE TRABALHO

Muitas pessoas trabalham em um ambiente que permite comportamento pouco ético como meio de ficar à frente da concorrência ou ainda como justificativa para práticas de contratação ou de atendimento injustas. Entretanto, esse tipo de ambiente de trabalho não aumenta a satisfação dos funcionários nem atrai hóspedes que querem ser tratados de maneira justa. Como ambos são importantes para a indústria dos serviços, muitos líderes da indústria da hospitalidade propõem que as empresas criem um ambiente de trabalho que enfatize a honestidade, a integridade e a confiança.

Algumas diretrizes básicas, segundo a Business Roundtable, uma associação nacional de grandes corporações, ajudarão a criar esse ambiente ético. Suas diretrizes são as seguintes[20]:

- Gerentes e altos executivos precisam ser modelo do comportamento esperado e precisam estar comprometidos com a empresa e seus funcionários. Liderança forte é um fator essencial para cultivar um ambiente de trabalho ético. Se os principais executivos não estiverem comprometidos, é absurdo acreditar que os demais funcionários estarão.
- Deve existir um código de ética por escrito para esclarecer o comportamento esperado. Os funcionários precisam saber exatamente o que fazer em determinadas situações.

Empreendimentos com políticas claras, que funcionam como padrão a ser seguido sobre questões éticas, ajudam o funcionário a tomar decisões difíceis ao enfrentar problemas complexos.

- É necessário estabelecer um processo para implementar um código, bem como para garantir que ele seja cumprido. Isso pode ser feito por meio de treinamentos, auditorias, recompensas por comportamento ético exemplar ou por outros meios, a fim de que os gerentes possam verificar a adesão dos funcionários às políticas da empresa.
- Todo funcionário precisa saber que ele tem interesses em jogo na empresa. A responsabilidade quanto à parte que lhe cabe e o comprometimento diante dos valores da empresa aumentam no funcionário a sensação de que ele está envolvido, faz parte e tem orgulho da empresa. Isso ajudará a melhorar o ambiente ético da empresa à medida que os companheiros de trabalho confiarem uns nos outros e forem capazes de se enxergar como parte de uma equipe empenhada em atender às expectativas da empresa.

Depois de implementar um ambiente ético, a empresa precisa do constante aprimoramento de seu código de conduta. Nenhum código é capaz de abranger todos os problemas que podem surgir, e os funcionários precisam saber como enfrentar novos desafios.

A empresa que prioriza a questão ética torna-se mais competitiva — talvez porque seus funcionários estejam mais comprometidos com as metas e os valores que ela estabelece. Essa dedicação é ingrediente vital para a excelência dos serviços, especialmente na área da hospitalidade.

TOMANDO DECISÕES DIFÍCEIS

Depois de estabelecer um ambiente ético, torna-se mais fácil lidar com situações difíceis. Além disso, saber a legalidade de certas práticas pode ajudar gerentes e demais funcionários a tomar decisões éticas. Entretanto, para empresas novas, que não têm um código de ética, pode ser difícil saber decidir de maneira ética. Alguns executivos fazem a seguinte pergunta ao tomar decisões difíceis: “Minha decisão irá contra a opinião pública?”. Quando uma decisão é ética, ela pode ser publicada em um jornal sem que se tenha vergonha ou medo da opinião pública. Se uma decisão não puder suportar a publicidade, empregadores e empregados precisam rever suas posições.

Por exemplo, no caso do cassino que havia contratado 50 pessoas a mais para sua abertura, parece claro terem agido de maneira imprópria ao não revelar aos funcionários a natureza real do contrato. A administração deveria ter informado que algumas contratações eram temporárias, mas que esses funcionários poderiam vir a tornar-se efetivos. Ou deveria ter contratado 150 funcionários efetivos e 50 temporários. Qualquer uma das duas soluções teria sido mais honesta, traria mais confiança para o relacionamento entre gerentes e funcionários e seria bem-vista pela opinião pública.

No caso da mulher que se queixou de assédio sexual, é claro que, se suas alegações forem verdadeiras, a conduta do assistente da gerência para com ela é, além de pouco ética, também ilegal. Entretanto, o fato de ele ser filho do proprietário do estabelecimento torna a situação mais complicada. Mesmo assim, seu comportamento deve mudar, e o gerente precisa deixar claro que assédio sexual não será tolerado.

Além do óbvio, pode ser considerado assédio sexual fazer brincadeiras de conotação sexual, insinuar que é possível conseguir promoções por meio de favores sexuais ou simplesmente criar um ambiente hostil que prejudique o desempenho de um funcionário. Em novembro de 1993, a Suprema Corte dos Estados Unidos tornou mais fácil provar denúncias de assédio sexual contra um empregador. Com isso, tanto empregados quanto empregadores passaram a ter mais facilidade para lidar com esses casos.

Sem leis específicas ou códigos de conduta, os gerentes precisam pesar as conseqüências de uma decisão difícil. Por exemplo, na situação envolvendo o hóspede rico, não existem leis sobre reservas. Se o hotel optar por honrar o pedido do primeiro hóspede, arriscará perder o cliente influente; por outro lado, o hotel poderá perder ainda mais se outros hóspedes descobrirem que o hotel é conivente com esse tipo de prática. A decisão de excluir uma reserva provavelmente não seria apoiada pela opinião pública, porque demonstrar preferência por um hóspede em detrimento de outro é inadequado e pouco ético. A longo prazo, um hotel ou restaurante que aprove essas práticas verá seu número de clientes diminuir.

A rejeição do restaurante ao *sommelier* envolve outra questão delicada: a Aids. Nesse caso, o *sommelier* ainda não tinha a doença e talvez nem viesse a ter. O restaurante argumentou que contratá-lo poderia deixar hóspedes e colegas de trabalho "incomodados". De fato, a National Leadership Coalition on AIDS confirmou que 67% das pessoas se sentiriam incomodadas no trabalho ao lado de alguém que fosse HIV positivo[21]. Entretanto, como é ilegal discriminar pessoas que têm Aids, o restaurante não agiu adequadamente. Além disso, essa decisão não seria louvada se publicada em um jornal, especialmente porque a discriminação foi contra um candidato qualificado.

QUESTÕES ÉTICAS PARA O FUTURO

O futuro trará novos desafios para quem é da área da hospitalidade. Gerentes e demais funcionários precisarão avaliar cada situação com as ferramentas que lhes são disponíveis. Algumas das prováveis áreas a trazer preocupações serão as relacionadas à biotecnologia, à irradiação de alimentos e ao meio ambiente.

Biotecnologia. Alimentos produzidos com técnicas de biotecnologia já estão à disposição dos norte-americanos. Ainda que a utilização de pesticidas e a fome no mundo diminuam com o desenvolvimento de alimentos resistentes à seca e a doenças, a biotecnologia causará agitação. Por meio da biotecnologia, o código genético da planta é alterado para que sejam produzidos alimentos mais resistentes a pragas, com menores chances de estragar durante o transporte, mais nutritivos e com menos gordura saturada. Além de modificar frutas e hortaliças, as técnicas da biotecnologia também são capazes de produzir carnes com menos gordura e alimentos que contêm genes de diferentes espécies.

Enquanto algumas pessoas vêem a biotecnologia como um meio de melhorar os alimentos, outras acreditam que ainda não existem resultados conclusivos dos experimentos já feitos que validem seus efeitos sobre o meio ambiente. Os efeitos sobre a cadeia alimentar e sobre os ecossistemas são desconhecidos, e há quem diga que surgirão toxinas e alérgenos nunca vistos. Os profissionais de hospitalidade precisarão confrontar o custo de utilizar esses alimentos com o custo de perder clientes potenciais.

Irradiação de Alimentos. A irradiação de alimentos provoca controvérsias à medida que se torna mais popular. Além de utilizar raios gama para matar bactérias e parasitas que estragam os alimentos, pode retardar o processo de amadurecimento, proporcionando vida mais longa a alimentos perecíveis. Apesar de a maioria dos alimentos não ser submetida a períodos prolongados de irradiação, o processo ainda preocupa por causa dos riscos desconhecidos ou não detectados que poderia trazer à saúde.

Outra preocupação é que uma das substâncias, o cobalto-60, irradia raios gama, que interferem nas atividades celulares dos humanos. Entretanto, como a irradiação ajuda a manter os alimentos frescos por um período maior e como a biotecnologia pode ajudar a diminuir a fome no mundo, essa prática pode tornar-se mais aceita independentemente dos riscos para a saúde que possa apresentar.

Responsabilidade Ambiental. Conforme os países tornarem-se mais industrializados e a população aumentar, as preocupações com o meio ambiente acabarão por se transformar em questões éticas. Problemas como o gerenciamento do lixo sólido, o consumo de energia, a qualidade da água e a poluição do ar afetarão diretamente a indústria da hospitalidade. Mais especificamente, o lixo de alimentos e de papelão, o consumo de petróleo e de carvão, a disponibilidade de água potável e a utilização de líquidos refrigerantes que não contenham substâncias que destruam a camada de ozônio serão questões importantes para a indústria.

Essas preocupações ambientais estarão mais relacionadas à ética à medida que as pessoas se virem como responsáveis por cultivar e proteger o planeta para as gerações futuras. Essas preocupações deverão ser pesadas contra os efeitos de possíveis perdas de emprego em empresas que deixaram de se adequar aos padrões exigidos.

RESUMO

- Empreendimentos voltados para a prestação de serviços, como a indústria da hospitalidade, estão, aos poucos, superando as indústrias de bens de consumo.
- No futuro, a população mundial será mais velha, mais diversificada em termos culturais e mais igualmente dividida entre homens e mulheres.
- A indústria da hospitalidade deve estar sempre na vanguarda do avanço tecnológico, pois os consumidores instruídos confiam em tecnologias avançadas para gerir empreendimentos.
- A indústria da hospitalidade deve conseguir equilibrar a alta tecnologia com a questão humana; a necessidade de prestação de serviço com a necessidade de eficiência, velocidade e tecnologia.
- A fim de competir na economia global, a indústria precisará atrair novos segmentos de mercado e turistas internacionais. A adaptação às necessidades de mão-de-obra e às necessidades dos hóspedes, em constante mudança, é fator essencial para o sucesso.
- A união de forças com a concorrência proporcionará aos empreendimentos mais eficiência e mais influência no mercado global.
- As oportunidades para profissionais de hospitalidade, em especial na área de gestão de lazer e nos serviços de alimentação, continuam a crescer.
- Lidar com problemas de ética envolve a necessidade de criar diretrizes para um ambiente de trabalho ético.
- As empresas que valorizam a honestidade, a integridade e a confiança encontram maior vantagem competitiva no mercado.

NOTAS

1 McCool, Audrey C. "Older Workers: Understanding, Reaching and Using This Important Labor Resource Effectively in the Hospitality Industry". *Hospitality Education and Research Journal* 12, 1988: 365.

2 DeMicco, Frederick J., e Reid, Robert D. "Older Workers: A Hiring Resource for the Hospitality Industry". *Cornell Hotel and Restaurant Administration Quarterly*. Maio de 1988: 365.

3 Jamieson, David e O' Mara, Julie. *Managing Workforce 2000*. São Francisco, Jossey-Bass Publishers, 1991: 25-27.

4 Bremner, B. "A Spicier Stew in the Melting Pot". *Business Week*. 21 de dezembro de 1992: 29-30.

5 O' Dwyer, Christine. "Opening Doors and Minds". *Lodging*. Maio de 1992: 12.

6 Sparrowe, Raymond T. e Iverson, Kathleen M. "Cracks in the Glass Ceiling?: An Empirical Examination of Gender Differences in Income in the Hospitality Industry". *Journal of Hospitality and Tourism Research*, 1999.

7 National Restaurant Association. Press Release. Washington, 4 de setembro de 1997.

8 Cappo, Joe. *Future Scope*. Chicago Longman Financial Services Publishing, 1990: 61-62.

9 Frey, William H. "The Diversity Myth". *American Demographics*. Junho de 1998: 38.

10 Russell, Cheryl. "The Baby Boom Turns 50". *American Demographics*. Março/abril de 1996: 3.

11 Edwards, Roger A. "Are Robots in Your Hotel's Future?". *IAHA*. Agosto/setembro de 1991: 21-22.

12 Chervenak, Larry. "Hotel Technology at the Start of the New Millennium". *Hospitality Research Journal: The Futures Issue*. Washington, CHRIE, 1993: 119.

13 Wallace, Jane Young. "Gateway to the Millennium". *Hospitality Research Journal: The Futures Issue*. Washington, CHRIE, 1993: 64.

14 LaFleur, T. e LaFleur, B. *LaFleur's 1995 World Gambling Abstract*. Boyds, MD, TLF Publications, 1995.

15 Sparrowe, Raymond T. "Gambling: Is the Deck Stacked Against Sound Public Policy?" *The Faverman Group Letter*. East Lansing, Michigan, Faverman Group, 1996.

16 Gazel, Ricardo C., Thompson, William N. e Brunner, J. Terrence. *Casino Gamblers in Illinois: Who Are They?* Chicago, IL., Better Government Association, 1996: 7.

17 Títulos que oferecem grande rentabilidade, pois pagam juros maiores que os de mercado e, ao mesmo tempo, oferecem grandes riscos, por serem emitidos por empresas sem grande credibilidade no mercado. (N. do T.)

18 Nardozza, Francis J. "Beyond Consolidation in the Lodging Industry". KPMG Peat Marwick. *The Real Estate Report*. Verão de 1998.

19 World Travel and Tourism Council. *Travel and Tourism Satellite Account World Economic Impact*. Londres. Abril de 1998.

20 Keogh, James, org. *Corporate Ethics: A Prime Business Asset*. Nova York. The Business Roundtable. Fevereiro de 1988: 4-8

21 Noble, Barbara Presley. "Attitudes Clash on Jobs and AIDS". *New York Times*. 7 de novembro de 1993: F25.

VERIFIQUE SEU CONHECIMENTO

1. Explique como a mão-de-obra está mudando.
2. Descreva as áreas da indústria em que há previsão de crescimento.
3. Identifique as áreas de avanço tecnológico e explique seu efeito sobre a indústria da hospitalidade.
4. Cite alguns dos efeitos da globalização na indústria da hospitalidade.
5. Discuta a importância da ética na indústria da hospitalidade.

APLIQUE SUAS HABILIDADES

Para as questões abaixo, utilize a Tabela 12-1.

1. Quais fatores podem explicar por que as empresas de hospitalidade não estão muito bem classificadas em comparação com as demais empresas nessa pesquisa?
2. Faça uma lista de 25 empresas com as quais você teve alguma forma de contato nas últimas semanas (supermercado, posto de gasolina, restaurante, escola ou faculdade, loja de roupas, companhia telefônica, loja de bicicletas, papelaria etc.). Ordene as empresas conforme sua satisfação com os produtos e serviços. Compare os resultados com os de seus colegas.
3. O que as empresas podem fazer para melhorar a satisfação dos clientes?

Para as questões abaixo, utilize a Tabela 12-2.

1. Quais regiões dependem mais do turismo para a prosperidade econômica? Quais dependem menos?
2. Quais regiões dependem mais do turismo para a geração de empregos? Quais dependem menos?
3. Encontre o número atual de empregos no turismo no Sudeste Asiático. Dada a taxa de crescimento projetada, quantos empregos existirão em turismo nessa região daqui a um ano? E daqui a três anos?

NA INTERNET

1. Visite o site da National Restaurant Association. Encontre as previsões para as vendas de alimentos e bebidas para o ano que vem. Faça o download das informações. Identifique qual segmento da indústria dos serviços de alimentação desfrutará de maior aumento nas vendas e qual terá o menor crescimento.
2. Utilize a Internet e localize artigos publicados na revista *American Demographics*. Leia diversos deles e faça um resumo de até duas páginas a respeito das tendências demográficas que podem afetar algum segmento da indústria da hospitalidade.
3. Compare e diferencie a facilidade de navegar e encontrar informações em três sites em que é possível reservar passagens aéreas.
4. Imagine que você viajará para Nova Orleans, Luisiânia. Utilize a Internet e selecione três hotéis e três restaurantes.

QUAL É SUA OPINIÃO?

1. Quais seriam os efeitos de uma mão-de-obra mais diversificada para a indústria da hospitalidade?
2. Quais inovações tecnológicas seriam mais importantes no futuro? Por quê?
3. O governo federal deveria investir mais na promoção da indústria? Justifique.
4. Por que o ecoturismo será importante para a indústria da hospitalidade?

ESTUDO DE CASO

Você é proprietário de um hotel de 150 unidades habitacionais, de categoria intermediária, localizado na saída de uma grande cidade. Seu estabelecimento desfruta de sucesso razoável, com taxa de ocupação anual de 76%. Pesquisas informais indicaram que cerca de 85% de seus hóspedes durante a semana correspondem a turistas de negócios. Muitos são profissionais de vendas que ficam hospedados por um ou dois dias. Como parte de um extenso programa de reformas, você deseja modernizar suas unidades habitacionais para torná-las mais atraentes para o viajante de negócios. Atualmente, cada unidade habitacional oferece algumas comodidades para executivos, como escrivaninha, cadeira e boa iluminação. Seu orçamento é alto, mas não ilimitado. Quais modernizações você recomendaria?

13

Em Direção ao Sucesso

Resumo

Pela definição dos dicionários, *sucesso* é bom resultado, êxito, triunfo. Esse é seu objetivo. Sua definição pessoal de sucesso pode ser a obtenção de um cargo que lhe permita atender diretamente ao público. Talvez sua idéia de sucesso seja tornar-se parte de uma equipe de gerentes. Sua definição pode ser até mesmo garantir um emprego das 9 às 18 horas. Qualquer que seja seu conceito de sucesso, você pode seguir alguns passos para alcançá-lo. Este capítulo indica esses passos.

Assim, você aprenderá como responder a dúvidas freqüentes na seção Conselho de Especialistas — conselhos de profissionais que estiveram onde você está agora e construíram seu próprio caminho de sucesso na indústria da hospitalidade. Você seguirá as etapas que o transformarão de estudante em profissional — desde olhar de maneira realista e prática para si mesmo e avaliar cuidadosamente as necessidades das empresas nas quais você gostaria de trabalhar até preparar-se para a entrevista, passos que o ajudarão a construir um futuro de sucesso.

Objetivos

Ao concluir este capítulo, você deverá ser capaz de:

1. Identificar sete habilidades de comunicação essenciais para uma carreira de sucesso em hospitalidade.
2. Avaliar suas habilidades para determinar o tipo de trabalho que você deseja e o que você pode oferecer a um empregador.
3. Formular um objetivo de carreira.
4. Explicar como criar uma rede de contatos.
5. Descrever como preparar-se para uma entrevista.

ALGUMAS HABILIDADES BÁSICAS PARA OS NEGÓCIOS

Para obter êxito hoje e no futuro, certas habilidades são essenciais. Algumas, como a comunicação, são reconhecidas há tempos. As pessoas sempre precisaram ter facilidade de comunicação para alcançar o sucesso. Outras necessidades são mais recentes e resultam dos avanços tecnológicos.

COMUNICAÇÃO

O processo de enviar e receber mensagens é chamado **comunicação**. Para que ela aconteça são necessárias, pelo menos, duas pessoas — o emissor e o receptor da mensagem. A comunicação é sempre um processo de duas vias. Os termos **emissor** e **receptor** são relativos, dependem do que a pessoa está fazendo em determinado momento. Se você está falando com um amigo, você é o emissor e seu amigo, o receptor. Quando seu amigo fala, você se torna o receptor e seu amigo passa a ser o emissor. Esses papéis mudam rápida e freqüentemente.

Apesar de existirem muitos tipos de comunicação, na hospitalidade você precisará preocupar-se mais com a comunicação nos negócios. A função da comunicação nos negócios é tornar suas idéias claras para as pessoas com as quais você trabalha e para o público.

Para que a comunicação seja eficaz, é importante que você:

- transmita uma mensagem clara;
- fale de maneira clara;
- fale pausadamente;
- seja entusiasta;
- tenha certeza de que quem ouve entende a mensagem;
- transmita mensagens curtas e simples; e
- incentive a comunicação.

Transmita uma Mensagem Clara. Sempre que possível, prepare com antecedência a mensagem a ser transmitida. Pergunte-se: "Qual é meu objetivo?". Escreva os fatos e organize-os de forma lógica. Você também deve saber exatamente o que espera que seus ouvintes façam com suas informações. Se você vai ensinar a um grupo os procedimentos para a lavagem dos pratos, escreva as etapas na seqüência correta. Se precisa corrigir um funcionário, especifique o que ele estava fazendo errado, quais mudanças precisam ser feitas e quais as conseqüências caso ele repita o erro.

Fale de Maneira Clara. Pronuncie as palavras com cuidado e obedeça às regras gramaticais para dar suporte a sua mensagem. Falas pouco articuladas ou com erros gramaticais são de difícil compreensão. Preste especial atenção aos estrangeiros, pois eles podem não compreender contrações, gírias e expressões idiomáticas. Para aproximar-se, evite usar expressões que seus funcionários utilizam em conversas informais. Isso pode provocar falhas de comunicação ou mesmo diminuir sua autoridade.

Fale Pausadamente. Pense antes de falar e, depois, fale pausadamente. É verdade que a maioria das pessoas processa as informações mais rapidamente do que fala. Entretanto, isso não deve fazer com que você fale depressa. Além de mais facilmente compreensíveis, as palavras pronunciadas com pausa prendem mais a atenção de quem as ouve.

Seja Entusiasta. Se quer que as pessoas se importem com o que você está dizendo, mostre a elas que você se importa. É difícil fingir entusiasmo; portanto, você se sairá melhor se realmente se importar com o assunto. Não tente colocar emoção em todas as frases, mas também não tente esconder suas emoções. Seus sentimentos são parte de sua mensagem, e é importante que as pessoas saibam que você está agradecido, preocupado ou chateado. Sempre mantenha as emoções dentro de padrões profissionalmente aceitáveis. Nunca grite, chore ou ria de maneira a indicar que você perdeu o controle.

Tenha Certeza de Que Quem Ouve Entende a Mensagem. Quando possível, peça aos ouvintes que repitam o que você disse. Não presuma que eles perguntarão quando não entenderem o que foi dito. Eles raramente o fazem. Na maior parte das vezes, os indivíduos acenam com a cabeça e vão embora confusos em vez de pedir explicações. Faça com que repitam a mensagem com suas próprias palavras. E se alguém não entender, não o culpe. Peça desculpas por não ter sido claro e repita sua mensagem. Utilize palavras e exemplos diferentes ou aborde o assunto por outro ângulo. Normalmente, quando alguém não entende da primeira vez, repetir a mensagem da mesma maneira não é útil.

Transmita Mensagens Curtas e Simples. Não tente impressionar com palavras difíceis. Elas acabam atrapalhando sua mensagem. As palavras, as frases, as sentenças e os parágrafos devem ser curtos. Evite jargões e termos técnicos, a menos que você tenha certeza de que as pessoas os compreenderão. Seja sempre preciso e forneça detalhes, mas não se desvie com fatos pouco relevantes. Tente equilibrar a mensagem para não passar muita nem pouca informação.

Incentive a Comunicação. Não pense que você já sabe tudo. Um profissional sempre encoraja os funcionários a fazer contribuições. Por que confiar apenas em suas idéias quando há uma dúzia à disposição? Gerentes de sucesso vêem seus funcionários como recursos, não apenas como trabalhadores.

Para comunicar-se bem é preciso prática e paciência. Em qualquer etapa de sua carreira você deve procurar aproveitar as oportunidades de melhorar suas habilidades de comunicação.

HABILIDADES PARA A TECNOLOGIA ATUAL: TRABALHAR COM COMPUTADORES

Os computadores são parte importante da vida cotidiana das pessoas. Você está cercado deles — em carros, casas, bibliotecas, relógios, aviões, armazéns, secretárias eletrônicas, bancos, hotéis e restaurantes. Os profissionais de hospitalidade utilizam computadores para fazer pedidos de suprimentos, reservar acomodações, confirmar passagens aéreas, transmitir pedidos de refeições e realizar outras centenas de tarefas. Apesar de não precisar ser um especialista, você *precisará* ter alguns conhecimentos básicos de processadores de textos, planilhas e bancos de dados.

Processadores de Texto. Assim como as máquinas de escrever substituíram a escrita manual no trabalho, os **processadores de texto** substituíram as máquinas de escrever. Os computadores tornam simples e eficientes a criação, o armazenamento, a edição e a impressão de documentos. Na indústria da hospitalidade, os processadores de textos são utilizados para escrever cartas, relatórios, memorandos e propostas de negócios.

Planilhas. Uma **planilha** é uma versão computadorizada de um livro contábil que, além de armazenar informações numéricas, efetua cálculos (observe um exemplo de planilha na Tabela 13-1). Uma planilha ajuda a responder a questão: "E se?". Por exemplo, suponha que seja elaborada uma planilha com as despesas de um restaurante, como aluguel, salários, impostos e suprimentos. Se uma despesa aumentar, como as outras serão afetadas? O estabelecimento obterá lucro se forem cortados dois cargos? Se o custo da farinha diminuir, qual será o lucro oriundo dos doces? Se os impostos aumentarem em 2%, qual deverá ser o aumento dos preços para se obter o mesmo lucro? Uma planilha bem-feita calcula essas respostas e pode auxiliar bastante a gerência, permitindo que seja dada maior atenção à satisfação das necessidades dos hóspedes.

Banco de Dados. Um **banco de dados** é nada mais que um conjunto organizado de informações como nomes, endereços, preços e datas. Os bancos de dados costumam ser úteis para direcionar correspondências, processar folha de pagamentos e efetuar cobranças, entre outras funções que exijam a manipulação de grande quantidade de dados desse tipo. Um número crescente de empresas vem utilizando bancos de dados para gerenciar e comercializar seus serviços. Por exemplo, no Capítulo 3, você conheceu o banco de dados da rede Holiday Inn, em Atlanta, um enorme sistema que controla as reservas da empresa, a folha de pagamento, as despesas e os programas de comissionamento dos agentes de viagens. Com esse sistema, a Holiday Inn pode atender a centenas de chamadas todos os dias sobre tarifas, contas e reclamações quanto ao serviço. Esses sistemas de banco de dados também podem auxiliar a registrar as horas trabalhadas pelos funcionários, as horas extras, as gorjetas e dezenas de outras informações importantes para os gerentes. Não é preciso ser um especialista em banco de dados, mas compreender sua importância e utilização no cotidiano das empresas.

Estude um pouco de computação. Muitos sistemas são de utilização relativamente fácil, já que se baseiam em imagens e exigem apenas um toque na tela do computador para reservar uma unidade habitacionai ou confirmar uma reserva. Em todo caso, você precisa entender de computadores para atuar nas empresas modernas. Aproveite todas as oportunidades que surgirem para melhorar suas habilidades.

Uma outra habilidade importante a ser desenvolvida ainda na faculdade é a utilização de correio eletrônico (e-mail). Apesar de existirem empresas na indústria da hospitalidade que não utilizam e-mails, ele é parte do cotidiano na maior parte das grandes empresas. Por meio de um

TABELA 13-1 Parte de planilha de um restaurante

	Orçado (US$)	Realizado (US$)	Diferença (US$)
RECEITAS			
Vendas de alimentos	845.000	885.217	40.217
Vendas de bebidas	125.000	118.000	(7.000)
Receita total	970.000	1.003,217	33.217
Custo das mercadorias vendidas			
Alimentos	270.400	309.826	39.426
Bebidas	18.750	14.160	(4.590)
Custo total das mercadorias vendidas	289.150	323.986	34.836
Lucro bruto	680.850	679.231	(1.619)
DESPESAS			
Salários e benefícios			
Salários	271.600	239.009	32.591
Benefícios	48.888	43.022	5.866
Refeições dos funcionários	54.320	47.802	6.518
Total de salários e benefícios	374.808	329.832	44.976

dos serviços de e-mail disponíveis comercialmente, crie seu próprio sistema eletrônico de cartões de visita, aprenda a tornar eficaz sua comunicação via e-mail e saiba como enviar arquivos anexados se seu sistema o permitir.

COMO ADQUIRIR AS HABILIDADES E O CONHECIMENTO NECESSÁRIOS

Existem duas maneiras de aprender habilidades básicas em negócios, bem como o conhecimento especializado necessário para se obter sucesso na indústria da hospitalidade. Uma delas é o trabalho; a outra, o estudo.

Cada vez mais, na indústria da hospitalidade, exige-se formação superior do candidato a emprego. Por exemplo, muitos especialistas e profissionais da indústria concordam que o bacharelado em administração de hotéis e restaurantes (ou em qualquer área, além de experiência profissional em hotelaria) é essencial para os gerentes da indústria da hospitalidade. A gradua-

CONSELHO DE ESPECIALISTAS

"O que eu inicialmente pensava ser um emprego de uma dimensão única tornou-se uma carreira de diversas dimensões e múltiplas facetas", afirma Marjorie Beasley, diretora de alimentação e nutrição do Bloomington Hospital, em Bloomington, Indiana, durante mais de 25 anos.

Ela explica: "Meu trabalho apresenta um grande número de desafios — muitos dos quais trazidos pelos cortes que vêm ocorrendo em diversas áreas da indústria e pelas mudanças nos serviços de tratamento de saúde. É preciso fazer com que o trabalho ocorra da maneira mais eficiente possível, sem perda de qualidade".

"Um desafio que enfrentei", acrescenta Beasley, "foi mudar a imagem do serviço institucional de alimentação, tornando as refeições mais atraentes." Algumas soluções: contratar um *chef* para preparar os pratos, fazer demonstrações culinárias e criar cardápios temáticos. "O trabalho permite que você explore sua criatividade", ela observa.

Além de administrar os serviços de alimentação para os pacientes, Beasley gerencia uma grande *cafeteria,* coordena as atividades da creche do hospital (que serve 300 refeições por dia) e de dois centros de cuidados diários para adultos, supervisiona os serviços de alimentação para eventos e demais necessidades do hospital, bem como um serviço de um *room service,* que atende a familiares e amigos dos pacientes. É evidente que boas habilidades gerenciais são essenciais para seu trabalho.

Beasley estudou administração institucional na Purdue University. Depois de graduada, trabalhou cerca de um ano em um hotel como gerente de alimentos e bebidas e, posteriormente, retornou à Purdue University, atuando, enquanto cursava o mestrado, como supervisora dos serviços de alimentação da residência dos estudantes.

Beasley acredita firmemente que, para ingressar na área, é preciso ter experiência profissional. Empregos de verão ou de meio período em hospitalidade ajudam muito. Mas qualquer trabalho é importante. "Um currículo que mostre que o candidato teve alguma experiência de trabalho é meio caminho andado. Quem consegue equilibrar bem faculdade e trabalho demonstra grande capacidade organizacional e de administrar o tempo."

Boas referências também são essenciais. Beasley verifica as referências cuidadosamente para saber se o candidato trabalha com afinco e independência. "As pessoas que contrato precisam, depois do necessário treinamento, assumir o trabalho e realizar sozinhas suas tarefas", ela enfatiza.

Para uma carreira de gerência em serviços de alimentação, Beasley recomenda que os estudantes façam, além de cursos técnicos, cursos de administração (inclusive cursos de gestão de recursos humanos) e de finanças. "Os cursos de marketing também são especialmente importantes, porque você aprenderá a comercializar seus próprios projetos. Além disso, com os cortes atuais, as pessoas às vezes precisam gerenciar mais de um departamento, de modo que uma formação sólida, com ênfase em administração, é muito importante no mundo atual."

ção em administração, contabilidade, economia, processamento de dados, engenharia, gestão de serviços de alimentação ou de *catering* é o primeiro passo para uma carreira de gerência[1].

Muitos graduados iniciam suas carreiras como assistentes de gerência *trainee,* sendo promovidos mais rapidamente do que quem inicia carreira em outros cargos e vai galgando cada nível hierárquico. Grandes empresas costumam cultivar talentos com programas de treinamento ou reembolso de mensalidades. Apesar de não serem exigidos, os cursos oferecidos por associações como a American Hotel & Motel Association ou a Educational Foundation of the National Restaurant Association também podem proporcionar mais credibilidade e qualificação a alguém que se candidate a um cargo de gerência.

Existem diversos cursos disponíveis na área da hospitalidade, desde cursos de administração de hotéis e restaurantes até turismo, preparo de alimentos (de cortes básicos a culinária francesa), administração de alimentos e bebidas, nutrição, *catering*, administração de clubes, organização de eventos, administração de restaurantes de coletividades e de cuidados com os idosos. Nem todos os que fazem esses cursos os iniciam logo após a conclusão do ensino médio. Algumas pessoas, antes, começam a trabalhar para, depois, continuar os estudos. Não é difícil que alguém comece, por exemplo, lavando pratos, passe a preparar saladas, depois decida que deseja seguir carreira em gastronomia e se matricule em um curso para *chef.*

Além disso, a experiência adquirida com estudo ou trabalho no exterior pode representar uma vantagem para os estudantes. Pode-se descobrir mais sobre cursos e estágios no exterior contatando organizações que promovem intercâmbios de estudantes, como a Association of International Practical Training. Qualquer que seja sua escolha, há passos específicos a ser seguidos para conseguir um emprego.

PASSOS PARA DESENVOLVER UMA CARREIRA EM HOSPITALIDADE

Para atuar em um cargo que proporcione satisfação e realização, as coisas de que *você* gosta e não gosta, *seus* interesses, *suas* habilidades, *seus* valores e objetivos devem ser compatíveis com os da empresa. Começa em *você* o processo de encontrar o emprego certo — você precisa determinar o que quer e o que tem a oferecer.

AUTO-AVALIAÇÃO DAS HABILIDADES

O modo mais simples de verificar o que você pode oferecer é fazer uma lista com sua experiência e seus pontos fortes. Comece com uma avaliação honesta de sua formação, habilidades e empregos. Liste cada emprego que você teve. Inclua os períodos pelos quais esteve contratado, contatos e, o mais importante, escreva suas realizações — não apenas o que você fez, mas também os efeitos a longo prazo que suas realizações tiveram. O importante para os negócios é, acima de tudo, os resultados, a prova de seu trabalho. Aprenda a quantificar suas realizações, traduza-as em estatísticas. Por exemplo, se você foi caixa em um fast-food durante dois anos e superou as metas de vendas de batata frita, deve escrever “aumento das vendas de batata frita em 15% em um período de dois anos”.

Em sua lista inclua informações sobre a faculdade, participação em organizações e clubes, atividades esportivas, prêmios, interesses, hobbies e tudo o mais de que você se lembrar. Você poderá editar a lista posteriormente, quando começar a escrever seu currículo. Lembre-se de concentrar-se nos resultados de suas ações. Se você foi presidente de um clube, conseguiu atrair mais sócios? Quantos? Em seu emprego de verão, você ganhou algum prêmio pelo serviço? Você foi promovido a cargos de maior responsabilidade? Que idéias você deu que beneficiaram seu empregador? Não subestime as coisas aparentemente pequenas.

Essa lista o ajudará a apontar o que você gosta de fazer e suas realizações. Ela o ajudará a escrever seu currículo e também a formular seus objetivos de carreira.

OBJETIVOS DE CARREIRA

Um **objetivo de carreira** descreve o tipo de trabalho que você espera conseguir. Por exemplo, um objetivo de carreira pode ser "ingressar em uma posição de *trainee* de gerência que ofereça a oportunidade de atuar em alimentos e bebidas". Como você pode ver a partir do exemplo, um objetivo de carreira determina uma *meta*. A formulação de um objetivo de carreira dá início a seu plano de carreira.

Defina seu objetivo fazendo a si mesmo questões como:

- Estou qualificado para ocupar um cargo de *trainee* de gerência ou um cargo dos primeiros níveis hierárquicos?
- Eu gostaria de atuar em um cargo que exigisse habilidade de relacionamento com as pessoas?
- Quero trabalhar com computadores?
- Espero que esse cargo me leve em qual direção?
- Quais são minhas expectativas com relação a meu desenvolvimento e aprendizado?

Por exemplo, se seu objetivo é "obter um cargo de gerência em alimentos e bebidas", questões como as colocadas acima o ajudarão a definir um cargo específico na indústria dos serviços de alimentação. Isso será útil para determinar suas expectativas e exigências de maneira mais clara.

Você pode ter mais de um objetivo de carreira. E você, provavelmente, mudará seus objetivos à medida que avançar. Não se preocupe com as mudanças. Defina apenas o que você quer agora. O objetivo de carreira é apenas uma ferramenta que o ajudará a ir mais longe na indústria da hospitalidade.

DESCUBRA SUAS OPORTUNIDADES

Após determinar seu objetivo de carreira, o próximo passo é procurar empresas que se encaixem em seu objetivo e para as quais você gostaria de trabalhar. Há duas maneiras de fazer isso: a primeira é procurar as empresas, e a segunda consiste em formar redes de contatos e envolver-se em organizações profissionais.

ESCOLHENDO EMPRESAS. Para criar uma lista de empresas a fim de se candidatar a um cargo, você precisará obter informações. Há três fontes que você deveria utilizar.

Serviços de Colocação Profissional de Faculdades. Não espere que sua graduação esteja próxima para conhecer o setor de estágios ou de colocação profissional de sua faculdade. Os funcionários poderão ajudá-lo a identificar suas habilidades, a preparar seu currículo e a refinar sua procura por emprego. Muitos centros de desenvolvimento de carreira também oferecem serviços de avaliação, onde você preenche uma pesquisa que identifica seus interesses e os compara com os das pessoas que atuam na área. Investir tempo em uma avaliação o ajudará a não tomar decisões erradas quanto à carreira.

Internet. Muitas empresas disponibilizam informações na Internet. Algumas disponibilizam informações para candidatos a empregos, como listas de ocupações, localizações, contatos e instruções para inscrição. Muitas empresas também mantêm páginas com *press releases* recentes e outras notícias.

Notícias atuais sobre uma empresa podem ser especialmente úteis se você for chamado para uma entrevista. Ao ler as últimas notícias sobre uma empresa, você pode obter informações interessantes para fazer perguntas inteligentes. Também pode encontrar informações atuais sobre empresas de hospitalidade nos sites dos principais periódicos. E não se esqueça de olhar as páginas da Internet que listam diversas oportunidades de trabalho.

Biblioteca. Muitas bibliotecas de faculdades mantêm em seus arquivos relatórios anuais de empresas. Também podem ter informações, como custo de moradia, tempo e transporte, sobre os locais onde você pode querer trabalhar.

Se você tiver uma idéia geral do que está procurando, será mais fácil contatar uma empresa. Pergunte, por exemplo:

- Onde quero trabalhar? No meu país? No exterior? Em uma região específica?
- Prefiro cidades grandes ou pequenas?
- Prefiro viajar com freqüência ou ficar perto de casa?
- Qual é o menor salário que eu aceitaria?
- Quais benefícios são importantes para mim?
- Que tipo de treinamento espero que a empresa ofereça?

Continue fazendo perguntas. Em suas respostas, você encontrará o perfil da empresa para a qual deseja trabalhar. Elimine as empresas que não atendam a suas exigências e gaste mais tempo pesquisando as que atendem.

Para informações específicas sobre o processo de pesquisa, procure fontes como *How to Find Information about Companies* e *Encyclopedia of Business Information Sources*. Para nomes e endereços de diversos profissionais e associações da indústria, procure livros de referência como a *Encyclopedia of Associations* ou *National Trade and Professional Associations of the United States*. Para informações específicas sobre empresas, tente o *Million Dollar Directory*, de

CONSELHO DE ESPECIALISTAS

Foi o amor pela culinária que levou Sue Doody a atuar no ramo dos restaurantes. Apesar de ter iniciado sua carreira como professora de escola primária, ela sempre teve interesse em alimentos e bebidas e satisfez esse interesse começando a freqüentar cursos de culinária. Sue deu-se tão bem que logo começou a dar aulas de culinária em casa. Seus filhos eram seus maiores fãs. Na verdade, foi seu filho mais velho quem a convenceu a abrir seu próprio restaurante.

Doody abriu o restaurante Lindey's, no centro de Columbus, Ohio, há 17 anos e, com muito trabalho, conseguiu torná-lo um dos mais populares da cidade. A combinação de muita leitura e experiência prática deu a ela o conhecimento gerencial de que precisava. Apesar de nunca ter cursado administração, Doody reconhece que "se você deseja administrar um estabelecimento, os cursos de administração podem ajudar bastante".

Doody ama o que faz e procura funcionários que gostam do que fazem. "É importante gostar do trabalho", ela comenta, "porque, nesse ramo, com tantas horas de dedicação, quem não gostar será devorado." Seu desafio é "fazer com que as pessoas sintam-se como se estivessem freqüentando a casa de um conhecido", e ela espera que seus funcionários façam todo o possível para que os clientes se sintam como convidados.

Doody acredita que tanto a educação formal quanto a experiência prática são essenciais para todos que optam por seguir carreira em serviços de alimentação. Ela procura contratar pessoas que têm algum conhecimento sobre alimentos e acha que por meio de estágios é possível adquirir esse conhecimento. Aliás, os alunos da Columbus State College fazem estágio no Lindey's sob a supervisão de um *chef*. Doody explica: "O estágio ajuda os estudantes e o restaurante".

Dun and Bradstreet, *Standard & Poor's Register of Corporations, Directors and Executives* ou o *Ward's Business Directory*. Você poderá encontrar esses livros na seção de referências da biblioteca de sua cidade ou faculdade (para uma lista de fontes, consulte a Tabela 13-2).

Perfil Pessoal

PERFIL PESSOAL **CURTIS CARLSON**

Ilustre Administrador

Curtis Carlson chefia a Carlson Companies, um conglomerado que fatura US$ 20 bilhões de dólares por ano, composto por mais de 75 empresas diferentes presentes em todo o globo, dos Estados Unidos à Tailândia e do Canadá à Venezuela, em um total de 48 países. A Carlson Companies é um dos principais nomes da indústria da hospitalidade, e fazem parte de seu conglomerado a Radisson Hotels International, o Colony Hotels & Resorts, os restaurantes Country Kitchens e T.G.I. Friday's e a Carlson Travel Network, uma empresa que organiza viagens. Os escritórios centrais das empresas do grupo Carlson situam-se em Minneapolis, cidade natal de Carlson.

Nascido em 1914, Curtis LeRoy Carlson cresceu com a irmã e três irmãos em uma família que valorizava o trabalho árduo. Ainda menino, Carlson trabalhava após as aulas na mercearia de seu pai. Depois, teve diversos empregos: foi *caddie* de um campo de golfe, aos nove anos, e entregador de jornais, aos 11. Quando ainda estava no ensino médio teve uma banca de jornais.

Em uma época difícil nos Estados Unidos, em plena Grande Depressão, Carlson conseguiu sustentar-se dirigindo um caminhão de entregas e vendendo anúncios. Graduado em 1937 pela Universidade de Minnesota, foi trabalhar como vendedor de sabonetes para a Proctor & Gamble. Foi nessa época que lhe veio a idéia que mudaria sua vida. Carlson ficou sabendo que uma loja de departamentos estava dando cupons a seus clientes pelas compras efetuadas. Esses cupons podiam ser trocados por dinheiro ou mercadorias. Essa estratégia parecia atrair clientes, e Carlson concluiu que poderia ser utilizada com sucesso também em mercearias. Fundou, então, a Gold Bond Stamp Company, e passava as tardes e finais de semana vendendo sua idéia às mercearias locais.

Em 1938, menos de um ano e meio após ter sido contratado como vendedor, Carlson deixou o emprego para dedicar-se em tempo integral a sua empresa. Nesse mesmo ano, casou-se com Arleen Martin, por quem havia se apaixonado na Universidade de Minnesota.

Após a Segunda Guerra Mundial, a Gold Bond Stamp Company cresceu e ganhou projeção nacional quando os supermercados Super Valu, uma grande rede, comprou os selos. Esse foi outro momento decisivo: proporcionou a Carlson capital suficiente para diversificar, abrindo outras empresas. Em 1962, comprou o Radisson Hotel, em Minneapolis. Hoje, o nome Radisson aparece em mais de 364 hotéis. A Gold Bond Stamp Company ainda existe e ocupa um lugar especial no Carlson Marketing Group.

Grato por ter tido a oportunidade de cursar uma faculdade em uma instituição pública, Carlson doou, em 1986, US$ 25 milhões à escola de administração da Universidade de Minnesota, a maior doação já feita por alguém a uma universidade pública. Em 1990, ele incentivou e contribuiu para a constituição da cadeira de Viagens, Turismo e Hospitalidade na universidade. Em 1993, doou mais US$ 10 milhões à escola de administração.

Mais de 25 anos depois de ter entrado no mundo dos negócios, Curtis Carlson não dá sinais de que pretende diminuir o ritmo. Como diz Marilyn Nelson, uma de suas duas filhas: "Se Curt estivesse andando de bicicleta, usaria o pedal mesmo na descida"[1].

[1] MCDOWELL, Edwin. "Mellowed by Age, but Still a Tough Boss". *New York Times*, 5 de abril de 1992, sec. 3, 1.

Networking e Desenvolvimento Profissional. Especialistas na procura de emprego dizem que 80% das vagas abertas nunca aparecem nos classificados dos jornais, a principal fonte que a maioria das pessoas utiliza para procurar um emprego. A maior parte da vagas, dizem os especialistas, estão no "mercado oculto de empregos". Se os anúncios representam apenas 20% das vagas e a maior parte das pessoas candidata-se a eles, a concorrência por esses empregos costuma ser acirrada. Entretanto, se apenas poucas pessoas candidatam-se aos 80% restantes, as chances são maiores. Confira os anúncios classificados, mas utilize-os como complemento aos demais esforços que você empreender. A maior parte do tempo deve ser gasta com **networking** — o processo de encontrar e obter informações por meio de uma rede de conhecidos cada vez maior — e em **desenvolvimento profissional** — o processo de envolver-se em atividades da área, como reuniões, seminários e comitês.

Você pode começar suas atividades de *networking* e desenvolvimento profissional agora. Muitas associações da indústria oferecem condições especiais que permitem a associação de estudantes a um custo reduzido. Procure fazer parte de comitês e grupos de discussão. Não se preocupe com a falta de experiência; muitas associações estimulam o trabalho em comitês como

TABELA 13-2 Leitura recomendada para quem procura emprego

Uma ida à biblioteca ou a uma livraria revelará muitas fontes de informações práticas para procurar emprego e desenvolver uma carreira. Aqui estão alguns livros que podem ajudá-lo a atingir seus objetivos.

- Bolles, Richard N. *What Color Is Your Parachute?.* Berkeley, CA, Ten Speed Press, revisado todos os anos.
- Riegel, Carl e Dallas, Melissa. *Hospitality and Tourism Careers: A Blueprint for Success.* Prentice Hall, 1998.
- Samuels, Jack e Foucar-Szocki, Reginald. *Guiding Your Entry into the Hospitality, Recreation, and Tourism Mega-Profession.* Prentice-Hall, 1999.
- Williams, Anna Graf e Hall, Karen. *Creating Your Career Portfolio: At-a-Glance Guide.* Prentice Hall, 1997.
- Caldwell, Carol. *Opportunities in Nutrition Careers.* Lincolnwood, IL, VGM Career Horizons, 1998.
- Chmelynski, Carol. *Opportunities in Food Service.* Lincolnwood, IL, VGM Career Horizons, 1992.
- Chmelynski, Carol. *Opportunities in Restaurant Careers.* Lincolnwood, IL, VGM Career Horizons, 1998.
- Maki Kathleen E. org., *Job Hunter's Sourcebook.* Detroit, Gale Research Inc., 1996.
- Donovan, Mary. *Opportunities in Culinary Careers.* Lincolnwood, IL, VGM Career Horizons, 1998.
- Heitzmann, W. R. *Opportunities in Sports and Athletic Careers.* Lincolnwood, IL, VGM Career Horizons, 1993.
- Henkin, Shepard. *Opportunities in Hotel and Motel Careers.* Lincolnwood, IL, VGM Career Horizons, 1993.
- Mast Jennifer Arnold. *The Job Seeker's Guide to 1000 Top Employers.* Detroit, Visible Ink, 1993.
- U.S. Department of Labor. *Occupational Outlook Handbook.* Washington, U.S. Government Printing Office, revisado a cada dois anos.

um meio de aprendizado. Por exemplo, uma organização profissional precisava de um editor para seu jornal. Uma nova associada da organização estava interessada, mas não tinha experiência. Ela ofereceu seu tempo, e o grupo, feliz por ter boas perspectivas, ensinou-lhe o processo até que ela aprendeu a produzir o jornal sozinha.

As organizações da indústria oferecem grandes oportunidades. Além disso, publicações como *Nation's Restaurant News*, *Restaurant Hospitality* e *Hotel and Motel Management* oferecem informações valiosas sobre a indústria. Ler e envolver-se em atividades relacionadas ao ramo ajuda o interessado a saber o que está acontecendo nos diferentes segmentos da indústria da hospitalidade. Também ajuda você a preparar-se para formar sua rede de contatos e para as entrevistas que virão, onde será esperado que você demonstre conhecimento da indústria.

Há muitos conselhos a serem dados com relação a *networking*. As redes de contato são essenciais para que você consiga seu primeiro emprego e os demais ao longo de sua carreira. Algumas são mais eficientes que outras, no entanto. Ao procurar um emprego, os melhores contatos para ter em sua rede são pessoas que preencham os seguintes requisitos:

- Atuem na indústria. De outro modo, não é provável que tomem conhecimento de oportunidades para lhe transmitir essas informações.
- Exerçam funções de responsabilidade. Apesar de ser possível obter informações sobre oportunidades de trabalho com qualquer pessoa da indústria, há maiores chances de que as pessoas nos cargos de responsabilidade tenham redes de contatos mais eficazes para ajudá-lo.

Inovações Empresariais

POR DENTRO DA INDÚSTRIA | **INOVAÇÕES EMPRESARIAIS**

Tendências para a Formação em Hospitalidade

Quando E. M. Statler e a American Hotel Association consolidaram o curso de hotelaria na Cornell University, nos anos 20, a formação em hospitalidade estava na infância. A evolução foi lenta mas constante, até que centenas de escolas em todo o mundo passaram a oferecer cursos de quatro anos de administração na área.

Nos últimos anos, porém, um número crescente de estudantes de hospitalidade optou por cursar apenas administração geral. De fato, alguns especialistas argumentam que "os cursos de hospitalidade precisam reformular seus currículos — logo — ou terão de enfrentar a sorte de cursos especializados, como seguros, finanças e transportes, que foram incorporados aos currículos de administração geral... É que as escolas de administração começaram a atender às necessidades da indústria dos serviços, da qual fazem parte os hotéis e restaurantes"[1].

Outros acham que os cursos de hospitalidade continuarão independentes, mas acreditam que, para permanecer viáveis, precisarão adaptar-se às necessidades de uma sociedade em constante mudança. Os cursos oferecidos devem voltar-se para o futuro, antecipando o que a sociedade *precisará*. Independentemente de suas divergências, os críticos parecem concordar com a ênfase a ser dada nos cursos: "liderança e trabalho em equipe; habilidades interpessoais, incluindo ética, recursos humanos, inovação e criatividade, administração, emprego de tecnologias e globalização; além de gestão da qualidade e desenvolvimento de empresas como um todo complexo, em vez de como um conjunto de funções incompatíveis"[2].

[1] GOODMAN Jr., Raymond J. e SPRAGUE, Linda G. "The Future of Hospitality Education: Meeting the Industry's Needs". *Cornell Hotel and Restaurant Administration Quarterly*. Agosto de 1991: 66.

[2] POWERS, Thomas F. "A Look Back, a Look Ahead". *Hospitality Research Journal* 17: 1 (1993): 14.

- *Não* sejam pessoas que você conhece muito bem, como amigos ou parentes. Você precisa de contatos que vão além de seu círculo social para obter informações mais abrangentes sobre oportunidades.
- Conheçam alguém que tenha muita consideração por você. Ter alguém que fale bem sobre suas habilidades é melhor do que fazê-lo você mesmo.
- Não sejam amigos próximos, colegas de trabalho ou parentes de qualquer outro contato. Por que investir tempo em manter relacionamento com duas pessoas que têm os mesmos contatos quando apenas uma levará ao resultado pretendido?

Um conselho comum referente às redes de contato diz: "quanto mais contatos, melhor". Esse não é necessariamente um bom conselho, porque pode colocá-lo na posição de precisar manter uma série de relacionamentos que não são estrategicamente importantes para sua carreira.

Você logo conhecerá pessoas com tanto conhecimento sobre o trabalho no qual você está interessado que desejará agendar **uma entrevista informativa**. Esse tipo de entrevista é diferente de uma entrevista de emprego, porque nela *você* é o entrevistador. As entrevistas informativas permitem que você obtenha informações específicas sobre um trabalho, uma empresa ou indústria. As melhores serão com pessoas que já fazem o que você gostaria de fazer, e apesar de não estar (ou, pelo menos, não deveria) pedindo emprego, você pode descobrir uma oportunidade ou ser lembrado no futuro quando a oportunidade aparecer. Ao fazer uma entrevista informativa, lembre-se de que as pessoas com quem você está conversando são recursos valiosos. É importante não desperdiçar seu tempo nem abusar de sua hospitalidade. Mesmo que você agradeça pessoalmente quando a entrevista terminar, ainda será necessário escrever uma carta de agradecimento. Também é uma boa idéia manter contato — mesmo depois de você conseguir um emprego.

Não tenha medo do processo de *networking*. O ramo da hospitalidade é um ramo de negócios voltado para as pessoas, e você perceberá que a maioria gostará de ajudar (se falar com pessoas não lhe parece agradável, você deveria, em primeiro lugar, repensar sua decisão de ingressar na indústria da hospitalidade). A maior parte das pessoas gosta que lhe peçam conselhos e, se forem abordadas de uma maneira que indique que você está buscando informações, raramente recusarão ajuda. Além disso, as pessoas com quem você conversar provavelmente desejarão incluí-lo em sua própria rede de contatos, na esperança de que um dia você retribua o favor.

Se feito adequadamente, o *networking* resultará em um grupo de contatos eficiente para você. Como você não conseguirá lembrar-se de muitas das informações que receber, organize uma forma de registrá-las. Um caderno, um arquivo ou um banco de dados computadorizado ajudarão a organizar nomes, endereços e telefones das pessoas que você contatar. Registre as datas dos contatos e qualquer informação que você receber e faça um acompanhamento dessas informações. Ligue, escreva ou envie artigos. É importante manter contato com as pessoas de sua rede para que elas se lembrem e falem bem de você.

Um estágio é um bom meio de ingressar em uma empresa na qual você gostaria de atuar permanentemente. Muitas das empresas de hospitalidade usam seu programa de estágios para identificar candidatos para futuras oportunidades. Mesmo que acabe não trabalhando na empresa onde fez estágio, você terá ganho o benefício de uma experiência sólida.

Uma experiência de estágio de sucesso depende de diversos fatores. Primeiro, você deve avaliar se precisa de *amplitude* ou *profundidade* em um estágio. Se for sua primeira experiência de trabalho na indústria da hospitalidade, então a *amplitude* é importante. Isso significa que você deve procurar um estágio onde possa conhecer os mais diferentes cargos. Por exemplo, um estágio de verão em um hotel onde você possa passar algumas semanas em setores diferentes, como governança, recepção, alimentos e bebidas, oferece a oportunidade de conhecer os principais departamentos. Se já conhece a indústria de maneira mais ampla, você precisa procurar *profundidade* em seu estágio. Isso significa que você deve procurar um estágio que aprofunde sua experiência e desenvolva seu conhecimento. Oportunidades de estágio que lhe dêem uma grande responsabilidade em um projeto são especialmente valiosas, pois ao final da experiência você poderá listar as realizações em seu currículo.

Um segundo fator que determina o valor de um estágio é o nível de comprometimento da organização com relação ao estágio. Apesar de a porcentagem de empresas que contratam estagiários simplesmente como mão-de-obra de curto prazo ser pequena, é sempre importante que você faça perguntas abrangentes sobre o tipo de trabalho que fará, como será seu treinamento e supervisão e quais são as expectativas do empregador, pois uma experiência ruim pode ser prejudicial para ambas as partes. Assegure-se de que você sabe quem será seu supervisor e quanto tempo ele despenderá com você por semana. Desconfie de estágios onde o supervisor não poderá estar com você com freqüência. Não tenha medo de descartar uma oportunidade que não se encaixe em suas necessidades.

O terceiro fator crítico para o sucesso de um estágio é *você* e seu comprometimento com o desenvolvimento profissional. Tratar o estágio simplesmente como um emprego "de verão" ou de "meio período" será a garantia de que ele será apenas isso para você. Tenha objetivos a serem atingidos com seu estágio. Defina com antecedência o que você precisa aprender. Prepare uma proposta escrita que detalhe seus objetivos profissionais e de aprendizado com o estágio. Mostre a proposta para as empresas que estão considerando você como possível estagiário. Escolha um estágio que preencha suas necessidades de desenvolvimento profissional. Então, durante o estágio, insista em atingir seus objetivos de aprendizagem. Lembre-se de que a maior parte das empresas não possui programas de estágio formais e bem estruturados. Conseqüentemente, o lado relacionado ao desenvolvimento profissional de seu estágio pode ser negligenciado em virtude das pressões cotidianas sofridas pela empresa. Especialmente em empresas pequenas, é irreal esperar que seu supervisor priorize seu desenvolvimento profissional em vez de suas responsabilidades imediatas para com a empresa. Tome a iniciativa e persista!

CONSEGUINDO EMPREGO

Os estudantes sonham com o dia em que ouvirão essas quatro pequenas palavras: "O emprego é seu". Os próximos passos para tornar esse sonho realidade são preparar um currículo e ir a uma entrevista.

CARTAS E CURRÍCULOS

Um **currículo** é um breve relato da experiência profissional, da formação e de outras qualificações de um candidato a emprego. O objetivo do currículo não é conseguir um emprego, mas obter a atenção do empregador e garantir uma entrevista (a entrevista fornecerá a oportunidade de agarrar o emprego). O currículo deve conter detalhes suficientes para despertar curiosidade, mas não tantos que tornem a entrevista redundante. Como a maioria dos empregadores gasta apenas poucos momentos olhando um currículo antes de decidir se chama ou não o candidato para uma entrevista, é importante que ele seja escrito de maneira adequada.

Existem centenas de livros e artigos sobre como escrever um currículo, de modo que a intenção aqui é fornecer um panorama sobre o que se deve ou não fazer:

- *Diga* a verdade. Tenha orgulho de suas realizações e exponha-se da melhor maneira, mas prenda-se aos fatos. Os empregadores reconhecem quando a realidade não corresponde ao que está escrito. Além disso, se você for contratado, a descoberta da mentira pode significar demissão.

- *Não* envie apenas o currículo. Dizem que, quando uma correspondência é enviada, "A carta vende; o currículo conta". Seu pacote de vendas completo deve ser composto por uma carta de apresentação *e* o currículo (apesar de só a carta já estar bom).
- *Escreva* a carta de apresentação de modo que ela desperte a atenção para seu currículo e venda suas qualificações. Uma carta bem escrita pode convencer o leitor a chamá-lo para uma entrevista. Alguns consultores sugerem que seja enviada *apenas* a carta; e o currículo posteriormente, quando solicitado. Essa abordagem permite que você venda mais suas qualificações e impede que o excesso (ou a falta) de detalhes em seu currículo faça com que o empregador não ligue para você. Ao procurar um emprego, sua carta deve ser produzida de forma a atrair o interesse do empregador.
- *Não* se preocupe se seu currículo está em ordem cronológica (por data) ou funcional (por experiência); o formato é apenas uma questão de preferência. Procure salientar suas capacidades (e lembre-se de quantificar suas realizações, como mencionado no tópico sobre a auto-avaliação). Faça a ligação entre seus talentos e as necessidades da empresa.
- *Limite* seu currículo a uma ou duas páginas. Uma página é padrão, duas se você possuir experiência suficiente. Mais de uma significa que você, provavelmente, colocou muitos detalhes. Um currículo não é uma biografia, é uma ferramenta de vendas.
- *Não* inclua informações pessoais. Altura, sexo, idade, estado civil e outros itens são irrelevantes. Você pode incluir hobbies, mas apenas se forem muito relacionados ao trabalho. Referências e histórico salarial devem ser fornecidos apenas sob solicitação.
- *Descreva* os fatos com o menor número possível de palavras. Utilize palavras fortes e frases que enfatizem ações em vez de tarefas. Por exemplo, diga "produzi" em vez de "fiz". Escreva "organizei" no lugar de "juntei".
- *Não* dirija sua carta "A quem possa interessar". Se você não tem um nome, procure o telefone da empresa e descubra um nome. Além disso, torne claro na primeira frase de sua carta o motivo de enviá-la ("Em resposta ao anúncio..."; "Escrevo para saber da existência de oportunidades..."; "Escrevo para agradecer...").
- *Personalize* sua carta. Se você está se candidatando a um emprego, resuma as experiências relevantes e mostre ao empregador como isso poderá beneficiá-lo. Termine a carta dizendo que você ligará em determinada data. E ligue na data marcada.
- *Não* use truques para chamar a atenção. Papel muito colorido e currículos "espertos" podem parecer uma boa maneira de atrair a atenção, mas demonstram pouco profissionalismo. O currículo é seu cartão de visita e a primeira impressão que o empregador tem de você. Ele deve transmitir confiança, não extravagância.
- *Invista* em papéis de alta qualidade e envelopes que combinem. Você mesmo pode digitar seu currículo, e ele deve ser perfeito. O melhor é imprimi-lo a laser. Nunca envie fotocópias de má qualidade de seu currículo. Se você precisar de muitas cópias, existem lojas que podem duplicá-lo com maior rapidez e menor custo.

ENTREVISTAS

O objetivo de uma entrevista é que você e o empregador se encontrem formalmente, troquem informações e avaliem a "química" entre vocês dois. A entrevista pode ser uma situação estressante — afinal de contas, seu desempenho na entrevista determinará se você conseguirá ou não o emprego.

O entrevistador lhe fará uma série de perguntas para conhecê-lo melhor e decidir se você é a pessoa certa para o cargo. Lembre-se, entretanto, de que a entrevista é sua também. Você precisa ter certeza de que essa empresa é boa para você, sendo, portanto, adequado que você também faça perguntas. Você pode perguntar sobre o estilo administrativo, políticas da empresa e responsabilidades do cargo se o entrevistador ainda não tiver falado sobre esses tópicos.

Normalmente, sua primeira entrevista será uma **entrevista de triagem**. O objetivo desse tipo de entrevista é eliminar candidatos quando houver muitos. Apesar de esse processo parecer frio, quando centenas de pessoas candidatam-se a poucas vagas, o departamento de recursos humanos precisa reduzir as opções, e faz isso estabelecendo critérios de eliminação, assinalando "sim" ou "não" em uma lista de qualificações. Às vezes, as entrevistas de triagem são feitas por telefone; portanto, esteja preparado caso uma empresa ligue para você a respeito de sua candidatura a alguma vaga.

Normalmente, se uma empresa desconsidera algum candidato sem uma entrevista de triagem, ele recebe uma carta de agradecimento dizendo que seu currículo será arquivado. Embora, em geral, seja esse o último contato que a empresa faz, algumas utilizam seus arquivos de candidatos até um ano depois. Quando você for rejeitado (e você provavelmente será mais de uma vez), não considere essa rejeição como algo pessoal. Significa apenas que você não tem um perfil específico. Não se preocupe: mais cedo ou mais tarde você encontrará algo compatível.

Quando você conseguir uma entrevista, reserve tempo para se preparar. Não espere até o último minuto para decidir como você responderá às perguntas ou que roupa usará. Talvez a melhor abordagem seja ver a entrevista como um processo de duas partes, que consiste em primeiras impressões e responder/formular perguntas.

Primeiras Impressões. Dizem que nunca haverá outra chance de dar uma primeira boa impressão. Certamente, os primeiros momentos de uma entrevista podem ter impacto duradouro. Três elementos essenciais para uma boa primeira impressão são: aparência, cortesia e preparação.

Aparência. Esqueça a máxima de que um livro não deve ser julgado por sua capa. Você *será* julgado por sua aparência: então, vista-se de maneira conservadora. Para os homens, o melhor é terno azul ou cinza. Como as mulheres têm mais opções de vestuário, elas devem ter certeza de que suas roupas transmitirão discrição e profissionalismo.

Cortesia. A cortesia começa *antes* da entrevista. Chegue 10 ou 15 minutos mais cedo. Reserve tempo para ajeitar o cabelo, acalmar-se, ir ao banheiro etc. Além disso, pergunte à recepcionista o nome do entrevistador. Secretárias e recepcionistas são conhecidas como "leões de chácara", pessoas que controlam o acesso aos gerentes e às pessoas que decidem. Trate-as com a cortesia e o profissionalismo com que você trataria um gerente; elas podem ser uma fonte valiosa de informações antes e depois da entrevista.

Comece a entrevista cumprimentando o entrevistador, apresentando-se se necessário e oferecendo um firme aperto de mão. Então, você e o entrevistador provavelmente terão uma conversa rápida. Ele pode perguntar se você teve dificuldades em achar o escritório ou se o tempo está bom. Seja educado, mas não converse muito sobre essas coisas.

Durante a entrevista, tome cuidado com sua linguagem corporal. Olhe no olho de seu entrevistador, mas não fixamente. Sente-se para a frente para demonstrar seu interesse e sorria. Nunca olhe para o relógio. Isso indica impaciência e pode distrair o entrevistador. Além disso, não fume. Não importa se você é fumante ou não. Em muitos lugares é permitido fumar, mas muitas pessoas sentem-se ofendidas quando outros acendem cigarros, charutos etc. O melhor é nem mesmo perguntar se o entrevistador se importa — simplesmente não fume.

Preparação. A preparação envolve muitas coisas — desde conhecer a indústria e a empresa até possuir uma lista de referências à mão para saber como responder a uma pergunta. Comece sua preparação aprendendo tudo o que puder sobre a empresa. Isso inclui história, situação

Um Dia na Vida de...

UM DIA NA VIDA DE ... UM GERENTE DE RECURSOS HUMANOS

Uma área de emprego que os estudantes de hospitalidade freqüentemente deixam de lado é a de gestão de pessoal ou recursos humanos. Em virtude de natureza da hospitalidade, com sua alta taxa de rotatividade de funcionários, o trabalho do gerente de recursos humanos é essencial para garantir o bom funcionamento da empresa.

Acima de tudo, um gerente de recursos humanos precisa gostar das pessoas. Dizer "recursos humanos" é uma outra maneira de dizer "pessoas", e lidar com pessoas é a essência do trabalho de um gerente de recursos humanos. Provavelmente, a próxima habilidade mais importante é a capacidade de comunicar-se bem, visto que uma boa comunicação é primordial em tudo o que o gerente de recursos humanos faz. As tarefas básicas de um gerente de recursos humanos são:

- auxiliar potenciais funcionários a preencher pedidos de emprego;
- manter registros sobre os funcionários;
- entrevistar candidatos;
- corresponder-se com candidatos;
- colocar anúncios de emprego em jornais e demais publicações pertinentes;
- manter registros das horas trabalhadas;
- verificar as referências dos candidatos;
- triar currículos;
- registrar mudanças nas horas trabalhadas, salário, informações pessoais, formação educacional e treinamento dos funcionários;
- coletar dados sobre absenteísmo e analisá-los para procurar maneiras de reduzi-lo;
- analisar as avaliações de desempenho dos funcionários para assegurar que sejam justas;
- instituir ações disciplinares e de reconhecimento ao mérito;
- fornecer referências a funcionários que se desligam da empresa;
- analisar descrições de cargos (*job descriptions*);
- participar de negociações trabalhistas;
- informar funcionários sobre benefícios, classificações dos cargos e políticas da empresa;
- garantir que as leis e diretrizes sobre oportunidades iguais de trabalho sejam seguidas meticulosamente[1].

Às vezes, os gerentes são envolvidos em programas de reabilitação de funcionários que têm problemas com drogas ou álcool. Normalmente, em grandes hotéis, o gerente de recursos humanos não realiza essas atividades sozinho; em vez disso, ele supervisiona uma equipe de pessoas especializadas em algumas tarefas.

Os gerentes de recursos humanos precisam ter sólida formação em recursos humanos. A graduação em cursos de quatro anos de faculdades ou universidades é quase sempre exigida, e o mestrado está se tornando cada vez mais necessário. Saber utilizar computadores é essencial, pois é apenas por meio deles que as diversas estatísticas relacionadas à mão-de-obra podem ser analisadas eficientemente. Muitas vezes, os gerentes de recursos humanos não têm experiência anterior em hospitalidade. Quando isso acontece, eles precisam aprender sobre a indústria enquanto executam seu trabalho.

[1] HENKIN, Shepard. *Opportunities in Hotel and Motel Careers.* Lincolnwood, Ill., NTC Publishing Group, 1992: 65-66.

financeira, programas de treinamento, salários, desenvolvimentos recentes, tamanho, estrutura e filosofia administrativa. Utilize muitas das mesmas fontes usadas para contatar a empresa, mas também leia folhetos, artigos de jornais e relatórios anuais. Se possível, informe-se sobre a pessoa que o entrevistará. Pode ser que uma secretária da empresa ou membros de associações profissionais forneçam algumas informações. Mas tome cuidado: não deixe parecer que você está investigando o entrevistador.

No momento da entrevista, é bom levar consigo uma cópia adicional de seu currículo (se você tiver mais de uma versão para seu currículo, certifique-se de que é a mesma versão que o entrevistador tem). Muitos entrevistadores lêem o currículo durante a entrevista e fazem perguntas a respeito, de modo que é útil ter uma cópia à mão para consulta. Além disso, traga uma lista de referências, de pessoas que podem confirmar suas habilidades para o tipo de trabalho que você está procurando (familiares e amigos não contam). Nunca ofereça a lista; espere a solicitação. Se você tem bons trabalhos de faculdade, materiais de marketing de sua autoria, certificados ou artigos de jornal sobre suas realizações, traga-os também. Dedique a maior parte de seu tempo de preparação às perguntas (isso será discutido em maiores detalhes a seguir). Ao responder, é melhor ser breve. Suas respostas devem durar cerca de trinta segundos. Não é necessário, no entanto, apressar-se para responder. Esperar alguns segundos para organizar os pensamentos ajuda a formular a resposta.

Certifique-se de resumir suas qualificações. No final da entrevista, relembre brevemente o entrevistador por que você quer o emprego, por que você é qualificado e o que você tem a oferecer. Pergunte qual será a próxima etapa do processo de seleção, mas não insista nesse ponto. Se você ainda quiser o emprego, diga claramente.

Finalmente, lembre-se de ser você mesmo. Tentar fingir apenas o deixará mais nervoso. As melhores entrevistas são aquelas nas quais você se mostra de maneira honesta. Isso também garantirá que, quando lhe oferecerem um emprego, será em uma empresa interessada em você mesmo, em vez de na pessoa que você tentou ser durante a entrevista. E lembre-se de que essa é sua entrevista: eliminar empresas que não combinam com sua personalidade ou estilo faz parte do processo.

CONSELHO DE ESPECIALISTAS

Bob Hunter é vice-presidente de operações e atendimento ao cliente da Stadium Corporation, a empresa que administra o SkyDome, em Toronto, Ontario. Natural de Hamilton, Ontario, Hunter graduou-se em cinesiologia na Universidade de Waterloo e, em seguida, estudou medicina esportiva na Universidade de Washington. Seu conselho para os estudantes interessados em seguir carreira em hospitalidade: "Comecem o mais cedo possível, provavelmente em um emprego de meio período. Isso pode ser feito por iniciativa própria do candidato ou por meio de um programa de colocação profissional".

Hunter desenvolveu sua carreira administrando estabelecimentos de esportes e entretenimento no Canadá. Ele observa: "O dia-a-dia de um grande estabelecimento de esportes e entretenimento é dinâmico e desafiador em relação aos esforços necessários para administrar um estabelecimento requisitado e lucrativo. A maior parte de meu tempo é gasta em negociações e planejamento de eventos com os locatários e fornecedores que produzem os eventos. Além disso, muito dos esforços são dedicados à qualidade, ao serviço e à apresentação para os clientes. A administração de um departamento que possui seis gerentes e aproximadamente uma centena de funcionários é igualmente importante".

"Não há dúvidas de que a formação educacional é decisiva para o potencial de um funcionário a longo prazo", prossegue Hunter. "Será necessário aplicar o conhecimento administrativo e de negócios aprendido durante os anos de faculdade para que os profissionais alcancem sucesso e cheguem a altos cargos de gerência."

Aos que estão procurando emprego Hunter aconselha "uma abordagem honesta e sincera nas entrevistas e que os candidatos deixem claro por que acreditam que essa indústria serve para eles. Para isso é preciso pesquisar sobre a indústria da hospitalidade. Os candidatos precisam entender que, apesar de a indústria parecer glamorosa, é preciso trabalhar com afinco e preparar-se para as entrevistas, maximizando a comunicação entre candidato e empregador".

PERGUNTANDO/RESPONDENDO. A entrevista é um processo de perguntas e respostas. Coloque-se no lugar do entrevistador e pense em perguntas que você faria se fosse ele. Então, pense como você responderia a essas perguntas. Prepare respostas para tantas perguntas quantas conseguir imaginar, especialmente para as mais difíceis. Provavelmente, o entrevistador começará com uma série de perguntas para descobrir quem você é, que tipo de experiência você teve e por que você é a pessoa certa para o cargo. Prepare respostas para questões típicas como:

- Por que você deseja trabalhar para nós?
- Quais são seus pontes fortes e fracos?
- Onde você se vê em cinco anos?

Freqüentemente o entrevistador começa com alguma coisa vaga como "fale um pouco de você". Não memorize as respostas, mas pense nelas com antecedência.

Se o entrevistador perguntar sobre salário, tente devolver a pergunta dizendo "qual é a faixa salarial?" ou "quanto vocês estão oferecendo?". Você deve conhecer a média salarial para o cargo antes da entrevista, pois, caso o entrevistador o pressione por uma resposta, você pode dizer o que considera justo.

Você não precisa responder a determinadas perguntas. Estado civil, idade, raça, religião e outras informações pessoais são irrelevantes para o trabalho, e perguntas sobre esses aspectos são contra a lei nos Estados Unidos.

Finalmente, como essa é sua entrevista, pergunte:

- Por que esta vaga está aberta?
- Por que *você* trabalha para essa empresa?
- Qual é o melhor e o pior de trabalhar aqui?
- Qual é a filosofia administrativa da empresa?
- Como é um dia típico de alguém nesse cargo?

Lei e Ética

POR DENTRO DA INDÚSTRIA — **LEI E ÉTICA**

Oportunidades Iguais de Emprego

Como a sociedade norte-americana acredita ser importante oferecer a todos os cidadãos chances iguais de sucesso, as leis sobre oportunidades igualitárias proíbem que empregadores discriminem candidatos ou funcionários na hora de contratar, demitir, promover ou recompensar. As decisões sobre essas questões não podem ser feitas com base na raça, cor, religião, sexo, nacionalidade, deficiências ou idade. Diversas leis federais nos Estados Unidos e ordens do executivo afetam a maneira pela qual os empregadores formam seus quadros de funcionários, e qualquer gerente com poderes para contratar ou demitir deve conhecê-las.

Segundo essas normas, as qualificações exigidas e os procedimentos de seleção devem estar relacionados com o trabalho. As entrevistas, por exemplo, devem seguir diretrizes rígidas quanto às perguntas apropriadas. Como entrevistador, você não pode perguntar "qual é sua data de nascimento?", pois isso revelaria a idade da pessoa, o que só é relevante caso a pessoa tenha menos de 18 anos. Você deveria perguntar: "Você possui 18 anos ou mais?". Também é proibido perguntar nomes de solteira, estado civil, estado de saúde e religião.

Tenha papel e caneta à mão para fazer anotações, mas não enterre sua cabeça em um caderno. Suas questões devem ser sobre informações que você pode obter facilmente em outras fontes. E o mais importante, não seja agressivo demais ao perguntar. Os entrevistadores gostam de perguntas, mas ninguém gosta de sentir-se pressionado.

Novamente, não se esqueça de escrever uma carta de agradecimento para o entrevistador logo após a entrevista. É uma cortesia comum e um lembrete educado de que você quer o emprego.

RESUMO

- ✰ A comunicação é o processo de enviar e receber mensagens. São necessárias, pelo menos, duas pessoas para que a comunicação ocorra — uma como emissora da mensagem e outra como receptora.
- ✰ Para comunicar-se de maneira eficaz, é preciso ter uma mensagem clara a ser transmitida, falar de maneira clara e pausadamente, ser entusiasta, ter certeza de que quem está ouvindo entendeu a mensagem, transmitir mensagens curtas e simples e incentivar a comunicação.
- ✰ Os computadores estão se tornando cada vez mais importantes para a indústria da hospitalidade. Portanto, conhecimento básico de processadores de texto, planilhas e bancos de dados é essencial.
- ✰ O primeiro passo para desenvolver carreira em hospitalidade é conhecer a si mesmo. Uma maneira de fazer isso é avaliar suas habilidades.
- ✰ O próximo passo é definir um objetivo de carreira, uma frase que descreva o que você deseja alcançar.
- ✰ Você pode descobrir oportunidades contatando empresas, desenvolvendo suas redes de contatos e participando ativamente de organizações profissionais.
- ✰ Os passos finais para obter um emprego são a preparação do currículo e as entrevistas.

NOTAS

1 U.S. Department of Labor. *Occupational Outlook Handbook*. Washington, U.S. Government Printing Office, 41.

VERIFIQUE SEU CONHECIMENTO

1. Liste cinco maneiras de comunicar-se de maneira eficaz.
2. Quais tipos de pergunta uma planilha eletrônica pode responder?
3. Defina um objetivo de carreira e escreva um exemplo.
4. Liste duas coisas que se deve e duas que não se deve fazer ao escrever um currículo.
5. Qual é a diferença entre uma entrevista de triagem e uma entrevista de emprego?

APLIQUE SUAS HABILIDADES

A Tabela 13-3 mostra o crescimento projetado para sete cargos de gerência, incluindo gerentes de serviços de alimentação e estabelecimentos de hospedagem.

TABELA 13-3 Crescimento projetado para certos cargos de gerência

Cargo	Crescimento projetado, 1996-2006 (%)
Gerentes de obras	18,0
Gerentes de manutenção e tecnologia	45,2
Gerentes financeiros	18,3
Gerentes de serviços de alimentação e estabelecimentos de hospedagem	28,5
Gerentes de produção	-2,5
Gerentes de marketing	28,5
Gerentes de recursos humanos	17,8

1. Qual cargo de gerência tem a maior taxa de crescimento projetada? Por que você acha que isso acontece?
2. Qual cargo de gerência tem a menor taxa de crescimento projetada? Por que você acha que isso acontece?
3. Como você avaliaria as oportunidades para os gerentes de serviços de alimentação e estabelecimentos de hospedagem em comparação aos outros cargos de gerência?

NA INTERNET

O governo federal dos Estados Unidos fornece informações sobre empregos em uma publicação intitulada *Occupational Outlook Handbook*. Visite o site do U.S. Department of Labor e procure dados sobre três cargos relacionados à hospitalidade. Responda às seguintes questões para cada um dos cargos que você escolheu.

1. Quais são as condições de trabalho típicas para o cargo?
2. Quais são as principais qualificações para o cargo?
3. Quais são as perspectivas para o cargo?
4. Qual é a remuneração média para o cargo?

QUAL É SUA OPINIÃO?

1. Se você tivesse de escolher apenas uma dessas duas habilidades para desenvolver, qual seria: a comunicação ou o uso de computadores?
2. Você tem a opção de escolher entre começar a trabalhar em hospitalidade agora ou passar os próximos quatro anos estudando administração de hotéis e restaurantes. Qual trará mais benefícios?
3. Conforme você faz contatos para obter informações sobre um emprego em hospitalidade, descobre que o gerente de um hotel está procurando um recepcionista. Você também descobre que esse gerente gosta de pessoas agressivas, que praticam esportes. Você não gosta de esportes, mas quer o emprego. O que você faz?
4. Algumas pessoas acreditam que quando você escreve uma carta de agradecimento por uma entrevista de emprego, deve recapitular as razões pelas quais quer o emprego e está qualificado para ele. Você acha que essa é uma boa idéia? Por quê?

ESTUDO DE CASO

Imagine que você esteja trabalhando há dois anos como assistente do gerente de um hotel de tamanho médio. Em virtude de suas boas habilidades de comunicação, o gerente do hotel lhe dá a responsabilidade de conduzir as sessões de treinamento dos novos funcionários. Você está empolgado com a oportunidade de compartilhar seu conhecimento e entusiasmo com o grupo e prepara uma lista de cinco páginas das obrigações e responsabilidades para passar para o grupo. Você também prepara uma descrição detalhada de cada cargo.

Quando chega o dia do treinamento, você percebe que o grupo está menos entusiasmado do que você esperava — diferentemente de seu primeiro dia no emprego —, mas eles escutam calmamente enquanto você explica as cinco páginas de anotações e lhes entrega as descrições dos cargos. Depois, você pergunta se alguém tem alguma dúvida. Uma mulher pergunta onde ela poderia estacionar seu carro. Com exceção dessa, nenhuma outra pergunta é feita.

Você acha que a reunião foi boa e continua com suas atividades. Naquele mesmo dia, à tarde, o gerente solicita sua presença no escritório, onde estão algumas das pessoas que participaram do treinamento no início do dia. Elas passaram o dia todo confusas sobre o que deveriam fazer e fazem perguntas sobre tudo o que você falou.

1. O que saiu errado no treinamento?
2. O que você deveria fazer para corrigir o problema?
3. Como você deverá conduzir o próximo treinamento para evitar esses problemas?

Apêndice A

Siglas Comumente Utilizadas

AAA	American Automobile Association
AARP	American Association of Retired Persons
ABA	American Bus Association
ABBA	American Bed and Breakfast Association
ACF	American Culinary Federation
ACFEI	American Culinary Federation Educational Institute
ACTE	Association of Corporate Travel Executives
ADA	Americans with Disabilities Act
ADEA	Age Discrimination in Employment Act
AFA	American Franchise Association
AGTE	Association of Group Travel Executives
AH&MA	American Hotel & Motel Association
APEC	Asia-Pacific Economic Cooperation
ARTA	Association of Retail Travel Agents
ASAE	American Society of Association Executives
ASBE	American Society of Bakery Engineers
ASEAN	Association of South-East Asian Nations
ASFSA	American School Food Service Association
ASH	Action on Smoking and Health
ASHFSA	American Society for Hospital Food Service Administrators
ASHRAE	American Society of Heating Refrigerating and Air-Conditioning Engineers
ASSE	American Society of Sanitary Engineers
ASTA	American Society of Travel Agents
ATI	American Travel Inns
ATM	Automatic Teller Machine
BBL	Bed and Breakfast League/Sweet Dreams and Toast
CARA	Chinese American Restaurant Association
CATS	Customer Attendance Tracking System
CEO	Chief Executive Officer
CHA	Certified Hotel Administrator
CHART	Council of Hotel and Restaurant Trainers
CHRIE	Council on Hotel, Restaurant and Institutional Education
CHRS	Center for Hospitality Research and Services
CINET	Convention Information Network
CLIA	Cruise Lines International Association
CMAA	Club Managers Association of America
CPA	Certified Public Accountant
CRS	Computerized Reservation System
CTP	Certified Tour Professional
CVB	Convention and Visitors Bureau
DMO	Destination Marketing Organization
EAP	Employee Assistance Program
EC	European Community
ECU	European Currency Unit
EDS	Electronic Data System
EEOC	Equal Employment Opportunity Commission
EFNRA	Educational Foundation of the National Restaurant Association
ELD	Electronic Liquid Dispenser
EPCOT	Experimental Prototype Community of Tomorrow
FABULOUS	Food and Beverage Undergraduate Learning on a Unix System
FCIA	Franchise Consultants International Association
FCSI	Foodservice Consultants Society International

FISA	Food Industry Suppliers Association
FORCE	Family of Responsible and Caring Employees
GAO	General Accounting Office
GATT	General Agreement on Tariffs and Trade
GITHE	General Indicator to Hotel Efficiency
GDP	Gross Domestic Product
HII	Heritage Interpretation International
HLTRF	Hospitality Lodging and Travel Research Foundation
HMGI	Hotel-Motel Greeters International
HSMAI	Hospitality Sales and Marketing Association
IACB	International Association of Convention Bureaus
IACVB	International Association of Convention and Visitor Bureaus
IAHA	International Association of Hospitality Accountants
ICTA	Institute of Certified Travel Agents
IFA	International Franchise Association
IIA	Independent Innkeepers Association
IMO	International Maritime Office
ISHAE	International Society of Hotel Association Executives
MFBB	Mexican Food and Beverage Board
MICA	Mobile Industrial Caterers' Association
MPI	Meeting Planners International
NABHP	National Association of Black Hospitality Professionals
NAC	National Association of Concessionaires
NACE	National Association of Catering Executives
NAFTA	North American Free Trade Agreement
NAILM	National Association of Institutional Linen Management
NAPO	National Association of Pizza Operators
NARM	National Association of Restaurant Managers
NB&BA	National Bed-and-Breakfast Association
NBMOA	National Black McDonald's Operators Association
NCCR	National Council of Chain Restaurants
NEPA	National Environment Policy Act
NFSA	National Food Service Association
NRA	National Restaurant Association
NSMH	National Society of Minority Hoteliers
NSSFFA	National Soft Serve and Fast Food Association
NTA	National Tour Association
NTO	National Tourism Organization
OECD	Organization for Economic Cooperation and Development
PATA	Pacific Asia Travel Association
PCMA	Professional Convention Managers Association
PHA	Preferred Hotels Association
PMS	Property Management System
POS	Point of Sale
QSR	Quality, Service, and Cleanliness
RPA	Regional Publishers Association
RWFBH	Roundtable for Women Food-Beverage-Hospitality
SABRE®	Semi-Automated Business Research Environment
SAFSR	Society for the Advancement of Food Service Research
SCANS	Secretary's Commission on Achieving Necessary Skills
SFM	Society for Food Service Management
SLHOTW	Small Luxury Hotels of the World
SMERF	Social, Military, Educational, Religious, and Fraternal
STTE	Society of Travel and Tourism Educators

THAA	Tourist House Association of America
TIA	Travel Industry Association of America
TIPS	Training for Intervention Procedures by Servers
TO	Tourism Office
TTRA	Travel and Tourism Research Association
USTC	United States Tourist Council
USTTA	United States Travel and Tourism Administration
VDQS	Vins Délimités de Qualité Supérieure
VFW	Veterans of Foreign Wars
WES	Washington Ethical Society
WTO	World Tourism Organization (Organização Mundial do Turismo — OMT)

® Marca registrada da American Airlines, Inc.

Apêndice B

Associações e Organizações da Indústria da Hospitalidade

Observação: os recursos da Internet mudam freqüentemente, de modo que os sites e seus endereços podem ter sido modificados ou excluídos.

American Association for Leisure and Recreation
1900 Association Dr.
Reston, VA 20191
703/476-3472
800/213-7193

American Association of Retired Persons (AARP)
601 E St., NW
Washington, DC 20049
202/434-2277
www.aarp.org

American Automobile Association (AAA)
1000 AAA Dr.
Heathrow, FL 32746-5063
407/444-7000
www.aaa.com

American Bus Association (ABA)
400 NY Ave., Suite 1050
Washington, DC 20005/3934
202/842-1645
www.buses.org

American Culinary Federation (ACF)
10 San Bartola Drive
PO Box 3466
St. Augustine, FL 32085
904/824-4468
www.acfchefs.org

American Dietetic Association
216 W. Jackson Blvd.,
Suite 800
Chicago, IL 60606
312/899-0040
www.eatright.org

American Franchise Association (AFA)
10850 Wilshire Blvd.,
Suite 700
Santa Monica, CA 90025

American Hotel and Motel Association (AH&MA)
1201 New York Ave. NW, Suite 600
Washington, DC 20005
202/289-3100
www.ahma.com

American Recreation Coalition
1331 Pennsylvania Ave. NW,
Suite 726
Washington, DC 20004
202/662-7420

American School Food Service Association (ASFSA)
700 S. Washington St.,
Suite 300
Alexandria, VA 22314-4287
800/877-8822
www.asfsa.org

American Society of Association Executives
1575 Eye St. NW
Washington, DC 20005
202/626-2723
www.asaenet.org

American Society of Bakery Engineers (ASBE)
2 N. Riverside Plaza, Suite 1733
Chicago, IL 60606
312/332-2246
www.asbe.org

American Society of Heating Refrigerating and Air-Conditioning Engineers (ASHRAE)
1791 Tullie Circle NE
Atlanta, GA 30329
404/636-8400
www.ashac.org

American Society of Sanitary Engineering (ASSE)
28901 Clemens Road,
Suite 100
West Lake, OH 44145
440/835-3040
www.asse.plumbing.org

American Society of Travel Agents (ASTA)
1101 King St.
Alexandria, VA 22314
703/739-2782
www.astanet.com

Association of Group Travel Executives (AGTE)
c/o The Light Group, Inc.
424 Madison Ave., Suite 705
New York, NY 10017
212/486-4300
www.incentivesmotivate.com

Bed and Breakfast League/ Sweet Dreams and Toast (BBL)
PO Box 9490
Washington, DC 20016
202/363-7767

Broker Management Council (Foodservice Brokers)
PO Box 150229
Arlington, TX 76015
817/465-5511

Center for Hospitality Research and Service (CHRS)

c/o Dept. of Hotel, Restaurant and Institute Management
Virginia Polytechnic Institution and State University
Blacksburg, VA 24061
703/231-5515

Chinese American Restaurant Association (CARA)

173 Canal St.
New York, NY 10013
212/966-5747

Convention Liaison Council

1575 Eye St. NW, Suite 1190
Washington, DC 20005
202/626-2764

Council of Hotel and Restaurant Trainers (CHART)

8341 North 400 East
Bryant, IN 47326
219/997-6823

Council on Hotel, Restaurant and Institutional Education (CHRIE)

1200 17th St. NW
Washington, DC 20036-3097
202/331-5990
www.chrie.org

Cruise Lines International Association (CLIA)

500 5th Ave,, Suite 1407
New York, NY 10110
212/921-0066
www.cruising.org

Educational Foundation of the National Restaurant Association (EFNRA)

250 S. Wacker Dr.,
Suite 1400
Chicago, IL 60606
312/715-1010

Educational Institute of AH&MA

1407 S. Harrison Rd.
East Lansing, MI 48823

Foodservice Consultants Society International (FCSI)

304 W. Liberty Street,
Suite 201
Louisville, KY 40202
502/583-3783

Hospitality Lodging and Travel Research Foundation (HLTRF)

c/o American Hotel and Motel Association
1201 New York Ave. NW,
Suite 600
Washington, DC 20005
202/289-3117

Hospitality Sales and Marketing Association International (HSMAI)

1300 L St. NW, Suite 1020
Washington, DC 20005
202/789-0089
www.hsmai.org

Hotel Employees and Restaurant Employees International Union

1219 28th St. NW
Washington, DC 20007
202/393-4373
www.hereunion.org

Independent Innkeepers Association (IIA)

PO Box 150
Marshall, MI 49068
616/789-0393
www.innbook.com

Institute of Certified Travel Agents (ICTA)

PO Box 812059
148 Linden St.
Wellesley, MA 12482
781/237-0280
www.icta.com

International Association of Amusement Parks and Attractions

1448 Duke St.
Alexandria, VA 22314
703/836-4800
ww.iaapa.org

International Association of Fairs and Expositions

PO Box 985
Springfield, MO 65801
417/862-5771
www.iafnet.org

International Executive Housekeepers Association

1001 Eastwind Drive,
Suite 301
Westerville, OH 43081
614/895-7166

International Food Information Council

1100 Connecticut Ave. NW,
Suite 430
Washington, DC 20036
202/296-6540
http://ificinfo.health.org

International Franchise Association (IFA)

New York Ave. NW, Suite 900
Washington, DC 20005
202/628-8000
www.franchise.org

Les Clefs D'or USA

c/o John Neary
The Carlyle Hotel
35 E. 76th St.
New York, NY 10021
212/744-1600

National Association of Catering Executives (NACE)

304 W. Liberty St., Suite 201
Louisville, KY 40202
502/583-3783

National Association of Concessionaires (NAC)

35 E. Wacker Dr., Suite 1816
Chicago, IL 60601
312/236-3858

National Association of Institutional Linen Management (NAILM)

2130 Lexington Rd., Suite H
Richmond, KY 40475
606/624-0177
www.nailm.com

National Association of Pizza Operators (NAPO)

PO Box 1347
New Albany, IN 47151
812/949-0909
www.pizzatoday.com

National Bed-and-Breakfast Association (NB&BA)

PO Box 332
Norwalk, CT 06852
203/847-6196
www.nbba.com

National Black McDonald's Operators Association (NBMOA)

6363 W. Sunset Blvd., Suite 809
Hollywood, CA 90028-7330
323/933-2070

National Council of Chain Restaurants (NCCR)

1101 Connecticut Ave. NW, Suite 700
Washington, DC 20036
202/626-8183

National Restaurant Association (NRA)

1200 17th St. NW
Washington, DC 20036
202/331-5900
www.restaurant.org

National Frozen Desert and Fast Food Association

PO Box 1116
Millbrook, NY 12545
800/535-7748

Professional Convention Management Association

100 Vestaria Office Park, Suite 220
Birmingham, AL 35216
205/823-7262
www.pcma.org

Roundtable for Women Food-Beverage-Hospitality (RWFBH)

145 W. 1st St., Suite A
Tustin, CA 92680

Society for Foodservice Management (SFM)

304 W. Liberty St., Suite 201
Louisville, KY 40202
502/583-3783

Society for Foodservice Systems Hospitality Institute of Technology and Management

670 Transfer Rd., Suite 21A
St. Paul, MN 55114
651/646-7077
www.hi-tm.com

Society for the Advancement of Travel for the Handicapped

347 5th Ave., Suite 610
New York, NY 10016
212/447-7284
www.sats.org

Trade Show Exhibitors Association

5501 Backlick Rd., Suite 105
Springfield, VA 22151-3940
703/941-3725
www.tsea.org

Travel Industry Association of America (TIA)

2 Lafayette Center
1133 21st St. NW
Washington, DC 20036
202/293-1433

United States Tourist Council (USTC)

Drawer 1875
Washington, DC 20013-1875
301/565-5155

United States Travel Data Center

2 Lafayette Centre
1133 21st St. NW
Washington, DC 20036
202/293-1040

Washington Ethical Society (WES)

7750 16th St. NW
Washington, DC 20012
202/882-6650
www.ethicalsociety.org

Organização Mundial do Turismo (World Tourism Organization)

Calle Capitan Haya 42
E-28020 Madrid, Espanha

Apêndice C

Periódicos sobre Hospitalidade

American Journal of Enology and Viticulture
PO Box 1855
Davis, CA 95617
916/753-3142

Association Meetings
Laux Co., Inc.
63 Great Rd.
Maynard, MA 01754-2011
508/897-5552

Beverage Industry
Advanstar Communications, Inc.
7500 Old Oak Blvd.
Cleveland, OH 44130
216/243-8100

Business Travel Management
Coastal Communications Corp.
488 Madison Ave.
New York, NY 10022-5772
212/888-1500

Club Management
8730 Big Bend Blvd.
St. Louis, MO 63119
314/961-6644

(The) Cornell Hotel and Restaurant Administration Quarterly
Cornell University
School of Hotel Administration
Ithaca, NY 14853
607/255-3312

Foodservice and Hospitality Management
980 Yonge St., Suite 400
Toronto, Ontario, Canada
M4W 2J8
416/923-8888

Gaming and Wagering Business Magazine
7 Perin Plaza
New York, NY 10010
212/727-7100

Hospitality Research Journal
Council on Hotel, Restaurant and Institutional Education (CHRIE)
1200 17th St. NW
Washington, DC 20036-3097
202/331-5990

Hospitality Educator
Council on Hotel, Restaurant and Institutional Education (CHRIE)
1200 17th St. NW
Washington, DC 20036-3097
202/331-5990

Hospitality Management
Delmont Communications
1700 Livingston Ave.
St. Paul, MN 55118
612/457-2289

(The) Hospitality Manager
Kassis Communications
120 Hayward
Ames, IA 50010
515/296-2400

Hotel and Motel Management
Advanstar Communications, Inc.
7500 Old Oak Blvd.
Cleveland, OH 44130
216/826-2839

Hotel and Resort Industry
488 Madison Ave.
New York, NY 10022
212/888-1500

Hotelier
980 Younge St., Suite 400
Toronto, Ontario, Canada
M4W I J9
416/781-5516

Hotels
Cahners Publishing Company
1350 E. Touhy Ave.
PO Box 5080
Des Plaines, IL 60017-5080
708/635-8800

Innkeeping World
PO Box 84108
Seattle, WA 98124
206/362-7125

Journal of Hospitality & Leisure Marketing
The Haworth Press, Inc.
10 Alice St.
Binghamton, NY 13904-1580
413/545-4039

Journal of Travel Research
College of Business and Administration
University of Colorado
Campus Box 420
Boulder, CO 80309

Journal of Travel and Tourism Marketing
10 Alice St.
Binghamton, NY 13904-1580
800/342-9678

Lodging Hospitality
Penton Publishing
I100 Superior Avenue
Cleveland, OH 44114
216/696-7000

Lodging Magazine
American Hotel & Motel Association (AH&MA)
1201 New York Ave. NW, Suite 600
Washington, DC 20005-3931
202/289-3100

Lodging Outlook
Smith Travel Research
PO Box 1529
Hendersonville, TN 37077
615/452-2790

Meetings and Conventions
Reed Travel Group
500 Plaza Dr.
Secaucus, NJ 07096
201/902-1700

Nation's Restaurant News
Lebhar-Friedman, Inc.
425 Park Ave.
New York, NY 10022
212/756-5000

Restaurant Business
Bill Communications
355 Park Ave. S.
New York, NY 100 10
212/592-6500

Restaurant Hospitality
Penton Publishing
1100 Superior Ave.
Cleveland, OH 44114
216/696-7000

Restaurants and Institutions
Calmers Publishing Co.
1350 E. Touhy Ave.
PO Box 5080
Des Plaines, IL 60017-5080
708/635-8800

Restaurants USA
National Restaurant Association
1200 17th St. NW
Washington, DC 20036-3097
202/331-5900

Successful Meetings
355 Park Ave. S.
New York, NY 10010
212/592-6403

Tour and Travel News
600 Community Dr.
Manhasset, NY 11030
516/562-5000

Travel Age East
1775 Broadway
New York, NY 10036
212/730-6600

Travel Agent
801 2nd Ave. 7th Fl.
New York, NY 100 17
212/370-5050

Travel and Leisure
American Express Publishing Corp.
1120 Avenue of the Americas
New York, NY 10036
212/382-5600

Travel Trade
15 W. 44th St.
New York, NY 10036
212/730-6600

Travel Weekly
Reed Travel Group
500 Plaza Dr.
Secaucus, NJ 07096
201/902-2000

(The) Wine Spectator
M. Shanken Communications
387 Park Ave. S., 8th Fl.
New York, NY 100 16
212/684-4224

Glossário

A

acordo coletivo estabelecimento de condições e salários aceitáveis para os membros dos sindicatos e para a gerência dos empreendimentos.

acordos de franquia contratos pelos quais o franqueador concede ao franqueado o direito de utilizar sua marca e seus métodos de negócios.

agente de viagens pessoa do *trade* turístico cuja receita vem dos fornecedores e outros intermediários sob a forma de comissões.

álcool componente existente na natureza e facilmente sintetizável que induz à intoxicação quando consumido.

álcool etílico álcool encontrado nas bebidas, identificado cientificamente como C_2H_6O.

alocêntrico termo da psicologia que se refere a pessoas que gostam de atividades diversificadas e pouco comuns (aventureiros).

ambientação a atmosfera e o ambiente de um hotel ou restaurante, ou a impressão gerada pelo estabelecimento.

ambiente de trabalho hostil ou sexualmente ofensivo situação na qual o empregado pode estar sujeito a comentários sexuais, imagens ou atitudes consideradas ofensivas, mesmo que isso não ameace o trabalho da pessoa ou suas possibilidades de promoção.

amenity spa termo em inglês para spas dentro de resorts.

apostar jogar por dinheiro ou outros valores.

arrendamento de lucro compartilhado concordância entre duas ou mais partes em compartilhar despesas e lucros.

assédio sexual ocorre quando qualquer comportamento indesejado com conotação sexual modifica as condições de trabalho de um empregado ou cria um ambiente de trabalho hostil.

assistente do *chef* primeiro funcionário subordinado ao *chef* de cozinha.

assistente executivo da gerência gerencia as funções que lidam diretamente com a venda das unidades habitacionais.

assistentes de governança pessoas responsáveis pela supervisão do trabalho diário das camareiras em grandes hotéis. Em alguns estabelecimentos podem receber o nome de supervisoras de andares.

atendentes de lavanderia indivíduos que lavam, secam, passam e dobram as roupas.

auge ponto mais alto de um ciclo de negócios.

avaliação Gestalt avalição holística do momento do serviço.

B

back of the house as áreas dos bastidores de um hotel ou motel, como governança, lavanderia, manutenção e serviços de alimentação; pessoas que atuam nos bastidores de um hotel para tornar a estada do hóspede agradável e segura.

banco de dados informações (como nomes, endereços, preços e datas) organizadas.

barreiras invisíveis termo que se refere às barreiras que impedem mulheres e minorias de serem promovidas a cargos de gerência.

bebida fermentada bebida produzida por meio da ação de leveduras em substâncias que contêm açúcar.

bebidas destiladas bebidas feitas a partir de um produto fermentado que passa por um processo que recupera e acrescenta álcool.

***bed-and-breakfast* (ou pousada)** casa de família particular que oferece de um a cinco quartos para hóspedes; B & B.

blocos de comércio associações, normalmente entre países, que estimulam, regulam ou restringem transações comerciais.

brewpub termo em inglês para microcervejarias que operam em conjunto com um bar ou restaurante.

brigada da cozinha sistema de organização da cozinha no qual os funcionários são divididos em departamentos especializados que contribuem coletivamente para o preparo dos pratos.

C

caixa registradora eletrônica registra o volume de bebidas vendidas, o preço unitário, o tempo de atendimento, o tipo de bebida e o nome do garçom.

call brand termo em inglês para designar as bebidas alcoólicas de boa qualidade cujos pedidos são feitos pelo consumidor geralmente com a especificação da marca desejada.

camareiras funcionárias que executam a limpeza das unidades habitacionais.

canibalizar roubar participação no mercado de produtos existentes.

capacidade de carga número máximo de pessoas que podem usufruir de determinada localidade sem causar danos ao meio ambiente e prejudicar a qualidade da experiência do visitante.

capitão-porteiro pessoa que recepciona os hóspedes em sua chegada ao hotel e treina e supervisiona mensageiros, atendentes da porta do hotel e manobristas.

cassinos locais públicos onde é possível fazer apostas em jogos de azar.

centros de tratamento intermediário estabelecimentos que oferecem assistência a pessoas que não podem morar sozinhas e providenciam cuidados básicos de enfermagem aliados a serviços sociais e de acomodação.

centros de tratamento prolongado estabelecimentos que oferecem cuidados de enfermagem intensivos, 24 horas, sob a supervisão de um médico e podem ter o serviço de enfermeiras registradas, auxiliares e assistentes hospitalares.

centros residenciais de tratamento estabelecimentos de saúde que oferecem cuidados de enfermagem e alguns serviços sociais, principalmente para deficientes mentais (de qualquer idade) em um ambiente residencial.

château castelo, mansão senhorial ou palácio.

chef a principal autoridade da cozinha.

chef d'etage o garçom que tem maior contato com os clientes.

chef de rang garçom que atende às necessidades dos clientes durante sua refeição.

chef de salle garçom responsável pelo serviço oferecido no salão.

chefe de partida chefe de estação.

chefe de segurança chefia o departamento de segurança.

chope cerveja não pasteurizada.

clube associação de pessoas que compartilham objetivos comuns, normalmente administrada por um grupo de sócios que se reúnem periodicamente.

clube de propriedade igualitária clube sem fins lucrativos normalmente gerenciado e de propriedade de seus membros, que dele desfrutam.

clube de um proprietário clube de propriedade de um indivíduo ou empresa que possui fins lucrativos.

coaching inns hospedarias que surgiram após o estabelecimento das rotas das carruagens no século XVII e forneciam abrigo e alimento para viajantes que passavam a noite, além de trocar cavalos cansados por outros revigorados.

comunicação o processo de enviar e receber mensagens.

comunidades residenciais para idosos estabelecimentos de tratamento de saúde de longo prazo que atendem adultos dependentes e independentes.

conceito elementos de um estabelecimento de alimentação que contribuem para seu funcionamento como um sistema completo e organizado, que atende às necessidades e expectativas dos clientes.

concierge pessoa que responde a perguntas, resolve problemas e executa serviços de uma secretária particular para os hóspedes de um hotel.

congresso termo freqüentemente utilizado fora dos Estados Unidos para uma convenção.

conselho de trabalhadores nome dado aos sindicatos e associações de trabalhadores na Europa.

contração fase da recessão em um ciclo de negócios.

contrato de administração ocorre quando o proprietário assume a responsabilidade financeira de um estabelecimento e uma empresa de administração fica responsável pela administração do estabelecimento, com dinheiro do proprietário.

controller contador chefe que gerencia o departamento de controladoria e todas as transações financeiras de um hotel.

convenção termo genérico que se refere a reuniões de negócios de qualquer tamanho que acontecem em um local específico; um grupo de membros de determinada empresa/associação que se encontra para atingir objetivos específicos.

convention and visitors bureau (CVBs) organizações responsáveis por promover o turismo em âmbito local e regional; organização sem fins lucrativos que representa uma cidade ou área e atende a todos os tipos de turistas.

cook-chill tecnologia utilizada em grandes estabelecimentos de alimentação institucionais para aumentar a eficiência e manter a qualidade dos alimentos.

correio de voz eletrônico sistema que permite à pessoa que liga deixar mensagens no telefone do quarto de um hóspede.

cruzeiro viagem turística em um navio.

culinária de spa culinária que enfatiza o preparo de pratos pouco calóricos e gordurosos, onde há abundância de frutas frescas, vegetais e carboidratos complexos.

culinária típica comida preparada e servida em estilo de diversas partes do mundo.

currículo resumo da experiência profissional, formação educacional e outras qualificações de um candidato a emprego.

custo de oportunidade oportunidades perdidas ao dar preferência ao desenvolvimento de uma indústria em vez de outra.

D

demi-chef de rang garçom responsável por limpar a mesa dos clientes no intervalo entre os pratos e trocar os copos.

demografia estudo estatístico das características das populações.

departamentos de turismo organizações que têm a função de desenvolver e implementar planos de turismo para os estados norte-americanos; também denominados *organizações de marketing dos destinos*.

depressão ponto mais baixo de um ciclo de negócios.

desenvolvimento profissional processo de envolver-se em atividades relacionadas ao *trade*, como encontros, seminários e comitês.

despesas de pré-abertura despesas que acontecem durante o processo de desenvolvimento de um hotel, como divulgação, equipamentos de escritório e pagamento da equipe de pré-abertura.

despesas totais anuais registro de todos os custos do ano.

destilado bebida alcoólica produzida por meio da destilação.

destilarias empresas que produzem bebidas alcoólicas destiladas.

destino local onde turistas vão para conhecer e passar o tempo.

dispensador eletrônico de bebidas equipamento que divide a medida exata de bebida alcoólica em um copo.

dívidas de juros dívidas referentes a juros sobre empréstimos.

E

econometria aplicação de métodos estatísticos a dados e problemas de análise econômica para prever tendências.

economia ciência relacionada à produção, distribuição e utilização de bens e serviços.

ecoturismo equilíbrio entre o desenvolvimento do turismo e a preservação de heranças naturais e culturais; novo segmento da indústria no qual os turistas aprendem sobre o meio ambiente.

efeito de demonstração ocorre quando a população local adota práticas dos turistas.

efeito multiplicador gastos indiretos que expandem a economia.

elástica demanda que muda conforme as condições econômicas.

empreendedor indivíduo que cria, organiza, gerencia e assume os riscos de uma empresa ou negócio.

engenharia de cardápio ferramenta de planejamento que utiliza o cardápio como um todo e não itens isolados para medir a lucratividade.

entremetier chefe de vegetais.

entrevista de triagem entrevista utilizada para eliminar candidatos quando muitos concorrem à mesma vaga de emprego.

entrevista informativa entrevista que permite a uma pessoa obter informações específicas sobre um trabalho, empresa ou indústria.

envelhecimento processo pelo qual a fermentação é terminada, de maneira vagarosa e sutil, em grandes barris de madeira ou cubas de vidro.

especificações padrão de compras padrões de compra que são determinados por um restaurante.

estabelecimento de alimentação comercial estabelecimentos que competem por consumidores no mercado aberto.

excursionistas pessoas que viajam para determinado local ou destino e voltam para casa no mesmo dia.

expansão fase de crescimento em um ciclo de negócios, durante a qual ocorre crescimento da atividade econômica.

exposição evento que acontece principalmente para a troca de informações entre pessoas de uma mesma atividade; grandes exibições onde as apresentações são a principal atração e fonte de receita do expositor.

F

feiras de determinado ramo de negócios eventos que acontecem para troca de informações entre pessoas de determinada área de atuação.

fermentação processo químico no qual as leveduras agem sobre o açúcar de substâncias como frutas ou cereais e produzem álcool e dióxido de carbono.

franqueado comprador; empreendedor individual.

franqueador proprietário da marca.

free pouring termo em inglês que se refere ao ato de servir bebida alcoólica sem o auxílio de medidores.

frequent flyer **(passageiro habitual)** programa promocional pelo qual o passageiro ganha passagens aéreas conforme as milhas voadas anteriormente.

frequent guest **(hóspede habitual)** programa promocional pelo qual o hóspede ganha hospedagem ou *upgrades*.

G

garçom de *room service* garçom responsável por levar a comida da cozinha para o quarto dos hóspedes.

garde manger *chef* que prepara todas as entradas frias, sobremesas e saladas.

gastos diretos dinheiro que vai direto do turista para a economia.

gastos indiretos dinheiro proveniente dos turistas gasto na economia.

gerente corporativo de viagens pessoa que cuida de todos os aspectos relacionados a viagens dos funcionários de uma empresa

gerente de crédito pessoa responsável por validar e autorizar os créditos dos hóspedes e cobrar contas vencidas

gerente de lavanderia pessoa que supervisiona os atendentes de lavanderia.

gerente de manutenção pessoa que supervisiona o departamento de manutenção.

gerente de recepção pessoa que lida com todas as funções da recepção e supervisiona uma equipe

gerente de recursos humanos pessoa que gerencia o programa de benefícios de um hotel e assegura que as leis sejam seguidas em relação a oportunidades iguais de contratação e promoção.

gerente de reservas pessoa que supervisiona o departamento de reservas.

gerente de *room service* chefe do *room service*.

gerente residente pessoa responsável pela supervisão da recepção e de reservas, bem como pela governança.

gestão de lazer administração profissional de estabelecimentos que oferecem tanto atividades de lazer como de recreação.

governanta executiva chefe do departamento de governança.

green card visto que concede permanência legal aos imigrantes e refugiados que entram nos Estados Unidos.

grillardin chefe de grelhados.

H

hand measured pouring termo em inglês que se refere ao ato de servir álcool com o auxílio de uma coqueteleira ou dosador para medir a quantidade exata.

hotéis *all-suite* hotéis cujas acomodações são exclusivamente suítes.

hoteleiro administrador, proprietário ou gerente de um estabelecimento de hospedagem.

I

imagem funcional imagem de um destino associado a atrações e atividades específicas.

imagem simbólica relaciona-se à "personalidade" da região, como o visitante a percebe.

imigrantes aqueles que saíram de seu país de origem para morar e trabalhar em outro país.

índice de indicadores de liderança dados como pedidos de compra e pedidos de seguro-desemprego que os analistas observam para prever a direção da economia.

indústria da hospitalidade ramo de negócios dedicado a atender pessoas longe de suas casas; empreendimentos que enfatizam a responsabilidade de os funcionários serem hospitaleiros.

indústria do turismo indústria relacionada a atrativos e eventos que atraem pessoas a determinadas áreas.

infra-estrutura serviços públicos, como transportes, telecomunicações e energia, entre outros.

infusão imersão de ingredientes sensíveis ao calor, como frutas, em uma base quente de álcool.

intermediários empresas que distribuem produtos dos produtores para os clientes.

intermediários de viagens empresas ou pessoas que distribuem produtos de viagem.

L

lazer liberdade resultante do fim das atividades obrigatórias.

lucro operacional bruto receita menos os custos operacionais antes dos impostos.

lúpulo fruto seco de uma videira especial, que tem formato cônico e é o responsável pelo gosto amargo da cerveja.

M

maceração imersão de ingredientes sensíveis ao calor, como frutas, em uma base fria de álcool.

maître d'hôtel pessoa responsável pelo serviço no salão.

malte cevada germinada.

mão-de-obra intensiva necessidade de possuir muitos funcionários para atender às necessidades dos hóspedes.

margem de contribuição indicador essencial para a engenharia de cardápio que é determinado subtraindo-se o custo dos alimentos do preço de venda; medida da lucratividade.

marketing grupo de atividades de negócios relacionadas com o objetivo de satisfazer a demanda por bens e serviços; processo de planejamento do conceito de um hotel (tipo de estabelecimento, serviços oferecidos, localização), das tarifas a ser praticadas, de como atingir os consumidores, sempre com o objetivo de satisfazer as metas individuais e organizacionais.

mensageiros indivíduos que acompanham os hóspedes a seus quartos e carregam sua bagagem.

mesocêntricos termo da psicologia que se refere aos indivíduos cuja personalidade os coloca entre os alocêntricos (aventureiros) e os psicocêntricos (não-aventureiros).

microcervejarias pequenas cervejarias locais.

mise en place pré-preparo geral; ato de possuir todos os ingredientes e utensílios de cozinha necessários à mão e prontos para uso no momento em que o preparo de um determinado prato tem início.

***mix* do cardápio** indicador da engenharia de cardápio, registro detalhado das preferências dos consumidores.

momento do serviço período de tempo no qual um cliente interage diretamente com os funcionários de um estabelecimento ou com outros elementos visíveis.

moradia assistida estabelecimento que conjuga residências para idosos com serviços de enfermaria.

mosto (cerveja) líquido resultante após filtragem e trituração da mistura de cereais na fabricação da cerveja.

mosto (vinho) mistura de polpa de uva, cascas, sementes e hastes.

motivações básicas motivações psicológicas que influenciam a todos; alguns exemplos são sede, fome, sexo, medo e necessidade de evitar a dor.

motivações secundárias necessidades adquiridas que incluem obter sucesso e poder, entre outros.

mudança da imagem de um destino processo pelo qual a experiência global do turista pode ser examinada.

N

networking processo de encontrar e conhecer pessoas para ampliar a rede de conhecidos.

níveis de preço do mercado sistema geral de classificação de estabelecimentos de hospedagem cujos parâmetros dependem da cidade ou de uma determinada região.

O

objetivo de carreira descreve o tipo de emprego que você espera conseguir.

operadora empresa ou indivíduo que cria e vende pacotes de viagens.

operadora de *charter* operadora de turismo que monta pacotes e os vende para o público ou para agentes de viagens.

operadoras de turismo agências que vendem pacotes a grupos de turistas e normalmente incluem nos pacotes o serviço de um guia.

operadoras de turismo receptivo agências que se especializam em fornecer pacotes de viagem a turistas estrangeiros no local de destino.

order taker pessoa responsável por receber os pedidos do *room service*.

organizações de marketing dos destinos (DMOs) organizações norte-americanas encarregadas de desenvolver e implementar programas de turismo nos estados.

organizações nacionais de turismo organizações que os governos utilizam para promover seu país.

organizador de eventos pessoa que coordena todos os detalhes das reuniões e convenções.

overbooking prática dos estabelecimentos de hospedagem de aceitar de 10% a 15% a mais de reservas do que o disponível para evitar perda de receita.

P

pacote turístico diversos serviços turísticos oferecidos por um preço único.

pagador (*paymaster*) chefe do departamento responsável pelo pagamento dos funcionários de um hotel.

parador hotel espanhol estatal.

parque temático parque idealizado com base em um cenário específico ou em uma interpretação artística, com centenas ou milhares de acres de área e centenas ou milhares de funcionários.

pâtissier *chef* de confeitaria e padaria.

pesquisa psicográfica tentativa de classificar as motivações internas e o comportamento das pessoas.

planilha eletrônica versão computadorizada para o livro contábil que, além de registrar informações numéricas, faz cálculos com elas.

planos de emergência planos desenvolvidos pela equipe de segurança que têm por objetivo garantir a segurança dos hóspedes e minimizar os custos diretos e indiretos de um desastre por meio da revisão das políticas de seguros, da análise das instalações físicas e da projeção de possíveis cenários de desastres.

***point of sale* (POS)** (ponto-de-venda) sistema computadorizado que permite aos bares determinar os preços das bebidas conforme os ingredientes específicos servidos.

poissonier chefe responsável pelo preparo dos peixes.

ponto de equilíbrio ponto no qual a receita é igual ao custo.

posicionamento processo de estabelecimento de um lugar de destaque no mercado e na mente dos clientes potenciais.

previsão estimativa de eventos futuros na indústria dos serviços de alimentação.

processador de texto programa de computador que substitui a máquina de escrever.

produção de malte processo pelo qual o cereal é estimulado a produzir uma enzima que converte o amido em açúcar fermentável.

produto interno bruto (PIB) valor total de bens e serviços produzidos em um país menos as transações líquidas com o exterior.

programas de assistência ao funcionário serviço oferecido aos funcionários para a solução de problemas pessoais.

programas de treinamento de conscientização sobre a diversidade programas que fornecem informações a gerentes e a funcionários de hotéis sobre como proporcionar acesso, inclusão e oportunidade para todos, independente de idade, sexo, raça ou deficiências físicas ou mentais.

psicocêntrico termo da psicologia que se refere a uma pessoa tímida, que não gosta de aventuras.

Q

queixa reclamação feita por um empregado contra o empregador.

R

***rack* de apartamentos** cartões utilizados em hotéis de pequeno porte que mostram o status de todas as unidades habitacionais.

receita operacional bruta receita total referente à comercialização de bens e serviços.

recepcionista funcionário da recepção que recepciona e registra os hóspedes.

receptor no processo de comunicação, é o público para quem a mensagem é enviada.

recreação renovação da força e do espírito após o trabalho, um meio de diversão.

rede turística e de hospitalidade grupo de indústrias independentes e concorrentes fortemente inter-relacionadas.

refugiados indivíduos que tentam escapar de perseguições em virtude de sua raça, religião, crença ou por pertencerem a um grupo específico em seu país de origem.

relação custo-benefício custo com relação ao benefício recebido.

residentes estrangeiros ilegais indivíduos que mudaram para um país ilegalmente, sem permissão para entrar como imigrantes ou refugiados. Também conhecidos como *trabalhadores sem documentação.*

resort local que oferece lazer e entretenimento, especialmente a pessoas em férias.

reunião encontro de pessoas com um objetivo comum.

S

safra ano no qual a uva de determinado vinho foi colhida.

saucier cozinheiro de molhos.

seco refere-se a vinho pouco doce.

securitização processo de emissão de títulos para financiar ou refinanciar um empréstimo.

segmentos de mercado grupos pequenos que podem ser definidos por meio de um conjunto de características comuns encontradas, por exemplo, em informações geográficas, demográficas ou psicológicas; subgrupos de consumidores.

serviço (*front of the house*) comporta todas as áreas com as quais o hóspede terá contato, como *lobby*, corredores, elevadores, unidades habitacionais, bares e restaurantes, salas de eventos, banheiros; funcionários que trabalham nessas áreas.

serviços de alimentação de coletividade estabelecimentos que atendem membros de determinadas instituições sociais, como hospitais, faculdades, escolas, casas de enfermagem, exército, indústria.

sistema centralizado de reservas sistema que permite aos hóspedes ligar para apenas um número de telefone para reservar quartos em qualquer hotel da rede.

sistema computadorizado de reservas (CRS) complexo banco de dados que fornece informações sobre diversas opções para viagens.

sistema de administração da propriedade sistema computadorizado de armazenagem de informações sobre reservas, disponibilidade e tarifas; integração de todos os sistemas utilizados em um estabelecimento de hospedagem — reservas, recepção, governança, alimentos e bebidas e controladoria.

socioeconômico relativo à sociologia e à economia.

solera sistema por meio do qual os vinhos xerez são misturados para obter consistência.

sommelier especialita em vinhos.

spa qualquer resort destinado a tratamento de saúde ou à manutenção da boa forma.

spas resorts spas que possuem um objetivo único e são desprovidos das tentações e distrações do mundo exterior.

spirits um outro nome para as bebidas destiladas.

split meia garrafa de vinho.

stipend auxílio para cuidados com as crianças.

suites combinação de sala de estar com cozinha ou um quarto com uma sala.

supervisora de andares pessoa responsável por supervisionar o trabalho diário das camareiras em grandes hotéis; também recebe o nome de assistente de governança em alguns estabelecimentos.

T

tanino substância extraída da casca da uva e dos barris de madeira utilizados para o envelhecimento do vinho que contribui para sua adstringência.

tavernas estabelecimentos que servem comida, mas são especializados em bebidas alcoólicas.

taxa de incentivo acordo em que a empresa de administração assume alguns riscos ao administrar um hotel.

taxa de ocupação porcentagem obtida por meio da divisão do número total de unidades habitacionais ocupadas durante determinado período de tempo (dia, semana, ano) pelo número total de unidades habitacionais disponíveis durante o mesmo período.

taxa de rotatividade de funcionários taxa calculada dividindo-se o número de trabalhadores que foram substituídos em determinado período de tempo pelo número médio de funcionários necessários ao empreendimento.

taxa-base acordo pelo qual a empresa de gerenciamento obtém lucro a partir da receita operacional bruta.

teatro-restaurante lugar onde os clientes podem jantar e apreciar um espetáculo ao vivo sem precisar deixar seus assentos ou gastar uma pequena fortuna.

tecnologia aplicação das descobertas e invenções para satisfação das necessidades humanas; normalmente refere-se à tecnologia industrial.

tendência inclinação para fazer/acontecer algo.

teor alcoólico representa a quantidade de álcool presente em uma bebida.

teoria do empurra/puxa teoria que explica a combinação de forças que empurram (internas) e puxam (externas) a motivação humana.

título social título parcial que permite a seus proprietários utilizar alguns serviços de um clube.

trabalhadores sem documentação indivíduos que mudam de um país para outro ilegalmente, sem permissão para entrar como imigrantes ou refugiados. Veja *residentes estrangeiros ilegais*.

transmissor no processo de comunicação, é a pessoa que envia a mensagem.

treinador pessoa que treina e supervisiona um trabalhador que possui deficiência física ou mental.

turismo viagem de recreação ou de promoção.

turistas pessoas que fazem viagens de mais de 160 quilômetros de distância e que permanecem pelo menos uma noite longe de casa.

V

variedade tipo de uva utilizado para fazer vinho por meio do qual ele recebe seu nome.

vazamento dinheiro que sai da economia para adquirir recursos externos.

vazamento necessário custo de promover um destino no exterior.

viagem de incentivo ferramenta de marketing e de administração atualmente utilizada para motivar pessoas por meio da oferta de viagens como prêmio por atingir determinado objetivo.

viagens de familiarização viagens gratuitas ou a preço reduzido oferecidas a agentes de viagens, jornalistas de turismo ou outros intermediários para promover destinos; também são chamadas de *famtours*.

W

wake-up call chamada de despertar solicitada por um hóspede.

walk-ins pessoas que não possuem reservas.

well brand nome em inglês para produtos de menor qualidade utilizados para preparar bebidas em bares.

Y

yield management prática de análise dos padrões anteriores de reservas, tarifas, cancelamentos e *no-shows* com o objetivo de maximizar o lucro e a taxa de ocupação e determinar tarifas mais competitivas.

Z

zona de perigo zona de temperatura compreendida entre 4º C e 60º C.

Índice Remissivo

A

B

C

D

E

F

G

J

K

L

M

N

O

P

T

U

V

W

Y

Z

THOMSON

Prezado(a) Leitor(a),

Para que possamos mantê-lo informado sobre as novidades do mercado editorial e de nossos títulos, solicitamos o preenchimento dos campos abaixo, remetendo o cupom para: **Pioneira Thomson Learning** – Rua Traipu, 114 – 3º andar – Perdizes – CEP 01235-000 – São Paulo – SP, ou pelo fax: (11) 3665-9901.

Nome: ....

Endereço: ....

Cidade: .... Estado: ☐☐ CEP: ☐☐☐☐☐–☐☐☐

Empresa: ....

Cargo: ....

Tel.: .... Fax: ....

e-mail: ....

Área de atuação: ☐ professor universitário ☐ profissional liberal ☐ outras

Tenho interesse nas seguintes áreas:

☐ Administração e Negócios ☐ Economia ☐ Contábeis ☐ Direito

☐ Educação ☐ Psicologia ☐ Metodologia/Pesquisa ☐ Sociologia

☐ Medicina/Saúde ☐ Informática ☐ Outras (especificar): ....

visite-nos na internet: www.thomsonlearning.com.br
e-mail: promo@thomsonlearning.com.br

ISBN: 85-221-0298-8

Impresso nas oficinas da
Gráfica Palas Athena